# 위대한 영화 3

# 위대한 영화 3

THE GREAT MOVIES III

로저 에버트 지음
윤철희 옮김

을유문화사

위대한 영화 3

발행일
초판 1쇄 2019년 11월 20일 | 2쇄 2023년 5월 30일

지은이 로저 에버트
옮긴이 윤철희
펴낸이 정무영, 정상준
펴낸곳 (주)을유문화사

창립일 1945년 12월 1일
주소 서울시 마포구 서교동 469-48
전화 02-733-8153
팩스 02-732-9154
홈페이지 www.eulyoo.co.kr

ISBN 978-89-324-7408-3 04680
ISBN 978-89-324-7405-2 (세트)

일러두기

1. 본문 하단에 나오는 각주는 모두 옮긴이 주다.
2. 영화는 <>, 영화 시리즈는 《》, 신문·잡지·단행본은 『』, 뮤지컬·연극·오페라·TV 프로그램은 「」로 표기했다.
3. 영화의 한국어 명칭은 한국영화데이터베이스(www.kmdb.or.kr)와 인터넷 포털 사이트 네이버의 영화 페이지(movie.naver.com)를 참고해서 표기하되, 그 표현이 어색하거나 불확실할 경우 옮긴이의 판단에 따라 수정했다.
4. 각 에세이에서 배우의 이름은 처음 언급될 때마다 원어를 병기했고, 캐릭터의 이름은 기본적으로 원어를 병기하지 않았다. 예) <순수의 시대The Age of Innocence>: 뉴랜드 아처(대니얼 데이루이스Daniel Day-Lewis), 메이 웰랜드(위노나 라이더Winona Ryder)
5. 인물 명칭의 한국어 표기는 국립 국어원의 원칙을 따랐으나, 원칙과 다르게 오래 전부터 널리 통용된 명칭이 따로 있을 경우 해당 명칭을 따랐다.
6. 인물의 생몰년도 표기 중 사망 년도는 최근의 정보에 맞게 수정했다.
7. 이 책에 실린 도판 중 저작권 허가를 받지 못한 일부 도판에 대해서는 저작권자가 확인되는 대로 절차에 따라 계약을 맺고 그에 따른 저작권료를 지불할 예정이다.

김영진(영화 평론가)

로저 에버트는 『시카고 선 타임스Chicago Sun-Times』 신문에서 수십 년 동안 평론가로 활동했으며, 자신의 이름을 건 텔레비전 비평쇼를 진행했고, 엄청나게 많은 평론을 빨리 쓴 전설적인 비평가다. 대중의 신경을 자극하기 위해 안달인 폭력적인 저널리즘 환경에서 단련된 에버트의 문장은 묘사가 풍부하고 주석이 간결하며 무엇보다 쉽고 명료하다. 그의 개봉 영화 비평은 열정적이고 때로 신랄했지만 『위대한 영화』에 실린 비평들은 그것들과 다소 결이 다르다. 이 책들의 문장은 그가 사랑하고 존경하는 영화의 매혹을 음미하듯 부드럽고 세심하다. 『위대한 영화』는 정기적으로 신문에 개봉 영화 평을 썼던 에버트가 과외 활동으로 영화사에 남는 명작들을 상영하는 영화제를 열고 관객들 앞에서 그 영화들을 숏 단위로 분석하는 세미나를 행했던 틈틈이 각별한 애정을 갖고 몰두한 집필 작업의 산물이다. 그런데 흥미로운 것은 이 작업을 통해 에버트가 영화를 점점 더 많이 알아 가는 사랑의 방식이 독자에게도 전달된다는 것이다. 더 놀라운 것은 『위대한 영화』 1권에서 4권으로 갈수록 그의 글은 더욱 유려해진다는 것이다. 그는 솔직하게 예전에 본인이 썼던 영화 평의 관점을 스스로 비판하기도 하고, 영화를 접하지 않아 일정한 편견에 사로잡혀 있을 독자들에게 강요하지 않고도 명작들을 사랑하는 법을 알려 준다. 에버트의 글은 읽는 사람의 마음을 움직인다. 고개를 끄덕이게 하는 것이 아니라 사랑하게 만든다. 그가 거론한 영화들을 보고 싶어지는 것이다.

나는 영화의 이미지가 주는 매력을 활자로 따라잡는 불가능한 임무를 완수하는 에버트의 손이 행한 기적에 부러움을 느낀다. 이를테면 그는 니컬러스 로그Nicolas Roeg의 매혹적이지만 플롯이 헝크러진 영화 <쳐다보지 마라Don't Look Now>를 옹호하면서 이렇게 쓴다. “유령이 출몰하는 도시 베니스가 <쳐다보지 마라>에서보다 더 우울한 모습을 보였던 적은 결코 없었다. 도시는 광대한 공동묘지처럼 보이고, 돌덩이들은 축축하고 연약하며, 운하에는 쥐 떼가 우글거린다. 앤서니 B. 리치몬드와, 크레디트에는 오르지 않은 로그가 담당한 촬영은 베니스에서 사람들을 제거해 버린다. 북적이는 길거리나 대운하 인근에서처럼 베니스 거주자나 관광객들을 볼 수 있는 몇 가지 장면이 있지만, 존과 로라가 (처음에는 함께, 나중에는 별도로) 길을 잃는 한결같은 두 장면에서는 아무도 보이지 않고, 거리와 다리와 운하와 막다른 골목과 잘못된 모퉁이는 그것들끼리 서로 포개져 있는 것처럼 보인다.” 에버트는 이런 영화들이 ‘플롯에서 자유롭고, 어떤 최종적인 설명도 제시하지 않는, 하나의 체험으로만 존재하는 영화’이며 관객인 우리는 ‘소풍을 따라 나섰다가 안전하게 돌아온 소녀들과 비슷하다’고 본다.

페데리코 펠리니Federico Fellini의 <달콤한 인생La Dolce Vita>에 관한 글에서 에버트는 세상의 속된 관심거리를 찾는 신문기자의 저열한 생존 본능과 세상의 물질적인 욕망을 포착하려는 영화감독의 심미안을 포개 놓고 단도직입적으로 영화의 주제를 향해 달려간다. 비틀즈의 초기 모습을 담은 리처드 레스터Richard Lester의 <하드 데이즈 나이트A Hard Day's Night>에 관한 평에서는 계절의 주기처럼 한번 지나가면 다시 돌아오지 않는 인생의 어떤 모습을 비유한다. 이 평론의 끝에서 아름다운 봄 운운하는 그의 멋진 결론을 보노라면 마음이 상쾌해진다. 무엇보다 내가 가장 좋아하는 영화인 장뤽 고다르Jean-Luc Godard의 <비브르 사 비Vivre Sa Vie>에 관한 다음과 같은 분석적인 문장은 멋지다. "카메라가 두 사람을 투 숏으로 잡았을 때 남자가 말한다. '웃어봐.' 거부하던 그녀는 미소를 짓는 동시에 숨을 내쉰다. 그러면 카메라는 남자에게서 멀어지면서 그녀에게 다가간다. 갑자기 그녀에게 흥미가 생겼다는 듯이 말이다. 우리는 카메라의 의도에 말려들고 말았다. 우리 자신이야말로 관찰하고 놀라워하는 카메라다. 카메라는 '스타일'을 표현하는 방법이 아니다. 사람들이 다른 사람들을 바라보는 방법이다." 이 글은 굳이 학구적인 용어를 쓰지 않고도 영화 <비브르 사 비>의 본질을 간명하게 잡아낸다. 이 글의 결론은 영화의 여주인공 나나를 보는 카메라의 역할을 논하며 끝난다. "우리는 리허설도 없는 나나의 첫 번째 인생을 카메라가 보는 대로 본다. 나나가 살아가는 대로 본다. 영화가 안겨 주는 충격은 놀라울 정도다. <비브르 사 비>는 명료하고 신랄하며 무뚝뚝하다. 그러고는 끝난다. 그것이 그녀가 살아야 할 삶이다." 젠체하지 않고 냉소적이지 않으며 무한한 애정으로 영화를 껴안으면서 정확하게 분석적 거리를 유지하는 이런 글을 『위대한 영화』 시리즈 곳곳에서 읽을 수 있다.

자크 타티Jacques Tati의 <윌로 씨의 휴가Les Vacances de M. Hulot>에 관한 비평에서 에버트는 우리 시대에 점점 사라져 가는 영화 보기의 매혹과 미덕에 관한 장뤽 고다르의 다음과 같은 잠언을 인용한다. "영화는 역이 아니다. 영화는 기차다." 우리는 영화가 '역'이라고 생각하지만 실은 '기차'라는 것이다. 영화를 기차가 아니라 역이라고 여긴다면, 우리는 기차 여행의 즐거움을 만끽하는 대신 목적지인 종착역에 빨리 도착하려 안달하는 어린애와 같다. 에버트는 이렇게 덧붙인다. "나는 이 말이 뜻하는 바를 전혀 몰랐었다. 윌로 씨가 그 뜻을 나한테 보여 주기 전까지는 말이다. 즐거움은 여행길에 있고, 슬픔은 목적지에 있다."

즐거움은 여행길에 있고 슬픔은 목적지에 있는 것, 그게 영화와 인생이 나누는 공통분모이다. 영화와 비평이 만나는 가장 행복한 풍경이 여기에 있다.

데이비드 보드웰David Bordwell(영화학자)

로저 에버트는 역사상 어떤 영화 평론가도 필적하지 못할 독자층을 확보했다. 그의 열혈 독자의 수는 수십 명, 수백 명, 아니 수천 명에 달한다. 그의 블로그에 있는 코멘터리 섹션을 방문해 보면, 그가 주관이 뚜렷하고 생각이 깊은, 연령을 불문하는 독자들을 끌어모았음을 확인할 수 있다. 그 독자들은 그의 글(영화에 관한 글뿐 아니라 유머와 과학, 영성에 관한 에세이)을 영감이 마르지 않고 샘솟는 글로 여긴다.

그는 자신이 보여 준 참을성 하나만으로도 용기 있는 사람에 대한 가르침을 제공한다. 그는 대부분의 사람을 은퇴로 이끌 만한 건강상의 문제를 겪고도 이전보다 더 활기찬 모습을 보였다. 평소에 하는 리뷰 작업 말고도, 영화제와 심포지엄에 참석하고, 연례적으로 주최하는 영화제를 기획하고, 젊은 사람도 기진맥진하게 만들 세계 여행을 다니면서, 클래식 영화들을 다룬 또 다른 에세이집 『위대한 영화 3』을 내놓았다.

작업량만 인상적인 게 아니다. 나는 에버트가 투병을 시작한 이후로 그의 글이 한층 더 여유로워지고 구어체로 변했으며 훌륭해졌다고 주장할 수 있다. 나는 우리가 필력이 정점에 달한 작가의 글을 보고 있는 게 분명하다고 생각한다. 그런데 그의 잊을 수 없는 매력의 원천은 무엇일까? 나는 그가 뭔가 독특한 존재가 됐다고, 영화의 세계에서 비롯한 목소리를 가진 '문인man of letters'이 됐다고 주장하고 싶다.

'man'이라는 단어를 써서 젠더와 관련한 결례를 범한 것에 대해서는 사과한다. 그런데 'person of letters'는 강압적인 뉘앙스를 풍기고, 'littérateur(문학자)'는 지나치게 딱딱하게 들린다. 전통적으로 문인은 학자도 아니고 저널리스트도 아니었다. 문인은 학식이 대단히 풍부한 에세이스트로, 인간 사회에 대한 방대한 학식과 문화를 관통하는 심오한 자극을 통해 어떤 열정적인 순간을 이해하기 위해 그 순간에서 한 걸음 뒤로 물러난 인물이었다. 원형元型 면에서 보면, 이런 유형의 지식인은 해즐릿William Hazlitt과 드퀸시Thomas De Quincy가 그랬던 것처럼 문학 분야에서 탄생한다. 그런데 페이터Walter Pater, 러스킨John Ruskin 등 다른 평론가들은 시각 예술에도 유사한 위업을 제공했다. 그리고 물론 우리에게는 음악과 드라마 분야에서 활약한 쇼George Bernard Shaw가 있다. 현대에 활동한 인물들을 꼽으라면, 드와이트 맥도널드Dwight Macdonald와 라이어널 트릴링Lionel Trilling을 덧붙이고 싶다. 이 직업은 남성에게만 국한된 게 아니다. 그걸 입증하는 데는 수전 손택Susan Sontag과 앤절라 카터Angela Carter를 떠올리는 것만으로도 충분하다.

에버트는 내가 떠올릴 수 있는, 도서圖書 문화를 통해서가 아니라 20세기의 가장 중요한 예술 매체를 통해 통찰력을 발휘한 첫 '문인'이다. 그의 생각은 영화에 흠뻑 젖어 있다. 전통적인 문인들이 도서 문화의 프리즘을 통해 세상을 봤던 것처럼, 로저는 영화라는 매체가 보여 준 인간의 삶이라는 수단을 통해 종교와 역사, 인간관계를 숙고한다.

그렇다고 에버트가 문학 전통을 업신여기는 건 아니다. 그는 픽션과 역사, 과학(특히 진화론)에 관한 글을 게걸스럽게 읽는 열성 독자로, 그런 분야에 대한 논의를 수월하게 펼칠 수 있는 인물이다. 하지만 나는 그가 세상을 바라보는 기준으로 삼는 틀은 영화와 영화감독들의 그것이라고 믿는다. 이건 1960년대에 등장한 '영화 세대'에게는 대단히 전형적인 일이다. 이 관점에서 보면 영화는 엔터테인먼트 이상 가는 존재이고, 어쩌면 세상을 찬양하거나 심란하게 만드는 예술 작품의 수준도 뛰어넘는 존재다. 영화는 다양한 형식을 취하면서 우리가 품은 가장 근본적인 감정들의 형태를 잡아주고, 세계와 거기에 있는 우리의 자리를 더 심오하게 이해할 수 있도록 우리를 이끌 수 있다. 영화는 우리가 공유한 문화를 구성하고, 삶이 참신한 의미들을 취하게끔 걸러 주는 만화경 같은 필터를 구성한다. 내가 보기에는 바로 이것이 『위대한 영화』 컬렉션의 뼈대를 형성하는 감수성이다.

에버트는 자신의 본연의 모습은 저널리스트라고 대답할 것이다. 어떤 순간에 집중하면서 마감 시간을 맞추려고 작업 속도를 높이는, 이번 주말에 상영되는 영화에 대한 풍부한 정보가 담긴 견해를 보고 싶어 하는 사람들을 위해 글을 쓰는 저널리스트. 그런 그도 자신이 잠시 반짝했다가 자취를 감추는 '해설 기사'의 수준을 뛰어넘는 긴 에세이들을 써 왔다는 사실은 인정할 수밖에 없을 것이다. 『위대한 영화』 시리즈는 한층 더 나아가, 문인이 자신의 자질을 제대로 드러내게 해 주는 분야인, 특정 주제를 다루는 에세이라는 고전적인 영역에 진입한다.

최상의 기준을 적용해서 본 세 권에 실린 에세이들은 순純문학적인 글이다. 특정한 어떤 영화를 다룬 글은 읽는 즉시 이해되는 예술 작품이 되고, 독자가 머릿속에서 그 영화에 대한 기억을 불러내게 만드는 경험이 된다. 특정 영화와 관련된 역사적 배경과 개인적 배경은 스크린에 등장하는 핵심적인 순간들의 조망에 매끄럽게 통합되고, 독자의 모골을 송연하게 만들 수도 있는 상쾌한 필치로 설명된다. 이것은 가장 뛰어난, 대상이 된 작품의 가치를 인정하고 기념하는 평론이다. 이들 에세이 중 한 편을 읽어 보라. 읽자마자 그 영화가 보고 싶어질 것이다. 이전에 많이 본 영화일지라도 말이다.

분석적인 비평을 제공하는 차원에서, 에버트는 단 한 문장으로도 어떤 신에 대한 생각을 불러일으킬 수 있다. 그의 눈과 귀는 날카롭다. 그는 숏들의 배경에 있는 디테일들을 감지한다. 그는 감독이 구상한 화면 구도와 관련한 전략들을 구체적으로 파악할 수 있다(그를 제외한 우리 같은 사람들은 프레임을 정지한 화면을 활용해야 한다). 그는 대사 한 줄을 인용하는 것만으로도 어떤 영화의 핵심을 파고든다. 세상 모두가 <이유 없는 반항Rebel Without a Cause>에서 제임스 딘James Dean이 툭하면 다투는 부모에게 울부짖는 순간을 기억한다. "두 분은 나를 찢어발기고 있어요!" 그런데 우리가 그 대사를 기억하는 건 그 대사가 클리셰로 사용되기 때문이다. 그런데 에버트는 그 뒤에 이어지는 대사를, 사춘기인 짐이 느끼는 혼란을 반영한 더 기이한 대사를 인용한다. "어머니는 이 얘기를 하고 아버지는 다른 얘기를 하고, 그래 놓고는 모두 다시 말을 바꿔 버려요." 그리고 이 디테일은 에버트가 어떻게 이 신이, 그리고 비슷한 다른 신들이 1950년대의 교외 거주자들이 느낀 불만보다 깊은 곳에 있는, 인생에 무슨 의미가 있을지에 대한 실존적인 의혹에 던지는 불안감에 젖은 시선으로 향하는 문을 열어젖혔는지에 대한 숙고에 빠지게 만든다.

이런 따분한 불확실성이 (아마도 의도치 않은) 괴리를 보여 준 덕에 이 영화는 더욱 강렬한 영화가 됐다. "<이유 없는 반항>은, 그 영화의 주인공이 그러는 것처럼 무슨 말인가를 간절히 하고 싶어 하지만 하고 싶어 하는 말이 무엇인지는 알지 못한다. 그 말을 알았더라면 이 영화는 매력을 잃었을 것이다." 에버트는 <지옥의 영웅들The Big Red One>, <분홍신The Red Shoes>, <진홍의 여왕The Scarlet Empress>과 다른 클래식들에서 발견되는 그런 긴장감에 예민하다. 에버트는 형식적인 완벽함을 찬양하는 것과 더불어, 작품 자체가 감당하지 못하는 충격을 자주 풀어놓는 야심찬 영화들의 가치도 인정한다. 이런 부조화는 우리에게 감상하고 있는 작품에 담긴 함의를 통해 영화를 생각해 보라고 요구한다.

스크린이 제공한 세계를 향한 에버트의 탐구에서는 강렬한 생각들이 생기고 또 생긴다. 그는 위대한 영화는 직접적이건 암묵적이건 사랑과 신뢰, 도덕적 헌신, 죽음에 대한 영원한 관심을 빚어낼 거라고 판단한다. 그 점을 가장 분명하게 보여 주는 작품으로 베리만Ingmar Bergman의 영화들이 있다. 그 영화들은 작품의 복판에 항상 그런 궁극적인 이슈들을 배치한다. 그러면서 에버트는 자신의 감정을 가장 잘 드러내는 글에 빠져든다. "<화니와 알렉산더Fanny och Alexander>의 사건들은 아이들의 기억이라는 프리즘을 통해 등장한다고도 볼 수 있다. 그래서 반쯤은 이해되고 반쯤은 망각된 사건들이 그들의 삶을 설명하는 새로운 우화로 재구축된 것이다."

비슷하게 웰스Orson Welles는 인간의 삶에 대한 깊은 관심이라는 주제를 탐구할 수 있는 기회를 절대로 회피하지 않았다. 에버트가 보기에 <심야의 종소리Campanadas a Medianoche>는 웰스가 후기에 작업한 최고의 작품일뿐더러, 자신의 삶을 담아낸 자전적인 작품이자 권력과 충심에 대해 명상하는 작품이기도 하다. 에버트가 보기에 웰스는 셰익스피어의 희곡을 팔스타프가 정치적 책임에 대한 타협에 맞서 아낌없이 뿜어내는 활력을 보여 주는 배경으로 다룬다.

그런데 에버트는 덜 엄숙한 작품에서도 숙고에 잠기고는 한다. 비행기에서 옆자리에 앉은 사람치고 우러러보지 않는 사람을 보지 못한 것 같은 <사랑의 블랙홀Groundhog Day>은 에버트가 독특한 견해를 내놓게 만든다. 그는 빌 머레이Bill Murray는 그 영화를 경이로운 작품으로 만드는 데에서 그치지 않는다고 지적한다. "그는 더 어려운 일을 해낸다. 그건 바로 이 영화를 견뎌 낼 만한 영화로 만드는 것이다." 에버트는 나아가 머레이의 "사람들과 동떨어진 우울한 면모"를 묘사한다. "그는 성실함과 솔직함을 자신을 향해 사용될 수도 있는 무기로 간주한다. (…) 그는 시트콤 세계의 햄릿이다." 에버트는 여기에서 그 영화를 "물질 만능 주의가 판치는 우리 시대를 위한 우화"로, 쉽게 나타나지 않는 영성靈性에 대한 반反뉴에이지 분위기의 비전으로 생각하는 쪽으로 조용히 이동한다. 영화는 해피 엔딩 대신 결함이 없는 사람으로 남은 주인공을 보여 준다. "그는 다른 사람 필이 아니라 더 나은 사람 필이 된다."

19세기에 문학은 역사와 사회, 개인들의 관계를 이해하는 측면에서 중추적인 예술이 됐다. 에밀 졸라는 예술은 기질을 통해 본 자연이라고 말했다. 우리는 복잡한 상황에 처한 개인들의 문제를 헨리 제임스적이라고 부르는 법을, 또는 친구에게 디킨스나 제인 오스틴의 작품에서 곧장 튀어나온 것 같다는 딱지를 붙이는 법을 배웠다. 그런 이유로 문인은 현대인의 삶과 그것을 해석하는 데 바쳐진 예술이 접하는 지점을 세심하게 추적했다. 그런데 영화들은 — 그리고 여기에 있는 영화 세대의 또 다른 복음서는 — 우리에게 문화적 시금석을 제공한다. 이제 우리는 다른 사람을 루퍼트 퍼프킨이나 앨비 싱어 같은 사람으로 여긴다. 직원 회의를 보면서 마르크스 형제Marx Brothers나 <대부The Godfather>를 떠올린다. 언젠가 어떤 위원회의 회합에 갔다가 어떤 프로젝트에 대해 이런 말을 한 적이 있다. "이번 일은 느낌이 좋지 않아I have a bad feeling about this." 그러자마자 어느 동료가 말했다. "당신이 <스타워즈Star Wars>를 인용하는 건 처음 들었네요." 나는 내가 그런 일을 했다는 걸 조금도 인지하지 못했었다.

에버트는 영화가 우리의 만국 공통어가 됐다는 걸, 우리의 창문이자 거리 측정기이자 현미경이 됐다는 걸 이해한다. 그는 영화에 대해 고

심하면서, 영화에 담긴 즐거움과 영화가 안겨 주는 난점들이 어떻게 우리에게 지혜의 공간으로 난 문을 열어 주고 있는지를 보여 준다. 위대한 영화들은 우리를 가르치는 동시에 즐겁게 해 주고, 각각의 영화는 그 영화가 위치한 좌표에 우리가 굳건하게 닻을 내리게 만들어 주기 때문에, 우리는 우리가 사는 고해 같은 세상을 순식간에 밝고 선명하며 이해할 수 있는 무언가로 탈바꿈시켜서 볼 수 있게 된다.

영화에 대한 애정과 이런저런 아이디어에 대한 애정에 흠뻑 젖은 에버트의 『위대한 영화』 에세이들은 순문학적인 글들이 늘 해온 일을 해낸다. 그 글들은 최소한의 노고를 투입해서 얻을 수 있는 예상치 못한 생각을 촉발시킨다. 어떤 예술 작품이 취한 전제들이 완벽하게 보편적일 경우, 재치 있고 선명한 논평들은 세상이 어떻게 보일 것인가에 대한 깊이 있는 즐거움과 엄청나게 큰 심사숙고로 이어진다. 영화에 대한 에세이들을 모아 놓은 작품에 대해 하는 이야기치고는 과한 얘기처럼 들리겠지만, 예리한 시선과 가식 없는 모습, 열린 마음으로 하는 칭찬이 고루 섞인 그 글들은 그런 찬사를 받을 만한 정당성을 한껏 갖고 있다고 생각한다. 로저 에버트는 열정을 갖고 임한 영화 감상은 삶을 이해하는 경로를 열어 준다는 걸 실례를 보여 주며 입증한다.

내가 쓴 『위대한 영화』 시리즈에 들어 있는 영화들을 한 번에 한 편씩 감상하고 있다는 이야기를 나한테 하는 사람이 얼마나 많은지 알면 당신은 깜짝 놀랄지도 모른다. 이 책들이 완벽하다는 말을 하는 게 아니다. 나는 '최고작'을 꼽는 리스트를 혐오한다. 그 리스트들은 누군가가 그날 제출할 수 있는 리스트였다는 걸 제외하면 어떤 주제를 다룬 최고작이 아니다. '가장 위대한 공포 영화 100편'이나 '뮤지컬 100편'이나 기타 등등의 리스트를 보면 그걸 만든 사람에게 묻고 싶어진다. "당신은 그걸 어떻게 아나요?" 내 책들에는 위대한 영화들이 실려 있고, 위대하지 않은 영화들이 실려 있지만, 이 책들에 실린 영화치고 내가 강하게 반응하지 않았던 영화는 없다. 바로 이게 내가 장담할 수 있는 말이다.

나는 좋은 영화는 보는 이를 교화하는 힘을 갖고 있다고 믿는다. 그런 영화들은 우리가 우리하고는 다른 인생을 사는 사람들에게 공감할 수 있게 해 준다. 나는 그런 영화들이 우리가 사는 공간과 시간으로 만들어진 상자에 창문들을 뚫어 준다고 말하기를 좋아한다. 여기 있는 이 책은 그런 창문들로 가득한 세 번째 책이다.

방금 전에 이 세 번째 책에 실린 영화 백 편의 제목을 살펴봤다. 그러던 중에 그 영화 대부분을 다시 보고 싶다는 생각이 들었다. 이건 비유적으로 하는 표현이 아니다. 성스러운 폴린 케일Pauline Kael은 한 영화를 두 번 보는 일은 결코 하지 않는다는 단호한 태도를 취했지만, 나는 좋은 영화는 듣고 또 듣고는 하는 좋아하는 음반과 비슷하다고 생각한다. 어떤 면에서 영화 한 편은 나를 위해 마련된 '장소'다. 나는 그곳에 간다. 나는 런던을 거듭 방문하는 것처럼 <피츠카랄도Fitzcarraldo>와 <다크시티Dark City>, <만춘晩春>, 베리만Ingmar Bergman의 3부작 <거울을 통해 어렴풋이Såsom i en Spegel>, <침묵Tystnaden>, <겨울빛Nattvardsgästerna>을 거듭해서 본다.

이 책에는 네 번째 베리만 영화도 있다. <화니와 알렉산더Fanny och Alexander>가 그 작품이다. 그의 영화들은 최근 들어 나한테 무척이나 중요해졌다. 『위대한 영화 2』를 출판한 후에 건강 문제로 겪은 이런저런 모험에 대한 이야기를 장황하게 늘어놓고 싶은 마음은 없지만, 나는 영화를 한 편도 감상하지 못하고 영화에 대한 글도 못 쓰는 시기를 겪었다. 금욕의 시기를 겪은 후 극장에서 본 첫 영화는 <인디아나 존스: 크리스탈 해골의 왕국Indiana Jones and the Kingdom of the Crystal Skull>이었다. 돌이켜보면 탁월한 선택이었다. 그 영화는 나름대로 훌륭했다. 이 책에서 — 또는 다음 책을 출판할 수 있을 경우에는 다음 책에서 — 그 영화의 제목을 볼 일은 없겠지만, 그래도 여전히 그 영화는 탁월한 선택이었다.

퇴원해서 집에 돌아온 후에 평소 일정을 재개했다. 무엇보다 2주에 한 편씩 쓰는 '위대한 영화' 에세이를 다시 쓰기 시작했다. 나는 그 영화 대부분을 DVD로 감상했고, <대부 2The Godfather II> 같은 몇 편은 대형 스크린으로 감상했다. 일부 영화는 극장에서 볼 수 있었다. 베케르Jacques Becker의 <현금에 손대지 마라Touchez pas au Grisbi>(2권에서 리뷰했다)는 시애틀에서 방사선 치료를 받을 때 그곳에 있는 재상영관에서 봤다. 다른 영화들과 마찬가지로 그 영화는 나를 다른 공간으로 데려가는 선물을 내게 줬다. 또한 베케르와 장 가뱅Jean Gabin을 향한 내 애정을 더 확고하게 만들었다.

나는 집에 돌아오자마자 깊은 묵상에 잠긴 분위기를 연출하는 거장인 베리만에게 향했다. 크라이테리언에서 새로 출시된 그의 3부작 DVD는 경이로운 흑백의 아름다움을 복원한 작품들로, 나는 그 DVD에 푹 빠졌다. "그의 위대한 촬영 감독 스벤 닉비스트Sven Nykvist"라고 쓰는 건 판에 박힌 표현이지만, 하느님께 맹세컨대 그는 정말로 '위대하다.' 나는 부지불식간에 그가 친 조명의 완벽함을 묘사하려 애쓰고 있었다. 나는 삶과 죽음, 죄책감, 피할 수 없는 죽음, 그리고 베리만 자신이 하나님의 침묵이라고 간주하는 것에 대해 근본적인 질문들을 던지려는 열정에 강하게 반응했다. 모두 내가 처음 개봉했을 때 본 영화들이었지만, 나이를 먹고 죽음의 골짜기를 걷고 나니 그 영화들이 무척이나 다르게 보였다. 노먼 커즌스Norman Cousins는 투병하는 동안 코미디가 치유에 큰 도움을 줬다고 생각한 것으로 유명하다. 내 입장에서는 베리만이 큰 도움이 됐다. 그 몇 달 간 나는 재미있는 일이 많다는 생각을 하지 못하고 있었다.

정말로, 이 리스트를 살피면서 순수한 코미디는 척 존스Chuck Jones의 만화 영화들과 <마이 맨 갓프리My Man Godfrey>, 채플린Charlie Chaplin의 <위대한 독재자The Great Dictator>, 해럴드 로이드Harold Lloyd의 <마침내 안전Safety Last!> 네 편뿐이라는 걸 알고는 깜짝 놀랐다. <진홍의 여왕The Scarlet Empress>과 <플레이타임Platytime>도 코미디로 여길 수는 있을 것이다. <밴드웨곤The Band Wagon>과 <마이 페어 레이디My Fair Lady>,

<톱 햇Top Hat>, <바그다드의 도둑Thief of Bagdad>도 웃기는 장면이 많은 영화들이지만, 그 영화들을 코미디라고 부를 수 없다. <사랑의 블랙홀Groundhog Day>은 코미디의 일종이지만, 시간이 우리가 타인들과 유대 관계를 맺을 수 있게 만들어 주는 이유를 심오하게 탐구하는 작품이기도 하다.

그 문제에 있어서 엄청나게 웃기는 장면 중 일부는 코미디하고는 아무런 관련이 없는 장면이다. 나는 <현금에 손대지 마라>의 리뷰에서 가뱅이 연기하는 캐릭터가 아늑하고 편안한 방과 축음기, 새 옷, 심지어 손님용 파자마까지 있는 비밀 은신처에 돌아오는 신을 묘사했다. 그는 자신이 어쩔 도리 없이 그곳에 피신하게끔 만들어 버린 오래 사귄 멍청한 친구에 대한 독백을 보이스오버로 전한다. 그는 화가 치밀지만 그래도 다정한 면모는 유지하고 있다. 가뱅은 내면에서 하는 독백을 미묘한 보디랭귀지로 잘 드러내 보인다. 진정성이 담겨 있는 이 신은 웃기는 신이기도 하다. 객석에서 큰소리로 웃는 사람은 아무도 없지만 말이다. 코미디의 특성은 이런 장면에도 담겨 있다.

사람들은 나한테 자주 묻는다. “어떤 영화에 대한 마음이 바뀐 적이 있나요?” 거의 없다. 내 견해를 가다듬어 개선하는 일은 있지만 말이다. 나는 이 책에 실린 영화 중에서는 <대부 2>와 <블레이드 러너Blade Runner>에 대한 견해를 바꿨다. 나는 내가 쓴 <대부 2>의 오리지널 리뷰를 보면서 <볼케이노Joe versus the Volcano>에서 톰 행크스Tom Hanks를 괴롭힌 ‘뇌에 구름 낀’ 상태에 들어갔다. 간단히 말해 내 리뷰는 틀렸다. <블레이드 러너>의 경우, 나는 리들리 스콧Ridley Scott이 내놓은 디렉터스 컷이 훨씬 더 잘 작동하는 영화라고 생각한다.

<사랑의 블랙홀>에 대한 생각도 바뀌었다. 나는 그 영화가 기상캐스터가 처한 곤경을 다룬 영화가 아니라 시간과 의지의 본성을 다룬 영화임을 뒤늦게 이해하고서야 그 영화를 이 책에 넣게 됐다. 그 영화를

처음 봤을 때에는 빌 머레이Bill Murray가 주류 코미디 업계에서 가진 명성 때문에 잠시 산만해졌던 것 같다. 그런데 어딘가에 있는 필름 스쿨을 다니는 사람 중에 누군가는 지금도 머레이가 카메오로 출연한 영화들에 머레이 자신의 철학을 불어넣는 방식에 대한 논문을 쓰고 있을 것이다. 그의 카메오 출연은 그가 <면도칼의 모서리The Razor's Edge>에서 더 관습적인 방식으로 표현하려 애썼던 것을, 그리고 본질적으로 코믹한 소재에 묵직한 무게감을 부여하는 데 도움을 주는, 실존을 바라보는 영적인 관점을 담아낸 영화 <사랑의 블랙홀>의 밑바닥에도 깔려 있던 것을 전복적으로 꽃피운 작업일 것이다.

내 책에 실린 영화들의 리스트에는 내가 좋아하는 일군의 영화도 보였다. 바로 이상한 영화들이다. 닳고 닳은 동일한 공식들을 반복하는 영화가 무척 많기 때문에 뭔가 예상치 못했던 참신한 일을 하는, 그러면서 그 작업을 잘 해내는 영화들을 보면 고맙기 그지없다. <레올로 Léolo>, <위드네일과 나Withnail and I>, <엑조티카Exotica>, 조도로프스키 Alejandro Jodorowsky의 한껏 달아오른 <성스러운 피Santa Sangre>를 숙고해 보라. 그중에서도 가장 이상한 영화는 벨라 타르Béla Tarr의 <베크마이스터 하모니즈Werckmeister Harmóniák>다. "당신이 영화가 시작되고 20~30분이 지난 후에도 극장을 나가지 않았다면, 당신은 그 후로는 객석에서 몸을 꼼짝도 못하게 될 것이다"라는 내 주장에 설득되지 않을 독자들도 일부 있을 테지만 말이다.

다른 영화 몇 편도 언급해야겠다. <여자 이야기A Woman's Tale>는 부당하게 무시되는 호주 감독 폴 콕스Paul Cox가 만든 걸작이다. <물라데Moolaadé>는 세네갈 감독 우스만 셈벤Ousmane Sembene의 유작으로, 나는 셜록 홈스 파이프를 흡족하게 빼끔대는 81세의 그를 칸에서 내가 묵은 작은 호텔의 로비에서 만난 적이 있다. 나는 이 책의 영화 목록에 문제 많은 <의지의 승리Triumph des Willens>를 포함했다. 이 영화는 내가

'어쨌든 위대한 영화란 무엇인가?'라는 궁극적인 질문에 억지로 대면하게 만들었다는 이유로 나를 몸부림치게 만든 영화다.

그리고 <프레리 홈 컴패니언A Prairie Home Companion>이 있다. 옳건 그르건, 나는 이 영화는 로버트 올트먼Robert Altman이 세상에 보내는 작별 인사로 만든 영화였을 거라고 믿는다. 그는 내가 혼수상태에 있을 때 세상을 떠났고, 아내는 그 소식을 두 달간 내게 전하지 않았다. 어쨌든 아내의 처사는 잘한 일이었다. 올트먼의 <매시MASH> 시사회를 본 그날부터 올트먼은 내가 모범적인 영화감독의 귀감으로 삼은, 내가 개인적으로 꾸린 극장을 빛내 준 감독이다. 나는 그의 인생과 영화들에 철저하게 공감했었다.

2009년에 <트랜스포머: 패자의 역습Transformers: Revenge of the Fallen>(<트랜스포머 2>)이 개봉된 후, 나는 약간의 분란을 일으켰다. 그 영화는 거의 범죄 행각이라고 할 정도로 멍청한 영화였다. 그 영화의 일부 팬들이 그 영화를 역사상 가장 위대한 영화 중 한 편으로 간주한다는 것을 알게 된 나는 그 사람들은 "충분히 진화되지" 못한 사람들일 거라고 말했고, 그러면서 그 사람들을 분노하게 만들었다. 세상에 이런 속물이 다 있나! 나는 도대체 나를 어떤 존재로 생각했던 걸까?

나는 실제로 고상한 척하는 속물이다. 당신이 다음과 같은 속물의 정의에 동의한다면 말이다. "특정한 분야에 대한 자신의 취향이 남들의 그것보다 뛰어나다고 믿는 사람." 나는 그런 사람이다. 이건 자존심 문제가 아니다. 40년 넘게 영화에 대한 글을 쓰고 영화를 가르쳐 온 후에 갖게 된 신념의 문제다. 내 취향은 팬보이의 취향보다 발전되어 있다. 오늘날 우리는 저열한 취향을 가진 사람에게 결례를 범하기를 끔찍이도 무서워한다. 당신이 마일리 사이러스Miley Cyrus(하나님께서는 그녀를 사랑하신다)를 우러러볼 수도 있다. 그런데 나는 빌리 홀리데이Billie Holiday를 더 좋아한다. 왜? 속물이니까. 팬들이 <트랜스포머 2>를 부르는 애정 어린 명칭인 'T2RF'를 옹호하려고 이런저런 궁리를 하는 건 가능한 일이다. 어느 설득력 있는 평론가는 그 영화를 '팝 아트'에 비유하기도 했다. 흐음, 좋다. 아무튼 그는 나름의 주장을 폈다. 그에게는 그럴싸한 이유들이 있었다. 그는 그 영화를 특정한 맥락에서 고려했다. 그런데 내가 <T2RF>를 '세상 사람 모두가 그러는 것만큼' 많이 '사랑하지' 않는다는 이유에서 속물이라고 주장하는 건, 고민과 경험을 적게 한 사람을 고민과 경험을 많이 한 사람보다 더 가치 있는 사람으로 여기는 짓이다.

내가 내린 최종 결론은 무엇인가? 어떤 것에 대해 많이 아는 방법은 그 대상을 더 깊이 있게 경험하는 것이다. 내게 그걸 증명할 방법은 없다. 하지만 나는 <T2RF>를 사랑하는 것에서 시작한 사람이 이 책에 실린 영화들을 경험한 후에도 그 영화를 사랑하는 결말을 맞게 되기란 불가능한 일일 거라는 걸 놓고 당신과 내기를 할 수도 있다. 그 내기에 반짝반짝 빛나는 새 동전을 걸겠다.

차례

| **강**<br>The River | 감독 | 장 르누아르 | |
|---|---|---|---|
| | 주연 | 토머스 E. 브린, 패트리샤 월터스, 라다 버니어 | |
| | 제작 | 1951년 | 99분 |

장 르누아르Jean Renoir, 1894-1979의 <강>은 쌀로 쑨 풀로 마당에 동그라미를 그리는 것으로 시작한다. 동그라미 패턴이 계속된다. 오프닝 신에서 인도에 거주하는 영국인 가정의 아이들은 현관의 난간 틈으로 옆집에 도착하는 새 이웃을 지켜본다. 결말에서는 한 명이 줄어든 똑같은 아이들이 똑같은 난간에서 떠나는 사람들을 지켜본다. 현관은 '나름의 삶을 가진' 강을 굽어본다. 강이 흐르고 계절이 정해진 순서대로 흘러가는 동안, 한 해가 갔다는 것을 기념하는 인도의 축제들과 세상 만물이 삶에서 죽음으로, 그런 후에는 부활로 응당 그래야 하는 것처럼 흘러간다.

이 영화는 위대한 감독으로 꼽히는 장 르누아르가 만든 가장 소박하면서도 아름다운 영화에 속한다. 인도에서 태어나 오랫동안 그곳에 거주한 루머 고든Rumer Godden이 쓴 소설을 원작으로 한 이 영화는 새로 온 이웃과 사랑에 빠지는 어린 소녀 해리엇(퍼트리샤 월터스

Patricia Walters)의 눈으로 바라본 그녀의 유년기를 기억한다. 이웃은 존 대위(토머스 E. 브린Thomas E. Breen)로, 전쟁에서 다리 하나를 잃고 지금은 사촌인 존 씨(아서 실즈Arthur Shields)의 집에 살려고 온 미국인이다.

우리는 해리엇의 가족을 만난다. 그녀의 부모, 세 자매와 남동생 보기Bogey. 우리는 존 씨의 딸 멜라니(라다 버니어Radha Burnier)도 만난다. 멜라니의 인도인 어머니는 세상을 떠났다. 그리고 해리엇의 아버지가 관리하는 삼베 공장 소유자의 딸인 발레리(에이드리언 코리Adrienne Corri)도 만난다. 다른 이들도 있다. 가족의 유모, 멜라니에게 구애하는 젊은 인도 청년, 문지기 시크Sikh, 보기의 놀이 친구인 어린 인도 소년.

영화가 다루는 기간은 1년이다. 하지만 소녀들이 놀면서 일기를 적고, 출입문 밖에서 인생이 흘러가는 것을 관찰하며, 존 대위에게 매혹되는 동안에 영화는 여름날이 한없이 이어지는 것 같은 인상을 준다. 인도의 빛의 축제가 벌어질 때, 태엽으로 작동되는 축음기에서 음악이 흘러나오는 가족의 집에서 조촐한 파티가 열린다. 나이 많은 여자아이들은 존 대위에게 춤을 청하고, 그는 결국 발레리와 한쪽 구석에 자리를 잡는다. 대위에게 반한 어린 해리엇의 눈에도 그가 빨강머리 발레리에게 눈을 두고 있다는 사실이 명백해진다. 해리엇이 깨닫지 못하는 건, 대위가 인도인의 피를 물려받은 혼혈 친척인 멜라니에게 매력을 느끼고 있고 그녀도 그에게 그런 마음을 품고 있다는 것이다. 어느 날, 멜라니와 해리엇이 발레리와 존 대위를 따라 숲으로 간다. 거기서 존 대위와 발레리는 키스를 한다. "내 첫 키스였다." 해리엇은 기억한다. "그런데 다른 사람이 받은 키스였다." 멜라니도 똑같은 기분이었을 게 분명하다.

소녀들이 존 대위에게 빠진 것은 어느 정도는 그가 그들의 인생에서 그럴 자격을 갖춘 유일한 남자이기 때문이다. 다른 캐릭터는 한 명도 등장하거나 논의되지 않는다. 그들은 그가 슬픔에 잠겼고 세상과

거리를 두려 한다는 것을 간과한다. 해리엇은 존 대위의 눈에 띄는 존재가 되기에 충분할 정도로 나이를 먹고 싶어서 조바심을 낸다. "될 정도로 예뻐지고 싶어요." 그녀는 임신한 어머니에게 말한다. 해리엇의 내레이션은 성인成人의 목소리다. 우리는 이 사건들의 배경이 1946년경임을 이해한다.

존 대위는 거주할 목적으로 인도에 왔다. 그는 백인과 인도인의 혼혈인 멜라니에게 말한다. 자신은 외다리라서 아웃사이더라고 느낀다고. "나는 어디를 가건 이방인이야." 그가 말하자 그녀는 차분하게 대답한다. "외다리들만 사는 나라를 어디에서 발견할 수 있을까요?" 그녀 역시 혼혈 혈통 때문에 이방인이다. "네가 속할 곳이 어디인지를 모르겠구나." 그녀의 아버지가 그녀에게 한 말이다.

이들 모두의 삶이 인도와 동떨어진 삶이라는 것은 확실하다. 우리는 멜라니와 그녀에게 구혼하는 인도인 구혼자 사이에, 또는 보기와 인도인 놀이 친구 사이에 오가는 대화를 결코 알아듣지 못한다. 유모가 하는 말은 유모들이 하는 특유의 말에만 국한되어 있다. 그녀에게는 인도에서 유모를 부르는 통칭인 '아야ayah'라는 호칭조차 부여되지 않는다. 가족의 거처 밖에 있는 실제 인도의 장면들은 대부분 롱 숏으로 포착된다.

영화는 감정을 고조시키는 멜로드라마 위주로 구성되지 않았다. 그런데 두 아웃사이더인 멜라니와 존 대위가 거의 암호나 다름없는 말로 대화를 할 때 무척이나 심오한 감정이 표출된다. 멜라니가 크리슈나 왕자와 라다라는 이름의 신부의 만남에 대한 이야기를 들려주는 황홀한 신이 있다. 멜라니를 연기한 여배우 라다는 댄서로, 그녀가 연기하는 캐릭터의 이야기는 인도 종교의 컬러와 미스터리가 외따로 사는 영국인 가정의 거주지로 들어가게 해 주는 댄스 신으로 이어진다.

마틴 스콜세지Martin Scorsese는 복원된 프린트를 담아 새로 출시된 크라이테리언 DVD에 실린 인터뷰에서 <강>과 마이클 파월Michael Powell의 <분홍신The Red Shoes>이 "역사상 가장 아름다운 컬러 영화 두 편"이라고 말한다. 나는 몇 년 전에 버지니아영화제에서 스콜세지가 개인적으로 소장한 35밀리미터 사본을 상영했을 때 이 영화를 처음 봤다. 내가 그 이야기를 하자 그는 말했다. "나는 그 영화를 1년에 세 번씩 봐. 가끔은 네 번도 보고." DVD에서 그는 르누아르의 걸작으로 간주되는 <게임의 규칙La Règle du Jeu>보다 이 영화가 자신에게 더 힘 있게 파고든다고 말한다. 그 의견에 동의하는 사람들이 있고, 그렇지 않은 사람들이 있다. <강>은 인생을 플롯에 억지로 우겨넣으려 애쓰는 일 없이 넌지시 바라보는 방식에서 오즈 야스지로小津安二郎의 영화와 비슷하다. 해year가 흐르는 동안, 소녀들은 품에 안을 수 없는 똑같은 남자와 사랑에 빠지고, 사망과 탄생이 있으며, 강은 계속 흘러간다.

인상파 화가 피에르오귀스트 르누아르Pierre-Auguste Renoir의 아들인 장 르누아르는 1924년에 데뷔작을 연출했다. 그는 1941년에 나치를 피해 할리우드로 이주했을 때 이미 거장 대우를 받고 있었다. 할리우드에서 작업하면서 성공도 하고 실패도 한 그는 <강>을 만들 무렵에는 실직자나 다름없었다. 이 영화의 제작비를 댄 인물은 할리우드의 아웃사이더인 케네스 매켈다우니Kenneth McEldowney로, 고든의 소설을 사랑한 할리우드의 화훼업자였다.

르누아르는 인도에서 로케이션 촬영을 해야겠다고 고집했다. 그는 결국 조카 클로드 르누아르Claude Renoir를 카메라맨으로 데려가 그렇게 작업했다(젊은 사티야지트 레이Satyajit Ray가 조감독이었다). 이 영화는 인도에서 제작된 최초의 테크니컬러 영화였다. 제작비는 적었다. 스타는 없었고, 출연진 중 일부는 연기 경험이 전혀 없는 사람들이었다. 이 영화의 분위기 대부분은 르누아르가 활용한 시장과 강변의 인생, 연례 축제, 일하는 뱃사람들, 물에서 몸을 씻고 기도를 할 정도로 당당한 동시에 겸손하게 계단을 내려오는 인도인들을 보여 주는 다큐멘터리 필름에서 흘러나온다.

영국인 가족은 이런 인도와 동떨어져 살면서, 자신들이 그렇다는 사실을 안다. 그들의 정원에 쳐진 벽의 뒤쪽은 근엄한 문지기 시크의 보호를 받는 격리된 세상이다. 보기의 어린 놀이 친구만이 벽을 타고 오른다. 소년들은 함께 시장을 구경하면서 뱀을 부리는 곡예사를 지켜본다. 보기는 정원 바로 밖에 있는 커다란 반얀나무(뿌리가 땅에 닿으려고 가지에서 떨어져 내려온 나무로, 신과 혼령들이 살고 있다는 말이 있는 나무) 뿌리에서 다른 뱀을 발견한다.

식민주의와 인종주의와 관련된 우울한 이슈들이 있다. 존 대위가 멜리니와 벌이는 로맨스에서 뒷걸음질치는 것은 그녀가 백인이 아니라서 그런 걸까? 어마어마한 삼베 꾸러미를 공장으로 들여오는 노동자들을 보는 것을 "무척 좋아한다"고 말하는 해리엇의 아버지는 가부장적인가? 이런 이슈들이 있지만, 르누아르는 그것들에는 결코 초점을 맞추지 않는다. 그리고 해리엇의 삶은 그녀가 알고 있는 것만 보여 준다.

그녀의 세상 중심은 계단 아래에 있는 작은 공간으로, 그녀는 자신이 쓴 시와 일기를 그곳에 보관한다. 그래서 발레리가 공책을 빼앗아 어린 여자아이가 쓴 사랑의 시를 존 대위에게 읽어 주는 것은 그녀를 배신하는 행위다. 당시 인도는 영국에서 독립하고 국가가 분할되기 직전이었다. 그런데 해리엇은 사춘기에 들어서기 직전이었다. 그녀에게는 그게 훨씬 더 중요한 일이었으니, 어쩌면 그게 당연한 일일 것이다.

요즘에는 영화들이 무척이나 공격적이고 초조해져 버린 탓에 <강> 같은 작품을 보며 기분을 가라앉히려면 참을성이 필요하다. 이 영화의 가장 극적인 순간은 스크린 밖에서 일어난다. 르누아르는 관객의 감정을 조작하는 데에는 관심이 없다. 사람들의 삶을 관심 있게 바라보는 것에 관심 있다. 우리가 좋아하는 모든 사람이 성공해야 할 필요는 없다. 우리가 싫어하는 모든 사람이 실패할 필요도 없다. 결국에는 모든 일이 정리될 것이다. 또는 그렇지 않을 수도 있다. 시간은 그렇게 흘러가고 우리의 인생은 알아서 문제를 해결한다.

<강>이 끝났을 때 제대로 마무리된 건 하나도 없다. 제인 오스틴Jane Austen은 존 대위 같은 남자는 "아내가 필요할 게 분명하다"고 고집하겠지만, 그는 영화가 끝났을 때에도 여전히 아내가 필요하다. 해리엇은 아직 장성하지 않았다. 멜라니는 그녀를 위한 공간을 아직도 찾아내지 못한 상태다. 자신이 다루는 이야기를 결말로 가져가는 르누아르의 방식은 절제된 시의 형태를 띤다. 세 소녀 모두 존 대위가 보낸 편지를 받고 계단에 앉아 읽는다. 그러다가 집안에서 갓난아기 울음소리가 들린다. 유모가 나타나 선포한다. "공주님이에요!" 그러면 세 소녀는 펄쩍 뛰어올라 집으로 뛰어 들어가고, 편지들은 잊힌 채로 펄럭이며 그녀들이 떠난 땅에 떨어진다.

# 과거로부터

Out of the Past

| | | |
|---|---|---|
| 감독 | 자크 투르뇌르 | |
| 주연 | 로버트 미첨, 제인 그리어 | |
| 제작 | 1947년 | 97분 |

대부분의 범죄 영화는 현재에서 시작해 순방향으로 전개된다. 그러나 필름 누아르는 과거로 되돌아간다. 누아르에서 주인공의 운명은 스토리가 시작되기 전부터 정해져 있다. 숙명이나 고약한 불운, 또는 주인공 자신의 흠결 많은 성격에 의해서 말이다. 범죄 영화들은 때때로 착한 남자가 악해지는 모습을 보여 준다. 그러나 누아르의 주인공은 전혀 착하지 않다. 그저 자신이 하는 짓을 정당화하면서 사건들이 그의 사악한 면모를 그에게 보여 줄 때까지 자신의 어두운 면을 알지 못하며 살아갈 따름이다.

<과거로부터>는 필름 누아르의 걸작 중 하나다. 영화는 자신의 과거, 그리고 결함과 단절하고 소도시에서 새 직업을 갖고 새 여자와 함께 새 인생을 시작하려 애쓰는 한 남자의 이야기다. 영화의 주연 배우는 로버트 미첨Robert Mitchum이다. 그는 지친 눈빛과 해야 할 말만 하는 목소리 덕에, 무심함에 에워싸인 폭력적인 남자 같은 인상 덕에

누아르 배우의 원형이 됐다. 이야기는 우리가 그를 보기 전부터 시작된다. 곤경이 그를 찾아 소도시에 당도하기 때문이다. 그의 과거에서 온 어떤 남자가 주유소에서 그를 봤고, 이제 그의 과거 인생이 손을 뻗어 그를 과거로 끌어들인다.

미첨은 제프 베일리를 연기한다. 그가 뉴욕에서 사립 탐정으로 일하던 시기의 이름은 제프 마컴이었다. 당시에 갱스터 휘트 스털링(데뷔 초기에 맡은 이 역할에서 깜짝 놀랄 모습을 보여 주는 커크 더글러스Kirk Douglas)이 케이시 모팻(섹시함과 배신의 분위기가 뒤섞인 제인 그리어Jane Greer)이라는 여자를 찾아 달라며 그를 고용했었다. 케이시는 스털링에게 총을 네 번이나 쐈고, 구타를 한 번 했으며, 짐작컨대 그의 돈 4만 달러를 갖고 떠났다. 스털링은 제프가 그녀를 데려오기를 원한다. 그는 복수하고 싶어서 그러는 게 아니라고 말한다. "그녀를 그냥 데려오는 것만 원해. 그녀를 보면 내 말이 잘 이해될 거야."

그 이야기 전체, 그리고 그 외의 많은 내용이 플래시백에서 펼쳐진다. 우리가 영화의 도입부에서 제프를 만났을 때, 그는 시에라 호숫가의 목가적인 풍경에서 사랑하는 여자 앤(버지니아 휴스턴Virginia Huston)에게 팔을 두르고 있다. 그가 그녀에게 키스하려고 몸을 굽힐 때 주유소에서 일하는 청각 장애인 지미(디키 무어Dickie Moore)가 그들을 방해한다. 지미는 수화로 낯선 사람이 주유소에 와서 그를 찾고 있다고 전한다. 남자는 스털링이 고용한 총잡이 조 스테파노스(폴 밸런타인Paul Valentine)로, 그는 제프에게 스털링이 레이크 타호에 있는 별장에서 그를 보고 싶어 한다고 말한다.

제프는 앤을 태우고 타호로 밤새 차를 몰고 가면서 자신의 사연을 들려준다. 본명과 진짜 과거를, 그가 어떻게 케이시 모팻을 추적해 멕시코까지 가서 그녀와 사랑에 빠지게 됐는지를("그러고는 그녀를 봤소. 햇빛에서 걸어 나오는 그녀를. 그러면서 휘트가 왜 4만 달러에는 관심이 없는지 알게 됐소"). 그는 앤에게 더 많은 이야기도 들려준다. 그가 케이시를 발견한 것에 대해 스털링에게 어떻게 거짓말을 했는지, 그와 케이시가 어떻게 샌프란시스코로 도망쳐 과거에서 벗어나 살아갈 수 있을 거라고 생각했는지, 제프의 전 파트너 피셔(스티브 브로디Steve Brodie)가 어떻게 그들을 발견했는지. 피셔는 외딴 통나무집으로 그들을 쫓아왔고, 케이시는 총으로 그를 죽이고 사라졌다. 제프에게 남은 건 시체와 그녀가 실제로 4만 달러를 훔쳤음을 보여 주는 통장이다.

제프는 여기까지의 이야기를 밤새 들려주고, 나머지 40분은 영화를 통해 전개된다. 그러면서 우리는 다시 현재로, 스털링의 별장 입구에 돌아와 있다. 앤은 차를 몰고 떠나고, 제프는 과거를 해결하려고 별장으로 이어지는 진입로를 걸어간다. 별장에서 제프는 스털링과 함께 있는 케이시를 발견하는데, 이건 그에게는 그다지 놀라운 일도 아니다. 스털링은 약간 작위적인 캐릭터다. 그는 케이시가 자신을 쏜 후에도 그녀를 다시 취했을 뿐 아니라, 제프가 그를 배반한 후에도 다시 제프를 고용하고 싶어 한다. 이번에 그는 제프가 자신의 장부를 정리하는 샌프란시스코의 회계사 레너드 일스를 처리해 주기를 바란다. 일스는 국세청을 들먹이며 스털링을 협박하고 있다.

미첨과 더글러스의 만남은 너무나 조용해서 알아차리지 못하고 지나갈 수도 있는 유머로 시작한다. "담배 피우겠나?" 더글러스가 제안한다. "피우고 있어." 미첨이 담배를 든 손을 들어 올리며 말한다. 그 순간 느껴지는 무언가가 상당히 괴상한 데다 영화와는 상당히 거리가 멀다고 늘 느꼈던 나는 버지니아영화제에서 <과거로부터> 상영이 끝난 후에 미첨에게 물었다.

"두 분이 담배와 관련한 개그를 보여 주겠다는 생각을 했던 건가요?"

"아뇨, 아니에요."

"이 영화에는 담배 피우는 장면이 제가 여태껏 본 어떤 영화보다

도 많아서요."

"우리는 그 문제는 한 번도 생각해 본 적이 없어요. 우리는 그냥 담배를 피웠어요. 그리고 나는 그렇다는 인상을 받지 않아요. 왜냐하면 하늘에 맹세코, 나는 이 영화를 본 적이 없거든요."

"한 번도 안 봤다는 말씀인가요?"

"보기는 봤죠. 그런데 너무 오래 전 일이라 모르겠어요."

미첨은 그런 사람이었다. 자신이 하는 작업에 무관심과 피로감을 불어넣은 최상급의 배우.

<과거로부터>에는 흡연 장면이 많다. 그리고 누아르에는 흡연 장면이 많다. 현대의 누아르조차 그렇다. 흡연이 그 장르와 어울리기 때문이다. 누아르 캐릭터들에게 좋은 건강이란 살해당하지 않는다는 운명을 의미한다. 그런데 이 영화만큼 흡연을 잘 활용하는 영화는 드물다. 미첨과 더글러스가 함께 등장하는 신에서 그들은 서로에게 담배 연기를 뿜어 가며 승화된 형태의 펜싱 경기를 벌인다고 할 수 있다. 감독은 RKO에서 음울한 드라마를 만들었던 거장 자크 투르뇌르Jacques Tourneur, 1904~1977다. 그는 <캣피플Cat People>(1942)과 <나는 좀비와 함께 걸었다I Walked with a Zombie>(1943)로도 유명하다. 그는 이 영화에서 촬영 감독 니콜라스 무수라카Nicholas Musuraca와 세 번째로 작업했는데, 무수라카는 그림자의 거장인 동시에 빛의 거장이었다. 무수라카는 두 배우 사이에 존재하는 빈 공간에 조명을 친다. 그래서 두 배우가 숨을 쉴 때, 담배 연기는 밝은 흰색 구름처럼 보인다.

미첨과 더글러스는 이 영화의 스토리가 두 사람이 벌이는 의지의 대결이라고 생각한다. 그러나 사실은 두 사람 모두 타락한 여자들에게 조종당하는 도구일 뿐이다. 케이시는 두 남자를 최소한 한 번 이상 배신한다. 회계사 일스의 관능적인 '비서' 메타 카슨(론다 플레밍Rhonda Fleming)도 있다. 미첨의 캐릭터 제프가 자신에게 무슨 일이 벌어지고 있

는지를 알면서도 계속해서 사건에 빠져드는 방식은 매력적이다. 그는 그들의 사연을 모조리 알면서도 스털링과 케이시와 다시금 엮인다. 메타가 일스와 만날 것을 제안하자, 제프는 전모를 알고 "내가 누명을 쓰고 있다고 생각해"라고 말하고 자신의 지문이 유리잔에 남도록 술잔을 건네받았다는 걸 지적하면서도 그 제안에 동의한다.

일스가 살해당하는 사건과 세금을 납부한 기록의 행방, 메타 카슨이 쓰는 속임수가 뒤섞여 등장하는 샌프란시스코의 신들은 상당히 복잡하다. 그래서 배신당하고 있는 사람이 누구이고 왜 배신당하는지를 캐릭터들이 제대로 파악하고 있다는 사실은 주목할 만하다. 디테일은 중요치 않다. 세상 물정에 밝은 터프가이 제프가 상식적인 사고를 하면서도 사건에 연루되고, 덫을 감지하고, 자신이 덫을 헤치고 나갈 수 있다고 생각하고, 그러면서도 여전히 케이시 모팻에게 매료되어 있다는 것이 중요하다.

멕시코에서 케이시가 자신은 4만 달러를 챙기지 않았다고 주장할 때, 그는 그녀를 향한 자신의 집착을 처음으로 밝힌다.

"하지만 난 아무 것도 챙기지 않았어요. 내가 한 짓이 아니에요, 제프. 나를 못 믿어요?"

"베이비, 나는 상관없어."

나중에 그는 "당신은 바람이 이쪽 시궁창에서 저쪽 시궁창으로 불어서 몰고 가는 낙엽하고 비슷해"라고 말하면서도, 그릇되고 위험함을 잘 아는 대상에 유혹되는 남자들이 때로 그러는 것처럼 그녀에게 매력을 느낀다.

필름 누아르는 잘난 척하는 건방진 사내들이 내뱉는 대사로 유명하다. 그런데 <과거로부터>의 시나리오는 촌철살인의 대사들을 모아놓은 선집처럼 읽힌다. 영화의 원작은 블랙리스트에 오른 대니얼 메인웨어링Daniel Mainwaring의 가명인 '제프리 홈스Geoffrey Homes'의 1946년도 소설 『내 교수대를 높이 지어라Build My Gallows High』다. 시나리오 크레디트는 메인웨어링에게 부여됐는데, 보도된 바에 따르면 제임스 M. 케인James M. Cain이 별도의 대사 작업을 했다고 한다. 그러나 평론가 제프 슈웨이저Jeff Schwager는 1990년 『필름 코멘트Film Comment』에 기고한 논문을 위해 시나리오의 모든 버전을 읽어 보고는 나한테 편지를 보냈다. "메인웨어링의 시나리오는 썩 뛰어나지는 않았습니다. 그리고 어떤 시나리오는 농아 청년의 형편없는 보이스오버 내레이션을 등장시킵니다. 케인의 시나리오는 원래 시나리오를 완전히 고쳐 썼는데, 이전의 시나리오보다 더 형편없습니다. 그 시나리오는 완전히 내팽개쳐졌습니다. 걸출한 대사는 실제로는 존 포드John Ford의 <독수리의 날개Wings of Eagles>의 크레디트를 받은 것으로 가장 잘 알려진 B급 영화 작가 프랭크 펜튼Frank Fenton의 작품입니다."

스털링이 살인 청부업자 스테파노스의 입을 닥치게 만들면서 모욕적으로 내뱉는 대사인 "담뱃불 붙여, 조"와 "숫자를 생각해 봐, 조"에 귀 기울여 보라. 조가 제프에게 그의 주유소를 어떻게 찾아냈는지 알려 주는 "세상은 좁아"라는 대사에 귀 기울여 보라. 그러면 제프는 대꾸한다. "그렇지. 아니면, 간판이 크거나." 그리고 케이시가 하는 대사도 있다. "그가 싫어요. 그가 죽지 않아서 유감이에요." 그러자 제프는 "그에게 시간을 줘 봐"라고 대꾸한다. 메타 카슨을 미행하라는 지시를 받은 제프의 친구인 택시 기사가 "그녀를 놓쳤어"라고 하자 제프는 말한다. "놓칠 만한 가치가 있는 여자지." 케이시는 제프에게 말한다. "당신은 착하지 않아요. 나도 마찬가지고요. 그게 우리가 서로에게 잘 어울리는 상대인 이유예요." 그리고 이 영화의 가장 유명한 대사에서 케이시는 그에게 말한다. "죽고 싶지 않아요." 그러자 제프는 대답한다. "나도 그래, 베이비. 하지만 그래야 한다면, 나는 마지막에 죽을 거야."

고향 마을의 아가씨 앤과 제프가 고용한 주유소 직원 지미가 등장하는 영화의 마지막 신은 모호한 입장을 차분하게 견지해 온 영화의 도덕적 애매함을 반영한다. 자세하게는 밝히지 않겠다. 그런데 지미가 앤의 질문에 답할 때, 그는 자신이 믿는 것을 말하는 중일까, 아니면 그녀가 믿고 싶어 한다고 생각하는 것을 말하는 중일까, 그도 아니면 그녀의 입장에서는 그렇게 믿는 게 최선이라고 생각하는 것을 말하는 중일까?

# 굿바이 칠드런

Au Revoir, Les Enfants

| | | |
|---|---|---|
| 감독 | 루이 말 | |
| 주연 | 가스파르 마네스, 라파엘 페이토 | |
| 제작 | 1987년 | 104분 |

남학생들이 쏟아 내는 무분별한 에너지에는 유쾌한 분위기가 넘실댄다. 아이들은 계단을 쿵쾅쿵쾅 뛰어다니고, 운동장에서는 죽마를 타고 전쟁을 벌이며, 야한 이미지가 실린 엽서에 넋을 잃고 빠져들고, 밤에는 플래시 불빛으로 책을 읽는다. 심지어는 공습을 피해 지하실로 대피하는 동안에도 신이 나서 어쩔 줄을 모른다. 루이 말Louis Malle, 1932~1995의 <굿바이 칠드런>의 토대 중 하나는 그가 무척이나 자연스럽게 그려 내는 1944년의 프랑스 기숙 학교의 일상이다. 영화의 중심 이야기는 무턱대고 돌진하는 소년들의 삶을 보여 준다. 그는 실제로 그곳에 있었기에 이 아이들 중 일부는 목숨을 잃게 될 것이라는 걸 잘 안다.

영화는 열두 살배기인 두 소년 쥘리앵 캉탱과 장 보네의 우정에 초점을 맞춘다. 가스파르 마네스Gaspard Manesse와 라파엘 페이토Raphaël Fejtö가 두 소년을 연기한다. 그들은 이 영화 이전에는 연기 경험이 전혀 없었고, 이후로도 연기를 거의 하지 않았다. 쥘리앵의 아버지는 공장 일 때문에 늘 집을 비운다. 쥘리앵의 활기찬 어머니는 아이가 파리에서 멀리 떨어진 안전한 곳에 있기를 원하고, 그래서 아이를 기차에 태워 부잣집 아이들이 다니는 가톨릭 학교로 보낸다. 그는 이 학교에서 존경하는 사제들과 선생님들을, 학생들이 정말로 행복한 듯 보이는 교실들을 마주하게 된다. 그리고 크리스마스 이튿날, 신입생 장Jean이 도착한다.

물론 아이들은 새로 온 아이를 괴롭히고, 쥘리앵도 거기에 가세한다. 그 또래 아이들에게 싸움은 때때로 우정을 표현하는 방식이기도 하고, 서로가 웃음을 터뜨리는 것으로 싸움이 끝나는 경우도 잦다. 두 소년 모두 독서를 좋아한다. 쥘리앵은 다른 아이들은 절대 알아차리지 못할 정도로 섬세한 일련의 신호를 통해 장이 비밀을 감추고 있음을 차츰 알게 된다. 장이 가족에 대한 질문을 회피하기 때문일까? 다른 아이들이 모두 주기도문을 암송할 때도 장은 그러지 않는 데다가 성가대 연습도 건너뛴다는 사실 때문일까? 쥘리앵은 장이 제단 앞 난간에 무릎을 꿇었을 때 신부가 장에게는 제병祭餠을 주지 않고 그 앞을 말없이 지나친다는 것을 알아차린다. 쥘리앵은 장의 라커에서 이름이 완전히 지워지지 않은 책을 찾아낸다. 거기에 적힌 이름은 '키펠슈타인Kippelstein'이다.

쥘리앵은 유대인에 대해 아는 게 거의 없다. "우리는 왜 그 사람들을 미워하는 거야?" 그는 형 프랑수아에게 묻는다. "우리보다 영리한 사람들이니까. 그리고 예수님을 죽인 사람들이니까." 쥘리앵은 이해가 되지 않는다. "그렇지만 예수님을 죽인 건 로마인들이잖아." 그런데 그는 아리따운 다벤느 양(이렌 자코브Irène Jacob)과 하는 피아노 레슨에서 떨어진 후에 장이 쉽고 아름답게 피아노를 연주하기 시작하자 장을 약간 질투하게 된다. 이후로 장이 에세이 점수를 쥘리앵보다 잘 받았을 때, 쥘리앵이 피아노 레슨에서 잘못 눌렀다가 고통스러운 느낌을 받았던 음들이 사운드트랙을 통해 간간이 들려온다. 쥘리앵이 욕조에 오래 앉아 있는 모습을 잡은 클로즈업에서 카메라가 그의 얼굴에 초점을 맞출 때, 우리는 그 음들을 다시 듣는다. 우리는 그가 자신이 알고 있는 모든 정보를 짜 맞추는 중일 거라고, 장의 비밀을 지켜 주겠다고 결심하는 중일 거라고 상상한다.

전쟁의 끝이 멀지 않았다. 독일에 고분고분 협력하는 페탱 원수의 프랑스 정부는 인기를 잃었고, 미군의 진군은 임박한 듯 보인다. "페탱을 좋아하는 사람은 더 이상 없어." 부모님이 초빙된 주말에 누군가가 말한다. 나치는 이 지역을 순찰하지만, 늘 괴물 같은 존재인 건 아니다. 쥘리앵은 어머니에게 장을 점심에 초대하자고 청한다. 프랑스 파시스트들이 다른 테이블에 앉은 늙은 유대인에게 적대감을 보이자, 다른 테이블에 앉은 독일군 장교들은 그들에게 밖으로 나가라고 명령하고는 노인에게 식사를 계속 하라고 말한다.

영화의 가장 중요한 시퀀스에서, 쥘리앵은 그림자가 짙게 드리워지고 큼지막한 바위들이 우뚝 솟아 있으며 불길한 어스름이 이르게 내린 숲에서 보물찾기를 하는 중이다. 그는 길을 잃는데, 이 장면의 분위기는 <행잉 록에서의 소풍Picnic at Hanging Rock>과 약간 비슷하다. 그는 눈에 잘 띄지 않는 어두침침한 굴에서 보물을 찾아내고, 그다음에는 장을 찾아낸다. "숲에 늑대가 있니?" 장이 묻는다. 두 아이는 멧돼지와 맞닥뜨린다. 멧돼지는 아이들 냄새를 킁킁거리다 털렁털렁 떠난다. 차에 탄 독일군 두 명이 통금이 내려진 동안 집으로 걸어가던 아이들을 발견한다. 장은 도망가기 시작하지만, 두 소년을 붙잡은 독일군은 온기를 유지하라며 담요를 주고는 아이들을 학교에 데려다준다. 독일군은 말한다. "우리 바이에른 사람들도 가톨릭이야."

그렇다. 숲에서 보낸 기나긴 하루는 쥘리앵이 보낸 1년의 이야기이자 딱히 이름도 알 길 없는 위험한 것들에 둘러싸인 채 길을 잃고 헤매 다닌 이야기다. 그는 다른 학생들과 경쟁하고, 따돌림 당하고, 비밀

을 발견하고, 그 비밀을 다른 학생인 장 보네 딱 한 명하고만 공유할 수 있다. 두 소년은 쥘리앵이 장의 비밀을 지켜주는 것에 대한 이야기를 절대로 하지 않는다. 그것은 말이 필요치 않은 문제다. “무서웠던 적 있어?” 쥘리앵이 묻자 장이 대답한다. “늘 무서워.”

<굿바이 칠드런>은 루이 말의 전시戰時 기억을 바탕으로 만들어졌다. 그는 영화에 나오는 바로 그 학교인 프티콜라주다봉에 다녔는데, 그 학교는 퐁텐블로 인근에 있는 카르멜회 수도원의 부속 학교였다. 그 학교는 다른 많은 가톨릭 학교와 단체처럼 유대인 아이들을 가명으로 받아 나치를 피할 은신처를 제공했다. 프랜시스 J. 머피Francis J. Murphy가 쓴 에세이에 따르면, 부분적으로는 그런 활동의 결과로 프랑스 유대인 중 약 75퍼센트가 전쟁에서 살아남았다.

말은 나치가 프티콜라주를 급습해 유대인 학생 세 명과 교장 선생님(실제로는 자크 신부Père Jacques, 영화에서는 장 신부)을 체포한 날을 결코 잊지 못했다. 학생들과 교사들이 안뜰에 줄지어 서 있을 때 그 작은 무리가 그 앞을 지나갔다. 신부는 뒤에 있는 학생들을 돌아보고는 말했다. “Au revoir, les enfants.” 굿바이 칠드런. 세 소년은 아우슈비츠에서 숨졌다. 본명이 뤼시앵 뷔넬Lucien Bunel인 신부는 마우타우젠 수용소에서 다른 이들을 돌보며 자신에게 배급된 식량을 나눠 먹다 전쟁이 끝나고 4주 후에 선종했다.

<굿바이 칠드런>이 1987년 텔루라이드영화제에서 처음 상영된 날을 기억한다. 나는 1972년에 루이 말과 저녁 식사를 같이 한 이후로 그와 약간은 친분이 있는 사이가 됐다. 그는 위대한 감독 중에서 가장 사귀기 쉬운 감독이었다. 나는 시사회가 끝난 후 그가 만난 첫 번째 사람이었다. 그가 울먹이며 내 손을 붙들고 했던 말을 기억한다. “이 영화는 내 이야기요. 그 이야기를 이제야 드디어 한 거요.”

루이 말은 프랑스 누벨바그의 개척자였다. 그의 <사형대의 엘리베

이터Ascenseur pour L'Échafaud>(1958)는 자전거에 실은 카메라와 자연광을 활용하며 잔 모로Jeanne Moreau를 따라 파리를 돌아다녔는데, 당시에 이것은 혁명적인 테크닉이었다. 그의 <연인들Les Amants>(1958)과 <지하철의 소녀Zazie dans le Métro>(1960)는 다른 초기 누벨바그 영화들과 동시에 등장했다. 그는 커리어 후반에는 <굿바이 칠드런>과 <마음의 속삭임Le Souffle au Cœur>(1971), <프리티 베이비Pretty Baby>(1978), <애틀랜틱시티Atlantic City>(1980) 같은 강렬하지만 더욱 관습적인 내러티브를 가진 영화들을 만들었다. 나치와 사랑에 빠진 노동 계급 젊은이를 다룬 <라콤 루시앙Lacombe, Lucien>(1974)은 <굿바이 칠드런>에 나오는 주방 보조사 요셉 캐릭터에서 부분적으로 영감을 얻은 것 같다. 말은 세계적인 성공을 거두면서 일부 프랑스 평론가들의 우호적인 시선에서 밀려났다. 그의 영화들이 대중적이면서 쉽게 이해할 수 있는 작품들이기 때문이었고, 그가 캔디스 버건Candice Bergen•과 결혼했기 때문이기도 했다. 그들의 사랑은 진실했고, 그가 1995년에 림프종으로 사망할 때도 그녀가 그의 굳건한 받침목 노릇을 해 줬는데도 말이다. 그는 세상을 떠날 때까지도 <앙드레와의 저녁 식사My Dinner with Andre>(1981)와 두드러진 작품인 <42번가의 반야Vanya on 42nd Street>(1994) 같은 실험을 마다하지 않았다. 스탠리 카우프먼Stanley Kauffmann은 리허설을 다룬 영화인 <42번가의 반야>를 체호프의 작품을 바탕으로 만들어진 영화 중 최고작이라고 생각한다.

쥘리앵이 (또는 말 자신이) 유대인 학생들이 체포되는 데 한 역할에 대해 말이 어떻게 생각했는지를 정확하게 밝히기는 어렵다. 영화에서 나치는 교실에 들어와 여기에 혹시 유대인이 있는지 아느냐고 묻는다. 쥘리앵은 무의식적으로 장의 정체를 드러낸다. 나는 내 오리지널 리

• 미국의 배우(1946~ ). 잭 니컬슨(Jack Nicholson)과 함께 주연을 맡은 <애정과 욕망(Carnal Knowledge)>(1971)이 대표작으로 꼽힌다.

뷰에 이렇게 썼다. "우리가 돌이킬 수 없을 정도로, 회복할 수 없을 정도로 그릇된 일을 하거나 말한 순간 중에서 기억하지 못하는 순간은 무엇일까? 우리의 행위가 종료되거나 우리가 하는 말이 입에서 내뱉어진 그 순간, 우리는 수치심과 회한 때문에 불길에 몸이 휩싸인 것만 같았다. 그러나 우리가 했던 일은 절대로 되돌릴 수 없는 일이었다." 맞다. 그런데 장이 붙잡힌 것에 대한 책임이 전적으로 쥘리앵에게만 있는 것인지는 명확하지 않다. "그들은 어찌 됐건 나를 붙잡았을 거야." 장은 소중하게 간직하던 책들을 쥘리앵에게 건네며 말한다.

영화는 트뤼포François Truffaut의 <400번의 구타Les Quatre Cents Coups>의 마지막 숏을 연상시키는, 쥘리앵의 긴 클로즈업으로 끝나고, 우리는 사운드트랙을 통해 말의 목소리를 듣는다. "40년 넘는 세월이 흘렀지만, 나는 죽는 날까지 그 1월 아침의 1초, 1초를 기억할 것이다." 그의 말이 끝나면, 카메라는 쥘리앵의 얼굴에 25초 더 머무르고, 사운드트랙에서는 다시금 피아노 소리가 들린다. 이번에는 차분하고 서글프며 제대로 연주된 소리가.

| # 그리스도의 마지막 유혹<br>The Last Temptation of Christ | 감독 | 마틴 스콜세지 | |
|---|---|---|---|
| | 주연 | 윌럼 더포, 하비 카이텔 | |
| | 제작 | 1988년 | 163분 |

내가 1988년에 쓴 <그리스도의 마지막 유혹>의 리뷰를 읽으면서 내 리뷰가 영화 자체보다는 신학神學에 더 많은 관심을 쏟았음을 알게 됐다. 마틴 스콜세지Martin Scorsese, 1942~ 의 입장에서, <그리스도의 마지막 유혹>의 리뷰들을 읽는 건 미칠 노릇이었을 것이다. 평론가들은 예수 그리스도가 인간인지 신성을 가진 존재인지를 결정하는 결정권자를 자임했지, 정작 영화의 연출이나 시나리오, 연기, 이미지, 피터 가브리엘Peter Gabriel의 강렬하면서도 애절한 음악을 언급하는 리뷰는 드물었다. 어쩌면 스콜세지 자신도 그런 상황을 이해하지 않았을까? 당시 분위기를 떠올려 보면 그것을 이해하는 데 도움이 된다. 이 영화는 기독교 우파가 겨냥한 표적이었다. 기독교 우파는 스콜세지가 신성을 모독하고 그보다 더한 짓을 저질렀다며 비난했다. 영화는 MGM의 제작 스케줄에서 제외됐다. 유니버설이 제작비 규모를 깎으면서 프로젝트를 되살린 후, 스콜세지는 살해 위협을 받았고 TV 전도사들로부터 개탄의 대

상이 됐다.

런던에서 휴가를 즐기던 나는 혼자만 참석하는 특별 시사회에 참석해 영화를 프리뷰해 달라는 초대를 받았다. 나한테 특전을 베풀려고 마련한 시사회가 아니었다. 안전 문제로 취해진 조처였다. 나는 영화 제목을 아무에게도 밝히지 말아 달라는, 심지어 영화의 프린트가 영국에 있다는 사실조차 밝히지 말아 달라는 신신당부를 받았다. 집에 오는 길에 뉴욕에 들른 나는 매디슨 애비뉴에 있는 공중전화로 안내받았고, 건네받은 번호로 전화를 걸어서 상대방으로부터 받은 지시에 따라 스콜세지가 살고 있는 타운하우스를 찾아갔다. 경호원들이 문간에서 나를 맞았다.

내 리뷰가 이단이라는 비난에 맞서 이 영화를 옹호하는 내용이었던 건 불가피한 일이었을 것이다. 스콜세지와 나는 가톨릭 학교에 다녔고, 종교가 구사하는 언어에 쉽게 빠져들었다. 우리는 가톨릭에 대한 이야기를 자주 주고받았다. 논리와 제식, 비전과 죄책감이 매혹적인 미궁을 이뤘던 제2차 바티칸 공의회 이전 시절의 가톨릭에 대한 이야기를 말이다. 폴린 케일Pauline Kael은 1970년대에 가장 창조적이었던 미국 감독들(그녀는 스콜세지와 올트먼Robert Altman, 코폴라Francis Ford Coppola를 꼽았다)은 전통적인 가톨릭 이미지에 둘러싸여 성장한 데에서 혜택을 받았다고 말했다. 스콜세지와 빈번하게 작업했던 시나리오 집필 파트너 폴 슈레이더Paul Schrader 역시 그보다 강도가 덜하지 않은 칼뱅주의 환경에서 자랐다. 우리는 스콜세지의 <비열한 거리Mean Streets>에서 찰리가 촛불에 손을 얹으면서 지옥불을 상상하는 이미지에, 슈레이더를 핀으로 찌르면서 지옥은 이보다 1백만 배 더 혹독한 곳이고 지옥에서 이런 고통은 결코 끝나지 않을 거라고 말한 슈레이더의 어머니 모습을 덧붙일 수 있다.

그런데 그 모든 신학적 논쟁은 이미 20년 전의 일이다. 나는 영화

를 다시 보면서 이 작품이 스콜세지가 <공황시대Boxcar Bertha>(1972) 이후 처음으로 상당 부분을 실외에서 찍은 첫 번째 영화였음을 깨달았다. 그는 도시의, 술집의, 클럽과 주방과 나이트클럽과 복싱 링과 당구장과 택시의 영화감독이다. 그는 모로코 로케이션 현장에서 딱딱한 토양과 아스라이 보이는 산들, 힘겹게 자라는 초목으로 이뤄진 광활하지만 정착해서 살기에는 어려운 지역을 발견했다. 태양은 무자비했다. 이곳은 구약의 땅이었다. 사랑과 용서의 메시지에 친절한 땅이 아니라.

이 영화의 그리스도 캐릭터는 앞서 만들어진 대부분의 영화가 그려 낸 캐릭터와는 근본적으로 다르다. 그는 자신에 대해 회의하는 지쳐 버린 개인이다. 그가 어깨에 인간들의 영혼을 짊어지고 다니는 걸 늘 기꺼워하는 건 아니다. 그가 자신은 하나님의 아들이라는 걸 모르거나 믿지 못하는 것처럼 보일 때가 여러 번 있다. 그럴 때면 그는 그 지식을 어머니와 요셉의 기억을 힐책하는 이유로 사용한다. 그는 추종자들을 질책하고 위협한다. 그는 대체로 유다에게 심중을 털어놓는데, 이 영화에서 유다는 주어진 지시를 충실히 따르기만 하는 착한 사람이라는 혁명적인 캐릭터로 제시된다. 영화는 니코스 카잔차키스Nikos Kazantzakis의 과감한 수정주의를 따른다. 카잔차키스의 원작 소설은 가톨릭교회의 금서 명단에 올랐었다.

실제로 영화는 엄밀히 따지면 불경스럽다. 나는 『내셔널 가톨릭 레지스터The National Catholic Register』의 스티븐 D. 그레이다누스Steven D. Greydanus가 쓴 사려 깊은 에세이를 통해 그 점을 수긍하게 됐다. 주류 작가인 그는 이 영화가 모독적인 이유를 간결하고 단순하게 설명했다. 내가 이 이야기를 꺼내는 건 영화나 감독이 욕구하는 그 외의 어떤 것도 불경스러울 수 있다는 사실을, 그리고 우리가 영화의 내적인 제작 의도에 대해 확신하면서 품는 소망은 그 영화가 제작진이 만들 수 있었던 능력만큼 훌륭한 영화이기를 바라는 것에만 국한돼야 한다고 주장하기 위해서다. 예수 그리스도를 정통적이지 않은 방식으로 제시하면서 그에 대한 유용한 사실과 정보를 밝히는 건 분명히 가능하다. 그러한 수정주의의 전통은 유구하다. <다빈치 코드The Da Vinci Code>라는 멍청한 작품도 그러한 전통에 포함된다. 카잔차키스와 스콜세지, 슈레이더가 내놓은 이야기는 예수의 핵심적인 미스터리, 즉 그가 신이면서 인간이라는 사실을 고심하며, 그러한 패러독스가 끼친 영향을 탐구하기 위해 픽션이라는 자유로운 형식을 활용한다.

그리스도를 연기하는 윌럼 더포Willem Dafoe는 순종적인 마조히즘의 화신인 남자를 창조해  낸다. 자신의 신성에 대한 그의 판단이 옳건 그르건, 그는 대가를 치를 준비가 되어 있다. 그리고 그런 종류의 신심은 굳건하게 품은 확신보다 용감하다. 예수가 기적을 일으키기 시작하는 영화 후반부에도 그는 자신이 직접 행한 일들을 구경하는, 그러면서 약간의 기쁨을 느끼는 구경꾼처럼 보인다.

이 영화의 핵심적인 숏은 마이클 볼하우스Michael Ballhaus의 카메라가 예수를 지나쳐 죽은 나사로의 무덤으로 들어가는 장면이다. 무덤 내부는 칠흑처럼 어둡다. 눈부신 태양과는 대조적이다. 화면은 그렇게 더 까매지고, 결국 화면 전체가 검정색으로 채워진다. 화면은 몇 초간 그 상태를 유지한다. 나는 이 숏을 예수가 자신이 행한 기적들을 체험하는 것을 상징하는 숏으로 받아들인다. 그는 그 암흑기에 불가지하고 무서운 공허에 도달하고 있다.

유다는 이 영화가 제시하는 또 다른 생생한 캐릭터다. 하비 카이텔Harvey Keitel이 연기하는 유다는 어떤 면에서는 그리스도의 매니저다. 그는 전략을 세우고 최후통첩을 공표한다. 그는 예수의 가장 가까운 친구다. 영화가 저지른 신성 모독 중 하나는 유다를 그리스도를 배신함으로써 자신이 행해야 할 의무를 수행하는 인물로 제시한 것이다. 누군가는 배신을 해야 한다. 예수는 다른 사도들과 가까운 관계를 맺지 않았다. 예수는 다른 사도들은 그들 나름의 합의에 따라 행동할 거라고 믿는 것 같다. 나는 그가 막달라 마리아와 더 가까운 사이라고 보지만, 두 사람이 갖는 대화는 조심스럽고 알쏭달쏭해 보인다. 스콜세지는 그리스도가 수행한 세속적인 역할보다는 그리스도가 벌인 내면의 투쟁에 더 큰 관심을 보인다.

나는 영화를 보면서 이 영화가 스콜세지 자신을 그리스도만큼이나 많이 다루는 영화라고 확신했다. 그는 자신의 작품들로 기적들을 행해 왔다. 그러나 그는 오랫동안 영화를 발표할 때마다, 그 영화가 그의 마지막 작품이 될 거라는 절망적인 이야기를 들어 왔다. 그에게 로마 가톨릭교회는 의무를 수행해야 할 대상인 천상의 아버지 같은 존재였다. 그런데 그는 그 의무를 항상 충실히 수행하진 않았다. 이런 추측은 무모하고 근거 없는 것일지도 모르지만, 내가 그에게서 찾아냈다기보다는 그를 보면서 취한 아이디어일지도 모르지만, 교회는 그의 내면의 삶에서, 특히 스콜세지의 유년기와 청년기에서 세상이 일반적으로 깨닫는 것보다 훨씬 더 큰 역할을 수행했다고 나는 믿는다. 이혼을 여러 번 경험한 그는 언젠가 이혼 후에 나와 나눈 대화에서 이렇게 말했다. "나는 죄 속에서 살고 있어. 그래서 지옥에 가게 될 거야." 그에게 진심이냐고, 정말로 그렇게 믿느냐고 물었더니 그는 말했다. "그럼, 믿고말고."

<그리스도의 마지막 유혹>을 그의 걸작 중 한 편으로 만든 건 예수를 참되게 다룬 영화라는 점이 아니라 스콜세지 자신을 참되게 다룬 영화라는 점이다. 그는 다른 엄청나게 많은 사람과 비슷하게 그리스도 이야기에서 자신에게 호소력을 발휘하는 측면들을 찾아냈다. 이 영화의 예수는 그의 자전적인 모습을 가장 잘 반영한 두 캐릭터인 <비열한 거리>의 찰리와 <누가 내 문을 두드리는가?Who's That Knocking at My Door?>의 J. R.과 비슷한 존재다. 두 캐릭터 모두 카이텔이 연기했다. 스

콜세지가 이번에는 카이텔을 유다를 연기할 배우로 선택했다는 점은 흥미롭다. 어쩌면 <그리스도의 마지막 유혹>에서 스콜세지의 자전적인 캐릭터는 유다일 것이다. 메시아가 아니라 메시아 옆을 걷는, 언젠가는 죽을 운명인 남자. 메시아를 걱정하고, 메시아에게 잔소리를 하고, 메시아가 더 나은 존재가 되기를 원하고, 메시아에게 으름장을 놓고, 메시아에게 속내를 털어놓고, 해야 한다면 메시아를 배신할 준비가 되어 있는 남자. 그리스도는 영화고, 유다는 감독이다.

# 그림자 군단

L'Armée des Ombres

| | |
|---|---|
| 감독 | 장피에르 멜빌 |
| 주연 | 리노 벤추라, 폴 뫼리스 |
| 제작 | 1969년 / 145분 |

장피에르 멜빌Jean-Pierre Melville, 1917~1973의 <그림자 군단>은 절망의 면전에서도 결코 저항을 멈추지 않는 프랑스 레지스탕스 멤버들을 다룬다. 숙명에 대한 체념과 희망이 공존하는 사람의 마음속을 이토록 참되게 그려 낸 영화는 드물다. 이 영화는 대담한 습격과 폭발하는 열차를 다룬 영화가 아니다. 영화는 나치 점령하의 프랑스 내부를 투명한 존재가 되어 이동하고 다녔던, 냉정하고 허기지며 필사적인 남녀들을 다룬다. 그들의 군대는 실제로 '그림자'들로 이뤄져 있다. 그들은 가명을 쓰고, 주소가 없으며, 그들의 정체는 배신자나 우연한 사고 때문에 순식간에 들통 날 수 있다. 그들은 자신이 죽게 될 것임을 잘 안다.

이 영화는 전쟁 영화가 아니다. 특정한 정신 상태를 다룬 영화다. 제1차 세계 대전의 영웅 페탱Philippe Pétain이 이끄는 비시 정부 치하의 프랑스는 나치의 점령을 공식적으로 허용했다. 프랑스인 대부분은 그것을 독일군의 공격을 면하기 위해 치러야 하는 대가로 받아들였다. 드골Charles De Gaulle은 런던에서 자유프랑스운동을 이끌었지만, 그의 존재는 라디오에서 흘러나오는 목소리일 뿐, 그가 지휘하는 군대는 — 레지스탕스 멤버들을 제외하고는 아무도 — 존재하지 않았다. 평범한 시민으로 위장한 레지스탕스들은 이중생활을 하며 독일군을 상대로 스파이 활동을 벌였고, 연합군에게 정보를 제공했으며, 때로는 적군에게 게릴라 습격을 감행하기도 했다.

많은 영화가 그러한 액션을 보여 준다. 그러나 자신도 레지스탕스 멤버였던 멜빌은 액션 영화를 만드는 데에는 관심이 없다. 액션은 영화에 팽배한 긴장감을 배출하면서 액션 자체를 외부적인 요소로 만든다. 대신에 그의 영화는 레지스탕스 멤버들의 내면에서 치러지는 전쟁을 다룬다. 그들은 끊임없는 공포를 느끼며 살아야 하고, 헛수고나 다름없는 짓을 하는 상황에서도 저항을 멈추지 말아야 하며, 동료들의 죽음을 받아들여야 한다. 그러면서도 그들은 스스로 올바른 일을 하고 있다는 세상의 인식 말고는 아무런 보상도 바라지 않는다. 많은 이가 가명을 쓰던 중에 세상을 떠난 까닭에 그들의 희생은 세상에 전혀 알려지지 않았다. 영화에서 형제는 상대가 레지스탕스 멤버라는 사실을 전혀 알지 못하고, 결국 동생은 이름 없는 존재로 목숨을 잃는다.

멜빌은 그가 만든 영화들이 한 편 한 편 재발견되면서 영화 역사상 가장 위대한 감독의 반열에 올라서고 있다. 그는 생전에는 그렇게 많은 추앙을 받지 못했다. 지금 우리는 그의 갱스터 영화 <도박사 봅Bob le Flambeur>(1955)을 통해 그가 — 고다르Jean-Luc Godard와 트뤼포François Truffaut, 말Louis Malle에 앞선 — 초기 누벨바그의 아버지였음을 안다. 그는 실제 로케이션, 자전거에 탑재한 카메라로 찍은 돌리 숏, 무명 배우, 리허설을 하지 않은 거리 장면, 감정이 고양된 멜로드라마 대신 평범한 사건들을 활용했다. 영화가 살인 청부업자를 실제보다 과장되게 그리던 시절에 만들어진 <한밤의 암살자Le Samourai>(1967)에서 그는 전문 암살자(알랭 들롱Alain Delon)의 존재를 고독하고 소박하며 표현이 절제된, 의뢰받은 일을 의식을 치르듯 해치우는 인물로 축소한다. 그리고 <암흑가의 세 사람Le Cercle Rouge>(1970)에서는 규율을 이해하는 세상에 몇 안 되는 상대로부터 존경받는 법을 아는 경찰과 갱스터를 보여 준다. 정확한 이미지와 운동으로 점철된 그의 작품들은 놀랍도록 아름답다.

지금 어쩌면 그의 가장 위대한 영화일지도 모르는 작품이 미국에서 개봉됐다(나는 그의 작품을 모두 보지는 못했지만 앞으로는 볼 작정이다). 1969년에 <그림자 군단>이 개봉했을 때, 파리의 좌익 평론가들은 "드골을 지지하는 영화"라며 이 영화에 맹비난을 퍼부었다. 드골과 관련된 장면이 짧게 등장하고, 그 장면이 레지스탕스가 드골의 대의명분을 지지하는 내용을 담았기 때문이다. 1960년대 말, 드골은 반동세력의 유물로 간주됐다. 그 시기에 이 영화를 본 사람은 그리 많지 않았다. 현재 35밀리미터 프린트로 복원되어 미국의 예술 영화관을 돌아다니는 이 영화는 만들어진 지 37년이나 됐지만, 올해 최고의 외국어 영화다.•

영화는 리옹과 파리를 근거지로 활동하는 소규모 레지스탕스 투사 조직의 활동을 좇는다. 조직원 대부분은 조직의 리더인 철학자 뤼크 자르디(폴 뫼리스Paul Meurisse)를 만난 적이 없다. 그들의 직속상관은 필리프 제르비에인데, 매부리코에 풍채 좋은, 내성적이고 확고한 투지의 소유자 리노 벤추라Lino Ventura가 연기한다. 벤추라가 과장된 연기를 펼쳤다면 결과는 당혹스러웠을 것이다. 그와 함께 활동하는 조직원은 마틸드(시몬 시뇨레Simone Signoret)라는 여성, 그리고 프랑수아(장 피에르 카셀Jean-Pierre Cassel), 르 마스크(클로드 만Claude Mann), 펠릭스

• 저자는 이 글을 2006년에 썼다.

(폴 크로셰Paul Crauchet)로 알려진 사람들이다.

“당신이 이런 일을 하는 걸 남편도 아나요?” 마틸드는 어느 날 이런 질문을 받자 대답한다. “전혀 몰라요. 우리 애도 마찬가지고요.” 시뇨레는 변장술의 달인을 연기한다. 그녀는 볼품없지만 표독스러운 여인으로, 호탕한 창녀로, 심지어는 동료 두 명과 나치 교도소에 앰뷸런스를 몰고 들어가 펠릭스를 파리로 이송하라는 명령을 받았다고 말하는 독일인 간호사로 변장하기까지 한다. 그녀의 속임수가 대단하다고 느껴지는 순간은 독일어를 구사하는 간호사를 흉내 낼 때가 아니라, 펠릭스의 병세가 너무 심해 이송이 불가능하다는 말을 들었을 때다. 그녀는 곧바로 그 말을 수긍하고는 고개를 까딱거린 후 “그렇게 보고할게요”라고 말하고는 떠난다. 그를 이송하겠다고 조금이라도 실랑이를 벌였다면 그들의 정체는 들통 났을 것이다.

이 그룹의 멤버들은 이 안가에서 저 안가로, 종종은 시골에 있는 안가로 옮겨 다닌다. 조직 내부에 배신자가 있음을 알게 된 그들은 임대한 주택으로 배신자를 데려간다. 그런데 그새 옆집에 새 이웃이 이사와 있다. 총을 쏘면 이웃집에 총소리가 들릴 것이다. 칼은? 없다. “부엌에 수건이 있어.” 제르비에가 말한다. 우리는 배신자가 목 졸려 죽는 모습을 본다. 스크린에 등장하는 죽음이 이보다 노골적인 경우는 많지 않을 것이다.

레지스탕스의 보안을 지키려면 배신자뿐 아니라 나치와 타협한 자들도 죽여야 한다. 영화 후반에는 관객에게 상처를 주는 죽음이 있다. 우리는 그 죽음이 불가피함을 인정하지만 그 죽음이 실제로 일어날 거라는 사실은 좀처럼 믿지 못한다. 리더 뤼크 자르디는 조직에서 가장 용감한 이 멤버의 죽음 때문에 은신처에서 나가겠다고 말한다. 희생자는 “차에 타고 있는 내 모습을 반드시 봐야” 하기 때문이다. 그 처형에는 많은 것이 결부되어 있다. 존경심, 감사와 인정, 그 후의 잊힘.

한편 한숨을 돌릴 수 있는 순간도 있다. 영국에서 날아온 비행기가 인력을 교체하고 보급품과 임무 명령서를 전달하러 남작(장마리 로뱅Jean-Marie Robain)의 사유지에 착륙한다. 제르비에와 자르디는 런던에 가서 드골과 짧은 의식을 치르고는 <바람과 함께 사라지다Gone with the Wind>를 본다. 그런 후 그들은 프랑스로 돌아온다.

물론 짜릿한 흥분의 순간도 있지만, 그 흥분은 캐릭터들이 결단을 내리는 데 따른 흥분이지 액션에서 빚어지는 흥분이 아니다. 교도소에 갇힌 제르비에는 어느 순간 처형장으로 끌려간다. 나치는 죄수들에게 기다란 실내 연병장을 행진하라고 명령한다. 연병장 한쪽 끝에 기관총이 설치되어 있다. 죄수들은 뛰라는 명령을 받는다. 총에 맞지 않은 채로 저쪽 끝에 있는 벽에 도착한 죄수는 처형을 면하게 — 다른 날 죽게 — 될 것이다. 제르비에는 달리는 쪽을 결정해야 할지 고심한다. 죽음이 임박한 상황에서 맞닥뜨린 실존주의적인 고민이다.

멜빌은 직접 레지스탕스로 활동했기 때문에 (그리고 그 분야에 정통한 조제프 케셀Joseph Kessel이 쓴 1943년도 소설을 원작으로 작업했기 때문에) 투사들의 삶은 트렌치코트 차림으로 펼치는 로맨틱한 장면들의 연속이 아니라, 죽음으로 이어질 가능성이 있는 애매한 일상사의 연속임을 잘 알았다. 게슈타포 사령부에서 탈출한 제르비에는 면도를 하려고 이발소에 들어간다. 이발소 벽에 페탱의 포스터가 붙어 있다. 제르비에와 이발사는 한마디도 주고받지 않는다. 밤중에 땀을 뻘뻘 흘리며 면도를 해 달라고 들어온 남자는 의심스럽다. 제르비에가 이발비를 치르고 떠날 채비를 하자, 이발사는 그가 입고 온 코트하고는 다른 색깔의 오버코트를 건넨다.

현실처럼 느껴지는 이러한 순간은 실제 사건에 기초한 순간일 것이다. 그러나 멜빌은 "레지스탕스에 대한 영화를 만들려는 의도는 전혀 없었습니다"라고 인터뷰어 루이 노게이라Rui Nogueira에게 말했다. "딱

한 가지 예외(독일군의 점령)를 빼고는 모든 리얼리즘을 배제했습니다." 그가 주인공들이 세운 공적을 보여 준 건 실제 사건들을 반영하겠다는 의도에서가 아니라, 그들이 느낀 심리적 상태를 관객에게 환기시키려는 의도에서였다. 독일군이 등장하는 대규모 신은 샹젤리제를 행진하는 독일군을 보여 주는 오프닝 숏뿐이다. 멜빌은 이 숏을 자신이 대단히 자랑스러워하는 숏 중 하나라고 밝혔다. 대로에서 독일군 군복 착의를 금지하는 법률 때문에, 그는 이 장면을 찍으려고 별도로 승인을 받아야 했다.

적에게 공식적으로 항복한 나라를 위해 목숨을 걸었던 레지스탕스 투사들은 어떤 기분이었을까? 그들이 받은 보상은 무엇이었을까? 멜빌은 1940년 당시 레지스탕스 인원의 총 규모는 6백 명밖에 되지 않았다고 말한다. 뤼크 자르디의 실제 모델인 장 물랭Jean Moulin을 포함한 많은 이가 고문을 받고 숨을 거뒀다. 케셀의 소설에는 이렇게 적혀 있다. "그가 더 이상 말하지 못하는 상태가 되자, 게슈타포 지휘관 클라우스 바르비에는 종이에 '네가 장 물랭스Jean Moulins인가?'라고 적어 그에게 건넸다. 장 물랭이 한 대꾸는 바르비에 대령에게 연필을 받아 이름 끝에 적힌 's'에 줄을 그어 지운 것뿐이었다."

## 금지된 장난

Jeux Interdits

| | | |
|---|---|---|
| 감독 | 르네 클레망 | |
| 주연 | 브리지트 포시, 조르주 푸줄리 | |
| 제작 | 1952년 | 86분 |

<금지된 장난>처럼 순수한 영화에 설 자리를 마련해 주려면 시간을 되돌려야 한다. 우리가 사는 지금의 시대는 그런 영화를 뒷받침해 주기에는 지나치게 냉소적이기 때문이다. 이 영화는 전시戰時에 죽음이라는 문제를 감당하기 위해 현실을 부인하고 판타지를 꿈꾸는 능력을 활용하는 아이들을 다룬다. 이런 소재를 다루는 현대 영화는 전쟁의 공포로부터 뒷걸음치면서 공포를 누그러뜨리고 이야기를 감상적으로 다루려 들 것이다. 그런데 그렇게 하면 그 영화는 '아동용 영화'가 될 것이다. 하지만 인류의 역사를 통틀어 아이들은 어떤 아이도 결코 감내해서는 안 될 경험들을 하며 생존해 왔다.

때때로 아이들은 고통을 처리하는 놀이를 만들어 내는 것으로 그들의 순수함을 지킬 수 있다. <금지된 장난>은 어른들로부터 동일한 이유로 비난을 받고 찬사를 받았다. 행복이 존재해서는 안 될 곳에서 행복을 만들어 내는 아이들을 보여 줬기 때문이다. 일본 애니메이션 <

반딧불의 묘火垂るの墓>(1988)는 이 영화와 같은 길을 걸어가는 용기를 보여 준 또 다른 희귀한 영화다.

영화는 1940년에 나치가 프랑스를 침공하는 것으로 시작한다. 우리는 부모와 함께 있는 다섯 살배기 여자아이 폴레트를 만난다. 파리를 벗어나는 도로는 도시를 탈출하는 사람으로 가득하다. 나치 전투기의 폭격과 기총 소사가 쏟아진다. 폴레트의 개가 다리로 뛰어간다. 폴레트는 개를 쫓아가고, 부모는 폴레트를 필사적으로 쫓아간다. 부모 모두 총탄에 목숨을 잃고 개는 치명상을 입는다. 어머니 옆의 땅바닥에 누운 폴레트는 손을 어머니의 차가운 뺨에 댔다가 자기 뺨에 댄다. 폴레트는 울지 않는다. 폴레트는 상황을 조금도 이해하지 못한다. 아이는 강아지를 안는다. 강아지가 죽기 전까지 강아지의 다리는 오랫동안 경련한다.

낯선 이들이 아이를 수레에 태운다. 남자는 강아지의 시체를 강에 던진다. 아이는 수레에서 뛰어내려 강아지를 구하려고 강으로 뛰어 내려가고, 시골의 사내아이 미셸이 이 아이를 발견한다. 미셸은 인근 농가에 사는 소작농인 돌레 가족의 막내다. 돌레 가족은 폴레트를 받아들이고, 폴레트는 그 즉시 미셸과 친해진다. 미셸은 폴레트에게 자기 담요를 기꺼이 건넨다. 미셸은 가족이 폴레트를 계속 데리고 있어야 한다고 주장한다. 미셸은 폴레트의 놀이 친구가 된다.

두 아이가 주고받는 사랑은 — 당신이 어린아이 시절을 기억하지 못할 경우 — 사실이라고 믿기에는 무척 순수하고 소박하다. 몇몇 이유로 우리는 싫어했던 아이들, 또는 우리를 싫어했던 아이들을 잘 기억한다. 그런데 우리는 놀이 친구와 함께라면 엄청나게 매력적인 세상을 창조할 수 있다. 그런 세상을 창조하고 유지하는 작업에 몰두하게 되는 매력적인 세상을 말이다. 나는 이웃집에 사는 여자아이 재키와 며칠간 주방 마룻바닥의 전기 기차 세트 주위에 장난감 마을을 지었었다.

무척이나 정교한 마을이었다. 우리는 온힘을 다해 각각의 주택에 의미를 부여하는 이야기들을 지어냈다. 그래서 그 마을을 '정리'해야 했을 때, 우리는 세상 그 어떤 어른도 상상하지 못할 아픔을 느꼈었다.

폴레트(브리지트 포시Brigitte Fossey)는 강아지를 묻어 주기로 결심한다. 미셸(조르주 푸줄리Georges Poujouly)은 폴레트를 돕는다. 너무 어린 폴레트가 훔쳐 온 괭이를 다루지 못하기 때문이다. 무덤은 버려진 방앗간에 감춰진다. 아이들은 무덤에 꽂을 십자가가 필요하다. 그래서 미셸은 나무를 가져다 망치질을 해서 십자가를 만든다. 폴레트는 부모의 죽음을 제대로 감당하지 못한다. 폴레트는 부모님이 세상을 떠났다는 건 인정하지만, 그녀의 부모는 이론적으로 세상을 떠난 것이지 현실에서는 아니다. 그녀는 그들이 영원토록 진짜로 죽은 사람이라는 사실을 납득하지 못하는 것처럼 보인다. 그런데 폴레트는 죽음에 매혹되게 되고, 올빼미가 잡아 온 두더지를 폴레트가 묻는 일을 미셸이 거든다. 얼마 안 있어 두 아이는 죽어 있는 건 무엇이건 — 벌레들조차, 깨진 접시조차 — 눈에 띄는 대로 땅에 묻는다. 어느 순간 미셸이 숙제를 하면서 두 아이가 바닥에 나란히 엎드려 있을 때, 미셸이 펜으로 바퀴벌레를 찌른다. "죽이지 마! 죽이지 마!" 폴레트가 울부짖자 미셸은 말한다. "내가 안 죽였어. 폭탄이 죽인 거야."

이 장면을 꼼꼼히 살피면 신기한 디테일이 드러난다. 폴레트는 울부짖는 동안 바닥에 얼굴을 묻고 있기 때문에 우리는 아이의 얼굴을 볼 수 없다. 미셸의 얼굴을 보면 미셸의 목소리는 전혀 들리지 않는데도 미셸의 입술이 움직이는 것을 볼 수 있다. 이 장면은 편집실에서 만들어진 게 분명하다. 아이의 목소리와, 그 목소리에 일치하지 않는 비주얼을 매치시킨 것이다. 어쩌면 이 장면은 르네 클레망René Clément 감독이 어린아이들이 감당하기에는 너무 벅찬 이야기를 연기해야 하는 아역 배우들을 연출하느라 겪은 어려움을 보여 주는 장면일 수도 있다. 그런데 아이들은 영화의 대부분의 장면에서 놀랄 정도로 자연스럽고 설득력 있는 연기를 펼친다. 포시는 세월이 한참 흐른 후에 가진 인터뷰에서 클레망이 자신에게 "좀 더 많이"나 "좀 더 적게" 울어 달라고 요구했고, 그래서 자신은 눈물을 미세하게 조정했었다고 웃으며 회상했다.

아이들의 묘지는 갈수록 규모가 커진다. 아이들은 무덤에 꽂을 십자가를 훔치기 시작한다. 기도문을 모르고 십자가의 길Stations of the Cross•이나 십자가가 무엇인지 알지 못하는 폴레트는 유대인인 게 확실하다. 미셸은 천진하게 폴레트를 가르치고, 그렇게 습득한 지식은 결국 폴레트의 목숨을 구해 줄 것이다. 돌레 가족과 이웃에 사는 구아르 가족의 불화에 얽힌 코믹한 서브플롯도 있다. 두 가족은 십자가를 훔친다며 상대를 비난한다. 결국 묘지에서 벌어진 싸움은 두 가장이 멱살잡이를 하다 무덤으로 쓰려고 파 놓은 구덩이에 빠지는 것으로 끝난다. 그러는 동안 낡은 방앗간에 차려진 비밀 묘지는 점점 더 세련되어 간다.

<금지된 장난>은 르네 클레망이 만든 첫 장편 영화였다. 동일한 이야기를 다룬 그의 단편을 본 자크 타티Jacques Tati 감독은 그에게 이 작품은 꼭 장편으로 만들어야 한다고 말했다. 영화는 (타티가 그랬던 것처럼) 프랑스 기성 영화계의 외곽에서 만들어졌다. 영화의 제작자인 로베르 도르프망Robert Dorfmann에게는 권세 좋은 적이 많았다.

영화는 원래 칸영화제에서 거절당했다가 스캔들이 일어난 후 받아들여졌다. 영화는 칸에서 상영된 영화라는 이유로 베니스영화제에서 거절당했는데, 한바탕 소동이 벌어진 끝에 받아들여져 최우수 작품에 주어지는 황금사자상을 수상했고, 포시는 여우 주연상을 받았다(포시는 성장 후에 좋은 영화에 많이 출연했다). 영화는 1953년에 오스카상 명예상을 받았다. 그럼에도 어느 평론가는 이 영화의 상영을 금지시켜

• 예수 그리스도가 빌라도 법정에서 골고다 언덕까지 오르는 길을 가는 동안 일어난 14개의 사건을 묵상하는 기도문

야 마땅하다고 말했다. 클레망은 전쟁을 하찮은 것으로 다뤘다는 비난과 전쟁의 공포를 연기자들에게 지나치게 무자비하게 전가했다는 비난을 동시에 받았다. 좌파 평론가들은 노동 계급을 공격했다며 비난했다. 그의 가난한 농부 가족이 영화에서 가장 마음씨 따뜻하고 너그러운 캐릭터들인데도 말이다.

포시가 다섯 살 나이에 이 경험을 견뎌 낼 수 있었다는 점은 확실히 주목할 만하다. 포시와 공연한 푸줄리는 아홉 살 혹은 열 살이었다. 포시는 오디션에서 자신보다 나이가 많은 아역들을 능가했던 것을 기억한다. 포시는 이 연기를 잘하면 어떤 게 따라오는지를 전혀 몰랐기 때문이었다고 밝혔다. 오디션에 참여한 다른 아역들은 신경을 곤두세웠지만, 포시는 그냥 자연스레 행동하면서 지시받은 대로 연기했다. 클레망은 가급적이면 포시가 연기하는 캐릭터 '위주로 촬영'했다. 사건들이 벌어지는 동안 포시의 얼굴을 클로즈업으로 잡는 방식으로 촬영이 진행됐기 때문에, 포시는 그 시점에서 자신이 실제로 목격해야 하는 것이 무엇인지 알 길이 없었다. 포시는 칸에서 열린 시사회에 참석했다가 비행기들이 다리를 공격하는 것을 처음으로 봤다고 기억한다. 그녀는 겁에 질렸었다.

이 영화는 대단히 위력적이다. 전쟁의 공포와 유년기의 순수함이라는 두 가지 점에서 타협하지 않기 때문이다. 포시의 얼굴은 그녀가 보고 느껴야만 하는 것들을 고스란히 반영하기를 거부하는 거울이 된다. 폴레트는 모든 사건을 사체를 묻고 그 위에 십자가를 세우는 놀이로 바꿔 놓는다.

촬영 감독 로베르 쥐야르Robert Juillard는 항상 폴레트의 얼굴과 금발에 조금 더 밝게 조명을 침으로써 별다른 주장 없이 폴레트가 천사임을 암시한다. 우리는 아이들의 판타지가 아이들에게 덧씌운 막강한 위력을, 그리고 아이들이 그 판타지를 방어하느라 어떤 수단을 취할 것인지를 서서히 이해하게 된다. 폴레트가 십자가가 눈에 띌 때마다 거기서 눈을 떼지 못할 때, 그리고 미셸이 십자가를 훔쳤다고 고해하고는 고해실에서 나가는 길에 제단에 있는 다른 십자가를 훔치려고 시도할 때는 웃기기도 하고 슬프기도 하다.

클레망의 <금지된 장난> 같은 영화들은 완전무결하게 단순하고 소박하게, 조금의 가식도 없이 투명하게 만들어지지 않으면 제대로 효과를 발휘하지 못한다. 이 영화는 내가 묘사했던 장면들이 담겨 있는 영화지만, 절대로 눈물을 짜내는 영화가 아니다. 영화는 감정을 자아내려 애쓰지 않고 감정을 관찰하려 한다. 폴레트는 속내를 말하지 못하고, 영화는 폴레트를 대신해서 말을 하려 애쓰지 않는다. 그게 바로 이 영화가 그토록 위력적인 까닭이다. 폴레트의 슬픔은 절대로 표현되지 않는다. 폴레트는 자신을 사랑하는 소년의 도움을 받아 어떤 어른도 이해하거나 파고들 수 없는 놀이로 그 슬픔을 에워싼다.

훌륭하게 복원된 이 영화의 새 크라이테리언 DVD에는 지금과는 다른 버전의, 촬영은 했지만 전혀 사용하지 않은 버전의 도입부와 엔딩이 수록되어 있다. 이 버전에 따르면 이 영화의 시나리오는 미셸이 폴레트에게 읽어 주는 책에 실린 '이야기'의 틀을 갖추고 있다.

# 기나긴 이별

The Long Goodbye

| | | |
|---|---|---|
| 감독 | 로버트 올트먼 | |
| 주연 | 엘리엇 굴드, 니나 반 팰런트, 스털링 헤이든 | |
| 제작 | 1973년 | 112분 |

로버트 올트먼Robert Altman, 1925~2006의 <기나긴 이별>은 그가 가장 애지중지하는 세 가지 도구로 필름 누아르를 공격한다. 그 세 가지란 기발한 취향, 자연스러운 분위기, 삐딱한 내러티브다. 늘 가장 '젊은' 감독이었던 그는 이 영화에서 우리에게 겁이라고는 없는 사내인 사립 탐정 필립 말로의 가장 젊은 버전을 선사한다. 말로는 덤불 속에 숨고, 창문에 코를 들이밀며, 버릇없는 아이처럼 투덜거리고, "웨이드 부인! 웨이드 부인!"이라고 외치며 섹시한 여주인공이 모는 차의 꽁무니를 쫓는다. 영화에는 이에 대한 평형추 역할을 하는 두 가지 인상적인 폭력 행위가 담겨 있다. 두 행위 모두 우리의 허를 찌르고, 두 장면 모두 레이먼드 챈들러Raymond Chandler의 원작 소설에는 없던 장면들이다.

올트먼은 말로에게서 영감을 받은 많은 영화 중 가장 걸출한 작품인 <빅 슬립The Big Sleep>(1946)의 전설적인 시나리오 작가 리 브래킷Leigh Brackett의 시나리오로 작업을 시작했다. 브래킷은 그 작품의 시나리오를 윌리엄 포크너William Faulkner와 작업했었다. 그들이 챈들러에게 캐릭터 중 한 명을 죽인 사람이 누구냐고 (또는 그게 자살이냐고) 물었다는 유명한 이야기가 있다. 챈들러의 대답은 이랬다. "나도 모르겠소." <기나긴 이별>의 원작 소설에서는 살해당한 어느 캐릭터가 영화에서는 자살하는 것은 그 일화를 반영해서 전하는 인사다.

<기나긴 이별>의 플롯은 쉽게 빠져나갈 수 없는 미로다. 챈들러의 1953년도 소설은 말로를 대단히 복잡한 속임수의 거미줄로 밀어 넣기 때문에, 독자들은 그 소설을 지나치게 자의적인 작품이라고 부를 수도 있었다. 그 소설은 줄거리가 아니라, 부패한 세계에서 사립 탐정이 지켜야 할 규범을 다룬다. 무드와 개인적인 스타일, 언어가 그 소설의 전부다. 이에 비해 브래킷은 각색 시나리오에서 챈들러의 원작에 있던 시퀀스들을 내던진 후 그녀 나름의 시퀀스 몇 개를 가미하고(그녀는 말로를 멕시코에 두 번 보낸다), 살인들을 다시 할당하고, 조폭의 돈이 가득 든 서류 가방을 추적하는 것을 거의 불가능한 일로 만든다.

2주 전에, 나는 콜로라도대학에서 열린 세계정세협의회에서 어둠 속에 앉은 수백 명의 사람들과 이 영화를 숏 단위로 분석하며 자문해봤다. 우리가 아는 건 무엇이고, 우리는 그것을 어떻게 아는가? 그리고 그것은 진실인가? 우리가 던진 질문 중 상당수의 중심에는 부와 섹스에 흠뻑 젖은 아일린(니나 반 팰런트Nina van Pallandt)이 존재한다. 그녀는 자기 남편, 즉 걸걸한 목소리에 나이 많은 거구 스털링 헤이든Sterling Hayden이 연기하는 알코올 중독자 작가 로저 웨이드가 죽기를 바라는가? 아니면 그녀는 그에게서 자유로워지기만을 바라는가? 웨이드가 바다로 걸어 들어간 그날 밤에 그녀가 말로(엘리엇 굴드Elliott Gould)에게 대접하는, 유혹의 분위기를 풍기는 저녁 식사에 대한 생각은 어떤가? 그녀는 말로와 자고 싶은 건가? 소설에서는 그렇다. 나중에 그녀가 웨이드를 죽이고 그 죽음을 자살로 보이게 만들었을 때, 말로는 그

녀의 알리바이의 일부가 된다. 그런데 이 영화에서 그녀는 웨이드를 죽이지 않았다. 테리 레녹스(스타 야구 선수 짐 부턴Jim Bouton)과 아일린, 갱스터 마티 오거스틴(마크 라이델Mark Rydell)을 잇는 연결 고리는 무엇인가? 오거스틴은 말로에게 주장하는 것처럼 웨이드에게 빚을 졌는가, 아니면 웨이드가 본심이 드러난 실언에서 암시한 것처럼 웨이드가 오거스틴에게 빚을 졌는가? 누가 누구에게 빚을 진 것이고, 서류 가방에 든 돈은 그 빚과 정확히 어떤 관계인가? 마지막에 말로의 친구 같지 않은 친구 레녹스가 하는 무뚝뚝한 이야기를 통해서야 우리가 품은 일부 의문에 대한 답이 나온다.

DVD에서 엘리엇 굴드는 올트먼이 브래킷의 시나리오를 많이 고쳤다고 말했다. 그런데 세상을 떠나기 직전에 영화를 본 브래킷은 "만족하는 수준을 넘는" 기분이라고 말했다. 시나리오에 가해진 변화 하나는 명예를 중시하는 말수 적은 외톨이 필립 말로를, 올트먼과 굴드가 개인적으로 "립 반 말로Rip Van Marlowe•"라고 부른 캐릭터로 변모시킨 것이다. 영화 도입부에서 깨어난 그는 1973년 세계에 사는 1953년 캐릭터다. 그는 플라워 파워flower power◆와 누드 요가가 판치는 세계에서 짙은 색 슈트와 흰 셔츠, 가느다란 넥타이 차림이다. 그는 줄담배를 피운다. 그 말고는 어느 누구도 담배를 피우지 않는다. 그는 테리 레녹스에게 충실하며 그를 친구로 여긴다. 그러나 영화는 그들이 라이어스 포커liar's poker를 치는 모습을 보여 주는 것으로만 그들의 우정을 설정한다. 그런데 레녹스는 친구가 아니다. 말로는 영화의 뒷부분에서 5천 달러 청구서를 갖고 다니지만, 그가 하는 서비스에 대한 수수료는 전혀 청구하지 않는다. 그는 모험을 찾아다니는 편력 기사이고, 돈키호테처럼 자신이 거주하는 세계를 불완전하게 이해하는 인물이다.

• 사냥을 가서 술에 취해 잠들었다 20년 후에 깨어난, 소설 캐릭터 립 반 윙클을 빗댄 표현

◆ 1960년대 말에 사랑과 평화를 부르짖던 청년 문화

앞서 나온 영화 속 말로들(험프리 보가트Humphrey Bogart, 제임스 칸James Caan, 제임스 가너James Garner, 로버트 미첨Robert Mitchum, 로버트 몽고메리Robert Montgomery, 딕 파월Dick Powell)은 야무지고 신중하다. 챈들러가 쓴 글에 따르면, 그들은 "투박한 위트가 담긴, 그로테스크한 느낌이 생생한, 사기 행각에 대한 혐오감이 느껴지는, 하찮은 것에 대한 경멸이 묻어나는" 말투로 말했다. 그리고 그들은 말을 많이 했다. 그들이 소설의 내레이터였기 때문이다. 굴드가 연기하는 말로도 이런 특징을 보여 주지만, 그런 특징은 자기 자신에 대한 넋 나간 견해를 밝히는 구실을 하는 두서없는 대사에서 드러난다. 소설에서 말로에게는 애완동물이 없다. 그러나 이 영화에서 그는 고양이를 키운다. 크레디트가 뜨기 전에 나오는 유명한 오프닝 시퀀스에서 그는 고양이가 좋아하는 사료를 내놓는 거라며 고양이를 속이려 시도하지만 고양이는 속지 않는다. 엄청나게 많은 플롯을 포기한 영화에서, 이 시퀀스가 존재할 이유는 전혀 없다. 말로를 어떤 사람보다도 자기 고양이에 더 충실한 남자로 설정하려는 이유 말고는.

플롯은 몇 단어로 요약할 수도 있고 한도 끝도 없이 길게 요약할 수도 있다. 부유한 플레이보이 레녹스는 말로에게 티후아나까지 태워다 달라고 부탁한다. 부탁을 들어준 말로는 레녹스의 아내가 구타당해 죽은 시체로 발견된 후 경관들에게 심문을 당하고 투옥된다. 레녹스가 멕시코에서 자살한 후에야 풀려난 말로를 갱스터 마티 오거스틴과 똘마니들이 찾아온다. 오거스틴은 레녹스가 갖고 있던 돈을 말로가 갖고 있다고 생각한다. 그는 영화 역사상 가장 쇼킹한 장면에 속하는 장면에서 잔혹한 짓을 저지르고는 말한다. "자, 저 사람은 내가 사랑하는 사람이야. 너한테 무슨 일이 일어날지 생각해 봐."

말로는 그를 쫓아 작가 로저 웨이드와 그의 아내 아일린이 사는 말리부의 비치하우스로 가고, 나중에는 아일린에게서 수상한 분위기의 중독자 요양소로 도망친 로저를 추적하는 일을 의뢰받는다. 레녹스와 웨이드 부부, 오거스틴은 어떻게 연결되는가?

나는 올트먼이 이 질문의 대답에 대한 고민을 영화의 비주얼이나 분위기에 대한 고민만큼 많이 했을 거라고는 생각하지 않는다. 그는 자신이 이해하기에는 지나치게 고지식한 플롯을 통해 시대와 어울리지 않는 누아르 시대 출신의 사립 탐정을 보여 주고 싶어 했다. 영화의 비주얼 전략은 말로가 느끼는 혼란을 강조한다. 올트먼과 촬영 감독 빌모스 지그몬드Vilmos Zsigmond는 말로의 세계가 선명한 색상과 뚜렷한 해상도를 드러내게 만들기를 거부한다는 듯, 영화에 색 바랜 파스텔 분위기를 부여하려고 세심하게 계산해 낸 추가 조명을 비춰 컬러 필름을 '번쩍이게' 만들었다. 대부분의 숏은 뚜렷하지 않은 전경前景을 통해 촬영됐다. 창유리, 나무와 관목, 건축 구조물. 이 모든 것이 말로의 (그리고 우리의) 시야를 흐릿하게 만든다. 올트먼의 유명한, 서로 겹치는 대사는 말로가 주위에서 벌어지는 모든 일을 이해하지는 못한다는 인상을 준다. 말로는 그의 세상을 잔뜩 채운 비밀스러운 분위기에 분노하기는커녕, 그의 캐치프레이즈인 "나는 괜찮아It's all right with me"만 거듭 되뇐다. 이 대사는 굴드가 즉흥적으로 생각해 낸 것으로, 그와 올트먼은 이 대사를 줄거리 내내 아이러니컬한 후렴으로 반복해서 써먹기로 했다.

또 다른 후렴이 있다. 바로 타이틀 테마다. 이 테마는 영화에서 들리는 사실상 유일한 음악이다. 올트먼은 이 테마를 상이한 많은 연주자가 연주한 버전으로 쓰고 또 쓴다(멕시코의 마칭 밴드조차 이 노래를 연주하는데, 밴드의 선두에 선 남자의 셔츠 등짝에는 악보가 붙어 있다). 볼더에서, 이 영화를 작업한 뮤지션 데이브 그루신Dave Grusin은 올트먼이 뮤지션 한 무리를 사운드 스테이지에 모아 놓고는 다양하게 편곡된 이 노래를 저녁 내내 연주하게 만들었다고 말했다. 올트먼은 왜 딱 한 곡만 사용한 걸까? 그 이유를 설명하는 이론을 많이 들었는데, 그중에서 가장 설득력 있는 이론은 "그렇게 하니까 기분이 좋아서"라는 이론이다.

비주얼과 사운드는 로저 웨이드가 자살한 후 변한다. 말로가 질문을 던지며 사람들을 괴롭히고는 정직하지 못하다고 그들을 비난하는 바닷가 신이 있다. 그의 목소리는 어린애처럼, 술꾼처럼, 또는 둘 다처럼 들린다. 그런 후에 컬러가 어슴푸레한 비주얼에 배어들기 시작하고, 전경은 더 이상은 흐릿하지 않으며, 캐릭터들은 한 번에 한 사람씩만 말하기 시작하고, 결국 말로는 멕시코의 강렬한 햇빛 속에서 뚜렷하게 보고 듣고 단호하게 행동할 수 있다.

캐스팅은 필름 누아르에 중요하다. 연기자들은 각자의 숙명을 이미 지닌 채로 영화에 도착해야 하기 때문이다. 올트먼의 배우들은 필수적인 만큼이나 예측을 불허한다. 폐인이 된 거구의 스털링 헤이든은 무덤으로 가는 길을 걷는 동안 으르렁거리며 호통을 친다. 올트먼은 그의 아내 역할로, 당시에 하워드 휴스의 유명한 가짜 자서전을 쓴 저자인 클리퍼드 어빙Clifford Irving의 애인으로 유명하던 니나 반 팰런트를 캐스팅했다. 연기를 할 줄 아는 그녀는 연기 이상의 것을 해냈다. 그녀는 존재 자체가 말리부 비치의 요부였다. 조폭 두목 마크 라이델은 세련된 정중함을 내면에 깃든 야만성을 감추는 가면으로 활용하는 연기에서 마틴 스콜세지Martin Scorsese의 언변言辯 스타일에 접신한 듯하다. 그리고 엘리엇 굴드는 자신을 제외한 모든 사람이 각자의 역할을 알고 있는 이야기 안으로 떠밀려 들어간 말로다. 그는 실마리도 없이 투덜거리며 떠돌아다니다가, 어느 순간 자신이 해야 할 일이 무엇인지를 정확하게 이해한다.

<기나긴 이별>은 필름 누아르를 처음 보는 사람이 봐서는 안 될 영화다. 올트먼 영화를 처음 보는 사람이 봐서도 안 될 영화다. 영화가

발휘하는 효과 대부분은 영화가 장르에 반발하며 관객들을 밀어붙이는 방식에서, 올트먼이 사립 탐정 영화라는 장르의 전제를 무너뜨리는 방식에서 비롯된다. 그 전제란, 영웅은 비열한 거리를 걸어 내려갈 수 있고, 사태를 명확하게 파악할 수 있으며, 옳고 그름을 구별할 수 있다는 것이다. 1953년에서 온 명예를 중시하는 사내는 1973년의 아련한 나르시시즘 속에서 길을 잃는다. 그리고 그는 괜찮지 않다.

# 누드 모델

La Belle Noiseuse

| | | |
|---|---|---|
| 감독 | 자크 리베트 | |
| 주연 | 미셸 피콜리, 제인 버킨, 에마뉘엘 베아르 | |
| 제작 | 1991년 | 237분 |

위대한 화가 프레노페르는 10년간 그림을 단 한 점도 그리지 않았다. 그는 걸작을 그리겠다는 의도로 시작한 그림을 그리다가 붓을 던졌다. 그 그림의 제목은 '아름다운 골칫거리'라는 뜻의 'La Belle Noiseuse'가 될 예정이었다. 그의 모델은 아내 리즈로, 그녀는 남편이 쌓은 커리어 중 위대한 시기에 영감을 제공했었다. "처음에 그이가 나를 그린 건 내가 그이를 사랑했기 때문이었어." 그녀는 친구에게 말한다. "그런 후에 그이가 나를 그린 건 그이가 나를 사랑했기 때문이었지." 그런 후에 그는 창작을 중단했다. 그림을 완성하게 되면 두 사람의 사랑이 망가지지 않을까 두려워서였을 것이다. 프레노페르는 모델의 겉모습을 보지 않는다. 모델의 내면을 — 골격을, 힘줄을, 영혼을 — 본다.

어느 날 프레노페르가 여전히 리즈와 함께 살고 있는 널따란 프랑스의 성에 손님 세 명이 찾아온다. 미술품 딜러와 젊은 화가, 화가의 애인 마리안이다. 두 연인은 사귄 지 3년이 됐다. 마리안은 쌀쌀맞고 과묵하며 고집이 세다. 첫날 저녁을 먹은 후, 프레노페르는 한순간 그녀를 응시한다. 그 한순간의 시선에 두 사람의 관계 전체가 담겨 있다. 그녀는 그에게서 멀리로 걸어가지만 그의 시선을, 또는 시선 뒤에 자리한 감정을 분명히 의식하고 있다. 그는 다시금 붓을 잡을 것이다.

자크 리베트Jacque Rivette, 1928~2016의 <누드 모델>은 미술 작품의 물리적 창작 과정을 다룬 영화로는, 그리고 화가와 뮤즈 사이의 고통스러운 관계를 다룬 영화로는 내가 본 최고작이다. 그해 칸영화제에서 황금종려상을 받은 이 영화는 상영 시간이 네 시간에 이른다. 그래서 이 영화가 극장에서 누린 수명은 길지 않았다. 리베트는 125분으로 편집한 '디베르티멘토Divertimento'라는 제목의 다른 버전을 내놓았는데, 그 영화에 굳이 신경을 쓸 이유가 뭔가? <누드 모델>의 위대함은 예술이 창작되는 동안 들어가는 시간에, 열정이 창조되고 파괴되는 작업에 들어가는 시간에 있다.

프레노페르를 연기하는 배우 미셸 피콜리Michel Piccoli는 눈빛으로 다른 연기자들의 내면을 파고들 수 있는 무뚝뚝한 프랑스 스타다. 이마는 높이 솟고 옆얼굴은 조각칼로 깎은 것 같은 그는 지적인 인상을 풍기는데, 그에게서 느껴지는 지성은 어마어마하고 위협적이다. 그는 만만한 사내를 연기한 적이 결코 없었다. 그는 항상 세상 물정에 빠삭한 캐릭터를 연기했다. 그의 영감을 자극하는 젊은 여성 마리안을 연기하는 배우는 에마뉘엘 베아르Emmanuelle Béart로, 스물세 살 때 <마농의 샘Jean De Florette>(1986)으로 관객들을 전율시켰었다. 아치를 그린 눈썹 아래에 그윽한 눈과 관능적인 입술을 가진 놀랍도록 아름다운 그녀는 처음에는 뻔한 줄거리를 위해 동원된 소품처럼 보인다. 노년의 화가는 그녀를 유혹하려 들 것이라는 줄거리. 허어, 그런데 그는 그보다 더한 것을 원한다. 그는 그녀를 소유하고 싶어 한다. 다른 사람의 신경을 거슬리는 그녀의 막돼먹은 성질에서 자신의 재탄생을 위한 영감을 끌어내고 싶어 한다. 그는 창작 활동에 필요한 연마재를 손에 넣은 게 분명하다.

그의 아내 리즈(제인 버킨Jane Birkin)는 이 상황을 철저히 이해한다. 그녀는 마리안의 남자 친구의 여동생에게 이렇게 설명한다. "몸을 다루는 게 아니에요. 누드를 다루는 게 아니에요." 그녀는 "사람들이 불륜이라고 부르는 것"에 대해서는 걱정하지 않는다고 말한다. 그녀는 남편을 훤히 안다. 심지어 마리안에게 모델이 돼 달라는 남편의 부탁을 받아들이라고 설득하기까지 한다. "하지만 당신의 얼굴을 그리게 놔두지는 말아요"라고 경고한다. 소설 『도리안 그레이의 초상The Picture of Dorian Grey』을 거꾸로 뒤집어 놓은 설정이다. 그림이 모델의 활력을 훔쳐 갈 것이다.

지금까지 내가 적은 것은 플롯에 불과하다. 이 영화에서 플롯은 그다지 중요하지 않다. 영화의 핵심적인 부분은 창작과 관련된 부분이다. 마리안이 보고는 기숙 학교의 부속 예배당을 떠올리는 동굴 같은 석조 스튜디오에서 프레노페르는 그녀를 스케치하기 시작한다. 우리는 그의 어깨 너머로 창작 과정을 관찰한다. 이때 리베트는 정적인 카메라와 롱 테이크를 활용한다. 그는 좀처럼 컷을 통해 다른 화면으로 넘어가지 않는다. 우리는 아무 것도 그려져 있지 않은 도화지를 본다. 그런 후 도화지에 그림의 모양이 잡혀 간다. 우리는 물리적인 창작 과정을 본다. 먼저 펜과 붓과 잉크와 페인트를 정돈하는 데 집착하는 프레노페르의 강박 관념을 본다. 그런 후 최초의 시험적인 선들이 도화지에 그려진다. 참기 힘들다는 듯 예리한 펜을 휘두르는 시도, 다양한 묽기의 (내가 좋아하는) 페인스 그레이Payne's grey•의 얇은 막, 물감의 얇은 막을 문질러 대략적인 형태로 만들어 내는 손가락과 엄지. 나중에

• 진청색 계열의 회색

그는 규모가 더 큰 작품은 목탄으로 작업한다. 그런 후에는 유화용 물감으로 작업한다.

"위층에 있는 옷장에 가면 드레싱 가운이 있어요." 그는 그녀에게 말한다. 무슨 말인지 이해한 그녀는 드레싱 가운으로 갈아입고 내려와 그의 앞에서 가운을 벗는다. 이후 그녀는 이 영화에서 최소 한 시간 동안을 전라로 연기할 것이다. 그렇다. 처음에 우리는 에마뉘엘 베아르를 여자로 관찰한다. 그러다가 우리는 그녀를 모델로 본다. 우리는 서서히 그녀를 프레노페르가 보고자 했던 그대로 보게 된다. 내면에 있는 여성으로, 본질로, 존재로. 한담은 오가지 않는다. 그는 그녀가 여러 포즈를 취하게 만든다. 꼭두각시 다루듯 그녀의 사지를 잡아당긴다. 그는 혼잣말하듯 이렇게 말한다. "옛날에는 모델들이 움직이지 못하게 만들려고 모델의 사지를 원하는 장소에 묶었어요." 그녀는 아프고 쥐가 난다고 호소하고, 담배를 피우고 싶어 한다. 하지만 그는 그녀의 손가락에서 담배를 빼앗고는 그녀가 직전에 취했던 포즈를 취하게 만든다.

어떤 남자가 장시간 그림만 그리는 광경을 지켜보는 따분하기 이를 데 없는 이야기로 들리는가? 사실 맞는 말이지만, 그렇지 않다. 서스펜스가 구축되고 있다. 두 사람 사이에 싸움이 벌어진다. 의지력을 겨루는 전투다. 그녀는 골칫거리다. 리즈는 퀘벡에서 잠시 시간을 보낸 적이 있는데, 퀘벡에서 'noiseuse'는 "약간 이상하다"는 뜻이라고 말한다. 프레노페르가 원하는 게 바로 그것이다. 마리안은 화가의 의도를 이해하기 시작한다. 자신의 투지도 화가의 투지에 뒤지지 않는다는 걸 증명하기 위해 고통을 받아들인다. 그가 절망한 어느 날, 그녀는 그에게 작업을 계속하라고 명령한다. 그녀는 이 과정을 철저하게 파악하게 될 것이다.

그림이 완성됐다. 그러나 그림의 외양이 우리를 사로잡을 필요까지는 없다. 그저, 그녀가 그 그림을 어떻게 묘사했는지를 인용하는 것으로 충분하다. "냉랭하고 건조한 물체, 그게 나였어." 작품을 완성한 후에 그가 하는 행동은 깜짝 놀랄 만하다. 아니, 그는 그림을 파괴하지는 않는다. 그것은 그의 걸작이고, 그는 그 사실을 잘 안다. 그의 아내도 마찬가지다. 조용히 스튜디오를 찾아온 아내는 액자 뒷면에 묘지석처럼 보이는 십자가를 그린다. 그날 밤, 창문 때문에 생긴 십자가 형태의 그림자가 그들의 침대로, 그의 몸 위로 떨어진다.

이 영화의 사운드에 귀 기울여 보라. 리베트는 라디오 같은 명백한 소리의 출처가 존재하지 않는 한 사운드트랙 음악을 거의 사용하지 않는다. 그는 실내에서 나는 소음들을 다른 감독들보다 더 높은 볼륨으로 활용한다. 발소리, 문 닫히는 소리, 접시 달그락거리는 소리. 펜이 종이를 긁는 소리는 요란하다. 그리고 그 소리는 그의 열정과 함께 점점 커진다. 그가 캔버스를 재활용하려고 리즈의 얼굴에 페인트를 칠할 때, 붓이 내는 소리는 부풀어 오른다. 그가 마리안을 벤치 위에 무릎 꿇리고 십자가형을 받는 듯한 포즈를 취하게 만드는 신 동안 들리는 소리에 세심하게 귀 기울여 보라. 그녀는 처음에는 울먹인다. 그러다 깔깔거리기 시작하고, 그 역시 깔깔거린다. 그들의 웃음소리 아래에서 펜이 종이를 긁는 소리가 들릴 것이다. 그 순간 그는 펜을 사용하고 있지 않은데도 말이다.

트뤼포François Truffaut는 프랑스 누벨바그는 자크 리베트 덕에 존재하게 됐다고 말했다. 리베트는 동시대 인물들(트뤼포, 고다르Jean-Luc Godard, 샤브롤Claude Chabrol, 바르다Agnès Varda, 레네Alain Resnais)이 누렸던 명성은 결코 누리지 못했다. 그의 작품은 지나치게 길고 난해하다는 말을 듣곤 한다. 하지만 <누드 모델>은 조금도 어렵지 않다. 그리고 나는 그 영화를 더 짧게 편집하는 것을 원치 않는다. 나는 그들이 그 스튜디오에서 보인 투쟁과 유대를, 그리고 거기서 만들어진 인상적인 결과물을 공유했기 때문이다.

피콜리가 한 연기에 대해서는 별로 할 말이 없다. 프레노페르가 작품을 통해 세상에 전달하고자 했던 것을 그가 정확하게 전달했고, 그런 연기를 펼치는 데 그리 많은 말을 필요로 하지 않았다는 것뿐이다. 에마뉘엘 베아르는 천사처럼 아름답다. 하지만 그녀를 동시대의 주도적인 여배우로 등극시킨 것은 그녀가 가진 연기 재능이다. 우리는 별다른 대사나 행동이 없어도 마리안의 말썽꾼 기질을, 괴팍함을 빠르게 감지한다. 그녀가 자신을 그린 그림에서 본 쌀쌀하고 메마른 느낌은 프레노페르가 그녀에게 갈망했던 것일까, 아니면 그를 절망시킨 것일까? 영국에서 태어나 영국과 프랑스 양쪽에 거처를 두고 오가는 제인 버킨은 아내 리즈에게 딱 맞아떨어지는, 하지만 표현하기는 쉽지 않은 분위기를 찾아낸다. 그녀는 그의 위대한 작품이 처음 그려졌을 때 그 작품이 설령 두 사람의 행복을 박살낼지언정 완성되기를 원했었고, 지금도 원하는 것일까? 그녀는 지금보다 더 사납고 덜 사랑스러운 존재였을까? 그녀는 남편의 위대함을 믿는다. 바로 그 점이 이 영화에서 대답받지 못한 모든 질문을 설명한다. 이 영화에는 심오한 질문들이 존재한다.

# 다크 시티

Dark City

| | |
|---|---|
| 감독 | 알렉스 프로이어스 |
| 주연 | 루퍼스 슈얼, 제니퍼 코널리, 키퍼 서덜랜드, 윌리엄 허트 |
| 제작 | 1998년 / 111분 |

알렉스 프로이어스Alex Proyas, 1963~ 감독의 <다크 시티>는 우리를 인간으로 만들어 주는 것이 무엇이고, 법률이나 판결로 그러한 요소를 변화시킬 수 없는 이유가 무엇인지를 묻는다는 점에서 위대한 무성 영화 <메트로폴리스Metropolis>(1927)와 닮았다. 두 영화 모두 이상적인 사회를 날조해 내기 위해 만들어진 거짓된 세상을 다룬다. 그리고 두 영화 모두에 피지배자들의 마음에 의해 파괴되는 지배자들의 기계가 나온다. 두 영화 모두 위험천만한 무기가 만물의 질서를 공격한다는 내용의 우화다. 그 무기란 진정한 실체를 볼 수 있고 거기에 의문을 제기할 수 있는 자유로운 인간이다. 다만 <다크 시티>는 <메트로폴리스>에 담긴 공포보다 위협적인 요소를 더 많이 담고 있다. 도시의 지배자들이 주민들의 기억을 통제할 수 있기 때문이다. 우리가 우리에게 일어났던 모든 일을 합쳐 놓은 존재라면, 우리에게 아무 일도 일어나지 않았을 때 우리는 어떤 존재인가?

<다크 시티>에서 시곗바늘이 '12'에 닿으면 인간의 모든 기억은 새롭게 날조된다. 이 시간은 '자정'으로 규정되지만, 이것은 기만적인 용어다. 이 도시에 정오는 없기 때문이다. 우리는 오프닝 내레이션에서 "어둠이 먼저 찾아왔고, 그다음에 이방인들the Strangers이 찾아왔다"는 이야기를 듣는다. 태초에 빛은 없었다. 주인공 존 머독은 범스테드 형사에게 묻는다. "당신이 낮에 무슨 일을 했던 마지막 기억이 언제입니까?" 질문을 받은 범스테드는 흠칫 놀란다. "이거 아세요?" 머독이 묻는다. "나는 이곳에는 태양이 존재할 거라는 생각도 하지 않습니다. 나는 오랫동안 깨어 있었는데, 이 도시에서 밤은 절대로 끝나지 않습니다."

내레이션은 다른 은하에서 온 이방인들이 인간을 연구하기 위해 일군의 인간을 끌어모았다고 설명한다. 이방인들의 문명은 죽어 가고 있다. 그들은 인간의 마음의 비밀을, 또는 영혼의 비밀을, 또는 자신들이 이해할 수 있는 영역 밖에 있는 건 무엇이건 그것의 비밀을 찾아내려고 한다. 광대한 인공 도시를 창조한 그들은 또 다른 실험을 진행하고 싶을 때면 언제든 이 도시를 날조, 또는 다른 말로 '튜닝'할 수 있다.

우리는 튜닝이 벌어지는 광경을 목도한다. 모든 인간이 의식을 잃는다. 모든 기계가 작동을 멈춘다. 변화는 도시 내부에서 비롯된다. 지하 세계의 원시적인 물질들에서 마천루가 밀려 나오고, 건축물이 생겨나며, 방들은 그 방의 거주자들을 위해 준비되고, 소품들은 제자리에 배치된다. 이방인들은 인간 과학자의 도움을 받아 실험 대상의 이마에 기억을 주입한다. 깨어난 인간들은 그 전날에 대해서는 아무것도 기억하지 못한다. 그들의 모든 기억은 공동 기억 은행에서 꺼내져 주입된 것이다. 어떤 사람이 어느 날 살인을 저질렀다가 새로운 신분을 부여받는다면, 그 사람에게는 여전히 살인을 저지를 능력이 있을까? 인간은 본질적으로 선한가, 악한가? 인간이 자신들에 대해 갖는 생각은 중요한가? 이방인들은 알고 싶어 한다.

머독(루퍼스 슈얼Rufus Sewell)은 이방인들이 쓰는 장치에 대한 면역력을 키워 왔다. 그러다가 최근에 그에게 기억을 주입하는 절차는 불완전하게 끝났다. 주입 작업을 시행한 사람은 슈레버 박사(키퍼 서덜랜드Kiefer Sutherland)로, 과학자인 그는 이방인들을 위해 일하지만 이방인들을 향한 애정은 눈곱만치도 없다. 머독은 죽은 여자의 시체가 있는 호텔 방에서 깨어난다. 그날의 시나리오는 그를 매춘부 연쇄 살인범으로 만드는 것이다. 슈레버는 그에게 그가 실험 대상이지만 실험에 저항력이 있다고 판명됐다는 걸 알려 준다. 이방인들이 그를 찾아 몰려오고, 그는 도망쳐야 한다.

이러한 설정이 줄거리를 밀고 나간다. 머독은 도시의 기저에 깔려 있는 본질을 알아내려 애쓰면서 도시 이곳저곳을 헤맨다. 범스테드 형사(윌리엄 허트William Hurt)는 그를 체포하려 애쓰지만, 머독이 던지는 질문들에 차츰 무너지게 된다. (그는 경찰로 프로그래밍 됐지만, 썩 훌륭한 경찰은 아니다. 그는 "내 얘기를 귀담아 듣는 사람이 아무도 없어"라고 계속 투덜거린다.) 그리고 심금을 울리는 노래를 부르는 가수 에마(제니퍼 코널리Jennifer Connelly)가 있다. 그녀는 자신이 존의 아내이며 그를 사랑한다고, 두 사람은 셸 비치에서 만났다고 기억한다. 사람들은 하나같이 셸 비치에 가는 방법을 알고 있다고 말한다. 그러나 셸 비치가 정확히 어디에 있는지 말할 수 있는 사람은 아무도 없는 것 같다.

이방인들은 인간의 시체에 깃들어 있다. 그들은 대부분 키가 크다. 한 명은 아이 몸을 하고 있지만 절대로 아이가 아니다. 시체 내부에서 본연의 모습으로 살아가는 외계인들은 국수 가락으로 만든, 잔뜩 겁을 먹은 거미를 닮았다. 그들은 공중 부양을 할 줄 알고, 정신력으로 도시의 물질을 변화시킬 줄 안다. 곤충처럼 군집해서 조직을 이루는 그들은 집단적으로 도시를 재튜닝하기 위해 지하 동굴에 모여든다. 이 동굴의 비주얼을 보면 프리츠 랑Fritz Lang의 영화 두 편이 떠오른다. <메트로폴

리스>, 그리고 범죄자들의 창백한 얼굴이 층층이 쌓이면서 음울한 분위기를 빚어내는 지하 세계의 메커니즘이 등장하는 <M>(1931).

어느 해에 하와이영화제에서 나흘간 <다크 시티>의 숏 단위 분석을 진행했다. 관객들은 나만큼이나 영화에 호기심이 많았다. 우리는 프레임을 멈추고, 특수 효과를 해부하고, 영화의 의미에 대한 논쟁을 벌였다. 그 자리에는 정신과 의사도 있었는데, 그는 실존 인물인 다니엘 슈레버Daniel Schreber는 자신이 경험한 정신 분열 증세에 대한 책을 써서 프로이트와 융에게 영향을 끼친 인물이라고 말했다.

숏 단위 분석 도중 우리는 때로 프레임을 세워 놓고 세밀하게 분석해 봤다. 일부 거리 장면은 에드워드 호퍼Edward Hopper나 잭 베트리아노Jack Vettriano의 그림을 그대로 옮겨 놓은 것이었다. 이 영화는 아름다운 영화일 뿐 아니라 풍성한 영화이기도 하다. 영화는 줄거리를 들려주는 데 필요한 것보다 훨씬 더 풍부한 깊이와 상상력, 더 많은 디테일을 제공한다. 범스테드라는 이름도 약간은 경이롭다. 아마도 할리우드의 가장 위대한 아트 디렉터에 속하는 헨리 범스테드에게 경의를 표하려는 의도일 것이다. 이방인들이 창조한 세계는 1940년대 필름 누아르에서 빌려 온 듯 보인다. 페도라와 담배, 네온사인, 자판기 식당, 구식 자동차들이 보인다. (일부는 신형 자동차다. 이 세계에는 일관성이 존재하지 않는다.) 프로이어스는 데이비드 S. 고이어David S. Goyer와 렘 도브스Lem Dobbs와 함께 시나리오를 썼다. 도브스가 쓴 <카프카Kafka> 시나리오와 고이어가 쓴 <배트맨 비긴즈Batman Begins> 시나리오는 이 영화와 동일한 분위기를 낸다.

프로이어스는 딥 포커스 구도를 좋아한다. 상당수의 실내 공간은 길고 좁다. 실외는 거리의 한쪽 끝이 소실점까지 이어지고, 그런 다음 카메라가 팬을 해서 다른 거리를 내려다보면 역시 동일한 길이로 이어진다. 절제된 조명은 쓸쓸한 분위기를 빚어낸다. 영화의 색조는 블랙과 브라운, 그림자와 이방인들의 창백한 살갗에 의지한다. 따스한 색상은 인간의 얼굴에, 네온사인에, 셸 비치를 홍보하는 광고판에 존재한다. 나는 하와이에서 "이 숏이 그저 고마울 따름입니다"라는 말을 여러 번 했다. "이 숏은 실현 가능한 최고의 수준으로 구현된 숏입니다." 다른 다수의 위대한 영화가 관객에게 동일한 감정을 안긴다. 영화를 만든 이들이 실제로 작업에 필요한 요건을 충족시키는 수준을 훌쩍 뛰어넘어 무언가 경이로운 것을 창조하려는 열정을 발휘했음을 깨달으면서 느끼는 그러한 감정을 말이다.

나는 <다크 시티>가 위대한 현대 영화에 속한다고 철석같이 믿는다. 이 영화는 <매트릭스The Matrix>보다 1년 먼저 개봉됐다(두 영화 모두 호주의 동일한 세트 몇 곳을 사용했다). <매트릭스>보다 적은 제작비를 들인, 기술과 상상력에 비슷한 정도의 빚을 진 특수 효과를 동원한 이 영화는 <매트릭스>가 하고 싶었던 바를 그 영화보다 일찍, 그 영화보다 더 풍부한 정서를 담아 성취했다.

<다크 시티>의 신랄함은 영화 속의 러브 스토리에서 드러난다. 중요한 지점에서 존 머독은 에마에게 말한다. "당신이 기억하는 모든 건, 그리고 내가 기억하게끔 되어 있는 모든 건 실제로는 전혀 일어난 적이 없는 일들이에요." 그러자 그게 참말이라고 생각하지는 않는 에마는 말한다. "당신을 만난 걸 생생하게 기억해요. 당신과 사랑에 빠졌던 걸 기억해요." 맞다. 그녀는 기억한다. 그런데 이 만남은 그들의 첫 만남이다. "사랑해요, 존." 그녀는 말한다. "그런 감정을 가짜로 지어낼 수는 없어요." 그러자 머독은 말한다. "맞아요. 그런 감정은 지어낼 수 없죠." 우리는 다른 사람에게 그들이 사랑하는 상대가 누구인지 알려줄 수 있다. 이방인들이 기억 주입으로 해 온 일이 그것이다. 그러나 그녀가 느끼는 감정은 주입될 수 없는 것이다. 바로 여기가 이방인들이 이해하지 못하는 부분이다. 에마는 비중이 작은 역할이지만 이 영화의

핵심이다. 그녀는 사랑이 무엇인지를 제대로 알고 있기 때문이다. 존은 여전히 사랑이 무엇인지를 알아내야 한다. 그녀로부터 사랑을 배워야 한다.

이방인들은 악한 존재가 아니다. 그들은 외계인 나름의 추정에 따라 일을 처리해 왔을 따름이다. 심지어 그들은 전능한 존재도 아니다. 그렇기에 머독과 범스테드, 슈레버는 상대적으로 자유롭게 시내를 돌아다닌다. 결국 우리는 그들을 약간 딱하게 여기게 된다. 그들은 자신이 발견해 낼 수 없는 비밀을 간직한 행복한 존재들 틈에서 죽음을 맞게 될 것이다.

우리가 머독을 만나기 전에 맞닥뜨리는, 카메라가 호텔 창문으로 다가가는 오프닝 숏을 주목하라. 그 창은 네모난 틀에 들어 있는 원형 돔에 있다. 척 보면 알 수 있듯, <2001 스페이스 오디세이 2001: A Space Odyssey>에 나오는 핼 9000의 '얼굴'과 닮았다. 핼은 인간적인 것이 무엇이고 감정을 갖는다는 것이 무엇인지를 제외한, 세상의 모든 것을 이해하는 컴퓨터였다. 인간이 인간다워지는 법에 대해 스스로를 가르치는 완벽하게 인공적인 세계를 창조한 영화에서, <다크 시티>는 동일한 주제를 숙고한다.

## 대부 2

The Godfather: Part II

| | | |
|---|---|---|
| 감독 | 프랜시스 포드 코폴라 | |
| 주연 | 알 파치노 | |
| 제작 | 1974년 | 200분 |

<대부 2>에서 영화 음악은 1편의 경우보다 훨씬 더 큰 역할을 수행한다. 향수를 불러일으키고 애절한, 이제는 잃어버린 시절의 분위기를 환기시키는 음악은 우리가 이런 이야기를 접하면서 느껴서는 안 될 감정들을 빚어낸다. 만약에 이 영화의 음악이 범죄 영화에 사용되는 음악적 관습에 더 충실했다면 그런 감정들을 빚어내지 못했을 것이다. 우리는 살인과 강탈, 뇌물과 절도, 겁에 질린 남자들의 인정사정없는 의지 위에 건설된 체제가 소멸하는 것을 왜 애석해해야 하는 걸까? 니노 로타Nino Rota의 음악이 우리가 스크린에 펼쳐지는 악랄한 사건들을 보면서 느끼는 감정을 얼마나 강력하게 뒤흔드는지를 관찰해 보라.

우리는 프랜시스 포드 코폴라Francis Ford Coppola, 1939~ 의 걸작 <대부The Godfather>(1972)의 결말에서 마이클 콜레오네(알 파치노Al Pacino)가 패밀리와는 거리를 두고 싶어 하는 젊은이에서 조금도 주저하지 않고 통제권을 장악하는 남자로 변신하는 모습을 봤다. 우리

는 <대부 2>에서는 그가 조금이나마 남아 있던 도덕관념을 상실하면서 내면이 텅 빈, 불안정하고 무자비한 인간이 되는 모습을 본다. 마이클은 아버지가 맡았던 역할을 수행하려고 하면서 돈 콜레오네를 세상의 기대보다 더 훌륭한 인물로 만들어 줬던 가치 있는 장점들을 못 보게 됐고, 그러면서 세상이 그에게 예상하던 것만큼 모든 면에서 사악한, 새로운 대부가 됐다. 로타의 음악이 힘이 넘치고 박력 있었다면, 우리는 마이클을 이보다 더 나은 영화인 브라이언 드 팔마Brian De Palma의 <스카페이스Scarface>(1983)의 주인공 토니 몬타나와 상당히 흡사한 존재로 봤을 것이다. 그러나 서글픈 음악은 화면에 펼쳐지는 이야기보다 훨씬 더 확실하고 미묘한 분위기를 환기시키는 위력을 자주 발휘한다. 전혀 말이 안 되는 오페라풍의 아리아들이 우리를 얼마나 깊이 감동시키는지 숙고해 보라.

마이클 콜레오네에게 권력이 이양되는 과정은 그의 아버지 비토(로버트 드 니로Robert De Niro)의 젊은 시절을 보여 주는 플래시백과 대비된다. 시칠리아와 과거의 뉴욕을 배경으로 한 이 장면들은 출세 가도에 오른 젊은 남자를 보여 주는 전통적인 패턴을 따르면서 콜레오네의 핏줄에 마피아의 규범이 주입되는 과정을 보여 준다. 거짓된 낭만주의가 사업을 위해 살인을 활용해야 할 필요성을 은폐하는 일은 조금도 없다. 비토가 뉴욕의 중간급 대부를 살해하는 것 같은 사건의 경우, 코폴라는 비토의 시점을 채택하는 것으로, 그가 살인을 위해 매복하려고 옥상에 올라가고 살해 후 성공적으로 탈출하는 과정을 좇아가는 것으로 살인 행각에 깃든 야만성을 순화한다. 영화의 시점과 동일시되는 경향이 있는 우리 관객의 입장에서 이건 영화에 내장된 리얼리티다. 여기서 살인은 비토가 성공으로 오르려고 밟는 사다리의 또 다른 가로대가 된다.

젊은 비토의 삶은 장성한 돈 콜레오네의 면면을 설명하는 데, 그리고 조직의 비밀을 외부에 밝히지 않는다는 시칠리아의 묵계를 영화가 확립하는 데 확실하게 도움을 준다. 마이클이 변하는 동안 우리는 그가 어째서 그렇게 할 수 밖에 없다는 기분을 느끼는지를 확인한다. 그는 게임의 규칙에 따라 게임을 수행해야 한다. 그런데 나는 플래시백들이 영화를 더 강렬하게 만들어 준다고 확신하지는 못한다. 젊은 비토와 권좌에 오르는 마이클에 대한 영화를 따로따로 만들었으면 더 좋았을 것 같다. 뭐, 두 편의 영화를 만들자는 이야기는 신경 끄자. 지금 우리가 가진 건 강렬한 두 개의 내러티브와 탁월한 두 주연 배우가 펼치는 연기, 뇌리를 떠나지 않는 이미지들이다. 노령의 두 대부가 맞는 죽음조차 유사점이 존재한다. 복수는 반드시 행해져야 한다.

코폴라는 두 영화에서 독자적인 스타일의 정점에 올랐다. 내가 중심 캐릭터들이 품은 도덕관념이 탄탄치 않다고 생각한다 하더라도, 흐음, 그건 우리 모두가 그렇지 않나? 우리는 사람들이 서로를 죽여서는 안 된다는 데 동의한다. 하지만 우리의 동의가 사람들이 이 두 편의 영화를 보고 또 보는 이유를, 그래서 세상 사람 모두가 감상한 것 같은 영화들로 구성된 소규모 영화들의 반열에 이 두 영화가 오른 이유를 설명하지는 못한다. 두 영화는 관객을 사로잡기에 충분할 정도로 시나리오가 훌륭했고, 자신감과 예술적인 솜씨를 가진 감독이 연출했으며, 고든 윌리스Gordon Willis('어둠의 달인')에 의해 풍성하고 따뜻한 톤으로 촬영됐다. 두 영화에 출연한 배우들의 연기는 탁월하다. 우리는 영화에 등장하는 캐릭터들의 이름을 많이 안다(해리 라임, 스칼렛 오하라, 트래비스 비클, 찰스 포스터 케인). 그런데 여섯 명이 넘는 캐릭터의 이름을 기억하는 영화는 몇 편이나 되나? 브란도Marlon Brando, 파치노, 드니로, 듀발Robert Duvall, 커제일John Cazale, 칸James Caan, 다이앤 키튼Diane Keaton, 리 스트라스버그Lee Strasberg, 탈리아 샤이어Talia Shire, 마이클 V. 가조Michael V. Gazzo 등 재능 있는 출연진을 훌륭하게 캐스팅한 감독은 그들에게 적역을 맡기면서 제대로 활용했다.

순전히 스토리만 놓고 보면 <대부 2>의 마이클 관련 장면들은 우리의 감정을 사로잡는다. 마이클이 마이애미의 보스 하이먼 로스(스트라스버그)와 형 프레도(커제일), 소니(제임스 칸)가 당한 저격과 관련된 까다로운 문제들을 다루는 동안, 관객이 마이클과 함께 판단해 나가도록 요구하는 코폴라, 그리고 시나리오를 공동으로 집필한 마리오 푸조Mario Puzo의 집필 방식은 감탄스럽다. 누가 무슨 짓을 저질렀나? 그 이유는? 마이클은 다양한 인물을 경유하는 다양한 내러티브 사이를 떠다니면서, 모든 사건에서 그릇된 판단을 내리거나 그런 판단을 내리기 직전에 다다른다. 이것은 눈을 가리고 두는 체스와 비슷하다. 그는 말의 움직임을 보지 못한 채로 장기판의 형세를 상상해야 한다.

그런데 결국 이 영화가 다루는 세상은 온전히 마이클의 세상이다. 아들의 첫 성찬식 파티가 열린 밤에 공격이 가해지는 장소조차 우리의 침실이 아니라 그의 침실이다. 그의 아내 케이(키튼)는 그를 떠나지만 그가 맞춘 초점은 흔들리지 않는다. 그는 아들을 지킬 것이다. 콜레오네 부자 2대에 걸쳐 가장 큰 신뢰를 받는 측근이자 사실상 가족으로 간주되는 톰 하겐(듀발)조차 결국에는 의심을 받는다. 마이클의 삶에서 피해망상은 유용한 방어 기제다.

코폴라는 압박감을 주체하지 못하고 무너지는 마이클을 보여 준다. 우리는 그가 한때는 적법한 삶을 살아가는 자랑스러운 전쟁 영웅이자 성공적인 대학생이었다는 사실을 기억한다. 그러나 결혼식이 열리는 날, 케이는 콜레오네 가문이 얼마나 막강한 권력을 휘두르는 가문인지를 처음으로 생생히 실감하기 시작한다. 가문에는 늘 그녀가 내용을 듣지 못할 일들이 있고, 그녀는 사람들의 신뢰를 받는 존재가 될 수 없다. 결국 마이클은 늙은 어머니(모가나 킹Morgana King) 말고는 누구하고도 심중에 있는 이야기를 털어놓거나 신뢰를 쌓지 못하게 된다. 어머니와 주고받는 강렬한 대화에서 마이클이 느끼는 절망감은 영화의 마지막 숏과 관련된 모든 것을 설명한다.

따라서 <대부 2>는 결국 슬픈 영화고, 잃어버린 것들을 애통해하는 영화임에 분명하다. <대부 2>는 돈 콜레오네가 현대화된 갱스터의 갈망에 맞서 오래된 가치관을 수호하는 내용을 담은 1편과 대조되는 영화다. 우리가 <대부 2>의 시칠리아와 뉴욕 장면에서 똑똑히 목격한 젊은 비토 역시 살인자였다. 그러나 그는 현명하고 외교적 수완이 있는 인물로 성장했다. 그가 토마토 농장에서 숨을 거둘 때, 그렇다, 우리는 애석해했다. 한 시대가 막을 내렸다. 하지만 우리는 마이클의 전락에는 애석함을 느끼지 않는다. 두 영화의 중요한 차이점은, 비토는 공감 가는 인물이지만 마이클은 악당이 되어 간다는 점이다. 이것은 비판이 아니라 관찰이다.

'인터넷 무비 데이터베이스Internet Movie Database, IMDb'에서 행해지는 '최고의 영화' 투표는 영화의 인기가 주요 기준이라 신뢰성이 떨어진다. 하지만 실제로 투표를 하는 네티즌의 수는 수십만에 달하고, 그렇게 선정된 상위 네 편의 영화는 <쇼생크 탈출The Shawshank Redemption>과 <대부>, <다크 나이트The Dark Knight>, <대부 2> 순이다. 내가 지금까지 쓴 많은 리뷰 중에서 독자들이 가장 많이 반대한 리뷰가 별 세 개를 준 <대부 2>의 리뷰였다. 그 리뷰는 내가 무가치한 평론가임을 입증하는 증거로 인용되고는 한다. 많은 이가 나한테 <대부 2>는 1편보다 속편이 나은 희귀한 경우라고 이야기해 왔다. 그렇다고 내 마음이 바뀌었을까? 아니다. 내가 쓴 <대부 2> 리뷰를 다시 읽어 봤지만 나는 한 글자도 고칠 마음이 없다.

그런데 이 영화는 왜 '위대한 영화'인가? 이 영화는 흠결이라고는 찾아볼 길이 없는 <대부>의 위대함과 대비되는 작품으로 봐야하기 때문이다. 두 영화를 각각 별개의 작품으로 간주하기는 어렵다(<대부 3 The Godfather Part III>는 다른 문제다). 어떤 영화의 캐릭터들이 우리를 위해 가상현실에 등장할 때, 30년 뒤에 만들어진 다른 영화에 등장하는 어떤 캐릭터가 <대부>는 우리가 살면서 배워야 할 교훈들을 다 담은 영화라고 말할 수 있을 때, 그 캐릭터가 그런 주장을 펼 수 있는 이유를 관객이 이해할 때, 그 영화, 즉 <대부>는 이제 우리 사회의 문화적인 토대로 자리를 잡은 뒤다. 성경에 포함된 모든 복음이 동등하게 '뛰어나다'고 말할 수는 없는 노릇이지만, 우리는 그중 하나가 없는 세상을 살지는 못할 것이다.

따라서 <대부 2>는 영화를 가치 있게 생각하는 모든 이가 반드시 감상해야 할 영화가 됐다. 그리고 내가 이 글을 쓰는 지금, 우리는 그 영화를 경이로울 정도로 훌륭한 프린트로 감상할 수 있게 됐다. 자신이 종사하는 분야의 달인인 로버트 해리스Robert Harris가 <대부> 3부작을 디지털로 공들여 복원했다. 나는 복원된 <대부>를 새로운 35밀리미터 프린트로, <대부 2>는 새로 출시된 블루레이 DVD로 감상했다. 두 영화를 월드 프리미어에서 처음으로 감상했던 나는 두 영화를 이보다 더 뛰어난 화질로 본 적은 없었다고 주장한다. 비주얼이 그토록 풍성한 영화들의 경우, 뛰어난 화질은 그 자체만으로도 기뻐해야 할 이유가 된다.

자, 이제 음악 이야기로 돌아가자. 나는 니노 로타의 음악이 영화의 위력과 정서적 효과에 중요하다는 점을 어느 때보다도 더 확신한다. 니노 로타의 음악이 없는 영화는 상상이 되지 않는다. 우리가 객관적으로 추론해 낸 모든 논리와 달리, 로타의 음악은 영화에 대해 이러이러한 느낌을 받아야 한다고 우리에게 지시한다. 대형차가 마이애미로 들어설 때 처음 깔리는 음악을 주의 깊게 들어 보라. 원하는 모든 것을 가졌다가 잃어버린 한 남자에 대한 또 다른 영화 <시민 케인Citizen Kane>을 위해 버나드 허먼Bernard Hermann이 작곡했던 음악을 떠올리게 하는, 그 음악의 메아리가 들릴 것이다.

# 디바

Diva

| | |
|---|---|
| 감독 | 장자크 베넥스 |
| 주연 | 프레데릭 앙드레이, 리샤르 보랭제, 윌헬메니아 위긴스 페르난데스 |
| 제작 | 1981년 / 117분 |

영화에서 벌어지는 사건보다는 그 사건을 보여 주는 모양새에 더 주력하는 스릴러 <디바>에서 장자크 베넥스Jean-Jacques Beineix, 1946~ 감독은 파리의 잘 알려지지 않은 길모퉁이들을 자세히 들여다보면서 실제로 존재할 법하지는 않은, 심지어는 존재하기가 불가능하기까지 한 캐릭터들의 조합을 등장시킨다. 관객에게 놀라움과 매혹을 선사하는 것을 최선의 제작 의도로 삼고 만들어진 오락적인 영화가 여기 있다. 1981년에 토론토에서 이 영화를 본 기억이 난다. 유명하지도 않고 주목을 받지도 못한 영화로 찾아온 이 영화는 영화제에서 처음 제정한 관객상을 수상했던 것으로 기억한다. 복원된 프린트로 새로 공개된 지금, 영화는 오리지널의 화려함으로 반짝반짝 빛난다.

뻔뻔하다는 이유로 선택된 것 같은 요소들을 한데 모아 놓은 플롯은 말이 안 되기도 하고 유쾌하기도 하다. 핵심 캐릭터는 젊은 우편배달부 쥘(프레데릭 앙드레이Frédéric Andréi)이다. 모페드를 몰고 거리를 질주하며 특급 우편물을 배달하던 그는 키 크고 아름다운 미국의 흑인 소프라노 신시아 호킨스(윌헬메니아 위긴스 페르난데스Wilhelmenia Wiggins Fernandez)의 공연을 비밀리에 녹음하려고 오페라 리사이틀에 들른다. 그는 전문가 수준의 나그라Nagra 녹음기를 가방에 감추고 있다. 공연이 끝난 후, 그는 그녀의 팬들 틈에 끼어 그녀의 분장실에 들어가 고급스러운 흰색 실크 가운을 훔친다.

호킨스는 녹음 스튜디오에 들어간 적이 전혀 없는 것으로 유명하다. 우리는 나중에 그녀가 자기 목소리를 들어본 적이 한 번도 없음을 알게 된다. 이제 쥘은 그녀의 노래를 담은 세상에서 유일한 테이프를 갖게 됐다. 값을 매길 수도 없이 소중한 테이프지만, 그에게 그 테이프는 혼자 듣는 데만 필요한 물건일 뿐이다. 불행히도 두 명의 대만 밀수업자가 그가 녹음하는 모습을 목격한다. 두 사람은 그에게서 테이프를 훔치려 든다. 그가 우편물을 배달하는 거리에서 두 명의 갱스터가 어느 매춘부를 살해하면서, 그가 처한 상황은 더더욱 복잡해진다. 여성들을 성 노예로 착취하는 조직에 가담한 경찰서장의 유죄를 입증할 테이프를 갖고 있던 그녀는 목숨을 잃기 전에 쥘의 모페드에 있던 배달 가방에 테이프를 몰래 집어넣는다. 이제 살기등등한 악당 네 명이 쥘을 찾는다.

쥘은 충돌로 망가진 차들과 자동차를 그린 벽화가 가득한, 공장 같은 어두침침한 공간에서 제멋대로 살고 있다. 여기에서 그는 천상의 목소리에 귀를 기울인다. (저명한 오페라 디바 페르난데스는 영화에서 노래를 직접 불렀다. 그러면서 1980년대 초반에 카탈라니Alfredo Catalani의 오페라 「라 왈리La Wally」와 1막의 아리아의 붐을 일으켰다.) 어느 날 쥘은 음반 매장에서 성적 매력이 넘치는 베트남계 소녀 알바(투이 안 루Thuy An Luu)가 영리하게 디자인된 미술용 포트폴리오에 33회전 레코드를 넣어 훔쳐 가는 모습을 본다. 포트폴리오에는 그녀 자신의 누드

를 찍은 사진들만 들어 있는 것처럼 보인다.

알바를 쫓아간 그는 어떻게 그렇게 했느냐고 묻는다. 두 사람은 상대방도 오페라를 사랑한다는 걸 알게 되고, 그는 자신이 녹음한 테이프를 그녀에게 들려준다. 그녀는 그 테이프를 신비에 싸인 인물인 고로디시(리샤르 보랭제Richard Bohringer)에게 건넨다. 시가를 피우는 미남으로 나이 들어 보이는 고로디시는 의자와 침대, 욕조, 어항이 구비된 널찍한 산업 지대 로프트에서 산다. 이 남자는 알바의 애인일까? 스승일까? 어째서 그는 어마어마한 부와 권력을 보유한 듯 보이는 걸까?

이제 모든 퍼즐 조각들이 제자리를 잡았다. 남은 것은 영화를 위해 그 조각들을 섹스와 액션, 인상적인 이미지로 구성된 휘황찬란한 만화경에 넣고 돌리는 것뿐이다. <디바>는 포스트 누벨바그인 '시네마 뒤 룩cinema du look'에 속하는 첫 프랑스 영화로 일컬어져 왔다. '위키피디아'의 정의에 따르면, 시네마 뒤 룩은 "프랑수아 미테랑Francois Mitterand 치하의 프랑스에서 주변부로 밀려난 젊은이들을 대표했다는 말을 듣는 소외된 젊은 캐릭터들에 초점을 맞추고 현란한 비주얼 스타일을 보여 준" 일군의 영화를 가리킨다. 이 영화들을 규정한 것은 콘텐츠가 아니라 스타일 자체였다. 때때로 플롯은 사진처럼 인상적인 순간을 만들 기회를 빚어내기 위해 작위적으로 꾸며 낸 것처럼 보였다.

영화는 정갈한 실내 공간보다는 산업 폐기물 단지와 파리 지하철 같은, 부르주아와는 거리가 먼 꾸밈없는 공간에 매력을 느낀다. 뤽 베송Luc Besson이 1985년에 만든 유명한 시네마 뒤 룩 영화 <서브웨이Subway>는 록 콘서트가 열릴 정도로 큰 지하철이 배경의 대부분인 범죄 영화다. <디바>에서 가장 환상적인 시퀀스는 경찰에 쫓기는 쥘이 모페드를 몰고 지하철 계단을 내려가 지하철에 올랐다가 다시 내려서는 다른 계단을 올라가는 모습이다. 이 숏의 촬영은 필리프 루슬로Philippe Rousselot가 프랑스판 오스카라 할 세자르에서 촬영상을 수상한 이유를 설명해 준다(영화는 최우수 신인 감독상, 음악상, 음향상 등 세자르에서 세 부문을 더 수상했다).

이 영화의 매력에는 예상과 어긋나는 캐스팅도 한몫을 했다. 많은 캐릭터가 타입 캐스팅 됐다고 할 수 있지만, 연기자 대부분은 영화가 개봉될 당시 무명이었다. 예를 들어 이 영화는 앙드레이가 처음으로 맡은 비중 있는 역할이었고, 페르난데스의 첫 영화이자 유일한 영화였으며, '르 퀴레Le Curé(치료제)'라는 캐릭터로 출연한 도미니크 피농Dominique Pinon의 첫 장편 영화였다. 반사가 심한 안경 뒤에 눈빛을 감추고, 귀에는 귀마개를 하고, 머리는 짧게 민, 키 작은 젊은 남자인 그는 희생자의 등에 묵직한 송곳을 던져 목숨을 빼앗는 '치료 행각'을 벌인다. 그는 송곳 끝으로 턱을 긁는 포즈를 취하기를 좋아한다. 그는 웃지 않는다.

페르난데스의 존재감은 어마어마하다. 파리에서 열린 「카르멘」 공연에서 그녀를 발견한 영화 제작진은 젊은 우편배달부가 집착하는 대상이 되기에 그럴싸해 보이는 여성이라고 판단했다. 그녀는 그가 그녀에게 가운을, 그런 후에는 테이프를 돌려주는 순간들을 놀라움과 즐거움이 미묘하게 균형을 잡은 순간들로 연기해 낸다.

물론 영화에서 가장 미스터리한 캐릭터들은 부유한 은둔자 고로디시와 대담한 젊은 친구 알바다(이 영화는 투이 안 루가 찍은 다섯 편의 영화 중 첫 영화였다). 이 캐릭터들은 델라코르타Delacorta가 쓴, 소설 『디바Diva』를 비롯한 프랑스의 대중적인 스릴러 시리즈에서 볼 수 있다. 이 시리즈를 보면 남자는 뮤지션이고, 여자는 나이에 비해 무척이나 영리한 열네 살 소녀인데, 두 사람의 관계는 제대로 맺어지지 않은 상태임을 알 수 있다. 여자는 고양이가 집에 쥐를 물고 돌아오는 것처럼 해결할 말썽거리를 들고 남자의 집을 찾아오는 재주가 있다. 그녀가 쥘을 남자의 소굴로 데려오는 것처럼 말이다. 어떤 면에서 델라코르타

(실명은 다니엘 오디에Daniel Odier)는 시네마 뒤 룩의 공동 창안자라고 할 수 있다. 그의 문장은 매끈한 표면과 네온 빛 색상, 특이한 세팅, 어둠에서 튀어나온 캐릭터들을 강조하기 때문이다. 다음은 그의 1990년 소설 『알바Alba』에서 선택한, 그다운 문장을 잘 보여 주는 사례다. “그는 흰색 테이블에서 알바의 사랑스러운 글씨가 장식된 종이를 발견했다. 그녀는 신비스러운 도道를 수행한 덕에 자신이 하는 탁월한 입맞춤처럼 물 흐르듯 멋지게 흘러가는, 스스로 ‘돈 오토만dawn ottoman’이라고 부르는 필체를 구사했다.”

플롯의 특이한 점은 베넥스가 캐릭터들에게는 많은 것을 기대하지만, 관객에게서는 거의 아무런 기대도 하지 않는다는 점이다. 우리는 양쪽 모두가 알고 있는 것을 안다. 결과는 우리의 초점을 ‘왜’보다는 ‘어떻게’에 맞추는 것이다. 이 영화는 ‘스타일 습작’인데, 그렇다고 반드시 비판받을 필요는 없다. 우리는 다양한 이유 때문에 다양한 영화를 보러 간다. <디바>는 우리에게 대단히 감각적인 이미지의 흐름을 선사하고, 우리는 캐릭터들이 그 이미지의 흐름을 통과하는 모습을 보며 즐거워한다. 루슬로의 카메라는 때때로 이미지들을 통제하기보다는 이미지에 의해 조종당하는 것처럼 보인다.

평론가 데이비드 에델스틴David Edelstein이 밝혔듯, “자전거 배달부 주인공이 윌헬메니아 페르난데스가 부르는 「라 왈리」 아리아에 귀를 기울일 때…… 천상의 고음이 처음 등장하는 순간 카메라는 위로 떠올라 동요하기 시작한다. 아리아가 재연될 때마다, 카메라는 동일한 순간에 움직이기 시작한다. 카메라는 그래야 한다. 바로 이것이 인간이 어쩌지 못하는 자연의 힘force of nature으로서의 스타일이다.”

베넥스에게 <디바>는 이후로 내리막길을 걷는 형국이 된 것으로 판명된 커리어를 환상적으로 시작하게 한 작품이었다. 그는 1984년에 <달빛 그림자La Lune dans le Caniveau>를 들고 칸에 돌아왔지만, 작품은 야유를 받았다. 지나치게 스타일만 고집한 탓이었을 것이다. 일부 숏들은 지나치게 세련돼서, 또는 눈에 띄게 작위적이라서 콘텐츠를 압도하고 심지어는 모호하게 만들었다. 그리고 그는 1986년에 센세이션을 일으킨 <베티 블루37°2le Matin>를 만들었다. 영화는 프랑스에서 대성공을 거뒀고 지금도 컬트 필름으로 상영되는데, 나는 이 영화가 성공한 주된 이유는 누드를 후하게 보여 준 덕이라고 믿는다. 흥미롭게도 그는 1997년에 BBC를 위해 장도미니크 보비Jean-Dominique Bauby(<잠수종과 나비Le Scaphandre et le Papillon>의 소재가 된 인물)에 대한 다큐멘터리 <락트-인 증후군Assigné à Résidence>을 만들었다.

## 뜨거운 오후

Dog Day Afternoon

| | | |
|---|---|---|
| 감독 | 시드니 루멧 | |
| 주연 | 알 파치노 | |
| 제작 | 1975년 | 125분 |

<뜨거운 오후>의 러닝 타임은 장편 영화의 평균 러닝 타임보다 약간 길다. 따라서 관객 입장에서는 뉴욕의 생활상을 보여 주는 오프닝 몽타주를 잘라 내도 괜찮은 것 아니냐고 생각할 수도 있다. 그러나 그렇지 않다. 실생활의 리얼리티를 훔쳐내 보여 주는 이 숏들은 영화의 굳건한 토대를 설정한다. 영화의 감독 시드니 루멧Sidney Lumet, 1924~2011은 그것이 "자연주의적인 것"이라고 밝혔다. 나는 그가 한 말은 그 몽타주에 일상의 리듬과 느낌이 담겨 있다는 뜻이라고 생각한다. 연인의 성전환 수술 비용을 마련하려고 은행을 터는 남자의 이야기를 시작할 때, 경찰 수백 명과 TV 시청자 수백만 명을 끌어모은 상황을 소재로 삼게 됐을 때, 감독은 호객용 오락거리를 만들어 낼 위험에 처하게 된다. 하지만 <뜨거운 오후>는 절대로 그런 실수를 저지르지 않는다. 캐릭터는 하나같이 믿음직스럽고 공감 가며 설득력 있다. 우리는 그들에게 관심을 갖게 된다. 경찰들과 강도들이 등장하는 이 영화에는 악당이 없다.

상황이 이상한 방향으로 전개되는 여름날의 오후를 어떻게든 지내보려고 애쓰는 사람들이 있을 뿐이다.

이 영화는 연기자들의 영화다. 루멧과 그의 편집 감독 디디 앨런Dede Allen은 연기자들이 각자가 맡은 캐릭터의 내면에 들어가 살 수 있게끔 적절한 시간을 배려한다. 우리는 배우들이 펼치는 연기를 보고 있다는 사실을 망각한다. 이 영화는 비극적인 내용이 담긴 영화고, 그보다 더 서글픈 비극이 될 가능성도 있는 영화지만, 엄청나게 웃긴 영화이기도 하다. 그러나 오스카상을 받은 프랭크 피어슨Frank Pierson의 시나리오는 관객들의 폭소를 자아내겠다는 의도로 걸음을 멈추는 일은 절대로 하지 않는다. 웃음은 사람들과 상황을 통해 자연스레 피어난다. 우리는 인질들이 잡히고 화기들이 사방에 넘실대고 있는데도 휴먼 코미디의 요소들이 생기기 시작할 것이라고 믿게 된다.

영화의 시작과 함께 웃기는 순간 하나가 찾아온다. 강도 세 명이 은행에 들어온다. 그런데 그중 한 명이 겁을 먹고는 도저히 못하겠다고 말한다. "스티비," 파트너 소니가 말한다. "차는 가져가지 마." 스티비는 투덜거린다. "그럼 어떻게 집에 가라는 거야?" 그건 사실일까? 그렇다. 스티비는 차를 몰고 집에 갔을 테고 소니(알 파치노Al Pacino)는 그가 그렇게 할 거라는 생각을 했을 거라고 관객들이 믿기 때문이다.

파치노는 이 영화에서 가장 기억에 남는 순간은 강도와 인질들에게 피자를 가져온 배달부(라이어널 피나Lionel Pina)와 관련된 장면이라고 밝힌 적이 있다. TV 생중계로 상황 전개를 지켜봤던 그 청년은 군중의 박수갈채를 받게 되자 팔짝팔짝 뛰며 말한다. "나는 스타다!" 텔레비전은 이 순간을 당시로서는 상당히 참신한 이벤트였던 생중계로 탈바꿈시킨다. TV 조명 세례에 신이 난 소니는 은행 정문에서 앞뒤로 빼기며 돌아다니면서 옥상에 줄지어 선 저격수들에게 자신을 노출시키는 현명치 못한 짓을 한다. 반면에 은행에 남은 파트너 샐(존 커제일

John Cazale)은 움츠러든다. 샐은 자신이 은행 강도라는 사실이 믿어지지 않는다. 사람들을 죽일 거라는 소니의 말이 믿어지지 않는다. 그는 사실 관계를 혼동한 TV가 자신을 동성애자로 묘사하는 데 마음이 상했다. 그는 자신이 다른 사람들과 함께 제트기에 올라 안전한 곳으로 날아갈 거라는 예상이 믿어지지 않는다. 그는 비행기를 타 본 적이 없다. 그들이 날아갈 만한 나라의 이름을 대 보라는 요구를 받은 그는 "와이오밍"이라고 말한다. 이 대사는 커제일이 촬영 현장에서 즉흥적으로 만든 대사였다.

영화 대부분의 배경은 은행 지점, 그리고 경찰과 FBI의 '지휘 본부'가 된 길 건너편 이발소다. 루멧의 카메라는 협상의 셔틀을 따라 지점과 이발소를 오간다. 쭉 뻗은 거리의 양방향을 잡은 화면은 그들의 탈출 경로를 보여 주지만, 그 경로는 얼마 지나지 않아 순식간에 형성된, 그 자체로 하나의 캐릭터가 된 군중에 의해 차단된다. 어느 순간, 인도에서 경찰에게 으름장을 놓던 파치노가 뉴욕 북부의 교도소에서 벌어진 악명 높은 죄수 학살을 언급하는 말인 "아티카Attica"를 외친다. 군중은 조금도 지체하지 않고 "아티카!"라는 외침으로 화답한다. 겁에 질려 창백해진 얼굴에 식은땀을 흘리며 벌벌 떠는 샐을 군중은 단 한 번도 보지 못한다. 군중은 소니에게 반응한다. 처음에는 소니를 영웅시하는 함성으로, (그가 게이라는 게 밝혀진) 나중에는 야유로 말이다.

무엇보다 소니는 게이다. 아들을 무자비하게 비난하는 어머니를 둔 아들이기도 하고, 남편의 말참견을 절대로 허용하지 않는 아내(주디스 말리나Judith Malina)를 둔 남편이자 아버지이기도 하다. 그가 아내를 만나게 해 달라고 요구하며 그녀에게 왜 은행에 오지 않았느냐고 묻자, 그녀는 수화기에 대고 설명한다. "베이비시터를 구할 수가 없었어." 그녀와 남편은 똑같은 뉴욕 사투리로 대화한다. 그녀는 남편이 은행을 털었을 리 없다고 부인하며 말한다. "그이가 그랬을지도 몰라요.

QUICK
DEPOSIT

그이의 몸이 그런 식으로 움직였을지도 몰라요. 하지만 그이는, 그이는 그런 짓은 하지 않았어요."

소니는 많은 특징을 가진 인물이다. 그리고 그는 모든 특징을 가진 인물이 되기를 원한다. 실제 사건을 벌인 강도들과 인터뷰를 할 수 없었던 작가 피어슨은 소니가 "사람들을 배려하는" 사람이었다는 말을 들은 후에 캐릭터를 이해할 열쇠를 찾았다고 말한다. 은행에 들어간 소니는 라이플을 흔들어 대면서도 이런 말을 한다. "나는 가톨릭 신자고, 누구도 해치고 싶지 않아요. 알아들었어요?" 그는 화장실에 가야겠다는 창구 직원의 말을 경청하고, 천식에 걸린 경비원을 걱정한다. 그는 "나는 여기서 죽어 가고 있어"라는 말을 자주 한다. 창구 직원들의 문제는 그의 문제가 되기 때문이다.

창구 직원 중에서 가장 흥미진진한 인물은 자기 '여자들'을 챙기는 우두머리 실비아(퍼넬러피 앨런Penelope Allen)다. 은행 밖에 나갔다가 자유로이 탈출할 수도 있는 처지였던 그녀는 은행으로 돌아온다. 그녀가 은행에 머무는 건 세간에서 쏟아지는 주목의 중심이 되는 게 즐겁기 때문이다. "그에게는 계획이 없어요." 그녀가 소니에 대해 하는 말이다. "전부 그때그때 기분에 따라 하는 일이에요." 그녀가 옳은 것 같다. 분명히 샐은 소니가 할 수 있는 일이 무엇인지를 전혀 모른다. 나는 DVD 부록에 담긴 인터뷰를 보면서 소니가 샐을 그리니치 빌리지의 술집에서 만났고, 샐에 대해 아는 게 별로 없었다는 사실을 알게 됐다. 자기들이 비행기를 타고 미국을 떠나게 될 것임을 알게 된 샐이 몸을 떨기 시작할 때, 우리는 그 사실을 인지한다. 그는 항변한다. "일이 잘못되면 우리는 자살을 할 거라고 네가 말했잖아!" 그는 비행기를 타느니 죽는 편이 낫다고 생각한다.

영화의 중간을 한참 넘긴 후에야 다른 중요한 캐릭터가 등장한다. 소니의 연인 리언(크리스 서랜던Chris Sarandon)이다. 그의 입장은 단호하다. 그가 소니에게 자신의 성전환 수술비를 지불하기 위해 은행을 털라고 요구한 적이 전혀 없었던 건 확실하다. 이발소로 와서 소니와 통화하게 된 그는 감정적인 속내를 간접적으로 밝힌다. 그는 정신 병원에 있었다. 그와 소니의 사이는 멀어지고 있다. 그는 소니의 감정적 욕구를 따라잡을 수가 없다. 그는 이발소에 앉아 전화기로 소니와 이야기한다. 이 대화는 애초에 두 개의 독백으로 집필됐다고 피어슨은 말한다. 그런 후에 대화로 교차 편집된 이 대화 덕에 서랜던은 오스카 남우조연상 후보에 오르게 됐다. 영화 내내, 두 사람 중 어느 쪽도 동성애자 스테레오타입을 보여 주지 않는다. 리언은 연약하고 쉽게 상처받는 인물이지만 호들갑 떠는 수다쟁이는 아니다. 파치노는 사무적인 인물이다. 은행 관리자(설리 보야르Sully Boyar)에게 자기 유언을 받아 적게 하는 신에서, 그는 "다른 남자를 사랑했던 세상의 어떤 남자보다도 더" 리언을 사랑한다고 말한다. 그는 이 유언을 사무적인 어조로 밝힌다. 게이 분위기의 속삭임은 존재하지 않는다. 실제로 그의 아내와 어머니조차 그의 양성애 성향을 그저 그다운 기질을 보여 주는 것으로 차분하게 받아들인다.

경찰과 FBI 요원들은 영화에 중요한 인물들이지만, 은행 내부에 있는 사람들만큼 한껏 개발된 캐릭터들은 아니다. 찰스 더닝Charles Durning은 사건을 담당한 뉴욕 경찰관을, 제임스 브로데릭James Broderick은 FBI 수석 요원을 연기한다. 인질 영화에서 경찰에게 부여되는 게 보통인 플롯 요소들을 둘 중 어느 쪽도 부여받지 못했다. 그들은 일반적인 서브플롯들(골치 아픈 가정사, 상사와의 갈등)의 부담을 지지 않으며, 그저 자기 할 바를 한다. 유혈 사태가 벌어질까 두려운 더닝은 무기를 집어넣지 않으려는 경찰들에게 달려든다. 두 사람 다 현장에서 자신의 역할을 충실히 수행하는 사무적인 모습을 보인다. 브로데릭의 아주 중요한 순간 중 상당수는 반응 숏에서 등장한다. 그 숏들은 루멧의 자연주의적 접근 방식을 보여 주는 실례 역할을 한다.

시드니 루멧은 거장이다. 영화 연출을 다룬 그의 저서는 같은 주제를 다룬 데이비드 매밋David Mamet의 저서하고는 대조적인 접근 방식을 취하지만, 두 저서 모두 명쾌하면서도 자신감이 느껴지는 책들이다. TV 생방송을 연출하는 젊은 감독으로 경력을 시작한 루멧은 자신의 TV 연출작 중 하나를 원작으로 삼은 <열두 명의 성난 사람들12 Angry Men>로 영화 경력을 시작했다. 그가 다룬 주제의 폭은 상당히 넓었다. 무엇보다 그는 스토리에 관심을 기울였다. 그는 장르나 테마에 특화된 감독이 아니었다. 그의 광범위한 창작 커리어에서 잘 알려진 사실 하나는 뉴욕에 대한 영화를 많이 만들었다는 것이다. <전당포The Pawnbroker>, <바이 바이 브레이버만Bye Bye Braverman>, (역시 파치노가 주연한) <형사 서피코Serpico>, <사랑과 슬픔의 맨해튼Q&A>, <네트워크Network> 등이 그런 영화에 속한다. <악마가 너의 죽음을 알기 전에Before the Devil Knows You're Dead>는 교외가 배경이다. 이 영화에서 그는 내면 깊은 곳을 들여다본 캐릭터들을 통해 눈부신 영화를 창조했다. 이 영화의 플롯은 싸구려로 전락하면서 상업 영화의 소재로 활용될 가능성이 높았지만, 그는 이 플롯을 인간성과 진정성을 한 순간도 잃지 않는 영화로 만들어 냈다.

# 라스트 픽쳐 쇼

The Last Picture Show

| 감독 | 피터 보그다노비치 | |
|---|---|---|
| 주연 | 티머시 보텀스 | |
| 제작 | 1971년 | 118분 |

<라스트 픽쳐 쇼>의 으뜸가는 장면의 배경은 소도시 외곽에 있는, 평탄한 텍사스 초원의 단조로움을 잠시나마 깨뜨리는 볼품없는 연못인 '탱크'다. 사자 샘은 소니와 지진아 빌리를 데리고 그곳으로 낚시를 간다. 소니가 밝히듯 탱크에는 거북이 말고는 아무 것도 없지만 말이다. 샘은 그래도 상관없다. 어쨌든 그는 생선을 좋아하지 않는다. 생선을 손질하는 게 싫고, 비린내도 싫다. 그는 경치 구경을 하러 낚시를 다닌다.

"피워 볼래?" 그는 손으로 담배를 말아 소니에게 권한다. 그런 후 아쉬움이 담긴 독백을 시작한다. 그는 20년 전쯤에 어떤 여자를 탱크로 데려 왔고, 두 사람은 탱크에서 헤엄을 치다가 말을 타고 연못을 가로지른 후 제방에서 사랑을 나눴다. 그 여자는 무척 사랑스러웠지만 이미 가정이 있는 몸이었고, 샘은 그 시절에도 젊은 나이가 아니었다. 그가 이 이야기를 들려줄 때, 우리는 샘의 인생을 지탱해 주는 것에 대해, 텍사스주 애너린이라는 죽어 가는 소도시에 그를 계속 붙잡아두

는 아름다운 비전에 대해 듣고 있음을 깨닫는다. 나는 작가이자 감독인 피터 보그다노비치Peter Bogdanovich, 1939~ 가 이 신의 영감을 다른 작품에서 직접 받았다고 믿는다. <시민 케인Citizen Kane>에서 나이를 먹은 번스타인 씨가 50년 전에 딱 한 번 본 파라솔 든 아가씨를 기억하면서 그녀에 대한 기억을 자신이 나아갈 방향을 알려주는 신호등으로 여전히 소중히 간직하고 있다는 내용이 담긴 독백을 하던 장면을 보그다노비치가 생각하고 있었을 거라고 나는 확신한다.

베테랑 웨스턴 배우 벤 존슨Ben Johnson이 연기하는 샘은 애너린의 영혼 같은 존재다. 그는 자그마한 식당과 당구장, 로열 극장의 주인으로, 애너린에 이 세 곳이 없으면 갈 곳이라고는 침대밖에 없다. 바로 이 점이 필사적이고 고독한 불륜 행각이, 섹스로 이어지는 10대들의 어설픈 연애가 이 소도시에 판치는 이유를 설명해 준다. 사자 샘을 우러러보는 사람 중에는 지역 미식축구 팀의 공동 주장인 소니 크로퍼드(티머시 보텀스Timothy Bottoms)와 두에인 잭슨(제프 브리지스Jeff Bridges)이 있다. 미식축구 팀은 실력이 너무 형편없어서, 두 사람을 본 지역 남성들은 얼굴을 찡그리며 고개를 설레설레 젓는다.

래리 맥머트리Larry McMurtry의 소설이 원작인 보그다노비치의 1971년 영화는 1951년 11월 12일 토요일부터 시작된다. 한국 전쟁이 한창이던 때이자, 로열 극장 같은 영화관들의 종말이 시작되던 시점이다. 소니는 통통한 여자 친구 샤를린(샤론 테이거트Sharon Taggart)과 극장 뒷좌석에서 엉켜 있는 동안에도 두에인이 이 소도시의 제일가는 미녀 제이시 패로(시빌 셰퍼드Cybill Shepherd)와 키스하는 모습을 부러운 듯 쳐다보고 있다. 스크린에는 <붉은 강Red River>과 <웨곤 마스터 Wagonmaster> 같은 고전이 상영된다. 그 영화들은 이 지역을 배경으로 한 전설들을 들려주지만, 이 지역의 거실에 설치된 추잡하고 자그마한 흑백 TV 세트에서는 주민들의 삶이나 다른 이들의 삶과는 하등의 관

련도 없는 「벼락부자가 되라!Strike It Rich!」를 비롯한 평범하고 사소한 프로그램들이 주민들의 혼을 빼놓고 있다.

애너린은 늘 지나치게 덥거나 지나치게 추운 듯 보인다. 황량한 중앙로를 불어 내려온 바람이 당구장에 몰려든다. 사자 샘은 양가죽 재킷 안으로 어깨를 웅크린다. 보그다노비치와 촬영 감독 로버트 서티스Robert Surtess는 땅을 향해 쪼그리듯 납작한 모습의 소도시를 보여 주기 위해 수평 팬을 자주 사용한다. 우리는 공허함이 풍파를 겪은 이 건물들을 에워싸고 있다는 느낌을 받는다.

분명히 두에인과 소니에게는 귀가할 집이 있을 것이다. 그러나 그들의 생활은 자동차(소니의 낡은 픽업과 두에인의 신형 머큐리)를 중심으로 맴돈다. 고등학교에서는 씩씩한 영어 선생님(존 힐러먼John Hillerman)이 '진리는 아름답고 아름다움은 진리'라는 키츠John Keats의 시를 읽는다. 그러나 진리와 아름다움은 그들의 삶에서는 멀찌감치 떨어져 있는 것처럼 보이고, 소니에게 일어난 가장 놀라운 일은 미식축구 코치의 마흔 살 정도 된 아내 루스(클로리스 리치먼Cloris Leachman)가 그를 침대로 데려가 다정하게 대해 준 사건이다. 한편 두에인은 제이시의 장난에 놀아난다. 인근 도시의 부잣집 사내아이를 눈여겨보는 제이시는 동네의 멍청이 레스터(랜디 퀘이드Randy Quaid)의 손에 이끌려 그가 주최하는 수영장 파티로 향한다.

제이시의 부모는 이 소도시에서 부자로 통한다. 어머니 로이스(엘런 버스틴Ellen Burstyn)는 TV에 넋을 잃은 남편 옆의 소파에 앉아 술을 마시며 많은 시간을 보내지만 미모는 여전하다. 현실주의자인 그녀는 딸에게 두에인과 동침하라고 조언한다. 그래야 그 짓이 그녀가 생각하는 것만큼 대단한 일이 아니라는 것을 알게 될 테니 말이다. 로이스는 가끔씩은 남편의 유정油井에서 일하는 일꾼과 동침한다. 그러나 루스처럼 그녀는 섹스를 그리 많이 믿지는 않는다. 대신에 상냥한 태도와 사근사근한 대화, 그리고 인생에 패배당한 적이 없는 사람을 갈망한다.

<라스트 픽쳐 쇼>는 영화가 개봉된 1971년에 센세이션을 일으켰다. 나는 뉴욕에서 열린 첫 시사회에서 영화를 봤는데, 관객들은 요즘의 10대들이 자신들을 겨냥해서 만든 액션 영화들에 보이는 것과 똑같은 열의를 보이며 극장을 가득 메웠다. 영화는 참신한 느낌과 낡은 느낌을 동시에 풍겼다. 영화 평론가이자 웰스Orson Welles의 추종자였던 보그다노비치는 영화를 흑백으로 찍었는데, 그 덕에 영화는 그때나 지금이나 시간을 타지 않는 초월성을 부여받았다. 그는 팝송으로만 구성된 사운드트랙을 활용했는데, 이는 당시에는 새로운 스타일이었다(스콜세지Martin Scorsese가 1967년에 데뷔작에서 이런 스타일을 시도했었다). 이 캐릭터들을 위한 사운드트랙의 대부분을 제공한 가수는 행크 윌리엄스Hank Williams였다. 보그다노비치는 음악이 등장하는 신에서는 음악이 나오는 실제 출처들(라디오, 주크박스)을 활용했다. 'Cold, Cold Heart(차디찬 마음)'와 'Why Don't You Love Me(Like You Used to Do)〔(예전에 그랬던 것처럼) 왜 나를 사랑하지 않는 건가요〕' 같은 노래는 캐릭터들의 태도와 행동에 대한 견해를 직설적으로 밝힌다.

벤 존슨과 조연 배우 몇 명을 제외한 나머지 배우들은 이전까지는 본 적 없는 얼굴들이었다. 보그다노비치는 자신의 영웅이 만든 <시민 케인>처럼 장래의 스타들을 소개하는 영화를 만들었다. 이 영화는 시빌 셰퍼드에게 첫 번째 영화였다. 그리고 티머시 보텀스에게는 두 번째 영화였는데, 그는 첫 번째 영화 <자니 총을 얻다Johnny Got His Gun>에서 보지도 듣지도 말하지도 못하는 병사를 연기했었다. 제프 브리지스는 이 영화 이전에는 기억에 남을 만한 연기를 한 적이 없었고, 클로리스 리치먼과 엘런 버스틴은 이 영화에서 맡은 역할을 통해 재능을 활활 불태웠다. 존 포드John Ford가 단골로 고용한 믿음직한 조연으로 오랜 세월을 보낸 리치먼과 벤 존슨은 각각 오스카 조연상을 수상했다.

1960년대 말의 화려한 스타일이 세상을 한바탕 휩쓸고 지나간 시점에 만들어진 이 영화는 꾸밈없는 솔직함을 보여 준다. <이지 라이더Easy Rider> 세대는 부주의한 자유를 찬양하고 있었지만, 보그다노비치는 자신이 웰스만큼이나 존경한 포드의 직설적인 면모와 소박함으로 되돌아갔다. 그런데 <라스트 픽쳐 쇼>의 시간적 배경은 <붉은 강>과 다른 클래식 웨스턴들의 용감무쌍한 풍모가 사라진 지 한참이 지난 후다. 영화는 래리 맥머트리(영화에서 애너린으로 등장한 로케이션 장소는 그의 고향인 텍사스의 아처 시티다)가 영웅들의 시대가 지난 후 찾아온 텍사스인들을 기록한 많은 작품 중 첫 소설을 원작으로 삼았다.

영화를 다시 보면서 섹스와 관련된 장면이 정말로 많다는 사실, 그리고 그 장면들이 에로티시즘하고는 거의 관련이 없다는 사실에 강한 인상을 받았다. 다이빙 보드에서 옷을 벗는 시빌 셰퍼드의 유명한 장면은 당시에는 많은 주목을 받았다. 그러나 그녀가 연기하는 캐릭터는 섹스를 애너린을 벗어날 수 있게 해 주는 최상의 방편으로 활용한다. 진정으로 따스한 온기는 리치먼이 연기하는 캐릭터인 루스가 옷을 모두 걸친 채로 소니의 머리카락을 빗질해 주는 장면에서만 느껴진다. 이 도시에서는 활력과 홍조를 경험할 방법이 전혀 없다. 그럴 수 있는 비법을 아는 마지막 사람은 사자 샘과 샘의 식당에서 일하는 웨이트리스 제너비브(에일린 브레넌Eileen Brennan)일 것이다. 우리는 소니와 두에인은 — 두에인이 한국에서 목숨을 잃지 않는다면 — 이후에 지나치게 술을 많이 마시고, 지나치게 고되게 일하며, 가망 없는 여자들과 결혼할 거라고 예상한다. 늘 미소 띤 얼굴이지만 그래야 하는 이유는 딱히 없는 조용한 빌리(샘 보텀스Sam Bottoms)를 위한 미래가 없다는 건 확실하다.

이 영화는 무엇보다 관객의 마음속에 어떠한 분위기를 환기한다. 이 영화는 존재할 이유가 전혀 없는 소도시를, 그리고 거기에 살아야 할 이유가 전혀 없는 사람들을 다룬다. 유일한 희망은 죄를 짓고 관습을 어기는 것이다. 루스가 자기 나이의 절반밖에 안 되는 소니를 유혹할 때 잘 알고 있는 것처럼 말이다. 그런 후 소니 역시도 제이시의 매력에 잠시 빠져들고, 그 사건은 그가 루스에게 돌아갔을 때 그녀가 벽에 커피포트를 던지고는 자신의 영혼을 격하게 쏟아 내는 강렬한 신으로 이어진다(리치먼은 이 신을 리허설 없이 딱 한 테이크만에 연기했다).

보그다노비치는 영화를 마치면서 출연자들의 이름과 그들이 연기한 캐릭터를 자막으로 단 짧은 장면을 보여 준다. 이 장면을 보면 <시민 케인>의 마지막을 장식하는 웰스의 크레디트가 떠오른다. 1971년에 그 화면에 달린 자막들은 효과적인 역할을 했다. 영화가 개봉되고 33년이 흐른 현재, 브리지스와 보텀스, 버스틴, 리치먼, 브레넌, 퀘이드, (1996년에 사망한) 존슨과 다른 배우들을 보여 주는 크레디트의 이미지들은 대단히 날카롭게 뇌리를 파고든다. 머릿속에 떠오르는 <시민 케인>의 대사가 있다. "나는 시작하기 전에 거기에 있었소. 그리고 지금, 나는 끝난 후에 여기에 있소."

보그다노비치는 끝난 후에도 거기에 있었다. 그는 1990년에 이 영화의 속편 <텍사스빌Texasville>을 만들기 위해 오리지널 출연진 대부분을 모았다. 속편의 배경은 오리지널의 시대에서 30년쯤이 지난 1980년대 초반이었다.

# 레올로

Léolo

| | | |
|---|---|---|
| 감독 | 장클로드 로종 | |
| 주연 | 질베르 시코트, 맥심 콜린 | |
| 제작 | 1992년 | 107분 |

칸영화제의 심야 시사를 마치고 돌아오는 길이었다. 리처드 콜리스Richard Corliss가 스플렌디드 호텔 식당에서 메모장에 고개를 처박고 있는 모습을 봤다. 그는 '역사상 가장 위대한 영화 100편' 리스트를 작업하는 중이라고 했다. 그와 리처드 시켈Richard Schickel은 그 리스트를 조만간 『타임Time』에 실을 예정이었다. "지금은 무슨 작품에 대해 쓰고 있는 거요?" 내 물음에 그가 답했다. "<레올로>." 그렇다, <레올로>. 감상한 모든 이의 기억의 그늘에서 끊임없이 요동치는 영화. 딱히 어떤 장르의 영화라고 분류할 방법이 없고, 이런 영화라고 설명하기가 무척이나 어려운 영화. 감독인 장클로드 로종Jean-Claude Lauzon, 1953~1997이 1997년에 캐나다 북부에서 세스나기를 직접 조종하다 여자 친구와 함께 젊은 나이에 세상을 뜨는 바람에 고아 신세가 된 영화.

그가 만든 장편 영화는 <밤의 동물원Un Zoo la Nuit>(1987)과 <레올로> 두 편뿐이다. 그는 더 많은 영화를 만들 수도 있었지만, 주로 광고를 촬영하거나 낚시를 하면서 시간을 보냈다. 세상은 그를 캐나다가 낳은 가장 재능 있는 젊은 감독이라고 믿었다. 그러나 존경받는 노장 감독 노먼 주이슨Norman Jewison이 진 해크먼Gene Hackman이 출연하는 스릴러를 연출해 달라고 제안했을 때, 그는 그 제안을 버릇없이 거절했다. 『로스앤젤레스 타임스Los Angeles Times』의 켄 터랜Ken Turan은 로종이 심사위원 중 한 명인 제이미 리 커티스Jamie Lee Curtis에게 외설적인 말만 하지 않았다면 <레올로>가 1992년 칸에서 황금종려상을 받았을지도 모른다고 믿는다. 터랜은 로종 본인에게 직접 들은 이야기를 내게 해 줬다. "그가 오텔 드 캅 뷔페에서 우연히 커티스 옆에 앉게 됐답니다. 내 기억에, 그가 자기소개를 하고는 이런 말을 했다더군요. '영화에서 주인공 꼬맹이가 간肝에다 하는 일을 당신에게 하고 싶어요.'" 이 이야기 덕에 얻은 유일한 정보는 제이미 리 커티스가 수줍음이 심한 여자가 아니라는 것, 그리고 그런 무례한 언사를 듣고도 깔깔 웃는 반응을 보인 듯하다는 것이다.

나는 로종을 만난 적이 있다. <밤의 동물원>의 칸 시사가 있는 후에 점심을 먹는 자리에서였다. 그는 장발에다 하고 싶은 말은 무엇이건 거침없이 내뱉었고, 행동이 약간 거칠었다. 그는 남에게 무례하게 행동하거나 남들의 행동에 화를 낼 준비가 되어 있었다. 그의 영화는 죽어가는 아버지를 둔 전과자를 다뤘다. 아버지의 죽기 전 소원은 코끼리를 쏘는 것이다. 그래서 그는 아버지를 휠체어에 태우고 몬트리올 동물원에 침입한다. 그 영화와 <레올로>를 보고 나면, 그 영화들이 현실에서 1백만 마일 떨어진 곳에 자리한 영화들은 아니라는 느낌을 받게 된다. 실제로 로종의 가족들은 모두 정신병 병력이 있었다. 그의 어린 시절은 순탄치 않았다. 그가 만든 주인공 레올로는 말한다. "사람들은 나를 프랑스계 캐나다인이라고 말한다. 하지만 나는 꿈을 꾸기 때문에 프랑스계 캐나다인이 아니다. 사람들은 그 사람이 내 아버지라고 말한다. 그러나 나는 그 사람의 아들이 아니다. 그 사람은 미쳤기 때문이다. 나는 꿈을 꾸기 때문에 내가 그 사람의 아들이 아니라는 걸 안다."

그는 자신이 꿈을 꾼다는 이유로 스스로를 이탈리아인이라고 생각한다. 그의 아버지인 척하는 사람은 그의 친아버지가 아니다. 영화 속 소년의 본명은 레오 로종이다. 그런데 그는 스스로 레오 로조네로 개명한다. 그의 꿈에서 그의 친아버지는 퀘벡으로 수송될 토마토가 가득 든 상자 앞에서 자위를 하는 시칠리아인이다. 그의 어머니는 몬트리올의 거리 시장에서 토마토 위로 넘어져 토마토를 으깬다. 그러고는 아홉 달 후에 레올로가 태어난다. 영화 내내, 그는 식구들이 자신을 레오라고 부르는 것을 막으려 애쓴다.

이 이야기는 <당신이 섹스에 대해 알고 싶었던 모든 것Everything You Always Wanted to Know About Sex>의 한 챕터처럼 들릴 것이다. 그런데 이 영화는 코믹할 뿐 아니라 음침한 분노의 분위기도 담고 있다. 영화의 중심은 나이가 열두 살 안팎인 레올로(맥심 콜린Maxime Collin)가 벌이는 모험이다. 이 나이의 그는 귀여운 틴에이저가 아니라, 광기 때문에 아수라장을 벌이는 가족 때문에 괴롭기 그지없는 내성적인 소년이다. 식구들은 근처에 있는 정신 병원을 온천 드나들듯 들락거리고, 인간의 모든 건강은 날마다 하는 장 운동에 달려 있다는 아버지(롤랑 블루앵Roland Blouin)의 믿음이 가정생활을 장악하고 있다. 레올로의 어머니(지네트 르노Ginette Reno)는 큰소리로 외친다. "밀어내렴, 레오, 밀어내!" 뚱뚱하고 마음씨 착한 어머니는 집안의 가장으로, 레올로를 사랑하지만 이해하는 데에는 속수무책이다. 할아버지(쥘리앵 기오마르Julien Guiomar)는 집안의 폭군이다. 할아버지는 레올로에게 이빨로 자기 발톱을 깎으라고 시킨다.

소년은 자위에 눈을 뜨고, 그러면서 어여쁜 이웃집 여자아이 비앙카(지우디타 델 베키오Giuditta Del Vecchio)에게서 눈을 떼지 못한다. 비

앙카는 레올로보다 몇 살이 많고, 할아버지에 비해서는 턱없이 어리다. 그럼에도 할아버지는 자기를 목욕시키고 편안히 보살피는 일을 하는 그녀에게 돈을 준다. 레올로는 천장에 있는 창문을 통해 두 사람을 엿보고, 나중에는 노인네를 살해하려고 지레와 도르래가 동원된 정교한 시스템을 활용하는 계획에 그곳을 활용한다. 흐음, 할아버지는 자업자득으로 험한 일을 당할 것 같다. 언젠가 그는 아동용 플라스틱 풀장에서 레올로를 익사시키려 했었다. 레올로 입장에서는 경이로운 환상을 체험했기 때문에 소득이 없지는 않은 경험이었지만 말이다.

지금까지의 이야기를 듣자니 부도덕하고 우울한 영화인 것 같다는 생각이 든다면, 그것은 내가 로종이 작품을 통해 전달하는 심오한 재미, 심지어는 사랑을 전달하는 데 실패했기 때문이다. 레올로를 보면 펠리니Federico Fellini의 <아마코드Amarcord>에 나오는 섹스에 미친 청소년들이 떠오른다. 다른 점이 있다면 펠리니의 기억은 노스탤지어고, 로종의 주인공의 가족은 사랑스러운 방식으로 괴팍하다는 것이다. 레올로는 가족이 처한 현실을 부정하려고 꿈을 활용한다. 그러면서 집안의 정신 나간 분위기에서 살아남으려고 투쟁하는 자신의 모습을 본다. 탈출구는 없는 듯 보인다. 형 페르낭드(이브 몽마르케트Yves Montmarquette)는 불량배에게 굴욕을 겪는다. 형은 근육질 몸매의 보디빌더로 변신하려고 몇 달을 보내지만 그런 다음에도 다시 굴욕을 당한다. 영화의 내레이터는 레올로를 대신해 이렇게 말한다. "그날, 나는 우리의 심오한 존재 속에 살고 있는 두려움을 이해했다."

레올로가 유년기에 찾아낸 손톱만큼의 희망은 책에서, 그의 가족이 보유한 유일한 책에서 비롯된다. 그 희망은 어느 날 그의 집을 방문한 노인(피에르 부르고Pierre Bourgault)이 균형이 맞지 않아 뒤뚱거리는 주방 테이블을 괴려고 책을 사용하면서 그의 인생에 들어온다. 레올로는 밤에 장갑을 끼고 머플러를 두르고는 냉장고에서 나오는 불빛을 조명 삼아 그 책을 읽는다. 내레이터가 '단어 조련사'라고 부르는 그 노인은 책과 지도가 가득한 방에서 살고, 보물을 찾아 쓰레기통을 뒤진다. 그는 바로 그 방식으로 레올로의 일기를 찾아내 읽는다. 레올로는 한 번에 한 페이지씩 일기를 쓰고는 그 페이지를 찢어 버렸기 때문이다. 내레이터의 목소리가 그의 목소리냐, 레올로의 목소리냐, 일기냐를 묻는 건 좋은 질문이다. 내 생각에는 셋 전부다.

영화의 기술적 탁월함은 경이로운 수준이다. 로종은 기벽과 충동, 급작스레 떠오르는 영감과 호방한 창의력이 넘치는 인물이었다. 그런 주체 못할 상상력을 가진 일부 감독들은 정교하기는 하지만 공허하기 그지없는 영화들을 만든다. 로종이 분노와 욕망에서 엄청나게 많은 추진력을 얻었기 때문에, 그가 창작한 모든 것은 그럴듯한 원인으로 압착됐고 열정으로 가득했다. 실제로는 존재할 수 없는 신들이 있음에도, 그 신들은 존재한다. 세트 미술은 판타지를 구현함에도 리얼리티를 절대 잃지 않는다. 사운드트랙은 오페라와 톰 웨이츠Tom Waits, 롤링 스톤스, 그리고 그레고리안 성가처럼 들리는 사운드를 두루 아우른다. 악의 존재를 떠올리게 만드는 음악이 어찌나 또렷한지 <엑소시스트The Exorcist>의 테마로 쓰더라도 무방할 정도다. 그럼에도 몬트리올의 일상적인 거리 생활에는 활력과 기쁨이 넘친다.

닐 리Neil Lee가 쓴 로종의 온라인 회고록을 읽으면서 프랑수아 트뤼포François Truffaut의 유년기를 떠올렸다. 리는 이렇게 썼다. "로종의 유년기는 광기의 바다에 휩쓸린, 정신병의 광풍에 떠밀리는 쪽배였다. 이 시기 저 시기에 (어머니를 제외한) 거의 모든 식구가 정신 병원 신세를 졌다. 로종이 길거리 잡범의 인생에서 탈출한 것은 순전히 당시 NFBNational Film Board, 캐나다 국가영화진흥국의 프랑스어 영화 배급 부문 책임자였던 앙드레 페트로스키Andre Petrowski가 개입한 덕분이었다. <레올로>는 그에게 헌정됐고 그래야 마땅했다. 그가 바로 로종이 청년기의 시궁창에서 벗어나 영화 연출의 길로 접어들도록 길을 안내한 책임자였으니까.”

NFB의 페트로스키의 위상은 트뤼포의 인생에서 앙드레 바쟁André Bazin이 차지하는 위상과 비슷하다. 바쟁은 트뤼포를 소년 범죄의 세계에서 빠져나와 영화의 세계로 들어오게끔 인도한 영화 평론가였다. 캐머런 베일리Cameron Bailey는 회고록에서 로종이 “바람둥이에 말썽꾼”이었다고 회상한다. “그는 제작자들과 영화제 총감독들에게 이것저것을 요구했다. 그가 몸소 행동하는 일은 없었다.” 그가 장편 영화를 두 편밖에 만들지 못한 건 비극적인 일이 아닐지도 모른다. 그러나 그가 어쨌든 장편 영화를, 그것도 두 편이나 만들었다는 것은 주목할 만한 일이다.

위대한 영화가 순전히 작품 자체만으로 존재할 때, 그 영화는 제자리가 아닌 잘못된 곳에 자리할 위험이 있다. 우리는 그 작품이 감독의 필생의 역작에 속하기를, 또는 어떤 장르의 주류에 속하기를 원한다. 그런데 로튼Charles Laughton의 <사냥꾼의 밤Night of the Hunter>이나 조도로프스키Alejandro Jodorowsky의 <엘 토포El Topo>처럼 독보적이면서도 독자적인 영화들이 있다. 그런 작품들의 운명은 둘 중 하나다. 세상이 그 작품을 알아보거나, 전혀 알아보지 못하거나. 우리는 그런 영화에 다른 영화들을 통해서가 아니라 직접 접근해야 한다. 내게 <레올로>를 감상한 경험은 아슬아슬한 줄타기 묘기를 감상한 것과 비슷하다. 로종은 이쪽 끝에서 반대쪽 끝으로 그렇게 거칠게 질주하면서도 어떻게 균형을 유지할 수 있었을까? 그는 어떻게 아주 그로테스크한 이 캐릭터들을 창조해 냈고, 어떻게 그들을 인간적인 존재이자 공감 가는 인물들로 만들 수 있었을까? 어떻게 레올로는 그렇게 괴상하면서도 내성적이고, 그토록 분노로 그득하고 전복적임에도 그토록 고상한 인물이 될 수 있었을까? 이 이야기는 어떻게 그토록 사방팔방으로 질주하면서도 결국에는 목적지를 찾아낼 수 있었을까? 장클로드 로종이 <레올로>를 완성하면서 이제 이야기할 필요가 있는 건 하나도 남지 않았다고 결정했을지는 나는 모른다. 그런데 만약에 그가 그런 결정을 내렸다면, 나는 그 결정을 이해할 수 있다.

# 로코와 형제들

Rocco e i Suoi Fratelli

| | |
|---|---|
| 감독 | 루키노 비스콘티 |
| 주연 | 알랭 들롱, 레나토 살바토리, 아니 지라르도 |
| 제작 | 1960년 / 177분 |

루키노 비스콘티Luchino Visconti, 1906~1976는 다혈질인 데다 다양한 스타일을 구사하면서 여러 가지를 신봉한 인물이었다. 우리는 그의 걸작 <로코와 형제들>의 광대한 캔버스에서 더 넓은 공간을 차지하려고 치열하게 다투는 모든 것을 확인할 수 있다. 비스콘티는 게이이자 귀족이었고, 마르크스주의자이자 연극과 오페라의 연출자였다. 그는 이탈리아 네오리얼리즘에 지대한 영향을 끼친 핵심적인 인물이었지만, 나중에는 세련되고 공들인 스타일과 판타지를 구현한 영화를 만들기 위해 네오리얼리즘을 포기했다. 그는 퇴폐적인 주제를 사랑했다. 그럼에도 <로코와 형제들>은 근본적인 면에서는 이상주의적인 작품이다. 귀족이었던 그는 걸작 <레오파드Il Gattopardo>(1962)에서 전통에 대한 애정을 보여 줬다. 서서히 숨을 거둬 가는 귀족제를 다룬 영화이기는 했지만.

'오페라 같다operatic'는 표현이 지나치게 남용되곤 한다. 그런데 <로코와 형제들>에 그보다 더 잘 어울리는 표현은 없을 것이다. 이 작품은 오페라 같은 멜로드라마와 지저분한 사회적 리얼리즘이라는 전혀 어울리지 않는 스타일이 효과적으로 결합한 영화다. 게다가 177분에 달하는 러닝 타임 동안 당연히 충돌해야 마땅할 두 요소가 충돌하는 경우는 찾아볼 길이 없다. 우리가 입장권을 사서 보러 간 영화는 긴장감과 근심이 팽배한 패키지를, 차분한 진실을, 화려한 과잉을, 심지어는 비스콘티가 조용히 체념한 적이 결코 없었던 호모에로티시즘의 저류를 담은 영화다. 이 영화의 짜릿한 점은 너무나 많은 것이 너무나 상이한 방식으로 벌어지고, 그 모든 것이 하나로 융합되려고 안간힘을 쓰고 있다는 사실이다.

이 영화는 이탈리아의 현대사와 관련된 서사적인 영화다. 어느 추운 겨울밤에 파론디 가족이 밀라노에 도착한다. 어머니 로사리아(카티나 팍시노우Katina Paxinou)는 다섯 아들 중 네 아들을 걱정스레 기차역에서 데리고 나온다. 네 아들은 시모네(레나토 살바토리Renato Salvatori)와 로코(알랭 들롱Alain Delon), 치로(막스 카르티에Max Cartier), 루카(로코 비돌라치Rocco Vidolazzi)다. 가족은 밀라노에서 이미 자리를 잡은 맏아들 빈첸초(스피로스 포카스Spiro Focas)를 만나러 가는 길이다.

가족이 당도한 타이밍은 그보다 더 나쁠 수가 없다. 이날은 빈첸초와 아름다운 지네타(클라우디아 카르디날레Claudia Cardinale)의 약혼 파티가 열리는 날로, 빈첸초는 지네타의 집에서 환대를 받아 왔다. 그러나 양가의 어머니는 만나자마자 서로를 싫어하게 되고, 파론디 가족이 지네타의 집을 떠나면서 빈첸초의 약혼은 잠정적인 파혼 상태가 된다. 그다음에 이어지는 장면은 이 영화에서 네오리얼리즘 스타일이 가장 많이 드러나는 부분이다. 어머니와 아들들은 황량한 아파트 지하실로 이사해 들어간다. 어느 날 아침에 눈이 내리자 가족들은 한껏 들뜬다. 거리에서 눈을 치우는 일이 생겼다는 뜻이기 때문이다.

가족의 거주 환경은 서서히 개선된다. 어느 친구는 아무 아파트나 임대하라고 조언한다. 두어 달간 임대료를 지불한 다음에 임대료 지불을 멈추면 퇴거당하게 된다. 그렇게 되면 가족들은 공공 주택에 입주할 수 있다. 물론, 처음부터 무주택자였던 사람들에게는 공공 주택이 제공되지 않는다. "퇴거를 당해야 해." 얼마 안 있어 가족은 사회주의 정부 덕에 검소하지만 널찍하고 깨끗한 공공 주택에서 살게 되고, 아들들은 그 세상에서 각자 살아갈 길을 찾아낸다.

그들은 가족의 삶에 심대한 영향을 끼치는 이웃을 만난다. 내가 보기에는 이 영화에서 가장 빼어난 연기를 펼친 배우인 아니 지라르도 Annie Girardot가 연기하는 매춘부 나디아다. 시모네와 로코는 젊고 발랄하며 솔직한 그녀에게 즉시 매료되지만, 로코는 감정을 숨기고는 나디아와 시모네가 결별한 후 2년이 지날 때까지 아무런 움직임도 취하지 않는다.

한편 시모네는 복싱 프로모터에게 유망한 복서로 발탁된다. 다혈질에 성적으로 모호한 분위기를 풍기는 프로모터는 시모네와 계약을 맺고, 나중에는 로코에게도 링에 오르라고 권유한다. 시모네는 데뷔 초기 경기에서는 성공을 거둔다. 하지만 그는 로코가 일하는 세탁소에 들렀을 때 이미 자기 파괴의 길을 걷고 있다. 세탁소에서 셔츠를 훔친 그는 셔츠를 돌려주러 가서는 세탁소 주인에게 "그냥 하루만 입으려던 것"이라고 뻔뻔하게 말한다. 한편 그는 바닷가로 여행을 갔을 때 나디아의 환심을 사고 싶어 한다. 그날 그녀는 명랑하고 사랑스러우며 무척이나 호감 가는 모습이다. 그러나 저열한 자부심이 팽배한 시모네는 그릇된 길을 걷는다. 몇 번의 승리에 자만한 그는 훈련을 게을리 하면서 술과 담배를 지나치게 많이 하다가 결국에는 나디아와 복싱 경력을 모두 잃고 만다.

애초에 나디아에게 형의 메시지를 전하는 연락관이던 로코는 시모네가 밟은 행보를 따라간다. 그는 나디아와 사랑을 키워 가는 한편

(원치도 않는) 복싱 커리어를 성공적으로 쌓아 간다. 그런데 시모네가 비통함과 시기심을 터뜨리자(이들 신에서 영화는 진정으로 오페라 같다), 로코는 놀랍게도 나디아와 결별한다. 로코는 그녀가 형에게 돌아가는 게 옳다고 그녀에게 말한다. "형한테는 당신밖에 없기" 때문이다. 후에 로코는 해군에 입대했다가 항구 도시에서 우연히 나디아를 만나고, 두 사람은 다시금 로맨스를 키워 간다. 그러자 시모네는 경악스러운 신에서, 패거리를 모아 외딴 야외의 밀회 장소로 두 연인을 찾아가 나디아를 겁탈한다. 시모네가 얼마나 파렴치한 인간으로 전락할 수 있는지를 보여 주는 비겁하고 무자비한 짓이다. 이 신에서 지라르도는 용감한 연기를 펼친다. 그런데 이 신과, 나중에 등장하는 살인 신은 이탈리아 검열관들로부터 노여움을 샀다. 검열관들은 영화와 영화가 그리는 지저분한 인생들을 참아 내기를 지독히도 어려워했다.

어머니는 아들들과 같은 지붕 아래에서 함께 사는 꿈을 버리지 않지만, 빈첸초는 지네타와 결혼한다(어머니는 "불행한 사고"의 결과라고 콧방귀를 뀐다). 이제 로코는 집을 떠나 빈첸초와 살고, 시모네는 나디아와 함께 집에 들어와 산다. 나디아는 시모네의 어머니가 음식을 차리고 방 정리를 해 주기를 기대하고, 그러는 동안 시모네는 밖에서 건달들과 어울리며 술을 들이킨다.

로코가 복싱을 경멸하는데도 로코의 복싱 커리어는 서서히 좋아진다. 금전적으로 볼 때 그는 복싱을 계속하는 것 외에는 별다른 도리가 없다. 식구들이 그에게 의지하고 있고, 영화는 이탈리아 남부의 농노 같은 생활 환경과 노동 환경을, 그리고 일자리와 봉급을 찾는 이들이 꾸준히 북부로 이주하는 현실을 강조한다. 이 주제 역시 검열관들의 심기를 거슬렀다. 당시에 이 주제는 지금보다 훨씬 더 심각한 논란의 대상이었기 때문이다.

이 영화의 빼어난 신 중 대다수는 어쩌면 나디아와 관련이 있을 것이다. 그녀는 시모네를 향한 사랑 때문에 끔찍한 학대를 받고, 고급 매춘부에서 길거리를 전전하는 창녀로 전락한다. 그녀가 시모네와 마지막으로 만나는 장면에서, 두 사람은 각자의 감정을 표출하기 위해 오페라 같은 아리아들을 토해 낸다. 영화가 끝날 무렵, 또 다른 걸출한 신이 등장한다. 알파 로메오 조립 라인에서 일하는 치로는 막내 루카에게 가족에 대해 느끼는 의무감과 남부를 향한 유대감을 밝힌다. 그는 언젠가 가족들이 "올리브와 밀주密酒, 무지개의 땅"인 남부로 돌아갈 거라는 꿈을 꾼다. 그가 기억하는 남부는 그들을 북부로 내몬 땅보다는 덜 가혹한 고장이 되어 있다.

영화는 세밀하게 구도를 잡은 흑백으로 촬영됐다. 많은 숏이 형제들과 나디아를 전경에 잡고, 그들이 배후에서 일어나는 일들에 귀를 기울이거나 반응하는 모습을 보여 준다. 캐스팅에 특이한 점이 있다면, 경력의 여명기를 맞은 무비 아이돌 들롱을 비롯한 다섯 형제 모두가 현실적으로 있을 법하지 않게 잘생겼다는 것이다.

현재 시점에서 보면 <로코와 형제들>이 미국의 위대한 갱스터 영화들에 지대한 영향을 끼쳤다는 점을 꽤나 명확하게 확인할 수 있다. <대부The Godfather>의 일부 측면들이 즉각 떠오른다. 평론가 D. K. 홈D. K. Holm은 다음과 같은 견해를 밝힌다. "(스콜세지Martin Scorsese의) <비열한 거리Mean Street>에서 찰리(하비 카이텔Harvey Keitel)와 조니 보이(로버트 드 니로Robert De Niro) 사이의 긴장된, 참회하는 관계는 <로코와 형제들>이라는 선례 없이는 거의 상상할 수도 없다." 무척이나 감지하기 어려운 수준이지만, 형제간의 사랑은 거의 성적인 애정처럼 보인다. 시모네가 로코에게 고백하고, 로코가 치로와 다투면서 시모네를 옹호하겠다고 맹세하는 마지막 신이 그렇다. 영화는 이런 감정들을 썩 잘 은폐하지만, 그런 감정은 분명히 영화에 존재한다.

영화의 끝이 멀지 않을 때 걸출한 장면이 등장한다. 로코가 위대한 승리를 거두는 바로 그날 밤에 시모네가 스스로 인생을 망치는 장면이다. 어떤 면에서 두 싸움은 교차 편집된다. 이웃들은 새 챔피언에 등극한 로코를 축하하러 발코니로 몰려온다. 그런 후 비참한 패배를 당한 시모네는 늘 용서하며 껴안는 어머니의 품을 향해 집으로 돌아온다. 두 이야기가 한데 뒤엉키는 방식은 분명 작위적이지만 상당히 효과적이기도 하다.

<로코와 형제들>을 감상하는 경험은 대단히 압도적이다. 엄청난 감정의 분출을 동반하는 대단히 강렬하고 복잡한 일이 많이 벌어지기 때문에, 우리는 오페라를 목도하고 있다는 느낌을 받는다. 많은 오페라와 마찬가지로 이 영화는 지나치게 많은 멜로드라마를 펼쳐 내고, 시간은 너무도 부족하다. 사람의 진을 빼놓는 경험일 수도 있지만, 그에 못지않게 신나는 경험일 수도 있다.

| # 리플리스 게임<br>Ripley's Game | 감독 | 릴리아나 카바니 | |
|---|---|---|---|
| | 주연 | 존 말코비치, 더그레이 스콧 | |
| | 제작 | 2002년 | 110분 |

"괜찮아요. 고맙다는 인사를 들을 거라는 기대는 하지 않았으니까."

**— 톰 리플리, 얼굴에 묻은 침을 닦으며**

톰 리플리를 매력적이라고 말하는 건 뱀이 매력적이라고 말하는 것과 같은 맥락에 속한다. 그는 당신을 죽일 수 있는 사람이다. 그런데 그는 그 일을 사적인 감정에서 비롯한 일로 여기지 않을 것이다. 당신도 그렇게 생각해서는 안 된다. 교육을 잘 받고 취향도 훌륭한 그는 미술과 음악, 음식, 와인, 건축 분야의 전문가다. 그는 여성에게 자신을 사랑해야 할 타당한 이유를 줄 수 있고, 범죄를 저지르고 처벌을 모면할 수도 있다. "체포당할 거라는 걱정은 안 해." 그는 말한다. "누군가가 지켜보고 있을 거라고는 믿지 않으니까." 그가 "누군가"라고 말하는 대상은 경찰, 목격자, 하나님, 그 외의 누구든 될 수 있다.

리플리는 퍼트리샤 하이스미스Patricia Highsmith가 1955년부터

1991년 사이에 쓴 소설 다섯 편의 중심인물이다. 하이스미스의 소설들은 르네 클레망René Clément의 <태양은 가득히Plein Soleil>(1960), 빔 벤더스Wim Wenders의 <미국 친구Der Amerikanische Freund>(1977), 앤서니 밍겔라Anthony Minghella의 <리플리The Talented Mr. Ripley>(1999), 릴리아나 카바니Liliana Cavani, 1933~ 의 <리플리스 게임>, 로저 스포티스우드Roger Spottiswoode의 <리플리 언더그라운드Ripley Under Ground>(2004) 등 많은 영화에 영감을 줬다. 그리고 알랭 들롱Alain Delon, 데니스 호퍼Dennis Hopper, 맷 데이먼Matt Damon, 존 말코비치John Malkovich, 배리 페퍼Barry Pepper가 리플리를 성공적으로 연기했다.

앞서 소개한 네 편의 영화는 무척 훌륭한 작품들이다. (네 영화의 원작 소설은 겨우 두 편이다. 벤더스와 카바니의 영화는 『리플리의 게임Ripley's Game』이, 클레망과 밍겔라의 영화는 『재능 있는 리플리 씨The Talented Mr. Ripley』가 원작이다.) 다섯 번째 영화는 보지 못했지만, <리플리스 게임>은 의문의 여지없이 네 작품 중 최고작이고, 존 말코비치는 내가 소설을 읽었을 때 상상했던 톰 리플리의 모습 그대로다. 말코비치는 추악한 캐릭터가 재미있어 하는 모습을 묘사하는 솜씨가 빼어나다. 그런데 그가 연기하는 리플리는 재미있어 하는 모습을 보이지 않는다. 실제로 그가 하는 일은 재미있어 해서는 안 될 일들이다. 리플리는 평범한 인간들이 가진 가치관과는 거리가 먼 사이코패스이기 때문이다. 말코비치는 (그리고 하이스미스는) 리플리에게 인간다워지는 약간의 기미를 주는 것을, 사람들이 인간답게 행동하는 이유에 대한 호기심을 느끼는 것을 허용한다. 영화의 결말에서 리플리는 어떤 남자가 그의 목숨을 구해 주자 딱 한 가지 말만 떠올릴 수 있다. "왜 그런 일을 한 거야?"

말코비치의 얼굴은 딱 톰 리플리의 얼굴이다. 그는 이 영화를 위해 살을 뺐고, 감독은 그의 피부 아래에 있는 골격을 보여 주는 데 적합한 조명과 촬영을 준비했다. 그가 파티 주최자에게 모욕을 당하는 초반부

장면에서처럼, 분노한 리플리의 눈빛은 싸늘하고 생기가 전혀 느껴지지 않는다. 반면에 분노하지 않았을 때의 눈빛은 그저 객관적인 눈빛이다. 리플리는 간혹 강렬한 액션을 펼치는 동안 눈 깜짝할 사이에만 눈을 반짝인다. 그는 자신이 펼치는 연기의 외부에도 삶이 존재한다는 사실을 떠올리고는 무대 밖을 슬쩍 훔쳐보는 배우와 비슷한 존재다. 아내 루이사(키아라 카셀리Chiara Caselli)에게 골동품 하프시코드를 사주면서 타인에게 기쁨을 주려 할 때, 그는 사람을 불안하게 만드는 방식으로 그녀를 지켜본다. 그는 그녀가 느끼는 기쁨을 공유하는 게 아니라 그에 따른 결과를 계산하고 있다. 그는 죽어 가는 남자의 얼굴에 떠오른 승리감을 기억해 낼 때처럼 자신에게 어린아이 같은 미소를 아주 드물게 허락한다. 폭력에 얽힐 때 그는 독특한 방식으로 이빨을 드러내고, 우리는 차가운 모습 아래에 자리한 짐승의 본성을 감지할 수 있다.

톰 리플리는 항상 범죄 픽션 장르의 수수께끼였다. 절도범이자 살인자인 그가 소설에 등장할 때마다 범죄를 저지르고도 거듭해서 체포를 모면하지는 않기 때문이다. 게다가 그는 대부분의 기간 동안 연인과 좋은 이웃을 배려하는 것처럼 보인다. 말코비치가 냉철한 모습으로 연기해 낸 리플리는 자신이 하는 행위를 객관화하는 방식 면에서 하이스미스가 창조한 캐릭터에 가장 가깝다. 그는 어째서 한 남자를 죽여 달라는 요청을 받을까? "내가 할 수 있는 일이기 때문이지." 그는 자신을 모욕한, 백혈병으로 죽어 가는 가정적인 남자에게 살인을 저지르는 대가로 10만 달러를 주겠다는 계획을 짠다. 남자는 그에게 왜 그런 짓을 하느냐고 묻는다. "부분적으로는 당신이 할 수 있는 일이기 때문이야, 부분적으로는 당신이 나를 모욕했기 때문이고. 그런데 대체로는 그게 게임이 행해지는 방식이기 때문이야."

1933년에 태어난 이탈리아인 릴리아나 카바니는 리플리 영화를 연출할 감독으로 좋은 선택이다. 타락을 주제로 삼기를 편안해하는 감독이기 때문이다. 그녀의 연출작 중에서 가장 잘 알려진 영화는 <비엔나 호텔의 야간 배달부Il Portiere di Notte>(1974)로, 샬럿 램플링Charlotte Rampling이 나치의 죽음의 수용소에서 살아남은 생존자로 출연한다. 과거의 수용소 경비원(더크 보가드Dirk Borgarde)이 호텔에서 일하는 것을 발견한 그녀는 그와 사도마조히즘 관계를 맺기 시작한다. 나는 이 영화를 높이 평가하지는 않지만, 이 영화는 릴리아나가 이 영화와 똑같은 객관적인 분위기를 <리플리스 게임>의 핵심적인 비정상적인 가치관에 어느 정도 활용한다는 걸 보여 준다.

리플리를 모욕하는 것은 현명치 못한 일이다. 잘 생각해 보라. 그는 이웃인 트레바니(더그레이 스콧Dougray Scott)가 주최한 파티에 참석한다. 그리고 자신을 모욕하는 말을 듣는다. 베니스 인근에 있는 빼어난 팔라디오풍 빌라를 구입한 미국인인 그가 "돈은 왕창 쏟아 부으면서도 제대로 된 취향은 전혀 보여 주지 못하면서" 그 빌라를 망가뜨렸다는 것이다. 트레바니는 자신이 그렇게 한 말을 리플리가 우연히 들었음을 깨닫는다. 그가 자신이 행한 무례를 모면하려고 무슨 말을 하건, 리플리는 한마디로 대꾸한다. "무슨 뜻이죠?" 그들이 대화로 벌인 대결 때문에 트레바니는 충격을 받고 입을 다문다. 리플리는 3년 전에 독일에서 꽤나 짭짤했던 미술품 절도와 사기 행각에 관여했었다. 그런데 지금, 그의 불운한 영국인 파트너 리브스(레이 윈스턴Ray Winstone)는 당시 피해자들에게 위협받고 있다. 이탈리아까지 리플리를 쫓아온 그는 두려움에 떨고 있다. "네가 원하는 게 뭔지를 나한테 말하고 싶은 거야?" 리플리는 그에게 묻는다. "아니면 송로버섯 찾는 돼지가 한두 달 후에 네 시체를 찾아내기를 원하는 거야?"

리브스는 살인을 저질러주기를 원한다. 대가는 5만 달러다. 액수를 두 배로 높인 리플리는 그 일을 할 만한 남자를 아는 것 같다고 말한다. 그는 트레바니를 염두에 두고 있다. 그는 뒤틀린 논리를 통해 그런 추론을 하게 됐다. 그는 트레바니가 죽어 가고 있음을 알고, 그래서 트레바니는 잃을 게 적은 데다 처자식에게 남길 돈을 마련해야 하는 모든 이유를 갖고 있다. 트레바니에게 돈을 위해 살인을 하라고 강요하면, 그는 더 이상 리플리의 재산과 형편없는 취향에 대해 대단한 확신을 갖고 떠들어 댈 수 없을 것이다.

열차에서 벌어지는 살인은 슬랩스틱의 영역에서 딱 한 걸음 떨어져 있는 소름끼치는 정확성으로 실행된다. "내 시계 잘 간직해." 리플리는 살인이 시작되기 전에 트레바니에게 말한다. "시계가 부서지면 이 기차에 탄 사람을 싹 다 죽일 작정이니까." 어느 시점에 그 기차에는 다섯 명이 있는데, 그중 세 명은 동일한 객차 화장실에 시체로 누워 있다. 우리는 대량 학살과 마르크스 형제Marx Brothers 사이의 어느 지점에 자리를 잡고 있다. "1등칸이 북적거리는 일은 결코 없어." 리플리가 내놓은 의견이다. 살인에 성공한 것처럼 보이지만, 리브스와 폭력은 이탈리아로 돌아온 리플리를 쫓아오고, 리플리는 빌라의 드넓은 잔디밭과 실내를 활용한 탁월한 시퀀스에서 손님들을 맞을 준비를 한다. 그는 평소에는 무슨 일에 깜짝 놀랄 만한 능력을 보여 주는 사람이 아니다. 그런데 트레바니가 도와주려고 나타났을 때 그의 눈을 주시해 보라.

리플리의 세계에서 여성들은 수수께끼 같은 존재다. 그는 아내를 학구적인 시선으로, 열정은 담겨 있지 않은 시선으로 바라보고, 위험한 상황이 닥치면 아내를 먼 곳으로 보낸다. 그는 그가 어떻게 돈을 버는 것인지를 절대로 궁금해 하지 않는 여성을 발견한 게 분명하다. 그는 트레바니의 아내 세라(레나 헤디Lena Headey)에 대해서는, 흐음, 어느 정도 배려한다. 세라는 리플리를 좋아하거나 신뢰하지 않는다. 그녀가 피바다에 들어설 때 트레바니가 그녀에게 말하는 방식은 기이하게도 감동적이다. "당신이 생각하는 그런 게 아냐!"

리플리와 트레바니가 짝을 짓는 것은 살인을 할 수 있는 남자에게, 자신이 그런 일을 할 수 있을 거라고는 생각하지 않는 남자가 합류한 것이다. 이 짝짓기는 히치콕Alfred Hitchcock의 1951년도 걸작에 영감을 준 하이스미스의 첫 소설 『열차 안의 낯선 자들Strangers on a Train』의 짝짓기와 닮았다. 두 사례에서 죽이고 싶은 사람이 있는 지배적인 캐릭터는 살인에 참여하기를 주저하는 두 번째 남자를 연루시키고 싶어 한다. 『열차 안의 낯선 자들』은 히치콕이 좋아하는 테마 중 하나인 '억울한 혐의를 받은 무고한 남자'를 반영했다. <리플리스 게임>이 끝날 무렵, 트레바니는 자신이 순수함을 잃었다는 것 말고는 어느 것도 비난하지 않는다. 그것을 잃고는 거의 고마워하는 심정인 것처럼 보인다. 그리고 리플리가 그에게 시행한 테스트에 합격한 것을 자랑스러워하는 듯 보인다.

이 영화는 애초의 의도대로 2002년에 개봉됐다면, 내가 해마다 작성하는 올해의 최고작 열 편에 들었을 것이다. 믿기 어렵겠지만, 이 영화는 미국 극장에서는 개봉되지 못했다. 영화는 결국 2003년 말에야 케이블을 통해 방영됐다. 영화를 배급한 뉴 라인의 자회사 파인 라인이 스튜디오에서 배급하는 《반지의 제왕Lord of the Rings》 3부작 업무에 압도된 탓에 직원들이 이 영화에 집중할 여력이 없었다는 말이 있다. 미국 관객들은 말코비치의 가장 빼어나고 흉악한 연기 중 하나를, 비정함과 무척이나 희미한 감정의 깜빡임 사이에 놓인 가느다란 선을 희롱하는 악惡을 연구하는 연기를 놓쳤다. 마지막 숏에서 리플리가 미소 지을 때, 그는 사이코패스라는 자격을 잃은 게 아니다. 마침내 인간의 본성에 속한 놀랄 수 있는 능력을 발견했고, 심지어는 그 사실을 즐거워하고 있는 것이다. (그런데 그는 그런 감정을 느낄 수 있을까?)

# 마리아 브라운의 결혼

Die Ehe der Maria Braun

| | | |
|---|---|---|
| 감독 | 라이너 베르너 파스빈더 | |
| 주연 | 한나 쉬굴라, 클라우스 로비치 | |
| 제작 | 1979년 | 120분 |

— 결혼 생활은 얼마나 했어?

— 나는 지금도 유부녀예요.

— 내 말은, 결혼 생활이 오래가지는 못했을 거 아니냐고?

— 맞아요. 오래 못했어요. 반나절하고 하룻밤.

마리아가 군인 헤르만 브라운과 결혼하는 동안 폭탄들이 떨어지고, 결혼 축하연은 안전을 위해 급히 자리를 옮긴다. 그러고도 전쟁은 몇 년 더 계속된다. 그 기간 동안 마리아 브라운에게 무슨 일이 벌어졌는지는 몰라도, 그녀는 강인하고 잔인하며 애처로우면서도 불굴의 의지를 지닌 여성으로 다시 태어났다. 그녀는 채 하루도 같이 지내지 못한 남편에게 무척이나 충실해서 남편을 위해 살인을 하기까지 하고, 오랫동안 애인으로 지낸 남자에게 너무나 매정해서 그 남자를 죽음으로 몰고 가기까지 한다.

그러는 내내 그녀는 계속 수확을 한다. 수확물은 처음에는 나일론 스타킹과 담배였고, 다음에는 좋은 일자리와 멋있는 옷, 교외에 있는 집, 고급 레스토랑이다. 마지막에 그녀의 상사이기도 하고 그녀를 부자로 만들어 준 은인이기도 한 절박한 처지에 놓인 애인은 그녀에게서 한 마디 말을 들으려 애쓴다. 그런데 그가 말을 하는 동안에도 그녀는 계산기에 계속 숫자를 입력하고 있다.

<마리아 브라운의 결혼>은 라이너 베르너 파스빈더Rainer Werner Fassbinder, 1945~1982가 1979년에 만든 영화다. 1979년은, 그가 그리도 많은 작업을 했고 그리도 젊은 나이에 죽었다는 사실이 여전히 믿어지지 않을 정도로 너무나 짧고 눈부신 경력이 거의 마지막에 달한 시기였다. 파스빈더는 최소 30편의 장편 영화를 만들었다. 열다섯 시간짜리 미니시리즈 「베를린 알렉산더 광장Berlin Alexanderplatz」을 포함한 TV 방송물까지 치면 그의 작품은 그보다 더 많다. 그는 이 모든 작업을 1969년부터 37세 나이로 세상을 떠난 1982년까지 해냈다.

그의 초기작 중 일부는 가내 수공업으로 만든 영화처럼 보인다("우리는 우리가 무슨 일을 하고 있는 줄 몰랐어요. 우리 작업은 게임을 하는 거랑 비슷했어요"라고 그의 영화 스무 편에 출연했던 한나 쉬굴라Hanna Schygulla는 회상한다). 그는 1년에 두세 편씩 영화를 만들었지만 치고 빠지는 식의 즉흥적인 작업을 한 게 아니라, 고상하고 개성 있는 비주얼을 창조하기 위해 촬영 감독 마이클 볼하우스Michael Ballhaus와 자주 작업한 스타일리스트였다. 그는 자신에게 가장 큰 영향을 준 감독으로 독일 감독 더글러스 서크Douglas Sirk를 꼽았다. 히틀러를 피해 할리우드로 온 서크는 비단처럼 나긋나긋한 일련의 멜로드라마들(<슬픔은 그대 가슴에Imitation of Life>, <바람에 쓴 편지Written on the Wind>, <천국이 허락한 모든 것All That Heaven Allows>)을 만들었는데, 어떤 평론가의 견해에 따르면 그 작품들에서 캐릭터들은 서로의 접촉을 막아 주는 투

명한 유리 벽 안에서 미끄러지듯 움직여 다니는 것처럼 보였다. 파스빈더의 후기작들은 스튜디오에서 제작한 품위 있는 영화처럼 보였다. 그의 영화 중에서 가장 규모가 큰 영화일 <마리아 브라운의 결혼>조차 제작비가 1백만 달러에 미치지 못하지만 말이다.

파스빈더의 세계는 섹스, 자존심, 돈이 그의 캐릭터들에게 잔인하고 가학적이며 자기 파괴적인 짓들을 하라고 강요하는 곳이다. 그들이 원하는 게 무엇인지를 발견하고 그들이 그런 일에 어떻게 착수하는지를 지켜보는 건 조금도 어려운 일이 아니다. <불안은 영혼을 잠식한다 Angst Essen Seele Auf>(1974)의 늙은 여인처럼 그가 이따금씩 다룬 마음씨 착한 캐릭터들은 산 채로 잡아먹힌다. 그의 작품이 주장하는 바는, 전쟁기와 전후 시기가 독일인들의 심리에 너무나 깊은 상처를 남겼기 때문에, 생존자들이 이제는 자신이 원하는 바를 원하는 방식으로 원한다는 것이다. 파스빈더 자신이 주위에 있는 사람들, 특히 그를 사랑했던 사람들에게 잔인한 짓을 하고 쌀쌀맞은 태도를 보였다. 그리고 그는 <마리아 브라운의 결혼>에서 뇌리에서 지울 수 없을 괴물을 창조했다. 그런데 기이하게도 그녀는 매력적이다. 자신이 무슨 짓을 하는지를 정확히 알고 있고, 그런 일을 하는 동안 자신에게 희생되는 이들에게 그것을 설명해 주기 때문이다.

오프닝의 짧은 결혼 신이 끝난 후, 줄거리는 제2차 세계 대전 직후의 마리아와 어머니에게로 직행한다. 모녀는 폭탄을 맞은 건물에 어찌어찌 마련한 아파트를 공유하고 있다. 마리아는 남편 헤르만(클라우스 로비치Klaus Lowitsch)의 사진을 들고 기차역을 자주 찾으면서도 남편이 죽었다고 믿는다. 굶주림에 시달리는 독일인들은 필사적이다. 미군 병사가 꽁초를 버리자, 열 명이 넘는 독일인들이 그것을 차지하려고 안간힘을 쓴다. 마리아는 미군 병사들이 출입하는 나이트클럽의 일자리에 지원한다. 클럽은 그녀가 한때 다녔던 고등학교의 체육관에 있다.

그녀는 여전히 제자리에 남아 있는 평행봉에 오르고, 어찌어찌 클럽 주인을 몰아붙여 일자리를 따낸다. 어머니(기젤라 울렌Gisela Uhlen)는 딸이 입을 스커트의 단을 수선하면서 남편이 술집아가씨가 된 딸을 봤다면 마음이 찢어질 거라고 슬퍼한다. 그러다가 그녀는 누군가가 마리아에게 나일론 스타킹을 줬으면 좋겠다고 말한다.

아가씨가 있는 술집은, 가차 없이 성공가도에 오른 마리아가 내딛은 첫 걸음이다. 우리는 1946년부터 1950년대 중반까지 그녀를 따라간다. 그녀가 좋아하는 흑인 미군 병사가 있다(두 사람은 이 영화에서 유일하게 육체적인 애정이 등장하는 신을 공유한다). 그런데 예기치 않게 돌아온 남편이 두 사람이 침대에 있는 모습을 목격하자, 그녀는 미군의 머리를 병으로 갈기는 것으로 문제를 해결한다. 그녀는 그를 죽일 계획은 아니었지만, 그는 사망했다. 남편은 법정에서 자기가 한 짓이라고 말하고는 교도소에 간다. 마리아는 곁을 비운 배우자에게, 영화의 나머지 부분 내내 본질적으로 낯선 이나 다름없는 존재가 된 남편에게 끔찍이도 충실한 채로 남는다. 그것은 그녀가 전쟁에서 패한 독일을 향해 보이는 충심일지도 모른다.

가장 딱한 캐릭터는 오스발트(이반 데스니Ivan Desny)다. 전쟁 중에 — 아마도 망명자로서 — 편안한 삶을 영위한 제조업자인 그는 충실한 회계사 센켄베르크(하르크 봄Hark Bohm)에게서 경영권을 넘겨받으려고 독일로 돌아왔다. 기차 여행 중에 1등석으로 밀고 들어간 마리아는 오스발트가 그녀에게 눈길을 주도록 일을 꾸미고는 자신을 고용하라고 말하고 동침할 것을 요구한다. 그녀는 “당신이 먼저 움직이기 전에 내가 먼저 움직이고 싶어요”라고 말하고, 나중에는 “당신은 나랑 바람을 피우고 있는 게 아니에요. 내가 당신하고 바람을 피우고 있는 거예요”라고 말한다.

가여운 오스발트는 그녀와 결혼하려 들지만, 그녀는 이미 유부녀다. 그녀는 섹스를 하고 싶을 때면 그에게 전화를 걸고, 그에게 창피를 주고, 그를 좋아한다고 말하고는 쌀쌀맞게 대한다. 그러면서도 그녀는 내내 이상적인 직원이다. 그녀는 '전담 어시스턴트'에서 회사의 핵심 의사 결정자로 빠르게 승진한다. 고객에게 영어로 통역을 해 주는 어느 비즈니스 미팅에서, 그녀는 자신이 오스발트가 해야 하는 일이라고 결정한 일을 오스발트가 하도록, 자기 생각을 반영한 이야기로 내용을 바꿔 오스발트에게 전한다.

촬영 감독 볼하우스는 파스빈더와 9년간 10여 편의 영화를 작업했다. 그러다 '기진맥진해진' 그는 파스빈더의 곁을 떠난 후 마틴 스콜세지Martin Scorsese와 작업하기 시작했다. 그는 스콜세지와 한 작업은 파스빈더에 비하면 "꿈을 꾸는 것과 비슷했다"고 토로했다. <마리아 브라운의 결혼>은 그들이 함께 작업한 마지막 영화였다. 그들이 캐릭터들과 로케이션을 우아하게 배치한 가운데 카메라를 계속 움직이는 것을 얼마나 좋아하는지 관찰해 보라. 물 흐르는 듯한 비주얼이 편집 없이 롱 숏에서부터 클로즈업으로 이어지고, 카메라는 캐릭터들이 주위의 공간에 꾸역꾸역 밀려들어 간 것처럼 보이도록 종종 벽 뒤에서 움직인다. 그리고 문과 창문을 통해 실내를 들여다보고, 기둥 근처에서 바라본다.

마리아 브라운이 절박한 처지의 가난뱅이에서 부유한 미녀로 점차 발전해 나가는 모습도 주목해 보라. 학교에서 파스빈더를 만나 그의 영화 스무 편에 출연한 한나 쉬굴라는 분석의 영역을 벗어난 곳에서 떠다니는 불가사의한 능력의 소유자다. 그녀는 연기를 하는 게 아니라 꿈결 같은 살인 충동을 통해 원하는 효과를 얻어 내는 것 같다. 모든 숏의 동선이 정확하게 설정되어 있고, 대사에는 닐 라뷰트Neil LaBute의 희곡의 정확성과 잔인함이 담겨 있는데도 말이다.

마리아와 어렸을 때부터 친구인 베티(엘리자베트 트리세나르

Elisabeth Trissenaar)는 다른 친구 빌리(코트프리트 존Gottfried John)와 결혼한다. 마리아는 두 친구와 함께 폭격 맞은 건물들을 종종 찾아간다. 거기서 그녀는 망가져 위태위태한 계단을 하이힐을 신은 채로 올라가 뒤틀린 들보를 통해 아래를 내려다보며 이 방이 그들의 교실이었고 저 방은 무엇이었는지를 기억한다. 그런데 그녀는 왜 이런 일을 하는 걸까? 그녀는 자신의 세계가 어떻게 산산조각 났는지를 떠올리는 데에서 격렬한 에너지를 얻기 때문이라고 나는 생각한다. 암시장 장사꾼(파스빈더)이 희귀본 서적을 권하자 그녀는 말한다. "책은 너무 빨리 타 버려요. 게다가 따뜻하지도 않아요."

마리아는 늘 솔직하다. 속임수는 쓰지 않는다. 자신이 오스발트를 갖고 논다는 걸 인정한다. 그의 약점을 냉혹하게 즐긴다. 오스발트를 가장 사랑하는 이는 감상적인 회계사 센켄베르크지만, 회사도 사랑하는 센켄베르크는 마리아가 회사에 유익한 존재라는 것을 안다. 그녀가 오스발트와 주고받는 대화는 심리적 잔인함의 주위를 맴도는 스크루볼 코미디의 반짝거리는 위트와 비슷하다. 그녀는 그에게 레스토랑에서 만나자고 명령하는데, 그가 도착했을 때 그녀는 이미 식사 중이다. 그는 여기에 오는 게 두려웠다고 고백한다. 그녀가 그를 너무나 휘청거리게 만드는 바람에, 그는 그녀를 즐겁게 해 줄 방도가 전혀 생각나지 않는다. 두 사람은 말다툼을 벌인다. "왜 우리가 그냥 떠나면 안 되는 거요?" 그가 묻자 그녀는 말한다. "당신은 곱게 자란 사람이고 나는 그런 사람인 척하는 거니까요."

1979년 5월에 칸영화제에서 영화가 상영된 후, 마지막 신에서 마리아와 남편에게 벌어진 일은 열띤 논쟁의 주제였다. 깜짝 놀랄 만한 결말이었지만, 다른 결말만큼이나 그럴싸한 결말이라는 점은 인정해야 한다. 그해 칸에서 어느 밤늦은 시간에 본 파스빈더의 모습을 기억한다. 늘 입는 검정 가죽 재킷 차림의 그를 군중이 둘러싸고 있었다. 군중이 그를 즐겁게 해 주려 애쓰는 동안, 그는 가끔은 얼굴을 찌푸리고 가끔은 큰소리를 냈다. 그는 마리아 브라운이었고, 그들은 오스발트였다. 그러나 그는 천재였다. 모두가 그 점만큼은 인정했다.

3년 후에 그는 호텔 방 매트리스에 홀로 알몸으로 누워 주위에 돈을 둘러놓고는 TV로 영화 <싱싱에서의 2만년20,000 Years in Sing Sing>을 보며 심장에 치명적인 마약 주사를 놨다. 그가 친구에게 전화를 걸어서 한 이야기대로, 그게 그가 맞은 마지막 코카인이었다. 그가 살아 있다면 올해 환갑을 맞는다. 그럴 경우 그는 영화를 적어도 스물세 편은 더 만들었을 것이다.

# 마이 맨 갓프리

My Man Godfrey

| | | | |
|---|---|---|---|
| 감독 | 그레고리 라 카바 | | |
| 주연 | 윌리엄 파월, 캐럴 롬바드 | | |
| 제작 | 1936년 | 94분 | |

캐럴 롬바드Carole Lombard가 가정부와 새로 고용한 집사에 대해 논의하다가 "나도 때때로 그의 단추가 떨어졌을 때 그 단추를 바느질해 주고 싶어"라고 말하는 순간, 우리는 그녀의 마음을 읽을 수 있다. 품격 있는 남자들의 정장에 지퍼를 사용하는 일이 없었던 1936년의 관객들은 그녀가 하고 있는 생각보다 한 발짝 더 나아간 생각을 하고 있었을 게 분명하다. 두 여자 모두 갓프리(윌리엄 파월William Powell)에게 반했다. 갓프리는 노숙자 사냥에 참가한 롬바드가 쓰레기 처리장에서 찾아낸 노숙자다. 롬바드는 갓프리를 사교 댄스 파티에 데려가면서 사냥에서 승리하고, 못돼 먹은 언니와 정신이 이상한 어머니와 논쟁을 벌이던 중에 그녀의 부유한 가족을 위해 일하는 집사가 되어 달라며 그를 고용한다. "집사일 할 줄 알아요?" 그녀는 그에게 묻는다. 무척이나 활기찬 목소리에 무척이나 직설적이라서 그녀가 하는 말은 무슨 일이건, 아니 모든 일을 의미할 수 있다. 그녀가 품은 낭만을 향한 집착은 별로 가망

이 없다. 갓프리가 밤새 면도도 못한 부랑자에서 예의 바른 모습을 자랑스레 보여 주는 품위 있고 세련된 남자로 변신했기 때문이다. 그녀가 그를 붙들고 키스를 하자, 그는 놀란 눈으로 그녀를 바라본다.

1930년대 스크루볼 코미디의 보물 중 하나인 <마이 맨 갓프리>는 롬바드와 파월을 활용하는 선에서 그치지 않고 그들을 사랑한다. 롬바드가 연기하는 아이린은 무언가를 얻고 싶을 때 바로 그 자리에서 그것을 얻어야 직성이 풀리는, 토라지기 좋아하는 응석받이다. 파월이 연기하는 갓프리는 자신이 처한 상황을 정확하게 판단하고 있음을 보여 주는 정중한 태도를 취하면서 그윽하고 엄격한 목소리를 구사한다. 영화가 만들어진 1936년 이전에 짧은 기간(1931~1933년) 부부지간이던 두 배우는 (클리셰이기는 하지만 진심을 담은 표현을 쓰자면) 무척이나 자연스럽고 마술적인 방식으로 개인적인 스타일을 보여 준다. 《씬맨Thin Man》 시리즈로 가장 잘 알려진 파월을 숙고해 보라. 그토록 자제하는 연기를 통해 어떻게 그토록 깊이 있는 감정을 표현해 낼 수 있을까? 억제되고 냉담하며 쿨한 연기가 어떻게 그토록 큰 열정을 구체적으로 전달할 수 있을까? 우리는 그가 어떤 결과를 얻어 내겠다고 기를 쓰는 모습은 전혀 보지 못한다. 그런 효과들이 그를 찾아온다. 그리고 이 영화에서 롬바드는 그를 부랑자라고 생각하는 순간에도 그녀를 매혹시킨 남자를 향한 귀여운 갈망을 몽환적이고 별나게 헐떡거리는 모습으로 보여 준다.

그레고리 라 카바Gregory La Cava, 1892~1952 감독의 <마이 맨 갓프리>는 프레스턴 스터지스Preston Sturges의 <설리번의 여행Sullivan's Travels>(1941)처럼 대공황 시기의 '잊힌 사람들forgotten men'의 빈곤을 빈둥거리는 부자들의 못돼 먹은 라이프 스타일과 대비한다. 아이린이 갓프리를 집사로 데려간 집은 불록 가문으로, 이 집의 식구들은 전부가 멍청이인데, 정작 본인들은 그 사실을 모른다. 그녀의 아버지 알렉산더(짜증난 목소리의 천재적인 성격파 배우 유진 팔레트Eugene Pallette)는 부자지만 파산했다는 사실을 숨기고 있다. 그는 씀씀이가 헤픈 가족 앞에서 불신의 분위기가 담긴 목소리로 의견을 늘어놓는다 (“감옥에서는 적어도 약간의 평화는 찾을 수 있을 거야”). 그녀의 어머니 앤젤리카(앨리스 브래디Alice Brady)는 당당하게 사치를 부리는 것에서 만족감을 느끼고, 심지어는 자신의 곁에 위대한 문학 작품을 낭송하고 피아노를 연주하면서 고릴라처럼 방안을 뛰어다니며 끼니때마다 1인분을 더 먹는 게 임무인 ‘제자’(미샤 아우어Mischa Auer)를 두기까지 한다. 그녀의 언니 코넬리아(게일 패트릭Gail Patrick)는 노숙자 사냥에서 졌을 뿐 아니라, 갓프리를 모욕한 후 잿더미에 떠밀린 일 때문에 분개하고 있다. 그리고 가정부 몰리(진 딕슨Jean Dixon)가 있다. 그녀는 갓프리에게 그가 들어서고 있는 미치광이 세상에 대해 브리핑한다. 그녀 역시 갓프리를 사랑한다. 아마 그녀는 코넬리아도 깊이 사랑하고 있을 것이고, ‘제자’가 닭다리를 더 좋아하지 않았다면 그도 사랑했을 것이다.

갓프리는 집사 노릇을 흠잡을 데 없이 해 나간다. 알렉산더에게는 마티니를 쟁반에 담아 갖다 주고, 주방에서는 전채를 잽싸게 요리하면서 자신의 비밀은 그대로 간직한다. 그에게는 비밀이 있다. 파티에서 하버드 동창 때문에 정체가 드러난 그는 부잣집에서 태어났지만 불행한 로맨스 끝에 재산을 탕진한 것으로 밝혀진다. 불록 일가는 그가 집사로 일하기에는 (또는 부랑자 신세이기에는) 지나치게 뛰어난 사람이라는 사실을 전혀 파악하지 못했다. 그의 단추에 대한 꿈을 꾸는 아이린을 제외하면 각자의 이기심에 눈이 멀어 있기 때문이다. 수면 아래에서는 감정이 거세게 요동치고 있다. 하치장에서 만난 동료 부랑자들을 좋아하고 높이 평가하게 된 갓프리는 불록 일가가 허세를 부리려고 그토록 쓸모없는 일에 부를 탕진하는 모습이 불쾌하다. 그의 그러한 기분은 스크루볼 코미디에서는 너무도 사랑스럽지만 현실 세계에서는

실현 불가능한 결과 중 하나로 이어진다.

맙소사, 그럼에도 이 영화는 근사하다. 테드 테츨라프Ted Tetzlaff가 맡은 촬영은 내가 흑백 영화를 찬양하려고 노력할 때마다 들먹이게 되는 모든 것을 은은한 빛으로 담고 있다. 내 눈을 똑바로 쳐다보면서 당신은 이 영화를 컬러로 보기를 더 좋아한다고 말해 보라. 크라이테리언 DVD로 출시된 복원 버전의 비주얼은 특히 황홀하다. 반짝일 수 있는 모든 것이 빛을 발한다. 대리석 바닥, 은제품, 거울, 크리스털, 새틴 가운의 광택. 여성들이 입은 의상의 모피와 깃털에서는 촉감이 느껴지고, 디자이너 루이즈 브라이머Louise Brymer가 맡은 옷감의 패턴들은 관객의 시선을 잡아끌기 위해 흑과 백을 대담하고 화려하게, 지그재그로 활용한다. 이 영화에 등장하는 모든 여성은 모든 신에서, 파티에 있는 다른 여자들이 목숨을 걸고서라도 손에 넣고 싶은 옷들을 입고 있다. 이런 톤과 질감은 모든 것이 등장과 퇴장을 위해 배치된 영화 촬영장처럼 보이도록 꾸며진 1930년대 아파트 때문에 더욱 돋보인다.

영화를 보다 보면 나도 모르게 프레임을 정지하고는 구도를 칭찬하게 된다. 갓프리가 스크린의 오른쪽으로 나가고, 카메라가 그와 함께 팬을 하다가 계단 틈을 통해 보이는 가엾고 서글픈 아이린이 가운의 옷단을 씹고 있는 것을 보여 주는 숏을 주목하라. 그리고 벽 높은 곳에서 오른쪽으로 걸쳐진 설비들에 의해 균형이 잡히는 다른 구도를 살펴보라.

웹에 감상평을 올린 몇 사람은 플롯이 말이 안 된다고 투덜거린다. 우리가 이런 사람들과 무슨 일을 하겠는가? 그들은 자기들 인생의 단 하루도 집사로서 일을 해 보지 않았던 게 분명하다. 당신이 반드시 지켜보고 존중해야 할 일은 영화가 천재적인 순간들을 얼마나 점잖게 제공하느냐 하는 것이다. 아이린은 이렇게 한탄한다. “어떤 사람들은 남들이 살아가는 동안 그냥 자기들이 좋아하는 일을 해. 그런데 그렇다고 사는 게 별로 달라지는 것처럼 보이지는 않아, 어떤 사람들한테는.” 그녀가 처음에 언급한 “어떤 사람들”은 이론적으로만 존재하는 사람들이고, 두 번째로 언급한 이들은 방에 있는 다른 사람들을 가리킨다.

갓프리를 향한 그녀의 헛된 사랑은 그가 주방에서 접시를 닦는 동안 도와주고 싶다고 말하는 신에서 저절로 드러난다. “나도 닦고wipe 싶어요.” 나도 안다. 활자로 옮겨 놓으면 평범하게 들리는 대사라는 걸. 그러나 그녀가 거기에 심어놓은 분위기 때문에 우리 머리에는 단추가 다시 떠오른다.

‘말이 안 되는 설정’은 진주 도둑과 얽힌 상황, 순식간에 요동치는 주식 시장의 움직임, 갓프리가 하치장을 위해 세운 계획과 관련이 있다. 그렇다, 모두 말이 안 된다. 그래서 내가 여기 있는 것이다. 스크루볼 코미디는 말도 안 되는 내용을 그럴 듯하게 위장하는 것으로 강장제 역할을 수행한다. 파월의 칼날처럼 날카로운 연기력 같은 도구로 플롯의 난점들을 잘라 내고 나면, 세상에 불가능한 일은 하나도 존재하지 않는다. 그는 공공연한 감정은 거의 드러내지 않는다. 대신에 우리는 명명백백해 보이는 일을, 그래서 불가피하게 보이는 일을 하려고 들지 않는 일부 사람들의 조바심을 목격한다.

영화는 예리하게 규정된 캐릭터들과 그 캐릭터들을 연기하는 배우들에게서도 혜택을 입었다. 그 시절에는 초특급 스타들조차 그들에게 대척점을, 콘텍스트를, 감정이라는 공을 주고받는 식의 테니스 경기에 참가한 상대 선수들을 제공하는 알맹이 있는 역할을 연기하는 다른 연기자들에게 둘러싸였었다. 이 영화에서 유진 팔레트가 펼치는 연기를 주목하라. 그는 가족들이 그의 말에 귀를 닫고 있는데도 기탄없이 진실을 말한다. 그는 정말이지 사는 게 지긋지긋하다. “이 집에 필요한 건 규율이야. 나는 참을성 있는 사람이지만, 사람들이 현관 계단까지 말을 타고 와서 그 말을 서재에 매어 놓기 시작하면, 그건 조금 과한 일인 거야. 이 집안은 들뜬 기분을 진정시켜야 해!" 그의 목소리는 그의 주위를 에워싼 증기를 자르려는 전기톱 같다.

이 영화는, 이 영화에 출연한 배우들은, 이 영화의 제작 스타일은, 이 영화를 낳은 시스템은, 이 영화를 사랑했던 관객들은 모두 두뇌 따위는 내팽개친 상스러운 대중문화에 의해 대체됐다. 그러나 영화는 살아남았다. 이 영화를 감상하는 일은 이 영화가 차이점을 만들어 내는…… 어떤 사람들에게는 관심 없는 일부 사람들로부터 벗어나 구원받는 것이다.

# 마이 페어 레이디

My Fair Lady

| | | |
|---|---|---|
| 감독 | 조지 큐코어 | |
| 주연 | 오드리 헵번, 렉스 해리슨 | |
| 제작 | 1964년 | 170분 |

<마이 페어 레이디>는 가장 뛰어나면서, 만들어졌다는 사실이 가장 믿기지 않는 뮤지컬이다. 영화가 상영되는 동안, 나는 캐릭터들이 평범한 대화를 나눌 때가 더 행복한지, 그들이 노래를 부를 때가 더 행복한지를 판단하지 못한다. 가사를 이해하는 게 그리 어렵지 않은 노래들은 대중의 사랑을 받는다. 일부 노래는 로맨틱하고, 일부는 코믹하며, 일부는 난센스이고, 일부는 놀라울 정도로 철학적이다. 그리고 그 모든 노래는 한 곡 한 곡이 다 경이롭다. 앨런 제이 러너Alan Jay Lerner가 쓴 대사는 오비디우스의 『변신 이야기』에서 영감을 얻은 조지 버나드 쇼George Bernard Shaw의 희곡 「피그말리온Pygmalion」에 등장한 대사들을 현명하게도 상당히 많이 간직하고 있다.

이런 퓨전은 가난에 시달리는 프레디가 'On the Street Where You Live(당신이 사는 거리에서)'를 부를 때 제대로 효력을 발휘하면서 영화의 세련됨과 위트를 몇 단계 높인다. 이 노래는 이 작품을 다른

뮤지컬과 구별되게 만들어 주는 노래로, 단순히 프레디의 감정을 분출시키는 데에서 그치지 않고 프레디가 어떤 캐릭터인지를 제대로 드러내는 역할을 한다. 그의 진심은 신중한 히긴스와 조심성 많은 일라이자 사이에서 벌어지는 감정적인 펜싱 경기에 비하면 유치해 보인다. 사랑을 노골적으로 다루지 않고 표면 아래 깊은 곳에 매복된 주제로 다루는 이 뮤지컬의 특징은 누구도 키스를 하지 않는다는 것, 또는 키스를 하려는 것처럼 보이지 않는다는 것이다.

줄거리는 자존심 센 두 인물의 만남을 다룬다. 자존심 하나는 언어학자 헨리 히긴스의 것이고, 그에 못지않게 센 다른 하나는 꽃 파는 아가씨 일라이자 둘리틀의 것이다. 사람들이 이 작품에 대해 종종 하는 오해가 있다. 두 사람이 협력하는 건 히긴스(렉스 해리슨Rex Harrison)가 일라이자의 코크니Cockney(런던 토박이 말씨)를 개선하기로 결심했기 때문이라는 오해다. 그런데 사실 이 작업의 주도권을 잡은 인물은 일라이자(오드리 헵번Audrey Hepburn)다. 그녀는 레슨을 받겠다며 총각인 히긴스의 숙소에 나타난다. "레슨에 드는 비용이 얼마인지는 나도 교수님만큼 잘 알아요. 나는 수강료를 낼 준비가 되어 있어요."

이 초반부 장면에서도 플롯을 밀고 나가는 주체는 일라이자의 의지다. 일라이자가 레슨을 받겠다고 고집을 부리지 않았다면 히긴스는 영원토록 음성 부호와 녹음 장비나 만지작거렸을 것이다. 그녀는 전날 밤에 그가 코번트 가든에서 부린 허풍을 진지하게 받아들였다. "길거리 영어를 구사하는 이 사람 보이죠? 그녀가 이승을 하직할 때까지 시궁창을 떠나지 못하게 만들 영어 말입니다. 으음, 선생, 저는 여섯 달이면 그녀가 대사관 무도회에서 공작부인으로 받아들여지게 만들 수 있습니다. 그녀에게 더 훌륭한 영어가 요구되는 귀부인의 하녀나 백화점 점원 일자리를 얻어 줄 수도 있습니다." 버나드 쇼의 전형적인 패러독스인 최후의 전개는 일라이자가 듣는 말의 내용과 그녀가 그 말에서 얻

은 영감이다. "토트넘 코트 로드 모퉁이에서 물건을 파는 대신, 꽃가게 주인이 되고 싶어요. 그런데 내 말투가 더 고상해지지 않으면 그렇게 되지 못할 거예요."

히긴스가 그녀의 말투를 바꿔 놓을 수 있다면 자기가 레슨비를 지불하겠다고 말하는 동료 언어학자 피커링이 건 내기를 포함해, 플롯 전체에 활력을 불어넣는 것은 히긴스의 야심이 아니라 그녀의 야심이다. 이에 대한 히긴스의 반응은 작품의 대부분 동안 표면에 드러나는 행동 아래에서 낮은 소리를 낼 것이다. "그게 말이에요, 너무 유혹적이에요. 그녀는 유쾌할 정도로 천박해요. 끔찍할 정도로 추잡하고요." 히긴스가 일라이자의 말투를 향상시키려고 그녀를 가르치려 든다면, 그녀는 그에게 품위를 가르치고 그의 더 훌륭한 본성을 깨워 내려 애쓸 것이다.

플롯을 요약하거나 삽입곡 리스트를 만드는 건 불필요한 일이다. 당신이 양쪽 모두에 친숙하지 않다면, 당신은 문화적 교양이 없는 사람이다. 나는 여섯 달 안에 당신이 칸에서 평론가로 받아들여지도록, 또는 더 나은 취향이 요구되는 일인 좋은 비디오 가게 점원으로 취직하도록 만들 수 있지만 말이다.

조지 큐코어George Cukor, 1899~1983 감독의 1964년도 영화를 있는 그대로의 모습으로 논의하기란 어렵다. 오늘날까지도 뚫고 들어가기 불가능할 정도로 뒤엉킨 전설과 가십의 난마亂麻가 이 작품의 위대함을 모호하게 만들기 때문이다. 많은 관객이 만들어진 영화가 아니라 만들어지지 않은 영화에 대해 논의하고는 한다. 여기서 만들어지지 않은 영화란, 무대에서 공연된 「마이 페어 레이디My Fair Lady」에서 일라이자 역할을 빼어나게 연기한 줄리 앤드루스Julie Andrews가 출연했을 뻔한 영화다. 사람들은 오드리 헵번을 캐스팅한 건 앤드루스를 모욕하는 거라고 봤는데, 실제로 그랬다. 프로듀서이자 스튜디오 수장인 잭 L. 워너Jack L. Warner가 헵번을 선택한 건 박스 오피스에서 막강한 흥행력을 발휘한다는 이유에서였다. 그는 헵번이 역할을 거절할 경우에는 엘리자베스 테일러Elizabeth Taylor에게 역할을 제안할 준비가 되어 있었다.

영화의 역사에 관한 토막 상식 중에서 가장 널리 알려진 항목 하나가 헵번이 노래를 직접 부르지 않았고, 재능 있는 마니 닉슨Marni Nixon의 노래가 더빙됐다는 것이다. 이 더빙의 악명이 너무나 높아지고 화면으로 보기에도 상황이 너무나 지독한 탓에, <마이 페어 레이디>가 오스카 열두 개 부문 후보에 오르고 (작품상, 남우 주연상, 감독상, 촬영상을 포함한) 여덟 개 부문을 수상했음에도 헵번은 여우 주연상 후보로 지명조차 되지 않았다. 줄리 앤드루스는 같은 해에 <메리 포핀스Mary Poppins>로 후보로 지명돼 수상까지 했다.

이 시점에서 한 발짝 뒤로 물러나 이 논쟁을 신선한 시각으로 바라볼 수는 없을까? 헵번이 (인트로와 아우트로의 일부를 직접 공연하기는 했지만) 노래를 부르지 않았던 건 사실이다. 립싱크가 완벽하게 맞아떨어지지 않는 순간들에 대한 코멘트가 수도 없이 많다는 것도 사실이다. 그런데 노래하는 목소리를 더빙하는 건 당시에는 아주 흔한 일이었다. 닉슨은 데버라 커Deborah Kerr(<왕과 나The King and I>)와 내털리 우드Natalie Wood(<웨스트 사이드 스토리West Side Story>)의 노래도 더빙했었다. 노래를 직접 부른 배우들조차 자신이 (그리고 이따금씩은 크레디트에는 오르지 않는 조력자의 도움을 받아) 사전에 녹음한 노래에 맞춰 립싱크를 했다. 1993년에 <마이 페어 레이디>를 복원한 로버트 해리스Robert Harris에게서 이 작품이 라이브로 녹음한 음악을 활용한 최초의 뮤지컬인 게 분명하다는 말을 들었다. “재생되는 음악에 맞춰 입을 뻥긋거리는 걸 거부한 해리슨 씨만 예외였습니다. 그가 뮤지컬 넘버들을 부르는 동안 착용한 꽤나 부풀어 오른 타이에서 와이어리스 마이크의 초기 모델을 볼 수 있습니다.” 그 결과 이 영화와 이전에 만들어진 모든 뮤지컬에 등장한 배우들과는 반대로, 해리슨의 입은 항상 노래와

싱크가 완벽하게 맞아떨어진다.

헵번이 노래를 부르지 않았다는 사실도 그녀가 거둔 업적에, 즉 그녀가 직접 연기를 해냈다는 사실에 먹구름을 드리우지는 못한다. 쇼의 원작에서 대사를 가져온 <마이 페어 레이디>는 대부분의 다른 무대 뮤지컬보다 연기하기가 더 까다롭고 어려웠다. 대사는 사회에 대한 쇼의 견해와 위트, 이데올로기를 통합할 뿐 아니라, 일라이자가 말투를 코크니로부터 영국 표준 영어Queen's English로 옮겨가는 식으로 연기하게 만든다. 헵번은 이 모든 것을 엄청난 열정을 담은 연기로 흠잡을 데 없이, 자신감 넘치는 태도로 소화해 낸다. 그녀가 여성 혐오주의자인 히긴스의 무시를 견디다 못해 마침내 감정을 터뜨리고는 코번트 가든의 길거리로 돌아갔다가 자신에게 어울리는 장소는 세상에 없다는 걸 알게 되는 신들을 숙고해 보라. "나는 꽃을 팔았어요." 나중에 두 사람의 관계가 위기에 처했을 때 그녀는 히긴스에게 말한다. "나 자신을 팔지는 않았죠. 당신이 나를 숙녀로 만들어 준 지금, 나는 뭔가를 파는 일에는 어울리지 않아요."

영화는 오리지널 소재에 충실한 상태로 남고, 지독히도 감상적으로 수정된 '해피 엔딩'에서 히긴스는 굴복하는 모습을 보이지 않는다. 이것은 버나드 쇼의 전형적인 스타일이자 레너와 로위Frederick Loewe의 존경할 만한 모습이고, 할리우드로서는 놀랄 만한 일이다. 배은망덕한 일라이자가 집에서 성큼성큼 걸어 나가는 데 깜짝 놀란 히긴스는 노래를 하며 묻는다. "어째서 여자는 남자와 비슷해지지 않는 걸까?" 그는 그녀의 뒤를 쫓아 자신의 어머니 집에 이른다. 귀부인인 히긴스 부인(글래디스 쿠퍼Gladys Cooper)은 그에게 처신을 잘하라고 명령한다. "무슨 말씀이세요?" 그는 어머니에게 묻는다. "제가 코번트 가든의 으깨진 양배추 잎사귀에서 창조해 낸 이 피조물을 위해 고상한 매너를 취해야 한다는 뜻이세요?" 그렇다. 그런 말이다. 히긴스는 자신이 일라이자를 사랑한다는 것을 깨닫는다. 그러나 그는 희곡의 유명한 마지막 대사에서조차 반항적인 독신남의 태도를 고수한다. “일라이자? 도대체 내 슬리퍼는 어디 있는 거야?” 마지막 커튼이 내려진 후, 일라이자가 그가 다음에 하는 말을 들으려고 그 자리에 남아 있을지 여부는 내게는 풀리지 않은 의문으로 남는다.

<마이 페어 레이디>는 대사와 음악도 경이롭지만 비주얼도 빼어나다. 무엇보다 큐코어는 세실 비튼Cecil Beaton을 제대로 활용했다. 사진작가이자 의상 디자이너인 그는 이 작품 전까지는 프로덕션 디자이너 경력이 한 편〔<지지Gigi>(1958)〕뿐이었다. 두 작품 모두에서 오스카를 수상한 그와 촬영 감독 해리 스트래들링Harry Stradling은 — 유명한 애스컷 경마장 장면의 스타일부터 히긴스의 책이 늘어선 서재의 아주 흥미롭고 다양한 장치에 이르기까지 — 화려하면서도 사소한 디테일도 놓치지 않는 비주얼을 영화에 도입했다.

일라이자를 옹호하는 품위 있는 피커링 역의 윌프레드 하이드화이트Wilfred Hyde-White와, 히긴스에 따르면 “영국에서 가장 독창적인 윤리철학자”인 일라이자의 아버지 앨프리드 P. 둘리틀을 연기한 스탠리 홀러웨이Stanley Holloway를 포함한 조연들의 연기도 빼어나다. 영화에서 둘리틀 역할은 원래는 지미 캐그니Jimmy Cagney가 연기하기로 되어 있었다. 그는 훌륭한 연기를 펼쳤을 수도 있지만, 작품을 산만하게 만들었을 수도 있다. 풍파를 겪은 태도를 보여 주는 홀러웨이는 완벽하다.

<마이 페어 레이디>를 무엇보다 돋보이게 해 주는 점은 이 작품이 실제로 무언가를 주장한다는 점이다. 이 영화는 가시 돋친 말로, 잊을 수 없는 음악으로, 눈부시게 아름다운 이미지로 세상을 향해 외치고자 하는 주장을 쏟아 낸다. 버나드 쇼의 「피그말리온」은 영국의 계급 시스템을 향한 사회주의적 공격이었다. 영국인의 운명이 대체로 그가 구사하는 언어의 억양에 의해 결정된다는 건 (쇼가 희곡을 집필했을 때만큼

이나 이 영화가 제작되던 당시에도) 사실이었다. 한 사람의 억양은 다른 이들이 그가 서야 할 자리를 결정하게 만들었고, 그를 계속 그 자리에 머무르게 만들었다.

일라이자가 히긴스의 노력에 힘입어 '하층 계급'에서 탈출한 것은, '우월성'이 어떻게 후천적으로 습득되지 않고 선천적으로 계승되는지를 극화해서 보여 주는 혁명적인 행위다. 이 작품은 세상의 모든 사회에서 반향을 일으키는 교훈을 준다. <마이 페어 레이디>의 천재성은 이 작품이 걸출한 오락물이자 호소력 높은 사회적 비판이라는 점이다. 이 작품이 「피그말리온」이 초연된 1914년과 뮤지컬이 초연된 1956년, 영화 시사회가 열린 1964년 사이의 기간에 다리를 놓아 가며 그 기간 동안 페미니즘과 계급 의식의 탄생에 끼친 영향은 아직도 충분한 평가를 받지 못했다. 이 작품은 정말이지 유별난 주장을 펼친다. 일라이자가 상류층의 계급과 시간관념, 사고방식을 차분하게 대표하는 헨리 히긴스에게 확언하는 그대로다.

> 그들은 당신이 없어도 이 땅을 여전히 지배할 수 있어요.
> 윈저 성은 당신이 없어도 굳건할 거예요.
> 우리는 야단법석을 떨지 않더라도 당신 없이 그럭저럭 살아갈 수 있을 거예요.

## 마침내 안전

Safety Last!

| | |
|---|---|
| 감독 | 프레드 C. 뉴마이어, 샘 테일러 |
| 주연 | 해럴드 로이드 |
| 제작 | 1923년 | 74분 |

무성 영화 코미디에서 가장 유명한 숏에 대한 의견은 대체로 일치한다. 밀짚모자를 쓰고 둥근 뿔테안경을 쓴 남자가 도심 거리의 12층 높이에 있는 시계의 분침을 잡고 매달려 있는 모습. 기이하게도, 이 숏이 등장한 영화를 본 사람은 그리 많지 않다. 해럴드 로이드Harold Lloyd의 <마침내 안전>은 — 그의 모든 작품처럼 — 코미디언 본인에 의해 보관되면서, 작품을 본 관객이 상당히 드물었다. 찰리 채플린Charlie Chaplin의 작품을 대부분 감상했고 버스터 키튼Buster Keaton의 거의 모든 작품을 관람한 나는 이 영화를 지난주에야 처음 봤다. 이 작품은 내가 처음으로 본 해럴드 로이드 영화였다. 세심하게 복원된 로이드 작품 회고전이 DVD 패키지 발매에 앞서 전국 투어에 나서면서, 이제는 다른 이들도 그의 작품들을 볼 기회가 생겼다.

영화 역사가 케빈 브라운로Kevin Brownlow는 로이드는 “제3의 천재”라고 동명의 다큐멘터리에서 선언했다. 1920년대에 로이드 작품들의 흥행 수익은 채플린과 키튼의 그것을 능가했다. 그가 채플린보다 많은 작품을 만들었고, 그가 연기한 보통 사람이 키튼보다 더 넓은 관객층에 어필했기 때문이다. 그러나 그는 영감과 본능, 자신만의 세계관을 통해 코미디를 창작해 낸 다른 두 사람과 같은 의미의 천재는 아니다.

"그는 모든 걸 고심해서 짜내야 했다." 월터 커Walter Kerr는 1975년에 발표한 대단히 소중한 저서 『말 없는 광대들The Silent Clowns』에서 로이드에 대해 이렇게 말했다. "로이드는 우리와 다르지 않은 평범한 사람이었다. 그로테스크하지도 않았고 영감이 번득이는 사람도 아니었다. 성공적인 코미디언이 되고 싶었던 그는 그렇게 되는 법을 배워야 했고, 그래서 고생하며 그 방법을 배웠다."

로이드는 초기에는 채플린 캐릭터를 지향하는 '외톨이 루크'를 연기했었다. 그러다 어느 캐릭터가 액션 신이 끝난 후 조용히 안경을 교체하는 무성 영화를 보고는 안경을 소품으로 채택했다. 로이드가 연기한 유명한 캐릭터에는 '안경잡이Glasses'라는 이름이 붙었다. 그런데 <마침내 안전>에서 그의 이름은 그저 '더 보이The Boy'다. 안경은 안경이 없었다면 호감이 가는 얼굴을, 심지어는 잘생긴 얼굴을 튀어 보이게 해준다. 그러나 그의 안경은 키튼의 무표정한 응시와 채플린의 칫솔 같은 수염이 두드러져 보이는 그런 방식으로 눈에 띄지는 않는다.

로이드가 연기한 캐릭터 역시 튀어 보이지 않는다. 몸놀림 하나하나가 인생을 향한 태도를 표현하는 채플린의 리틀 트램프나, 늘 달리고 있고 늘 무덤덤한 표정으로 압도적으로 중요한 목표들을 진지하게 추구하는 키튼의 캐릭터의 의미에서 보면 그렇다. <마침내 안전>의 안경잡이 캐릭터는 그에게 강요된 액션이 없었다면 그가 일하는 백화점이라는 배경에 섞여 눈에 띄지 않았을 것이다. 그런데 이 얼마나 대단한 액션이란 말인가!

플롯은 이렇다. 더 보이는 아가씨(로이드의 실제 아내 밀드러드

ON THE WEST

데이비스Mildred Davis)에게 도시에 가서 돈을 벌어 보내겠다고 약속한다. 그는 의류 매장 점원이라는 보잘것없는 일에 취직하지만, 굉장히 창의력이 넘치는 편지들을 보내 아가씨에게 깊은 인상을 심어 준 탓에 아가씨는 그와 함께 하려고 서둘러 도시에 온다. 더 보이는 백화점 지배인인 양 행동한다. 그러다가 위기에 처하자, 백화점으로 더 많은 사람을 끌어모으는 사람에게 1천 달러를 상금으로 준다는 이벤트에 모든 위험을 감수하기로 결심한다. 그의 아이디어는 스파이더맨처럼 건물을 잘 타는 룸메이트(빌 스트로더Bill Strother)가 빌딩을 기어오르게 만든다는 것이다.

그대로만 진행된다면 멋들어진 아이디어다. 그러나 그는 룸메이트가 일찍이 어느 경찰(무성 영화의 베테랑 노아 영Noah Young)을 화나게 만들었다가 빌딩을 타고 올라 경찰관의 손아귀에서 벗어났다는 점은 고려하지 못했다. 지금 룸메이트가 스턴트를 재현하려고 준비할 때, 경찰이 나타나 추격전이 벌어지고, 더 보이는 룸메이트를 대신해 빌딩을 올라야 하는 신세가 된다. 이론상으로는 룸메이트가 2층 또는 3층에서, 아니면 조만간 그를 대신할 것이다. 그런데 안경잡이는 층마다 위기가 닥치는데도 빌딩의 전체 층을 다 기어오르는 데 성공한다. 어떤 아이가 그에게 땅콩을 쏟는데, 땅콩은 굶주린 비둘기들을 끌어모은다. 쥐가 그의 바지 속을 기어오른다. 창문이 그네처럼 안팎으로 흔들거리면서 그를 죽음 직전까지 밀어 버린다. 풍향계는 도는 방향을 바꾸고, 그는 거의 죽을 뻔한다. 그리고 결국 그는 시계에 매달린다. 잠시 후, 그는 빌딩 옥상 난간에서 눈에 띌 정도로 태평하게 걷거나 심지어 춤까지 춘다.

리얼해 보인다. 그게 요점이다. 정말로 해럴드 로이드처럼 보이고, 정말로 빌딩을 기어오르는 것처럼 보인다. 떨어지면 진짜로 치명적일 것이다. 커는 저서에서 이렇게 강조했다. "거의 모든 숏에서 아래에 있는 길거리가 보인다."

흐음, 그게 로이드였을까? 분명히 특수 효과는 아니었을 것이다. 1923년에 그런 환상을 창조해 낼 재주는 없었으니까. 많은 숏에서 그 인물은 분명 로이드다. 그의 얼굴을 볼 수 있으니까. 커가 지적하듯, 롱숏으로 잡힌 건물을 등반하는 인물이 실제로도 건물을 잘 탔던 땅딸막한 스트로더가 아닌 건 분명하다.

하지만 카메라 앵글을 분석해 보면 언덕배기에 지어진 빌딩을 활용하고 극적인 카메라 앵글을 선택해 높이를 과장했음을 알 수 있다. 로이드는 자신이 있는 곳에서 한두 층, 또는 세 층 아래에 매트리스를 깐 플랫폼을 설치해 뒀다고 말했다. 평론가 데니스 슈워츠Dennis Schwartz에 따르면, 1971년에 그가 사망한 후 "유명한 12층 빌딩 등반은 스턴트맨의 도움을 받아 행해졌다는 게 드디어 밝혀졌다." 여기서 "도움을 받아"라는 건 정확히 무슨 뜻일까? 고해상도 35밀리미터 프린트를 보면서 상당한 시간 동안 해럴드 로이드의 모습을 선명하게 봤다. 나는 일부 숏들은 대역을 썼지만 다른 숏들에서는 그 자신이 죽음의 위험을 무릅썼다고 믿으려는 마음의 준비를 했다.

그 시절에 그건 유별난 일이 아니었다. 버스터 키튼은 거의 모든 스턴트를 직접 해냈다. 그러면서 허리케인 속에서 빌딩이 그의 위로 무너지게 만들었고, 기차 지붕을 뛰어다녔으며, 폭포 위에 매달렸다. 나는 해럴드 로이드가 <마침내 안전>을 찍다가 추락해서 사망했을 뻔한 적도 여러 번 있었을 거라는 사실을 별다른 의문 없이 수긍한다. 의문은 이렇게 바뀐다. 이 영화는 웃기는가?

나는 폭소를 터뜨리지는 않았다. 그러나 보는 내내 매혹됐다. 나는 안경잡이에게는 버스터나 리틀 트램프에게 쏟는 만큼의 애정을 느끼지 못한다. 그러나 나는 그가 빌딩을 오르는 내내 그의 곁에 있었고, 정상을 정복하고 느끼는 승리의 기쁨을 공유했다. 로이드가 1920년대에 채플린과 키튼보다 많은 흥행 수익을 올린 이유를 이해할 수 있었다. 그가 더 웃겼거나 더 감동적이어서가 아니라, 그는 그저 평범한 인간인 반면, 다른 두 사람의 캐릭터는 다른 존재가 사는 행성에서 온 캐릭터들이었기 때문이다. 로이드는 빌딩을 기어오르는 진짜 사람이다. 반면에 키튼은 빌딩이 그를 짓눌러 버리지 않을 정확한 지점에 섰을 때 우주의 숙명이 조종하는 도구다. 그리고 채플린은 자신의 마음속에 존재하는 우주에서 우리의 우주를 찾아온 방문객이다.

채플린과 키튼은 영감과 창조성의 물결 위를 떠다니는 것처럼 보이는 반면, "로이드는 자신이 하고 있는 일이 뭔지를 본인이 모르고 있다는 걸 잘 알았다"고 커는 썼다. "그러면서 그러는 자신을 무척이나 싫어했다. (…) 머지않아 로이드는 자기 나름대로 대단히 뛰어난 솜씨들을 습득했다. 그러나 그것들은 습득한 솜씨였다. 그에게 신이 부여한 재능은 전혀 없었다." 바로 그 점이 그를 특별하게 만드는 지점일 것이다. 그는 위대한 무성 영화 코미디언이 되기로 결심하고는 실험과 용기, 의지를 통해 성공했다. 그의 영화들은 그런 영화를 만들었다는 그의 승리와 성취를 보여 준다.

지금 나는 그 이론을 시험할 수 있다. 나한테는 아직도 해럴드 로이드의 다른 영화들이 전부 남아 있다. 나는 키튼의 전작全作이나 채플린의 전작을 갖는 쪽을 선호하지만, 그럼에도 앞으로 탐구할 로이드의 작품들을 갖고 있다는 게 기쁘다. 무성 영화들은, 특히 코미디들은 그 작품들의 픽션 밑에 훗날의 영화들은 절대로 복제해 낼 수 없는 방식으로 다큐멘터리 같은 요소들을 갖추고 있었다. 그 작품들은 실제 로케이션에서 실제 지형과 구조물을 활용해 촬영된 경우가 잦았고, 배경이 리허설을 행하지 않은 실제였던 경우가 잦았다. 이런 실제 우주에 발을 들이는 캐릭터는 나름의 여러 이유에서 비범한 일들을 행할 것이다.

1893년생인 로이드는 점심시간을 즐기고 돌아오는 다른 엑스트라 무리와 어울리다 엑스트라로 영화계 경력을 시작했다. 그러다가 만난 엑스트라 중 핼 로치Hal Roach는 훗날 영화 산업 초창기의 거물 프로듀서로 성장했고, 로이드에게 코미디언이 되라고 충고하기도 했다. 로이드는 자신만의 리듬과 토대를 찾아낼 때까지 수십 편의 단편을 만들었다. 그는 자기 캐릭터를 구축하려고 지속적으로 작업했지만, 채플린의 완벽주의를 지향할 만한 시간은 없었던 반면 몽상가인 키튼보다는 사업 수완이 더 좋았다.

돈을 모은 로이드는 자기 작품들을 보존했고, 그 작품들의 공개를 수십 년간 막았다. 그러면서 자신의 명성이 다른 두 천재의 명성보다 뒤처지는 것처럼 보일 때에도 그런 일에 별로 관심을 보이지 않았다. 현재 그의 손녀 수잰Suzanne은 그의 영화들을 재개봉하는 일을 감독하고 있다. 결코 실전되지 않고, 결코 쇠락하거나 파괴될 위협을 받지 않은 그의 영화들은 본질적으로 그 작품들의 시사회가 처음 열렸던 시절에 그랬던 것처럼 참신하다. 어쩌다 보니 80년 전에 만들어졌던 신작 영화들을 보러 가는 것과 비슷하다.

# 만춘

晩春

| | |
|---|---|
| 감독 | 오즈 야스지로 |
| 주연 | 하라 세쓰코, 류 치슈 |
| 제작 | 1949년 / 108분 |

슈키치는 연구에 몰두해 살아가는 홀아비 교수다. 출가하지 않은 딸 노리코가 아버지를 위해 살림을 한다. 부녀 모두 이런 생활을 흡족해하며 살아간다. 그러던 어느 날 아버지의 여동생이 조카딸은 시집을 가야 마땅하다고 주장한다. 노리코는 20대 중반이다. 1949년의 일본에서 그 나이대의 미혼 여성은 결혼 시장에서 신붓감으로서 가치가 거의 없어진 거나 다름없다. 고모는 오빠에게 오빠가 죽고 나면 노리코는 세상에 혼자 남게 될 거라고 경고한다. 딸을 부양할 신랑감을 찾아서 딸을 둥지 밖으로 밀어내는 게 아버지의 도리다. 교수는 마지못해 고개를 끄덕인다. 딸이 시집갈 생각이 없다고 반대하자, 아버지는 딸에게 자신도 재혼할 계획이라고 말한다. 그건 거짓말이다. 그러나 그는 딸의 앞날을 위해서라면 자신의 안락을 희생할 작정이다. 딸은 결혼한다.

바로 이것이 오즈 야스지로小津安二郎, 1903~1963의 <만춘>의 표면에서 벌어지는 사건이다. 그리고 내면 저 깊은 곳에서 벌어지는 일들은 분노와 격정이고, 표면에 등장하는 사건들은 틀린 판단이라고 우리는 느낀다. 부녀 모두 하고 싶지 않은 일을 억지로 해야 하고, 그 결과는 서운함과 비애이기 때문이다. 이 결혼에 만족할 사람은 고모, 그리고 우리가 전혀 모습을 보지 못하는 노리코의 남편 정도일 것이다. 고모는 딸에게 신랑감에 대해 말한다. "게리 쿠퍼Gary Cooper를 닮았어, 입 주위가. 윗부분은 아니고……."

노리코가 결혼할 남자를 관객에게 한 번도 보여 주지 않는 것은 오즈의 전형적인 스타일이다. 그의 다음 영화 <초여름麥秋>(1951)에서, 중매결혼을 하는 예비 신부는 신랑의 모습을 얼굴을 분간하기도 쉽지 않는 골프 하는 사진으로만 본다. 오즈가 영화를 통해 들려주는 이야기는 전형적인 로맨스가 아니다. 그는 가족 외부의 사람들이 가족의 현재 상황을 위협할 때 가족이 보여 주는 모습을 집중적으로 관찰한다. 신부들에게 중요한 것은 그들이 시작하고 있는 삶이 아니라 그들이 끝맺고 있는 삶이다. 두 영화의 여주인공 이름은 모두 노리코이고, 두 주인공 모두 오즈와 같이 작업하기 위해서라면 모든 걸 내던질 작정이던 위대한 스타 하라 세쓰코原節子가 연기한다. 스튜디오가 오즈에게 <초여름>의 여주인공으로 다른 여배우를 고려해 보라고 당부했지만, 오즈는 하라 없이는 영화를 만들지 않겠다며 거절했다.

<초여름>에서 노리코는 나이 먹은 부모님과 오빠, 오빠 가족과 산다. 그녀는 결혼할 생각이 전혀 없다. 적어도 골퍼와 결혼할 생각은 없다. 류 치슈笠智衆, 1904~1993가 <만춘>에서는 교수를, <초여름>에서는 오빠를 연기한다. 오즈의 <동경 이야기東京物語>(1953)에서, 그는 할아버지를 연기하고, 하라는 그의 며느리를 연기한다. 그는 세 영화 모두에서 자신이 연기하는 캐릭터에 딱 알맞은 나이처럼 보인다. 그가 45세와 49세 사이의 캐릭터들을 어떻게 그토록 설득력 있게 연기할 수 있었는지는 내 능력으로는 도무지 설명할 도리가 없다.

<만춘>은 가족을 다루는 오즈 영화의 사이클을 연 영화다. 제목에 등장하는 계절은 — 그의 마지막 작품 <꽁치의 맛秋刀魚の味>(1962)• 이 그러는 것처럼 — 캐릭터들이 인생에서 처한 상황을 가리킨다. 그는 똑같은 영화를 만들고 또 만들었던 것일까? 전혀 그렇지 않다. <만춘>과 <초여름>은 확연히 다르다. <초여름>에서 노리코는 영화 전체의 플롯을 뒤집기 위해 오프닝을 장식한 대화를 활용한다. 골퍼와 결혼하기 싫은 그녀는 오랫동안 알고 지낸 남자를 받아들인다. 남자는 아이 딸린 홀아비로, 남자의 어머니의 간절한 소망은 아들이 노리코와 결혼하는 것이다. 남자는 어머니의 계획에 따른다. 일단 어머니 뜻을 따르기로 마음먹은 남자는 그 계획을 마음에 들어 한다. 이 영화에서 남녀 간의 관계에 간섭한 여자는 두 사람을 더 행복하게 만들어 줬다.

<만춘>은 관객이 예상하는 것보다 훨씬 더 슬픈 이야기를 들려준다. 영화에서 노리코가 짓는 웃음과 그녀가 느끼는 감정 사이에는 긴장감이 맴돈다. 그녀의 웃음은 가면일 때가 잦다. 그녀는 집안과 친분이 있는 오노데라와 이야기를 나누는 초반부의 이상한 장면에서 환하게 웃는다. 오노데라는 부인과 사별한 후 재혼했다. 노리코는 그런 재혼은 "추잡하고 천박하다"고 말하면서 재혼을 역겨워한다. 그녀는 웃고, 그는 파안대소한다. 그럼에도 그녀는 대단히 진지하다.

오노데라는 교수에게 노리코를 결혼시키는 건 그의 의무라고 말하면서 좋은 신랑감을 추천한다. 교수의 조교인 하토리다. 노리코와 하토리는 자전거를 타고 바닷가로 여행을 가고, 나중에는 저녁을 함께 먹는다. 우리는 두 사람의 인연이 성사될 것 같다고 생각한다. 그런데 슈키치가 딸에게 결혼 이야기를 꺼내자, 그녀는 웃으면서 하토리는 이미 약혼녀가 있다고 말한다. 그녀가 그 사실을 언제 어떻게 알았는지는

• 이 영화의 영어 제목은 '가을 오후'라는 뜻의 'An Autumn Afternoon'이다.

스크린에 등장하지 않는다. 우리가 스크린에서 보는 건 하토리가 그녀를 콘서트에 초대하는 모습, 그녀가 “말썽”을 일으키고 싶지는 않다고 그에게 말하는 모습, 그리고 콘서트에 간 하토리가 빈 좌석에 올려놓은 그의 모자다. 노리코가 결국에 맞은 남편이 하토리일 가능성은 있다. 그녀는 그를 좋아하고, 그도 그녀를 좋아한다. 그는 파혼을 했을지도 모른다. 콘서트 초대는 중요하다. 그러나 그녀는 아버지의 곁을 떠나지 않을 것이다. 이것은 그녀가 치르는 희생이다. 그리고 그 희생은 영화 후반부에서 아버지가 치르는 희생과 짝을 이룬다.

이제 노리코의 고모 마사(스기무라 하루코杉村春子)가 새 신랑감을 추천한다. 게리 쿠퍼를 닮은 사다케다. 노리코는 친구에게 말한다. “내가 보기에는 우리 동네 전기 기사랑 더 닮은 것 같아.” 노리코가 아버지 곁을 선뜻 떠날 생각이 없음을 깨달은 마사는 교수에게 젊은 과부 미와 여사와 결혼하라고 권한다. 교수는 딸과 마찬가지로 독신으로 지내는 게 행복하지만, 노리코를 속이려는 마사의 책략을 이해한다.

오즈는 노能 공연장에서 노리코가 아버지 옆에 앉아 있는 비범한 장면을 통해 위기 국면을 조성한다. 교수는 공연장 건너편에 있는 미와 여사에게 고개를 끄덕여 인사하고, 여사는 웃으면서 고개를 끄덕여 답례한다. 이 광경을 본 노리코는 공연에 대한 흥미를 완전히 잃는다. 그녀는 슬픔에 잠겨 고개를 숙인다. 공연이 끝난 후, 그녀는 아버지에게 말한다. “가 봐야 할 데가 있어요.” 그러고는 아버지 곁에서 도망친다.

뒷부분에는 부녀가 대치하는 편치 않은 장면이 나온다. “결혼하실 거예요?” 노리코가 묻는다. “으음.” 아버지가 살짝 고개를 끄덕이며 말한다. 딸은 서너 가지 다른 방식으로 묻는다. “으음.” “오늘 본 그 여자분이랑요?” “으음.” 그는 중매결혼을 옹호한다. “너희 어머니도 처음에는 행복해하지 않았다. 너희 어머니가 부엌에서 우는 걸 많이 봤어.” 결혼하라고 딸을 설득하려 애쓰는 아버지가 펼칠 최선의 주장은 아니다.

새 신랑감을 제안했던 마사 고모는 이제는 결혼이 확정된 것처럼 행동한다. 고모는 결혼에 착수할 계획을 개시한다. 노리코는 늘 그랬던 것처럼 웃음을 짓는 것으로 고모의 뜻을 따른다. 우리는 일본 전통 혼례복을 입은, 아름답지만 애처로운 그녀를 보지만 그녀의 결혼식이나 남편을 보지는 못한다. 그 대신 우리는 홀로 귀가하는 교수와 함께 귀가한다. 교수는 재혼하겠다는 계획은 "태어나서 해 본 가장 새빨간 거짓말"이었다고 인정한다. 오즈가 필름에 담은 슬픈 장면 중 하나에서 교수는 자기 방에 홀로 앉아 사과를 깎기 시작한다. 그의 손이 멈추면 길게 이어지던 사과 껍질이 바닥에 떨어지고, 그는 비탄에 잠겨 고개를 숙인다.

교수의 결정은 딸을 위한 그의 '희생'으로 묘사되는 경우가 잦다. 실제로 그렇기는 하지만, 그 희생은 그가 원했던 희생이 아니다. 딸 역시 아버지 곁을 떠나는 걸 원치 않는다. "저는 아버지를 보살펴 드리는 게 좋아요." 그녀는 말한다. "결혼한다고 제가 더 행복해지는 일은 없을 거예요. 아버지는 재혼하셔도 좋지만, 저는 아버지 곁에 있고 싶어요." <만춘>에 담긴 억압된 근친상간의 가능성을 탐구하는 학술 논문이 있다. 그러나 나는 오즈에게 그런 의도가 있었을지 의심스럽다. 노리코에게는 겉으로는 잘 드러나지 않는, 섹스를 혐오하는 성향이 있다고 믿는다. 그런 성향은 그녀가 재혼 이야기에 보이는 강한 반감에서 드러난다. 결혼은 한 번 하는 것만으로 충분히 나쁜 짓이라는 것. 그녀는 아버지와 함께 지내는 집에 영원토록 안전하게 머물고 싶다.

<만춘>은 오즈가 만든 영화 중 최고작으로 꼽힐 두세 편에 드는 영화다. <초여름> 역시 비슷한 대접을 받아 마땅하다. 두 영화 모두 그가 후반기에 구사한 특유의 비주얼 스타일을 활용한다. 움직이는 일이 거의 없는 카메라를 위한 정밀한 구도, 다다미에 앉은 사람의 눈높이를 대표하는 경우가 잦은 시점, 관련이 없는 실외 장면으로 장면을 전환하

는 것으로 구두점을 찍는 방식 등이 그런 스타일에 해당된다. 그는 항상 50밀리미터 렌즈 딱 하나만 사용했다. 그는 그게 인간의 눈에 가장 가까운 렌즈라고 말했다.

그는 이 영화에서 부녀가 꾸리는 살림의 일상성과 평온함을 설정하기 위해 언어를 구사하는 대신 시간과 공간을 활용한다. 부녀가 이리저리 오가고 계단을 오르내리고 방과 복도를 들락거리는 모습을 보여 주는 시퀀스가 그런 장면이다. 두 사람은 집안의 곳곳을 잘 안다. 영화의 뒷부분에서 결혼에 위협감을 느낀 노리코는 물건을 계속 집어 테이블에 올려놓는다. 살림의 행복을 강박적으로 실행에 옮기는 것이다.

이 영화에서는 보이지 않는 곳에서 대단히 많은 일이 일어난다. 그 일들은 스크린에 등장하는 대신 암시만 된다. 노리코는 웃지만 행복하지 않다. 아버지는 싫어하는 일이 벌어지더라도 그 사건을 수동적으로 받아들인다. 고모는 현실에 안주하는 억척스러운 다혈질이다. 고모는 원하는 결과를 얻는다. 제인 오스틴의 소설에서 그러는 것처럼, 특정 연령에 이른 여자에게는 남편이 필요하다는 게 세상의 보편적인 믿음이다. <만춘>은 이런 믿음을 지독히도 믿지 않는 두 사람을 다룬 영화다. 그리고 두 사람이 부린 요령과 서로에 대한 염려, 그리고 다른 이들과 뜻을 같이 하는 척하는 것으로 남들을 편하게 만들어 주려는 두 사람의 욕구가 어떻게 실패하는지를 다룬 영화이기도 하다.

# 매그놀리아

Magnolia

| | | |
|---|---|---|
| 감독 | 폴 토머스 앤더슨 | |
| 주연 | 제러미 블랙맨, 필립 베이커 홀,<br>필립 시모어 호프먼, 리키 제이 외 다수 | |
| 제작 | 1999년 | 188분 |

<매그놀리아>는 슬픔과 사랑을 다룬, 일생 동안 지속되는 비통함을 다룬, 상처 받은 어린 아이들과 스스로 망가져 가는 어른들을 다룬 영화다. 영화가 끝날 무렵에 내레이터가 말하듯, "우리는 과거를 겪고 떠나보냈을지 모르지만, 과거는 결코 우리를 떠나보내지 않았다." 여러 사람의 생애가 남긴 이런 잔해들 속에 두 인물이 있다. 경찰관과 간호사. 그들은 도움의 손길과 희망과 사랑을 베풀기 위해 할 수 있는 바를 행한다.

앞에 쓴 글이 당신이 기억하는 <매그놀리아>에 대한 글이 아닐지 모른다. 앞의 글은 내가 기억하던 영화도 아니었다. 그 영화를 다시 본 지금, 내 감탄은 더욱 커지기만 했다. 영화가 개봉한 1999년에, 우리의 초점은 우연이라는 테마와 교차하는 스토리라인, 그리고 무엇보다 폴 토머스 앤더슨Paul Thomas Anderson, 1970~ 이 자신의 영화를 마무리하며 이뤄 낸 경이로운 성취 때문에 산만해졌던 것 같다. 이 영화는 구슬픈

비가悲歌도 아니었다. 영화는 오락적이었고, 때로는 웃기기까지 했으며, 러닝 타임 내내 관객을 매료했다.

영화의 핵심적인 주제는 아이들에게 저질러지는 학대 행위와 그 행위가 지속적으로 낳는 효과다. 어렸을 때 받는 학대는 우리가 마땅히 해야 하는 일이라고 들었거나 생각했던 행동을 하는 데 대한 혐오감이나 두려움과 밀접한 관련이 있다. 영화에는 굵직한 캐릭터가 많다. 그런데 영화의 러닝 타임 180분 동안 그 캐릭터 모두가 더 나은 사람이 되면서 심오한 자기 발견의 순간에 집중하는 성취를 올리는 시간이 있다. 영리한 두 꼬마 이야기로 시작해 보자.

한 명은 어른이 된 지금도 자신을 "퀴즈 키드 도니 스미스"(윌리엄 H. 메이시William H. Macy)라고 부른다. 어렸을 때 TV 퀴즈쇼에 출연해 짧은 명성을 누린 그는 지금도 사람들이 그를 기억할 거라고 기대한다. 가구 매장에서 일하는 그는 술꾼이다. 그는 치아를 교정하는 데 필요한 비용이 간절하다. 치아 교정을 받으면 그가 반한 — 역시 교정기를 낀 — 바텐더의 관심을 끌 수 있을 거라는 허망한 희망에서다. 그는 유년기에 대한 분노를 터뜨린다. 그런데 그의 가장 감동적인 순간은 자신이 사랑한다는 걸 알고, 자신이 사랑할 수 있다는 걸 알고, 자신은 사랑할 가치가 있는 사람이라는 걸 안다고 울부짖을 때다.

다른 영리한 꼬마는 아직도 아홉 살 아니면 열 살밖에 되지 않은 스탠리 스펙터(제러미 블랙먼Jeremy Blackman)다. 천재인 그는 TV 퀴즈쇼 「아이들이 아는 것은 무엇인가?」의 스타다. 그는 모든 문제의 정답을 알고 있다. 그런데 그는 가장 중요한 순간에 문제를 풀러 나가기를 거부한다. 화장실에 다녀오지 못하는 바람에 바지를 적신 그는 자리에서 일어나기를 거부한다. 아버지는 그에게 험한 말을 퍼붓는다.

그 쇼의 MC인 지미 게이터(필립 베이커 홀Philip Baker Hall)는 앞으로 살날이 두 달 밖에 남지 않았다는 걸 알게 됐다. 그는 두 번째 결혼

에서 얻은 딸인 클라우디아(멜로라 월터스Melora Walters)를 10년간 보지 못했다. 클라우디아는 아버지가 자기를 추행했다고 믿는다. 그는 그 일에 대한 기억이 없다. 이제 클라우디아는 가망 없는 코카인 중독자다. 그녀의 집 문간에 나타난 경찰(존 C. 라일리John C. Reilly)은 그녀의 신경질적인 경련을 알아차리지 못하고는 데이트를 신청한다. 그리고 그 데이트는 두 사람이 깊이 숨겨 두고 있던 수치스러운 일을 고백하는 것으로 마무리된다. 나중에 바로 그 경찰이 가구 매장에 침입하려고 배수관을 오르려 애쓰는 퀴즈 키드 도니 스미스를 목격한다. 그의 고백을 들은 경찰은 그를 용서하고는 절도한 물건을 제자리에 돌려놓는 것을 돕는다.

퀴즈쇼의 제작자는 '빅 얼' 패트리지(제이슨 로바즈Jason Robards)다. 그와 오랫동안 소원하게 지내는 아들은 동기 부여 강사 프랭크 매키(톰 크루즈Tom Cruise)로, 여자들을 정복하는 법을 강의하는 그는 호텔의 컨퍼런스 룸을 가득 채울 정도로 인기가 좋다. 그가 어렸을 때, 아버지는 그들 모자母子를 내팽개쳤고, 프랭크는 암으로 죽어 가는 어머니를 내내 간병했었다. 이제는 아버지가 간호사 필(필립 시모어 호프먼Philip Seymour Hoffman)의 간호를 받으며 똑같은 병으로 죽어 가고 있다. 아버지의 후처後妻(줄리앤 무어Julianne Moore)는 돈을 보고 결혼한 여자지만, 그를 사랑함을 알게 된 지금은 남편을 속이고 바람을 피운 것을 후회한다. 노인은 고통 속에서도 간호사에게 첫 아내를 진정으로 사랑했다고, 아내를 속이고 바람을 피운 자신을 혐오한다고 웅얼거린다.

이 영화의 플롯을 묘사하는 것만으로도 지면을 모두 채우고 남을 것이다. 나는 부모가 저지른 죄 때문에 자식들이 벌을 받는 방식에 대해, 얼마나 많은 이의 삶이 절망적인 삶으로 이어지는지에 대해, 세상에는 몇 안 되기는 하지만 그들에게 도움을 주려는 사람들이 있다는 것에 대해 충분히 설명했다. 스물여덟 살 밖에 안 된 앤더슨이 (그는 이

보다 2년 전에 <부기 나이트Boogie Nights>를, 3년 전에 <리노의 도박사Hard Eight>를 만들었다) 시나리오를 쓰고 연출한 이 영화의 경이로운 점은 영화가 무척이나 현명하고 캐릭터들에게 동정적이라는 것이다. 그는 우리 모두에게 나름의 이유가 있음을 안다.

이 영화의 연출은 우리를 영화 안으로 끌어들인 다음에는 절대로 놔주지 않는다. (소방용 항공기에 의해 물에서 끌어올려진 후 산불 현장에 내동댕이쳐진 스쿠버다이버에 대한 이야기를 포함한) 경이로운 우연에 대한 짧은 다큐멘터리로 막을 여는 영화의 시작은 기만적이다. 내레이터는 마술사이자 웅변가인 리키 제이Ricky Jay로, 우리는 영화에서 학구적인 꼬마 스탠리가 제이의 저서 『학습한 돼지들과 불연성 여성들Learned Pigs and Fireproof Women』을 펼치는 모습을 볼 수 있다. 제이의 목소리는 끝부분에 다시 등장해 우연과 기이한 사건들은 실제로 일어나고, 그런 일들은 다른 모든 일과 마찬가지로 리얼하다는 점을 우리에게 상기시킨다. 우리가 현실 세계에서 벌어지는 사건들을 충분한 거리를 두고 볼 수 있다면, 실제로 세상만사는 우연의 결과로 밝혀질 것이다. 우리가 '우연'이라고 부르는 것들은 우리가 어쩌다 인지하게 된 사건들에 국한되어 있다.

그렇다면 이 영화는 사람들의 삶이 이리저리 뒤엉킨 방식에 맞서 영화 스스로를 옹호하고 있는 것인가? 전혀 그렇지 않다. 내 생각에 이 영화가 주장하는 바는 우리가 행동거지를 조심해야 한다는 것이다. 우리 행동의 영향은 우리가 확인할 수 있는 능력의 범위를 훨씬 넘는 곳까지 미치기 때문이다. 아버지에게 버림받고 죽어 가는 어머니를 홀로 간병하게 된 어린 소년은 여자들을 학대하는 방법을 남자들에게 가르쳐 부유해지는 철저한 사기꾼으로 자란다. 그는 어째서 남자 대신 여자를 증오하는가? 톰 크루즈가 임종하려는 아버지를 찾아오는 신이 있다(이 신의 프레임은 의도적으로 <파리에서의 마지막 탱고Last Tango in

Paris>에서 브란도Marlon Brando가 아내의 시신을 대하는 장면의 분위기를 재현하는 방식으로 연출됐다). 이 신에서 크루즈가 두 손을 어찌나 꽉 쥐는지, 그의 손가락에는 피 한 방울 통하지 않는 듯 보인다. 그가 이 남자를 증오하는 것은 분명하다. 그런데 그 증오는 어떻게 여성들을 향한 증오로 방향을 틀었던 걸까?

강연 도중에 무너져 내리는 그의 모습은 TV 퀴즈쇼에서 자신들이 방송에 어울리는 행동을 할 수 없는 처지라는 걸 알게 된 어린 스탠리와 지미 게이터의 모습을 그대로 반영한다. 제이슨 로바즈의 두 번째 아내(줄리앤 무어)는 간호사에게는 고백하지만 노인에게는 고백할 길을 찾지 못해 다른 방법을 찾아 나선다. 클라우디아는 데이트에서 해야 마땅한 일들을 행동으로 옮길 수가 없다. 그날 밤 일찍이, 경찰관은 총을 잃어버려 범인을 체포하지 못하게 되면서 망신을 당한다. 퀴즈 키드 도니는 다른 남자에게 사랑한다는 말을 할 수가 없다.

어느 아름다운 시퀀스에서 앤더슨은 주요 캐릭터 대부분이 에이미 만Aimee Mann의 'It's Not Going to Stop(그건 멈추지 않을 거예요)'를 동시에 부르는 모습을 오가며 편집한다. 과장된 연출이라고? 그거 아는가? 나는 이것을 우연이라고 생각한다. 플롯들이 서로 맞물리는 다른 많은 '하이퍼텍스트 영화'와 달리 <매그놀리아>는 그 장치를 더 심오하고 철학적인 방식으로 활용하고 있는 것 같다. 앤더슨은 이 사람들이 인간이 습득할 수 있는 지식보다 깊은 수준에서, 숙명과 운명이 위치하고 있는 저 밑바닥에서 어울리는 모습을 목도한다. 그들은 자신이 취한 행위와 선택에 의해 한데 어울리게 됐다.

이 모두는 영화가 거의 끝날 무렵에 등장하는, 개구리가 비처럼 쏟아지는 인상적이고 유명한 시퀀스로 이어진다. 맞다. 셀 수 없이 많은 개구리가 산 채로 하늘에서 로스앤젤레스 전역으로 떨어진다. 나는 이 설정이 때때로 농담거리가 된다는 사실이 의아하기만 하다. 나는 이 설정이 설명할 길은 없지만 실제로 세상에 존재하는 행동이라는 더 커다란 영역으로 영화의 줄거리 전체를 고양시키는 방법이라고 본다. 현실에 또 다른 차원을 덧붙이려면 인간적인 수준을 넘어서는 무엇인가가 필요하다. 하늘에서 개구리가 비처럼 쏟아진 현상은 이번 세기에 여덟 번 있었지만, 객관적인 기록에 연연하지는 말자. 그 대신, 영화에 등장하는 현수막에 인용된 「출애굽기」 8장 2절에 주목하라. "네가 만일 보내기를 거절하면 내가 개구리로 너의 온 지경을 치리라." 누구를 보낸단 말인가? 나는 이 경우에는 사람들을 가리키는 게 아니라, 두려움과 수치심, 죄를 가리키는 것이라고 믿는다.

<매그놀리아>는 완전히 상반된 두 가지 방식으로 제대로 작동하는 흔치 않은 영화에 속한다. 한쪽으로 보면 이 영화는 디테일로 가득한 흥미진진한 스토리들을 정확하고 유머러스하게 들려준다. 그리고 다른 쪽으로 보면 이 영화는 우화다. 훌륭한 우화가 모두 그렇듯, 이 우화가 전하는 메시지는 언어가 아니라 정서로 표현된다. 우리는 이 사람들의 고통을 느낀 후, 경찰관과 간호사의 사랑을 느낀 후, 뭐라 딱 꼬집어 말하기는 어렵지만 반드시 알아야 하는 무언가를 배웠다. 폴 토머스 앤더슨은 자신이 이런 식으로 생각하고 창작한다는 것을 <데어 윌 비 블러드There Will Be Blood>(2007)에서 다시 입증했다. 불가사의한 엔딩으로 마무리되는 또 다른 작품인 그 영화에 대해 나는 더 조심스럽게 생각해야 할 것임을 <매그놀리아>를 통해 배웠다.

| **메피스토**<br>Mephisto | 감독 | 이슈트반 서보 | |
|---|---|---|---|
| | 주연 | 클라우스 마리아 브란다우어, 크리스티나 얀다, 롤프 호페 | |
| | 제작 | 1981년 | 144분 |

나치가 정권을 잡아 가는 시기의 독일을 배경으로 한 영화 <메피스토>에는 이런저런 모욕적인 언사가 많이 등장한다. 그런데 그중에서도 가장 심한 상처를 주는 언사는 "배우actor!"라는 단순한 단어다. 이 단어를 큰소리로 외치는 인물은 문화계 업무를 총괄하는 나치 장군으로, 그는 주인공의 뒤를 봐주는 후원자다. 우리는 배우의 얼굴을 응시하지만 그가 무슨 생각을 하고 있는지, 어떤 기분인지는 판단할 수 없다. 어쩌면 바로 그런 특징이 그를 걸출한 배우로, 동시에 비열하고 천박한 인간으로 만들었을 것이다.

깜짝 놀랄 만한 위력적인 연기로 주인공을 연기한 배우는 클라우스 마리아 브란다우어Klaus Maria Brandauer다. 그는 우리를 그가 연기하는 캐릭터에 강하게 매료시키는 동시에 그의 외면에 줄곧 묶어 둔다. 그에게 내면이 존재하지 않음을 우리가 발견하기 전까지 말이다. 그는 헨드릭 회프겐이라는 배우를 연기하는데, 심지어는 그의 이름조차 정확하지 않다. 그는 '하인츠Heinz'라는 본명을 더 그럴싸한 이름으로 개명했다. ("내 이름은 내 이름이 아냐." 그는 혼잣말을 한다. "나는 배우니까.") 회프겐은 자신에 대해 느끼는 불만의 대부분은 자신이 "촌구석의 배우"라는 점이라고 일찌감치 씁쓸하게 밝힌다. 결국 그는 독일에서 가장 유명하면서 사랑 받는 배우가, 그리고 국립 극장 책임자가 될 것이다. 하지만 그것은 사실은 지옥으로 떨어지는 길에 오른 것이다.

우리는 <메피스토>가 디테일들을 얼마나 생생하게 묘사하는지를 주목하는 것으로 논의를 시작해야 한다. 극장의 외양과 느낌, 1920년대부터 1930년대를 통한 나치당의 발흥, 그 자체가 무대였던 베를린의 사교 생활. 헝가리 출신 감독 이슈트반 서보István Szabó, 1938~ 는 의상과 분장이 일부 배우들을 다른 사람으로 둔갑시킬 수 있듯, 나치의 제복 자체가 일부 사람들을 나치로 변신시킨 듯 보였다는 점을 실례로 보여준다. 나치의 제복은 대놓고 페티시 역할을 수행한다. 그 제복을 입는 행위는 제복을 디자인한 시스템에 착용자 스스로 복종하는 것이다. 우리는 지배 계급을 사악한 시스템으로 유혹해 끌어들이기를 돕는 가학적·피학적 저류를 감지한다.

영화는 함부르크에서 시작된다. 이곳에서 회프겐은 삼류 극단 단원이다. 이 극단은 나중에 공산주의적이라고, 부르주아적이라고, 퇴폐적이라고 — 국가 사회주의가 아닌 모든 것이라고 — 묘사된다. 야심에 몰두한 그는 거리낌 없이 작품에 자신을 내던진다. 공연에 쓸 소품에 대해 논의하는 자리에서 "가로등 기둥"이라는 말을 들은 그는 격정적인 분노를 터뜨리며 몸을 날리고는, 저것이 가로등 기둥이고 그 아래에 선 착취 받는 여성 노동자는 독일의 모든 썩어 문드러진 것을 상징한다고 단언한다. 그는 무대에서 객석으로 훌쩍 뛰어내리면서 가로등 기둥은 무대에만 갇혀 있지 않을 것이고, 배우와 관객을 하나로 묶는 혁명 정신으로서 오케스트라석으로, 특별석으로, 극장 전체로 확장될 것이라고 울부짖는다. 사람들은 그를 보며 경악한다.

물론 이 모두는 사람들의 시선을 자신에게로 끌어모으려는 연기이자 시늉이다. 브란다우어가 연기하는 회프겐은 한 순간도 배우인 자신에 대한 의혹을 품지 않는다. 일개인으로서 그는 의혹과 두려움, 자기 부정으로 똘똘 뭉친 덩어리일 뿐이지만 말이다. 그는 야심에 지배당한다. 그의 첫 부인은 권세 좋은 사람의 딸이다. 장인이 권력에서 밀려나자, 그는 이혼한다. 그의 초기 친구들은 좌익이다. 나중에 그는 그들을 밀쳐 내고 잊어버리거나, 그가 팽개친 이상을 향해 보여 주는 존경심의 일환으로 일부 친구들을 나치로부터 보호하려 애쓴다. 히틀러가 선거를 통해 권좌에 오른 날, 좌파 친구가 극장에서 열리는 항의 운동에 합류하라고 그에게 요구한다. 그는 그 요구를 수락하지도 못하고 거절하지도 못한다. "나는 나중을 위한 대비를 하고 있는 편이 낫겠어." 사실 그가 초기에 믿었던 신념들은 나중에 믿었던 것들과 동일하다. 그는 조금도 어렵지 않게 극좌에서 극우로 옮겨간다. 애초부터 그는 아무것도 믿지 않았기 때문이다.

1980년대 초 이후로 <메피스토>를 보지 않았던 나는 이 영화를 반反나치 영화라고 생각하면서 다시 보기 시작했다. 내 생각이 완전히 맞지는 않았다. 나치는 그저…… 기회주의자들이다. 회프겐은 유명해지고 부유해지고 사랑받기를 원한다. 그는 크림을 제공받은 고양이처럼 자신에게 쏟아지는 칭찬에 행복해한다. 그는 자신이 처한 상황의 옳고 그름을 자기 자신과 의논할 수 있다. 그러나 그가 하는 의논은 윤리적인 의논이 아니라 전략적인 의논이다. 그가 하는 사랑과 결혼은 하나같이 출세를 위해 계획된 것이다. 딱 하나 예외가 있다. 함부르크에서 시작해 제국이 총애하는 배우가 된 베를린 시절까지 끊임없이 지속된 사랑이다. 그 연애의 대상은 줄리엣(카린 보이드Karin Boyd)이다. 독일인 아버지와 아프리카인 어머니 사이에서 태어난 흑인 여성인 그녀는 인종적

순수성을 추앙하는 나치의 뒤틀린 주장을 통째로 위반하는 인물이다.

회프겐은 자신이 나치의 꼭두각시이자 흑인 여성의 파트너라는 모순된 입장을 조금도 고민하지 않는다. 줄리엣을 향한 감정은 사랑이 아니기 때문이다. 내 생각에 그것은 욕정도 아니다. 그녀가 그를 이해하는 방식에서 느끼는 어떤 즐거운 감정이다. 그녀는 그를 꿰뚫어본다. 그들은 함께 있는 모습을 사람들에게 절대로 보여 주지 않는다. 그녀는 침실에서 자유로이 그를 모욕한다. 그녀는 말한다. 그는 대단히 형편없는 배우라서 맥주를 마시는 것조차 맥주를 마시고 싶어 하는 사람처럼 연기하지 못한다고. 나중에는 이런 말도 한다. "때때로 당신이 보여 주는 싸늘하면서도 속임수 가능한 눈빛은 슬픔에 찬 어린애의 눈빛이야." 그는 그 말에 어떻게 반응하는가? 칭찬을 들었다는 것처럼 반응한다. 그는 그 말이 참말인지 확인하려고 거울을 들여다본다!

회프겐의 출세 비결은 장군(롤프 호페Rolf Hoppe)이라는 명칭으로만 불리는 제국의 문화 부문 차르다. 기이하게도 그는 회프겐을 매력적으로 본다. 그러고는 그의 좌익 행적이 지워지게끔, 그가 가장 좋은 역할들을 얻게끔, 국립 극장 지도자 자리에 오르게끔 배려한다. 장군은 다정하고 뚱뚱한 중년이다. 그는 칭찬할 때 기분 좋은 미소를 띠고 여성스러운 매력을 발산한다. 그런데 이 모든 분위기는 "배우!"라는 단어로 끝나는 잔인한 언사가 등장하면서 산산조각 난다. 호페가 하는 연기는 브란다우어가 하는 연기의 이상적인 대척점이다. 배우는 관객을 즐겁게 만들어 주려고 모든 역할을 연기하고, 나치는 그게 무슨 일이건 자신이 즐거운 일만 한다.

회프겐이 맡은 위대한 역할은 악마 메피스토펠레스다. 얼굴에 강렬한 흰색 분장을 한 그는 괴테가 쓴 독일의 고전 드라마에서 파우스트 박사를 유혹한다. 장군은 회프겐을 "나의 메피스토"라고 다정하게 부르고 또 부른다. 대단한 아이러니다. 사실은 장군이 메피스토펠레스를 연기하며 회프겐의 발치에 세상을 던져 대는 중이기 때문이다. 서보는 걸출한 신에서 이런 확연한 대조를 제대로 그려 낸다. 회프겐은 「파우스트」를 공연하던 막간에 극장에 있는 장군의 특석을 방문해 달라는 요청을 받는다. 그는 메이크업과 의상을 고스란히 유지한 채 장군을 찾아간다. 빨간 안감을 댄 망토를 걸친 사탄 같은 인물이 제복 차림의 나치 곁을 웃으며 서성거리는 동안, 아래에 있는 관객들은 몸을 돌려 위를 쳐다본다. 서보는 이 막간극을 단 하나의 숏으로 끝낸다. 충분히 길게 지속되는 이 숏은 전체 관객이 기립한 채로 꼼짝도 않는 모습을 보여 준다. 관객들은 악마가 국가에 도움을 요청하는 광경을 목격했다.

브란다우어와 서보는 영화에 불어넣은 에너지 면에서 엄청난 과업을 해냈다. 그런데 이 영화는 연기에 대한 영화이기도 하지만, 그에 못지않게 나치즘에 대한 영화이기도 하다. 우리는 회프겐에게서 무엇도 대표하지 못하는 공허한 사람을 본다. 그는 이런 사실이 전혀 고민스럽지 않다. 그는 나치의 문화 정책을 옹호하는 대변인으로 찾아간 파리에서 줄리엣과 다시 만난다. 줄리엣은 그에게 서방으로 망명하자고 사정한다. 나중에 그는 거리에서 프랑스의 공기를 호흡하며 특유의 흡족해하는 미소를 자랑스레 짓고는 혼잣말을 한다. "내가 여기서 뭘 할 수 있겠어? 자유? 무엇을 위한 자유?" 그는 그러고는 지하철을 타러 시커먼 지하로 내려간다.

줄거리의 배후에 자리한 혈통에 대한 사연은 흥미롭다. 서보는 클라우스 만Klaus Mann(토마스 만Thomas Mann의 아들)이 쓴 풍자 소설을 각색했는데, 유대인 어머니를 둔 클라우스 만은 1933년에 독일 시민권을 박탈당했다. 그는 나중에 미국 시민이 됐다. 그의 소설은 배우이자 나치 동조자였던 매형 구스타프 그륀트겐스Gustaf Gründgens에게 영감을 받았다고 한다. 서보는 헝가리의 주도적인 감독이다. 그의 필모그래피에는 <신뢰Bizalom>(1980), <레들 대령Oberst Redl>(1985), 그리고 영어로 만든 <선샤인Sunshine>(1999)과 <빙 줄리아Being Julia>(2004)가 포함되어 있다. <메피스토>는 1981년에 아카데미상 외국어 영화상을 수상했는데, 그럴 만한 자격이 차고도 넘치는 영화다.

비주얼적인 면에서 영화는 경이롭다. 서보는 장군의 사무실을 공허한 공간으로 에워싸인 왕좌로 만든다. 그는 고상한 파티 장면들을 창조하는데, 이런저런 관련자들이 이 파티에서 서로에 대한 가십을 주고받는다. 파티의 클라이맥스는 그뤼네발트 사냥용 별장에서 열리는 축하 파티다. 거대한 스와스티카들은 평범한 건물들을 섬뜩한 건물로 탈바꿈시킨다. 어떤 사람들은 추방되고 다른 이들은 '실종되는' 메커니즘은 짤막하고 무시무시한 자동차 여행으로 요약된다. 영화는 히틀러나 독일의 군국주의, 대규모의 유대인 박해를 묘사하려는 노력은 전혀 기울이지 않는다. 그 모든 일은 무대 밖에서 벌어지면서 영화의 무대가 회프겐의 인생이라는 점을 강조한다. 그리고 서보는 회프겐이 드디어 세상의 모든 라임라이트가 자신을 비추도록 만들 수 있게 됐음을 보여주는 절묘한 비주얼로 영화를 마무리한다.

# 물라데

Moolaadé

| | | |
|---|---|---|
| 감독 | 우스만 셈벤 | |
| 주연 | 파토우마타 코울리발리 | |
| 제작 | 2004년 | 124분 |

<물라데>는 내면에서 감성과 이성이 조화롭게 작동하는 감독만이 만들 수 있는 종류의 영화다. 정치적인 메시지와 분노를 담아낸 영화이면서, 아름다움과 유머, 인간의 본성을 향해 느끼는 깊은 애정으로 만들어진 영화이기도 하다. 논쟁적인 이슈를 다룬 영화는 관객의 분노나 눈물을 자아내는 쪽으로 지나치게 경도되는 게 보통이다. 81세 나이에 이 영화를 만든 우스만 셈벤Ousmane Sembène, 1923~2007 감독은 그 나이에 어울리는 지혜를 찾아낼 만큼 충분히 오래 살았고, 충분히 고초를 겪었으며, 충분히 웃음을 지었을 게 분명하다. 칸에 있는 스플렌디드 호텔의 아담한 로비에 앉아 있던 그의 모습을 기억한다. 당시 그는 화사하고 미끈하게 늘어진 세네갈 전통 의상과는 상당히 대조적인 셜록 홈스 파이프를 흡족한 표정으로 피우고 있었다.

그의 영화는 (이슬람 율법이 금지하는데도) 많은 무슬림 나라에서 시행되는 여성 할례 전통을 다루는, 그 전통에 반대하는 영화다. 이

이야기를 들으니 영화를 보고 싶다는 생각이 사라지나? 다시 생각해 보라. 셈벤은 자신이 다루는 주제를 캐릭터들을 통해, 특히 여주인공 콜레를 통해 대단히 충실하게 구현해 낸다. 그 덕에 이 영화는 의지와 저항, 예로부터 전해 내려오는 풍습을 다룬 이야기가 된다.

영화는 '보호'라는 뜻을 가진 물라데를 위해 콜레에게 도망쳐 오는 소녀 네 명에게 행해질 일을 지나치게 구체적으로는 묘사하지 않는다. 셈벤은 그렇게 하지 않더라도 우리가 잘 알고 있을 거라고 우리를 신뢰한다. 그는 유혈이 낭자한 호러 신을 활용하지 않는다. 실제로 그가 택한 접근 방식은 더 효과적이다. 그가 스크린 밖에서 들려오는 울부짖는 소리를 들려주는 쪽을 택했기 때문이고, 할례 시행을 담당한 마을 여성이 쓰는 칼을 잠깐 보여 주는 쪽을 택했기 때문이다. 칼은 굉장히 작다. 심술궂게 굽은 칼은 눈에 잘 띄지 않음에도 커다란 칼보다 더 섬뜩하다. 여자들이 클리토리스를 제거하는 것을 지지하는 이유는 그것을 '자르지' 않은 신부와 결혼할 남자가 없을 것이기 때문이라는 것을 우리는 알게 된다. 콜레를 연기하는 여배우 파토우마타 코울리발리 Fatoumata Coulibaly는 자신도 할례를 받았다고 밝혔다. 그 결과 그녀는 다른 대부분의 피해자처럼 성적 쾌감을 느끼지 못하게 됐고, 섹스 중에 통증을 자주 느낀다.

남자들은 왜 여성들의 신체를 손상하는 이런 관행을 고집할까? 여성에 대한 깊은 불안감과 불신, 심지어는 두려움 때문일 것이다. 그러나 <물라데>는 그런 사실을 전면적으로 고발하지는 않는다. 대신에 여자들 스스로 그런 관행을 어떻게 강제하고 실행에 옮기는지를 관찰한다. 물론 여자들이 그러는 이유는 딸들이 남편들을 찾기를 원하기 때문이다.

콜레는 친딸이 할례를 받게 놔두기를 거부했다. 이제 그 딸은 프랑스에서 귀국한 남자와 약혼한 상태다. 유럽 생활은 그 남자를 고대의

야만적 풍습에서 자유롭게 만들었을까? 아니면 그는 신부에게 할례를 받으라고 요구할까? 귀향한 남자가 재물을 베풀기를 마을 전체가 희망하기 때문에, 콜레는 사회적 압박을 받는다. 바로 그 순간, 사춘기에 접어들기 직전인 소녀들이 울면서 콜레에게 달려와, 남편과 남편의 다른 아내들과 같이 사는 대저택에서 피신할 수 있게 해 달라고 사정한다.

콜레는 물라데를 선포한다. 그녀는 집으로 들어오는 문간에 가로로 기다란 끈을 묶는다. 율법에 따르면, 소녀들이 집에 머무는 한 누구도 소녀들을 쫓아 집에 들어올 수 없다. 콜레의 남편은 격분한다. 그는 아내를 통제하지 못한다는 이유로 마을 원로 회의에서 자리를 잃는다. 그러나 그의 첫째 아내는 둘째 아내를 지지하고, 그러면서 그는 이도저도 못하는 처지가 된다. 영화의 표면 아래 잠복해 있는 주제 중 하나는 이 사회의 여성들은 — 갖고 있는 힘을 실행에 옮기기에 충분할 정도로 대담하기만 하다면 — 상당한 힘을 가진 존재라는 사실이다.

또 다른 주제는 서구를 향한, 현대화를 향한, 바깥세상 전반을 향한 불신이다. 마을의 원로들이 자신들의 정체성을 창조하는 방식 중 하나는 개성을 은폐하고 획일적인 모습을 강요하는 관습적인 법률을 집행하는 것이다. 유니폼은 그 옷을 입은 사람들은 언제든지 교체할 수 있는 존재임을 선언하는 하나의 방식이다. 이 마을의 외부인인 게 분명한 인물은 단지, 냄비, 우표, 티셔츠, 장난감을 팔면서 우편물을 수거하고 배달하기 위해 마을을 방문한 떠돌이 장사꾼이다. 예쁜 여자를 보면 눈을 반짝이는 그는 여자들에게 비밀리에 만나자고 제안한다. 그는 여자가 한 남자에게 속해 있다는 규율을 대체로 무시한다.

그가 취급하는 물건 중에서 가장 중요한 물건은, 전기가 들어오지 않는 이 지역에서 휴대용 라디오와 플래시를 켤 때 필요한 배터리다. 라디오 방송국은 도시에 있는데, 방송이 떠들어 대는 말과 음악은 위험한 자유를 반영한다. 콜레와 물라데라는 도전에 맞닥뜨리면서 당황스럽고 심사숙고해야 할 상황에 처한, 남자들로만 구성된 마을 원로 회의는 물론 여자들이 할례를 받고 싶어 하지 않는 완벽하게 타당한 이유가 있을 거라는 생각은 전혀 하지 않는다. 그들은 바깥세상을 탓한다. 라디오를 탓한다. 그들은 마을에 있는 라디오를 모두 압수하라고 명령한다. 수거된 라디오가 무더기로 쌓이는데, 그중 일부는 여전히 켜져 있다. 이 라디오 더미는 영화의 핵심 이미지가 되고, 우리는 혐오스러운 서적이나 비디오, 로큰롤 음반이나 사람들에게 붙어 타오르는 불길을 필연적으로 떠올리게 된다.

셈벤이 만든 영화의 구성은 섬세하고 매혹적이다. 그는 여성 할례를 비난하는 데에는 조금의 시간도 쓰지 않는다. 러닝 타임의 많은 시간은 할례를 반대하는 의견과 순응에 대한 인간의 본성을 연구하는 데 할애된다. 남자들이 논의하는 패러독스에는, 그리고 자신들의 여성을 상대로 성적인 능력을 발휘하지 못하는 남자들의 무능력에는 유머가 깃들어 있다. 파리에서 탕아가 돌아올 때는 서스펜스가 감돈다. 이 영화는 가장 근본적인 차원에서는 오락 영화다. 우리가 영화에 등장하는 건물들에 구현된 예술적 솜씨에 감탄하고 마을 사람들이 규칙에 반대하면서도 그 규칙들을 존중하며 살아가는 방식을 높이 평가할 때에는 아름다운 영화이기도 하다. 이 사람들이 실행하는 일부 관습이 부조리하긴 해도, 이 사람들은 대단히 품위 있고 교화된 사람들이기 때문에 셈벤은 이들을 사랑한다. 이 영화에 담긴 정서는 분노보다는 개탄이다.

셈벤이 2007년 6월 9일에 향년 84세로 타계하면서 어떤 면에서는 넬슨 만델라Nelson Mandela의 삶과 유사했던 비범한 삶이 막을 내리게 됐다. 부유한 특권층 집안하고는 거리가 먼 집에서 태어난 두 사람 모두 위대한 업적을 이뤘다. 오랫동안 '아프리카 영화의 아버지'로 알려진 셈벤은 더 많은 관객과 만나게 해 줄 영화를 작업하기로 결정하기 전까지는 여섯 편의 소설을 집필했지만, ('인터넷 무비 데이터베이스Internet

Movie Database, IMDb'에서 배운 바에 따르면) 젊은 시절에는 기계공이었고, 벽돌공이었으며, 자유 프랑스군 병사였고, 노동 운동 지도자였으며, 자동차 공장 노동자였고, 항만 노동자였다. 그의 첫 소설은 1956년에 나왔고, 첫 영화(<흑인 아가씨La Noire de…>)는 1966년에 나왔다.

그의 데뷔작은 파리에 입주 가정 도우미로 일하러 갔다 부당한 대우를 받는 젊은 세네갈 여성의 이야기를 들려준다. 그러나 셈벤은 자신과 피부색이 같은 흑인들을 상대로 자행되는 백인들의 사악한 짓들을 극화하는 데 전념하지는 않았다. 그는 활기찬 아프리카 문명 내부에서 벌어지는 드라마와 갈등, 코미디에 더 관심이 많았다.

그의 경이로운 영화 <구엘와Guelwaar>(1992)를 숙고해 보라. 그의 고국에서는 무슬림과 가톨릭이 나란히 살아간다. 그 영화의 줄거리는 무슬림 공동묘지에 우연히 가톨릭의 시신이 묻히면서 벌어진 혼란을 다룬다. 시신을 이장하려는 시도에 무슬림들은 격분한다. 애초에 시신이 거기에 묻혔다는 사실 때문에 그러는 게 아니라, 이장이 묘지의 신성함을 훼손할 것이기 때문이다. 본인이 무슬림인 지역 경찰은 상황을 진정시키고 끔찍한 충돌을 막으려 애쓴다.

이 줄거리는 고정 관념을 들먹이면서 편견의 불길에 부채질을 하는 이야기가 될 수도 있었다. 그러나 셈벤은 그러지 않는다. 그는 모든 캐릭터를 각자 나름의 방식으로 사리 분별을 하는 사람들로, 자신들의 믿음에 위배되지 않는 해법에 만족할 줄 아는 사람들로 묘사한다. 모든 종교에는 때때로 상식이 도그마보다 우위에 서는 걸 허용하는 애매한 영역이 존재한다. 이 영화가 등장시키는 것은 설득력 좋은 경찰, 그리고 과격한 사람들을 염려하는 양쪽의 현명한 사람들이 전부다. 셈벤의 작품은 상당수가 그가 속한 사회를 내부의 시각에서 바라본다. 그리고 그 시각은 공감과 통찰, 버나드 쇼Bernard Shaw 스타일의 음흉한 위트를 갖추고 있다. 그는 정치적인 영화로 보이지 않는 정치적인 영화들을, 대단히 진지한 코미디들을 만들었다.

그는 <물라데>를 포함한 자신의 작품 상당수가 아프리카에서 환영받지 못했다는 데 애석해했다. 그는 베니스, 카를로비바리 등 많은 주요 영화제에서 다수의 상을 받았다. <물라데>는 칸영화제의 '주목할 만한 시선Un Certain Regard' 부문에서 1위를 차지했다. 그러나 '인터넷 무비 데이터베이스'에 따르면, 이 영화는 모로코를 제외하고는 아프리카 어느 곳에서도 상영되지 않았다. 이 영화의 메시지가 필요한 곳은 그 메시지를 듣지 않는다.

우스만 셈벤은 흑인이 소설을 쓰거나 영화를 연출할 거라고는 기대하지 않은 땅인 아프리카에서 태어났다. 그는 아프리카 대륙이 감상할 필요가 있는 용감하고 유용한 영화들을 만드는 데 평생을 바쳤다. 심지어 그 영화들을 보는 이가 없을 거라는 사실을 알면서도 그런 일을 했다. 그 영화들은 존재한다. 그 작품들은 기다린다. 그 영화들은 그를 기린다.

# 미시마: 그의 인생

Mishima: A Life in Four Chapters

| | | |
|---|---|---|
| 감독 | 폴 슈레이더 | |
| 주연 | 오가타 겐, 시오노야 마사유키 | |
| 제작 | 1985년 | 120분 |

폴 슈레이더Paul Schrader, 1946~ 의 <미시마: 그의 인생>은 내가 본 가장 관습을 따르지 않는 전기 영화이자 최고의 전기 영화에 속한다. 간결하게 집필된 시나리오와 구성이 개가를 거둔 이 영화는 일본 작가 미시마 유키오三島由紀夫, 1925~1970의 인생에서 중요했던 세 측면을 자세히 다룬다. 우리는 흑백 화면에서 그의 유년기와 청년기 장면들을 본다. 눈부시게 선명한 컬러 화면에서는 그의 가장 유명한 소설 세 편에 등장하는 사건들을 본다. 현실적인 컬러 화면에서는 그의 인생의 마지막 날을 본다.

그의 입장에서 봤을 때 그가 마지막 날에 한 행위는 자신의 인생과 작품 양쪽의 정당성을 입증하는 행위다. 중세의 무사도를 칭송한 광적인 전통주의자인 그는 일왕을 향한 헌신을 보여 주기 위해 사병을 규합했다. 병사 네 명을 데리고 일본 자위대의 연대 본부로 향한 그는 장성을 인질로 잡고는 집합한 군대를 상대로 연설하는 것을 허락해 달라고 요구한 후, 할복과 동시에 조수가 목을 참수하는 자살 의식을 집행한다.

미시마의 삶에 다가가는 슈레이더의 접근 방식은 정통적이지 않을지도 모르지만, 그보다 더 나은 방식은 상상이 되지 않는다. 미시마는 헤밍웨이Ernest Hemingway나 노먼 메일러Norman Mailer처럼 자신의 인생과 작품은 그의 리비도와 내밀하게 관련되어 있다고 생각했다. 미시마의 경우에 이 과정은 그의 양성애와 마조히즘 성향 때문에 더 복잡해진다. 그가 거느린 '사병'은 잠복된 섹슈얼리티와 의식이 결합된 존재다. 젊고 잘 생긴 병사들은 그를 위해 기꺼이 목숨을 바칠 각오가 되어 있다. 게다가 그들은 나치처럼 물신 숭배적인 군복을 입었다.

슈레이더는 본인의 묘사에 따르면 평생 "방에 있는 남자man in a room"라는 출발점에 매혹된 시나리오 작가이자 감독이다. "방에 있는 남자"는 밖에 나가 자신의 목표를 쟁취하기 위한 투쟁을 벌이려고 옷을 차려입으며 심신의 준비를 하는 남자다. 그가 집필한 스콜세지Martin Scorsese의 <택시 드라이버Taxi Driver>와 <분노의 주먹Raging Bull>의 시나리오는 트래비스 비클과 제이크 라모타가 물리적 충돌을 감행할 준비를 하는 과정을 엄청나게 강조한다. 비클의 경우는 권총을 차는 복잡한 과정과 상대를 윽박지르는 리허설을 강조하고, 라모타의 경우는 탈의실에서 하는 일들을 강조한다. 슈레이더가 직접 연출까지 맡은 <아메리칸 지골로American Gigolo>의 주인공은 여자들에게 매혹적으로 보이려고 열심히 몸을 만들고 옷을 차려입는다. 슈레이더는 또 다른 연출작 <워커The Walker>에서는 나이든 여자들에게 먹힐 만한 동반자가 되기 위해 세심한 준비를 하는 남자를 보여 준다.

미시마는 슈레이더가 추구하는 궁극적인 방에 있는 남자다. 여기 어머니와 떨어져 지내는, 소유욕 강한 할머니에게 인질이나 다름없는 신세로 잡혀 지내는 어린 소년이 있다. 할머니는 소년이 밖에 나가 놀게 놔두지 않으면서 그를 늘 곁에 두고 싶어 한다. 그리고 여기 날마다 한밤중에 수도승 같은 고독 속에서 저서와 희곡을 쓰기 위해 책상으로 돌아오는 작가가 있다. 제복 차림으로 무사도를 옹호하며 군대를 지휘하는 지휘관 역할을 수행하는 인기 좋은 남자가 있다. 인생의 마지막 날에, 그는 추종자들이 의식에 따라 입혀 주는 예복을 차려입고는 꼼꼼한 계획과 리허설을 거친 할복자살로 이어지는 엄격한 시간표를 고수한다. 자기 내장에 칼을 꽂아 넣는 일에 전념하는 남자라는 점을 고려하면, 그는 놀라울 정도로 평온해 보인다. 드디어 그의 삶과 작품, 강박관념이 동시에 존재하게 됐다.

그가 제정신이 아닌 건 맞다. 하지만 그는 혼란에 빠져 있지는 않다. 참된 신자信者처럼 완벽하게 명료한 사고를 한다. 이 경우에 그의 믿음은 자기 자신에 대한, 그리고 자신의 주장에 대한 믿음이다. 그가 욕망하는 것은 서구에서 온 민주주의와 다른 전염병 같은 제도들을 전복하고 일왕의 절대 권력을 복원할 쿠데타를 유발하는 것이다. 일왕조차 미시마의 의견에 동의하지 않는다. 그러나 미시마의 카리스마가 너무나 압도적이라서 그의 군대에 입대한 병사들은 그의 죽음에 동참하기를 원한다.

슈레이더는 어른이 된 이 엄격한 인물과, 밖에 나가면 병에 걸릴 거라는 경고를 할머니에게서 받는 수줍음 많고 숫기 없는 소년을 대비한다. 미시마는 어렸을 때 심하게 말을 더듬었고 허약했다. 그래서 그는 불량한 아이들의 표적이 되었다. 영화의 전기 성격이 강한 시퀀스들은 발을 절룩거리는 친구가 여자들의 마음을 사는 방식으로 장애를 활용하라고 그에게 충고하는 모습을 보여 준다. 결국 이 교훈은 결실을 거둔다. 미시마는 탄탄한 근육을 자랑하는 보디빌더가, 남성미를 보여 주는 귀감이 된다. 이는 모두 남자들을 — 연인이 아니라 추종자나 노예로 — 유혹하기 위해서다. 그들의 숭배는 그가 우월하다는 것을 입증하면서 그의 내면 깊은 곳에 뿌리내린 열등감을 부정한다.

그의 삶에서 가져온 이 신들은 『금각사金閣寺』, 『교코의 집鏡子の家』,

『분마奔馬』 등 그의 소설 세 편에서 영감을 얻은 시퀀스들에 거울처럼 반영된다. 도쿄에 있는 도호 스튜디오에서 촬영된 이 신들은 눈에 띌 정도로 양식화되어 있고, 풍성한 원색으로 촬영됐다. 프로덕션 디자인을 맡은 이는 이시오카 에이코石岡瑛子로, 그녀는 이 작품에서 진행한 작업으로 칸영화제에서 수상하는 영예를 누렸고, 코폴라Francis Ford Coppola의 <드라큘라Bram Stoker's Dracula>로 오스카상을 받았으며, 브로드웨이에서는 <M. 버터플라이M. Butterfly>를, 라스베이거스에서는 태양의 서커스Cirque du Soleil의 「바라카이Varakai」를 작업했으며, 타셈 싱Tarsem Sings의 <더 셀The Cell>(2000)의 비범한 비주얼을 창조했다.

『금각사』는 고찰古刹에서 수행하는 젊은 승려를 다룬다. 고찰의 아름다움에 압도당한 그는 고찰에 불을 지른다. 이 소설의 줄거리는 1950년에 일어난 실제 사건에서 영감을 받은 것이다. 휘황찬란한 빨강과 황금빛으로 구현된 이시오카의 세트에는 승려 앞에서 질膣처럼 열리는 벽들이 포함되어 있다. 『교코의 집』은 미시마 자신의 미래를 예언한 자전적인 작품으로 밝혀진 1959년 소설이 원작이다. 보디빌딩을 하는 복서인 주인공은 연인과 동반 자살한다. 『분마』는 정부 고관을 암살하고 일왕을 복위하려는 음모를 꾸민 1930년대 초반의 젊은 청년을 다룬다. 이 세 작품은 미시마의 인생에서 벌어진 사건들을 이런저런 방식으로 예시해서 보여 준다. 아름다움의 파괴를 다룬 첫 작품은 남자는 마흔 살이 될 때까지는 꾸준히 아름다운 모습으로 성장해야 마땅하다는 그의 신념과 연관되어 있다. 그의 신념에 따르면, 남자는 마흔 살이 되면 완벽함에 도달하게 되고, 쇠락이 자리를 잡기 전에 세상을 떠야 마땅하다.

어른이 된 미시마를 연기한 배우는 오가타 겐緒形拳(<복수는 나의 것復讐するは我にあり>, <필로우 북The Pillow Book>)이다. 그는 별다른 이미지나 정보를 제공하지 않는 방식으로 미시마를 연기한다. 그의 미시

마는 자족적이고 과묵하며 자신감이 넘치는 인물이다. 보이스오버만이 미시마의 불확실한 면모를 드러낸다. 우리가 '현재'에서 보는 건 본질적으로 그가 무척이나 정교하게 창조한 페르소나다. 복싱 링에 올라가고, 선거에 출마하고, 고어 비달Gore Vidal과 치고받고, 아내를 칼로 찌른 노먼 메일러를 생각해 보면 이해하기 쉬울 것이다. 그가 대중적으로 벌인 행위들은 어느 정도는 그가 집필한 작품들에 무게를 실었다.

폴 슈레이더는 이 영화의 시나리오를 친형 레너드Leonard Schrader, 1943~2006와 공동으로 집필했다. 일본에 거주하면서 교편을 잡고 결혼한 레너드는 <거미 여인의 키스Kiss of the Spider Woman>의 시나리오도 집필했고, 동생 폴과는 <야쿠자The Yakuza>(1975)도 함께 집필했다. 일본어 대사는 레너드의 아내 치에코Chieko Schrader가 공동으로 썼다. 당신이 어느 정도 뒤로 물러서서 미시마의 유년기와 장년기에 대한 모순된 사실들을 확인하고, 그가 쓴 소설과 단편, 희곡, 노能, 그가 대중 앞에서 한 행동과 영화 연기, 자기 홍보 등이 갈피를 잡기 어려울 정도로 엄청나게 많았다는 사실을 숙고하고 나면, 당신은 그 모든 걸 조리 있는 시나리오로 조립해 내지 못하고는 절망에 빠질지도 모른다. 이 영화의 전통적이지 않은 구조는 혼란이나 산만함으로 이어지는 듯 보인다. 그러나 영화는 완벽히 명료하게 전개되며, 배후에 자리한 논리는 스스로 모습을 드러낸다.

1946년생인 슈레이더는 현대 영화계에서 가장 지적이면서 매력적인 인물에 속한다. 그의 작품세계를 이해하는 열쇠는 그가 1972년에 쓴 저서 『영화의 초월적 스타일: 오즈, 브레송, 드레위에르Transcendental Style in Film: Ozu, Bresson, Dreyer』다. 그는 저서에서 그 감독들을 다른 감독들보다 높이 평가했다. 그 감독들의 미학과 슈레이더의 작품에 빈번하게 등장하는 폭력과 섹스를 조화시키는 것은 불가능해 보인다. 하지만 심오한 수준에 있는 캐릭터들의 도덕관념에 그보다 더 많은 관심을 기울이는 감독은 드물다. 그의 영화들은 인생을 건 선택이나 충동들을, 그리고 실제 인생에서 그것들이 작용하는 방식과 그에 따른 의도하지 않은 결과들을 다루는 경우가 잦다. 이 특징들은 그랜드래피즈에서 원리주의 환경 아래 자란 성장 과정에서 직접 비롯된 것이다. 그의 뼛속 깊이 각인된 원리주의 가치관은 이후로 간접적일지라도 저절로 그의 작품에 표출됐다. 그렇기에 그는 평생토록 협력해서 작업해 온 스콜세지의 내면에 깊이 뿌리내린 가톨릭 교리에 이중으로 공감하게 됐다.

1985년도 칸영화제 황금종려상 경쟁작이던 <미시마: 그의 인생>의 프리미어가 열린 날 밤을 기억한다. 영화는 호평을 받으면서 종합적인 예술적 기여(이시오카, 촬영 감독 존 베일리John Bailey, 그리고 자신이 작업한 영화 음악 중 최고작에 해당하는 스코어를 작곡한 필립 글래스Philip Glass)에 주어지는 상을 받았다. 하지만 폴은 이 영화가 미국 박스 오피스에서 성공할 가능성이 희박함을 누구보다도 잘 알고 있었다. 우리는 뒷골목에 있는 일본식 레스토랑에서 만났다. 거기서 그는 이 영화의 공동 제작자인 프랜시스 포드 코폴라와 조지 루카스George Lucas가 "투자비를 회수하리라는 희망은 조금도 품지 않은 채"로 제작비 1천만 달러를 조성해 줬다고 밝혔다. 실제로 이 영화의 미국 내 흥행 수입은 50만 달러에 불과했다.

"이게 내 마지막 영화가 될지도 몰라." 그때 폴이 한 말이다. 나는 스콜세지에게서도 똑같은 말을 여러 번 들었었다. 자신이 믿는 영화들을 만드는 것은 슈레이더의 문제점이자 재능이다. 그가 만든 어떤 영화는 심오하고, 어떤 영화는 오락적이다. 그러나 평범한 작업의 결과로 만들어진 영화는 한 편도 없다. 그는 자신의 예술에 저돌적으로 헌신하는 미시마의 모습에서 강렬한 매력을 발견했던 게 분명하다.

# 바그다드의 도둑

The Thief of Bagdad

| | | |
|---|---|---|
| 감독 | 루트비히 베르거, 마이클 파월, 팀 윌런 | |
| 주연 | 콘라트 파이트, 사부, 준 두프레즈 | |
| 제작 | 1940년 | 106분 |

이 글의 발단은 이렇다. 내 손자 테일러는 노트북으로 하는 게임에 푹 빠져 있었다. 그때 나는 DVD로 <바그다드의 도둑>을 보기 시작했다. 아이는 처음에는 영화를 무시했다. 그러나 아이가 스크린을 힐끔힐끔 보는 게 보였다. 결국 아이는 노트북을 닫고는 영화에 집중했다. 거미 시퀀스 동안 아이의 눈은 티셔츠 목덜미 위에서만 간신히 보였다. 아이는 내게 “좋은 영화였어요!”라고 말했다. “만들어진 지 거의 70년 된 영화라는 걸 알려 주니까 뭐라고 하던가요?” 아이의 어머니 소니아가 내게 물었다. 나는 “그 얘기는 안 했어”라고 말했다.

이 1940년도 영화는 위대한 오락 영화 중 한 편이다. 이 영화는 보는 이를 즐겁게 한다. 초창기 테크니컬러 영화인 이 영화는 무지갯빛을 보여 주기 위해 의상을 활용하면서 컬러를 대담하고 거리낌 없이 받아들인다. 이 영화에는 모험과 로맨스, 노래, 그리고 어느 평론가가 “영화가 곁들여진 심포니”라고 말했던 미클로스 로자Miklós Rózsa의 스코어가 담겨 있다. 이 영화의 감독은 대여섯 명쯤 된다. 프로듀서였던 알렉산더 코르더Alexander Korda는 제작이 진행되는 도중에 감독을 계속 갈아치웠다. 그럼에도 영화는 일관된 정신을 유지하고, 그 정신이야말로 스토리텔링에 깃들어 있는 저돌적인 기쁨 중 하나다.

줄거리는 역시 위대한 영화인 더글러스 페어뱅크스 시니어Douglas Fairbanks Sr.의 <바그다드의 도둑>(1924)의 줄거리를 느슨하게 빌려 왔다. 페어뱅크스 주니어Fairbanks Jr.는 그 영화는 아버지가 좋아하는 작품이었다고 내게 말했다. 그런데 원작에서 크게 달라진 점 하나는 중요하다. 무성 영화에서 도둑과 로맨틱한 주인공은 모두 페어뱅크스가 연기한 동일인이었다. 반면에 1940년 영화에서 이들은 두 캐릭터로 나뉘었다. 도둑 아부는 당시 열다섯 살이던 인도 출신의 아역 스타 사부Sabu가 연기하고, 아마드 왕은 페어뱅크스 스타일의 콧수염을 기른 존 저스틴John Justin이 연기한다. 이건 극적인 의도에서나 현실적인 의도에서나 무척이나 귀중한 변화다. 무성 영화 캐릭터들에게는 말을 건넬 상대가 필요치 않다. 반면에 1940년 영화의 캐릭터들은 각각 사회 최상층과 최하층 출신의 동지가 되고, 그러면서 사부는 사실상 영화의 주인공이 된다. 그의 이름이 영화의 크레디트에 가장 먼저 등장하지는 않지만 말이다. 가장 인상적인 캐릭터는 — 자신이 해야 할 일은 응당 그런 일이라는 듯 — 최면을 거는 듯한 눈빛에 잔인한 웃음을 짓는 독일 망명자 콘라트 파이트Conrad Veidt가 연기하는 악당 자파르다. 준 두프레즈June Duprez가 연기하는 아름답지만 수동적인 여주인공은 두 남자 모두의 구애를 받는 공주다.

내 마음속의 줄거리는 다음과 같은 스펙터클한 특수 효과 시퀀스에서 다음 시퀀스로 이동한다. 술탄의 기계 장난감 컬렉션, 하늘을 나는 말, 바다에 몰아친 폭풍우, 팔이 여섯 개인 여신, 병에서 풀려난 엄청나게 큰 지니, 아부가 천리안이 보관된 사원에서 펼치는 활약, 그가 거대한

불상을 오르는 모습, 거대한 거미와 벌이는 싸움, 하늘을 나는 카펫.

<시민 케인Citizen Kane>에 대한 책을 쓴 로버트 캐링어Robert Carringer에 따르면, <시민 케인>에 나오는 숏 중 절반은 특수 효과를 활용했다. 마찬가지로 <바그다드의 도둑>에 특수 효과가 활용되지 않은 숏은 드물다. 이 영화는 테크닉과 비전을 비약적으로 발전시킨 작품으로, 장르 전체의 틀을 잡는 데 심대한 영향을 끼쳤다. <스타워즈Star Wars>(1977)에 사용된 특수 효과 중에서 <바그다드의 도둑>에서 찾아볼 수 없는 특수 효과는 몇 안 된다. 블루 스크린blue screen• 같은 일부 테크닉은 당시에 완전히 완성된 단계에 접어들고 있었고, 매트 페인팅 같은 효과들은 수년 째 사용되어 왔다.

크라이테리언 DVD에는 영화에 쓰인 테크닉에 대해 이야기하는 레이 해리하우젠Ray Harryhausen을 포함한 특수 효과 전문가 세 명의 인터뷰가 수록되어 있다. 매트 페인팅을 카메라 앞에 배치해서 배경을 창조하거나 구도를 완성하는 '행잉 매트hanging matte' 테크닉을 보여 주는 스틸들을 보면 눈이 휘둥그레진다. 2차원을 포착하는 카메라의 눈은 전경을 배경처럼 보이게 만들려고 활용한 페인팅에 속아 넘어간다. 다른 테크닉들은 굉장히 간단하다. 지니가 크기에서 아부를 압도하는 장면은 카메라 가까이에서 찍은 지니(렉스 잉그램Rex Ingram)의 숏과 수십 미터 멀리 떨어져 있는 아부의 숏을 광학 프린터로 결합해서 만들었다. 두 숏은 같은 해변에서 고정식 카메라로 촬영됐다.

블루 스크린 테크닉을 활용하는 것은 오늘날의 CG 애니메이션에 비하면 원시적으로 보인다. 그러나 블루 스크린은 현실 세계의 물체를 활용한다는 이점이 있다. 예를 들어 하늘을 나는 말은 진짜 배우를 태운 진짜 말이다. 하늘을 나는 카펫은 아부가 서 있는 진짜 카펫이다. 지

• 촬영 후에 화면에 특수효과를 합성하기 위해 파란색 매트 앞에 피사체를 놓고 촬영하는 기법

니와 도둑은 그들이 등장하는 모든 숏에서 리얼하게 보이는데, 그 이유는 그들이 진짜이기 때문이다.

내가 하려는 말의 요점은, 특수 효과의 귀재 로런스 W. 버틀러Lawrence W. Butler가 감독한 모든 효과가 스토리를 진전시키고 깊이 있게 만드는 데 활용됐다는 것이다. 배경에 보이는 언덕들을 쭉 타고 오르는 화려한 도시 풍경을 보여 주는, 눈부시게 아름다운 장면들을 숙고해 보라. 도시의 풍경에는 복숭앗빛이나 푸른빛이 배어 있는데, 그런 색조는 그 도시들을 더욱 환상적인 곳으로 만든다. 그 풍경들은 전부 매트다.

언젠가 디즈니 스튜디오를 방문했다가 <바그다드의 도둑>에 젊은 어시스턴트 아티스트로 참여했던 유명한 매트 아티스트 피터 엘런쇼Peter Ellenshaw를 만난 적이 있다. 그는 자신의 페인팅은 인위적 원근법을 위해서만이 아니라, 깊이 있는 환영을 창출하기 위해 고의적으로 배경을 흐릿하게 만드는 장치로도 활용됐다고 말했다. 두 연인이 발코니에서 매트로 그린 도시 풍경 앞에 서 있을 때, 페인팅을 사진처럼 리얼한 스타일로 만드는 것은 실수일 것이다. 선명하지 않은 페인팅의 특징은 도시가 저 멀리 떨어져 있는 것처럼 보이게 만든다.

앞선 시기에 영국의 데넘 스튜디오를 경영했던 헝가리 망명자 알렉산더 코르더는 이 영화를 만들 즈음에는 메이어Louis B. Mayer나 셀즈닉David O. Selznick, 골드윈Samuel Goldwyn 스타일의 독립적이고 권세 막강한 제작자였다. 그는 동생 빈센트Vincent Korda를 미술 감독으로, 또 다른 동생 졸탄Zoltan Korda을 감독으로 활용했다. 이미 전설적인 미술 감독이던 윌리엄 캐머런 멘지스William Cameron Menzies 역시 이 영화에서 작업했고, 몇몇 신은 연출을 했다는 이야기가 있다. 그들은 힘을 합쳐 숨 막힐 듯 아름다운 영화를 만들어 냈다. 어찌나 솜씨가 훌륭했던지, 이 영화는 시대의 때를 전혀 타지 않는다. 오늘날 유사한 풍경들을 CGI로 그려낼 수 있다는 점에는 전혀 신경 쓰지 말라. 이 영화에 담긴 장면들은 무척이나 아름답기 때문에 그것들을 더 개선한다는 건 상상조차 못 하겠다.

코르더는 해외에서 온 영화인들을 자주 고용했다. 파이트1893~1943는 독일의 유명한 무성 영화 배우로 1933년에 히틀러를 피해 영국으로 왔다가 영국 시민이 된 후 할리우드에서 작업하며 메이저 스타가 됐다. 사부1924~1963는 인도 마이소르 출신으로, 소년 시절에는 군주를 모시는 하인이었다. 그는 1937년에 로버트 플라어티Robert Flaherty에 의해 준準다큐멘터리 <코끼리 소년 투메이Elephant Boy>의 주인공으로 캐스팅됐는데, 그 영화는 세계적인 히트작이 되었다. 코르더와 계약한 그는 코르더를 위해 <드럼The Drum>(1938), <바그다드의 도둑>, 그리고 대단한 성공작인 <정글북Jungle Book>(1942)에 출연했다. 지니 역의 렉스 잉그램1895~1969은 무대와 스크린에서 활동한 유명한 흑인 배우로 노스웨스턴대학 졸업생이다. 그는 <푸른 목장Green Pastures>과 <하늘의 오두막Cabin in the Sky> 같은 영화들로 명성을 쌓았다.

영화의 복판에 자리 잡은 에너지는 열정과 순수한 지략이 끓어 넘치는 소년 역의 사부와, 쓰라림과 잔혹함에 흠뻑 젖은 남자 역의 파이트가 제공하는 것이 분명하다. 두 사람의 연기 모두 시나리오가 요구하는 것을 완벽하게 전달한다. 반면에 공허한 맹세를 중심으로 한, 공주와 아마드 역의 두프레즈와 저스틴 사이의 로맨스는 열정이 거의 보이지 않는다. 그들이 보여 주는 가장 큰 열정은 사형 선고를 받은 그들이 양쪽 벽에 묶여 있는 신이다. 이와 동일한 미지근한 로맨스는 <바그다드의 도둑>의 두 버전 모두에서 큰 영향을 받은, 아부와 아마드를 알라딘으로 결합한 디즈니의 <알라딘Aladdin>(1992)에 그대로 반영됐다.

이 영화에 관여한 감독은 — 마이클 파월Michael Powell, 두 명의 코르더 형제, 멘지스를 포함해 — 많지만, 영화는 하나의 비전에 의해 만들어진 작품처럼 보인다. 그리고 그 비전의 주인공은 분명 코르더다. 영화는 <오즈의 마법사The Wizard of Oz>와 같은 반열에 있는, 위대한 판타지 영화 중 한 편으로 남았다. 두 영화를 보는 것은 영화 예술이 1930년대에 터득한 모든 기법을 통합하고는 매혹적인 비전을 창출하기 위해 그 기법들을 채택하는 모습을 보는 것이다. 아찔한 CGI 효과와 흔들리는 카메라와 미쳐 날뛰는 편집 속도가 영화를 비디오 게임에 가까운 것으로 만드는 듯 보이는 오늘날, <바그다드의 도둑>의 아름다움을 목도하고 한탄해 보라.

# 바라카

Baraka

| 감독 | 론 프리케 | |
|---|---|---|
| 제작 | 1992년 | 96분 |

인류가 머나먼 우주로 또 다른 보이저 호를 날려 보내면서 그 우주선에 딱 한 편의 영화만 실을 수 있다면 <바라카>가 그 영화가 될 가능성이 높다. 이 영화는 언어를 전혀 사용하지 않는다. 그래서 통역이 필요치 않다. 영화는 기막히게 눈부신 이미지와 자연에서 채취한 사운드, 영화를 위해 작곡한 음악과 세계 각지에서 발견한 음악을 통해 이야기를 전달한다. 영화는 우리 행성과 그 위에 사는 생명을 응시한다. 영화는 역사적인 시간의 외부에 서 있다. 이 영화는 외계 종족에게 영화가 말하려는 바를 전달할 것이다. 당신들이 여기에 온다면 이런 모습을 보게 될 것이라고. 물론 외계 종족이 그 우주선을 발견할 무렵이면 이 영화에 담긴 모든 것은 한참 전에 자취를 감춘 후일 것이다.

이 영화를 위해 타임 랩스time-lapse• 카메라 시스템을 발명한 론

• 일정한 간격으로 피사체의 움직임을 한 프레임씩 촬영한 후 전체 프레임을 정상속도로 영사하는 기법. 피사체의 움직임을 빠른 속도로 볼 수 있다.

프리케Ron Fricke 감독은 이 영화를 14개월 넘게 촬영했다. 1992년 당시 이 영화는 1970년 이후로 65밀리미터 시스템인 토드-AOTodd-AO• 로 촬영한 최초의 영화였다. 그리고 현재 시점에서 보면 그렇게 촬영한 마지막 영화로 보인다. 복원된 2008년판 블루레이는 내가 여태까지 관람한, 또는 상상한 가장 뛰어난 비디오디스크다. 이 블루레이는 토드-AO 프린트를 바탕으로 제작됐는데, 그 프린트는 디지털 작업을 통해 오리지널 필름보다 더 뛰어나게, 완벽에 가깝게 복원된 것이다. 이 작품은 65밀리미터 필름으로 만들어진 최초의 8K 해상도 동영상으로, 그 작업을 수행할 수 있는 스캐너는 지구상에 딱 한 대 뿐이다. 복원자는 이 영화의 화질이 인간의 눈으로 감지할 수 있는 것과 비슷한 수준이라고 말한다. <바라카>를 감상하는 것만으로도 블루레이 플레이어를 장만할 충분한 이유가 된다.

영화는 대단히 인상적인 풍경들로 구성되어 있다. 환희에 찬 풍경도 있고 서글픈 풍경도 있지만, 시종일관 나름의 방식으로 아름다운 풍경들이다. 그림처럼 아름답다는 뜻은 아니다. 내가 이 영화를 보는 도중에 한 친구가 방에 들어왔다가 독도미뱀의 미리를 클로즈업한 화면을 보고는 말했다. "근사하네." 그녀에게 도마뱀을 좋아하느냐고 물었다. "도마뱀 싫어." 그녀는 몸서리를 치며 말했다. 그녀는 자신이 본게 도마뱀일 거라고는 생각하지 못했다. 그녀는 생명체의 머리를 다양한 크기로 관찰하는 중이었다. 아름다움은 보는 사람의 눈에 달려 있다. 그리고 우리는 보는 사람이다.

동그라미 대형을 이룬 수많은 남자가 동시에 춤을 추고, 절을 하고 일어서고, 무릎을 꿇고 일어서고, 팔을 허공에 흔들고 새의 날개처럼 손가락을 퍼덕인다. 그들의 목소리는 리드미컬하게 재잘거린다. 아

• 1953년에 설립된 미국의 포스트 프로덕션 회사 토드-AO가 개발한 와이드 스크린 70밀리미터 필름 포맷의 이름

시아의 어느 지역이다. 그들은 불상을 마주하고 있다. 그들이 움직이는 타이밍은 베이징 올림픽 개막식에 등장한 고수鼓手들보다 복잡하고 난해하다. 그들은 숭배를 하기 위해 이런 행동을 한다. 이게 사전에 훈련된 동작이 아니라는 점은 더욱 인상적이다. 그들은 자신들이 수행하는 제식을 완벽하게 가다듬었고, 육체적으로는 고된 행동일 텐데도 그들의 얼굴에는 긴장감이나 결의는 보이지 않고 만족감과 환희만 보인다. 그들의 몸놀림에는 엄청난 환희의 에너지가 담겨 있다.

애버리진Aborigine•들은 뭐라 묘사할 길이 없는 아름다움을 보여준다. 그들의 몸에는 헤아릴 수 없이 많은 미세한 비드로 만든 목걸이와 팔찌, 장신구가 걸려 있고, 팔과 얼굴에는 숱하게 많은 점으로 이뤄진 복잡한 패턴이 칠해져 있다. 그들은 페인트에 담갔다 꺼낸 싸구려 플라스틱 빗을 피부에 찍어 점을 남긴다. 최면 상태에서 추는 것 같은 춤은 어느 정도는 아시아 댄서들의 춤에 조응한다. 우리는 이마에 밝은 자줏빛 칠을 한 어린 아마존 소녀를 본다. 소녀는 밝은 녹색 잎사귀 뒤에서 진지한 눈빛으로 카메라를 응시하고 있다. 케냐에 있는 마사이족의 젊은 여인은 '디자이너가 작업한 명품 패션'을 진부한 것들로 만들어 버릴 아름다운 옷을 입고 있다.

그 외에도 많은 이미지가 있다. 열대 우림의 우뚝 솟은 고목이 쓰러지는 슬로 모션이 풍기는 애처로움, 노천 광산에서 일어나는 연쇄 폭발을 슬로 모션으로 잡은 화면의 서글픈 시詩 같은 아름다움, 지면 아래로 깊이 팬 채굴장을 보며 느끼는 참담함, 채굴장 바닥으로 원을 그리며 내려가는 접근로들이 빚어내는 부인할 수 없는 아름다움, 창공에서 내려다본 처녀림, 수평선에서 수평선까지 연달아 몰려오는 물결처럼 날아다니는 수십만 마리 새떼.

• 호주 원주민

인도의 거대한 하치장에서 일하는 청소부들은 생계를 위해 쓰레기에 손을 뻗으면서 새와 개들과 경쟁한다. 여성들과 사내아이들과 여자아이들. 맨발. 대담한 사내아이들은 새로 온 쓰레기를 밀어내고 보물을 움켜쥐려 덤프트럭 위로 올라간다. 티셔츠는 보이지 않는다. 그들은 모두 인도India에서 가장 싼 옷감으로 만든 옷을 걸치고 있다. 이 나라는 인도人道에 있는 마분지 상자에서 고상한 차림새의 여자가 기어 나오는 모습을 볼 수 있는 곳이다.

컨베이어 벨트에 실린 계란 수천 개가 떠밀려 다닌다. 샛노란 솜털을 걸친 갓 부화한 병아리들이 컨베이어 벨트에서 밀려 또 다른 벨트로 떨어진다. 병아리들의 눈이 휘둥그레진다. 병아리들은 놀란 기색으로 앙증맞은 날개를 퍼덕인다. 이것이 그들이 평생 누릴 수 있는 자유의 최대치다. 그들은 분류되고, 깔때기로 내동댕이쳐지고, 나선형 장치를 따라 미끄러져 내려간 후 한 번에 한 마리씩 염료로 표시를 당한 후에 부리 끝을 소각당한다. 노동자들은 병아리 한 마리당 1초면 끝나는 이 과정을 한없이 되풀이한다. 여러 층에 걸쳐 끝없이 늘어선 닭들이 너무 좁아서 움직이지도 못할 상자들에 갇혀 있다. 눈이 닿는 까마득한 곳까지 앉아 있는 소녀들과 젊은 여성 수천 명이 남미의 노동 착취 공장에서 수작업으로 담배를 제조한다. 그들은 너무 바싹 앉은 탓에 몸을 뻗기조차 힘들다. 일본의 공장에서 컴퓨터 부품을 조립하는 노동자 수천 명. 각자 단조로운 동작을 하루 종일 반복한다. 어떤 노동자가 낀 장갑에서는 손가락 세 개가 밖에 나와 있다.

이런 공장들에서 하이 앵글로 잡은 카메라는 노동자들이 늘어선 줄이 소실점까지 뻗어 있는 모습을 보여 준다. 이 이미지들은 컴퓨터 그래픽이 아니다. 촬영과 복원 과정에 쏟은 고생스러운 노력과 완벽주의적 디테일, 사려 깊은 카메라 배치가 낳은 결과물이다. 그랜드 센트럴 역의 중앙 홀 위에서 내려다보며 찍은 숏을 숙고해 보라. 두 가지 움직임이 동시에 이뤄진다. 통근자들은 스피드 업 된 시간 동안 바닥을 질주하며 가로지르고, 그러는 동안 카메라는 슬로 모션으로 그들을 팬해 가로지른다. 패스트 모션은 충분히 쉽게 실행할 수 있지만, 카메라를 느린 속도로 절묘하게 패닝을 하기란 대단히 어렵다. 차량 수천 대와 행인 수천 명이 무리를 지어 교대로 이동하는 도쿄 네거리를 찍은 오버헤드 숏이 있다. 스피드 업 된 숏에서, 지하철역 에스컬레이터들은 컨베이어 벨트가 병아리들을 쏟아 내듯 여행객들을 쏟아 낸다.

오랑우탄 한 마리가 어깨 깊이의 온천에 서 있다. 오랑우탄 주위에서 김이 모락모락 피어오른다. 우리는 그를 응시한다. 그의 눈에서 연륜과 심사숙고가 엿보인다. 하늘에는 별이 가득하다. 똑같이 사려 깊은 눈이 다시 등장한다. 무슨 생각을 하고 있는 걸까? W. G. 제발트W. G. Sebald는 이런 말을 했다. "인간과 동물은 상호 몰이해의 만灣 건너에 있는 서로를 응시한다." 사람들은 무슨 생각을 하고 있는 걸까? 도쿄의 한 남자는 담배를 빨며 신호등이 바뀌기를 기다린다. 매춘부들이 매음굴 앞에 모여 있다. 철강 노동자들은 먼지로 덮여 있다. 승려들, 지하철역의 소녀들, 가부키 무희들. 행인들로 붐비는 길거리 신에서 누구 하나 카메라와 눈을 마주치는 이가 없는 까닭은 무엇일까? 큼지막한 토드-AO 카메라는 어디에 있었을까? 은폐돼 있었을까? 카메라 초점이 완벽하게 맞은 상태에서 평화롭게 쉬고 있는 영양 무리는 왜 겁을 내지 않는 걸까?

외계인들은 이 영화를 보면서 일부 장면들을 이해할까? 사막에서 연기를 피워 내며 밝게 빛나는 작은 점들은 쿠웨이트의 불타는 유전으로 밝혀진다. 퇴역 후 보관되고 있는 B-52 폭격기들은 지평선까지 닿아 있다. 맨해튼. 갠지스강 제방에서 화장되는 시신들. 당나귀들이 감당하기에는 너무 무거운 수레를 끌고 있다는 사실을 외계인들은 알까? 그들은 아마 산과 폭포, 화산은 이해할 것이다. 우리는? <바라카>

는 우리가 절대로 가 보지 못할 곳들을, 우리가 파괴하고 있는 곳들을, 우리가 부활을 발견할지도 모르는 곳들을 명상할 수 있도록 천천히 걷는다. 이 영화는 기도와 비슷하다.

'바라카'는 수피어로 '진화적인 과정의 전개가 시작되는 출발점인 신의 은총이나 숨결, 또는 삶의 진수'를 뜻한다. 이슬람권에서는 '사물이나 인간으로 변화할 수 있는, 원래는 알라에게서 뿜어져 나온 본질이나 힘'이라는 뜻이다. 유대교에서는 의식에 따른 축복이다. 스와힐리어에서는 '축복'이라는 뜻이다. 프랑스어 속어로는 '행운'을 의미한다. 세르비아어와 불가리아어에서는 '판잣집'이라는 뜻이다. 터키어에서는 '병영兵營'이라는 뜻이다. 세계 전역에서 '바라카'는 비디오 게임 「모탈 컴뱃Mortal Kombat」에 나오는 캐릭터 이름이다.

| # 바벨<br>Babel | 감독 | 알레한드로 곤잘레스 이냐리투 | |
| --- | --- | --- | --- |
| | 주연 | 브래드 피트, 케이트 블란쳇 | |
| | 제작 | 2006년 | 143분 |

영국과 미국은 공통으로 사용하는 언어로 분리된 두 나라다.

— 조지 버나드 쇼George Bernard Shaw

언어나 가치관, 준거 틀, 물리적 현실을 공유하지 않는 문화들은 미국과 영국의 사이보다 훨씬 더 분리되어 있다. <바벨>은 모로코와 미국, 멕시코, 일본에서 벌어지는 이야기들을 엮어 나가는데, 어린아이들의 철없는 행동에 의해 연결된 이 모든 이야기는 각각의 문화가 어떤 사건이 초래한 영향을 악화시키는 데 얼마나 부정적으로 작용하는지를 보여 준다. 이 영화는 일련의 행위들이 보이지 않는 방식으로 연관되어 있거나 영향을 끼치는 내용을 담은 알레한드로 곤잘레스 이냐리투Alejandro González Iñárritu, 1963~ 의 삼부작 중 세 번째 작품이자 가장 강렬한 작품이다. 이런 영화들은 때때로 '하이퍼링크 영화hyperlink film'라고 불린다. 그는 <아모레스 페로스Amores Perros>(2000)와 <21그램

21 Grams>(2003)의 다음 작품인 이 영화로 이런 스타일을 완벽하게 장악하는 솜씨를 보여 줬다. 이 영화는 의무적으로 연출된 비극이 아닌 인간적인 통찰을 보여 주는 것으로 관객을 경악시킨다.

지나치게 많은 내용을 밝히지 않으면서 이야기들을 발생 시간 순서대로 한데 짜맞춰 보겠다. 일본인 사업가가 모로코로 사냥 여행을 갔다가 가이드에게 라이플을 선물한다. 가이드는 그 라이플을 친구에게 판다. 친구는 양떼를 공격하는 재칼들을 잡기 위해 라이플이 필요하다. 친구의 아들은 멀리 떨어져 있는 관광버스를 향해 사격을 한다. 미국인 여행객이 부상을 당한다. 샌디에이고에 있는, 여행객의 멕시코인 유모는 여행객의 두 아이와 집에 머물러 달라는 이야기를 듣지만, 아들의 결혼식을 놓치고 싶지는 않다. 그래서 유모는 아이들을 데리고 멕시코로 간다. 일본인 사업가의 라이플을 쫓는 경찰의 수사는 사업가의 불안에 떠는 딸과 관련된 사건들로 이어진다.

<바벨>에는 플롯을 관통하는 이 줄거리 말고도 훨씬 많은 이야기가 있다. 이 영화는 흔히들 예상하는 것처럼 각각의 문화가 어떻게 다른 문화를 증오하고 폭력을 행사하느냐를 다룬 영화가 아니다. 각각의 문화가 상대 문화를 잘 대하려 얼마나 애쓰는지를, 그런데 오해라는 장애물 때문에 그게 쉽지 않음을 보여 주는 영화다. <바벨>은 인간이 다른 인간에게 비인간적인 행동을 한다는 뻔한 내용의 이야기가 될 수도 있었다. 그러나 작가이자 감독인 이냐리투는 더 심오하고 친절한 이야깃거리를 갖고 있다. 우리는 낯선 땅에 간 이방인일 때 우리 자신과 우리를 맞는 그 땅의 사람들에게 곤경을 안길 수도 있다. NASA는 최근에 화성으로 탐사선을 쏘아 보내기 전에 지구의 미생물이 다른 행성에 운반되는 것을 막으려고 탐사선을 깨끗이 소독했다. 이 영화에 나오는 캐릭터들은 모두 문화적 미생물을 운반하는 보균자다.

모로코 소년 유세프(보우브커 아이트 엘 카이드Boubker Ait El Caid)

가 처한 곤경을 숙고해 보라. 그는 식구들과 행복하게 살면서 양을 지키고 형 아메드와 논다. 외지의 미생물 두 종이, 그러니까 고성능 라이플과 관광객을 실은 버스가 그의 세계로 들어온다. 그는 멀찌감치 떨어진 곳에서 미생물 한 종으로 다른 미생물을 쏘는 유치한 짓을 저지르고, 그러면서 미국인 관광객 수전(케이트 블란쳇Cate Blanchett)이 중상을 입는다. 수전의 남편 리처드(브래드 피트Brad Pitt)는 의사를, 구급차를, 헬리콥터를 요구하지만, 수전을 자기 집에 데려간 우호적인 지역민의 조처에 만족해하며 그 지역 나름의 치료 방식에 의존해야 하는 처지다.

미국 당국은 총격이 일어난 즉시 그 총격을 테러 행위로 규정한다. 모로코 정부는 헬리콥터를 보내기를 거부한다. 모로코는 테러리스트를 숨겨 주고 있지 않다고 주장하기 때문이다. 이 사건은 세계적인 뉴스가 되고, 케이블 TV의 클리셰로 소개된다. 격분한 영국인이 이끄는 버스의 다른 관광객들은 부부를 남겨 두고 떠나겠다고 주장한다. 부분적인 이유는 버스 기사가 기름을 아끼기 위해 에어컨을 켜지 않겠다고 고집을 부리기 때문이다. 이곳은 현지인들이 더위와 함께 살아가는 것 외에는 다른 선택 대안을 갖지 못한 나라다. 원래 사건의 파문이 넓게 퍼지면서 원래 사건의 리얼리티는 어디론가 실종된다.

미국인 부부는 멕시코 국경에서 북쪽으로 45분 거리에 산다. 수전은 유모(아드리아나 바라자Adrians Barraza)가 아들의 결혼식에 참석하는 동안 여동생이 아이들을 돌보게끔 상황을 조율했었다. 그러나 여동생은 오지 못하게 되고, 유모는 자신을 대신해 아이들을 돌볼 사람을 찾을 수가 없다. 절망에 빠진 유모는 아이들과 함께 조카(가엘 가르시아 베르날Gael Garcia Bernal)가 모는 차를 타고 결혼식에 간다. 그들이 미국으로 돌아오는 길에 미국의 국경 경비대원이 절차에 따른 적절한 질문을 한다. 그런데 (술을 마신 데다 숙모가 불법 이주 노동자임을 아는) 조카가 국경에서 줄행랑을 치면서 경비대의 추격을 받는다. 그는 다시 돌아오겠다며 유모와 아이들을 사막에 버리고 간다. 유모는 어떻게 아이들을 멕시코로 데려갈 수 있었을까? 그녀는 어떻게 아들의 결혼식을 놓칠 수 있었을까? 조카는 어떻게 그들을 사막에 버려두고 갈 수 있을까? 그는 결혼식에서 술을 마셨다.

우리의 예상과는 반대로, 미국 국경 경비대원들은 악당이 아니다. 유모 역시 못된 사람이 아니다. 미국인 부부 역시 잘못한 일이 없다. 수전은 본질적으로 문화의 충돌에 의해 부상을 입었다. 아내 때문에 심기가 무척 불편해진 남편은 아들의 결혼식에 참석하려는 유모의 욕망에 공감하지 못한다(그는 "더 성대한 결혼식을 치르는 데 필요한 돈을 주겠다"고 말한다). 유모는 사랑하는 아이들이 자신과 자기 가족들과 있으면 안전할 거라고 판단했다. 조카는 술을 마시지 말아야 했지만, 그것은 그의 사촌의 결혼식이었고 결혼식에서 그런 일이 벌어진다는 건 세상이 잘 아는 바다. 국경 경비대원이 친자식이 아닌 아이들을 데리고 한밤중에 여행을 다니는, 취객 한 명을 포함한 두 멕시코인을 심문하는 것은 옳은 일이다.

나는 이냐리투가 그의 캐릭터들의 행동 동기를 얼마나 세심하게 묘사하는지를 보여 주면서, 이런 식으로 줄거리를 하나하나 검토해 나갈 수 있다. 피트가 연기하는 캐릭터인 리처드는 어떤 면에서는 추한 미국인처럼 행동하지만, 한편으로는 아내를 잃는다는 생각 때문에 겁에 질린 남자처럼 행동한다. 그는 자신을 관대하게 대하는 지역 주민들을 — 때로는 부지불식간에 — 모욕한다. 모로코에 영어를 할 줄 아는 사람이 아무도 없다고 가정해서는 안 된다. 모로코 당국이 총질을 한 범인 수색에 나섰을 때, 그들은 우리가 예상한 것처럼 행동한다. 양치기의 가족들도 우리가 예상한 것처럼 행동한다. 아이들은 아이들답게 군다.

이냐리투의 <21그램>을 보면서 서로 맞물리는 이야기들이 그의 통제력에서 약간 벗어났다고 생각했다. 대단히 훌륭한 영화에서는 모든 것이 최종적으로 완벽하게 맞아 떨어지기 마련이다. 그런데 그 영화를 보면서 영화가 우리로 하여금 있기를 바라는 곳과 상당히 동떨어진 곳에 우리가 있게 됐다는 느낌을 종종 받았다. 그에 비해 세 가지 이야기를 직조한 <아모레스 페로스>는 이야기를 따라가기가 수월했다. 그리고 이제 이냐리투는 <바벨>로 자신의 테크닉을 완벽하게 장악했다. 이야기들 사이를 오가는 시나리오와 편집은 완벽하게 논리적이고 정서적으로도 명징하며, 영화는 영웅들과 악당들로 관객을 강타하는 대신 캐릭터들 모두에게 공감해 달라고 우리에게 요청하기 때문에 놀라운 임팩트를 구축한다. 캐릭터들은 하나같이 나름의 이유를 갖고 있고, 그들 모두는 제한된 정보를 갖고 행동하면서 우리의 공감을 얻는다.

영화가 개봉했을 때, 일본과 관련된 플롯은 애초 의도와는 달리 영화에 억지로 들어갔다고 불평하는 목소리가 약간 있었다. 그런데 전혀 그렇지 않다. <바벨>이 주장하는 바는 이 캐릭터들이 서로 필연적으로 만날 필요는 전혀 없다는 것, 이런 사건들이 일어날 가능성은 대단히 희박하지만 그런 사건은 실제로 벌어졌다는 것이다. 청소년이 느끼는 성적性的 불안이라는 주제조차 일본과 모로코를 잇는다. 두 나라의 경찰들도 주어진 정보를 바탕으로 부끄럽지 않은 방식으로 자신의 직분을 수행한다. 버스의 승객들을 포함한 여러 어른의 경우에도, 누구도 알지 못하고 누구도 그들에게 신경을 쓰지 않는 곳에 있게 됐음을 알고는 자기 나름의 방식대로 행동하는 데 익숙한 사람들이 보여 주는 리얼리티가 있다.

엄밀히 말하면, <바벨>은 한 단어나 한 문장으로 플롯의 모든 내용을 말끔하게 정리해 버릴 수 있는 멍청한 플롯의 대표적인 사례가 될 것처럼 보인다. 그런데 이 캐릭터들은 멍청이가 아니다. 그들은 그런 말이나 단어를 간절히 원하지만 (1) 언어의 장벽 때문에, (2) 그들이 세운 문화적 가정 때문에, (3) 그들이 진짜로 하고 싶어 하는 말이 무엇인지를 이해하지 못하는 다른 사람들의 무능력 때문에, (4) 그런 경우 모든 이가 편견과 오해로 구성된 기존의 시나리오에 빠져들기 때문에 그들이 절박하게 바라는 대상들은 금지당한다. 이냐리투의 작품들은 분노하기보다는 슬퍼한다. 그리고 그의 캐릭터 대부분은 비극적인 응징을 모면한다. 그들을 대단히 사랑하면서 이해하는 이냐리투가 그들을 단순히 플롯에 투입할 원재료로 간주하지는 않기 때문이다. 이 작품은 — 우리가 만약 그들이라면 — 우리가 할지도 모르는 일을 하는 사람들을 다룬다. 우리는 그들이 아니다. 그러나 그들 역시 우리가 아니라는 것을 깊이 생각해 보는 게 유용할 것이다.

이냐리투는 내가 '뉴 멕시칸 시네마New Mexican Cinema'라는 호칭을 붙인 세 친구 중 한 명이다. 다른 두 친구의 이름도 여기에 소개해야 마땅할 것이다. 기예르모 델 토로Guillermo del Toro는 <판의 미로El Laberinto del Fauno>를 만들었고, 알폰소 쿠아론Alfonso Cuaron은 <칠드런 오브 맨Children of Men>을 만들었다. <바벨>을 포함한 세 작품은 최근의 영화계를 화려하게 장식한 작품들이다. 어떤 나라(프랑스, 스웨덴, 브라질, 한국, 이란, 독일)가 알 수 없는 몇 가지 이유로 갑작스럽게 영민한 영화감독 세대를 양산해 내고는 하는데, 지금 현재는 멕시코에서 그런 일이 벌어지고 있다. 이 멕시코인들이 영어를 대단히 편하게 여긴다는 사실은 우리에게는 큰 소득이다. 하지만 그들에게 손해될 일은 아니다. 미국 외부의 지역에 거주하는 관객 대부분은 오래 전부터 더빙에 익숙하기 때문이다.

# 밴드 웨곤

The Band Wagon

| | |
|---|---|
| 감독 | 빈센트 미넬리 |
| 주연 | 프레드 아스테어, 시드 채리스 |
| 제작 | 1953년 112분 |

빈센트 미넬리Vincente Minnelli, 1903~1986의 <밴드 웨곤>의 오프닝 크레디트는 실크해트와 지팡이를 보여 준다. 이 영화의 주연 배우가 프레드 아스테어Fred Astaire가 아니었더라도, 우리는 그것들을 보면서 프레드 아스테어를 떠올렸을 것이다. 그런 후, 우리는 영화에 등장했던 기념품을 경매하는 행사에 참여한다. 실크해트와 지팡이는 팔리지 않는다. 경매인이 "50센트입니다. 사실 분 안 계십니까?"라고 외칠 때조차 말이다. 이 물건들은 직업 댄서 토니 헌터의 것이었다. 이제 우리는 뉴욕행 열차에서 아스테어가 연기하는 토니의 모습을 보게 된다. 그는 브로드웨이 컴백에 성공할 수 있을 것이다. 그런데 그가 'Be Myself(나 혼자)'를 부르는 모습을 보면 그리 많은 기대를 품은 것처럼 보이지는 않는다.

<밴드 웨곤>은 <사랑은 비를 타고Singin' in the Rain>를 집필한 베티 캄든Betty Comden과 아돌프 그린Adolph Green이 그 영화가 개봉하고 1년 후에 집필한 작품이다. 두 영화 모두 걸출한 백스테이지 뮤지컬이

다. 한 편은 할리우드를 다뤘고 다른 영화는 브로드웨이를 다뤘으며, 한 편의 주연은 진 켈리Gene Kelly고 다른 영화의 주연은 프레드 아스테어다. <사랑은 비를 타고>는 코미디다. 그러나 <밴드 웨곤>은 웃음의 한편에 비애의 분위기가 담겨 있다. 성공보다는 실패를 많이 목도해 온 브로드웨이 베테랑들은 늘 서글픈 분위기를 풍긴다. 그들은 쇼는 막을 내린다는 것을, 무대 뒤에서 가족같이 지내던 사람들은 뿔뿔이 흩어져 오디션과 시골에서 벌어지는 트라이아웃이라는 불확실한 상황으로 돌아가야 한다는 것을 잘 아는 사람들이다.

영화는 무대에 오르게 될 뮤지컬 작품이 거치는 집필과 캐스팅, 제작, 안무, 리허설, 순회공연의 실패, 그리고 드디어 브로드웨이에서 거둔 성공의 모든 과정을 보여 준다. 자신이 속한 장르를 대단히 잘 인식하는 영화라, 우리는 헛간을 빌려 공연을 올리는 문제에 대한 언급을 영화에서 실제로 들을 수 있다. 이 영화는 브로드웨이에서 활동하는 프로 연기자들이 실제 작업 환경에서 겪은 경험을 제대로 활용한다. <사랑은 비를 타고>가 영화가 제작되는 방식에 정통했던 것처럼 말이다. <사랑은 비를 타고>는 신인 감독의 작품이었다(스탠리 도넌Stanley Donen은 그 영화를 연출했을 때 스물여덟 살이었다). 반면에 <밴드 웨곤>에는 연예계에서 장기간 일했던, 복잡다단한 인생을 산 주디 갈런드Judy Garland의 남편이던 당시 50세인 미넬리의 영향이 곳곳에 배어 있다.

아스테어는 <밴드 웨곤>에 출연했을 때 54세였지만 앞날이 막막한 신세는 결코 아니었다. 그는 이전에 몇 년 동안 <이스터 퍼레이드Easter Parade>와 <로열 웨딩Royal Wedding>을 만들었고, 이후에는 <퍼니 페이스Funny Face>와 <실크 스타킹Silk Stockings>이 그를 기다리고 있었다. 그러나 영화에서 그런 것처럼 실생활에서도 그는 자신의 재능에 불안감을 느꼈다. “프레드는 사람들을 미치게 만들 때까지 리허설을 했어요.” 그와 공연했던 나네트 페브레이Nanette Fabray의 회상이다. 아스테어는 시드 채리스Cyd Charisse와 공연하는 걸 불편해했다. “그녀는 키가 꽤 크잖아, 그렇지?” 그는 영화에서 이렇게 걱정하고, 페브레이는 그를 안심시킨다. “무대에 서면 다 그렇게 느껴지는 거야.”

그건 무대에서 받는 헛된 느낌이 아니었다. 채리스의 키는 아스테어와 비슷했고 힐을 신으면 아스테어보다 컸다. 게다가 그녀는 정통 댄스 트레이닝을 받은 댄서였다. 아스테어가 연기하는 토니 헌터는 “이 작은 발레리나는 직업 댄서라며 나를 은근히 헐뜯는다”고 불만을 토로한다. 아스테어가 실제로 느낀 불안감과 라이벌 의식은 캄든과 그린이 창조한 가상의 캐릭터들의 내면에 곧장 자리 잡았고, 배우들의 실제 성격은 스크린 위에서나 밖에서나 크게 차이가 나지 않았다. 작가들은 심지어 작가로 등장하는 릴리와 레스터 마튼의 캐릭터를 실제 자신들을 바탕으로 창조해 냈다(미넬리는 두 사람 역할에 그린을 닮은 오스카 레반트Oscar Levant와, 캄든과 성격이 비슷했던 페브레이를 캐스팅했다.)

아스테어와 채리스가 연기하는 캐릭터들을 함께 영입한 인물은 예술에 대한 허세가 대단한 연출자이자 제작자이자 스타인 제프리 코르도바(잭 뷰캐넌Jack Buchanan)다. 코르도바는 마튼 부부가 집필한 활기찬 소품 뮤지컬을 「파우스트Faust」를 변형한 버전으로 수정해야 옳다고 생각한다. 코르도바 캐릭터는 호세 페레르José Ferrer에게서 영감을 받은 것으로 알려졌다. 당시 페레르는 어느 브로드웨이 뮤지컬에 출연하면서 다른 뮤지컬 세 편을 제작하는 중이었다. 그런데 코르도바 캐릭터의 자존심이나 그가 세운 원대한 계획 측면에서는 오슨 웰스Orson Welles의 모습도 엿보인다.

무대에 선 자신의 귀족적인 풍모를 갖고 장난치기를 좋아한 스코틀랜드 출신 배우 뷰캐넌은 공연이 제공할 수 있는 것과 관객이 감내할 수 있는 것에 대한 현실적인 지식이 전혀 없는 어느 캐릭터를 갖고

논다. (이 영화의 매력 중 하나는 그가 자신이 틀렸고 아스테어가 옳았다고 인정하는 순간이다. 두 사람은 'I Guess I'll Have to Change My Plan(내 계획을 바꿔야 할 것 같아)'에 맞춰 소프트 탭댄스soft-shoe•를 춘다.) 처음으로 만난 아스테어와 채리스는 격렬하게 다툰다. 그러다가 영화의 마력이 처음 발휘되기 시작하는 신에서, 두 사람은 센트럴 파크의 보름달 아래가 배경인 'Dancing in the Dark(어둠 속의 춤)' 시퀀스에서 말 한마디 없이 화해하기에 이른다. (평론가 더글러스 프랫Douglas Pratt은 이 신을 오디오를 끄고 감상하라고 추천한다. "넋을 잃게 될 겁니다.") 채리스는 이 시퀀스에서, 그리고 영화 내내 섹시하고 유능한 아스테어의 파트너로 나선다. 아스테어는 약간은 수수께끼 같은 말을 남겼다. "그녀와 춤을 출 때면 멈추지를 못하고 계속해서 춤을 추게 됩니다."

지나치게 과장된 파우스트풍 뮤지컬은 뉴헤이븐에서 쪽박을 찬다. 어느 무대 담당자는 말한다. "이 공연에 등장한 풍경은 옐로스톤 국립 공원의 풍경보다 많았어요." 호텔 스위트에 모인 풀이 죽은 연기자들과 댄서들은 뮤지컬 넘버 'I Love Louisa(나는 루이자를 사랑해)'를 부르며 스스로 흥을 돋운다. "그러나 그런 흥도 춤추고 노래할 때뿐이다"라고 평론가 조 매켈해니Joe McElhaney는 썼다. "노래가 끝나는 순간, 다들 우울에 빠져든다."

실제로 레반트는 대부분의 시간 동안 우울하게 보인다. 실생활에서도 건강 걱정이 지나치게 심했던 그가 연기하는 캐릭터는 영화 초반부에 불평불만으로 점철된 리스트를 읊는다. 레반트는 MGM의 황금기에 핵심적인 역할을 했던 제작자 아서 프리드Arthur Freed의 친구이자, 프리드가 행운의 마스코트로 여기던 인물이었다. 그가 심술궂은 데다

• 징을 박지 않은 신을 신고 추는 탭댄스

탈진한 사람처럼 보이는 경우가 잦았음에도 (<파리의 아메리카인An American in Paris>에서처럼) 훌륭한 조연 역할을 많이 따낸 이유가 거기 있었다. DVD에 실린 인터뷰에서 페브레이는 "오스카에게는 고함을 지를 상대가 필요했다"고 회상한다. 레반트는 대사를 씹으면 다른 사람 탓으로 돌리고는 했는데, 대체로 그 상대는 이것이 첫 영화 출연작이던 페브레이였다. 그녀의 말에 따르면, 그는 그녀가 닥치라고 쏘아붙인 후부터는 그러지 않았다고 한다.

생존해 있는 출연진이 한 인터뷰는 하나같이 이 영화의 촬영 과정이 유쾌하지 않았다는 분위기를 풍긴다. 그들이 그 이유를 명확히 밝히지는 않지만 말이다. 미넬리와 갈런드의 결혼 생활에서 생긴 문제들이 이유일 수 있고, 아스테어가 채리스에게 느끼는 애증이 다른 이유일 수 있으며, 레반트가 "약물이 일으킨 기적"이라고 즐겨 불렀던 평상시 모습이 이유일 수도, 뷰캐넌이 받은 고통스러운 치과 수술이 이유일 수도 있다. 그럼에도 영화의 줄거리에서 그리는 것처럼, 이런 아수라장에서 위대한 뮤지컬이 피어났다.

'Dancing in the Dark'와 영화 끝부분에 등장하는 (아스테어가 사설탐정이고 채리스는 빨간 옷을 입은 섹시한 여자인) 'Girl Hunt(아가씨 추적)'의 긴 발레 시퀀스는 고상하지만, 내가 좋아하는 뮤지컬 넘버는 앞서 등장하는 'Shine on Your Shoes(구두 닦으세요)'다. 당시 일곱 살로, 촬영 기간에 아버지를 따라다녔던 라이자 미넬리Liza Minnelli는 촬영 세트의 아이디어를 얻으려고 뉴욕의 펜 스테이션 기차역에 헌팅을 간 아버지의 모습을 기억한다.

미넬리는 그곳에서 노래를 부르고 춤을 추며 일하는 실제 구두닦이 리로이 다니엘스Leroy Daniels를 봤다. 그의 모습은 이 넘버에 영감을 주는 데서 그치지 않았다. 다니엘스는 할리우드로 와서 아스테어와 공연했다. 그는 재능 있는 연기자였고, 그의 타이밍은 아스테어의 타이밍

만큼이나 정확했다. 그가 실제로 그런 사람이었기에, 우리는 이 장면에서 참신한 분위기와 환희를 감지한다. 허공으로 발길질 할 수 있게 손으로 의자 팔걸이를 붙들고는 온몸을 지탱하는 아스테어의 강인한 면모를 눈여겨보라.

이 신의 매력은 대부분 아스테어와 다니엘스로부터 비롯되지만, 일부 매력은 미넬리가 한 기여 덕분이기도 하다. 매켈해니는 'Shine on Your Shoes' 넘버를 감상하라고 추천하면서도 아스테어와 다니엘스에만 집중하라고 권하지는 않는다. "대신에 엑스트라들을 연출한 결과만 눈여겨보라. 이 신을 다시 보면서 데커레이션과 카메라 움직임이 수행하는 기능만 눈여겨보라. 그러고서 마지막으로 감상할 때에는 이 모든 요소를 한꺼번에 주목해 보라." 이렇게 감상해 보면 미넬리가 스크린은 그저 전경前景과 스타들을 합쳐 놓은 곳으로 본 게 아니라, 스크린 전체를 모든 것이 늘 활기차게 공연하는 공간으로 보고 영화를 연출했다는 사실을 파악할 수 있다.

영화에 등장하는 노래의 상당수는 아서 슈워츠Arthur Schwartz와 하워드 다이츠Howard Deitz의 작품으로, 영화가 만들어지기 전부터 존재하던 곡들이다. 그 시절의 MGM은 브로드웨이 히트작을 재활용하지 않았다. 대신에 처음부터 새 뮤지컬 작품을 창작했는데, 스튜디오가 이미 보유하고 있던 노래들을 사용하는 경우가 잦았다. 이 작품에서 그런 제작 경향은 제 효력을 발휘한다. 연기자들이 파우스트 분위기의 뮤지컬을 팽개친 후 레뷰revue(시사 풍자극)를 공연하기로 결정하기 때문이다. 영화를 위해 새로 작곡된 노래가 시금석이 된다. 그 노래는 다이츠와 슈워츠의 'That's Entertainment(그것이 엔터테인먼트)'로, <사랑은 비를 타고>에서 도널드 오코너Donald O'Connor가 부른 'Make'em Laugh(사람들을 배꼽 잡게 만들어)'처럼 엉뚱하지는 않으면서도 유쾌한 방식으로 쇼 비즈니스를 찬양하는 노래다. MGM이 보유한 옛날 노래 중에서 왜 다시 등장시킨 것인지 납득하기 어려운 노래는 'Louisiana Hayride(루이지애나를 건초 더미에 올라 여행하기)'다. 원래 1932년에 작곡된 노래인데, 레뷰에 등장하는 이 노래는 건초 더미에 올라 하는 여행을 징역살이를 하는 것처럼 들리게 만든다.

또 다른 뮤지컬 시퀀스인 특이한 'Triplets(세쌍둥이)'는 아스테어와 페브레이, 뷰캐넌 모두가 갓난아기처럼 차려입은 난쟁이로 등장한다. 세 사람은 높은 의자에서 미끄러져 내려와 춤을 춘다. 그들의 발이 실제로 바닥에 닿는 게 보이고 특수 효과를 사용하는 건 불가능한 것처럼 보인다. 이 장면은 어떻게 연출됐을까? 페브레이는 무릎에 부착한 의족 위에서 균형을 잡았다고 밝혔다. 배우들은 제대로 된 화면을 얻을 때까지 수십 번을 넘어졌고, 그래서 진통제에 의지해야 했다.

무대 뒤에서 벌어지는 일들을 보여 주는 이러한 디테일들은 <밴드 웨곤>의 마법을 산만하게 만드는 것처럼 보이지만, 이 영화의 매력 중 일부는 우리가 보고 있는 작품이 실제로 영화를 만드는 과정과 거리가 한참 먼 것은 아니라는 인식에서 생긴다. 그것이 엔터테인먼트인 것은 맞다. 하지만 고된 작업이기도 하다. 아스테어는 영화 내내 줄담배를 핀다. 영화 초반부에 채리스는 그에게 "댄서가 담배를 피우는 건 있을 수 없는 일이라고 생각해요"라고 말한다. 하지만 영화가 끝날 무렵에는 그녀도 담배를 한 대 얻어 핀다.

## 범죄와 비행

Crimes and Misdemeanors

| | | |
|---|---|---|
| 감독 | 우디 앨런 | |
| 주연 | 우디 앨런, 미아 패로 | |
| 제작 | 1989년 | 104분 |

아버지께서 제게 하신 말씀을 기억합니다.
"하나님의 눈은 늘 우리를 보고 계신다."

이 말씀을 기억하는 남자는 존경받는 안과 의사이자 공동체의 지도자인 주더 로즌솔이다. 우디 앨런Woody Allen, 1935~ 의 <범죄와 비행>이 시작되면, 그는 만찬 석상에서 칭송을 받고 있다. 그는 코네티컷에 있는 약 3천7백 평 규모의 저택에 살고, 재규어를 몰며, 병원에 새 별관을 지었다. 영화가 진행되는 동안, 그는 사랑하는 여자가 살해된 데 대한 책임을 지게 될 것이다.

그녀는 그의 열정 때문이 아니라 그의 편의를 위해 목숨을 잃었다. 앨런이 만든 코미디(맞다, 코미디다) 중에서 가장 음울하고 냉소적인 이 영화에서, 그는 살인을 하고도 처벌을 면할 뿐 아니라 살인에서 두어 달이 지난 후에는 그 경험을 긍정적인 시각에서 볼 수도 있다는 것까지 알게 된다. 하나님의 눈이 늘 그를 보고 계신다면, 이 사실이 하나님에 대해 말해 주는 바는 무엇일까?

우디 앨런은 영화를 40편 넘게 만들어 왔다. 그중 최고작은 <애니 홀Annie Hall>(1976)과 <한나와 그 자매들Hannah and Her Sisters>(1987), <범죄와 비행>, 그리고 2005년에 칸영화제에서 프리미어 상영된 <매치 포인트Match Point>다. <매치 포인트>는 불륜 행각을 덮으려고 살인을 저지르는 남자를 다루는 방식에서 <범죄와 비행>과 닮았다. 하지만 <매치 포인트>가 필름 누아르 성격이 강한 반면, <범죄와 비행>은 악을 보고도 눈길을 돌리는 하나님께 솔직하게 불만을 제기하는 영화다.

마틴 랜도Martin Landau가 정직하면서 대단히 자존심 센 남자로 연기하는 주더는 도덕적인 사람이다. 실상은 그런 사람이 아니라 할지라도 본인은 그런 사람이라고 생각한다. 그런데 그가 가진 그런 특징도 바닷가를 함께 산책하며 결혼 문제를 논의했던 스튜어디스 덜로리스(앤젤리카 휴스턴Anjelica Huston)와 2년 동안 바람피우는 것을 막지는 못했다. 그런데 주더는 덜로리스와 결혼하기 위해 아내 미리엄(클레어 블룸Claire Bloom)과 이혼할 생각은 추호도 없다. 심지어 그는 자신이 저지른 짓을 미리엄에게 고백할 능력조차 없다. 그는 "미리엄이 나를 용서하지 않을 것"이라고 랍비에게 털어놓는다. "그녀는 낙담할 겁니다. 나를 이상적인 남편으로 여기거든요." 랍비와 가진 이 대화가 상상 속에서 일어난 일이라는 사실은 그 대화에 깃든 잔인한 면모를 조금도 없애지 못한다. 주더가 주장하는 바는 덜로리스가 죽어야 한다는 것이다. 미리엄이 불륜 행각을 알아차리면…… 무슨 일이 벌어질까? 미리엄이 망가질까? 덜로리스가? 아니다. 불륜 행각의 발각은 아내와 그가 속한 공동체가 바라보는 그의 이미지와 위신을 박살낼 것이다. 그래서 그는 덜로리스를 죽이는 것은 그럴 만한 가치가 있는 일이라고 판단한다.

주더의 마음은 확실히 살인 쪽으로 기울었다. 덜로리스는 위험한 짓거리를 해 왔다. 주더는 그녀가 미리엄에게 보낸 편지를 막판에야 간신히 가로챘다. 그녀는 집에서 10분 거리에 있는 주유소에서 전화를 걸고 그의 집에 찾아와 미리엄에게 "알아 둘 필요가 있는 사실"을 밝히겠다고 협박했다. 주더는 마피아와 연줄이 있는 동생 잭(제리 오바크Jerry Orbach)에게 고민을 상담한다. "그들이 그 문제를 처리할 거야." 잭은 그에게 말한다. 처리? 주더는 "내가 사람을 놓고 이런 말을 하고 있다는 게 믿어지지 않아"라고 말한다. "그녀는 발로 짓밟아 으깨면 그만인 벌레가 아냐."

하지만 그는 그녀를 짓밟는다. 덜로리스는 주더가 저지른 어떤 "금전적 부정"에 대해 알고 있다. 그는 어떤 단체에서 빼낸 자금을 다른 단체에서 유용했다. 양쪽 단체에 그 사실을 폭로하겠다는 위협을 받은 주더는 잭에게 전화를 걸고, 잭은 회신을 한다. "처리했어." 이제 주더가 하는 말에 귀기울여보라. "말도 안 나온다. 이건 큰 충격이야. 하나님이 우리에게 자비를 베푸신 거야, 잭." 덜로리스에게 조금이나마 자비를 베푸는 건 어땠을까? 주더는 자신이 저지른 범죄에 충격을 받는 것을 통해 그 범죄의 사악한 정도를 덜어 내는 방법을 터득한 인물이다. 맞다, 그는 덜로리스를 살해했다. 그런데 그가 살인에 대해 끔찍한 기분을 느낀다면, 그 기분은 그가 철저하게 악한 사람은 아니라는 걸 증명하는 게 아닐까?

영화는 이 비극적인 이야기 사이에 역시 간통을 다룬 코미디를 교차 편집한다. 영화의 편집 테크닉은 셰익스피어 스타일이다. 왕들이 저지른 범죄들은 저열한 계급들의 결함에 거울처럼 반영되면서 코믹한 효과를 빚어낸다. 앨런은 지독히도 따분한 다큐멘터리를 만드는 제작자 클리프 스턴을 연기한다. 그가 만든 어떤 다큐멘터리에서 두꺼운 안경을 낀 노인은 형이상학에 대해 논의한다. 클리프는 웬디(조애나 글리슨Joanna Gleason)와 부부지간이다. 그녀에게는 오빠가 둘 있다. 시력

을 잃어 가는 바람에 주더에게 치료받고 있는 랍비 벤(샘 워터스턴Sam Waterston), 그리고 믿기 힘들 정도로 대박을 친 TV 시트콤의 창안자 레스터(앨런 앨다Alan Alda).

클리프는 레스터를 끔찍이 싫어한다. 우리가 두 남자가 함께 있는 모습을 처음 보는 장면을 숙고해 보라. 레스터는 화면 왼쪽에서 재미있는 이야기를 나누는 다른 여자와 누이 사이에 끼어 있다. 화면 오른쪽에 있는 클리프는 그들보다 조금 더 앞에 나와, 레스터 일행과 관객인 우리 쪽으로 몸을 반쯤 돌리고 있다. 그는 카메라로 몸을 돌리고는 레스터가 얼마나 멍청한 작자인지를 우리에게 말하려는 충동을 거의 억제하지 못하는 것처럼 보인다. 이 영화의 비주얼 전략은 미묘하지만 경이롭다. 앨런은 보디랭귀지만 활용해 속내를 전달한다.

클리프는 레스터를 다룬 다큐멘터리를 연출하는 일을 제안받는다. "매형이 내가 처음으로 떠올린 후보는 아니었어." 앨다가 연기하는 캐릭터는 유쾌한 목소리로 말한다. "누나 생각해서 제안하는 거야." 다큐멘터리를 만드는 동안 제작 어시스턴트 핼리(미아 패로Mia Farrow)를 만난 클리프는 그녀에게 푹 빠진다. 두 사람은 육체적 접촉은 없는 불륜에 빠진다. 클리프는 바람이라는 대형 사고를 칠 위인은 아니지만, 에로틱한 성격의 자기 비하라는 준수한 바람기를 보여 줄 정도는 되는 인물이다. 그녀에게 간신히 키스를 한 그는, 현재 웬디와 결혼한 상태인 게 분명한데도 그녀에게 청혼한다.

자, 이제 우리에게는 외간 여자와 결혼하는 문제를 의논하는 두 유부남이 있다. 주더가 자신과 실제로 결혼할 생각은 없다는 걸 알게 된 덜로리스는 망가진다(그녀는 감정을 주체 못하고는 "당신을 만나던 때가 내 인생의 바닥이었어!"라고 울부짖는다. "당신은 만사를 엉망으로 만들었어!") 실제로 핼리와 결혼할지도 모르는 클리프를, 적어도 그러겠다고 생각하는 클리프를 핼리는 재치 있게 처리한다. 그녀는 런던에 갈 계획이 있다고 밝히면서 두 사람이 “잠시 떨어져 지내는 게” 좋을 거라 생각한다고 말한다. 그러던 그녀는 약혼을 하기 위해 돌아온다. 물론 레스터와 약혼하는 것이다. 클리프는 그녀의 선택에 도덕적으로 충격을 받는다. 레스터는 결혼이 가능한 독신이고(게다가 사회적으로 성공한 부자고), 클리프는 유부남이자 가난뱅이인 데다 레스터를 무솔리니와 비교한 장면 때문에 다큐멘터리 감독 자리에서 쫓겨났는데도 말이다.

우디 앨런이 등장하는 장면들은 그의 캐릭터들이 보여 주는 특징으로 유명한 스탠드업 코미디 스타일의 자기 분석과 푸념들을 제공한다. 반면 마틴 랜도가 등장하는 장면들에서 벌어지는 일은 앨런이 이때까지 해 온 작업들처럼 관객에게 차분하게 충격을 준다. 주더는 상상 속에서 랍비와 나누는 대화에서 덜로리스를 “처리”하겠다는 동생의 제안을 언급한다. 그는 “하나님은 제가 감당할 형편이 되지 않는 호사스러운 분”이라고 말한다. “잭은 현실 세계에 살아요. 그분은 천상의 왕국에 사시고요.” 덜로리스가 살해됐음을 알게 된 주더는 덜로리스의 아파트를 찾아가 그녀가 진짜로 죽었는지 확인한 후 자신과 그녀의 관계를 보여 줄지도 모르는 주소록과 서류를 가져온다.

자막이 밝힌 바에 따르면 “넉 달 후에” 주요 캐릭터들이 결혼식장에 모인다. 핼리가 자신이 경멸하는 레스터와 함께 있는 모습에 격분한 클리프는 식장 밖을 어슬렁거린다. 어째서 레스터 같은 무가치한 기생충이 여자를 얻어야 하는 것일까? 주더도 같은 방향으로 어슬렁거린다. 두 남자는 기이한 대화를 한다. 대화는 완벽한 살인 아이디어로 접어든다. 주더는 클리프에게 ‘살인 계획’을 묘사한다. 그가 처벌을 모면했던 바로 그 살인이다.

그런데 다른 사람의 죽음에 대한 책임감을 느끼는 기분은 어떨까? 사람은 그런 상황에 처해도 자존심을 유지할 수 있을까? “갑자기 우주가 텅 빈 곳이 아니게 되는 거요." 주더는 클리프에게 말한다. 하나님이 우주를 점령했다고, 그러고는 당신의 두 눈으로 우주를 지켜본다고. "그 남자는 경찰에게 자수하기 직전이오." 그러던 어느 날 아침, 그가 눈을 뜨자 태양이 밝게 빛나고 그의 인생은 이보다 더 좋을 수가 없다. 그래서 그는 "부와 특권으로 이뤄진, 그를 보호해 주는 세상"으로 돌아간다. 이 이야기의 교훈은? "우리는 우리가 내린 선택들로 우리 자신을 규정한다"고 주더는 말한다. 주더는 덜로리스를 살해하기로 선택하면서 부와 특권을 누리고 사회의 존경을 받는 사람으로, 아내가 "이상형으로 여기는" 남자로, 더불어 살인자로 자신을 규정했다. 그는 자신이 살인을 저질렀음을 인식하면서도 편안히 살아갈 수 있다.

<범죄와 비행>의 함의는 암울하고 절망적이다. 악한 자는 보상을 받고, 무고한 이는 벌을 받으며, 랍비는 시력을 잃는다. 서브플롯에서 분명히 정의가 집행되었다. 클리프는 자신이 그녀의 최악의 파트너가 될 거라고 생각하는 여자와 결혼하려고 아내를 떠나는 데 성공하지 못하고, 부를 얻으며 승승장구하는 레스터는 여자를 얻을 뿐 아니라 그녀를 행복하게 만들어 줄, 적어도 그녀를 부자로 만들어 줄 가능성이 크다. 그러나 메인스토리에 등장하는 덜로리스는 무덤에 눕게 됐고, 주더는 인생이 적어도 그에게 우호적으로 지속된다는 것을 알게 된다. 인생사를 헤쳐 나가며 자신이 처한 문제들을 뒤에 남겨 두고 떠나는 마틴 랜도의 연기는 숙달된 외교적 수완을 보여 주는 매끄러운 연기의 걸작이다. 자신이 저지른 짓에 충격을 받고 경악하는 랜도의 연기는 대단히 효과적이다. 그는 유체 이탈을 해서는 자기 자신에게 매료됐다는 시각으로 자신을 응시하고 있는 듯 보인다. 그는 자신이 행하는 짓을 본다. 그러면서 그 짓이 자행되는 것을 막을 수 있는 일은 하나도 하지 않는다. 그 자신의 세계에서는 바로 그가 하나님의 눈이다.

# 베로니카의 이중생활

La Double Vie de Véronique

| | |
|---|---|
| 감독 | 크시슈토프 키에슬로프스키 |
| 주연 | 이렌 자코브, 필리프 볼테 |
| 제작 | 1991년 / 98분 |

여기 느낌feeling을 다룬 영화가 있다. 세상의 모든 느낌이 다 그렇듯, 이 영화가 다루는 느낌은 예술 작품을 통해 떠올리게 만들 수는 있지만 말로 표현하기는 대단히 어렵다. 그 느낌은 우리가 혼자가 아니라는 느낌이다. 세상에는 우리가 한 명 이상 존재하기 때문이다. 우리는 사고思考의 영역 저 아래에 있는 차원에서 서로 연결되어 있다. 우리는 이것을 전혀 이해하지 못한다. 그저, 그렇게 연결되어 있다고 느낄 따름이다.

이곳에서 벌어진 사건이 멀리 떨어진 곳에서 일어나는 다른 사건에 영향을 끼친다는 이론들이 있다. 어느 섬에 사는 침팬지들이 어떤 기술을 습득하면, 다른 섬에 있는 침팬지들은 그 기술을 발전시킨다. 쌍둥이는 다른 형제의 느낌을 직감한다고 한다. 누군가가 처음으로 1마일을 4분 내로 주파하면, 그다음부터 4분 이내 주파는 평범한 일이 돼 버린다. 양자 수준에서 진동하는 두 개의 끈은 동시성을 가진 듯 보인다. 아니, 그들은 동시에 두 곳에 존재하는 것일까? 크시슈토프 키에슬로프스키

Krzysztof Kieślowski, 1941~1996의 <베로니카의 이중생활>은 우리에게 어떤 설명도 제공하지 않는 호의를 베푼다. 심지어 실제로 벌어진 일이 무언지조차 명확하지 않다. 영화는 그저 여러 느낌을 환기하기만 한다.

무엇보다 이 영화는 폴란드 여성 베로니카와 프랑스 여성 베로니크를 연기하는 이렌 자코브Irène Jacob의 얼굴로 그 일을 해낸다. 베리만 Ingmar Bergman은 인간의 얼굴은 영화의 위대한 피사체라고 말했다. 키에슬로프스키의 카메라는 자코브의 얼굴을 응시하며 엄청나게 많은 시간을 보낸다. 그녀가 얼마나 아름다운지 지켜보느라 시간을 허비하지는 말자. 그가 탐구하는 대상은 그녀의 영혼이니까. 그는 때때로 그녀에게 웃으라고, 또는 수심에 젖거나 골똘히 생각에 잠기라고 요구한다. 그러나 때로는 그녀가 생각하는 모습을 무심히 보여 주기만 한다. 그녀는 자신의 연약함을, 낭만적인 면모를, 즐거움을, 상냥함을 자연스레 보여 준다. 그녀는 인상이 좋다. 우리는 그녀의 자기 성찰에 빠져들게 된다.

영화는 폴란드에서 시작된다. 얼굴에서 환한 빛을 발하는 행복한 여성이 고모를 방문하러 크라쿠프로 간다. 그녀는 거기 있는 동안 순수하고 흠잡을 데 없는 목소리로 유명 지휘자를 남편으로 둔 합창단 감독의 눈길을 끈다. 베로니카는 콘서트에서 노래할 성악가로 뽑힌다. 그런데 그 일이 벌어지기 전에 그녀는 광장에 있다가 버스에 올라타는 자신을 본다. 그녀는 얼어붙은 듯 꼼짝 못하고 서 있다. 스냅사진을 찍는 다른 여자는 그녀를 보지 못한다. 폴란드인 베로니카는 일상적인 차원을 넘어선 차원에 존재하는 것 같다. 노출증 환자가 그녀에게 몸을 드러내지만, 그녀는 그런 모습을 거의 보지 못한 듯, 또는 신경을 쓰지 않는 듯 보인다.

파리에서 우리는 학교 선생님인 베로니크를 만난다. 학생들과 마리오네트 공연을 보러간 그녀는 측면에 있는 거울을 통해 인형 조종자

를 보고, 조종사도 그녀를 본다. 그녀는 아버지에게 "아빠, 저 사랑에 빠졌어요"라고 말한다. 잠시 후, 아버지는 딸에게 슬프냐고 묻는다. 그녀는 슬프지만 이유는 모른다. 우리는 이유를 안다고 생각한다. 폴란드에서 일어난 요동 때문에 시간과 공간의 거미줄이 떨렸다. 그녀와 인형 조종자 알렉상드르(필리프 볼테Philippe Volter)는 어쩐 일인지 연결되어 있다. 그는 신비에 싸인 선물과 녹음테이프로 그녀에게 구애한다. 그녀는 그를 찾아내고, 그에게서 달아나고, 그에게 추적을 당하다가 사랑을 허락한다. 나중에 그녀는 자신이 평생 두 곳에 동시에 있다고 느꼈다고 그에게 말한다.

우리는 그 느낌이 어떤 것인지를 안다. 우리 자신도 그런 느낌을 느낀다. 베니스에 당신의 단골 카페가 있다고 치자. 당신은 책 한 권과 커피 한 잔을 앞에 두고 거기에 홀로 앉기를 좋아한다. 당신은 베니스에 가 본 적이 없지만 그건 중요하지 않다. 당신은 지금 거기에 있다. 책에서 눈을 든 당신은 여전히 집에 있는 것 같은 희미한 느낌으로 충만하다. 집에서, 당신은 베니스의 테이블을 차지하고 있다. 다른 곳에서, 당신은 다른 이와 교감하고 있다.

알렉상드르는 그녀를 닮은 마리오네트를 두 개 만든다. 그는 그들의 이야기를 들려준다. 한쪽 여자가 아주 어렸을 때 뜨거운 난로를 만졌다. 며칠 후, 다른 쪽은 그렇게 하면 안 된다는 걸 알았다. 파리의 베로니크는 어째서 음악 레슨 받기를 멈췄을까? 할리우드 영화는 당신에게 그 이유를 들려줄 것이다. 그런데 당신은 그 이유를 알고 싶지 않을 것이다. 키에슬로프스키는 더 세심하다. 그는 그런 일이 일어난 이유를, 심지어는 그런 일이 일어났는지조차 알고 싶어 하지 않는다. 그는 우리 모두가 그들이 받은 느낌을 안다고 인정하게 만들고 싶어 한다.

내가 쓴 글이 <베로니카의 이중생활>에는 그다지 많은 사건이 벌어지지 않는다는 말로 들리는가? 영화는 최면을 거는 듯한 효과를 발휘한다. 우리는 플롯과 거리를 두지 않으면서 캐릭터에 빠져든다. 두 여인 다 착하고 성실하며 남부끄러운 일은 하지 않는다. 자코브가 잠시 멈춰 태양을 향해 고개를 드는 숏이 있다. 우리는 그녀가 무엇을 경험하고 있는지를 안다. 여기에 꼼짝도 않고 서 있는 내가 있고, 내 주위에 내 삶이 있으며, 내 희망은 드높고, 내 믿음은 확고부동하며, 나는 태양이 내 얼굴을 비추는 이 순간을 살고 있다. 성스러운 순간이다.

이 영화는 내가 본 가장 아름다운 영화에 속한다. 촬영 감독 슬라보미르 이지악Slawomir Idziak은 이렌 자코브가 표출하는 라파엘 전파前派식 아름다움에서 홍조를 발견한다. 그는 다른 컬러들을 강조하는 효과 말고는 어느 것도 '상징'하지 않는, 레드와 그린을 포함한 풍성한 팔레트를 고집스럽게 활용한다. 두 색상과 혼합된 다른 컬러는 골든 옐로다. 이 영화에는 살갗의 톤이 있다. 영화가 만들어질 당시 스물네 살이던 자코브의 안색은 카메라가 가까이 머무르며 바라보더라도 흠 잡을 데가 전혀 없다. 그녀의 얼굴은 많은 경험이 더해질 때까지 기다리고 있는 견본이다. 그녀는 창공에서 날아올 속삭임을 받아들이려고 개방되어 있는 존재다.

영화에는 나이 많은 캐릭터도 몇 명 등장한다. 아버지 두 명, 고모, 지휘자와 아내, 음악 선생님. 이 사람들은 지혜와 사랑으로 그녀를 대한다. 하찮은 존재라서 쪼글쪼글해진 노출증 환자를 제외하면 악한 사람은 없다. 한편 미스터리한 사람도 몇 명 있다. 그중에 고개를 돌려 베로니크를 뚫어져라 쳐다보는 헐렁한 검정 모자를 쓴 여인은 누구일까? 나는 한동안 그게 베로니카의 고모라고 생각했지만 아니었다. 그녀는 베로니카를 예전에 다른 데서 봤던 걸까? 우리는 그 답을 전혀 알지 못할 것이다. 그리고 폴란드에 있는 고모와 프랑스에 있는 아버지는 약간 닮은 걸까, 아니면 그저 태도만 비슷해 보이는 걸까? 그리고, 웃지 마시라. 프랑스에서 구두끈은 무엇을 상징할까? 쓰레기통을 뒤져 찾아내야 할 만큼 중요한 것일까?

크시슈토프 키에슬로프스키는 위대한 인물이었다. 그는 시나리오 집필 파트너 크쥐시토프 피시비츠Krzysztof Piesiewicz와 함께 영적인 도전과 운명의 전개를 다룬 영화를 여러 편 만들었다. 상영 시간이 각각 55분인 영화 열 편으로 개봉된 그의 《십계Dekalog》 연작은 자신이 하고 싶은 일이 무언지는 알지만 응당 해야 할 일이 무언지는 모르는 사람들을 다룬다. 각 영화는 어느 정도는 계명을 중심으로 전개된다. 그런 후 그는 <레드Rouge>, <화이트Blanc>, <블루Bleu>의 ≪세 가지 색Trois Couleurs≫ 연작을 만들었다. 역시 이렌 자코브가 출연하는 <레드>는 이 뛰어난 연작 중에서도 으뜸가는 작품이다. 이후 키에슬로프스키는 1994년에 53세의 나이로 은퇴했고, 2년 후에 세상을 떠났다.

그는 우연과 동시성에 매료됐다. 그는 1막의 A 지점에서 3막의 C 지점으로 서둘러 달려가는 캐릭터에 초점을 맞추는 데에는 거의 관심이 없다. B 지점에, 그리고 과거와 현재를 잇는 보이지 않는 끈들에 매력을 느낀다. 그의 영화들을 감상하는 것은 신비주의적인 경험이 될 수 있다. 그는 우리가 그를 따라올 거라고, 그의 의도를 감지할 거라고, 극장을 나설 때에는 잠시나마 그가 품은 개방성을 공유할 거라고 믿는다. 키에슬로프스키 영화에서 당신이 좇지 말아야 할 일은 플롯을 '풀어내는 것'이다. 그것은 실행이 불가능한 일이다. 당신이 그러려고 노력한다면, 그것은 구름을 비로 탈바꿈시키는 격이 될 것이다. 앞뒤가 맞지 않고 모순된 것처럼 보인다면, 그것은 우리의 삶과 시간이 때로 다시 시도하다 예상치 못한 쪽으로 방향을 틀기 때문이다.

그것을 잘 보여 주는 사례를 여기에 제시하겠다. 크라이테리언 컬렉션에서 출시된 두 권짜리 DVD 에디션에는 '미국판 엔딩' 같은 옵션이 포함된 풍성한 보너스 영상이 담겨 있다. 우리는 이 영화를 미국에 배급한 하비 와인슈타인Harvey Weinstein이 감독의 선택에 불만을 느꼈다는 것을 알게 된다. 그는 앞에 나온 장면은 하나도 바꾸지 않았지만, 지금 영화에 마지막 숏들로 남은 네 개의 숏을 추가했다. 그 장면들이 설명하거나 덧붙이는 것은 아무것도 없다. 그저 잔디밭을 가로질러 달려가 아버지에게 안기는 베로니크의 모습을 덧붙일 경우, 오래된 나무의 거칠거칠한 껍데기를 만지는 베로니크의 손을 잡은 키에슬로프스키의 마지막 이미지를 더 향상시킬 수 있을 거라고 와인슈타인이 판단했다는 것을 보여 준다. 이 영화 전체가 포옹이다. 대단히 친한 친구와 대단히 중요한 어떤 것에 공감하고 있다는 것을 알게 됐을 때 하게 되는 그런 포옹 말이다.

## 베리만 3부작 1: 거울을 통해 어렴풋이

Såsom i en Spegel,

| | |
|---|---|
| 감독 | 잉마르 베리만 |
| 주연 | 해리엣 안데르손, 군나르 뵈른스트란드, 막스 폰쉬도브, 라스 파스가드 |
| 제작 | 1961년 / 89분 |

잉마르 베리만Ingmar Bergman, 1918~2007은 영화가 다루는 위대한 대상은 인간의 얼굴이라고 믿었다. 그는 나와 가진 인터뷰에서, 텔레비전으로 미켈란젤로 안토니오니Michelangelo Antonioni를 보다가 완전히 몰입하게 된 게 안토니오니의 말이 아니라 안토니오니의 얼굴 때문임을 깨달았다고 말했다. 나는 베리만이 클로즈업처럼 간단하고 소박한 기법을 생각하고 있던 게 아니었을 거라고 믿는다. 그는 얼굴을, 강렬한 눈빛을, 영혼을 향해 뚫린 창문으로서 얼굴을 연구하는 문제를 고심하고 있었다. 얼굴은 그의 영화 세계의 핵심이었다. 그리고 <거울을 통해 어렴풋이>와 <겨울 빛Nattvardsgästerna>(1962), <침묵Tystnaden>(1963)으로 이뤄진 이른바 그의 '신의 침묵' 3부작의 위력에 얼굴은 절대적으로 필요한 존재다.

전통적인 영화 언어에서 영화 문법의 일부인 클로즈업은 주장하려는 바를 강조하거나 리액션을 보여 주거나 감정을 강조하기 위해 활용된다. 클로즈업은 어떤 장면을 편집할 때 편집 리듬에 잘 녹아들어 간다. 그런데 베리만은 이 세 작품에서, 그리고 다른 많은 작품에서 클로즈업 숏을 그런 식으로 활용하지 않았다. 그의 캐릭터들은 종종 혼자이거나 둘뿐이다. 그들은 딱히 무언가를 바라보고 있지 않다. 아니, 그들은 자신의 내면을 응시하고 있는 듯하다. 그는 연기자들에게 엄청나게 집중하려 든다. <거울을 통해 어렴풋이>에 등장하는, 꽤 긴 시간 동안 해리엣 안데르손Harriet Andersson의 얼굴이 전경에 나오고 다른 캐릭터의 얼굴이 배경에 잡힌 시퀀스에서 그녀의 시선은 스크린 오른쪽에 있는 공간의 어딘가에 꽂혀 있다. 그녀는 눈을 절대로 깜빡이지 않고, 눈동자도 많이 움직이지 않는다. 숏은 그녀가 집착하는 강도強度를, 그녀에게 들리는 목소리에 대한 그녀의 믿음의 강도를 관객에게 전달한다.

베리만은 내가 '기본적인 베리만 투 숏the basic Bergman two-shot'이라고 생각하는 화면을 빈번하게 활용하는데, 이 용어는 엄청난 위력을 가진 전략을 일컫는다. 그는 두 사람의 얼굴을 스크린에 배치한다. 두 얼굴은 물리적으로는 아주 가깝게 병치되지만, 캐릭터들은 서로 쳐다보고 있지 않다. 각자 다른 방향을 바라보면서 스크린 밖 어딘가에 있는 딱히 정해지지 않은 지점에 초점을 맞춘다. 그들은 대단히 가까이 있지만 대단히 멀리 떨어져 있다. 이것은 그가 영화라는 매체에 품고 있는 근본적인 믿음을 보여 주는 시각적 대응물이다. 우리는 서로 접촉하려 애쓰지만, 우리의 접촉은 우리 내면에 있는 강박적 충동이 우리의 접촉을 훼방 놓는 경우가 잦다는 게 그가 품은 근본적인 믿음이다.

베리만은 이런 숏들의 프레임을 짤 때 그의 촬영 감독이자 촬영 분야의 걸출한 예술가 중 한 명인 스벤 닉비스트Sven Nykvist와 긴밀하게 협력한다. 닉비스트는 대부분의 영화는 단순히 사람들의 얼굴을 환히 빛나게 만드는 작업이라는 것을, 그러는 동안 자신은 그저 사람들의 얼굴에 조명을 치는 작업을 하고 있다는 것을 우리가 깨닫게 해 준다. 텔레비전이 출현한 이후로 특히, 영화는 이미지를 납작하게 만들고 모든 것이 하나의 평면에 존재하는 것처럼 보이게 만드는 조명 스타일을 활용해 왔다. 우리가 필름 누아르를 좋아하는 이유 중 하나는 그 장르가 앵글과 그림자, 전략적인 조명을 대담하게 활용하기 때문이다. 베리만 영화에 등장하는 투 숏 중 하나의 프레임을 정지할 경우, 닉비스트가 각각의 얼굴에 별도의 조명을 친다는 걸, 그리고 그 빛들은 종종은 동일한 광원光源에서 나온 빛이 아니라는 걸 알게 될 것이다. 그는 빛을 활용해서 캐릭터들을 분리시키는 한편, 얼굴들 사이에 검은 선이 그려지는 것처럼 보이는 그림자 띠를 만든다.

<거울을 통해 어렴풋이> 내내 이런 일이 벌어지는 것을 볼 수 있다. 영화는 스웨덴의 외딴 섬에 여름휴가를 온 아버지와 남매, 사위의 이야기를 들려준다. 그들은 황폐한 오두막집에 살고 있다. 오프닝 신은 일부러 진부한 스타일로 연출됐다. 그들은 바다에서 수영을 하고 나오면서 저녁은 누가 차리고 그물은 누가 칠 것인지 논쟁을 벌인다. 그런데 깊은 곳에 흐르는 저류가 드러난다. 우리는 딸 카린(해리엣 안데르손)의 '질환'에 대한 이야기를 듣는다. 병명은 결코 언급되지 않지만, 조현병인 게 분명하다. 치료를 받아 온 그녀는 지금은 회복 단계에 있다. 그녀의 남편 마르틴(막스 폰쉬도브Max von Sydow)은 그녀를 사랑하지만 그녀를 돕는 데 무력감을 느낀다. 청년기 섹슈얼리티의 입구에서 균형을 잡으려 애쓰는 그녀의 남동생 미누스(라스 파스가드Lars Passgård)는 누나의 육체가 처한 현실을 대단히 잘 인식하고 있다. 아버지 다비드(군나르 뵈른스트란드Gunnar Björnstrand)는 명성 높은 작가로, 스위스에 체류하다 막 돌아온 참이다. 그는 냉담하고 쌀쌀맞다.

첫날 저녁에 자식들은 아버지를 위해 연극을 공연하는데, 연극의 주제는 예술의 무력함이다. 이 공연은 아버지의 소설들을 향해 가해지

는 위장된 공격으로 간주할 수 있다. 나중에 미누스는 아버지가 얼마나 불쾌해하는지 감지했느냐고 카린에게 묻는다. 그러나 아버지는 딱히 불쾌해하지는 않았다. 캐릭터들은 분리되어 있다. 결혼한 부부는 한 방에, 나머지 두 명은 각자의 방에 있다. 스웨덴의 기나긴 여름밤이다. 어둠이 떨어지기 무섭게 태양은 이미 다시 솟아오르고 있다.

이렇게 끊임없이 쏟아지는 햇빛은 오싹한 효과를 빚어낸다. 영화에서 벌어지는 모든 일은 비몽사몽간에 일어나는 일과 비슷하다. 카린은 침대에서 일어나 지저분한 2층으로 이어지는 계단을 올라 방에 들어간다. 그녀는 거의 황홀경에 빠진 듯 보인다. 벽에 얼굴을 붙인 그녀는 벽지에 있는 이미지들을 쫓는다. 사람들이 그녀를 발견했을 때, 처음에는 심란한 듯 보이던 그녀는 곧바로 명랑한 모습으로 정상적으로 행동한다. 나중에 그녀는 동생에게 목소리들이 자기를 불렀다고, 벽지에서 문이 열렸다고, 건너편에 있는 사람들이 무언가를 기다리는 중이었다고, 그녀는 그게 아마도 신神일 거라 생각한다고 말할 것이다. 한참 나중에 등장하는 유명한 장면에서, 그녀는 신을 봤다고, 그런데 신은 거미라고 말한다.

아버지 방에 홀로 남겨진 그녀는 아버지의 일기를 읽는다. 아버지는 일기에 딸의 질환에 대한 자신의 집착을 토로하며 그 질환은 "불치병"이라고 기록하고는 자신의 작품에 그 질환을 어떻게 써먹을 수 있을지에 흥미를 가졌다고 고백한다. 고백을 본 그녀는 격분한다. 영화의 앞부분에서 그녀는 야한 잡지를 보는 동생을 발견하고는 동생을 놀렸었다. 동생은 야한 옷을 입는다고 누나를 비난했었다. 이제 동생은 바닷가로 누나를 찾아 나서고, 불에 탄 선박의 잔해 안에서 내면이 헝클어진 누나를 발견한다. 두 사람이 가까이 있으면서도 분리되어 있다는 걸 강조하는, 세심하게 조명을 친 투 숏을 걸출하게 활용한 비범한 신이 등장한다. 장면의 마지막에는 — 베리만은 일부러 모호하게 처리했지만 — 근친상간이 일어났다는 암시가 등장한다.

긴장감이 충만한 신들이 또 있다. 예를 들어 카린과, 그녀가 육체적으로 멀리하려 드는 마르틴이 등장하는 신이 그렇다. 마르틴과 다비드의 신도 마찬가지다. 결국 모든 일은 카린의 병이 재발하는 것으로 귀결된다. 가족들은 앰뷸런스를 부른다. 앰뷸런스는 헬리콥터로, 그녀는 그 헬리콥터를 하늘에서 내려오는 거미로 체험할 게 분명하다.

이 영화를 재생하고는 아무 프레임에서나 재생을 정지시키면 인상적인 스틸 사진을 얻을 수 있다. 아무 생각 없이 작업한 장면은 하나도 없다. 수직선은 캐릭터들을 스크린의 제한된 부분들 안에 분리시키기 위해 채택됐다. 대각선은 캐릭터들의 의견이 일치하지 않음을 암시한다. 캐릭터들은 뛰노는 것처럼 오두막집 주위를 돌며 화면을 들락거린다. 영화의 비주얼 전략은 카린이 앓는 정신 질환이 심각하다는 것을 강조한다. 그런데 다른 이들의 내면에는 사소한 동요조차 없다.

나는 이 작품이 정말로 공들여 만들어진 영화라는 사실에서 강한 인상을 받고 또 받았다. 닉비스트의 조명은 본질적으로 또 다른 캐릭터 역할을 수행한다. 그가 세상을 보는 방법, 그림자를 드리우는 방법, 은폐하는 방법, 이 모든 것이 우리가 캐릭터들에게 느껴야 하는 감정으로 종합된다. 동일한 영화를 다른 촬영 감독이 촬영했다면 천박하게, 심지어는 우둔하게 보였을 것이다. 베리만은 분명히 자기 패러디로 관객을 매료했었다. 이런 방식으로 촬영된 이 영화는 엄청난 위력을 쌓아올려서는 우리를 깜짝 놀라게 만든다.

베리만 전문가 피터 코위Peter Cowie는 크라이테리언 DVD에 수록된 단편에 출연해 '신의 침묵' 3부작은 베리만 자신이 짊어지고 있던 종교적 성장기의 "짐"을 내려놓는 방식이었다고 말한다. 그의 아버지는 엄격한 루터파 목사였다. 베리만의 성장기는 그가 만든 다른 영화들에도 무척 많은 부분이 남아 있는데, 그의 영화들은 죽음과 죄의식, 원죄,

하나님과 악마를 자주 다룬다. 그런데 이 3부작이 그런 주제에 맞추는 초점은 고통스러울 정도로 강렬하다.

<거울을 통해 어렴풋이>는 신의 침묵에 절망하는 목사를 다룬 <겨울 빛>으로 이어지고, 자매와 어린아이가 낯선 도시에서 헤매 다니다 해묵은 증오와 상처에 시달리는 내용의 <침묵>이 그 뒤를 잇는다. <침묵>에서 두 자매 사이에서 오도 가도 못하는 신세가 된 사내아이가 심란한 기분을 바꾸려고 나름의 판타지를 연출하며 호텔 복도를 돌아다닐 때, 영화에는 긴 침묵이 흐르거나 대사가 거의 등장하지 않는다. 이 모든 영화에서 인간들은 거울을 통해 세상을 어렴풋이 보고 있지만 그 세계에 담긴 의미를 인지할 능력이 인간에게는 없다는 베리만의 깊은 우려에, 우리는 강한 인상을 받는다.

## 베리만 3부작 2: 겨울 빛

Nattvardsgästerna

| | | |
|---|---|---|
| 감독 | 잉마르 베리만 | |
| 주연 | 군나르 뵈른스트란드, 잉리드 툴린, 막스 폰쉬도브 | |
| 제작 | 1963년 | 81분 |

잉마르 베리만Ingmar Bergman, 1918~2007이 타계한 날, 내 머릿속에 처음 떠오른 그의 작품은 <겨울 빛>이었다. 이상한 일이다. 1970년대에 영화 수업에서 그 영화를 가르친 이후로는 한 번도 본 적이 없기 때문이다. 그러고서 몇 주가 지나는 동안, 그 영화가 다시 봐 달라고 간청하며 내 마음을 맴돌고 있음을 깨달았다. 내가 그 영화에 대해 기억하던 건 무엇일까? 베리만의 '신의 침묵' 3부작에 속하는 영화라는 것, 핵전쟁의 공포에 시달리는 남자를 안심시키지 못하는 목사를 다룬 영화라는 것, 목사가 그를 위로하려 애쓰는 여자를 거부한다는 것, 베리만과 촬영감독 스벤 닉비스트Sven Nykvist가 햇빛이 공간 속을 어떻게 이동하는지 알아보려고 어느 겨울 날 시골 교회에 앉아 봤다는 것. 간단히 말해, 나는 이 영화를 거의 기억하지 못했다. 그런 빈약한 기억들도 그 영화를 다시 보려는 욕구에 불을 댕기기에 충분치는 않았다. 그럼에도 나는 그러려는 욕구를 느꼈다. 결국 나는 선반에서 <겨울 빛>을 꺼내 다시 감

상하고는 적막한 영화가 용감하게 발휘하는 위력에 압도됐다.

무엇보다 영화는 내가 기억에 담고 있던 대강의 개요보다 훨씬 더 복잡하다. 영화는 신이 침묵하느냐 아니냐의 수준을 넘는 주제를 다룬다. 이 작품은 말을 충분히 많이 하면서도 자신에게나 다른 누구에게 쓸모 있는 말은 한마디도 못하는 토마스 에릭손 목사(군나르 비른스트란드Gunnar Björnstrand)의 침묵을 다룬다. 이 작품은 세상의 악에 집착하며 말 그대로 자신의 목숨을 끊는 것으로 하나님에게 도전하는 어부 요나스(막스 폰쉬도브Max von Sydow)를 다루는 영화이기도 하다. 목사에 관심을 갖고 목사를 사랑하며 목사를 걱정하지만 냉담함과 적개심을 그 답례로 받는 학교 선생님 마르타(잉리드 툴린Ingrid Thulin)를 다루는 영화이기도 하다. 그리고 영화는 목사와 선생님이 각각 자신들의 진짜 감정을 묘사하며 상대에게 깊은 상처를 입히는 두 차례의 독백을 다룬다.

이 작품은 신심信心을 다룬 영화이기도 하다. 목사가 성직을 수행하는 것을 돕는 사람이 둘 있다. 오르간 주자는 시계만 들여다보는 게으름뱅이로, 예배가 끝나기만을 간절히 바라면서 마지막 음절을 연주하는 동안에 이미 악보를 정리하고 있다. 다른 사람 알고트(앨런 에드월Allan Edwall)는 기차 사고로 신체가 훼손된 사람이다. 그는 종을 울리고 촛불을 켜고 제의 입는 것을 거드는 교회지기다. 그 역시 그리스도의 수난에 대한 독백을 한다. 그는 자신이 일상에서 하는 의미 있는 생각들에 그리스도 이야기가 포함되는 것을 허용한 듯 보이는, 영화에서 유일한 캐릭터다.

이 영화의 비주얼 스타일은 엄격하면서도 소박하다. 닉비스트는 특정한 효과를 빚어내겠다고 카메라를 움직이는 일은 결코 하지 않는다. 응시하기만을, 보여 주기만을 원할 뿐이다. 그의 구도는 드라마틱할 때도 있지만 대체로 정적이다. 그는 강렬한 대사를 강조하려고 느린

푸시 인push-in과 풀 아웃pull-out을 활용한다. 그의 응시가 시종일관 지속되기 때문에, 축성하고 성체와 와인을 나눠 주는 오프닝 신처럼 지루해 보일 가능성이 있는 시퀀스들은 매혹적인 시퀀스가 된다. 이 장면에는 제식의 수준을 넘어서는 무언가가 진행되고 있고, 성체 배령자들 사이에는 보이지 않는 저류가 흐르고 있다. 닉비스트는 무엇보다 클로즈업과 미디엄 숏으로 얼굴들에 초점을 맞춘다. 그는 심지어 롱 숏에서도 얼굴들을 진정한 피사체로 삼으면서, 인간의 얼굴은 영화의 가장 매혹적인 연구 대상이라는 베리만의 믿음을 상기시킨다.

토마스 목사는 절대로 웃지 않는다. 그는 우선 몸이 좋지 않다(피터 코위Peter Cowie는 도입부에서 목사를 연기한 뵈른스트란드가 실제로 촬영 중에 독감에 걸렸었다고 밝힌다). 그러나 그보다 더 중요한 건, 그가 치유가 불가능할 정도로 냉담하고 냉정한 사람이라는 사실이다. 그와는 대조적으로, 클로즈업으로 포착된 마르타는 가슴속에 억누른 애정과 슬픔 때문에 몸을 부들부들 떤다. 어부의 아내인 임신부 카린을 연기하는 젊은 여배우 군넬 린드블롬Gunnel Lindblom은 연약하고 혼란스러워 보인다. 어부 요나스는 자신이 맞을 최후를 이미 목격한 사람처럼 보인다.

몸이 뒤틀리고 왜소한 교회지기만이 신앙의 미스터리에 경이를 느끼며 활기 넘치는 얼굴을 보여 준다. 알고트는 복음서를 읽는 중이라면서, 그리스도가 십자가에서 고초를 겪으셨다고 강조하는 건 완전히 그릇된 것이라고 생각한다. 그는 그리스도는 불과 두어 시간만 고초를 겪으셨다고 말하면서, 자신은 그보다 더 심한 고초를 더 오래 겪었지만 그게 그리 나쁘지는 않았다고 말한다. 그리스도의 진정한 고통은 사도들이 겟세마네에서 그분을 배신했을 때, 그리고 그분을 저버린 것처럼 보이는 하나님 아버지께 울부짖었을 때 찾아왔다. 그분이 고통을 받은 건 자신의 메시지를 듣거나 이해하는 사람이 한 명도 없을까 두려워서였다. 그리스도가 고통을 느낀 건 그분 역시 하나님의 침묵에 낙담했기 때문이다.

토마스 목사는 회중 앞에서 예배를 거행하며 무슨 말을 할 때마다 경직되고 엄격한 모습을 보인다. 회중이라야 여덟 명 남짓인데, 그중 둘은 급여를 받으려고 거기 있는 사람들이고, 마르타는 하나님을 믿지 않는다. 예배가 끝난 후, 목사는 오만하면서도 퉁명스러운 모습을 보인다. 그러나 카린이 두려움 때문에 곤란을 겪어 온 남편 이야기를 물어 오자 목사는 그녀의 말에 동의한다. 요나스는 카린을 세 아이가 있는 집에 태워다 주고 돌아올 것이다. “나는 그가 돌아올 것을 진정으로 바랍니다.” 토마스는 한 번 이상 이렇게 말한다.

그는 마르타가 남기고 간 편지를 읽는다. 베리만은 툴린이 클로즈업으로 편지 전체를 읽는 모습을 6분간 보여 준다. 참되고 구슬픈 이 클로즈업은 그녀가 자신을 가혹하게 다루고 있음을 보여 주지만, 토마스의 무자비함을 암시하고 있기도 하다.

나중에 돌아온 요나스는 자신이 느끼는, 세상이 핵전쟁으로 종말을 맞을 거라는 공포를 묘사하는데, 토마스가 할 수 있는 말은 “우리는 주님을 믿어야 한다”는 게 전부다. 그러다가 그가 자리에서 일어날 때, 닉비스트는 카메라를 숙여 책상에 얹은 그의 손가락이 머뭇거리는 것을, 떨리는 것을 보여 준다. 그러자 토마스는 요나스에게 고백한다. 자신은 나쁜 목사라고 느낀다고, 신의 침묵이 고통스럽다고, 믿음을 잃었다고. 요나스는 떠난다. 잠시 후 그가 근처에 있는 강가로 차를 몰고 가 라이플로 자살했다는 이야기가 전해진다.

토마스는 카린 가족을 방문하기로 결심한다. 마르타가 그를 태워다 준다. 그들은 감기약을 가지러 그녀의 집에 들르고, 그녀는 그를 포옹하고는 사랑을 받아 달라고 강요한다. 토마스는 자신이 참되게 사랑하는 유일한 사람은 몇 년 전에 세상을 떠난 아내라고 말하면서 그녀를 거절한다. 그런 후, 그는 마음을 갈가리 찢어놓는 잔혹한 대사를 내뱉으면서 그가 찾아낸 마르타의 역겨운 점들을 일일이 열거한다. 그녀의 안달복달하는 모습, 울먹이는 모습, (그리스도의 상처를 연상시키는) 양손과 이마에 난 발진을 말이다. 그는 무자비하다. 그러다 난폭해진 그는 잠시 머뭇거린 후, 어부의 과부에게 가는 길에 함께 가 달라는 예기치 않은 부탁을 한다.

작품에는 신의 침묵보다 더한 침묵들이 존재한다. 고인이 된 토마스의 아내는 죽음이라는 침묵에 싸여 있다. 토마스는 어부의 욕구에 침묵한다. 그는 마르타의 사랑에 가혹한 침묵과 거절 이외의 다른 방식으로는 반응하지 못한다. 교회의 오르간 연주자 프레드릭은 예배에는 전혀 집중 못하고 예배가 빨리 끝나기만을 소망하는 방식으로 침묵한다. 어부 부부처럼 침묵하지 않는 사람들은 도움을 요청하지만 아무런 도움도 받지 못한다.

그리고 신체 불구인 교회지기 알고트가 있다. 모든 사람 중에서 그 혼자만이 자신의 고초보다 그리스도의 고초를 더 많이 생각해 온 듯 보인다. 그리스도의 수난에 대한 그의 통찰은 설득력 있고 공감이 가지만, 차가운 무관심에 둘러싸인 목사는 그의 말을 귀담아 듣지 못한다.

코위는 마르타와 토마스가 기차가 지나가기를 기다리며 가던 길을 멈추는 순간을 거론한다. 그는 그녀에게 "부모님은 내가 목사가 되기를 꿈꾸셨어"라고 말한다. 코위는 그 순간의 목사는 베리만을 대신한다고 생각한다. 엄격한 루터파 목사의 아들인 베리만은 교회에서 아버지가 하는 독실한 척하는 설교를 듣고, 집에 와서는 아버지에게 잔인한 체벌을 당했다.

베리만이 목사 캐릭터를 통하지 않고 다른 방식으로 속내를 표현할 수 있었을지 궁금하다. 우리는 그가 여러 번 결혼했다는 것을 안다. 그가 자신의 여자들보다 자신을 우선시했다는 것도 안다. 그가 집필하고 리브 울만Liv Ullmann이 연출한 <트로로사Trolösa>(2000)의 시나리오에서, 그는 자신이 여자들을 얼마나 학대했는지에 대한 이야기를, 그러면서 용서받고 싶어 하는 이야기를 시각화하는 것을 도와줄 여배우를 고용하는 늙은 연출자를 연기한다. <겨울 빛> 역시 자신을 사랑하고 도와주고 싶어 하는 여자를 잔인하게 대하는 남자를 그린 작품이 아닐까? 그의 메시지가 사람들에게 전달되지 않을 것을 두려워하는 아티스트의 울부짖음은 아닐까? 그를 저버린 아버지에 대한 심경을 담은 작품은 아닐까? 그는 자신의 커리어와 명성에만 초점을 맞추는 바람에 정말로 필요해서 자신을 찾아오는 사람들에게는 도움을 주지 못하는 무기력함을 느꼈던 걸까?

우리는 <겨울 빛>이 어느 정도나 자전적인 작품인지를 절대로 알지 못할 테지만, 어쨌든 이 작품은 자신을 하나님이라고 생각했던, 그런데 그런 자신이 남들을 실망시켰다고 생각했던 한 남자를 그린 초상이다.

| # 베리만 3부작 3: 침묵<br>Tystnaden | 감독 | 잉마르 베리만 | |
|---|---|---|---|
| | 주연 | 잉리드 툴린, 군넬 린드블롬 | |
| | 제작 | 1963년 | 96분 |

두 여자와 사내아이가 기차 객실에 있다. 유쾌하지 않은 여행이다. 우리는 여자들 사이에 흐르는 긴장감과 혐오감을 감지한다. 사내아이는 복도로 나가 배회하며 다른 승객들을 말똥말똥 쳐다보고, 장갑 탱크를 싣고 지나가는 다른 기차를 본다. 기차는 이름을 알 수 없는 도시에 정차하고, 세 사람은 호텔에 투숙한다. 잉마르 베리만Ingmar Bergman, 1918~2007의 '신의 침묵' 3부작 중 세 번째 영화인 <침묵>은 그렇게 시작한다. <겨울 빛>(1963)이 신의 침묵을 직접 언급했고 <거울을 통해 어렴풋이>(1961)가 암시를 통해 그렇게 했다면, <침묵>에 신학적인 내용은 전혀 존재하지 않는다. 단지 신학이 사라진 세상만 존재할 뿐이다.

우리는 캐릭터들이 주고받는 대사를 통해 그들을 간접적으로 알게 된다. 두 사람의 아버지에 대한 언급을 통해 두 여자가 자매라는 사실이 드러난다. 언니 에스터(잉리드 툴린Ingrid Thulin)는 근엄한 번역가로, 고통에 시달리며 낙담한 듯 보인다. 그녀는 죽어 가고 있다. 풍만한 여동생 안나(군넬 린드블롬Gunnel Lindblom)는 이 여행을 견디기가 쉽지 않다. 그들이 '집'에 가고 있는 건 분명하지만, 어디에 있었고 왜 거기 갔었는지에 대한 암시는 전혀 없다. 그들이 있는 곳이 어디인지도 명확하지 않다. 번역가인 에스터조차 이곳의 언어를 알아듣지 못한다. 유럽에 있는 그랜드 호텔의 호텔 포터가 독일어나 영어를 구사하지 못하는 건 이상한 일이다.

열 살이 채 안돼 보이는 사내아이는 요한(요르겐 린드스트롬Jörgen Lindström)이다. 천사 같은 얼굴의 아이는 성격이 좋다. 아이는 안나의 아들이지만, 앙숙인 자매 사이에 끼인 채로 오랫동안 살아온 게 분명하다. 그들이 앙심을 품게 된 이유는 구체적으로는 전혀 언급되지 않지만, 유년기에 있었던 그 일은 모호하나마 아버지와 관련이 있다. 에스터가 죽어 가고 있는 지금, 안나는 그녀에 대한 동정심은 조금도 느끼지 않으면서 — 우리가 어찌어찌 이해하듯 섹스를 하려고, 또는 최소한 자신이 헤픈 여자라는 걸 과시하려고 — 시내로 나간다는 사실을 자랑스레 떠든다.

영화는 삐딱하다. 나머지 줄거리의 대부분은 행간을 읽어야 한다. 분석적인 태도를 취한 나는 남자를 선택하고는 호텔에서 그와 섹스하는 안나는 육체를 상징하고, 객실의 침대와 테이블에서 일을 하고 글을 읽는 에스터는 정신을 상징한다고 지적할 수도 있다. 그들의 방 사이에 있는 문은 그들의 앙숙 관계를 연출하게 해 주는 통로고, 요한만이 아무 생각 없이 그곳을 자유로이 오간다.

내 생각에 소년은 이 영화를 이해하게 해 주는 열쇠다. 어떤 방식으로 이해할 수 있는지는 확실치 않지만. 그가 두 여자 모두에게 본능적으로 느끼는 공감은 우리에게 살덩어리와 사고思考로 분리된 인간이 아닌, 하나로 통합된 인간을 보여 주려는 의도인 듯하다. 이 영화에 소년이 등장하는 신은 굉장히 많고 긴데, 그 신들은 꿈틀거리는 미묘한 유머와 매력을 허용한다. 아이는 그리 많이 웃지 않는다. 아이는 광대가 아니다. 아이는 주위를 에워싼 어른들의 세계를 차분하게 관찰한다. 어느 시점에서 아이는 복도에 멈춰 오줌을 눈다. 그런 다음에 걸어가다 흡족한 눈빛으로 그 웅덩이를 돌아본다. 그건 아마도 분노와 좌절을 표현한 것일 테다. 그 아이가 그런 짓을 해서 설명하는 건 그 외에는 없다.

아이는 기이할 정도로 인적이 드문 호텔의 길고 웅장한 복도를 탐험하며 많은 시간을 보낸다. 아이가 마주치는 사람은 몇 안 된다. 아이가 장난감 권총으로 위협하자 아이를 보고 얼굴을 찌푸리는 전기 기사가 있다. 보드빌 공연을 하는 난쟁이 극단은 아이를 방으로 불러들여 드레스를 입히고는 침대에서 팔딱팔딱 뛰어 아이를 즐겁게 해 준다. 그리고 대단히 흥미로운, 몸이 구부정한 노년의 싹싹한 포터(하칸 얀버그Hakan Jahnberg)가 있다. 복도에 있는 작은 방을 차지한 이 노인은 그 방에서 식사를 하고 플라스크에 담긴 술을 몰래 홀짝인다. 그러고는 서비스를 요청하려고 격하게 벨을 울리는 에스터의 부름에 반응한다. 포터가 요한의 뒤에서 슬금슬금 다가와 아이를 덮치고는 간지럽히자 요한이 비명을 지르며 도망가는 아름다운 숏이 있다. 포터는 아이를 쫓으려 애쓰지만, 요한은 모서리 근처에서 사라진다. 여전히 분절되지 않은 숏에서, 포터가 돌아서서 카메라 앞을 지나가면 놀랍게도 요한이 그의 옆에 있는 문간에 나타난다.

베리만의 오랜 동료인 스벤 닉비스트Sven Nykvist가 영화를 촬영했는데, 요한의 호텔 복도 신들을 자크 타티Jacques Tati가 희미하게 메아리치는 장면으로 봐도 좋은지 궁금하다. 포터는 윌로 씨와 약간 닮았다. 아이는 항상 난데없이 그에게 불어오는 무질서한 바람을 상징한다. 게다가 대단히 엄밀하고 정확하게 촬영된 복도는 타티가 인간적인 활동을 벌이면서 침범하기를 즐겼던 기하학적 공간이다.

포터는 에스터에게 큰 도움을 준다. 그들은 말이 통하지 않지만

그는 그녀가 술을 원한다는 것을, 그러고는 식사를 원한다는 것을 이해한다. 그녀는 줄담배를 피우고 폭음을 하면서 혼자 죽는 건, 집에서 멀리 떨어진 곳에서 죽는 건 원치 않는다고 울부짖는다. 그녀는 질식할까 두렵다. 포터는 그녀가 침대에 병을 엎으면서 벌어진 난장판을 정리한다. 그는 그녀에게 물을 갖다 주고, 그녀가 마시는 동안 그녀를 부축한다. 심지어 그녀의 곁을 지키며 신문을 읽어 주기까지 한다. 그의 얼굴에는 걱정하고 염려하는 기색이 역력하다. 프레임에 들어온 그는 허리를 굽히고 꼼꼼하게 조사를 하려고 찾아온 유령 같은 방문객과 비슷하지만, 그의 심성은 착하다. 우리가 이해할 수 있는 단어는 한 단어도 내뱉지 않는, 비범한 연기다.

호텔을 나선 안나는 길거리와 바에서 자신을 헌팅해 달라고 요청하는 여자처럼 처신한다. 그녀는 극장 발코니에 들어갔다가 남녀 한 쌍이 그녀의 면전에서 섹스를 하는 모습을 본다. 그녀는 혐오스러워하며 자리를 뜬다. 나중에 그녀는 남자를 낚아 호텔로 데려온다. 요한은 그들이 함께 있는 모습을 보지만, 그녀는 그다지 신경 쓰지 않는다. 아이는 에스터에게 자신이 본 모습을 말한다. 아이는 어떤 면에서는 그게 뭐하는 장면인지를 설명해 달라고 요청하고 있다. 아이는 삶에서 습득되는 정보를, 어떤 식으로건 급박한 정보라는 게 감지되는 정보를 처리하기에는 너무 어린 서글픈 처지에 있다.

성인들의 행동이 벌어지는 신에 아이를 나란히 배치하는 것은 심란한 일이다. 베리만이 아이를 별개의 숏들로 분리하는 통상적인 전략을 활용했기 때문에 아이가 어른들이 하는 짓을 보고 들을 수 없다는 걸 우리가 이해하더라도 말이다. 이 영화는 개봉 당시에 노출과 평범하지 않은 성적인 솔직함 때문에 스캔들을 일으켰다. 어쩐 일인지, 베리만은 늘 지적이고 초연한 사람으로 간주되어 왔다. 그러나 그의 작품에 충격적인 육체적 묘사가 담긴 경우는 잦았다. 반면에 그는 진지하고 부드러운 로맨스 장면은 드물게 보여 줬다.

영화 내내 베리만은 인간의 얼굴을 무척이나 자주 강조한다. 그는 아웃사이더이자 구경꾼인 요한을 원 숏one-shot으로, 종종은 얼굴 전체를 잡는다. 그는 여자들은 옆얼굴을, 또는 서로에게 비스듬히 서 있는 각도로 잡는다. 닉비스트의 조명은 정확하다. 그는 얼굴의 절반은 그늘이 지게 조명을 치거나, 뒤에서 비스듬히 조명을 치거나, 투 숏의 얼굴들에 각각 별개의 조명을 친다. 에스터가 창 앞에 서 있는 숏이 있다. 창틀의 그림자가 그녀의 얼굴에 십자가를 드리운다. 처음에는 평범해 보이는 숏이다. 그런데 그녀가 한낮에 밖을 내다보고 있기 때문에 광원이 위에 있어야 마땅한데도 창틀의 위치와 그림자를 감안할 경우 광원이 아래에 있다는 사실을 감지하고 나면 비범해 보이는 숏이다. 닉비스트는 늘 자신이 원하는 효과를 찾아내면서 자신이 쓴 테크닉들은 감추고 있다.

불길한 분위기가 영화 전체를 뒤덮고 있다. 기차에서 본 탱크들은 나중에 호텔 앞의 거리에 나타나 우르릉거리다 잠시 멈춘 후에 지나가는 육중한 탱크 한 대와 매치된다. 폭발도 없고 전투도 없지만, 전쟁은 늘 가까이에 있는 듯 보인다. 에스터의 병환이 위기에 달하자, 사운드트랙에는 기이하고 요란한 신음 소리가 흐른다. 공습경보일까? 지옥의 음악일까? 우리는 알지 못한다. 그러나 안나가 언니에게 자신과 요한은 다음 기차로 떠날 거라고 차갑게 말하는 결말에서, 요한은 에스터에게 약속을 하려고 돌아온다. "돌아올게요." 아이는 영화에 희망을 불어넣는다. 문제는 그 희망이 어른이 될 때까지도 살아남을 수 있느냐 하는 것이다. 당신이 신이 침묵하고 있다고 믿지 않으면, 그렇게 될 것이다.

# 베크마이스터 하모니즈

Werckmeister Harmóniák

| | | |
|---|---|---|
| 감독 | 벨라 타르, 아그네스 흐라니츠키 | |
| 주연 | 라스 루돌프, 페테르 피츠, 한나 쉬굴라 | |
| 제작 | 2000년 | 145분 |

벨라 타르Béla Tarr, 1955~ 의 <베크마이스터 하모니즈>를 보면서 영화에 전혀 감정이입이 되지 않는다면 미치고 팔짝팔짝 뛰고 싶은 심정일 것이다. 반면 영화에 감정이입이 된다면 영화에 매료돼 넋을 잃게 될 것이다. 당신이 영화가 시작되고 20~30분이 지난 후에도 극장을 나가지 않았다면, 당신은 그 후로는 객석에서 몸을 꼼짝도 못하게 될 것이다. 짐 자무쉬Jim Jarmusch는 이 영화를 "꿈결 같다"고 묘사했다. 악몽 같은 영화이기도 하다. 파멸을 예고하는, 침묵과 슬픔으로 가득한, 우울한 분위기의 소도시 전체에 악이 침투해 있다는 으스스한 느낌을 풍기는 영화. 영화는 흑백으로 고상하게 촬영됐다. 엄청나게 우아한 카메라의 움직임은 서른아홉 개의 숏으로만 구성된 145분의 러닝 타임 내내 허공을 떠다니는 것처럼 느껴진다.

영화가 시작될 때 우리가 서 있는 지점이 어디인지 알려면 타르 감독이 한 다음 이야기부터 봐야 한다. "나는 이야기를 경멸한다. 무슨 일이 벌어졌다고 믿으라며 사람들을 오도하는 이야기를 경멸한다. 사실, 우리가 이런 상황에서 다른 상황으로 도망갈 때 실제로 생기는 일은 하나도 없다. (…) 남아 있는 건 시간뿐이다. 여전히 참된 유일한 것은 시간 그 자체일 것이다. 해와 날, 시, 분, 초.”

그렇다면 시간이란 무엇인가? 결국 시간은 지구가 태양을 한 바퀴 공전할 때 걸리는 시간을 여러 단위로 나누자고 우리가 합의한 결과물이지 않은가? 우리가 1년이라는 시간을 정의하지 않았더라도 지구상에 시와 분, 초가 존재할 수 있었을까? 어째서 지구상의 1초는 지구상의 1년의 일부로만 존재해야 하는가? 이런 질문들이 영화가 시작하면서 등장하는 비범하면서도 재미있고 기발한 11분짜리 숏으로 우리를 이끈다.

한겨울이다. 허름한 술집이 문을 닫을 시간이 됐다. 일식이 일어날 예정이다. 신문 배달부 야노스(라스 루돌프Lars Rudolph)는 시킨 사람도 없는데 천체에서 벌어질 일들을 설명하는 일에 나선다. 가구를 벽으로 밀어붙인 그는 어느 술꾼을 데려다 마루 복판에 세우고는 두 손을 햇빛처럼 파닥거리라고 시킨다. 그러고는 다른 사람을 지구로 선택하고, 그 사람은 태양 주위를 동그라미를 그리며 걷는다. 세 번째 남자는 달이다. 남자는 지구 주위를 동그라미를 그리며 걷는다. 이 술꾼들이 비틀비틀 동그라미를 그리며 자리를 옮기는 동안 달이 태양과 지구 사이에 들어서고, 그러면 일식이 일어난다. 야노스는 “하늘은 어두워지고, 세상 전체가 어둠에 잠긴다”고 말한다. “개들은 짖어 대고 토끼들은 웅크리고 사슴들은 공포에 질려 뛰어다녀요. 공포에 질려 떼를 지어 뛰어다니는 거죠. 이해하기 어려운 이 끔찍한 어스름이 깔리면 새들조차…… 새들도 혼란스러워하며 둥지로 돌아가요. 그러고는…… 완벽한 침묵이 깔리죠. 살아 있는 만물이 입을 다물어요. 언덕들이 행진에 나서는 걸까요? 하늘이 무너져 내리는 걸까요?”

야노스는 설명을 계속하고, 다른 이들은 만취 상태에서도 그의 이야기에 귀를 기울인다. 이 시간에 이 마을에는 달리 갈 곳이 없기 때문이다. 자, 이제 나는 당신을 데리고 당신이 치르는 20~30분 테스트의 첫 11분을 지나 왔다. 당신이 아직까지도 자리를 뜨지 않은 건 확실하다. 술집 주인은 문 닫을 시간이 됐다고 알리고는 손님들을 밖으로 내몬다. 야노스는 배달할 신문을 받으러 사무실로 간다. 거기서, 그리고 먼저 들른 곳인 호텔에서 그는 셰익스피어 분위기로 불길한 전조를 알리는 흉흉한 소문들을 듣기 시작한다. 천국과 지옥에는 제대로 된 게 하나도 없다는 소문, 서커스가 박제된 대형 고래와 음험한 능력을 가진 '프린스Prince'와 함께 마을로 오고 있다는 소문이다. 몇몇 가족은 자취를 감추기 시작했다.

서커스 트럭의 도착을 보여 주는 숏은 인상적이다. 트럭은 길가에 선 주택들의 전면에 드리운 커다랗고 네모난 그림자로 장시간에 걸쳐 등장한다. 나는 <제3의 사나이The Third Man>에서 결국에는 풍선 장사인 것으로 밝혀진 괴물의 그림자를 떠올렸다. 그러고는 헤드라이트가 등장한다. 그러고는 트럭이 나타난다. 고래를 싣기에 충분할 정도로 엄청나게 큰 트럭이다. 야노스는 트럭이 완전히 지나갈 때까지 그것을 가만히 서서 응시한다.

야노스는 마을에서 사랑받는 인물이다. 사람들은 그에게 "우리 야노스 잘 지내니?"라고 인사를 건넨다. 툰데 아주머니(한나 쉬굴라Hanna Schygulla)가 그를 찾아온다. 아주머니는 소원해진 남편인 기요르기 아저씨(페테르 피츠Peter Fitz)를 찾아가 달라고, 마을에 임박한 정체가 밝혀지지 않은 위협에 맞서 마을 사람들을 이끄는 일을 맡아 달라고 그에게 신신당부한다. 그녀는 야노스에게 여행 가방을 갖고 가라고 건네는데, 이 가방은 열리지도 않고 내용물이 무엇인지 설명되지도 않는다. 음악학 연구자인 기요르기 아저씨는 안드레아스 베크마이스터

Andreas Werckmeister, 1645~1706가 천상계의 음악과 어울리지 않는 화성학 체계를 대중화하면서 세상이 그릇된 길에 들어섰다고 믿는다. 야노스와 기요르기는 마을 광장으로 걸어간다. 두 사람의 모습은 대단히 긴 롱 숏으로 프레임에 잡힌다. 두 사람은 고래가 실린 트럭 주위에 모여 있는, 추위에 몸을 웅크린 사람들 무리에 당도한다. 나중에 입장권을 사서 트럭에 들어간 야노스는 생기 없이 그를 바라보는 고래의 커다란 눈동자를 응시한다.

벨라 타르는 그의 작품을 본 사람보다 그의 작품에 대해 이야기하는 사람이 더 많은 헝가리 감독이다. 이렇게 된 부분적인 이유는 415분 길이의 <사탄탱고Sátántangó>(1994) 같은 그의 작품들을 즐기려는 욕구를 가진 관객이 적은 데다 그런 영화를 상영하려는 극장도 적기 때문이다. 나는 영화제를 돌아다니면서 보낸 오랜 시간 동안 이 영화 이전에는 그의 작품을 한 편도 본 적이 없었다. 나는 이 영화의 DVD를 시카고의 패시츠 멀티미디어를 통해 입수했다. 영화제에 갔다가 어떤 영화 한 편을 보려고 다른 영화 네 편을 보지 못하게 될 때, 우리는 저항이 가장 약한 경로를 택하는 게 일반적이다. 그런데 타르의 이름은 나를 책망하는 투로 계속 내 시야에 헤엄쳐 들어왔다. 『죽기 전에 꼭 봐야 할 영화 1001편1001 Movies You Must See Before You Die』 같은 책을 볼 때도 그런 식이었다. 나는 영화 한 편 한 편을 자랑스레 체크해 나갔다. 벨라 타르의 이름에 당도하기 전까지는 말이다.

나는 타르가 실로 독특하면서도 독창적인 작품들을, 아름다운 스타일의 영화들을 만들었다는 것을 이제야 알게 됐다. 나는 컬러보다 흑백의 순수함을 더 좋아한다. 단순히 묘기를 부리려는 의도에서가 아니라 연출 의도에 부합하려고 사용한 롱 테이크를 좋아한다. 미스터리한 분위기에 매력을 느낀다. 영화가 보는 즉시 구체적인 느낌이 감지되는 시공간을 설정할 때, 그 영화에서 눈을 떼지 못한다. <베크마이스터 하

모니즈>는 환영 같고 공상적인 테마들을 잔뜩 다루는데도 철저하게 사실적이다. 모든 인물과 모든 방, 거리, 행위, 대사 한 줄 한 줄이 프레더릭 와이즈먼Frederick Wiseman의 작품들만큼이나 시네마 베리테와 흡사한 느낌을 준다.

이 영화에는 러닝 타임이 긴 영화들이 창출할 수 있는 몽상적인 느낌이 있다(그래도 러닝 타임이 145분인 <베크마이스터 하모니즈>는 <조디악Zodiac> 같은 영화보다 짧다). 당신은 마음속에서 똑딱거리는 시계에 더 이상은 관심을 기울이지 않게 되면서 시간의 제약에서 벗어난 상태로 부유할 것이다. 타르의 카메라 역시 부유한다. 카메라는 (핸드헬드가 자주 등장하지만) 바위처럼 굳건하다. 조금도 서두르거나 주저하지 않고, 편집을 전혀 하지 않은 채로 롱 숏과 트래킹 숏, 클로즈업, 프레이밍 숏이 되는 단절되지 않는 테이크들 사이를 부드럽게 미끄러져 다닌다. (당신이 데이비드 보드웰David Bordwell의 평균 숏 길이를 확인하는 사람일 경우를 대비해서 밝히자면, 이 영화의 평균 숏 길이는 3.7분이다. <본 슈프리머시The Bourne Supremacy>는 1.9초다.)

친구들은 물을 것이다. 그냥 거기에 죽치고 앉아서 숏들만 지켜보는 거야? 흐음, 그렇다. 바로 그게 영화 관객이 영화를 볼 때 하나같이 하는 일이다. 하지만 사람들이 숏을 늘 숏으로 보는 것은 아니다. 벨라 타르의 스타일은 그의 캐릭터들을 대단한 집중력과 존중하는 마음으로 대하려는, 캐릭터들을 거칠게 밀어붙이는 일 없이 묵묵히 관찰하려는, 캐릭터들이 우리가 사는 세상처럼 대단히 평범해 보이면서도 대단히 경이로워 보이는 그들의 세상 속을 다닐 때 지나치게 호들갑을 떨지 않으면서 그들을 따라다니려는 시도처럼 보인다.

## 복수는 나의 것

復讐するは我にあり

| | |
|---|---|
| 감독 | 이마무라 쇼헤이 |
| 주연 | 오가타 겐, 오가와 마유미, 미쿠니 렌타로, 바이쇼 미쓰코 |
| 제작 | 1979년 140분 |

<복수는 나의 것>이라는 제목은 결코 답을 들을 수 없는 질문을 은연중에 제기한다. 무엇을 위한 복수인가? 냉혹한 연쇄 살인자를 그린 이 영화는 폭력을 휘두르게 된 동기와 그 행위를 하게 만든 영감, 폭력을 휘두르게 만든 정신적 불만이 없는 잔혹한 폭력을 보여 준다. 트루 크라임true crime 장르에 속한 영화 중 대부분을 차지하는, 사회적 메시지를 지향하는 영화들과 다르게 만사를 설명하는 프로이트적인 설명이 없는 이 영화는 일반 사회와는 동떨어진, 비인간적인 순수한 악을 보여 준다. 살인자의 어린 시절을 보여 주는 몇몇 신은 '설명'이라는 게 어째서 불가능한지를 풍자적으로 보여 주는 시범 사례처럼 느껴진다.

이 1979년도 영화는 1963년 말과 1964년 초에 일본에서 일련의 살인을 저질렀던 니시구치 아키라西口彰의 난폭한 경력을 상세히 묘사한다. 영화에서는 에노키즈 이와오라는 이름이 붙은 그를 강렬한 인상의 배우 오가타 겐緒形拳이 연기한다. 그는 두 가지 지배적인 감정을 활

용한다. 수동성과 분노. 그는 때로는 설득력 있는 모습을, 심지어는 매력적인 모습을 보일 수 있지만, 절도나 살인 같은 목적을 달성하기 위해서만 그럴 뿐이다. 그의 얼굴은 무언가를 은폐하는 마스크다. 무엇을? 그것이 감추는 건 아무것도 없을 것이다.

영화를 만든 감독은 오즈小津安二郎와 구로사와黑澤明, 미조구치溝口健二 같은 위대한 일본 감독들과 어깨를 나란히 하는 감독으로 간주되는 이마무라 쇼헤이今村昌平, 1926~2006다. 언젠가 프랑스 평론가들은 그를 곤충학자라고 불렀다. 매춘부를 인간에 대한 배려를 하지 않는 지독한 세상의 먹잇감으로 간주하는 그의 유명한 영화 <일본 곤충기にっぽん昆虫記>(1963) 때문만은 아니었다. 그가 등장시킨 살인자 에노키즈도 곤충과 비슷하다. 그는 자신이 하는 일이기 때문에 아무런 생각도 하지 않고 하는 행동을 하고 있다. 우리는 우리가 그런 사람들이 사악하게 구는 이유를 설명할 이야기들을 얼마나 많이 욕망하는지를, 그리고 스토리텔러가 우리에게 그런 것을 설명해 주지 않겠다고 거부하려면 어느 정도의 결심이 필요한지를 깨닫는다.

우리는 타이틀이 뜨기 전의 시퀀스에서 에노키즈가 체포된 후 경찰차 뒷좌석에 있는 모습을 본다. 그는 78일간 전국적으로 벌인 범인 수색 작업의 대상이었다. 그의 사진이 사방에 붙어 있었다. 그럼에도 이목구비가 평범한 데다 안경과 모자를 쓰고 오버코트를 걸친 그가 튀어 보이는 구석이 없는 바람에, 사람들은 그를 알아봤다고 생각할 때조차 자신이 잘못 본 거라고 생각하기까지 했다. 에노키즈는 경찰차에서 노래를 부르면서 교수형 당할 날짜를 짐작해 보고 경찰의 심문에 협조하기를 거부한다. 그가 내세우는 주장은 이렇다. 그는 범죄를 저질렀고, 죽어 마땅하며, 세상만사는 응당 그래야 하는 식으로 돌아간다.

타이틀이 뜬 후, 이마무라는 첫 번째 살인 사건을 보여 준다. 에노키즈는 수금원 두 명이 탄 트럭을 얻어 탄다. 술판 이야기를 지어낸 그는 수금원 한 명을 철도 근처에 있는 나무 우거진 언덕으로 데려가 칼로 살해한다. 이 살인은 엄청나게 어렵게 행해진다. 희생자는 필사적으로 저항하고, 살인자는 거의 피해자에게 압도당할 뻔했다. 사방이 피투성이다. 그는 두 번째 남자를 같은 곳으로 데려와 역시 살해한다. 그는 냉정하고 무표정한 얼굴로 몸을 씻고 옷을 갈아입는다.

영화는 이후로 그가 저지른 모든 살인 행각을 보여 주지만, 이렇게 상세하게 보여 주는 것은 딱 한 번뿐이다. 히치콕Alfred Hitchcock이 <프렌지Frenzy>에서 그랬던 것처럼, 이마무라는 스크린에 일단 폭력을 등장시키면 나중에는 단순히 그 기억을 상기시키게 만드는 편이 더 효과적일 수 있음을 잘 안다. 에노키즈가 보석 보증인인 척하는 막간 장면이 있다. 법정에서 어떤 남자의 가족과 친해진 그는 남자의 어머니를 딸과 떨어뜨리고는 그녀가 보석을 위해 가져온 현금을 몽땅 탈취한다. 영화 내내 그러는 것처럼 그 일을 수월하게 해낸다. 그는 임기응변을 잘하고 변장도 잘한다. 변호사나 교수 노릇을 성공적으로 해낸다. 다른 희생자인 노老변호사와 친해진 그는 변호사를 살해하고는 시신을 옷장에 넣은 후, 그 남자의 아파트에서 자기 집처럼 지낸다. 그러던 그는 깡통 따개를 찾지 못하자 미쳐 날뛴다. 희생자 때문에 화를 낸 게 아니다. 그가 격분한 건 깡통 따개는 죽일 수 없는 상대이기 때문이다.

두 가족과 관련한 서브플롯이 있다. 하나는 에노키즈 자신의 가족이고, 다른 하나는 그가 은신한 하숙집의 모녀다. 두 이야기 모두 도덕 관념이 없는 부모와 타락한 아이들을 다룬다. 에노키즈의 결혼 생활은 생기가 없고, 그의 어머니는 입원해 있으며, 아내 가즈코와 아버지 가요는 오래 전부터 서로에게 마음을 둔 사이이다. 두 사람은 영화 중간 부분의 목욕 장면에서 섹스를 하기 직전까지 가지만, 가톨릭 가치관 때문에 그렇게까지 하지는 않는다. 하지만 그 가치관도 아버지가 친구에게, 가즈코가 기꺼이 외간 남자와 몸을 섞을 거라고 떠드는 것을 막지는 못한

다. 가즈코가 저항하자, 그 친구란 남자는 가요의 허락을 받았다고 말한다. 그러자 그녀는 남자에게 굴복한다. 마치 시아버지에게 굴복하는 것처럼.

에노키즈가 은신처로 삼는 하숙집은 사실상 매음굴이다. 하숙집의 어머니는 살인죄로 복역한 후 석방된 전과자다. 딸 하루는 하숙집을 찾는 손님에게 매춘부를 연결해 준다. 그녀 자신도 임대료를 내주는 사업가의 정부다. 두 여자는 이런 일을 철저하게 사무적으로 수행하고, 그런 태도는 기이한 대화로 이어진다. 딸은 에노키즈에게 푹 빠진다. 수배된 살인자라는 사실을 알고 난 후에도 그렇다. 그녀는 이런 말을 한다. “선생님에 대해서는 아는 게 하나도 없어요.” 맞는 말이다. 그럼에도 그녀는 이런 말을 한다. “우리 같이 죽을까요, 교수님? 진담이에요.”

어머니는 에노키즈와 함께 음산한 수로 옆 인도를 걷는다. “주둥이가 싼 할망구를 죽였을 때 기분이 정말로 끝내줬어.” 그녀는 그에게 말한다. “당신도 지금 그런 기분인가?” 그러자 그는 말한다. “아뇨.” “그렇다면 당신은 아직까지는 정말로 죽이고 싶은 사람을 죽여 보지 못한 거야.” “그럴지도 모르겠군요.” “그렇다면 당신은 약골이야.”

영화는 무시무시한 힘을 그러모은다. 주요 캐릭터 전원이 평범한 인간적인 가치관을 무시한다. 그 점은 에노키즈와 어머니가 옆방에 있는 동안 부유한 사업가가 하루를 겁탈할 때 시험대에 오른다. 하루는 도와 달라고 울부짖는다. 아무런 감정도 없는 듯하던 에노키즈는 물이 똑똑 떨어지는 수도꼭지를 응시하다가 꼭지를 꽉 잠근 후 결국 칼에 손을 뻗는다. 그러나 어머니는 그를 막는다. 그녀는 사업가에게서 받는 경제적인 지원을 잃고 싶지 않다.

1979년에 개봉한 이 영화는 가끔씩 일본판 <인 콜드 블러드In Cold Blood>라고 불렸다. 하지만 전혀 그렇지 않다. 리처드 브룩스Richard Brooks의 1967년도 영화는 캐릭터들에게 범행 동기(한 명은 탐욕, 다른 한 명은 유년기에 입은 상처)를 제공한다. 그 영화에는 유명한 대사가 있다. "클러터 씨를 아주 좋은 신사라고 생각했어요. 무척 마음에 드는 노인이라고 생각했죠. 그의 목을 긋는 순간에도 그렇게 생각했어요." 에노키즈와 관련해서 가장 심란한 것은 그가 희생자들에 대한 감정을 조금도 느끼지 않는다는 것이다. 그가 저지른 살인은 단순히 그의 본성에서 비롯된 짓이다.

폴 슈레이더Paul Schrader의 <미시마: 그의 인생Mishima: A Life in Four Chapters>을 다시 본 후에 <복수는 나의 것>을 보고는 일본인들이 죽음에 매혹돼 있다는 것을 떠올렸다. 텅 빈 공책 같은 에노키즈의 눈을 응시하면서 그가 무슨 생각을 하는지를 상상해 봤다. 그는 삶을 그리도 경멸했기에 국가에 의해 교수형을 당하겠다는 단순한 이유에서 무고한 낯선 이들을 죽이고 있는 걸까? 어쩌면 희생자들도 그들의 머릿속에서는 그에 대한 관념들을 빚어냈을 것이다. 하루에게는 그가 자신을 사랑하거나 좋아하거나 심지어는 아는 척을 할 거라고 믿을 이유가 분명히 하나도 없다. 그는 그녀에게 다정한 말을 한마디도 하지 않는다. 되도록이면 입을 열지 않는다. 대체로 짧은 경구警句만 내놓을 뿐이다. 그녀는 곤충처럼 촛불에 매료된다.

이마무라는 죽음에 대한 또 다른 위대한 영화를 만들었다. 1983년에 칸영화제에서 수상한 <나라야마 부시코楢山節考>가 그 영화다(1997년에는 그의 다른 영화인 <우나기うなぎ>가 수상했다). <나라야마 부시코>에서, 어느 마을은 전통적으로 노인이 죽어야 할 시점을 결정한다. 그러고는 한겨울에도 그 노인을 황량한 곳에 방기하는 의식을 치른다. 그런데 이 영화는 기이하게도 삶을 긍정하는 영화다. 이 영화에는 <복수는 나의 것>의 분노가 없지만, 두 영화는 죽음에 대한 몰두는 공유하고 있다. <우나기>는 아내와 그녀의 연인이 함께 있는 모습을 발견하고는 두 사람을 찔러 죽인 이발사를 다룬다. 가석방된 그는 새 생활

을 시작하지만, 다시 살인을 저지를지도 모른다는 인식이 늘 그에게 그림자를 드리운다.

이마무라는 스타일리스트로, 지나치게 호들갑을 떨지 않는 카메라 전략의 달인이다. 그가 채택하는 시점은 때때로 눈높이보다 약간 높다. 그러면서 그의 캐릭터들이 왜소해지는 결과가 빚어지고, 그들을 곤충학 표본처럼 보이게 만든다. 그는 다른 숏들에서는 딥 포커스에서 배경을 포함하려고 로 앵글을 쓴다. 하루가 겁탈당할 때 에노키즈가 주방에서 울적해하는 신이 그런 경우다. 물이 떨어지는 수도꼭지는 그의, 그리고 우리의 주목을 끌 수 있는 위치에 배치되고 조명을 받는다. 살인이 행해지는 동안, 그의 카메라는 중간쯤 거리에 자리하고는 미동도 않으면서 곧바로 내려다본다. 그는 관객에게 충격을 주는 편집이나 빠른 움직임에 도취되지 않는다. 그는 객관적으로 사건을 응시한다. 이 영화에서 우리는 감독인 그의 탓을 그가 다루는 캐릭터를 탓하는 것보다 더 심하게는 하지 못한다.

DVD에는 영화가 개봉되고 몇 년 후에 이마무라와 한 인터뷰가 실려 있다. 전혀 도움도 안 되고 흥미로운 정보도 들어 있지 않은 인터뷰다. 그런데 바로 그 이유에서 대단히 흥미로운 인터뷰다. 에노키즈는 무슨 생각을 하고 있을까? 이마무라는 말하지 않을 것이다.

## 북극의 나누크

Nanook of the North

| | | |
|---|---|---|
| 감독 | 로버트 플라어티 | |
| 제작 | 1922년 | 78분 |

로버트 J. 플라어티Robert J. Flaherty, 1884~1951의 <북극의 나누크>에는 깜짝 놀랄 시퀀스가 있다. 작품의 주인공인 이뉴잇 사냥꾼 나누크Nanook가 바다표범을 사냥하는 시퀀스다. 플라어티는 대단히 흥분되는 이 장면을 분절되지 않은 단일 숏으로 보여 준다. 바다표범이 20분에 한 번씩 숨을 쉬어야하기 때문에 겨울철 북극의 빙판에 공기구멍을 만들어 놓는다는 것을 나누크는 안다. 거의 보이지 않을 정도로 작은 구멍을 찾아낸 그는 바다표범이 숨을 쉬러 올라올 때까지 작살을 들고는 미동도 않는다. 그러다 작살을 내리꽂은 그는 탈출하려고 물 속 깊이 들어가는 바다표범에 꽂힌 밧줄을 붙든다.

필사적인 줄다리기가 벌어진다. 나누크는 구멍에서 나온 3~4미터 되는 밧줄을 붙들고 밖으로 끌어당기다 빙판에서 미끄러지고, 그러고는 다시 당기고 또 당긴다. 우리 눈에는 보이지 않지만, 그는 밧줄을 몸에 묶고 있는 게 분명하다. 따라서 그는 줄다리기에서 지면 익사하게 될 것이다. 그는 동료 사냥꾼들에게 도와 달라고 절박한 신호를 보내고, 우리는 그가 밧줄을 붙들고 분투하는 동안 개들과 함께 빙판을 가로질러 뛰어오는 동료들을 본다. 드디어 그들이 도착하고, 동료 서넛이 밧줄을 끌어당긴다. 바다표범이 우세하다. 나누크는 칼을 써서 구멍을 넓히고, 바다표범은 결국 빙판 위로 모습을 드러내고는 목숨을 잃는다. 사냥꾼들은 즉시 바다표범의 지방을 벗겨내고 날고기로 배를 채운다.

플라어티가 이 장면을 촬영하면서 나누크를 도울 수 있는 데도 돕지 않은 것에 대해 평론가들 사이에 논의가 있었다. 바다표범이 실제로 빙판 위로 끌어올려지는 모습은 전혀 보이지 않는다. 플라어티는 자연과 맞서는 인간이라는 이미지의 순수성에 영향을 주는 것을 염려해 총으로 사냥하는 장면은 보이고 싶지 않았던 걸까? 그런 의문들이 '다큐멘터리의 아버지'라 불려온 인물이 사용한 방법들을 놓고 벌어진 수십 년 묵은 논쟁의 일부다. 그의 작품들은 걸작임에도, 그가 구현한 리얼리티들은 의심의 여지없이 창작자의 도움이 가미돼 탄생한 것들이었다.

나는 일주일 전에 토론토영화제에서 새로 작곡된 스코어가 라이브로 연주되는 가운데 35밀리미터로 화려하게 영사된 <북극의 나누크>를 보면서 플라어티가 쓴 방법들의 순수성에는 그다지 신경을 쓰지 않았다. 그는 이 장면들을 1920년에 촬영했다. 다큐멘터리가 따라야 할 규칙들도 없고 소중한 다큐멘터리라고 여길 만한 작품도 거의 없던 시절이었다. 약간의 이끼 말고는 아무것도 자라지 않고 이뉴잇 3백 명이 잉글랜드 크기만 한 지역에 살았던 저 멀리 북쪽의 극지대에서 촬영된 작품이 전혀 없었던 건 분명했다. (거의 동시대에 반대쪽 극지대에서는 사진작가 프랭크 헐리Frank Hurley가 섀클턴Ernest Shackleton의 원정을 필름에 담는 중이었다. 그 원정은 섀클턴의 배 인듀어런스 호가 얼음에 부딪혀 부서지고, 선원들이 갑판 없는 배를 타고 남미까지 7백 마일에

걸친 항해 끝에 한 명도 목숨을 잃지 않고 탈출에 성공하는 것으로 끝났다. 그 영화• 역시 DVD로 출시되어 있다.)

플라어티가 모든 사실을 솔직히 밝혔기 때문에, 우리는 그가 영화를 찍으려고 출연진을 캐스팅했다는 걸 안다. 나누크는 그 지역에서 제일 유명한 사냥꾼이라 선택됐다. 그런데 그의 아내들을 연기하는 두 여자는 그의 아내들이 아니었고 자식들도 그의 자식들이 아니었다. 플라어티가 처음 촬영한 장면은 바다코끼리 사냥이었다. 그는 나누크와 동료 사냥꾼들이 카메라를 위해 사냥을 하는 연기를 했다고 밝혔다. <북극의 나누크>는 시네마 베리테가 아니다. 그럼에도 영화는 그런 의미를 담고 있다. 이 영화는 다큐멘터리의 창작 과정 자체를 보여 주는 진정성 넘치는 다큐멘터리다. 스크린에서 벌어지는 일은 배후에서 벌어졌던 일이 무엇이건 실제 상황이다. 나누크가 붙잡고 있는 밧줄 저편에는 정말로 바다표범이 있다.

영화는 나누크가 가족과 보내는 2주간의 생활을 보여 준다. 이미 지구상에서 자취를 감추고 있는 이 생활 방식에는 헤아릴 수 없이 많은 디테일이 가득하다. 우리는 사냥꾼들이 꾸벅꾸벅 조는 바다코끼리 떼를 향해 조금씩 포복으로 다가가다 나누크가 번개처럼 튀어 올라 작살을 던진 다음 격렬한 투쟁이 벌어지는 것을 목격한다. 작살에 맞은 바다코끼리의 짝이 싸움에 가세하기도 한다. 그런 신들은 이뉴잇의 삶을 가장 근본적인 리얼리티까지 단순화한다. 이 땅에서 유일한 먹을거리는 다른 동물의 몸뚱어리이기 때문에 다른 동물을 사냥하고 죽여야 한다는 리얼리티까지 말이다. 가족이 사용하는 모든 것(식량, 연료, 의복, 도구)는 이런저런 식으로 그런 동물들에게서 얻어진다. 예외라면 교역소에서 획득하는 칼과 작살촉 정도다. 칼과 작살촉은 사치품

• <South>(1919)를 가리킨다.

이다. 이뉴잇들은 교역소가 생기기 전에도 이미 원시적인 형태의 그것들을 갖고 있었다.

영화에서 상당히 매혹적인 신 중 하나는 이글루를 짓는 과정을 보여 준다. 나누크와 친구들은 눈을 큼지막한 블록으로 깎아 동그랗게 쌓아 올린다. 마룻바닥에서 새 블록들을 깎아 내기 때문에, 벽이 올라가면서 돔 형태로 안쪽으로 곡선을 이루는 동안 마룻바닥은 점점 지면 아래로 낮아진다. 그런 후에 나누크는 얼음덩어리를 찾아내 이글루 벽에 구멍을 뚫고는 구멍에 얼음을 넣어 창문을 만든다. 크기가 작은 이글루가 하나 더 있다. 개들을 위한 이글루다. 커다란 이글루 내부에는 크기가 제일 작은 이글루가 있는데, 이 이글루는 그냥 놔두면 덩치 큰 개들이 재빨리 먹어 치울 강아지들을 위한 것이다.

나누크에게는 어린 아들 알리Allee와 4개월 된 아기 레인보우Rainbow가 있다. 아이들은 어머니들의 포대기에 담긴 채로 여행을 다닌다. 그의 아내들인 나일라Nyla와 쿠나유Cunayou가 아이들을 보살피며 보여 주는 자연스러운 모성애와 자애로움을 보여 주는 신들이 있다. 아이들은 강아지들과 놀고, 알몸이 된 온 가족은 밤에는 이불 노릇을 하는 모피 옷 아래로 꿈틀꿈틀 들어간다. 위험한 순간들도 있다. 갑작스러운 눈보라에 길을 잃을 뻔할 때, 심각한 기아와 절망의 시간이 찾아올 때가 그렇다. 영화에서는 암시만 되는 이런 위험들은 영화가 끝난 후에는 현실로 찾아왔다. 나누크는 플라어티가 그를 촬영하고 2년 후에 눈보라에 길을 잃고 아사했다.

미시간에서 태어난 플라어티는 젊었을 때 아버지와 캐나다 북부를 여행했다. 그랬다가 철광석을 찾아내는 일을 하는 발굴 요원으로 이 지역에 돌아왔다. 카메라를 갖고 온 그는 에스키모들을 촬영했지만, 그 필름은 화재로 소실됐다. 이 사건에서 자극을 받은 그는 프랑스 모피 교역 회사의 자금 지원을 받고 다시 돌아와 제대로 된 영화를 찍었다. 그는 발전기와 현상 장비, 영사기를 지참했다. 그는 바다코끼리 사냥 촬영을 마치고 난 이후에 대해 이렇게 썼다.

> 지체 없이 영화를 현상하고 인화했다. 그 바다코끼리 결투는 에스키모들이 난생 처음 보는 영화였다. 교역 전문 용어로 말하자면, 결과는 '대성공'이었다. 관객들(교역소 주방에 질식하는 사람이 생기기 직전까지 모여들었다)은 자신들이 영화를 보고 있다는 사실을 까마득히 잊었다. 그들에게 바다코끼리는 실제로 살아 있는 것이었다. 스크린에서 영화가 전개되는 동안 남자들은 나누크와 동료들에게 훈계와 경고, 조언을 큰소리로 외쳐 댔고, 여자들과 아이들도 날카로운 고음을 내며 거기에 합류했다. 이 영화의 명성은 나라 전역에 퍼졌다. (…) 이 영화 이후로 나의 에스키모가 영화의 현실적인 측면을 파악하기까지는 그리 오래 걸리지 않았다. (…) 그 후로 그들은 늘 내 곁을 지켰다.

영화는 기술적으로 정교하지는 않다. 카메라 한 대에 조명도 없고 꽁꽁 얼 정도로 추운 데다 모두가 평등하게 자연의 은총에 목숨을 맡겨야 하는 상황에서 어찌 그럴 수 있었겠나? 하지만 이 영화에는 일부 시퀀스들이 연출됐다며 제기하는 불만들을 압도하는 진정성이 담겨 있다. 만약 당신이 바다코끼리 사냥을 연출한다면, 거기에는 바다코끼리를 사냥하는 모습이 여전히 담겨 있어야 한다. 그런데 바다코끼리는 시나리오를 본 적이 없다. 이뉴잇의 인간성과 낙천주의는 영화 내내 밝게 빛난다. 영화의 자막 중 하나는 그들을 "태평스럽다"고 묘사하는데, 그들의 혹독한 생존 방식을 감안하면 이런 묘사는 잔인해 보이기까지 하지만, 그들은 정말로 자신들의 삶에 흠뻑 빠져 그 삶을 행복해하는 듯 보인다. 삶에 대한 그들의 만족도는 우리 중 많은 사람보다 훨씬 더 크다고 할 수 있다.

플라어티는 이후로 더 세련된 영화들을 만들었다. 유명한 <타부Tabu>(1931)는 위대한 독일 영화감독 F. W. 무르나우F. W. Murnau와 불편한 관계에서 공동으로 연출한 작품으로, 무르나우는 필름으로 기록을 남기는 작업보다는 스토리와 스타일에 더 관심이 많았다. 아일랜드 연안의 애런 제도 사람들의 고생스러운 삶을 다룬 <아란의 사람들Man of Aran>(1934), 키플링Rudyard Kipling의 작품을 원작으로 사부Sabu가 출연한 픽션 <코끼리 소년 투메이Elephant Boy>(1937), 석유 굴착기가 자신의 순수한 영역에 침입하는 것을 목격하는 어린 늪지대 소년을 다룬 <루이지애나 스토리Louisiana Story>(1948). 후기의 작품들은 더 부드럽고, 관습적인 측면을 보여 주는 더 아름다운 영화들이다. 그러나 <북극의 나누크>는 주인공의 용기와 훌륭한 솜씨를 바라보는 꾸밈없는 시선 면에서 독보적이다. 나누크는 지금까지 필름에 기록된 인간 중에서 가장 활력 넘치고 가장 뇌리에서 지울 수 없는 사람에 해당한다.

# 이 영화는 데이비드 셰퍼드David Shepard가 복원하고 티머시 브록Timothy Brock이 작업한 스코어가 딸린 크라이테리언 DVD 에디션으로 출시되어 있다. 이 영화가 토론토에서 상영될 때, 퀘벡 출신 작곡가 가브리엘 티보도Gabriel Thibaudeau는 그 땅의 아름다움을 찬양하고, 위험천만한 장면들이 등장하는 동안에는 위기감과 놀라움, 두려움, 승리감을 에스키모의 전통 발성법인 스롯 사운드throat-sound로 표현하는 음악을 들려주려고 뮤지션 아홉 명(플루트 연주자 4명, 소프라노 가수 1명, 베이스 가수 1명, 드럼 연주자 1명, 이뉴잇 스롯 싱어 아키니시 시부아라아피크Akinisie Sivuaraapik와 캐럴라인 노발링가Caroline Novalinga)을 지휘했다. 그 코멘터리 트랙은 인터넷에서 다운받아 DVD와 함께 재생할 수 있다. 이 공연이 다음에 출시될 DVD 에디션에도 지금과 같은 방식으로 제공될지, 아니면 별도의 트랙으로 담겨 제공될지 궁금하다.

# 분홍신

The Red Shoes

| | |
|---|---|
| 감독 | 마이클 파월, 에메릭 프레스버거 |
| 주연 | 모이라 시어러, 안톤 월브룩, 마리우스 고링 |
| 제작 | 1948년 / 134분 |

<분홍신>에 담긴 두 종류의 이야기 사이에는 긴장감이 감돈다. 그리고 그 긴장감은 이 영화를 발레를 소재로 만들어진 역사상 가장 대중적인 영화로, 그리고 다룬 소재가 무엇이냐를 불문하고 가장 수수께끼 같은 영화 중 하나로 만드는 데 도움을 줬다. 그 이야기 중 하나인, 젊은 발레리나가 그녀를 벼락스타로 만들어 준 발레의 작곡가와 사랑에 빠진다는 이야기는 할리우드 뮤지컬의 소재로 활용할 수도 있다. 반면에 다른 이야기는 더 음울하고 신중하다. 그 이야기는 발레단을 운영하는 단장에 관한 이야기다. 그는 충성과 복종을 요구하고, 젊은이들이 결혼하자 격분하는 사람이다. 발레리나와 그녀의 연인의 행동 동기는 분명하게 파악된다. 그런데 단장은 분석이 거의 불가능한 인물이다. 우리는 그의 어두운 눈빛에서 격렬한 분노를 읽는다. 아니, 그것은 질투가 아니다. 최소한 사랑과 관련한 질투는 아니다. 어느 것도 그처럼 단순하지 않다.

영화는 미적인 면에서는 관능적이고 스토리텔링 면에서는 정열적이다. 관객은 영화를 감상하는 것이 아니라, 영화에 푹 빠진 채로 세례를 받는다. 그렇다. 영화의 엔딩은 충격적이다. 그러나 관객은 그런 결말이 닥치고 있다는 것을, 그리고 그것을 피해 갈 도리는 없다는 것을 인지한다. 영화는 우리에게 동화를 들려주고는 그것을 현실 세계에서 재현한다. 영화가 들려주는 동화는, 착용자가 춤추는 것을 멈추는 걸 허용하지 않는 붉은 슬리퍼를 신은 어린 소녀를 다룬 한스 크리스티안 안데르센Hans Christian Andersen의 동화다. 그녀는 행복을 그로테스크하게 조롱하는 분위기에서 숨을 거둘 때까지 춤을 추고 또 춰야 한다. 이게 발레의 소재로 쓰기에는 무시무시한 소재라는 것에는 당신도 동의할 것이다. 이 영화는 발레단 운영과 관련한 현실적인 비즈니스로 그 소재를 에워싼다.

<분홍신>은 히치콕Alfred Hitchcock이나 리드Carol Reed, 린David Lean만큼이나 존경받는 영국의 영화감독들인 마이클 파월Michael Powell, 1905~1990과 에머릭 프레스버거Emeric Pressburger, 1902~1988 팀에 의해 1948년에 만들어졌다. 파월은 감독이고 헝가리 이민자인 프레스버거는 시나리오 작가지만, 두 사람은 항상 작가 겸 감독으로 이중의 크레디트를 택했고, 두 사람이 이룬 팀은 '아처스The Archers'라는 이름으로 알려졌다. 궁수弓手를 뜻하는 아처스라는 이름처럼 과녁에 명중하는 화살을 로고로 채택한 그들은 <블림프 대령의 삶과 죽음The Life and Death of Colonel Blimp>과 <흑수선Black Narcissus>, <피핑 톰Peeping Tom>, <바그다드의 도둑The Thief of Bagdad>, 미국에서는 '천국으로 가는 계단Stairway to Heaven'이라는 제목으로 개봉된 데이비드 나이번David Niven 주연의 클래식 <생사가 걸린 문제A Matter of Life and Death> 같은 명작들을 발표했다.

프레스버거는 이 발레 영화의 초고를 1930년대에 집필했다. 전쟁이 끝난 후, 그리고 <흑수선>(1947)이 데버라 커Deborah Kerr를 스타로

만들고 오스카에서 촬영상과 미술상을 수상하며 대성공을 거둔 후, 두 사람은 발레 영화의 초고를 다시 펼쳤다. 파월은 코트다쥐르에서 자랐다. 그의 영국인 아버지는 캅 페라에서 호텔을 경영했고, 그는 러시아인 발레단장인 세르게이 댜길레프Сергéй Дя́гилев의 모습을 자주 봤다. 댜길레프가 이끄는 발레 뤼스Ballet Russes가 인근에 있는 몬테카를로에서 겨울을 났기 때문이다. 아처스는 댜길레프에 대한 파월의 견해를 활용했고, 초기 시나리오는 오만하고 냉정하며 쌀쌀맞은 단장이 폭발적인 에너지를 가진 발레리나라는 연분을 만난다는 이야기를 빚어냈다. 프레스버거는 아마도 댜길레프가 거느렸던, 위대하지만 많은 괴롭힘을 당한 바츨라프 니진스키Вáцлав Нижúнский가 1913년에 헝가리 발레리나 로몰라 드 풀츠키Romola de Pulszky와 결혼하면서 일으킨 유명한 스캔들에서 영감을 받았을 것이다. 댜길레프는 두 사람을 해고했다.

캐릭터들이 리얼리즘과 판타지 사이를 오가야 할 때는 캐스팅이 만사를 좌우한다. <분홍신>은 모이라 시어러Moira Shearer와 안톤 월브룩Anton Walbrook을 주연으로 캐스팅하지 않았다면 실패했을 가능성이 크다. 시어러와 월브룩은 돋보이는, 심지어는 특이한 성격의 소유자로, 두 사람은 사실상 스테레오타입이나 다름없는 캐릭터들에 감정적인 리얼리즘을 불어넣는다. 월브룩은 발레 레르몬토프의 도도한 매니저 보리스 월브룩을 연기한다. 그는 철권으로 발레단을 지배한다. 그는 거만하고 무뚝뚝하고 단호하며, 사람을 기쁘게 해 줄 줄도 알고 오싹하게 만들 줄도 안다. 시어러는 댄서인 비키 페이지를 연기한다. 그녀의 친구 줄리안 크래스터(마리우스 고링Marius Goring)가 자신이 작곡한 곡을 발레단 지휘자가 훔쳤다고 항의하러 레르몬토프의 사무실을 갑자기 찾아온다. 레르몬토프는 줄리안을 고용하고, 비키는 오디션에 합격한다. 발레단의 주연급 댄서가 결혼을 위해 사임하자, 두 사람은 "백지상태에서 3주 안에 발레를 창작해야 한다"는 말을 듣는다.

세간의 평을 그대로 옮기자면, 모이라 시어러는 너무나 아름답다. 파월은 영화감독이 집필한 자서전 중에서 으뜸가는 자서전에 “짐승의 털처럼 자연스럽고 아름다운 그녀의 풍성한 붉은 머리는 가을날의 모닥불처럼 불타오르며 반짝거렸다”고 썼다. “그녀의 몸은 근사했다. 날씬하지는 않았지만, 여분의 살점은 단 1온스도 갖고 있지 않았다.” 그리고 월브룩에 대해서는 이렇게 썼다. “안톤은 갑옷처럼 자신을 보호하는 완벽한 매너 밑에 겸손함과 따뜻한 마음을 은폐한다. 그는 주변 환경에 동조해서 모양과 색깔을 바꾸는 카멜레온처럼 의상에 반응한다.”

정말로 그렇다. 월브룩은 <블림프 대령의 삶과 죽음>에서 독일인 귀족을 연민의 정이 느껴지는 인물로 만든다. 그는 막스 오퓔스Max Ophuls의 위대한 <윤무La Ronde>(1950)에서는 퇴폐적인 사회로 우리를 안내하는 세련되고 매력적인 가이드다. 그는 <분홍신>에서는 알쏭달쏭한 수수께끼를, 남들이 자신을 이해하기를 원치 않는 남자를, 자신의 의지는 남에게 강요하지만 자신의 감정은 은폐하는 남자를 창조해 낸다.

비키 페이지는 그와는 정반대다. 기쁨이 넘치고 삶에 개방적이다. 이 영화에 캐스팅됐을 때 스물한 살이던 시어러는 당시 새들러스 웰스 컴퍼니 소속으로 젊은 마고 폰테인Margot Fonteyn의 그늘에서 춤을 추고 있었다. 그녀는 영화 출연을 심각하게 생각하지 않았다. 1년간의 설득 끝에 <분홍신>에 출연하겠다고 동의한 그녀는 영화가 끝난 후 발레로 돌아갔다. 그녀는 자신이 영화에서 얼마나 훌륭한 모습을 보여 줬는지를, 자신이 카메라와 얼마나 궁합이 잘 맞았는지를 전혀 몰랐을 것이다. “자연스럽다는 게 어떤 것인지 예전에는 전혀 몰랐습니다.” 파월은 스튜디오 소유주 J. 아서 랭크J. Arthur Rank에게 말했다. “그런데 지금은 압니다. 그건 바로 모이라 시어러입니다.”

영화는 17분짜리 발레 시퀀스로 이어지는 유사한 이야기를 들려

준다. 비키와 줄리안이 사랑에 빠지는 동안, 레르몬토프와 발레단은 새 발레 작품을 창작하는 중이다. 레르몬토프와 동료들이 줄리안이 새로 작곡한 발레곡을 처음으로 들으려고 그의 빌라에 모이는 핵심적인 신이 있다. 이와 관련해 파월은 "나는 큰 규모의 단일 마스터 숏으로 찍기로 결심했다"고 썼다. 그 신은 구도 면에서, 카메라의 등장·퇴장·접근 면에서, 배경의 액션 면에서, 작업 중인 창작 팀의 맥박이 고동치는 느낌 면에서 걸작이다. 그는 "<분홍신>에는 영리한 신이 많지만 영화의 핵심은 이 신이다"라고 썼다.

다른 핵심적인 신은 발레 신, 그리고 결말로 이어지는 시퀀스다. <분홍신> 전에 그토록 긴 발레로 줄거리의 진행을 방해한 영화는 일찍이 없었다. 그런데 <분홍신>의 성공 덕에 <파리의 아메리카인An American in Paris>과 <사랑은 비를 타고Singin' in the Rain>를 포함한 여러 영화가 장시간의 판타지 발레 시퀀스를 삽입하는 게 유행이 됐다. 그러나 <분홍신>의 시퀀스처럼 환상적으로 보이는 신은 그 어떤 영화에도 없었다. <분홍신>의 발레 신에서 왜소한 제화공은 소녀의 발에 치명적인 슬리퍼를 신긴다. 현실의 무대는 초현실적인 공간으로 매끄럽게 변환되고, 시어러는 초현실적인 공간에서 미끄러져 다니고 날아다니다가 비현실적인 풍경으로 들어가서는 심지어 댄서 형태를 취한 신문지와 파드되pas de deux를 추기까지 한다. 신문지는 댄서로 둔갑했다가 다시 신문지로 돌아간다. 촬영 감독 잭 카디프Jack Cardiff는 점프한 댄서들이 정점에 머무는 것처럼 보이게끔 만들기 위해 카메라 스피드를 조작한 방법에 대한 글을 썼다. 미술 감독은 오스카를 수상했는데, 대체로 이 신 덕이었다(영화는 오스카 음악상도 수상했고, 작품상과 편집상, 각본상 후보로 지명됐다).

비키와 줄리안이 결혼하고 레르몬토프가 두 사람을 해고한 후, 레르몬토프는 비키에게 <분홍신>을 한번 더 춰 보라고 설득한다. 런던에서 열리는 자신의 신곡 교향곡 프리미어에서 걸어 나온 줄리안은 몬테카를로로 날아와 자기를 내팽개쳤다고 비키를 비난한다. 그녀는 무엇을 선택할 것인가? 춤인가, 남편인가? 그녀는 분홍신을 신는다. 빼어난 클로즈업에서 슬리퍼는 그녀의 방향을 틀게 만들고, 그녀가 극장을 떠나 달려오는 기차에 몸을 던지도록 이끄는 듯 보인다. 프레스버거는 시나리오에 대해 논의하는 자리에서 발레 공연이 아직 시작되지 않았기 때문에 비키는 도망칠 때 분홍신을 신을 수 없다고 주장했다. 파월은 이렇게 썼다. "나는 감독이자 스토리텔러로서 그녀가 그래야 한다는 걸 잘 알고 있었다. 나는 그걸 설명하려 애쓰지 않았다. 그냥 그렇게 작업했다."

그러면서 우리는 이 글을 시작할 때 언급했던 긴장감으로 돌아간다. 레르몬토프는 두 젊은이의 결혼을 왜 그토록 격하게 반대하는 걸까? 성적인 질투심 때문에? 그는 비키를 원하는가, 아니면 동일한 욕망 때문에 줄리안을 원하는가? 레르몬토프는 우아하게 차려입고 예의 바르면서도 냉담한 태도를 취하는 미혼남이다. 이는 1940년대에는 게이의 특징이었지만, 그가 성적인 감정을 보여 주는 순간은 영화에 한 순간도 없다. 그는 연약한 모습을 보여 주느니 차라리 죽는 쪽을 택할 것이다. 내 의견은, 레르몬토프는 메피스토펠레스•라는 것이다. 그는 비키와 협상을 했다. "당신을 역사상 가장 위대한 댄서로 만들어 주겠소." 그러나 그는 이렇게도 경고한다. "인간의 사랑이라는 불확실한 위안에 의존하는 댄서는 절대로 위대한 댄서가 되지 못할 거요, 절대로." 전설에 나오는 사탄처럼, 그는 그녀의 영혼을 얻었다가 다시 잃고는 격분한다. 그는 다른 무엇보다도 복종을 요구한다.

그러면서 우리에게는 비키의 선택이 남는다. 그녀는 줄리안과 런

• 파우스트와 계약을 맺어 그의 영혼을 손에 넣는 악마의 이름

던으로 돌아갈 수도 있고, 그를 떠나 자신의 커리어를 계속 추구할 수도 있다. 그녀는 젊음과 아름다움이 절정에 달한 시기에 왜 이런 선택들을 포기하고 자살을 택한 걸까? 물론 대답은, 분홍신을 일단 신고 나면 그녀는 무력한 존재라는 것이다.

# 불법 카센터

Chop Shop

| | | |
|---|---|---|
| 감독 | 라민 바흐라니 | |
| 주연 | 알레한드로 폴랑코, 이사마르 곤잘레스 | |
| 제작 | 2007년 | 84분 |

<불법 카센터>에서 느껴지는 시간과 공간에 대한 감각이 대단히 생생하기 때문에, 이 영화의 시간적 배경이 현재고 공간적 배경이 지금은 철거된 시 스타디움•이 드리운 그림자 안이라는 걸, 더 정확히 말하면 우익수 쪽 주차장 바로 옆이라는 걸 이해하고 나면 약간 충격을 받게 된다. '철의 삼각지대'로 알려져 있는 이 구역은 금방이라도 무너질 것처럼 보이는 자동차 부품 가게들이 모여 있는, 북적거리는 상점가다. 우리는 알레라는 이름으로 불리는 알레한드로의 눈을 통해 그곳을 본다. 열두 살 난 알레한드로는 그곳에 거주하며 일한다. 눈을 약간 가늘게 떠서 자동차가 있는 자리에 마차를 들여놓을 경우, 이 이야기는 디킨스가 쓴 소설이 될 것이다.

알레는 진취적이고 낙관적인 아이다. 그는 일을 하는 대가로 룸이

• Shea Stadium. 미국 메이저 리그 팀인 뉴욕 메츠가 전용 구장으로 쓰던 야구장

라는 남자가 소유한 가게의 지붕 아래에 합판으로 대충 지은 방에서 산다. 그는 그 지역을 지나가는 자동차 중에서 자신이 호객해서 가게로 데려간 차마다 5달러를 받는다. 그는 지하철에서 사탕을 팔고 해적판 DVD를 팔며 타이어 휠 캡을 훔치고 핸드백을 날치기해 번 돈으로 수입을 보충한다. 그는 범죄자가 아니다. 생존자다. 독학으로 배운 일들을 열심히 실행에 옮긴다. 그는 나름의 방식으로 자신의 삶을 기록할 것이다. "나는 처음에 노크를 해서 최초로 허락받은 사람이다. 내가 한 노크는 때로는 순수하고, 때로는 그렇지 못하다."•

이것이 솔 벨로Saul Bellow가 오기 마치Augie March에 대한 글을 쓴 방식이다. <불법 카센터>는 『위대한 개츠비』에서 바로 이 구역에 대한 글을 썼던 F. 스콧 피츠제럴드F. Scott Fitzgerald도 연상시킨다. 피츠제럴드는 이 지역에 '잿더미 계곡'이라는 이름을 붙였다. 1920년대에, 이곳은 이스트 에그와 웨스트 에그에서 맨해튼으로 가는 길에 놓인 불모지였다. "이따금, 회색 차들의 행렬이 보이지 않는 트랙 위에서 거북이걸음을 하듯 달리면서 무시무시한 굉음을 내며 멈추고, 휴식을 취하러 갔다. 그러면 곧바로 재를 뒤집어쓴 사람들이 무거운 삽을 들고 몰려들어 앞이 보이지 않는 구름을 피워 냈는데, 그 구름은 사람들의 시야에서 그들이 하는 이해하기 힘든 행동을 가려 줬다."

알레는 계급 상승을 추구하는 미국적 상징의 전통 안에 있다. 라틴계인 그는 뉴욕에 발을 디딘 후 생계를 위해 갖은 일을 다 했던 가난한 유대인과 아일랜드인, 이탈리아인을 잇는 계보에 속한다. 그는 엄청나게 강인한 소년이다. 그러면서도 연약한 꼬마다. 고아처럼 보이는 그에게는 네 살 많은 누나 이사마르가 있다. 그녀가 그와 같이 살려고 오자 그의 표정은 두드러질 정도로 밝아진다. 그는 남매가 같이 살 이 집을

• 미국 소설가 솔 벨로의 『오기 마치의 모험』에서 가져온 인용문이다.

준비해 왔다. 그녀가 집이 좁다고 투덜거리자 그는 쾌활하게 대답한다. 이 집에는 작은 냉장고도 있어. 전자레인지도 있어. 누나는 행복할 거야.

바흐라니Ramin Bahrani, 1975~ 는 시나리오를 쓰는 동안 철의 삼각지대에 깊이 몸을 담갔다. 영화에 출연한 배우 중에서 이전에 영화에 출연한 경험이 있는 사람은 딱 한 명뿐이었다. 미심쩍은 구석이 있는 정비공을 연기하는 아마드 라즈비Ahmad Razvi가 바흐라니의 연출작 <카트 끄는 남자Man Push Cart>(2005)에 출연했었다. 알레의 보스 롭 소울스키Rob Sowulski는 알레가 사는 가게의 주인이자 운영자다. 영화에 출연한 사람들은, 학생인 알레(알레한드로 폴랑코Alejandro Polanco)와 이사마르(이사마르 곤잘레스Isamar Gonzales)를 제외하면 모두 철의 삼각지대에서 일하는 사람들이다. 이 영화의 두드러진 점은, 바흐라니가 세심하게 준비 작업을 하고 여러 번의 테이크를 간 후에 그들에게서 대단히 자연스럽고 설득력 있는 연기를 뽑아낸 방법이다. 이 사람들은 전문 연기자를 창피하게 만든다.

그는 항상 동일한 촬영 감독인 꼼꼼한 마이클 시몬즈Michael Simmonds와 같이 작업하면서 시몬즈의 촬영 준비와 비주얼 감각에 의지한다. 2009년 4월에 볼더에 있는 콜로라도대학에서 바흐라니와 함께 이 영화의 숏 단위 분석을 했다. 대단히 많은 걸 이해하게 된 경험이었다. 나는 이 영화가 위대한 영화이자 보편적인 영화라는 걸, 그리고 이 영화가 관객에게 정말로 잘 먹힌다는 걸 알고 있었다. 바흐라니는 이 영화가 먹히는 이유를 알고 있었다. 그러면서 그가 구사한 연출 방법들을 논의하기에 충분할 정도로 용감한 태도를 보였다. 대부분의 감독은 연출 방법을 설명해 달라는 부탁을 받으면 머뭇거리는 경우가 잦다.

그는 시나리오를 거듭 수정하면서 불필요한 곁가지들과 큰소리로 '여기 봐 주세요'라고 외치는 순간들을 제거했다. 3막 구조가 사건들 속에 무척이나 깊이 뿌리 내린 덕에 사건들은 필연적으로 흘러가는

것처럼 보인다. 특정한 전환점들이 중요한 신들에 활용됐다. 그런 전환점은 때로는 톤을 미묘하게 바꿔 놓는 정도에 불과하지만, 정서적으로는 결정적인 요소들이었다. 안토니오니Michelangelo Antonioni가 <욕망Blow Up>을 촬영하며 잔디가 충분히 푸르지 않다는 이유로 잔디에 페인트칠을 한 이야기는 잘 알려져 있다. 바흐라니와 시몬즈는 세세한 부분까지 예리하게 신경을 쓰며 모든 숏을 구성했다. 전경前景에 있는 요소들이 문제가 더 많은 스크린의 왼쪽을 향해 캐릭터들을 밀어붙이는 경우가 자주 있다. 배경에 보이는 폐차를 비롯해서 우연히 거기에 놓여 있는 건 하나도 없었다. 얼굴에 조명을 치는 것과 관련해서, 그들은 베리만Ingmar Bergman의 촬영 감독이던 스벤 닉비스트Sven Nykvist를 귀감으로 삼았다. 뒷문에 축구공 모양의 작은 스티커를 붙인 픽업 트럭이 있다. 바흐라니와 시몬즈는 그게 거기에 있어야 옳은지를 의논했다. "그게 영화에 도움이 될까, 아니면 관객을 산만하게 만들까?"

그는 리허설을 하기는 했지만 배우들에게 연기 연습을 시키는 건 회피했다고 말했다. 그는 배우들에게 연기해야 할 대사를 들려줬고, 그러면 배우들은 평소에 쓰는 단어를 선택했다. 알레와 이사마르는 브랜드 운동화 이야기를 한다. 시나리오는 "진품real"이라는 단어를 사용했다. 이사마르는 길거리에서 오가는 단어인 "공식official"이라는 단어를 사용했다. 일부 숏들은 눈에 띄지 않게 촬영됐다. 영화는 숏의 촬영을 시작하고 끝낼 때 딱따기를 사용하지 않았다. 바흐라니와 시몬즈는 고개를 끄덕이거나 몸짓을 하는 것만으로도 의사를 소통할 수 있었다. 주위에는 항상 하이 데프Hi Def 카메라가 있었다. 시몬즈는 숏을 시작하려고 항상 카메라를 들여다보고 있었다. 배우들이 촬영되고 있다는 걸 인지하지 못하는 경우도 가끔 있었다. 바흐라니는 촬영이 진행되고 있다는 것을 명확하게 보여 주지 않으려고 충분히 멀리 떨어진 곳에 카메라를 놓고 롱 숏으로 찍는 것도 좋아한다. 알레가 주차장으로 이어지는 인도에서 (출연진에게서) 핸드백을 낚아챌 때 그 숏에 잡힌 사람 중에 영화를 촬영하고 있다는 걸 아는 사람은 아무도 없었다.

<불법 카센터>는 혹독한 성장을 다룬 영화다. 알레는 누나와 같이 타코 트럭을 사서 그들만의 사업에 뛰어드는 것을 꿈꾼다. 그는 한 푼 한 푼 저축한다. 그녀는 더 이상 아마드의 트럭에서 일하지 않아도 될 것이다. 가슴이 찢어지는 신에서, 알레는 누나가 어떻게 부수입을 벌기 시작했는지를 보게 된다. 그가 누나에게 직접 따지는 일은 없다. 그는 돈을 벌려고, 누나에게 물건을 사주려고, 누나에게는 필요성이 떨어지는 돈을 벌려고 더 열심히 일한다. 그는 동생이지만, 어떤 의미에서는 남편이기도 하다. 그는 가정을 책임지고 싶다. 하지만 그는 자신이 가진 힘에는 한계가 있다는 피할 수 없는 현실을 알게 된다. 그러면서 누나가 그런 식으로 돈을 버는 이유를 말없이 이해하는 쪽으로 생각을 바꾼다. 그는 조만간 열세 살이 될 것이다. 그러고 나서는 스물세 살이 될 것이다. 우리는 그가 언젠가는 타코 트럭의 주인이 되어 있을 거라고 확신한다. 하지만 지금 당장은 아니다. 그가 꿈을 키운 대상인 허름한 트럭의 주인이 아닌 것은 확실하다. 현실은 그를 아메리칸 드림을 향한 첫 계단에 올려놓고 있다. 남매는 우리가 상상하기를 좋아하는 계단보다는 낮은 계단에 있다.

라민 바흐라니는 노스캐롤라이나주 윈스턴 살렘에서 1975년에 태어났다. 나를 비롯한 많은 이가 잘못 알고 있던 것처럼 이란에서 온 이민자는 아니다. 그의 부모가 이란 출신 이민자다. 그의 아버지는 윈스턴 살렘의 정신과 의사로 가난한 흑인, 백인 들을 많이 치료하고 있다. 바흐라니는 자신이나 자신의 가족 모두 그곳에서 인종주의를 경험한 적은 없다고 말한다. 학교에는 "백인, 흑인, 그리고 우리 형하고 내"가 있었지만 말이다. 그의 부모는 아들에게 페르시아 시詩를 가르쳤다. 그는 나와 대화하던 중에 하피즈Hafez of Shiraz, 1315~1390의 시들을 언급

했다. 동양인들이 『주역』을 대하는 것처럼, 많은 페르시아인이 신탁처럼 활용하는 시다. 나는 하피즈에 대한 질문을 해도 되겠느냐고 물었다. 그는 큰소리로 묻지는 말라고 했다. 그는 노스캐롤라이나에 있는 아버지에게 전화를 걸었고, 아버지는 시집을 아무렇게나 펼쳐서는 거기에서 찾아낸 시를 15분간 번역해 줬다. 대단히 큰 의미가 있는 일이었다.

바흐라니가 우리 사이에 존재하는, 새로이 미국인이 된 많은 이를 더 가까이 관찰하도록 영감을 준 건 이런 이중의 문화적 유산일 것이다. <카트 끄는 남자>는 맨해튼의 인도人道에서 베이글 카트를 끄는 파키스탄 노동자를 다뤘다. 그런 카트는 많은 뉴요커의 일상의 일부지만, 뉴요커들이 그 카트 뒤에 있는 사람들에게 눈길을 던지는 일은 드물다. 그의 2008년도 영화 <굿바이 솔로Goodbye Solo>는 윈스턴 살렘에서 택시를 모는 세네갈계 미국인과 그가 걱정스러워하는 여행에 그를 고용한 노인에 대한 영화다. 택시 기사를 연기한 배우는 아이보리코스트에서 온 소울리마네 시 사바네Souleymane Sy Savane다. 노인을 연기한 배우는 레드 웨스트Red West로, 고등학교 때 엘비스 프레슬리를 만난 그는 오랫동안 그의 보디가드로 일했다. 이건 미국에서만 가능한 일이다.

## 블레이드 러너: 파이널 컷

Blade Runner: The Final Cut

| | | |
|---|---|---|
| 감독 | 리들리 스콧 | |
| 주연 | 해리슨 포드 | |
| 제작 | 1982·2007년 | 117분 |

나는 <블레이드 러너>의 초기 리뷰에 이렇게 썼다. “이 영화의 스타일은 끝내주게 멋져 보인다. 이 영화는 영화만의 고유한 신세계를 창조하기 위해 특수 효과를 활용한다. 그러나 휴먼 스토리 면에서는 얄팍하다.” 누가 인간이고 누가 인간이 아닌지, 어찌됐든 인간이 된다는 것의 의미는 무엇인지에 상당히 많은 관심을 기울이는 영화라는 점을 감안할 때, 이 리뷰는 이상한 불평처럼 보인다. 우리가 인간일 거라고 안심하고 추측할 수 있는 캐릭터인, 리플리컨트를 제조하는 회사의 우두머리인, 파충류처럼 비열한 타이렐조차 내게는 리플리컨트일지도 모르는 존재로 보였다. 주인공 데커드(해리슨 포드Harrison Ford)의 경우 우리가 장담할 수 있는 거라고는, 리들리 스콧Rideley Scott, 1937~ 감독이 데커드가 인간이라는 것을 — 또는 리플리컨트라는 것을 — 증명하는 데 활용할 수 있는 실마리 몇 개를 이 영화의 다양한 버전에 남겨 놓았다는 게 전부다.

이제 와서 그 문단을 다시 꼼꼼히 살펴본 나는 내가 저널리스트로서 못된 짓을 저질렀음을 깨달았다. 나는 리플리컨트가 뭔지를 명확히 규정조차 않은 채로 리플리컨트를 언급했다. 이 글을 읽는 사실상 모든 이가 리플리컨트가 무엇인지를 알고 있다는 건 <블레이드 러너>가 개봉된 후 25년이 지난 이 시점에 갖는 영향력과 위상이 어느 정도인지를 보여 주는 찬사라 할 수 있다. <오즈의 마법사The Wizard of Oz>의 리뷰들은 먼치킨Munchkin에 대한 정의를 전혀 내리지 않는다. 그렇지 않나? 이 영화는 대단한 영향력을 행사하는 영화다. <메트로폴리스Metropolis>나 <다가올 세상Things to Come> 같은 왕년의 고전들의 토대 위에 구축된 영화이면서, 이후로 만들어진 SF 영화들에 영향을 준 미래관을 확립한 영화다. 이 영화가 남긴 핵심적인 유산들은 이렇다. 거대한 글로벌 기업, 환경오염, 과밀 인구, 상류층에서 이뤄진 기술 발전, 하류층의 빈곤 또는 노예화, 이상하게도 영화 내내 구현되는 필름 누아르의 비전. <다크 시티Dark City>와 <토탈 리콜Total Recall>, <브라질Brazil>, <12 몽키즈12 Monkeys>, <가타카Gattaca> 같은 영화를 보는 건 이 영화가 낳은 자손을 보는 것이다.

나는 <블레이드 러너>를 열렬히 받아들인 적이 결코 없었다. 이 영화를 높이 평가하면서도 늘 어느 정도 거리를 두고 대했었다. 그런데 이제는 영화에 굴복하며 이 영화가 정본正本이라는 걸 인정할 때가 됐다. 리들리 스콧은 <블레이드 러너: 파이널 컷>이라는 부제를 단 제목의 '결정판'을 공개했다. 이 버전은 극장에 먼저 걸린 후 2007년 12월 18일에 '파이브-디스크 얼티밋 컬렉터 에디션Five-Disc Ultimate Collector's Edition'을 포함하는 세 종류의 DVD 에디션으로 공개될 예정이다. 보도 자료에 따르면 '컬렉터 에디션'에는 "대단히 희귀한 '워크프린트Workprint' 버전을 포함한 과거에 나왔던 편집판 네 종류 전부!"와 삭제됐던 장면들과 다큐멘터리, 그럴싸한 부가 자료들이 첨부된다고 한다.

스콧이 앞서 나온 버전들에서 바꾼 가장 큰 요소는 1982년 오리지널 버전에 들어 있던 보이스오버 내레이션을 삭제한 것이다. 포드가 필립 말로 분위기로 읊조리는 내레이션은 관객이 영화를 이해하지 못할까 전전긍긍했던 스튜디오를 대신해 사건들을 설명했다. 그런데 이 영화가 주는 흥미의 상당수는, 우리 자신이 제대로 이해하고 있는지 여부를 우리도 확신하지 못하는 일들에 의해 생겨난 것이다. 그래서 관객이 영화를 제대로 이해하느냐 여부는 전혀 문제가 되지 않는 것으로 판명됐다. 엔딩은 암울했던 분위기가 로맨틱한 분위기로 수정된 후 실존적인 분위기로 바뀌었다가 그 모든 것을 종합한 쪽으로 변경됐고, 많은 숏이 첨가됐다가 삭제됐다. 그런데 내가 2007년 버전에서 느낀 가장 중요한 변화는 프린트 자체의 변화다.

스콧은 (조지 루카스George Lucas의 《스타워즈Star Wars》의 많은 팬을 심란하게 만들었던) 아날로그 특수 효과를 최신 CGI 작업으로 교체하려는 유혹을 참아 내며 더글러스 턴불Douglas Turnbull의 걸출한 오리지널 특수 효과를 그대로 유지하는 한편, 영화가 어느 때보다도 높은 기술적 수준을 반영할 수 있도록 비주얼과 사운드를 강화·복원하고 잡음과 잡티를 제거했다. 영화의 때깔은 대단히 뛰어나다. 그래서 관객은 스토리 따위는 상관없다고 말하면서 그저 넋을 놓고 영화를 보려는 유혹을 느끼게 된다.

그런데 그런 작업의 결과로 스토리 역시 혜택을 받았다. 스토리가 영화 속 세계의 밑바닥에 깔리는 신세가 되는 대신, 그 세계에서 실제로 전개되는 이야기인 듯한 느낌이 강해졌기 때문이다. 영화는 오프 월드에서 지구로 불법 귀환한, 로스앤젤레스에 있을 것으로 판단되는 저항적인 리플리컨트 여섯 명을 추적해 살해하라는 임무를 받은 '블레이드 러너' 데커드를 따라가며 전개된다. (그런데 영화가 실제로 다루는 리플리컨트의 수는 다섯을 넘지 않는다. 평론가 팀 덕스Tim Dirks가 추측하듯, 데커드가 여섯 번째 리플리컨트가 아니라면 말이다.) 당신도 아는 것처럼 리플리컨트는 '인간보다 더 인간적인' 안드로이드로, 지구의 식민지 행성에서 숙련된 노예 노동을 시킬 용도로 제조됐다. 그들은 완전히 성장한 모습으로 태어나, 각자의 '과거'에 대한 인공 기억을 주입받으며, 4년이 지난 후에는 육신이 망가지기 시작한다. 4년이 지나면 지나치게 영리해진 그들이 인간적인 정서와 감정들을 키워 가며 자신을 인간이라 생각할 정도로 뻔뻔해지는 경향이 있기 때문이다. 그러고 나면 그들은 투표권을, 시민권을 요구하게 될 거라고 추측할 수 있다. 이런 설정의 대부분은 필립 K. 딕Philip K. Dick의 원작 단편 소설 『안드로이드는 전기 양의 꿈을 꾸는가?Do Androids Dream of Electric Sheep?』에서 온 것이다.

리플리컨트는 일반적으로 자신이 리플리컨트라는 것을 모른다. 그들의 삶의 진정한 비통함은 바로 그 점에서 비롯될 수 있다. 우리는 특히 레이첼(숀 영Sean Young)에게 동정심을 느낀다. 그녀는 자신이 데커드와 사랑에 빠졌다는 것을 알게 된다. 그는 그녀가 리플리컨트라고, 하지만 그 사실을 알아차리는 게 불가능에 가까울 정도로 뛰어나게 제작된 리플리컨트라고 믿을 만한 이유가 있는데도 그녀를 사랑한다.

늘 궁금했던 건 타이렐 코퍼레이션은 어째서 안드로이드를 인간과 비슷하게 만들었을까 하는 것이었다. 그들에게 팔을 네 개 달아 이런저런 문제를 해결하면서 더 많은 일을 하게끔 만들지 않은 이유는 무엇일까? 타이렐이 인류를 몽땅 리플리컨트로 교체하려는 장기적인 음모를 꾸몄을 가능성이 있을까? 블레이드 러너의 활동 전체가 단순히 그의 음모를 은폐하려는 수작일까? 그런 문제들에는 신경 끄자. 관객에게 중요한 점은 영화의 기본 원칙들이 제대로 자리를 잡은 듯 보인다는 것, 그리고 그 원칙들이 영화 역사에서 창조됐던 아주 비범한 세계 중 하나에 제대로 적용됐다는 것이다.

미래 로스앤젤레스의 하늘은 늘 어두침침하고 공중에는 악취가 떠다닌다. 비가 내리는 게 보통이다. 인프라스트럭처는 요즘보다 낡고 북적거린다는 점을, 그리고 공중을 떠다니는 거대한 비행선과 날아다니는 개인용 자동차, 상상하기 어려운 규모의 거대한 빌딩들이 첨가되어 있다는 점을 제외하면 요즘의 모습과 사뭇 비슷해 보인다. 영화를 처음 봤을 때, 코카콜라를 비롯한 여러 제품을 홍보하는, 움직이고 말하는 얼굴이 등장하는 거대한 옥외 광고판을 보며 강한 인상을 받았다. 그런데 지금 나는 시카고의 밀레니엄 파크로 걸어가며 거대한 얼굴들이 나를 굽어보고 웃으며 윙크하고는 주기적으로 (코크가 아닌 다른 걸) 쏟아 내는 모습을 본다. 하늘을 나는 자동차는 몇십 년간 SF 잡지 커버의 주요 등장 요소였다. 그러나 제어 그리드에 자동차를 고정하지 않는 한 현실성이 상당히 떨어지는 위험한 장치로 남아 있다.

내 생각에 '인간적인 사연'은 어떤 개인이 리플리컨트인지 아닌지를 결정하는 현실적인 테스트에 포함된다. 한편으로는 (1) 리플리컨트와 사랑에 빠진 사람들에게, 그리고 (2) 자신이 리플리컨트임을 아는 리플리컨트들에게 (사랑 같은 게) 얼마나 중요한지를 결정하는 비현실적인 테스트에도 포함된다. 이것은 늘 작위적인 문제였다. (내가 품은 의구심처럼) 타이렐 코퍼레이션이 유사시 대책으로 만들어 놓은 게 아니라면 현실적인 방법들을 써서 쉽게 회피할 수 있는 문제였다. 그러나 플롯보다는 비전에 더 집중하는 영화에서 플롯의 논리에 엉켜 비틀거리는 것은 우스꽝스러워 보인다.

나는 1940년대에 태어난 장르인 필름 누아르가 미래 세계에 정말로 강하게 반영됐다는 사실을 계속 매혹적으로 느낀다(<다크 시티>를 다시 참조하라). 나는 필름 누아르는 대단히 유익하고 많은 걸 연상시키는 장르라고 생각한다. 당신이 연출할 영화의 장르로 필름 누아르를 택하는 순간, 세트와 의상과 관련해서 내릴 결정의 절반이 이미 당신을 위해 만들어져 있다. 게다가 당신은 영화의 분위기가 어떤 분위기일지도 알고 있다.

리들리 스콧은 볼품없는 작품은 만들지 않는 수준 높은 감독이다. 그의 크레디트에는 <에이리언Alien>, <레전드Legend>, 이해할 길이 없는 영화인 <1492 콜럼버스1492: The Conquest of Paradise>, <글래디에이터Gladiator>, <블랙 호크 다운Black Hawk Down>, 영리한 <매치스틱 맨Matchstick Men>, <아메리칸 갱스터American Gangster>가 포함되어 있다. 그는 방대한 규모로 펼쳐지는 액션을 관객이 이해할 수 있는 액션으로 보여 주는 재능을 가졌다. 과거에 내가 <블레이드 러너>를 제대로 평가하지 못하게 만든 문제점들은 나 자신의 취향과 상상력이 실패했음을 보여 준다는 걸 나는 확인했다. 그런데 이 영화가 완벽한 영화였다면, 리들리 경은 어째서 이 영화를 계속 만지작거리고 손봤던 것일까? 자신의 다섯 번째 버전을 왜 지금 내놓은 것일까? 그건 그가…… 인간일 뿐이라서 그런 거라고 추측한다.

| **비밀과 거짓말**<br>Secrets & Lies | 감독 | 마이크 리 | |
| --- | --- | --- | --- |
| | 주연 | 브렌다 블레신, 마리안 장밥티스트, 티머시 스폴 | |
| | 제작 | 1996년 | 136분 |

세상은 마이크 리Mike Leigh, 1943~ 가 시나리오를 '창안하는' 유명한 방법에 유별난 관심을 쏟는다. 그가 캐릭터들과 상황을 상상하고, 그 캐릭터들을 연기하는 배우들을 캐스팅해 그들과 함께 워크숍을 해서 대사와 플롯의 뼈대를 잡은 후, 그다음에야 시나리오를 쓴다는 사실은 잘 알려져 있다. 이 이야기에 틀린 구석은 전혀 없지만, 그렇다고 그의 작업 속도가 날개 돋은 듯 빠르다는 뜻은 아니다. 그의 <비밀과 거짓말>은 원하는 바를 정확하게 구현하려고 엄청나게 정밀한 작업을 벌이는 영화감독을 보여 준다. 그의 집필 방법은 연기자들에게 무대에서 하는 연기 방식을 스크린에서도 그대로 활용하라고 요청한, 영화의 아주 길고 단절되지 않은 두 테이크 같은 신에서 성과를 거둔다.

1943년생인 리는 첫 장편 영화 <을씨년스러운 순간들Bleak Moments>을 1971년에 만들었다. 두 번째 영화 <하이 홉스High Hopes>는 1988년에 만들었다. 그 사이에 그는 텔레비전과 연극 무대에서 꾸준히 작업했지만, 영화 제작비를 조달하지는 못했다. 후원자들은 시나리오를 보고 싶어 했는데, 당연히 그에게는 시나리오가 없었기 때문이다. 나는 <을씨년스러운 순간들>을 봤을 때 위대한 감독이 만든 걸작을 보고 있음을 깨달았다. 그래서 『선-타임스Sun- Times』에 긴 리뷰를 썼다. 알고 보니 내 리뷰는 이 영화가 받은 첫 리뷰였다. 리는 고국인 영국에서는 무시당했다. 데뷔작과 두 번째 영화 사이의 17년간, 그는 본능적으로 착수하기 시작한 작업을 완벽하게 가다듬었다. 그의 작품들은 괴로운 상황에 처한 불만스러운 사람들의 희비극적 초상, 그리고 병적인 상태에 들어서기 일보 직전에 다다른 사회적 상황들이 안겨 주는 당혹스러움을 보여 줬다.

그가 일부 캐릭터들을 캐리커처 같은 존재로 만들어 버리기는 하지만, 그의 작업에는 안전망 역할을 하는 동정심이 깃들어 있다. 어느 신에서 과장된 연기를 한 것처럼 보이는 캐릭터들은 영화 뒷부분에서는 둥글둥글 무르익는다. <비밀과 거짓말>에서 신시아 펄리를 연기하는 브렌다 블레신Brenda Blethyn의 연기가 그런 사례다. 공장 노동자인 신시아는 자신이 태어난 작은 연립 주택 주변에서 불만스럽고 삐걱거리는 삶을 살면서 인생살이에 좌절한 스물한 살 난 딸 록산을 돌본다. 신시아는 노골적인 슬픔과 걱정의 종합판처럼 보인다. 그런데 그녀는 최악의 악몽이 실제로 그녀를 찾아오면 환골탈태할 것이다.

그녀가 호텐스 컴버배치로부터 전화를 받으면서 그런 일이 일어난다. 호텐스는 신시아가 열여섯 살 때 낳은 혼외 자식으로, 신시아는 갓 난 호텐스를 보지도 않은 채 입양을 보냈었다. 호텐스(마리안 장밥티스트Marianne Jean-Baptiste)는 흑인 여성으로, 20대 후반의 검안사다. 그녀는 어머니가 세상을 뜨자 생모를 찾기로 결심한다. 그러면서 오랫동안 지켜져 온 신시아의 첫 아이의 비밀이 들통 날 위기에 처한다. 신시아뿐 아니라 그녀의 남동생 모리스(티머시 스폴Timothy Spall)와 그의 아내 모니카(필리스 로건Phyllis Logan)에 의해 지켜져 온 비밀이 말이다.

신시아는 눈물을 터뜨리고는 호텐스가 건 전화를 끊는다. 호텐스는 다시 전화를 건다. 신시아는 두려워하면서도 호텐스를 만나기로 한다. 처음에 그녀는 자기 딸이 흑인이라는 것을 믿지 못한다. "뭔가 실수가 있었을 거예요, 아가씨. 나를 봐요." 호텐스 역시 자신의 입양 서류를 처음 봤을 때 실수가 있었을 거라 생각했었다. "여기에 내 어머니는 백인이라고 적혀 있어요." 호텐스와 신시아는 차를 마시러 카페로 간다. 그리고 여기에서 영화의 단절되지 않는 첫 롱 숏이 시작된다. 카메라가 미디엄 투 숏을 잡은 채로 미동도 않는 동안, 어느 누구도 프레임에 들어오지 않는다. 신시아는 자기는 흑인과 동침한 적이 없다고 말한다. ("그런 일이 있으면 당연히 기억을 하지 않겠어요?") 그러던 그녀의 표정이 변한다. 깊이 묻혀 있던 기억이 떠올랐다. 그녀는 흐느끼기 시작한다.

이 신에서 두 여배우가 연기하는 방식은 매혹적이다. 그들은 현장에서 연기를 펼치면서 실시간으로 새로운 관계를 창조하고 있다. 환경미화원으로 일하는 게으른 록산과 달리 검안사라는 그럴 듯한 직업을 가진 이 딸을 보면서 신시아의 감정은 처음으로 요동치기 시작한다.

두 여자가 만나는 장면들과 떨어져 지내는 장면들 사이사이로 자식이 없는, 부부 관계가 냉랭한 모리스와 모니카의 장면들이 교차 편집된다. 모리스가 사진관에서 찍는 사진들에 흔치 않은 정도의 상영 시간이 할애된다. 사람들은 자신의 모습에 흥미를 갖는다. 교통사고로 얼굴에 흉터가 생긴 여자는 보험 회사 제출용 사진이라며 "가급적 흉하게" 찍히고 싶어 한다. 모리스에게 사진관을 판 후에 빈털터리가 된 술꾼이 등장하는 괴상한 장면도 있다. 이런 신들은 왜 존재할까? 이 장면들은 모리스가 영화가 끝나기 직전에 "나는 사람들을 행복하게 만들어 주려 애쓰면서 평생을 살아 왔어"라고 말하면서 시작되는 감정 폭발을 위한 토대를 제공한다.

널찍한 새집에 사는 모리스와 모니카는 신시아 모녀를 좀처럼 만나지 않는다. 부부는 록산의 스물한 살 생일에 신시아 모녀를 초대하기로 결정한다. 신시아는 딸에게 남자 친구를 데려오라고 강권한다. "나는 그 사람이 내 몫의 수프를 가져올 사람인지 아닌지도 모르잖니." 그런 후 그녀는 모리스에게 전화를 걸어 "직장 동료"를 데려가도 되겠냐고 묻는다. 그 동료는 호텐스다. 호텐스는 곤란한 일이 생길지도 모르는 가족 행사에 참석하기를 주저한다.

잠시 후 두 번째의 아주 긴, 단절되지 않는 테이크가 등장한다. 이 테이크의 초점은 모리스의 집 뒤뜰에 있는, 손님들이 편치 않은 심정으로 자리를 잡은 북적이는 피크닉 테이블에 맞춰져 있다. 이 자리에 흐르는 긴장감은 확연하다. 부분적으로는 정체를 알 길이 없는 호텐스 때문이기도 하다. 모리스를 "어린 동생"으로 키운 신시아는 모니카를 싫어한다. 그리고 그 감정은 고스란히 되돌아온다. 록산은 모리스가 마음에 들지 않는다. 남자친구 폴(리 로스Lee Ross)은 웅얼거리는 말 몇 마디밖에 않지만, 그를 자세히 관찰해 보라. 그는 겁에 질려 있다. 앞에 놓인 음식을 조심스레 뒤적이는 그는 두 손을 꽉 쥐고 턱을 씰룩인다. 그러고서 얼마 후 사람들이 실내로 들어가 생일 케이크 주위에 둘러섰을 때, 신시아가 폭탄선언을 한다. 호텐스가 그녀의 딸이라는 선언을.

이 선언이 어떤 일을 일으키고 어떤 사건으로 이어지는지는 영화의 제목에 포함되어 있다. 흥미로운 건 인종에 대한 편견이 있다는 기색이 없다는 사실이다. 록산이 씨 다른 언니가 있다는 걸 알게 됐다는 사실만으로 충분하다. 고백의 충격이 실내로 퍼지면서 집안의 다른 비밀들과 거짓말들이 연쇄적으로 풀려나온다.

내가 마이크 리의 정밀함을 언급할 때 뜻했던 바를 잘 보여 주는 사례인 이 신을 주목해 보라. 모든 카메라 셋업, 모든 클로즈업, 모든 클로즈업의 사이즈와 타이밍, 장면 전체의 편집이 제 역할을 하면서 장면을 힘 있게 전개해 나간다. 막장 드라마 한 시즌을 꾸리기에도 충분한 소재가 단 몇 분 내에 처리되는데, 억지라거나 작위적이라는 느낌은 전혀 들지 않는다.

리가 만든 많은 작품의 교묘한 점은 코미디가 가미되어 있다는 것이다. <인생은 향기로워Life Is Sweet>(1991)와 <뒤죽박죽Topsy-Turvy>(1999) 같은 낙천적인 영화들은 분명히 코미디다. 이 영화와 <을씨년스러운 순간들>, <하이 홉스>, <베라 드레이크Vera Drake>(2004) 같은 꽤나 음울한 영화들에도 유머가 — 억제되고 은밀하게 감춰진 유머인 경우가 잦긴 하지만 — 존재한다. 사람들이 처한 사회적 상황이 적절치 않은 탓에 웃음을 터뜨리게 만드는 그런 종류의 유머다. 리가 좋아하는 장치 중 하나가 줄거리의 모든 가닥이 드러나고, 때로는 참석자들을 대단히 불편하게 만드는 파티나 만찬, 모임 같은 것을 고안하는 것이다.

<을씨년스러운 순간들>은 이제야 DVD로 출시됐다. 리의 유명한 BBC 영화 <애비게일의 파티Abigail's Party>(1977)도 마찬가지다. 두 영화가 담아낸 사회적인 곤경은 손에 집힐 듯 확연하다. 우리는 웃어야 마땅한가, 움찔해야 마땅한가? 그런 종류의 선택은 각각의 영화들을 관객에게 최면을 거는 영화로 만들어 준다. <을씨년스러운 순간들>에서 여주인공인 아름답고 엄격하며 내성적인 여성(앤 레이트Ann Raitt)이 보기 힘들 정도로 수줍음 많은 교사(에릭 앨런Eric Allen)와 첫 데이트를 하는 장면을 숙고해 보라. 중국식 레스토랑에서 손발이 굳은 그들의 모습에서, 웨이터와 맞서는 그들의 모습에서 리의 앞날에 기다리고 있는 커리어를 속속들이 감지할 수 있을 것이다.

나는 <을씨년스러운 순간들>의 리뷰에서 이 영화는 "전통적인 방식에서는 전혀 오락적인 영화가 아니다"라고 썼다. "지루하거나 지켜보기 힘든 순간이 있다는 말이 아니다. 그와는 반대로, 이 영화는 지켜

보지 않는 게 불가능하다.” 내가 쓴 이 문장은 그의 작품 대부분을 묘사한다. 오래 전에 영화제 시사회에서 만난 어떤 동료 평론가는 내게 이렇게 말했다. “스크린에서 눈을 뗄 수가 없었어요. 영화 감상을 중단할 도리가 없더군요. 하지만 이 영화를 다시 보지는 못할 것 같아요.”

당시에 쓴 글에도 밝혔지만, 나는 그럴 수 있었고 그렇게 했다. 마이크 리가 빚어내는 매혹은 영화계의 다른 무엇과도 비슷하지 않다. 그의 영화는 좋은 기회를 포착한 다음에 깊은 곳까지 파고들어 인간적인 코미디를 탐구해서는 관객의 눈물을 끌어내기 때문이다.

# 비장의 술수

Ace in the Hole

| | |
|---|---|
| 감독 | 빌리 와일더 |
| 주연 | 커크 더글러스 |
| 제작 | 1951년 · 111분 |

타락한 저널리즘과 그런 저널리즘에 대한 욕구를 지칠 줄 모르고 보여 주는 대중을 그린 빌리 와일더Billy Wilder, 1906~2002의 <비장의 술수>에 부드럽거나 감상적인 부분은 존재하지 않는다. 자기 파괴적인 유명 인사, 여자와 시시덕거리는 성직자, 부패한 정치인이나 허풍을 떠는 연쇄 살인범을 그려 내는 언론을 비난하기란 쉬운 일이다. 그런데 그런 사람들을 다룬 기사를 읽는 것을 사랑하는 이는 누구인가? 대중이다. 이런 비전에 충실하면서 자신의 시대를 앞서간 와일더는 착한 사람은 희생자와 그를 보살피는 의사밖에 없는 영화를 만들었다. 그는 미디어 서커스를 조종하는 저널리스트를 비난하는 데 그치지 않고, 입장료 25센트를 내고 쇼를 구경하려는 구경꾼들에게도 마찬가지로 냉혹한 시선을 던진다. 이 영화의 낚싯바늘에서 벗어날 수 있는 사람은 아무도 없다. 이 영화의 주연 배우는 커크 더글러스Kirk Douglas다. 원하기만 하면 몸에 흐르는 피를 꽁꽁 얼어붙게 만들 수도 있는 연기자인 그는 이 영화

에서 자신이 연기한 가장 잔인한 역할을 맡았다. 맞다, 그는 코미디를 여러 편 만들었고 주인공을 여러 번 연기했었다. 그러나 경멸과 냉소로 얼굴을 뒤틀면서 냉혹한 면모를 보여 줄 수도 있는 연기자였다. 그는 알코올 의존증이 있는 노련한 기자 찰스 테이텀을 연기한다. 그의 차가 앨버커키에서 고장 났을 때, 그는 직장 열한 곳에서 (명예 훼손, 간통, 과음으로) 해고된 참이었다. 그리고 그는 수완을 부려 지역 신문의 일자리를 따낸다.

그가 고대하던 특종이 1년 후에 찾아온다. 방울뱀 경기를 취재하러 외딴 마을로 파견된 그는 황량한 촌락에 들렀다가, 광산이 붕괴하면서 방치된 은광銀鑛에 매점 주인이 갇혔다는 것을 알게 된다. 방울뱀 따위는 잊은 테이텀은 탁월한 언변을 발휘해 횡목 아래에 두 다리가 낀 레오 미노사(리처드 베네딕트Richard Benedict)와 이야기를 나누려고 터널로 들어간다. 그러고서 밖에 나온 테이텀의 눈에 미래가 보인다. 그는 이 기삿거리의 소유권을 확실하게 자기 것으로 만들고 될 수 있는 한 오래도록 이 이야기를 질질 끌고 가서 돈과 명성, 그리고 동부에 두고 온 옛 일자리를 얻어 낼 작정이다.

테이텀은 부패한 지역 보안관과 채굴 전문가에 맞서면서 강한 의지를 발휘해 현장을 장악한 후, 대단한 자신감을 보이며 명령을 내리고 보안관의 부하들을 채찍질한다. 일꾼들이 광산 터널에 버팀목을 대고 미노사를 꺼내기만 하면 하루 이틀 안에 그를 구할 수 있을 것임을 알게 된 테이텀은 구조 과정을 장기간 지연시킬 수 있는 어처구니없는 계획을 날조해 낸다. 그의 계획대로라면 구조 요원들은 갇힌 사람이 있는 곳을 향해 단단한 바위를 드릴로 뚫어 똑바로 내려갈 것이다.

미노사의 가게로 이사해 들어온 테이텀은 명령을 내리기 시작한다. 그는 미노사의 아내로, 볼티모어에서 바걸로 일한 적이 있는 로레인(잰 스털링Jan Sterling)이 금전 등록기를 털어 다음에 오는 버스를 타

Albuquerque S
News and Comment
Wife of Cave-in Victim

고 마을을 벗어나려고 한다는 것을 알게 된다. 그는 그녀의 뺨을 거칠게 때리고는 여기 머무르면서 비탄에 잠긴 아내 모습을 보이라고 명령한다. 기사를 위해서는 그녀가 필요하다. 이 영화는 관람객이 극히 적고 홈비디오도 지난달에야 처음 출시됐지만, 다들 어디선가 들어 본 적 있는 하드보일드 영화의 유명한 대사 중 하나를 낳았다. 남편을 위한 기도회에 참석하라는 명령을 받은 로레인은 콧방귀를 뀐다. "나는 교회에 안 가요. 무릎을 꿇으면 스타킹이 늘어나니까요."

와일더는 오스카 열한 개 부문 후보에 오르고 세 개 부문을 수상한 <선셋대로Sunset Boulevard>(1950)를 만든 직후에 <비장의 술수> 작업에 착수했다. <이중 배상Double Indemnity>(1944)과 <잃어버린 주말The Lost Weekend>(1945) 같은 걸작들에서 보인 신랄한 냉소주의와 날카로운 시각으로 유명한 그는 <비장의 술수>로 자신이 기존에 세웠던 수준마저 능가했다. 미국 미디어가 벌이는 서커스에 대한 이 영화의 가혹한 묘사는 평론가들을 몸서리치게 만들었고 대중을 극장에서 내쫓았다. 영화는 첫 개봉에서 실패했고, 유럽의 영화제에서 몇 개의 상을 받은 후 <빅 카니발The Big Carnival>로 제목을 바꿔 달고 개봉됐지만 다시 실패했다.

와일더의 영화에 낭비된 숏은 존재하지 않는다. 와일더의 영화는 철저하게 경제적이다. 아서 슈미트Arthur Schmidt의 편집을 공부해 보면, 영화에 등장하는 모든 숏이 나름의 의무를 수행하는 방식으로부터 많은 것을 배울 수 있다. 이 영화에는 쓸데없는 리액션 숏조차 없다. 찰스 랭Charles Lang이 영화를 흑백으로 촬영한 것은 불가피한 선택이었다. 이 이야기는 컬러를 싸늘하게 얼어붙게 만들었을 것이다. 쓸데없는 설명으로 낭비되는 시간이 전혀 없다는 데 주목하라. 통신사의 뉴스 송고 장비가 별다른 코멘트도 없이 광산 근처에 등장한다. 설치되는 언론사 텐트의 모습 자체가 모든 걸 설명한다.

이 영화는 56년 전에 만들어졌지만, 나는 영화를 다시 보면서 이 영화가 애초에 품고 있던 위력을 여전히 그대로 갖고 있다는 것을 발견했다. 이 영화는 나이를 먹지 않았다. 와일더, 그리고 그와 시나리오를 같이 쓴 월터 뉴먼Walter Newman과 레서 새뮤얼스Lesser Samuels가 시나리오를 엄청나게 효율적으로 썼기 때문이다. 대사는 완벽한 타이밍에 한 방을 날린다. "나는 빅뉴스도 사소한 뉴스도 다룰 줄 압니다. 뉴스거리가 없으면, 나는 밖에 나가 개를 물 겁니다."

그게 테이텀이 미노사 이야기로 하는 짓이다. 지하에 갇힌 남자의 드라마로는 성이 차지 않은 테이텀은 이 산이 인디언들이 매장된 곳임을 알고 나자 미라의 저주에 대한 추측을 덧붙인다. 얼마 안 가 전국 각지에서 구경꾼이 몰려오고, 구경꾼들을 상대하려는 이들이 도착한다. 핫도그 스탠드, 솜사탕 장사, 회전목마가 있는 카니발.

한편 점점 허약해진 미노사는 지상에서 온 유일한 연락원인 테이텀에게 의지한다. 탕탕거리면서 조금씩 다가오는 드릴은 그를 지독히도 괴롭힌다. 라이벌 기자들은 테이텀이 수행하는 역할에 불만을 터뜨린다. 테이텀은 구조 요원과 기삿거리, 미노사의 부인에 대한 접근을 통제한다. 하루하루 지날수록 이야기의 규모는 점점 불어난다. 테이텀은 별일 없는 날에는 뉴스를 만들어 낸다. 그는 신부와 의사를 데리고 동굴로 내려가고, 그러다가 미노사에게서 그를 경멸하는 아내에게 줄 결혼기념일 선물 이야기를 듣는다. 선물은 모피 스카프다. 테이텀은 미노사의 부인에게 선물을 건네고는 그걸 두르라고 말한다. 그녀는 싫어한다. 그는 스카프로 그녀를 거의 목 졸라 죽이기 직전까지 간다. 여자는 스카프를 두른다.

커크 더글러스1916~2020는 경쟁심이 대단한 사람이었고 지금도 여전히 그렇다. 그가 스크린에서 맡은 초기 역할 중 하나가 <챔피언Champion>(1949)의 복서였다는 건 조금도 놀랄 일이 아니다. 1969년에 내가 『에스콰이어Esquire』에서 그를 인터뷰했을 때, 챔피언 역할은 그가 한 발언의 핵심 주제였다. "당신이 좋은 사내건 망나니건 상관없어요. 중요한 건 굴복하지 않는다는 거요!" 그가 척 테이텀을 연기하면서 보여 주는 집중력과 에너지는 섬뜩할 정도다. 더글러스의 연기에 시대에 뒤떨어진 면모는 조금도 없다. 날이 잘 선 칼처럼 현대적인 연기다.

테이텀은 돈과 명예라는 목표를 향해 조금도 망설이지 않고 나아간다. 우리가 그가 미노사에게 동정심을 품은지도 모르겠다고 생각하는 순간이 있다면, 그것은 와일더가 우리 목에 걸린 사슬을 홱 잡아당기는 순간이다. 지하에 갇힌 남자에 대한 테이텀의 사고방식은 세밀한 연출과 시나리오 집필, 연기의 모든 측면에서 연구할 만한 대상이다. 이 영화보다 수준이 떨어지는 영화였다면, 테이텀은 가여운 남자를 향한 우리의 동정심을 공유할 것이다. 하지만 이 영화에서 그는 그 방향으로 향하는 포물선에 앉아서 그런 감정이 자신에게 찾아올 위대한 명성의 순간과 교차하기를 원한다.

오스트리아 출신으로 히틀러를 피해 미국으로 온 망명객인 와일더는 분명히 위대한 미국 감독에 속한다. 그러나 그는 절대로 아메리칸 드림에 현혹되지 않았다. 그가 유럽에서 목격한 현실은 꿈에서 깨라고 그에게 경고했다. <비장의 술수>는 항상 그의 위대한 영화 중 한 편으로 간주되어 왔지만, 시장이 이 영화를 거절한 건 놀랄 일이 아니다. 관객들은 범죄를 좋아하고 서스펜스를 좋아하고 폭력을 좋아하지만 해피 엔딩도 좋아한다. 그런데 와일더는 관객들에게 이제 그만 잠에서 깨어나 커피 냄새를 맡아 보라고 말하고 있다.

영화가 개봉했을 때, 언론은 이 영화가 언론계 관행과 기준을 그려 내는 방식에 불만을 토로했다. 플로이드 콜린스Floyd Collins라는 남자가 켄터키의 동굴에 갇혔을 때 실제로 벌어진 미디어 서커스에서 영감을 받은 영화인데도 말이다. 오늘날 센세이션을 향한 갈망을 떠올리지 않으면서 언론계의 일부 영역을 상상하기란 어려운 일이다. 대중을 향해서도 같은 말을 할 수 있을 듯하다. 영화 제작이 완료된 후, 스튜디오는 뉴멕시코주 갤럽 외곽에 있는 산에 세운 영화 촬영 세트를 구경할 수 있는 입장권을 판매했다.

## 사랑의 블랙홀

Groundhog Day

| | | |
|---|---|---|
| 감독 | 해럴드 래미스 | |
| 주연 | 빌 머레이, 앤디 맥도웰 | |
| 제작 | 1993년 | 101분 |

<사랑의 블랙홀>은 영화의 분위기와 제작 의도를 대단히 정확히 짚어 낸 영화다. 그래서 그 영화의 천재성을 즉각 알아차리기란 쉽지 않다. 영화는 관객들이 예상한 대로 전개되고, 대단히 오락적이며, 무척이나 자연스럽다. 그래서 관객인 우리가 이 영화가 얼마나 훌륭한 영화인지 알아차리려면 영화에서 한 발짝 뒤로 물러서서 우리 뺨을 스스로 갈겨 봐야 한다.

나는 애초에 쓴 리뷰에서 이 영화를 과소평가했다. 영화를 편한 마음으로 즐긴 나는 유쾌한 기분에 빠져드는 바람에 영화를 제대로 평가하지 못했다. 그런데 우리 뇌리에 깊이 파고들어 우리 인생에서 기준점으로 자리한 영화는 몇 편 되지 않는데, 이 영화가 바로 그런 영화다. 당신의 기분을 설명하려고 "지금 <사랑의 블랙홀>같은 기분이야"라는 말을 할 필요가 있다고 느낄 때, 이 영화는 무엇인가 대단한 위업을 달성했다고 할 수 있다.

세상 모두가 아는 것처럼, 이 영화는 똑같은 날을 거듭해서 살고 또 살게 됐음을 알게 된 남자를 다룬다. 그가 사는 세상에서 이런 일이 벌어지고 있다는 것을 아는 사람은 본인뿐이다. 그는 경악과 비탄, 저항과 절망, 자살을 불사하는 자기 파괴와 냉소적인 무모함으로 점철된 시기를 거친 후 자신의 본성과 동떨어진 일을 하기 시작한다. 그는 세상을 배우기 시작한다.

남자의 이름은 필이다. 그는 기상 캐스터다. 어떤 면에서 그는 자신이 날마다 같은 일을 반복하는 저주를 받았다고 느낀다. 날씨는 변하지만, 그가 카메라 앞에서 보여 주는 특유의 유머는 변치 않는다. 그는 자기 직업에 애정이 없고 그 직업을 대하는 시선도 삐딱하다. 그는 매년 2월 2일에 거행되는 성촉절Groundhog Day 축제를 취재하러 펜실베이니아주 펑수토니에 파견된다. 성촉절에 마멋groundhog인 펑수토니 필Punxsutawney Phil이 깨어나 자기 그림자를 보게 될 것인지를 확인하는 것이다. 그가 그림자를 볼 수 있게 되면 겨울은 6주간 연장된다. 그런데 그가 그림자를 보건 못 보건 겨울은 6주간 연장되는 게 보통이다. 이것은 필이 상상을 초월할 정도로 멍청한 이 행사에 대해 냉소적인 견해를 피력할 때에도 도저히 벗어나지 못하는 명명백백한 사실이다.

필을 연기하는 배우는 빌 머레이Bill Murray인데, 머레이는 이 영화에 없어서는 안 될 배우다. 그는 이 영화를 경이로운 영화로 만들기에 앞서 그보다 더 어려운 일을 해낸다. 이 영화를 견뎌 낼 만한 영화로 만드는 것이다. 이런 소재의 영화에 출연해 헛웃음이 나오는 영화나 멍청한 영화로 만들 만한 배우들의 긴 명단을 상상할 수 있지만, 자비를 베푸는 마음으로 그 명단을 감추도록 하겠다. 대니 루빈Danny Rubin과 해럴드 래미스Harold Ramis가 쓴 시나리오는 탁월하다. 그중에서도 가장 탁월한 점은 이 시나리오에 적합한 배우가 빌 머레이임을 알아차렸다는 것이다. 두 사람은 이 작품을 머레이가 걸출한 영화로 탈바꿈시킬 것임을, 다른 배우라면 진저리가 쳐질 정도로 교훈을 앞세우는 우화로 전락시킬 수도 있음을 이해했다. 래미스와 머레이는 두 사람이 시카고의 세컨드 시티Second City•에서 경력을 시작할 때부터 함께 작업했었다. 그래서 두 사람은 즉흥 연기를 펼치는 연기자만이 알 수 있는 방식으로 서로를 잘 파악했다. 그들은 언제 주정을 부릴지 모를 술 취한 관객 앞에서 위험천만한 야간 공연을 하는 데 따르는 한계와 장점을 찾아냈다. 나는 래미스가 머레이 아닌 다른 연기자를 캐스팅해 이 소재를 연출하는 데 약간이나마 관심을 가졌을 거라고는 믿지 않는다. 그가 매력을 느낀 건 이 영화의 줄거리가 아니라, 그 줄거리의 주연을 머레이가 연기한다는 생각이었을 것이다.

머레이의 페르소나는 친숙해졌으면서도 지겨워지지 않는다. 세상은 그에게는 지나치게 과한 곳이고, 그는 사람들보다 약간 더 영리한 사람이다. 그는 사람들과 동떨어진 우울한 면모를 보이고, 즐거움이라는 감정을 심히 의심스러워한다. 그는 성실함과 솔직함을 자신을 향해 사용될 수도 있는 무기로 간주한다. 게다가 그는 자신이 느끼는 정서적 욕구를 은폐한다. 그는 시트콤 세계의 햄릿이다. <사랑도 통역이 되나요?Lost in Translation>는 빌 머레이가 출연했기 때문에, 머레이의 그런 특징을 제대로 포착했기 때문에 제 효과를 발휘한 또 다른 영화다. 반면에 <스티브 지소와의 해저 생활The Life Aquatic with Steve Zissou>은 그런 효과를 발휘하지 못한 영화다. 머레이의 캐릭터가 그라는 존재만큼이나 동떨어져 있는 세상에 맞설 만한 특징을 하나도 갖고 있지 않기 때문이다.

그가 <사랑의 블랙홀>에서 (마멋이 아니라 기상 캐스터) 필이 완벽한 망나니라는 사실을 얼마나 수월하게 보여 주는지 주목해 보라.

• 시카고에서 창립된 즉흥 코미디 극단

그는 자신이 견뎌 내기 힘든 놈이라는 것을 보여 주려고 목소리를 높이거나 과격한 연기를 펼치지 않는다. 그는 가만히 있어도 그런 존재다. 그는 펑수토니 출장에 함께할 동료로 참을성 많은 천사 프로듀서 리타(앤디 맥도웰Andie MacDowell)와 성격 좋은 카메라맨 래리(크리스 엘리엇Chris Elliott)를 택한다. 온 세상의 텔레비전 제작진이 다 그렇듯, 그들은 그들을 막 대하는 '탤런트'에게 익숙한 사람들이다. 그들은 카메라 앞에서 가식을 떠는 연예인들의 변덕과 억지를 다 받아 주면서 할 일을 해 나간다. 필처럼 넌더리나는 인물이 없으면 제대로 된 성공작을 만들어 낼 수 없음을 잘 알기 때문이다.

2월 2일 오전 6시, 필은 시계 알람소리에 따라 펑수토니의 안락하고 작은 호텔 방에서 깨어난다. 시계에 딸린 라디오에서 소니 앤드 셰어Sonny and Cher의 'I Got You Babe(아이 갓 유 베이브)'가 흘러나온다. 그러고서 그는 일련의 경험을 한다. 그에게 보험을 팔고 싶어 하는 옛 동창생의 인사를 받고, 얼음물이 고인 물웅덩이를 디디며, 가련한 마멋 앞에 위치한 카메라 앞에서 리포트를 한다. 그가 마멋이 쥐랑 비슷하다고 여기는 데 타당한 이유가 없지는 않다. 필은 리타와 래리에게 무례하게 군다. 그는 (시청자들이 중간 광고를 시청할 정도로 멍청한 사람들이라고 암시하면서) 시청자들도 모욕한다. 그는 자신이, 직업이, 동료가, 인류 전체가 전혀 마음에 들지 않는다.

그가 원하는 것이라고는 이 도시에서 벗어나는 것뿐이다. 그는 그러려는 시도에 착수하지만 성공하지 못한다. 그는 이런저런 일을 벌이지만 이튿날 아침이면 라디오에서 흘러나오는 똑같은 음악을 들으며 똑같은 침대에서 깨어날 뿐이다. 그가 똑같은 날을 정확하게 똑같은 방식으로 살아가고 있다는 것이 차츰 명백해진다. 그에게 내일과 내일과 내일은 하루하루 느릿한 리듬으로 천천히 다가오지 않는다. 고장 난 레코드처럼 같은 자리를 계속 맴돌 뿐이다. 그리고 사나흘쯤 후에 그는 자신이 처한 곤경의 심각성을 알아차린다. 그는 어느 2월 2일과 다음 2월 2일에 하는 말과 행동을 자유로이 바꿀 수 있지만, 그를 제외한 세상 사람 모두 늘 똑같은 2월 2일을 살아갈 것이고, 그는 늘 똑같은 자리에서 출발하게 될 것이다. 그가 시나리오를 바꾸지 않는 한, 사람들은 자신이 하는 일을 반복할 것이다. 그러나 다음 날이 되면 그들은 자신이 연기했던 새 대사를 잊고는 2월 2일에 받은 시나리오 초고草稿로 돌아갈 것이다.

어느 날 밤에 볼링장 바에 앉아 있던 그는 혼잣말을 하듯 중얼거린다. "당신이 한 곳에 꼼짝 못하고 잡혀 있고 당신이 했던 모든 일은 그대로인 데다 무슨 짓을 해도 상관없다면 어떻게 할 거요?" 바의 옆자리에 앉은 멍청이가 그가 하는 말을 듣고는 대답한다. "꼭 내 얘기를 하는 것 같군요."

필은 2월 2일을 살아 보는 시운전을 통해 천천히, 서투르게 배우기 시작한다. 래미스와 루빈은 시나리오 초고에서 그를 1만 번의 사이클을 거치도록 했다. 래미스는 현재 버전에서 그가 4만 번쯤 사이클을 거쳤다고 추정한다. 그 시간 동안 필은 처음으로 자신의 진면목을 보는 법을, 리타를 보는 법을, 그녀를 사랑하는 법을, 그녀의 사랑을 얻을 만한 자격을 갖추려 애쓰는 법을 배운다. 그는 놀랍게도 좋은 사람이 되고 싶어 한다.

그의 여정은 물질 만능 주의가 판치는 우리 시대를 위한 우화가 됐다. 이 영화는 본질적으로 머레이가 대단히 개인적인 프로젝트였던 <면도칼의 모서리The Razor's Edge>에서 탐구했던 것과 동일한, 존재에 대한 영적인 관점을 반영한 인간의 성장을 바라보는 관점을 구현한다. 시간의 바퀴에 갇힌 그는 다음 단계로 승급할 자격을 갖추기 전까지는 그 바퀴 안을 맴돌아야 할 운명이다. 영국 신문 『인디펜던트Independent』에 실린 긴 기사는 <사랑의 블랙홀>을 "종교 지도자들이 역사상 가장 영적인 영화라고 일컬었다"고 말했다. 종교 지도자 전원이 베리만Ingmar Bergman과 브레송Robert Bresson, 오즈小津安二郎, 드레위에르 Carl Theodor Dreyer가 만든 영화를 본 것 같지는 않지만, 그 이야기는 접어 두자. 그들은 요점을 제대로 짚었다. "어쩌면 신은 오랫동안 우리의 주위를 맴돌면서 만사를 다 알고 있을 것"이라는 대사가 영화에 담긴 가장 심오한 신학적 견해인 영화에 대한 요점을 말이다.

이 영화를 보면서 머레이와 래미스가 영화를 무척이나 수월하게 전개해 나간다는 점이 놀라웠다. 그들은 결코 용기를 잃지 않는다. 필은 변신을 감행하지만 날이 선 면모는 절대로 잃지 않는다. 그는 다른 사람 필이 아니라 더 나은 사람 필이 된다. 영화는 지독히도 감상적인 결말로 끝나지 않는다. 그가 자살을 시도하는 우울한 부분도 있고, 자동차 사고가 나도 아무렇지도 않다는 걸 알기 때문에 차를 험하게 모는 무모한 부분도 있으며, 절망에 빠져 허덕이는 부분도 있다.

우리는 인생이라는 게 그와 비슷하다는 것을 안다. 오늘이 늘 2월 2일이건 아니건, 우리가 할 수 있는 모든 건 우리가 알고 있는 최선의 사람이 되는 것이다. 희소식은, 우리가 더 나은 사람이 되는 법을 배울 수 있다는 것이다. 필이 리타에게 이런 말을 하는 순간이 있다. "눈 속에 서 있는 당신은 천사처럼 보여요." 요점은 그가 리타를 사랑하게 됐다는 게 아니다. 천사를 보는 법을 배웠다는 것이다.

# 사무라이 반란

上意討ち 拝領妻始末

| | |
|---|---|
| 감독 | 고바야시 마사키 |
| 주연 | 미후네 도시로, 나카다이 다쓰야, 쓰카사 요코 |
| 제작 | 1967년 / 128분 |

<사무라이 반란>에 팽배한 긴장감은 융통성 없는 사회 질서 내부에 감금된 개인들의 심오한 열정에서 비롯된다. 캐릭터들이 하는 말과 행동은 지극히 사소한 것 하나까지도 그 시대의 규율이 지시한 것이다. 그런데 그들이 느끼는 감정은 규율에 저항한다. 그들은 격식에 맞춰 행동한다. 그들의 의상은 각자의 사회적 지위와 직능을 나타낸다. 그들은 권위 앞에 허리를 굽히고 각자에게 부여된 자리를 별다른 의문을 제기하지 않고 받아들이며, 상대방과 의전에 따라 부여된 거리를 유지한다. 영화의 줄거리는 결혼한 부부의 참된 사랑을 다루지만, 영화는 이 부부가 서로의 몸에 손을 대는 모습을 한 번도 보여 주지 않는다.

이 영화의 비주얼 전략은 영화의 배경이 된 세계의 규칙을 반영한다. 오프닝 숏들은 이런저런 건축물을 자세히 보여 준다. 모두 평행선이나 예각을 이루는 선들로 구성되어 있을 뿐, 곡선은 어디에도 보이지 않는다. 때는 1725년이다. 1603년부터 1868년까지 집권한 도쿠가와

막부는 권위에 대한 절대적인 복종에 기반한 평화로운 시기를 힘으로 유지하고 있다. 이야기의 배경은 마쓰다이라 영주가 아랫사람들을 기분 내키는 대로 다스리는 변방 지역이다.

사사하라 집안이 소개된다. 우리는 오프닝 신에서 가장 친한 친구 다테와키(나카다이 다쓰야仲代達矢)와 함께 있는 사사하라 가문의 가장 이사부로(미후네 도시로三船敏郎)를 보게 된다. 더 정확히 말하면 그의 칼을 본다. 그의 칼끝을, 다음에는 칼날을 본다. 초점은 칼 뒤에 있는 살기 어린 두 눈으로 옮겨 갔다가 잠시 후 칼날로 되돌아온다. 들판에 서 있는 그들 앞에는 밀짚 인형이 있다. 이사부로는 일격에 인형을 동강 낸다. 그들은 칼을 시험하는 중이다. 두 사람은 집에 돌아오는 길에 사는 게 따분하다는 이야기를 나눈다. 그러던 중에 이사부로는 "마누라한테 20년간 잡혀 사는 신세"라고 밝힌다.

그렇다. 자기 무리에서 가장 솜씨 좋은 검객이라는 이 사무라이는 아내의 등쌀에 불행한 삶을 살고 있다. 이 영화는 가족의 삶에 지대한 관심을 쏟기 때문에 1967년에 일본에서 개봉할 때 제목이 '반항: 마나님을 받들라'였다. 평론가 도널드 리치Donald Richie에 따르면, 제목을 이렇게 붙인 것은 전통적으로 사무라이 영화를 보지 않는 여성 관객을 유인하려는 의도에서였다. 영화는 미국에서는 무술 영화 팬들을 유혹하기 위해 'Samurai Rebellion(사무라이 반란)'으로 제목을 바꿔 달았다. 고바야시 마사키小林正樹, 1916~1996 감독의 마음속에 자리한 영화의 유일한 제목은 '반항'이었다.

이 영화는 우아하고 아름다운 영화이자, 격렬한 윤리적 논쟁으로 점철된 영화다. 영화는 사무라이가 규율에 맞서면서 로맨스 편을 드는 결정을 내린다는 이야기를 다룬다. 플롯은 성적性的인 편리함을 추구하는 영주의 행동에서 시작한다. 사사하라 가문에게 자신이 버린 애첩을 받아들이라고 강요한 영주는 얼마 안 있어서 그녀를 돌려달라고 요구

한다. 이치 부인(쓰카사 요코司葉子)은 강제로 영주의 애첩이 됐다가 그의 아들을 낳았다. 어느 날 화가 치민 부인은 영주를 때리고 영주의 머리카락을 뽑는 바람에 수치스러운 신세로 전락했다. 결국 그녀를 유배 보내야 마땅하다고 결정한 영주는 그녀에게 사사하라 가문의 두 아들 중 한 명인 요고로(가토 고加藤剛)와 혼인하라고 명령한다.

사사하라 가문 입장에서 유쾌한 명령은 아니다. 하지만 그들은 영주의 명을 따른다. 혼인이 성사된 후, 이사부로는 아내에게 휘둘려 사는 불행한 삶에서 벗어날 방책을 모색한다. 그는 은퇴하면서 요고로를 가장으로 지명한다. 요고로는 아버지는 어머니를 싫어하면서도 "만사를 감내해 오셨다"고 이치에게 설명한다. 이제 집안 살림을 관리하는 일은 이치의 몫이 될 것이다. "어머니 때문에 망설일 필요는 없소." 이치와 요고로는 서로를 사랑하는 법을 배우면서 모두를 놀래고, 그들의 혼인은 딸 토미의 탄생이라는 축복을 받는다. 요고로가 영주한테 덤빈 이유가 무어냐고 묻자, 그녀는 별일 아니라는 듯이 대답한다. "털이 수북한 벌레가 내 온몸을 기어 다니는 것 같은 기분이었어요."

영주의 집사(고야마 시게루神山繁)가 영주의 칙령을 가져온다. 어느 날 당도한 그는 영주의 후계자가 사망하면서 영주가 이치에게 얻은 아들이 새 후계자가 됐다는 소식을 전한다. 집사는 이치에게 사사하라 가문을 떠나 성에 돌아와야 한다고 말한다. 후계자의 어머니가 가신家臣과 결혼 생활을 하는 것은 온당치 못한 일이기 때문이다. 이치가 그 소식을 들을 때, 우리는 창호지를 등지고 앉은 그녀의 모습을 본다. 그녀의 등 뒤에 드리운 불길한 그림자들은 벌레들이 기어 다니는 것처럼 보인다. 그녀는 성으로 돌아가기를 거부한다. 그녀의 남편이, 그리고 뜻밖에도 시아버지가 그녀 편을 든다. 이사부로는 이 명령을 "잔인하고 부당한 조치"라고 말하고는, 아들 내외에게 자신의 결혼 생활하고는 달라도 너무 다른 "서로를 향한 너희의 다정한 사랑"에 감동을 받았다고 말한다. 이렇게 해서 제목에 등장하는 반란이 시작된다. 아버지, 아들, 며느리는 영주에게 순종하기를 거부한다. 이사부로의 아내 스가(오쓰카 미치코大塚道子)와 다른 아들은 이치를 성으로 돌려보내자는 쪽이지만 말이다.

나는 이 영화를 봤을 때 앤서니 트롤럽Anthony Trollope의 『닥터 손Doctor Thorne』을 읽고 있었다. 그러다가 인정사정없는 실용주의가 로맨스를 막아서는 방식 면에서 두 작품의 플롯이 꽤나 유사하는 사실에 강한 인상을 받았다. 두 작품 모두 어떤 감정을 캐릭터들이 느껴야 마땅한 감정이라면서 캐릭터들에게 강제하는 데 사회적 계급을 활용한다. 사무라이의 세계는 우리의 세계와 동떨어진 곳이다. 트롤럽 소설의 배경인 바셋셔와는 더 멀리 떨어진 곳이다. 그러나 캐릭터들이 느끼는 감정은 보편적이고 본질적이다.

우리는 사무라이 영화를 생각할 때 칼싸움을 생각한다. 그런데 <사무라이 반란>은 영화의 마지막에 피바다가 등장할 때까지는 거의 전체가 집안 생활과 외교적 술책으로 구성되어 있다. 이사부로는 에도에 있는 왕궁에서 영주의 전제에 맞서는 항변을 할 수 있으리라 믿는다. 그러나 영주의 집사는 그런 일이 벌어지는 것을 바라지 않는다. 보기 드문 협상 기간이 시작된다. 허세와 그에 맞선 허세가 오간다. 우리는 사사하라의 친척들이 가문 회의에서 영주의 의지를 받아들이라고 세 반항자를 설득하려 애쓰는 모습을 본다. 거짓말이 난무하고, 음모는 실행에 옮겨지며, 이치 부인은 납치된다. 그럼에도 참된 사랑이 부인되는 일은 없을 것이다.

일본이 낳은 스타 중에서도 가장 유명한 스타인 미후네의 외모도 이상할 정도의 변화를 겪는다. 영화 초반에 보이는 그의 모습은 온순해 보인다. 결혼 생활에서 쓴 맛을 본 탓이다. 그래서 우리는 그의 얼굴을 좀처럼 알아보지 못한다. 그러다가 그의 유명한 얼굴은 그가 결의를 굳히면서, 요고로와 이치 편에 서면서 형체를 잡아 가는 듯 보인다. 그러면서 그는 우리가 아는 미후네처럼 근엄하고 분노에 찬 얼굴이 된다.

이 과정에 핵심적인 전환점이 있다. 그는 사방에 담이 쳐진 석조 정원에서 벽돌 길을 따라 걷는다. 그가 이치에게 그녀의 편을 들겠다고 말할 때, 그는 길을 벗어나고 그의 나막신은 정성껏 갈퀴질한 모래에 발자국을 남긴다. 그는 규칙을 어겼고, 규칙이 그어 놓은 선 가운데에 머물기를 거부했으며, 자신의 의지를 영주의 의지보다 앞세웠다.

고바야시 마사키 감독 자신이 반항아였다. 에프라임 카츠Ephraim Katz가 쓴 『영화 백과사전Film Encyclopedia』을 통해 고바야시가 제2차 세계 대전 때 평화주의자였음을 알게 됐다. 그는 군에 징집돼 만주로 파견된 후 "개인적으로 저항한다는 용감한 행위의 일환으로 진급을 거부하면서 복무 기간 내내 이등병으로 남았다."

이후로 저항은 그가 다루는 작품의 주제가 됐다. 그가 3부로 구성한 아홉 시간짜리 영화 <인간의 조건人間の條件>(1959)은 감독 본인이 그랬던 것처럼 만주에서 복무한, 일왕에 순종해서 그런 게 아니라 부하들을 향한 충심 때문에 작전을 수행하는 양심적인 반대자를 다룬다.

가장 잘 알려진 그의 작품으로 고상한 유령 이야기인 <괴담怪談>(1964)과 사무라이 드라마 <할복切腹>(1962)이 있는데, <할복>이 <사무라이 반란>보다 나은 작품이라고 여기는 사람이 많다. 그런데 리치의 견해는 다르다. 리치는 이 작품에서 고바야시가 2.35대 1 비율의 와이드스크린 구도를 "반항적인 캐릭터들이 훨씬 더 효과적으로 활동하는 무대로" 활용한 것을 칭찬한다. 영화의 흑백 촬영은 음울하면서도 아름답다. 캐릭터들은 그들의 관계를 반영한 공간과 건물의 시각적 상자 안에 배치된다. 회합에서 그들에게 자리가 배정될 때 그들의 위치와 보디랭귀지가 그들의 지위를 어떻게 정확히 반영하는지, 그리고 어떤 캐릭터가 자리를 떠날 때 균형이 어떻게 깨지는지를 주목하라. 이사부로 부자가 영주의 부하들과 전투를 준비할 때 등장하는 상징들도 주목하라. 그들은 창문들 사이에서 삐쭉삐쭉한 장애물 역할을 하도록 대나무를 엇갈리게 설치해 극명한 수직과 수평을 혼잡하게 만드는 작업부터 시작한다.

<사무라이 반란>은 이 영화가 다루는 시기 이후 오랫동안 일본인의 삶에 핵심으로 남아 있던 순응적 성향에 반대하는 주장을 펼치는 작품으로 볼 수 있다. 영화는 개인이 되는 법을 배우는 세 사람의 이야기다. 영주의 집사가 이혼해 달라고 애원하라는 명령을 받은 이치를 납치해서 사사하라 가문으로 데리고 돌아오는 극적인 순간을 숙고해 보라.

그녀는 남편과 시아버지가 할복자살하라는 명령을 받는 게 유일한 대안이라는 이야기를 들었다. 전통을 따르며 살아온 몇 세기의 세월은 시나리오를 충실히 따를 것을 그녀에게 요구한다. 그러나 그녀는 "거짓말이에요!"라고 외친다. "나는 여전히 요고로의 아내예요!"

엔딩은 비극적이다. 엔딩의 죽음은 영예로운 죽음이 아니라 아무런 기록도 남지 않는, 역사에서 감춰진 이름 없는 죽음일 뿐이다. 이사부로의 유언은 손녀 토미에게 헐떡거리면서 하는 충고다. 그는 손녀에게 그녀의 부모가 얼마나 용감했는지 말한다. 그러나 토미는 그것을 이해하기에는 나이가 너무 어리다. 다른 면에서 이 엔딩은 의기양양하게 부르는 개가凱歌다. 이 이야기의 세 영웅은 자신들의 의지를, 그리고 옳고 그름에 대한 판단을 표명했다. 우리는 이사부로의 외침을 기억한다. "평생 처음으로 살아 있다는 기분이 느껴진다!"

# 산쇼다유

山椒大夫

| | | |
|---|---|---|
| 감독 | 미조구치 겐지 | |
| 주연 | 다나카 기누요, 하나야기 요시아키, 가가와 교코 | |
| 제작 | 1954년 | 124분 |

미조구치 겐지溝口健二, 1898~1956가 연출한 일본 영화 역사상 최고작 중 하나인 <산쇼다유>는 기이하게도 관객들이 공감할 만한 캐릭터의 이름이 아니라 악당의 이름을 제목으로 내걸었다. 수염이 텁수룩한 노예 주인 산쇼는 두 가지 여정의 중심이다. 하나는 자신들의 목적지에 대해 아무런 의혹도 품지 않는 여행객들이 그에게로 향하는 여정이고, 다른 하나는 그에게서 멀어지는 여정이다. 그는 내가 여태까지 스크린에서 본 인물 중에서 손에 꼽힐 정도로 무정한 인물이다.

영화는 수풀이 우거진 산허리에서 시작된다. 백성들을 사랑하는 지방 행정관의 아내 다마키가 어린 아들 주시오와 그보다 어린 딸 안주, 시녀와 함께 험난한 산길을 내려가는 모습이 보인다. 여기에서 보이는 빽빽한 덤불은 11세기 봉건 시대가 배경인 영화 전체를 반영한다. 감독이 품은, 인간과 자연은 동전의 양면이라는 감정도 반영한다. 다마키 가족은 남편이 잔혹한 산쇼의 분노를 사서 유배된 후 목숨을 부지하기 위해 도망 길에 나서야 했다. 그들은 가장과 재결합하기를 희망한다.

이 숏에서, 그리고 영화 내내 미조구치는 클래식 영화의 구도와 관련된 규칙들을 꼼꼼히 준수한다. 왼쪽으로 움직이는 것은 시간을 거스르는 것을 암시하고, 오른쪽으로 움직이는 것은 앞으로 나아가는 것을 암시한다. 대각선 방향의 이동은 가장 날카로운 각도의 움직임을 보여준다. 위로 움직이는 것은 희망적이고, 아래로 향하는 것은 불길하다. 상단 왼쪽에서 하단 오른쪽으로 움직이는 그들은 가망이 없는 미래를 향해 내리막길을 걷고 있다.

밤중에 가던 길을 멈춘 그들은 나뭇가지를 그러모아 조잡한 은신처를 짓고는 작은 불을 피운다. 어둠 속에서 늑대들이 울부짖는다. 모닥불 주위에 모여 앉은 그 순간은 그들이 다시는 느끼지 못할 행복한 순간이다. 그러던 중에 그들을 찾아낸 노년의 여승이 근처에 있는 자기 집에서 쉬었다 갈 것을 제안한다. 아침에 가족의 목적지를 알게 된 여승은 여행 거리가 상당히 단축될 것이라며 배로 갈 것을 권한다. 그녀는 우호적인 뱃사람들을 안다고 말한다. 그들이 집을 나설 때, 보일락 말락 한 수상쩍은 인물이 등 뒤에 있는 관목 숲에서 그들에게 시선을 던진다.

그러나 뱃사람에게 인도한 것은 그들을 배신하는 행위였다. 인신매매범에게 붙잡힌 여자와 시녀는 매춘부로 팔리고, 아이들은 산쇼에게 노예로 팔린다. 산쇼는 야만적인 강제 노동 수용소를 운영한다. 아이들은 이후로 10년을 그곳에서 보내게 될 것이다. 산쇼는 정을 주려야 줄 수 없는 인물로, 그의 아들 한 명을 제외하고는 온통 그를 추종하는 종복들에 에워싸인 악당이자 사디스트다.

플래시백은 노예 신세가 된 아이들이 아버지 슬하에서 자라던 어린 시절을 보여 준다. 좋은 사람이던 아버지는 아들에게 관음상을 부적으로 주면서 모든 인간은 평등하게 창조됐다고 가르친다. 1947년에 미군정에 의해 강요된 일본 헌법에는 그와 동일한 친숙한 관념이 소중히 간직되어 있다. 그리고 그 헌법은 60년이 흐른 지금도 글자 하나 안 바뀌고 여전히 효력을 발휘하고 있다. 분명히 그 문장은 미조구치가 이 영화를 만든 1954년에 그의 마음속에 생생히 살아 있었을 것이다. 그가 경력 내내 보여 준 여성의 권리에 대한 집착을 반영하면서, (일본군이 제2차 세계 대전 때 운영했던 수용소들을 그대로 모방한) 산쇼의 노예 수용소를 비난하는 역할을 하면서 말이다. 서두에 등장하는 문구가 말하는 대로, 줄거리의 배경은 "인류가 아직 인간적인 존재로 깨어나지 못한 시대"다. 미조구치가 등장시킨 이 문구는 이 영화의 줄거리와 일본의 전통적인 전체주의적 사회 모두를 언급하고 있는지도 모른다. 일본의 전통 사회에서 모든 사람의 역할은 엄격하게 규정되어 있었고, 권위는 상층부에서 아래로 흘러 갔었다.

플롯이 펼쳐지면서 우리는 최근에 잡혀 온 노예가 부르는, 새가 울음으로 화답하게 만드는 가슴 사무치는 노래에 마음이 혹한 주시오와 안주가 탈출하려 애쓰는 모습을 본다. "주시오, 안주, 돌아 오거라. 너희가 필요하단다." 남매의 어머니의 유령 같은 목소리다. 영화는 이 신비로운 소환을, 탈출을 시도한 노예들의 이마에 낙인을 찍으라고 지시하는 잔혹한 산쇼 치하의 인상적인 이미지에 통합한다. 산쇼의 아들 타로는 이러한 관행에 동의하지 않는다. 타로가 저항을 포용하는 반면, 주시오는 산쇼에게 공감하기 시작하면서 폭군의 양아들이 된다는 것은 영화의 아이러니다. 그러다가 그는 빼어나게 아름답고, 풍부한 감정이 담긴 신에서 마음을 고쳐먹고, 영화는 최후의 여정을 향해 움직인다.

미조구치 겐지는 오즈 야스지로小津安二郎와 구로사와 아키라黑澤明와 함께 일본의 가장 위대한 감독으로 간주됐다. 그는 이 영화와 <오하루의 일생西鶴一代女>(1952), <우게쓰 이야기雨月物語>(1953)로 베니스영화제에서 그랑프리인 은사자상을 3년 연속 수상했는데, 이는 전무

후무한 일이었다. 그는 우아한 구도, 카메라를 움직이는 미적인 솜씨, 그리고 '원 신, 원 숏one scene, one shot'이라는 지론으로 유명하다. <산쇼다유>의 유명한 신에서, 캐릭터 한 명이 물에 빠져 자살하지만 캐릭터의 모습은 보이지 않고 호수의 수면에 퍼지는 파문만이 그 사실을 암시한다. 그의 캐릭터들은 늘 프레임 내부에 세심하게 배치된 것처럼 보인다. 그래서 우리는 그가 연기자들에게 어디에서 움직이고 서라는 지시를 절대 하지 않았고, 대신에 연기자들 스스로 움직이고 서는 위치를 정하도록 그들에게 재량을 줬다는 걸 알게 되면 깜짝 놀라게 된다. 이런 식으로 연기를 지시하면 배우들이 관객에게 사전에 학습되지 않은 자연스러운 움직임을 보여 준다는 느낌을 전하는 결과로 이어진다는 사실에는 의심의 여지가 없다.

물론 오즈도 '원 신, 원 숏'을 고수했다. 하지만 그의 카메라는 절대 움직이지 않고, 프레이밍과 구도가 그의 전부다. 반면에 미조구치의 고상한 카메라 움직임은 우리가 그와 함께 대상을 바라본다는 느낌뿐 아니라 때로 보지 않기로 결심했을 때에는 눈길을 멀리로 돌리고 있다는 환상까지 빚어낸다. 카메라는 종종 너무 고통스럽거나 개인적인 행동이라는 이유 때문에 어떤 행동으로부터 멀어지는 식으로 움직이는 게 아니라 그것을 인지하기를 거부하는 것처럼 움직인다.

미조구치는 약 75편의 영화를 만들었는데, <산쇼다유>는 그중에서도 가장 자전적인 정서를 담은 작품일 것이다. '위키피디아'에 등재된 기록에 따르면, 궁핍하게 살았던 그의 가족은 그의 누나를 다른 집에 입양 보냈는데, 누나를 입양한 가족은 그녀를 게이샤로 팔았다. 아버지는 가족을 난폭하게 대했다. 5백 년 된 민담이 원작인 <산쇼다유>의 이야기가 감독의 마음에 그토록 큰 반향을 남긴 건 그런 가정사 때문일 것이다.

때로는 어떤 이야기가 그토록 강렬하게 우리를 사로잡는 이유를 정확하게 말하기 어렵다. <산쇼다유>의 이야기는 이렇다 할 이유도 없이 착한 가족을 엄습하는 우울한 비극을 다룬 이야기일지도 모른다. 그들은 자연재해에 휘말려 순식간에 파괴되지 않는다. 그들은 오랜 세월 헤어진 채 자신들의 숙명을 알게 되고 체험한다. 그러면서 우리는 산쇼가 품은 잔혹함의 깊이를 알게 되고 믿게 되기에 충분한 시간을 갖는다. 어떤 인간들은 상냥함이나 자비를 갖지 않은 채로 태어나 남들은 절대로 하지 못할 일들을 기쁜 마음으로 실행에 옮긴다.

간밤에 가진 만찬에서 환갑 안팎의 어떤 남자가 여섯 살 때 있었던 사건을 이야기해 줬다. 당시 그가 사랑하던 고양이가 밤새 그의 배 위에다 새끼를 낳았다. 잠에서 깨어난 그는 야옹거리는 조그만 새끼 고양이들이라는 기적을 보고는, 고양이가 본성대로 눈에 잘 띄지 않는 구석박이가 아니라 자기 배에다 새끼들을 낳을 정도로 자신을 신뢰했던 것인지 궁금했다. 그러나 그 후에 벌어진 일을 이야기하는 남자의 목소리는 부들부들 떨렸다. 그의 짐승 같은 의붓아버지는 새끼 고양이들을 가져가 어린아이가 보는 앞에서 망치로 짓뭉갰던 것이다. 내가 이 이야기를 하는 것은 미조구치가 들었을 게 분명한 전시의 잔혹한 이야기들을 반영했을, 자기 행동에서 쾌락을 취하는 산쇼의 사디즘을 보여 주기 위해서다.

이 영화의 줄거리는 해피 엔딩으로 끝나는가? 아니다. 그러나 영화는 (비록 산쇼의 것은 아니지만) 결단과 체념, 용서를 보여 준다. 영화는 주시오의 개심을 보여 주고, 그의 숙명이 취하는 인상적인 반전을 보여 준다. 영화에서는 지금까지 소개한 것 말고도 더 많은 일이 벌어지지만, 그 사건들은 당신이 직접 영화로 봐야 한다. <산쇼다유>는 영화를 감상하는 동안 어떤 시점부터 우화나 내러티브가 되기를 멈추고 비가悲歌가 되기 시작한다. 그리고 그 시점에서 이 영화는 그리 많은 영화가 하지 못하는 일을 우리에게 행한다.

『뉴요커New Yorker』의 영화 평론가 앤서니 레인Anthony Lane은 2년 전쯤에 미조구치를 소개하는 글을 쓰면서 다음과 같은 비범한 문장들을 썼다. “나는 <산쇼디유>를 10년 전에 딱 한 번 봤다. 그러면서 가슴은 찢어지지만 이보다 더 훌륭한 영화를 본 적은 없다는 확신을 품고 차분하게 극장을 나섰다. 나는 감히 이 영화를 다시 보지 못했다. 영화가 나에게 건 주술을 망칠까 봐 주저해서이기도 했지만, 인간의 마음은 그토록 고통스러운 체험에 깎이고 패여 나가도록 설계되지 않았기 때문이기도 했다.”

| **샤이닝**<br>The Shining | 감독 | 스탠리 큐브릭 | |
|---|---|---|---|
| | 주연 | 잭 니컬슨, 셸리 듀발 | |
| | 제작 | 1980년 | 146분 |

스탠리 큐브릭Stanley Kubrick 1928~1999의 싸늘하고 섬뜩한 <샤이닝>은 결정을 내리라며 우리를 윽박지른다. 믿을 만한 관찰자는 누구인가? 벌어진 사건들에 대한 생각 중에서 믿을 수 있는 생각은 누구의 것인가? 취업 면접을 보여 주는 오프닝 신에서, 캐릭터들은 충분히 믿음직스럽게 보인다. 면접에서 오가는 대화는 <2001 스페이스 오디세이2001: A Space Odyssey>의 우주 정거장에서 오가는 잡담을 반영한 듯 딱딱하게 들리지만 말이다. 우리는 잭 토런스(잭 니컬슨Jack Nicholson)를 만난다. 그는 아내와 아들과 함께 고립된 곳에서 외롭게 겨울을 날 계획이다. 그는 눈에 갇힌 오버룩 호텔의 관리인이 되려 한다. 고용인은 전임 관리자가 아내와 두 딸을 살해한 후 자살했다고 경고하지만, 잭은 장담한다. "믿으셔도 됩니다, 울먼 씨. 저한테 그런 일은 일어나지 않을 겁니다. 제 아내에 관한 한, 제가 그 이야기를 해 주면 그녀는 홀딱 반할 거라고 확신합니다. 그 사람은 귀신 이야기하고 공포 영화라면 중독자

수준이거든요.”

사람들은 실제로 일어난 비극적 사건들에 대해 이런 식으로 말을 할까? 그의 아내는 홀딱 반할까? 그는 그 사건에 대한 이야기를 아내에게 했을까? 잭과 아내 웬디(셸리 듀발Shelley Duvall), 아들 대니(대니 로이드Danny Lloyd)는 일꾼들이 겨울동안 호텔을 폐장하는 작업에 한창일 때 드넓은 호텔로 이주해 온다. 요리사 딕 할로란(스캣맨 크로더스Scatman Crothers)은 호텔을 구경시켜 주면서 식품 저장실을 강조한다(“여기 있는 음식을 1년 내내 먹더라도 같은 메뉴를 두 번 먹는 일은 없을 겁니다”). 그런 후 호텔에는 그들만 남게 되고, 판에 박힌 일상이 시작된다. 잭은 널찍한 홀에 있는 타자기 앞에 앉아 쉴 새 없이 자판을 두드리고, 웬디와 대니는 시리얼을 먹는 아침, 장난감 놀이, TV 시청을 포함한 평범한 생활 비슷한 것을 함께 해 나간다. 세 사람이 한데 어울려 사랑 넘치는 가정생활을 한다는 느낌은 전혀 들지 않는다.

대니. 이 아이는 믿을 만한가? 그에게는 상상 속에 존재하는 친구 토니가 있다. 토니는 대니 목소리의 낮은 음역대로 말한다. 가족만 남게 되기 직전에 가진 짧은 대화에서, 할로란은 대니에게 폭력이 발생한 곳인 237호실 근처에는 가지 말라고 경고한다. 그런 후 그는 자신과 대니 둘 다 사람들의 마음을 읽고 과거와 미래를 보는 영적인 재능인 ‘샤이닝’을 가졌다고 말한다. 대니가 할로란에게 말하길, 토니는 대니가 그런 일을 논의하는 것을 원치 않는다. 토니는 누구인가? “내 입에 사는 작은 꼬마예요.”

토니는 대니가 호텔 엘리베이터의 닫힌 문 주위에서 피가 쏟아져 나오는 쇼킹한 환영을 포함한 영적인 정보를 전송받으려고 사용하는 장치인 듯 보인다. 대니는 차림새가 똑같은 어린 소녀 두 명도 본다. 우리는 살해당한 아이들이 두 살 터울이라는 것을 알지만, 두 소녀는 모두 기이할 정도로 나이 들어 보인다. 대니는 믿음직한 목격자라고 할지

라도, 호텔에서 실제로 벌어지는 일과는 관련이 없을지도 모르는 그 나름의 특유한 환영을 본 목격자다.

그러면 웬디가 남는다. 그녀는 영화의 대부분의 시간 동안 — 셸리 듀발이 올트먼Robert Altman의 <세 여인3 Women>에서도 전달했던 — 감정이라고는 없는 형식적인 따분함과 지루함을 보여 준다. 대니의 짝이자 놀이 동무인 그녀는 잭을 기분 좋게 해 주려 애쓰지만, 그는 자기 일을 방해하지 말라면서 그녀를 갑작스럽고 불쾌하게 몰아붙인다. 꽤 나중에 등장하는 이 영화의 충격적인 반전 중 하나에서 그녀는 그가 하는 작업의 실체를 알게 된다. 나는 그 순간의 그녀는 신뢰할 만하다고 믿는다. 잭이 폭력적으로 변한 후에 잭을 식품 저장소에 가두고 빗장을 거는 결말에 가까운 장면에서도 그녀는 다시금 신뢰할 만하다.

그런데 <샤이닝>에는 웬디의 신뢰성에 의문스러운 빛을 비추는 삭제된 장면이 있다. 영화가 거의 끝날 무렵, 잭은 몹시도 추운 밤에 호텔 앞뜰에 있는 미로로 대니를 추격한다. 아들은 탈출하지만, 야구 방망이에 맞아 상처를 입고 휘청거리며 낙상을 당한 잭은 이튿날 아침에야 시체로 발견된다. 얼어붙은 그의 얼굴은 섬뜩한 미소를 짓고 있다. 그는 이마를 약간 숙인 채 큐브릭이 작품 속에서 거듭 활용했던 앵글로 우리를 올려다보고 있다. 평론가 팀 덕스Tim Dirks는 이 부분에서 삭제된 장면이 있다고 전했다. "시사회 직후, 설명이 담긴 2분짜리 에필로그가 잘려 나갔다. 웬디가 호텔 매니저와 대화를 나누는 병원 신이다. 그녀는 수색 요원들이 남편의 시체를 찾아내지 못했다는 말을 듣는다."

잭이 정말로 미로에서 얼어 죽었다면, 그의 시체는 빠른 시간 내에 발견되는 게 당연하다. 딕 할로란이 삼림 감시원들에게 호텔에 중대한 문제가 생겼다고 알렸기 때문이다. 잭의 시체가 발견되지 않았다면, 무슨 일이 있었던 걸까? 시체는 결코 거기에 있지 않았던 걸까? 그는 과거로 빨려 들어간 걸까? 그래서 영화 마지막에 나오는, 1921년에 호텔에서 열린 파티에 참석한 사람들의 단체 사진에 잭의 모습이 보이는 걸까? 아내와 자식에게 휘두른 잭의 폭력은 전적으로 웬디의 상상에만, 또는 대니의 상상에만, 그것도 아니면 모자母子의 상상에만 존재하는 걸까?

영화 내내 신뢰 가는 듯 보이는 관찰자는 딕 할로란이다. 그러나 그가 한겨울에 호텔로 돌아온 직후에 그의 쓰임새는 끝난다. 그러면서 우리에게는 밀실 미스터리가 남는다. 눈에 둘러싸인 호텔에서 세 사람이 광기나 심리적 공포의 나락으로 추락하는데, 우리는 실제로 일어난 사건을 객관적으로 바라보는 관점을 그들 중 누구에게도 의지하지 못한다. 큐브릭의 영화를 그토록 기이하고 심란하게 만드는 건 이렇게 명확하게 규정하기 어려운 열린 결말이다.

그래도 일부 환각 장면들은 이해할 수 있다. 잭이 다른 사람들이 보인다고 생각할 때, 그 장소에는 늘 거울이 존재한다. 그는 자기 자신과 이야기하는 중일 것이다. 대니가 소녀들과 강물처럼 밀려오는 피를 볼 때, 그는 과거의 비극을 영적으로 느끼는 중일 것이다. 웬디가 남편이 미쳐 간다고 생각할 때, 그녀의 판단은 옳을 수도 있다. 실제로 벌어지는 사건에 대한 그녀의 인식은 몇 년 전에 아버지가 저지른 잔혹한 짓 때문에 깊은 상처를 입은 아들이 보내오는 영적인 정보에 의해 왜곡됐을지도 모르지만 말이다. 그런데 결말에 시체가 존재하지 않는다면 어떻게 되는 건가?

큐브릭은 그 에필로그를 제거할 정도로 영리한 사람이다. 그는 줄거리 밑바닥에 지나치게 많이 깔려 있는 깔개 중 하나를 걷어 냈다. 실제로 벌어진 일이 무엇이건, 또는 세 사람이 실제로 벌어진 일이 무엇이라고 생각하건, 우리는 어느 정도는 토런스 가족 세 식구가 겨울 동안 그 호텔에 실제로 거주했다고 믿을 필요가 있다.

스티븐 킹Stephen King의 원작 소설을 읽은 사람들은 큐브릭이 많은 플롯 요소를 내던진 후 남아 있는 요소들을 자기 쓸모에 맞게 각색했다고 말한다. 큐브릭은 유령들(두 소녀, 전임 관리인, 바텐더)이 나오는 이야기를 들려주고 있지만, 이 영화는 '유령 이야기'가 아니다. 잭이나 대니가 경험하는 환영을 제외하면, 유령들은 어떤 의미로도 모습을 드러내지 않기 때문이다.

이 영화는 유령에 대한 영화가 아니라, 고립된 환경에 놓이기만 하면 엄청난 규모로 확장될 채비를 마친 광기와 에너지에 대한 영화다. 알코올 중독자이자 아동 학대자인 잭은 공식적으로는 다섯 달간 '해장술'을 제외하고는 한 방울의 술도 마시지 않았다. 상상 속의 바텐더와 술을 마신다고 상상할 때 그는 실제로 술을 마시고 있는 것처럼 술에 취한다. 그리고 그 상상의 술은 악몽으로 돌변하는 에로틱한 비전을 포함한, 술만 마셨다 하면 튀어나오는 악마들을 깨운다. 할로란이 대니가 영적 능력의 소유자임을 감지할 때, 우리는 할로란을 믿는다. 그러나 분명히 대니는 그 능력을 자기 뜻대로 부리지 못한다. 아버지의 광기를 느끼고 살해된 소녀들의 이야기를 들은 그는 그것들을 잭이 가할 또 다른 폭력에 대한 두려움과 결합한다. 격분한 남편 때문에 겁에 질린 웬디도 이런 영적 산출물을 전송받았을 것이다. 가족 전원이 함께 현실을 상실한다. 영화에는 우리가 믿는 사건들이 있는 게 맞다. 잭의 원고, 식품 저장실에 갇힌 잭, 탈출한 잭, 그리고 그가 도끼로 문을 부순 후에 내뱉는 유명한 대사 "자니가 왔습니다Here's Johnny!" 그러나 정확하게 무슨 일이 벌어졌는지, 어떤 방법으로 벌어졌는지, 정말로 왜 벌어졌는지를 확신할 수 있게 하는 방법은 영화 안에는 존재하지 않는다.

큐브릭은 연기자들 자신이 불안감으로 동요하면서 출연한 영화에서 이런 불확실성을 전달한다. 큐브릭이 스캣맨 크로더스가 등장하는 어느 테이크를 160번을 반복해서 촬영했다는 이야기는 유명하다. 그것은 '완벽주의'였을까, 아니면 배우들이 또 다른 미치광이인 감독에 의해 호텔에 갇혔다는 것을 믿게 만들기 위한 심리 게임이었을까? 큐브릭은 연기자들이 느끼는 경악이 그들의 연기에 흡수될 거라고 판단했던 걸까?

"큐브릭이랑 일해 보니 어떻던가요?" 영화가 제작되고 10년 후에 듀발에게 물었다.

"도저히 견딜 수 없을 지경이었어요." 그녀가 말했다. "잭 니컬슨이 연기하는 캐릭터는 고문을 받는 것 같은 작업을 날마다 해 나가면서 늘 분노에 차서 미친 상태가 되어 있어야 했어요. 내 캐릭터는 마지막 아홉 달 동안 일주일에 닷새 아니면 엿새를 하루에 열두 시간씩, 온종일을 울어야 했고요. 나는 거기서 1년하고 한 달을 있었어요. 그 고생을 했는데도 영화에서 내가 한 연기를 비평하는 사람은 아무도 없더군요. 내가 한 연기는 거의 언급조차 되지 않았어요. 리뷰들은 하나같이 큐브릭에 대한 내용뿐이었어요. 나는 그 영화에 있지도 않았다는 듯이 말이에요."

그녀는 그 영화에 있지도 않았다는 듯이.

# 성스러운 피

Santa Sangre

| | | |
|---|---|---|
| 감독 | 알레한드로 조도로프스키 | |
| 주연 | 악셀 조도로프스키, 블랑카 구에라, 가이 스톡웰 | |
| 제작 | 1989년 | 123분 |

<성스러운 피>를 공포 영화라고 부르는 건 어떤 범주에도 속하지 않는 그 영화에 부당한 일이 될 것이다. 그런데 영화의 내면 깊숙한 곳에 자리한 특징들을 감안해 볼 때, 이 영화는 공포 영화다. 그것도 가장 위대한 공포 영화에 속한다. 나는 한도 끝도 없이 만들어지는 데드 틴에이저 무비들Dead Teenager Movies을 견뎌 내며 오랜 시간을 기다린 후에야 알레한드로 조도로프스키Alejandro Jodorowsky, 1929~ 덕에 진정한 심리적 공포(한꺼번에 밀려오는 공포와 시詩, 초현실주의, 심리적 고통, 짓궂은 유머)를 스크린에 구현하는 것이 가능한 일임을 떠올렸다.

이 영화는 어머니에 의해 삐딱한 정서적·육체적 노예로 전락한 아들을 다룬다. 어머니가 아들에게 휘두르는 통제력은 우리가 영화 후반부에서 그 통제에 내재한 진정한 속성의 비밀을 알게 된 후 더욱 섬뜩해진다. 이 영화는 육욕과 순결을 대표하는 캐릭터들이 서로에게 갖는 본능적 혐오를 다룬 영화이기도 한데, 영화는 양쪽 모두를 중도에 있

는 합리적인 길이 존재하지 않는 세상에서 살아가는 도착적이고 변태적인 존재들로 묘사한다. 조도로프스키는 평론가들이 영화를 분류하는 리스트를 작성하게 만드는 영화에서 이런 대담한 소재를 조율해 낸다. 평론가들은 이 영화를 융Jung적인 영화, 초현실주의적인 영화, 펠리니풍 영화, 부뉴엘풍 영화, 사도마조히즘 영화, 표현주의 영화 등으로 불렀다. 조도로프스키는 거기에다 <다섯 손가락의 야수The Beast With Five Fingers>와 <올락의 손Orlacs Hände> 같은 공포 영화, 그리고 주인공이 품은 판타지의 길을 안내하는 <투명 인간The Invisible Man> 같은 영화의 풍미를 강하게 가미했다.

줄거리는 멕시코의 초라한 유랑 서커스단인 '서커스 그링고'의 소년 마술사 페닉스를 중심으로 전개된다. 조도로프스키의 두 아들(여덟 살 무렵의 아단Adan Jodorowsky과 스무 살 무렵의 악셀Axel Jodorowsky)이 연기하는 페닉스는 아름다운 공중그네 아티스트 콘차(블랑카 구에라Blanca Guerra)와 덩치 큰 서커스단장이자 칼 던지기 묘기를 부리는 오르고(가이 스톡웰Guy Stockwell)의 아이이다. 난쟁이 알라딘(헤수스 후아레스Jesús Juárez)은 늘 페닉스 곁을 지키면서 그의 조수이자 노덕적인 버팀목 역할을 한다. 어린 마술사의 가장 친한 친구는 알마다(어린 알마는 파비올라 엘렌카 타피아Faviola Elenka Tapia, 성장한 알마는 사브리나 데니슨Sabrina Dennison이 연기한다). 농아聾兒 마임 연기자인 그녀는 오르고가 칼 던지기 묘기를 할 때 표적으로 일하는, 온몸이 문신으로 덮인 관능적인 여인(텔마 티호우Thelma Tixou)의 딸이다.

어느 날 밤, 머리카락으로 몸을 지탱하며 서커스 무대 위로 오른 콘차는 오르고가 문신한 여인을 애무하는 모습을 보고는 땅으로 내려달라고 고함을 지른다. 격분한 그녀는 두 사람이 있는 침대를 덮쳐 오르고의 사타구니에 염산을 끼얹는다. 오르고는 고통 때문에 비명을 지르면서 칼 두 자루를 힘껏 휘둘러 콘차의 두 팔을 자른다. 그는 그런 후 자살한다. 염산 때문에 여자들의 흥미를 끌지 못하는 처지가 됐기 때문이다.

콘차의 두 팔이 절단된 건 잔혹한 아이러니다. 그녀는 강간범들에게 두 팔을 절단당한 성녀聖女를 숭배하는 여성들로 구성된 컬트 집단의 리더다. 그들의 예배당에는 피 웅덩이가 있는데, 거기에 고인 피가 생리혈을 가리킨다는 데에는 의심의 여지가 없다(콘차Concha라는 이름은 질膣을 가리키는 멕시코 속어다). 컬트 신자들은 절단된 두 팔로 구성된 십자가가 그려진 튜닉 차림이다. 정부 당국이 당도해 예배당을 불도저로 밀어 버리려 들면서 여자들과 경찰들 사이에 충돌이 일어나고, 콘차와 지역의 가톨릭 추기경 사이에 입씨름이 벌어진다. 콘차는 웅덩이에 고인 건 성스러운 피라고 고함을 지르고, 추기경은 빨간 페인트라고 맞받아친다.

불도저가 예배당을 허물자 건물 대부분이 물결 모양 함석으로 만들어진, 영화의 빠듯한 제작비를 반영한 듯한 예배당의 초라한 구조가 드러난다. 조도로프스키는 제작비는 빠듯했을지 몰라도 상상력과 이미지는 한계를 몰랐고, 이 영화는 에로틱한 에너지와 마성의 에너지로 화려하게 장식되어 있다. 서커스단의 코끼리가 코에서 출혈한 후에 죽는 신을 숙고해 보라. 구슬프면서도 재미있는 장례식에서, 트럭은 코끼리를 담은 커다란 관을 힘겹게 산골짜기로 끌고 가 절벽 너머로 밀어낸다. 이것은 가여운 판잣집 주민들에게는 경사다. 관을 연 주민들은 피가 흐르는 코끼리 고기를 군중에게 던져 댄다. 이런 이미지야말로 우리가 극장에 가는 이유 중 하나다. 이 이미지는 논리적이고, 비논리적이고, 부조리하고, 애처롭고, 숭고할 정도로 독창적이다. 알레한드로 조도로프스키의 입장에서는 그다지 새로울 것도 없는 이미지이지만 말이다.

74세가 된 지금, 14년 만에 처음으로 영화를 작업 중인 조도로프스키는 다양한 분야에서 활동한 전설적인 인물이다. 칠레에서 태어난

그는 인생의 대부분을 멕시코와 파리에서 살았고, 이 영화에서는 영어로 작업한다. 그래서 이 영화에 더빙된 영어는 불완전하다. 상당히 이상한 것은 어색한 더빙이 영화의 으스스한 분위기를 키운다는 점이다.

조도로프스키는 여러 예술 분야가 접하는 여러 모서리를 장악했다. 그는 광대이자 인형 조종사다. 마임 연기자 마르셀 마르소Marcel Marceau 밑에서 공부했고, 토마스 만의 희곡 「뒤바뀐 머리들Die Vertauschten Köpfe」의 마임 버전을 필름에 담았다. 그는 초현실주의자 페르난도 아라발Fernando Arrabal의 친구였고, 지금은 그 자신의 설명에 따르면 "아주 유명한 연재만화가"이자 전설적인 작품의 반열에 오른 그래픽 노블 작가다.

그는 존 레넌John Lennon에 의해 구원을 받은 동시에 비운을 겪게 된 전설적인 컬트 영화 <엘 토포El Topo>(1970)의 작가이기도 하다. 구원을 받았다는 건 그 작품이 무척이나 마음에 든 레넌이 매니저 앨런 클라인Allen Klein에게 그 영화를 사서 배급하라고 부탁했기 때문이고, 비운을 겪었다는 건 그 영화가 세계적인 센세이션을 일으켰기 때문이다. (1989년에 조도로프스키는 이렇게 말했다.) "클라인은 영화를 감췄습니다. '나는 당신이 죽을 때까지 기다리고 있어요. 그러면 큰돈을 벌게 될 테니까'라고 말하더군요. 그 사람은 자신을 영생불사의 존재라고 생각해요. 그가 나보다 먼저 죽으면, 나는 영화를 되찾을 겁니다." 현재까지는 두 사람 다 여전히 살아 있다.• <엘 토포>는 최근에야 비디오로 출시됐다.

조도로프스키의 환영 같은 세계는 초현실주의자들에게 많은 것을 빚지고 있다. 그런데 그는 루이스 부뉴엘Louis Buñuel이 멕시코 망명기에 만들었던 괴팍한 영화들에는, 그러니까 자신들이 품은 페티시의

• 앨런 클라인은 이 글이 쓰인 후인 2009년에 사망했다.

디테일에 집착하는 남자들을 보여 주는 영화들에는 훨씬 더 많은 걸 빚지고 있다. 주인공 페닉스는 말 그대로 자신이 느끼는 강박 관념에 의해 규정되는 세계에서 살아가는 남자다. 어머니의 두 팔이 절단되고 아버지가 자살하는 광경을 목격한 그는 영화가 시작되면 정신 병원의 커다란 나무줄기 위에서 살고 있다. 세상으로 돌아온 그는 어머니의 두 팔과 손 역할을 수행한다. 그는 어머니 뒤에서 걸으면서 자신의 두 팔을 어머니가 입은 옷의 소매에 끼워 넣고는 어머니에게 음식을 먹이고, 피아노를 연주하고, 제스처를 하고, 심지어는 자기 몸을 더듬는 양 어머니 몸을 쓰다듬기까지 한다. 악셀 조도로프스키와 블랑카 구에라가 완벽한 타이밍에 맞춰 이런 동작들을 하기 때문에 그의 두 손은 어머니가 하는 다음 생각이 뭔지를 감지하는 것처럼 보인다. 그러나 페닉스에게는 어머니의 도구라는 것 외에 다른 정체성은 존재하지 않는다. 바로 그것이 <투명 인간> 분위기가 가미된 이 영화가 매력적인 영화로 간주되는 이유다.

영화의 전반부는 번쩍거리는 싸구려 장신구와 서글픈 광대들로 구성된 서커스를 찬양하는 펠리니풍의 화려함으로 가득하다. 후반부는 음울하고 오싹하다. 페닉스와 다운 증후군에 걸린 네 명의 청년이 영화를 보러 외출했다가 코카인을 맛보게 되고 홍등가를 방문하는 (불행하지만은 않은) 결말을 맞는 장면이 그렇다.

페닉스는 결국 어머니 집으로 이사한다. 그 집에 있는 모든 목재는 표현주의 분위기를 연상시키겠다는 이유를 제외하면 딱히 그럴싸한 이유도 없으면서 기괴한 각도로 기울어져 있다. 그리고 여기서 그는 저항을 시작한다. 질투심에 사로잡힌 어머니가 여인들을 차례로 살해하는 데 그의 손을 이용하자, 그는 어떤 공격에도 맞서 싸울 수 있을 거라 예상되는 거구의 근육질 여자를 채용한다.

거구의 여자는 여장을 한 남자인 게 분명하다. 그러나 영화는 그런 사실에는 전혀 눈길을 던지지 않는다. 사실, 영화는 괴상한 많은 점을 주목하지 않고 넘어간다. 페닉스가 필요로 할 때면 시기와 방법을 가리지 않고 어디에나 모습을 드러내는 비둘기와 문신한 여자가 발휘하는 능력, 난쟁이, 농아 소녀의 존재가 그런 사례다. 이 모든 의문점은 결국 영화의 결말에서 명쾌해지고, 그러면서 조도로프스키가 마미즘Momism•에 맞서 지르는 비명과 같은 영화에서 마술적 리얼리즘과 프로이트를 얼마나 겁 없이 결합시켰는지가 드러난다.

물론 이 영화의 관람 등급은 NC-17◆이다. 나는 성인을 겨냥해서 만드는 공포 영화가 더 많아져야 옳다고 믿는다. 그래야 별다른 결과도 없는 폭력의 포르노그래피를 관객에게 팔아넘기는 대신, 우리가 사는 세계에 깃든 진정한 악의惡意를 자유로이 다룰 수 있기 때문이다. 폭력을 피해를 입는 누군가가 있다는 관점에서 생각하는 대신에 액션과 동등한 것으로 여기는 세대가 자라고 있다. 얼마 전에 <엑소시스트The Exorcist>가 재개봉됐다. 그런데 일부 젊은 관객들은 영화 내내 낄낄거렸다. 악을 보고도 웃어 대는 사회는 결국 선을 보고도 웃어 댈 것이고, 그러다가는 결국 나아갈 길을 잃게 될 것이다.

조도로프스키의 가장 중요한 특징은 열정이 들끓는 진정성이다. 그는 걷잡기 힘든 창조적 스타일과 별개로, 자신이 구현하는 이미지와는 별개로, 독창적인 이야기와는 별개로 강한 도덕적 감정의 소유자다. 그는 광신과 잔혹함이 판치는 세상에 태어난 페닉스에게 본능적으로 공감하고, 농아 소녀와 난쟁이의 도움을 받아 아버지에 의해 뒤틀려지고 어머니에 의해 덫에 걸린 영혼을 되찾으려 애쓴다. 위대한 영화는 악을 찬양하지 않고 악에 도전한다는 것이, 위대한 공포 영화와 그 밖의 모든 영화 사이의 차이점일 것이다.

• 어머니에 의한 아들 과보호
◆ 17세 미만 관람불가

# 세 여인

3 Women

| | |
|---|---|
| 감독 | 로버트 올트먼 |
| 주연 | 셸리 듀발, 시시 스페이섹, 재니스 룰 |
| 제작 | 1977년 / 124분 |

꿈을 꾸다가 상상으로 나타난 영화 <세 여인>의 미스터리하고 심오한 세계로, 나는 한 번 더 내려간다. 로버트 올트먼Robert Altman, 1925~2006의 1977년도 걸작은 각자의 흐릿한 정체성이 이렇게 저렇게 바뀌다 결국에는 하나로 합쳐지는 세 여인의 이야기를 들려준다. 수수께끼 같은 마지막 신에서, 그들은 가족을 이룬다. 또는 한 사람이 된 듯하다. 나는 이 영화를 여러 번 봤고, 숏 단위 분석을 두 번 했었다. 그럼에도 이 영화는 볼 때마다 늘 새로이 일어나고 있는 사건처럼 보인다. 되풀이해서 꾸는 꿈들과 비슷하게 말이다. 우리는 그 꿈들을 전에도 꿨지만 그 꿈들은 완결되지 않았고, 그래서 우리는 그 꿈들로 돌아간다. 그 꿈들에는 풀리지 않은 수수께끼들이 담겨 있기 때문이다.

셸리 듀발Shelley Duvall과 시시 스페이섹Sissy Spacek, 재니스 룰Janice Rule이 캘리포니아 사막의 아파트 단지에 사는 세 여인을 연기한다. 듀발은 노인 요양 센터에서 치료사로 일하는 밀리 러모어를 연기한다. 스페이셱은 거기에 취직하고 밀리의 룸메이트가 되는 핑키 로즈를 연기한다. 룰은 건물 소유주의 임신한 아내로, 서글픈 침묵 속에서 움직이며 남들과 동떨어져 지내는 윌리 하트를 연기한다. 그녀는 풀장 바닥에 신神 비슷한 형체를, 서로를 위협하는 기괴하고 환상적인 남자들과 여자들을 그린다.

그녀들의 주위에는 남자들이 많은데, 영화는 술에 취해 떠돌아다니는 한 남자에게만 초점을 맞춘다. 냉소적인 저음의 목소리에 무뚝뚝한 말투의 그 남자는 윌리의 남편 에드거(로버트 포티어Robert Fortier)로, 총과 모터사이클, 맥주로 자신을 규정하는 사람이다. 기사도를 준수하는 총잡이 흉내를 내는 그의 스타일은 꼴사납고 우습다. 아무튼, 술꾼에 호색한인 그는 아내를 좀처럼 보지 못하는 듯하다. 직장, 그리고 저녁의 풀장 주위에 있는 남자들은 밀리의 유혹의 대상이다. 그녀는 데이트를 나가고 저녁 먹는 자리에 나갈 준비가 늘 되어 있는 듯 보이지만, 그런 일은 결코 생기지 않는다.

오프닝 신에서 세 여자는 여자들이 자주 수행하는 세 역할을 대표한다. 윌리는 어머니다. 서글픈 사연을 가진, 임신한 그녀는 자신이 창조한 세계에 있는 사막 풍경을 떠도는 대지의 여신이다. 밀리는 여성지를 꼼꼼히 읽고, 노란색과 흰색 옷을 입는 것으로 자기 의상을 '코디'하며, 식사를 준비하는 데 걸리는 시간을 바탕으로 식사 계획을 짜고, 레시피를 공유하는 일에 집착하는 쾌활한 소비자다. 핑키는 철이 덜 든 어린애 같은 모습으로 영화에 당도한다. 그녀는 빨대를 불어 콜라를 보글거리게 만들고, 요양 센터에서 일하는 쌍둥이의 뒤를 장난꾸러기처럼 따라 걸으며, 얼굴을 찌푸리고, 밀리에게 "당신은 내가 여태껏 만난 사람 중에 가장 완벽한 사람이야"라고 말한다.

영화의 앞부분은 밀리가 이웃들과 직장 동료들의 비위를 맞추려고 그칠 줄 모르고 하는 유쾌한 시도들에 초점을 맞춘다. 그런데 주위

사람들은 그녀를 무시하고, 그러다 자기들끼리만 있게 되면 밀리를 비웃는다. 그녀는 풀장 옆에서 벌어지는 만찬을 주재하는 톰과, 그리고 요양 센터 건너편에 있는 병원의 의사들과 하는 데이트를 꿈꾼다. 그녀는 병원 구내식당에서 의사들이 점심 먹는 자리에 합석하지만, 그녀를 사이에 두고 앉은 두 명의 의사는 그녀의 존재는 아랑곳하지 않으면서 대화를 나눈다. 거울과 반사된 이미지, 중첩된 이미지로 가득한 영화에서, 밀리는 항상 몸치장을 하고 의상과 머리를 섬세하게 가다듬으며 메이크업을 완벽하게 손보고 자기 모습에 탄복하는 듯 보이지만, 그러는 동안 그녀를 주시하는 사람은 아무도 없는 듯하다.

밀리는 핑키에게 작업 요령을 보여 주라는 지시를 받는다. 그 신에서 그들이 하는 대사는 미국인들이 구사하는 어법을 정확하고 꼼꼼하게 재현한다. 밀리는 핑키를 뜨거운 연습용 풀로 데리고 들어갈 준비를 하면서 묻는다. “당신, 문제가 뭐예요?” 핑키는 자신에게 문제가 있다고는 생각하지 않는다. “그러니까 당신한테는 뭔가 문제가 있어야 해요. 그렇지 않다면 당신이 왜 여기에 있겠어요?” 결국 핑키는 밀리가 시범을 보이기 위해 그녀를 가상의 환자로 대하고 있음을 가늠해 낸다. “아아, 내 머리요!” 그녀는 어린애처럼 말한다. “아아, 다리가 아파요!” 나중에 그녀는 갑자기 물속에 푹 잠기고, 밀리는 혹시 그 모습을 본 사람이 있나 싶어서 불편한 표정으로 주위를 둘러보며 그녀를 끌어낸다.

영화 내내 물이 등장한다. 오프닝 숏은 태아를 에워싼 양수를 상징한다고 올트먼은 말한다. 두 번째 숏은 연습용 풀에 천천히 들어가는 노인들을 보여 준다. 이 노인들은 그들의 삶이 시작됐던 물로 돌아가는 중이다. 때때로 스크린을 가로지르면서 출렁거리는 물결 모양의 선은 아마도 탯줄일 것이다. 윌리가 그린 불길한 느낌의 이미지들은 수영장 바닥에 머무르고, 영화의 전환점에서 핑키는 발코니에서 풀로 뛰어들었다가 의식을 잃은 채 구조돼 병원으로 이송된다.

올트먼은 잉마르 베리만Ingmar Bergman의 <페르소나Persona>를 이 영화에 영감을 준 영화 중 하나로 꼽는다. 우리는 핑키가 밀리를 해치려고 비밀스러운 짓을 벌이는 방법에서 그 영화가 끼친 영향을 본다. 그녀는 밀리의 비밀들을 염탐하고, 결국에는 밀리의 신분을 훔쳐 자기 것으로 만들려 애쓴다. <페르소나>에는 영화가 단절됐다가 스토리가 다시 시작하는 것처럼 보이는 중요한 폭력적인 순간이 있다. 핑키가 풀장에 뛰어드는 것은 영화의 구조를 결정적으로 찢어 놓는다는 점에서 같은 방식으로 작용한다. 영화는 핑키가 평정을 찾으면서 스스로 재조립된다. 그녀는 밀리의 옷을 입고, 밀리의 사회 보장 번호를 사용하고, 밀리의 일기를 읽는다. 앞선 신에서 밀리는 핑키에게 트윈 베드의 한쪽을 배정했는데, 이제 핑키는 자리를 옮겨 밀리의 침대를 차지한다. 밀리가 그녀를 "핑키"라고 부르자 그녀는 분통을 터뜨린다. "내가 몇 번이나 말해야겠어? 내 이름은 핑키가 아냐! 밀드러드야!"

이렇게 영화가 전개되는 동안 셸리 듀발이 보여 주는 리액션 숏들은 불안감을 드러내는 연기의 완벽한 표본이다. 밀리는 뭔가 불길한 일이 벌어지고 있다는 것을 아는데, 핑키의 행동 때문에 더 혼란스럽고 당혹스럽다. 병원에 나타난 두 명의 손님(존 크롬웰John Cromwell과 루스 넬슨Ruth Nelson)이 자신들을 핑키의 부모라고 소개하는 기이한 신을 숙고해 보라. 핑키는 모르는 사람들이라고, 생전 처음 보는 사람들이라고 말한다. 확실히 그들은 그녀의 부모라고 보기에는 너무 늙었다(크롬웰은 이 영화를 찍을 당시 90대였다). 그렇다면 그들은 누구일까? 사기꾼? 조부모나 양부모? 우리는 전혀 모른다. 핑키는 과거 없이, 그리고 본질적으로 정체성 없이 사막에 당도했다. 그러고는 아무렇지도 않게 밀리의 정체성을 취했다. 그러는 동안 윌리 캐릭터는 더 깊은 본능적 수준에서 그들의 의식의 바닥에 존재하다가 결국 두 사람 모두를 흡수할 것이다.

이 영화를 칸영화제에서 처음 봤는데, 듀발은 그 영화제에서 여우주연상을 수상했다(그녀는 나중에 로스앤젤레스영화평론가협회상도 수상했고, 스페이섹은 뉴욕영화평론가협회상을 수상했다). 올트먼은 내게 이 스토리가 자신의 꿈에 찾아온 거라고 말했다. “모든 게 다 갖춰진 상태였어요. 줄거리, 캐스팅, 그 외의 모든 것이.” 그는 그것을 글로 옮겼고, 꿈을 고스란히 필름에 옮기려 애썼다. 많은 꿈과 비슷하게, 영화는 결론을 짓지 않은 채로 끝난다. 페이드아웃하기 직전에는 더 심오하고 심란한 암시를 향해 이동하는 것처럼 보인다. 올트먼은 DVD 코멘터리에서 영화에 담긴 의미에 대해 관객의 입장에 서 있는 사람처럼 추측하면서, 영화의 일부 측면은 그 자신에게조차 미스터리로 남았다고 인정한다. 그러고는 영화의 마지막 숏에 대한 깜짝 놀랄 만한 가능성을 제시한다. 카메라가 이제는 세 여자가 사는 곳이 된 집에서 멀어지다가 폐타이어 더미 쪽으로 팬 한다. “영화의 결말에서 에드거가 어디에 있다고 생각하느냐고 묻는다면,” 올트먼은 말한다. “그 타이어 밑에 묻혀 있는 걸로 생각한다고 말하겠습니다.”

물론 이 영화에 있는 어떤 것도 그 주장을 구체적으로 뒷받침하지 않는다. 하지만 상관없다. 이 영화는 명백하거나 논리적이지 않더라도 완결된 총체다. 올트먼은 영화가 외부로 크게 동그라미를 그리고 나갔다가 다시 돌아온다고 말한다. 밀리가 견뎌야 하는 지독한 잔인함을 포함한 예리한 사회적 관찰이 담긴 신들도 있고, 핑키가 크래커에 치즈 스프레드를 짤 때와 그 후에 병에 든 새우 칵테일을 자기 드레스에 쏟는 것 같은 특정 행동을 디테일하게 묘사하는 신들도 있다. 요양 센터를 운영하는 부부는 성性이 바뀐 듯하다. 박사는 여자처럼 보이고, 여성 경영자는 남자처럼 보인다. 많은 게 구체적으로 제시된다. 출퇴근 시간기록계 사용법, 금요일에 일찍 퇴근하는 법, “우리가 쌍둥이를 별로 좋아하지 않는 이유”. 이런 디테일들은 때때로 꿈에서처럼 반복된다. 예를 들어, 밀리의 노란 드레스는 늘 자동차 문에 낀다. 제럴드 버스비Gerald Busby의 불길한 무조無調 스코어는 그런 일상적인 사건들과 극명하게 대조된다.

올트먼은 이런 사실적인 디테일에 맞서 꿈의 에너지를 하나로 모은다. 꿈에서 우리는 새로 얻은 신분을 테스트하고, 친구들을 변화무쌍한 역할들에 캐스팅하며, 알쏭달쏭하게도 우리가 새 직업을 갖게 됐거나 새로운 장소에 있게 됐음을 알지만 그와 관련된 규칙의 설명을 들어도 전혀 이해하지 못한다는 것을 알게 된다. 이 영화에서 아마도 세 여인은 그런 꿈을 공유할 것이다. 각자는 다른 두 사람을 상상하고, 각자에게는 다른 이들이 갖고 있는 것들이 결여되어 있을 것이다. 남자들이 배경에서 별다른 비중 없이 왁자지껄하는 동안, 여인들은 서로를 향해 느끼는 미스터리를 통해 각자 나아갈 길이 어느 쪽인지를 느낄 것이다. 서글프게 인내하는 윌리와 정서적인 허기를 채우려는 핑키, 그리고 밀리에 대한, 달리 무슨 일을 해야 할지를 모르기에 가여운 밀리에 대한 미스터리를 통해 나아갈 길이 어느 쪽인지를.

# 순수의 시대

The Age of Innocence

| | |
|---|---|
| 감독 | 마틴 스콜세지 |
| 주연 | 대니얼 데이루이스, 미셸 파이퍼 |
| 제작 | 1993년 / 136분 |

“강렬하고 로맨틱한 아픔, 그게 그 작품이 말하고자 하는 바였어. 여자의 손을 만지는 것만으로도 충분할 것이라는 생각이, 방 건너에 있는 그녀를 보는 것만으로도 그가 앞으로 1년은 더 살아 숨 쉬게 만들 거라는 생각이 말이야.” 마틴 스콜세지Martin Scorsese, 1942~가 어느 가을 오후에 내게 한 말이다. 우리는 그의 뉴욕 타운하우스 서재에서 차를 마시던 중이었다. 그가 사는 집은 그의 영화 <순수의 시대>에 등장하는 캐릭터들이 거주하는 저택과 비슷했다.

그는 <택시 드라이버Taxi Driver>와 <분노의 주먹Raging Bull> 같은 작품을 연출했던 자신이 1870년대 뉴욕 사회의 사회적 규범으로 규정되는 캐릭터들에 대한 영화를 만든 이유를 설명하던 중이었다. 사실 우리 둘 다 에디스 워튼Edith Wharton이 쓴 원작 소설을 읽었던 터라 별다른 설명은 필요치 않았다. 우리는 절대적인 예의범절이 지배하는 곳에도 열정과 폭력이 존재할 수 있음을 이해했다. <분노의 주먹>에서 제이크 라모타는 갇혀 있는 감방의 벽에 주먹을 날려 대는 것으로 감정의 분출구를 찾아내지만, <순수의 시대>의 뉴랜드 아처는 그의 인생을 규정하는 거실과 만찬 행사와 오페라의 밤, 그 어느 곳에서도 분출구를 찾아내지 못했다.

아처는 한 여자를 사랑하고서도 결혼은 다른 여자와 한 남자다. 그게 올바른 처신이기 때문이다. 아니, 더 정확히 말하면 그가 속한 세계의 모든 이가 그게 올바른 처신이라고 생각하면서 그가 반드시 그렇게 하도록 만드는 상황을 조성했기 때문이다. 영화는 워튼이 소설에서 우리를 향해 직접 주장하는 방식을 반영한 내레이션(조앤 우드워드 Joanne Woodward의 목소리)을 채택하고, 내레이션은 우리에게 아처가 어떻게 덫에 걸리게 됐는지를 들려준다. 그녀의 목소리에 귀 기울여 보라. "그들은 모두 일종의 상형 문자 같은 세계에 살았다. 현실에서 일어나는 사건은 결코 이야기되거나 실행되거나 심지어 생각의 대상이 된 적이 없었다. 단지 임의로 정한 신호들의 집합으로 표현될 뿐이었다."

이 문장은 스콜세지의 영화들에 등장하는 마피아의 세계를 묘사하는 데에도 쓸 수 있다. 스콜세지는 워튼의 소설을 읽으면서 받은 느낌을 내게 말했다. "내 머리를 늘 떠나지 않는 생각은 사회적 매너 아래에는 야만이 자리하고 있다는 거야. 사람들은 심중에 있는 말을 언어의 표면 아래에 감추고는 해. 내가 자란 곳인 리틀 이탈리아의 서브컬처에서 누군가 살해당하면 그건 더 이상은 돌이킬 수 없는 일로 치부됐어. 살인은 그 살인자의 친구에 의해 집행되는 게 보통이었지. 웃긴 건 그게 제의祭儀에서 행해지는 살육하고, 희생으로 제물을 바치는 것하고 상당히 비슷했다는 거야. 그런데 1870년대 뉴욕 사교계에는 그런 의식을 치르는 듯한 분위기가 없었어. 그곳은 너무나 냉혈한 곳이었어. 나는 둘 중에 어느 쪽이 더 나은 곳인지를 모르겠어."

<순수의 시대>는 스콜세지의 걸작 중 하나다. 이 영화가 정당한

평가를 받지 못한 것은 <쿤둔Kundun>(1997)처럼 그의 작품 세계의 주류에서 벗어난 작품이기 때문이다. 짝사랑을 하며 평생을 보낸, 전통을 준수하는 남자 이야기는 스콜세지가 좋아하는 영화 중 한 편인 마이클 파월Michael Powell의 <블림프 대령의 삶과 죽음The Life and Death of Colonel Blimp>과 닮았다.

줄거리는 이렇다. 뉴랜드 아처(대니얼 데이루이스Daniel Day-Lewis)는 행실이 좋은 사교계 아가씨 메이 웰랜드(위노나 라이더Winona Ryder)와 하는 번듯한 결혼을 계획하고 있다. 그런데 엘런 올렌스카 백작 부인(미셸 파이퍼Michelle Pfeiffer)이 뉴욕에 돌아오고, 그녀의 출현에 그의 마음은 심하게 동요한다. 메이의 사촌인 엘런은 미국인으로, 현명치 못하게도 폴란드 백작과 결혼했었다. 백작은 그녀의 재산을 갈취하며 그녀를 학대했고, 그녀는 백작을 떠나 뉴욕으로 도망 왔다. 영화의 오프닝 신에서 그녀는 오페라 특별석에 앉은 메이 모녀를 포함한 친척들과 함께 있다.

그녀의 등장은 사교계에 충격을 안긴다. 웰랜드 가문은 악의적인 험담의 면전에서 과감하게도 공개적으로 백작 부인 편을 들고, 뉴랜드 아처는 그 점을 높이 평가한다. 스콜세지가 뉴랜드와 메이, 또는 뉴랜드와 엘런 사이에 한마디 말이 오가기 전부터 영화의 역동적인 분위기를 설정하는 방법을 잘 관찰해 보라. 스콜세지가 활용한 방법에는 시점 시퀀스가 관련되어 있는데, 그는 내게 이렇게 말했다. "우리는 그가 오페라글라스를 통해 보는 내용을 보는 거야. 하지만 평범한 시간의 흐름대로 보는 건 아니야. 우리는 스톱 프레임 촬영을 했어. 한 번에 한 프레임을 노출하고는 각 프레임을 세 번 인화한 다음 세 프레임을 각각 디졸브하는 기법이지. 그렇게 구현한 화면은 오페라글라스를 통해 세상을 보는 것 같은 느낌을 줘. 그러면서도 관객들은 화면을 더 주목해서 보게 되지. 객석을 훑던 그는 방금 전에 지나쳤던 곳으로 돌아와

그녀에게서 눈길을 멈추지. 우리는 온갖 실험을 해 봤어. 이런 화면을 제대로 얻기까지는 거의 1년이 걸렸어."

아처는 메이와 약혼 계획을 성급하게 발표한다. 엘런에게 마음이 끌리는 데 따르는 위험을 감지했기 때문일 것이다. 그러나 그는 엘런에 대해 많은 걸 알게 되면서, 그녀의 육체뿐 아니라 전통에 얽매이지 않는 그녀의 자유로운 정신과 취향에 특히 흥분한다. 그녀는 유럽에서 작가, 화가 들과 어울렸었다. 뉴욕에서 뉴랜드의 서재에 있는 책들과 그림들을 소중히 여기는 사람은 뉴랜드 혼자밖에 없기 때문에 그에게는 예술을 향한 갈망을 공유할 사람이 아무도 없었다. 그는 따분한 법률 사무소라는 안전한 직장이 있다. 그는 자신의 참된 감정이 자신의 서재에서만, 또는 백작 부인과 대화하는 동안에만 펄떡거린다고 느낀다.

그녀 역시 같은 이유로 그에게 매료된다. 적대감으로 가득한 험담의 횡포에 떠밀리고 유서 깊은 관습과 편견에 사로잡힌 사회에서, 그녀는 뉴욕에서 사랑할 수 있는 남자는 아처뿐이라고 믿는다. 엘런은 그에게 말한다. "전통을, 다른 누군가의 전통을 맹목적으로 준수하는 이런 짓거리는 아무 짝에도 쓸모가 없어요. 다른 나라의 복사본을 만들겠다는 딱 한 가지 이유로 미국을 발견한 건 멍청한 짓 같아요." 나중에는 이런 말도 한다. "여기 있는 누구도 진실을 알고 싶어 하지 않겠죠, 아처 씨? 당신에게 가식을 떨기만 하라고 요구하는 이런 친절한 인간들 틈에서 살아가는 것이야말로 진정으로 외로운 삶이에요."

최근에 『순수의 시대The Age of Innocence』를 다시 읽으면서 (제이 콕스Jay Cocks와 스콜세지가 각색한) 시나리오가 원작을 정말로 정확하게 반영했다는 사실에 강한 인상을 받았다. 원작을 각색하는 과정에서 스콜세지는 두 가지 강점을 갖고 있었다. 하나는 비주얼이다. 탁월한 촬영감독 마이클 볼하우스Michael Ballhaus와 작업한 그는 소유물을 외피처럼 걸치고 있는 사교계를 보여 준다. 화면에 등장하는 모든 건 반짝거리는 황금이나 은, 크리스털, 벨벳, 상아다. 빅토리아 시대 분위기의 방에는 가구와 그림, 칸델라브라•, 조각상, 나무, 깃털, 쿠션, 작은 장식품, 가구의 장식을 돋보이게 만드는 의복을 차려입은 사람들로 가득하다.

이 사람들은 늘 자신들을 그린 초상화의 모델 같은 포즈를 취하는 듯 보인다. 그런데 스콜세지는 그들의 포즈를 강조하기 위해 끊임없이 움직이는 카메라라는 변치 않는 장치를 택한다. 우리는 카메라가 대단히 미묘하게 움직이기 때문에 (스크린의 양옆을 뚫어져라 관찰하지 않는 한) 그것이 움직인다는 걸 좀처럼 알아차리지 못한다. 그런데 카메라는 늘 움직이고 있다. 정지된 카메라는 대상을 관찰하고 있음을 의미하고, 움직이는 카메라는 관찰자가 있음을 의미한다. 영화의 내레이터는 관찰하면서 견해를 피력한다. 카메라 역시 관음적인 시선으로 마찬가지 일을 한다. 스콜세지는 이따금 핵심적인 순간들을 강조하기 위해 아이리스 숏 같은 구식 수법들을 가미한다. 또는 특정 공간은 환하게 강조하고 나머지 부분은 어둡게 만든다. 권태가 넘실거리는 바다 한복판에서 특정한 감정에 스포트라이트를 비추기 위해서다.

그가 가진 두 번째 강점은 분위기를 완벽하게 장악한 것이다. 에디스 워튼은 그녀의 친구 헨리 제임스Henry James와 비슷하게 자신의 캐릭터들이 생각하는 속내를 직설적으로 밝히는 것을 좀처럼 허용하지 않았다. 사회의 제약을 받는 데다 때로는 자신이 그런 생각을 한다는 것 자체를 두려워하는 캐릭터들은 말을 하더라도 에둘러서 말한다. 하지만 워튼은 자기 자신이 평범한 진실을 서슴없이 밝히는 내레이터 역할을 맡는 것을 허용한다. 줄거리의 핵심 지점에서 이제 아처의 아내가 된 메이는 그녀의 세계관이 얼마나 솔직한지를 보여 주는 견해를 피력한 다음 황급히 고분고분하고 순진한 페르소나로 돌아간다. 내레이터는

• 나뭇가지 모양 촛대

아처가 차마 입 밖에 내지 못하는 말을 우리에게 들려준다. 그가 "그토록 깊이 있는 감정이 그리도 모자란 상상력과 어떻게 공존할 수 있는지를" 궁금해 한다는 말을.

영화에서 가장 중요한 부분을 숙고해 보라. 아처는 흠잡을 데가 없지만 같이 살기에는 따분한 아내와 결별하고 백작 부인과 함께하면서 그 선택에 따른 결과를 몽땅 감수하겠다는 중요한 행보를 취하기로 결심한다. 그런데 백작 부인의 앞날에 대한 전망이 극적으로 바뀌고, 아내는 그가 들을 거라 예상하지 못했던 정보를 들려준다. 지적인 남자인 그는 어떤 일이 벌어졌는지를, 그런 일이 벌어지는 게 어떻게 가능했는지를, 신사인 그는 어떻게 처신해야 하는지를 즉시 깨닫는다. 그의 숙명은 확정됐다. 그가 미래를 고민할 때, 내레이터는 이 세계에서는 입 밖에 낼 수 없는 말을 우리에게 들려준다. 그는 지난 몇 달간 자신이 말없이 지켜보는 셀 수 없이 많은 눈과 끈기 있게 기울이는 엄청나게 많은 귀의 중점적인 대상이 됐었다고 추측한다. 그는 상황을 이해한다. 그 자신과 그에게 죄책감을 안겨 주는 파트너의 결별은 성사됐다. 게다가 그는 세상 전체가 아내를 조롱해 왔음을 이제는 알아차린다. 그는 무장한 병사들로 가득한 수용소의 한복판에 갇힌 죄수였다.

영화는 상실감과 서글픔, 체념의 느낌과 함께 막을 내린다. 그 결말을 보면서 오슨 웰스Orson Welles의 <위대한 앰버슨가The Magnificent Ambersons>의 애처로운 느낌을 떠올렸다. 파리의 공원 벤치가 배경인 마지막 신은 영화를 요약할 뿐 아니라 스콜세지가 이 영화를 만든 이유도 요약한다. 이 신에는 사랑은 우리가 상상하는 것보다 훨씬 더 복잡하고 은밀하다는 사실을 보여 주는 폭로가 담겨 있다. 아처의 아들 테드는 아버지는 믿을만한 사람이라는 말을 어머니한테 들었다고 말한다. "어머니가 아버지한테 부탁하니까 아버지가 간절히 원했던 걸 포기"했기 때문이다. 아처는 대답한다. "네 어머니는 나한테 그런 부탁을 한 적이 없다." 우리는 곰곰이 생각한다. 처음에는 그녀는 그런 부탁을 한 적이 결코 없었다는 것을. 그다음에는 그녀는 그런 부탁을 할 필요가 전혀 없었다는 것을.

# 심야의 종소리

Campanadas a Medianoche

| | |
|---|---|
| 감독 | 오슨 웰스 |
| 주연 | 오슨 웰스, 잔 모로, 마거릿 러더퍼드, 존 길구드 |
| 제작 | 1965년 / 119분 |

영국에 교수형을 당하지 않은 좋은 사람은 세 명이 채 못 돼.
그중 한 명은 뚱뚱하고 늙었어.•

오슨 웰스Orson Welles, 1915~1985의 걸작 중에 영화를 감상한 이가 거의 없는 채로 남아 있는 영화가 어찌 있을 수 있단 말인가? 온갖 전설을 끌어모은, 미완성으로 남았거나 폐기된 프로젝트들을 일컫는 게 아니다. 팔스타프를 다룬 그의 영화 <심야의 종소리>를 말하는 것이다. 프린트들이 세월을 견디며 만족스러운 수준으로 살아남은 이 영화는 복원하기에 적절한 상태다. 1968년 초에 이 영화를 본 나는 내가 꼽은 그해 최고작 명단에 이 영화를 올렸고, 내가 가르친 웰스 수업에서 16밀리미터로 영화를 다시 봤다. 그러고는 이후 35년간 이 영화를 볼 수가

• 「헨리 4세」 1부 1막 4장에서 팔스타프가 하는 대사

없었다.

영화가 세간의 시선에서 얼마나 벗어나 있었던지, 미국이나 영국, 프랑스에 이 영화의 비디오 버전은 없다. 셰익스피어의 「헨리 4세」의 1부와 2부를 함께 무대에 올리는 시카고셰익스피어극단의 야심찬 공연을 보러갈 준비를 하면서 이 영화가 다시 보고 싶어진 나는 이 영화의 DVD가 스페인과 브라질에서 출시됐음을 알게 됐다. 두 버전 모두 오리지널 영어 사운드트랙을 담고 있었다. 브라질에서 출시된 DVD는 화질이 꽤나 선명하고 아름답다. 웰스가 영화를 흑백으로 촬영한 건 바랠 컬러가 없었다는 점에서 대단한 행운이었다.

이 영화는 걸작이다. <시민 케인Citizen Kane>과 <위대한 앰버슨가The Magnificent Ambersons>, <악의 손길Touch of Evil>, (내가 그렇다고 주장하는) <카프카의 심판The Trial> 같은 웰스의 위대한 작품들과 분명히 어깨를 나란히 하는 작품이다. 이 영화는 두 편의 「헨리 4세」에 모두 등장하고 「헨리 5세」에서는 무대 밖에서 죽음을 맞이한 팔스타프에 초점을 맞춘, 셰익스피어의 작품을 원작으로 한 걸작 영화이기도 하다. 원작 희곡의 상당히 많은 부분이 생략됐지만, 영화에 등장하는 대사 중에 셰익스피어가 집필하지 않은 대사는 한마디도 없다고 한다.

'이 거대한 살덩어리' 팔스타프는 셰익스피어가 창조해 낸 가장 위대한 캐릭터 중 한 명이다(해럴드 블룸Harold Bloom은 햄릿에 필적한다고 주장한다). 그가 「헨리 4세」 희곡에서 어찌나 지배적인 모습을 보여줬던지, 셰익스피어는 「헨리 5세」에도 그를 다시 등장시킬 거라고 약속했다가 생각을 바꿨다. 뚱보 기사는 이 영웅담에는 어울리지 않을 것이라고 판단한 것이다. 따라서 우리는 퀴클리 부인이 팔스타프의 죽음에 대해 하는 말을 통해 그가 "푸르른 들판에서 종잡을 수 없는 소리를 하다가" 죽음을 맞았다는 걸 알게 된다.

웰스는 팔스타프를 연기하려고 태어난 사람이었다. 몸매가 비슷했다는 점에서도 그랬지만, 그윽하면서도 낭랑하고 흥겨운 목소리와 인생 경험 면에서도 비슷했다. 두 남자 모두 장수하면서 대단히 유쾌하게 살았고, 권세를 가진 이들과 불화를 겪었으며, 꾸준히 빚에 시달렸다. 두 남자 모두 실망스러운 상황을 겪었다. 웰스의 커리어에서 가장 장엄한 순간 중 하나는 헨리 5세의 즉위식에서 그가 "신께서 자네를 구해 주셨네, 우리 사랑스러운 청년"이라고 외치자 새로 즉위한 왕이 "짐은 그대를 알지 못하네, 늙은이"라고 대답했을 때 그의 얼굴에 표정이 어리는 순간이다.

영화에서는 훗날 헨리 5세가 되는 핼 왕자를 키스 백스터Keith Baxter가 연기한다. 백스터는 보어스 헤드 태번에서 주색에 빠져 흥청거리기에 충분할 정도로 방탕하게 생겼다. 그러나 그는 일찍이 1막 2장에서 지금은 자신이 못된 짓을 하고 있음을 인정하지만 알맞은 때가 오면 행실을 고치겠다고 약속하는 독백을 통해 자신이 무례한 위선자라는 것을 보여 준다. 셰익스피어의 작품에서 이 대사는 독백이다. 웰스의 작품에서 팔스타프는 숏의 배경에서 그가 하는 말을 듣고는 마음에 새겨 둔다. 나중에 그 구도를 그대로 반영한 장면에서 왕자는 성급히 전장으로 나가려고 한다. 그러자 뒤에 있던 팔스타프가 명예라는 개념에 의문을 제기한다. 웰스는 두 남자가 서로 상대방의 의도적인 독백을 듣게 만들면서 두 캐릭터 모두에게 또 다른 특성을 덧붙인다.

감독으로서 웰스는 그의 친숙한 비주얼 전략 일부를 활용한다. 헨리 5세의 성城의 드넓은 실내 공간은 음탕한 색주가色酒家의 낮은 천장과 난잡한 방들과 대비된다. <시민 케인>에서 케인의 거대한 홀의 드넓은 공간이 『뉴욕 데일리 인콰이어러』의 낮은 천장과 춤추는 무희들과 대비되는 것과 사뭇 비슷하다. <심야의 종소리>에서 왕실 사람들은 드넓은 대성당의 아치형 천장들로 구성된 프레임에 잡힌다. 높이 달린 창문들을 통해 햇빛이 대각선으로 쏟아진다. 웰스는 드라마틱한 카메라

앵글을 활용한다. 그는 헨리 4세가 말을 타고 전장으로 향할 때 크레인을 이용해 성의 흉벽에 올라 있는 나팔 연주자들을 보여 준다.

반면에 퀴클리 부인의 술집에서 팔스타프 패거리들은 짖어 대는 개들과 깔깔거리는 작부들과 함께 문간과 기둥, 술통과 불안정한 층계로 이뤄진 공간을 대단히 자유로이 돌아다닌다. 그와 다른 배우들은 — <시민 케인>과 <제3의 사나이The Third Man>에서 웰스와 조지프 코튼Joseph Cotten이 그랬던 것처럼 — 서로에게 말을 할 때는 수직선 형태로 대열을 형성한다. 그리고 딥 포커스의 활용을 주목하라. 헬의 부왕이 서거했다는 소식이 전해질 때, 웰스는 헬이 배경에 앉아 있는 모습으로 숏을 시작한다. 헬은 일어나 앞으로 다가오고, 결국에는 전경에 있는 카메라를 굽어보는 위치에까지 이른다. 이 모든 게 원 숏으로 이뤄진다.

슈루즈버리 전투 장면은 유명하다. 거친 경사지에서 혼란스러운 액션을 보여 주며 10분 내내 지속되는 이 장면에서 말, 인간 들은 연기와 안개 속에서 어지럽게 뒤섞이고, 쇠와 쇠는 요란하게 부딪히며, 고통스러운 울부짖음과 필사적인 투쟁, 진흙과 피로 떡이 진 채 어지러이 뒤섞인 팔다리와 기력이 쇠하거나 죽어서 쓰러진 사람들의 모습이 연달아 등장한다. 웰스의 전기를 쓴 바버라 리밍Barbara Leaming은 이 신은 세심한 프레이밍을 통해 창조됐다고 말한다. 웰스는 엑스트라를 1백 명 이상 보유했던 적이 전혀 없었다. 그럼에도 화면은 수백 명이 동원된 것처럼 보인다. 멜 깁슨Mel Gibson은 <브레이브하트Braveheart>를 연출하기 전에 이 장면에서 폭력을 연출한 방법을 연구했다.

갑옷을 입은 뚱보를 찍은 숏들이 전투와 교차 편집된다. 뚱보는 허둥대며 제 갈 길을 바삐 다니다 결국에는 죽은 척한다. 땅바닥에 누워 있는 팔스타프를 발견한 헬은 울부짖는다. “뭔가, 내 오랜 친구! 이 큰 살덩어리가 그토록 작은 생명도 유지할 수 없었단 말인가?” 우리는 팔스타프가 죽지 않았다는 걸 안다. 웰스는 핼이 그 사실을 알아차리게 만들 방도를 찾아냈다. 노인이 숨을 쉴 때마다 얼굴 가리개 아래에서 김이 피어오르게 만든 것이다. 그렇다, 추운 날이었다. 웰스는 한겨울에 스페인에서 로케이션 촬영을 했다. 그의 첫 숏은 팔스타프를 드넓은 설원에 찾아온 자그마한 인간으로 보여 주고, 그의 마지막 숏은 묘지를 향해 설원 저쪽으로 밀려가는 팔스타프의 관을 보여 준다. 헨리 4세 역의 존 길구드John Gielgud가 연설하는 몇 대목에서 그가 숨을 쉴 때마다 김이 나오는 걸 볼 수 있다.

길구드가 왕을 연기했고 마거릿 러더퍼드Margaret Rutherford(퀴클리 부인)와 잔 모로Jeanne Moreau(돌 테어시트), 페르난도 레이Fernando Rey(우스터) 같은 배우들도 영화에 출연했던 건 그 배우들이 웰스의 명성에 바치는 선물이었다. 제작비가 채 1백만 달러도 되지 않았던 탓에 웰스는 팔스타프처럼 출연료를 줄 형편이 안됐기 때문이다. 길구드는 영화의 초반 장면부터 헨리 4세를 왕으로 등극시킨 방법 때문에 죄책감에 시달리며 죽어 가는 남자를 연기한다. 그의 아들은 위안거리가 아니다. 왕은 핫스피라는 별명으로 알려진 아들 헨리 퍼시(노먼 로드웨이Norman Rodway)를 둔 노섬벌랜드를 시기하면서, “내가 그의 해리를 아들로 두고, 그가 내 아들을 아들로 뒀으면” 하고 바란다. 왕은 핼이 어울리는, 도둑과 뚜쟁이들로 이뤄진 저급한 패거리들을 거세게 비난한다. 그런데 이 패거리 중에 팔스타프보다 더 저급하게 행동하면서도 본질적인 인간성이 더 고결한 사람은 아무도 없다.

팔스타프는 얼마나 좋은 사람인가? 돌 테어시트 역의 잔 모로가 사랑하는 늙은 악당을 쓰다듬고 간질일 때 그녀의 얼굴에 피어나는 따뜻한 애정을 숙고해 보라. 팔스타프가 주위에 있는 모든 사람에게 보여 주는 가없는 사랑을 주목하라. 그의 애정이 어찌나 리얼한지, 심지어 퀴클리조차 그의 빚을 탕감하고는 새로 돈을 빌려주는 계약을 맺기까지 한다.

웰스가 <심야의 종소리>에 쏟아 부은 활력을 그런 장면들이 환히 빛나게 해준다. 그는 이른 나이에 셰익스피어의 세계에 들어섰다. 고등학교 때 이미 셰익스피어 희곡 몇 편을 편집하고 출판했다. 무대와 스크린에서는 오셀로이고 맥베스였다. 저음의 굵은 목소리로 자연스레 운율을 맞췄다. 그는 주인공이 되기에 충분할 정도로 거물이었고, 헨리 5세의 경멸 앞에서는 모습이 보이지 않을 정도로 왜소했다. 언젠가 그는 눈보라 때문에 규모가 줄어든 관객들에게 물었다. "어째서 나 같은 사람은 이다지도 많고, 여러분 같은 사람은 그리도 적을까요?"

웰스에게는 팔스타프다운 구석이 약간만 있는 게 아니었다. 그의 면모 전체가 팔스타프다웠다. 그는 젊었을 때 그의 앞에 나타난 모든 것을 정복했다(슈루즈버리에서 어느 기사는 팔스타프에게 남아 있는 명성에 경외감을 느끼면서 그 노인에게 얌전하게 굴복한다). 웰스는 몸과 빚을 불렸고, 자신에게는 어울리지 않는 하찮은 일거리들을 맡았으며, 아첨꾼과 기생충 같은 자들을 달고 다녔다. 그럼에도 고상한 여성들은 그를 사랑했고, 그의 진면목을 알아볼 수 있는 사람들은 그를 존경했다. 그리고 그는 팔스타프만큼이나 돈키호테처럼 거대한 계획들에 착수하는 투쟁을 벌였고, 때로는 실제로 그 계획의 실행을 완료했다(실제로 이제는 그의 <돈키호테Don Quixote>를 흥미로운 미완성 형태로 볼 수 있다).

영화가 개봉했을 때 관객들과 많은 평론가가 그 영화를 거부했음에도, 그리고 일부 대사는 입술의 움직임과 맞지 않아 수정 작업이 필요했음에도, 캐릭터의 등만 보이면 되는 장면에서는 많은 연기자가 대역으로 투입됐음에도, 그가 많은 캐릭터의 목소리를 자기 목소리로 대신 더빙했음에도, 자금이 마련될 때마다 촬영을 재개하면서 찍은 신들을 고생스럽게 조립해서 작품을 만들었음에도, 그리고 이 모든 게 실제로 있었던 일임에도, 이 영화는 완성작이고 그의 비전을 실현한 영화라는 점, 영화에 등장하는 팔스타프는 그가 연출하고 연기하기 위해 태어난 캐릭터라는 점, 그리고 이 영화는 걸작이라는 점은 중요하다. 지금, 이 영화가 복원되어 세상에 다시 돌아왔다.

| # 알제리 전투<br>La Battaglia di Algeri | 감독 | 질로 폰테코르보 | |
|---|---|---|---|
| | 주연 | 장 마르탱, 사디 야세프, 브라힘 하기악 | |
| | 제작 | 1966년 | 121분 |

1945년 이후로 가장 보편적으로 일어나는 전쟁의 형태는 비정규군 레지스탕스 투사들이 정규군을 공격한 후 일반 시민들 틈으로 돌아가 자취를 감추는 것이다. 이런 형태의 전쟁에서 민간인들이, 종종은 여자들과 아이들이 설치한 폭탄은 치명적인 무기 역할을 해 왔다. 미국, 프랑스, 러시아, 이스라엘, 북아일랜드, 남아프리카, 남미의 몇몇 나라가 모두 이런 형태의 도시 게릴라를 겪었다.

조지 W. 부시George W. Bush는 존 케리John Kerry 상원 의원과 가진 첫 대선 TV 토론에서 사담 후세인Saddam Hussein의 군대가 미군에 맞서 싸울 거라 판단했지만 시가지로 녹아들어 사라졌다고 투덜거렸다. 그는 이라크에서 벌어지는 문제 중 일부를 미국의 승전이 지나치게 쉽고 이르게 이뤄졌다는 사실 탓으로 돌렸다. 다른 분쟁에서 얻은 교훈들을 가이드 삼아 판단해 보면, 그의 승전 선언은 지나치게 이른 짓이었다. 후세인의 군대는 자취를 감췄지만 이라크를 떠난 건 아니었다.

1965년에 촬영돼 1967년 말에 개봉된 질로 폰테코르보Gillo Pontecorvo, 1919~2006의 <알제리 전투>는 이런 신종 전쟁을 다룬 중요한 영화다. 영화는 1954년부터 1962년까지 알제리에서 새롭게 떠오른 전술의 타당성을 시험하는 실험대 역할을 한다. 그 기간에 프랑스는 알제리 전역에서 일어나는 봉기를 봉쇄하려 애썼지만 실패했다. 쿠바에서 카스트로Fidel Castro와 게바라Che Guevara가, 베트콩이, 팔레스타인 저항 세력이, IRA와 남아프리카의 투사들이 알제리에서 성공한 방법을 채택했고, 현재는 이라크 사람들이 활용하고 있다. 이런 전술에 맞서는 판에 박힌 대응책은 투사들을 체포하고 심문하고 때로는 고문하는 것이다. 투사들은 공모자들의 이름과 계획을 누설하라는 압박을 받는다.

<알제리 전투>에 등장하는 프랑스군 지휘관은 이 이론을 잘 묘사한다. 테러리스트 집단은 촌충과 비슷하다. 수뇌부를 파괴하지 않으면 계속 되살아난다. 그런데 수뇌부 파괴는 쉬운 일이 아니다. 집단들은 세포들로 쪼개지기 때문이다. 다른 멤버 두어 명 이상의 이름을 아는 멤버는 아무도 없다. 그 결과 대치하는 쌍방 모두 저항 세력의 규모가 얼마나 큰지는 (또는 얼마나 작은지는) 정말 알 길이 없다.

지미 브레슬린Jimmy Breslin•은 1968년에 TV에 출연해 <알제리 전투>는 "도시 게릴라를 위한 훈련용 영화"라고 단언했다. 블랙 팬서와 IRA는 멤버들에게 이 영화를 보여 줬을 게 분명하다. 2003년에 『뉴욕 타임스New York Times』는 펜타곤에서 이 영화가 군과 민간인 전문가들을 대상으로 상영됐다고 보도했다. 『타임스Times』의 마이클 코프먼Michael Kaufman 기자가 쓴 글에 따르면, 펜타곤의 관객들은 "영화의 복판에 내재된 이슈들(알제리와 이라크 같은 곳에서 비밀 테러리스트들과 맞서 싸우는 과정에서 비인도적이고 억압적이라는 문제가 있기는

• 미국의 저널리스트(1928~2017)

하지만 매혹적인 효과를 얻을 수 있는 수단들)에 대해 숙고하고 토론해 보라는 강한 권유를 받았다." 간단히 말해, 고문을 활용할 가능성을 검토해 보라는 이야기였다.

미국에서 반전反戰 분위기가 절정에 달했을 때 개봉된 폰테코르보의 영화는 박스 오피스에서 놀랄 만한 성공을 거뒀다. 영화는 시카고에서 14주 동안 상영됐다. 당시 영화는 알제리의 FLNFront de Libération Nationale, 민족해방전선과 그 단체를 파괴하라는 임무를 받은 프랑스 경찰과 공수 부대의 이야기를 교대로 오가면서 엮은 "불편부당한 영화"라는 평가를 받았다. 나는 1968년에 쓴 리뷰에 이렇게 썼다. "폰테코르보는 FLN과 프랑스의 중간에 있는 어느 지점에 자리를 잡는다. 심정적으로는 민족주의자들 편에 서 있지만 말이다. 그는 양쪽 모두가 무고한 민간인들을 죽이고 고문하고 있다는 점을, 폭탄은 폭발 희생자를 선택하지 못한다는 점을, 양쪽 군대 모두 영웅들을 거느리고 있다는 점을, 전쟁에 참여한 모든 이가 자신들은 도덕적으로 정당한 편에 서 있다는 사실을 입증할 합리적인 논거를 내놓을 수 있다는 것을 잘 안다."

내 리뷰는 여기까지는 옳다. 그런데 새로 출시된 크라이테리언 DVD로 영화를 다시 본 나는 폰테코르보의 심정은 분명 FLN 편이었다고 믿는다. 저항은 FLN 멤버들이 길거리에서 프랑스 경찰에게 다가가 그들을 — 종종은 등 뒤에서 — 사살하는 것으로 시작된다. 경찰의 검문검색에 맞설 무기로 폭탄이 활용된다. 이런 행위들은 침묵 속에 자행된다. 그런데 프랑스 측에서 테러리스트의 집을 폭탄으로 날려 버리는 식으로 반응하자, 잔해에서 생존자들을 수습하는 동안 엔니오 모리코네Ennio Morricone가 작곡한 스코어는 애도하는 분위기로 바뀐다. 그의 스코어는 사망한 경찰에게는 동정을 표하지 않는다.

하지만 폰테코르보는 프랑스 지휘부를 상대적으로 객관적인 시각으로 보여 준다. 배역의 거의 전부를 현지에 있는 비전문 배우들로

채운 이 영화에서, 그는 파리 연극 무대의 베테랑 장 마르탱Jean Martin에게 경찰을 지원하라는 임무를 받고 파견된 공수 부대 지휘관 마티유 대령 역을 맡긴다. 나치에 맞서 싸운 프랑스 레지스탕스 멤버였고, 나중에 인도차이나에서 프랑스가 패퇴할 때도 싸웠던 베테랑인 마티유가 시가전에 대해 아는 건 한두 가지뿐이다. 그는 과묵하고 분석적이며 전략적으로 사고한다. 그는 FLN을 유해 세력으로 대하는 게 아니라 적으로 간주한다. 프랑스 여론이 전쟁에 반대하는 쪽으로 기울면서 기자들이 그를 에워싼다. 그중 한 명이 철학자 장폴 사르트르Jean-Paul Sartre의 견해를 인용한다.

"사르트르는 왜 항상 상대방 편만 드는 겁니까?" 마티유 대령은 투덜거린다.

"사르트르를 좋아하십니까?" 기자가 묻는다.

"아뇨. 그가 적이었다면 더 좋아했을 겁니다."

폰테코르보의 영화는 오랜 세월이 흐른 오늘날에도 영화를 사실적으로 제작하는 것의 중요성을 보여 준 개가로 남아 있다. 그가 알제리 현지에서 유럽인 거주 지역과 (FLN의 은신처이던) 카스바의 실제 로케이션을 활용해 촬영하면서 얻은 진실성의 수준이 어찌나 높았던지, 그는 다음과 같은 내용을 공표할 필요가 있다고 느꼈다. 그의 2시간짜리 영화에 다큐멘터리나 뉴스에서 가져온 필름은 "단 1피트도" 없다, 영화에 등장하는 모든 장면은 라이브로 촬영됐다, 경찰이 민간인 시위자들과 맞서 싸우는 봉기 장면조차 그랬다는 것이다.

그는 마티유 대령을 비롯한 군과 민의 지휘관들과 초라한 행색의 FLN 투사들 사이를 교대로 오간다. FLN 투사 중 핵심 인물은 알리 라푸앵트(브라힘 하기악Brahim Haggiag)다. 소년원 출신으로 범죄를 저지르던 그는 교도소에서 참수형이 집행되는 광경을 목격한 후 FLN으로 전향한다. 거리로 돌아온 알리는 (꼬마가 가져온) 명령서를 받는다. 알제리인 끄나풀과 날마다 접촉하는 경찰관을 쏘라는 명령이다. 카페 밖에 있는 여자가 총을 건네줄 것이다.

알리는 카페와 경찰관, 여자와 총을 찾아낸다. 그런데 방아쇠를 당겼지만 총에는 탄환이 장전되어 있지 않다. 그는 FLN에 배신감을 느낀다. 그러나 여자는 그를 연락원에게 데려가고, 연락원은 그에게 이유를 설명한다. 그들은 그가 믿을 만한 사람인지 몰랐다. 알리는 교도소에서 프랑스인들에게 고용됐을지도 모른다. 그들이 끄나풀 대신에 경찰을 쏘라고 지시한 까닭은 그가 경찰의 앞잡이라면, 경찰은 민간인을 죽이는 것에는 반대하지 않을 테지만 끄나풀이 프랑스 경찰을 쏘게 놔두지는 않을 것이기 때문이다. 방아쇠를 당기면서 상징적인 살인을 저지른 셈인 알리는, 그러면서 FLN에 가입할 자격을 얻는다.

이 논증에는 섬뜩하면서도 무시무시한 논리적 무게가 실려 있다. <알제리 전투>의 강점은, 이 영화가 제작된 지 35년이 지난 후에도 펜타곤에서 감상되는 주된 이유는 쌍방의 전술을 검증할 때 선명하고 냉정한 태도를 견지한다는 점이다. 영화는 프랑스인들이 카스바와 유럽인 거주 지역 사이에 바리게이드를 치고 검문소를 설치하는 모습을 보여 준다. 그런 후 세 여자가 등장한다. 한 명은 아이를 데리고 있다. 여자들은 핸드백에 폭탄을 담은 채로 검문소를 걸어서 통과한다. 한 여자가 카페에 폭탄을 설치한다. 그런 후 등장한 심란한 신에서, 그녀는 손님들이 먹고 마시고 흡연하고 대화하는 모습을 지켜본다. 이 손님들은 조금 있으면 이 세상 사람이 아닐 것이다. 이스라엘과 영국, 이라크에서 일어나는 유사한 폭탄 테러를 예언하듯 보여 주는 오싹한 장면이다.

마티유 대령은 임무를 잘 수행한다. FLN 세포들을 보여 주는 그의 차트에 그려진 칸들이 차츰차츰 채워진다. 알리를 비롯한 다른 세 명이 은신처에 갇혔다가 최종적으로 패배한 후, 대령은 승리를 선포한다. FLN은 제거됐다. 그러나 영화는 강조한다. 2년 후에 "누구도 딱 꼬집어 설명할 수 없는 이유로” 봉기가 다시 시작됐고, 군중이 카스바 밖으로 쏟아져 나오면서 경찰을 압도했다고. 프랑스는 1962년에 알제리의 독립을 허용했다.

현대의 관객이 이 영화에서 얻을 수 있는 교훈은 영화를 감상하는 이가 누구이고, 그 사람이 보고 싶어 하는 게 무엇이냐에 달려 있다. 프랑스의 전술을 연구하는 이들은 그들이 실패했다는 사실에 주목해야 옳다. 미국은 아부 그라이브에서 고문을 자행해 많은 적군 투사의 이름과 소재지 정보를 얻었다. 하지만 이라크에서 벌어지는 시가전의 규모는 점점 더 커지는 중이다. 내가 이 리뷰를 쓰기 며칠 전, 어린이 서른다섯 명이 미국인이 건네는 사탕을 받던 중에 폭탄에 목숨을 잃었다. 이 사건의 도덕적인 역설은 많은 이라크인이 아이들의 죽음을 미국인 탓으로 돌릴 것이라는 점이다. 미군이 거기에 가지 않았다면 폭발은 일어나지 않았을 테니까. 폭탄 테러범들은 분명 살인자다. 그러나 <알제리 전투>는 민족주의 레지스탕스 운동 입장에서는 — 과거에 그랬던 것처럼 지금도 — 목적이 수단을 정당화한다는 것을 보여 준다. 부시 대통령은 토론 도중에 이 영화가 대단히 잘 보여 주는 다음과 같은 사실을 언급했다. ‘테러리즘에 맞서 싸우는 건 어려운 일이다.’

# 애틀랜틱시티

Atlantic City

| | | |
|---|---|---|
| 감독 | 루이 말 | |
| 주연 | 버트 랭커스터, 수전 서랜던 | |
| 제작 | 1980년 | 104분 |

1970년경에 선셋 스트립 근처에 있는 선셋 마키스 호텔에 몇 주간 머물지 않았더라면 <애틀랜틱시티>를 판타지에 가까운 영화라고 생각했을 것이다. 그 호텔은 지금은 같은 이름을 내건 고급 호텔이지만, 당시 그 호텔의 하룻밤 숙박료는 19달러밖에 안 됐고, 투숙객 중에는 타이니 팀Tiny Tim•, 밴 헤플린Van Heflin◆, 일레인 메이Elaine May★ 같은 사람들이 있었다. 룸서비스를 요청하려고 수화기를 들면 그린블래츠 델리로 직접 연결됐다. 잭 삭스Jack Sachs라는 고철 딜러가 풀장 옆에서 파티를 주재하고는 '시장市長'으로 군림하며 파티를 효율적으로 관리했다. 그는 자신의 전용 살롱에서 칵테일 아워cocktail hour■를 운명하면서 위

• 미국 출신의 가수(1932~1996)

◆ 미국 출신의 배우(1908~1971). 1941년 영화 <자니 이거(Johnny Eager)>로 아카데미상에서 남우 조연상을 받았다.

★ 미국 출신의 배우·각본가·영화감독(1932~ )

■ 오후 4~6시 경

층이나 아래층으로 가려고 옆을 지나는 길에 들른 연예계 인물들(재키 게일Jackie Gayle●, 로이 샤이더Roy Scheider◆, 해럴드 래미스Harold Ramis★)에게 위스키를 제공했다.

루이 말Louis Malle, 1932~1995의 <애틀랜틱시티>의 배경도 그와 비슷한 건물로, 보드워크 근처에 있는 아파트 빌딩이다. 이 아파트는 철거가 예정되어 있다. 아파트를 둘러싼 공터는 해체된 건물들의 잔해와 새 건물을 짓는 고공 크레인으로 꽉 차 있다. 영화에 등장하는 모든 실외 숏에는 고층 창문에서 건물 잔해를 밀어내거나 불도저로 공터를 밀어내는 모습이 배경으로 등장하는 것 같다.

수명이 거의 다한 이 빌딩에 세 사람이 산다. 굴 전문점 웨이트리스 샐리(수전 서랜던Susan Sarandon), 숫자 맞히기 도박의 수금원 루(버트 랭커스터Burt Lancaster), 40년 전에 베티 그레이블Betty Grable 닮은 사람 콘테스트에 참가하러 이 도시에 온, 루에게 잔심부름을, 일부는 성적인 특징을 가진 일을 맡기는 과부 그레이스(케이트 레이드Kate Reid). 그녀는 사진과 박제된 동물, 깃털 목도리, 모조 귀금속, 실크로 된 장식용 줄, 현란한 빛을 발하는 물건으로 가득한 아파트에 산다. 당신은 그 방을 보면서 판타지에나 등장할 법한 곳이라고 생각할지 모르지만, 내 생각은 다르다. 어느 날 아침에 타이니 팀의 가정부가 연 채로 놔둔 현관문을 통해 타이니 팀의 아파트 내부를 본 적이 있기 때문이다.

루는 자기가 왕년에 라스베이거스에서 잘나갔었다고, 자기는 "벅시 시걸Bugsy Siegel의 감방 동료"였다고 주장한다. 지금 그는 날마다 애틀랜틱시티의 퇴락해 가는 시내를 돌아다니며 숫자 도박을 하는 사람들로부터 25센트 판돈을 걷고 있다. 그는 밤이 되면 어두침침한 아파

● 미국 출신의 코미디언 겸 배우(1926~2002)

◆ 미국 출신의 배우(1932~2008). 대표작으로 영화 <죠스(Jaws)>(1975)가 있다.

★ 미국의 배우 겸 감독(1944~2014). 영화  고스트버스터즈(Ghostbusters)  시리즈의 배우이자 <사랑의 블랙홀(Groundhog Day)>(1993)의 감독으로 잘 알려져 있다.

CASINO

트의 블라인드 뒤에서 일을 마치고 돌아온 샐리가 퇴근 의식을 치르는 모습을 지켜본다. 그녀는 신선한 레몬을 자른 후, 몸에서 나는 해산물 비린내를 없애려 레몬으로 몸을 훔친다.

나중에 서로를 알게 된 후, 루는 그녀를 훔쳐보고는 했노라고 고백한다. 그녀는 누군가가 있다는 건 알았다고, 그러나 그게 누구인지는 몰랐다고 말하고는 묻는다. "나를 볼 때 무얼 본 건가요?" 그는 그녀가 치른 의식을 대단히 상세히 묘사한다. 카메라가 그녀의 모습으로 편집해 넘어가면, 그녀는 그가 하는 말이 연출 지시나 되는 양 블라우스를 열어젖히고 있다.

이 폐쇄된 세계에 럭비공처럼 어디로 튈지 모르는 두 인물 데이브와 크리시가 등장한다. 데이브는 한때 샐리의 남편이었는데, 샐리의 여동생 크리시와 눈이 맞아 도망갔었다. 하나같이 얼이 빠진 모습인 두 사람은 잘 어울리는 한 쌍이다. 한편 샐리는 성공하고 싶어 한다. "요령을 알려주세요." 그녀는 어느 순간 루에게 부탁한다.

그녀는 카지노 보스(미셸 피콜리Michel Piccoli)에게 블랙잭 강습을 받고 있다. 필라델피아에서 훔친 마약을 애틀랜틱시티에서 팔고 싶어 하는 데이브는 호텔 객실에서 24시간 포커판을 주최하는 알피(앨 왝스먼Al Waxman)를 접촉하면 된다는 것을 알게 된다. 필라델피아의 갱들이 마약과 데이브를 찾아 애틀랜틱시티에 오고 데이브는 목숨을 잃는다. 크리시는 그레이스와 속내를 털어놓을 정도로 친한 사이가 되고, 졸지에 마약의 주인이 된 루는 거래를 성사시킨다. 흰색 정장을 새로 구입한 그는 샐리의 전 남편을 살해한 작자들로부터 샐리를 보호하기 위해 반짝거리는 갑옷을 차려입은 기사가 된 것처럼 행세한다.

극작가 존 구아레John Guare가 쓴, 마약과 다채로운 캐릭터들, 쇠락해 가는 도시, 과거의 기억 같은 요소들을 조합한 이 시나리오에 특별히 참신한 구석은 조금도 없다. <애틀랜틱시티>를 유쾌한 (영화 분위기에 딱 맞는 표현이다) 작품으로 만드는 요소는 무언가 대단한 일을 해낼 마지막 기회를 다루는 루의 점잖고 온화한 모습이고, 루를 대하는 샐리의 지혜로운 처신이다. 루는 마약으로 얻은 돈을 하나님이 내려주신 선물로 여기며 영광스럽던 시절을 재현하고 싶어 한다. 의문은 이것이다. 그의 영광스러운 시절은 진짜로 존재했었을까? 루가 주장하는 것처럼 요직에 있던 갱스터는 이때쯤이면 갑부가 됐거나 저세상 사람이 됐어야 마땅하다.

루는 호색한이 아니라 품위 있는 사람이다. 그 품위는 비스콘티Luchino Visconti의 <레오파드Il Gattopardo>(1963)에서 랭커스터가 펼친 연기를 대단히 참된 연기로 만들었던 본능적인 귀족적 자존심과 비슷하다. 품위의 화신이 된 사람은 품위를 보여 주려 애쓸 필요가 없다. 그가 포커꾼이 가득한 호텔 방에서 자신의 공간을 침범한 다른 사람을 무심코 팔뚝으로 밀어내는 순간이 있다. 그가 다른 남자에게 "정장에 손대지 마"라고 나지막이 말하는 순간도 있다. 그가 '보호자'라는 단어를 사용할 때, 자신을 나이차가 꽤 많이 나는 샐리의 애인으로 진지하게 여긴다는 설정은 훨씬 더 그럴듯해 보인다.

그가 실제로 그녀를 보호할 때, 그의 꿈은 실현 가능한 듯 보인다. 그가 두 불량배의 공격에서 그녀를 보호할 때 엄청나게 들떠 있다는 게 그 증거다. 진짜 갱스터라면, 벅시의 진짜 친구라면, 진짜 왕년의 청부살인업자라면 그렇게 어린애처럼 흥분한 모습을 보일 리 없다. 자신이 무심코 보인 깜짝 놀랄 만한 행동에 어린애처럼 기뻐하는 루의 면모는 그가 실제로 어떤 사람인지를 부분적으로 보여 준다. 스콜세지Martin Scorsese의 <좋은 친구들Goodfellas>의 내레이터처럼, 그는 갱스터들을 우러러보고 부러워하며 거물이 되고 싶어 한다.

루이 말은 프랑스 누벨바그의 선구자로서 다큐멘터리와 픽션을, 프랑스와 미국을 오간 인물이다. 그의 첫 장편 <사형대의 엘리베이터

Ascenseur pour L'Échafaud>(1958)는 자크 베케르Jacques Becker와 장피에르 멜빌Jean-Pierre Melville, 그리고 훗날 꽃을 피운 연기자 장 가뱅Jean Gabin을 우리에게 선사해 준 1950년대의 프랑스 누아르 시대에서 직접 자란 작품이다. 그들이 만든 프랑스 누아르 작품들은 모험물이라기보다는 애가哀歌였고, 승리보다는 실패에 관심이 많았으며, 액션보다는 주인공들이 하는 일상적인 행동을 꼼꼼히 관찰하는 데 더 흥미를 보였다. 베케르의 <현금에 손대지 마라Touchez pas au Grisbi>의 최고의 신은 가뱅이 한밤중에 옛 친구를 위한 밤참으로 파테를 준비하는 모습을 보여 준다. 그는 이런저런 낭패에 빠진 친구를 충실하게 도와 왔다. 밤참을 다 먹은 후, 그는 친구에게 칫솔과 파자마를 건넨다.

랭커스터가 연기하는 캐릭터의 입장에서 봤을 때, 그와 그레이스의 관계는 그녀가 살아남으려면 루가 필요하다는 사실에서 비롯된다. 그녀는 자신이 느끼는 좌절감을 감추려고 디바나 되는 양 그를 모욕하고 비난한다. 그러나 그는 그녀의 속내를 제대로 꿰뚫어본다. 나이 먹은 미녀(이자 은퇴한 매춘부일) 그레이스는 환생과 발 마사지의 효능을 믿는 히피 크리시와 자연스레 친해진다. 두 사람은 나이도 스타일도 믿는 바도 천양지차지만, 자신들을 둘러싼 암울한 현실에 맞선 담벼락을 쌓기 위해 판타지를 구축해 왔다.

루와 샐리 사이에는 다정하고 미묘한 무언가가 있다. 두 사람 모두 세상이 어떤 곳인지를 모르지 않는다. 두 사람 모두 꿈이 있다. 두 사람 모두 낙심하며 살아 왔다. 두 사람은 연인이 될 수 있을지 모르지만, 설령 그렇게 되더라도 두 사람이 함께할 미래는 없다. 어쩌면 두 사람 각각의 미래도 없을지 모른다. 그들은 상대에게 그렇다는 말을 할 필요를 느끼지 않는다. 그가 그녀를 도운 것은 그녀에게 도움이 필요했기 때문이고, 마찬가지로 그가 도와주고픈 욕구를 느꼈기 때문이다. 그가 얻은 보상은 '이후로 행복하게 살았다'가 아니다. 망각된 존재로 전락하는 와중이던 그가 최소한 한 번은 책임감을 느끼면서 사나이(범죄자일지는 모르지만 힘이 있었고 존경을 받았던, 그가 우러러본 사나이들과 비슷한 사나이)라면 당연히 해야 하는 일이라고 생각한 일을 실행에 옮겼다는 것을 아는 목격자를 갖게 됐다는 것이다. 영화는 현실을 부정하지 않는다. 과거가 돼 버린 일들이 있다고 가정할 경우, 영화는 마땅히 취해야 할 방식에 따라 마땅히 일어나야 할 일로 끝난다.

말의 데뷔작부터 말과 알고 지낸 영국 평론가 필립 프렌치Philip French는 <애틀랜틱시티>가 말이 미국에서 진행한 프로젝트 중 최고작이라고 생각한다. 나는 <앙드레와의 저녁 식사My Dinner with Andre>(1981)가 그런 작품이라고 생각하고, 스탠리 카우프먼Stanley Kauffmann은 말의 유작 <42번가의 반야Vanya on 42nd Street>(1994)가 체호프의 희곡을 영화로 옮기는 데 성공한 유일한 작품이라고 생각하지만 말이다. 작년 가을에 프랑스의 어느 영화 담당 공무원에게 방금 전에 본 <사형대의 엘리베이터>를 높이 평가한다고 말하자, 그 공무원은 미소가 아니라 경멸에 찬 콧방귀를 뀌었다. 말이 동포들에게 따돌림을 당한 것은 그가 미국으로 이주했고, 캔디스 버건Candice Bergen과 결혼했으며, 미국적인 이야기(<프리티 베이비Pretty Baby>, <알라모의 총성Alamo Bay>)를 대단히 많이 다뤘기 때문일 것이다. 말은 고다르Jean-Luc Godard처럼 자신의 뿌리인 누벨바그를 따라 극단적인 이념의 세계로 향하지 않았다. 대신에 동시대의 독일 감독 파스빈더Rainer Werner Fassbinder처럼 솔직하게 대규모 관객을 욕망했다.

그가 <애틀랜틱시티>처럼 상업적인 프로젝트로 보이는 작품들에서조차, 자신이 다루는 이야기의 인간적인 차원에 굳건한 태도로 머무르며 마약 플롯을 거의 우연히 등장한 배경처럼 다룬다는 점은 흥미롭다. 이 영화는 환생을 적어도 코카인만큼 진지하게 다루는, 흰색 정장은 그보다 더 진지하게 다루는 영화다.

| # 애프터 다크, 마이 스위트<br>After Dark, My Sweet | 감독 | 제임스 폴리 | |
|---|---|---|---|
| | 주연 | 제이슨 패트릭, 레이첼 워드, 브루스 던 | |
| | 제작 | 1990년 | 114분 |

콜리는 뭔가 문제가 있는 사람인데, 뭐가 잘못된 건지를 구체적으로 꼭 집어서 말하기는 어렵다. 그는 바텐더에게 맥주를 가득 채워 달라고 말한다. 그런데 바텐더는 그를 술집에서 내쫓고 싶어 한다. 갈색 종이로 포장한 꾸러미를 움켜쥔 그는 부랑자처럼 보이지만, 젊고 잘생긴 그는 자신은 지역의 전문대학을 1년 반 다닌 적 있는 전직 군인이라고 당신에게 말할 것이다. 그는 눈을 멀게 만들 것 같은 사막의 햇빛 속을 휘청거리며 걸어와 팜 스프링스 교외의 황폐한 지역으로 들어간다. 그곳에는 그의 운명의 여인이 담배를 피우며 동일한 술집에 앉아 있다.

그녀의 이름은 페이 앤더슨 부인이다. 미인인 그녀는 분명히 알코올 중독자다. 그렇지 않다면 콜리가 아무 생각 없이 바텐더에게 주먹을 날린 후, 어째서 그녀는 차를 타고 거리 아래로 그를 쫓아가 태워 주겠다고 하겠는가? 그녀는 술에 취해서 이러는 게 아니다. 과부라는 신세와 음주가 자신을 버드 삼촌의 궤도에 밀어 넣었기 때문이다. 버드 삼촌이 세운 돈벌이 계획에는 콜리 같은 사람이 필요하다. 궁핍하고 허약하며 사람들 앞에 내놓을 정도로 번듯하게 생겼으면서 달콤한 말로 구워삶을 수 있는 인간이. 이 세 사람은 따로 놓고 보면 가망 없는 외톨이들이다. 그런데 한데 모이면 위험한 존재들이다. 그들은 실행하면 안 되는 계획을 시도할 정도로 멍청한 사람들이지만, 한편으로는 그런 계획을 짜 내기에 딱 알맞은 정도로만 영리한 사람들이기 때문이다.

<애프터 다크, 마이 스위트>는 필연적으로 실패와 파멸을 향해 나아가는 그들의 이야기를 들려준다. 이 이야기를 매혹적으로 만드는 건 만사가 잘못되고 있음을 이해하는 콜리의, 페이 앤더슨 부인은 좋은 사람이고 보호해 줄 필요가 있는 사람임을 이해하는 콜리의, 그리고 대단히 섬세한 방식으로 그녀를 보호하기 때문에 그가 예전에 했던 짓이라고 생각하는 짓을 앞으로도 할 것인지를 그녀로 하여금 여전히 궁금해하게 만드는 콜리의 비밀스러운 행동 방식이다.

1950년대 펄프 누아르의 시인 짐 톰슨Jim Thompson이 쓴 소설이 원작인 영화는 그 장르 특유의 고집스럽고 침울한 진실을 담아내면서, 특히 무능한 납치 행각을 벌이는 녖 명 안 되는 캐릭터에 초점을 맞춘다. 영화의 줄거리가 대단히 은밀하게 전개되기 때문에 영화의 성패는 배우들의 연기에 의존한다. 제이슨 패트릭Jason Patric과 레이첼 워드Rachel Ward, 브루스 던Bruce Dern, 성격파 배우 조지 디커슨George Dickerson은 이 이야기에 음울하고 시적인 서글픔을 불어넣는다. 우리는 떠올리게 된다. 필름 누아르는 액션과 승리를 다루는 장르가 아니라 무능함과 패배를 다루는 장르라는 걸. 그 장르의 영화가 해피 엔딩으로 끝난다면 무언가 잘못된 것이다.

페이(워드)는 콜리(패트릭)를 태운 후, 시들어 가는 야자수 플랜테이션의 까마득한 끄트머리에 있는 트레일러하우스를 쓰라고 제안하고는 문간에서 키스를 하고 그를 술동무 삼아 많은 술을 마신다. 그는 그녀를 통해 버드 삼촌(던)을 만나는데, 버드 삼촌은 자신은 "힘 좋은 사람들과 연줄"이 있는 전직 형사라고 말한다. 버드 삼촌은 페이의 거실에 앉아 그 지역의 부잣집 아들을 납치하려는 계획에 그들을 끌어들이는 것 말고는 달리 할 일이 없는 사람처럼 보인다. 페이는 콜리에게 달아나라고, 이 고장을 떠나라고 말한다. "그는 그 계획을 몇 달간 세워 왔어. 당신이 떠나면, 그 계획은 계속 곪다가 다 졸아 없어질 거야."

여러 번 등장하는 플래시백은 콜리가 뛰지 말았어야 할 경기를 뛴 전직 복서라는 것을 알려준다. 그 경기는 그의 정신을 명료하게 유지하는 데에도 좋지 않았을 뿐더러, 그가 죽을 때까지 두들겨 팬 상대 선수의 목숨에도 좋지 않았다. 그는 심야 영업을 하는 식당에서 닥 골드먼(디커슨)을 우연히 만나는데, 닥은 그를 보자마자 그가 정신 병원을 무단 탈출한 환자임을 정확하게 짐작한다. 닥은 그를 걱정하는 다정한 태도를 보이는데, 이 태도는 그가 품은 성적 욕망을 가리고 있다. 콜리를 집에 초대한 그는 거기에 머무르라고 제안한 후 일자리를 준다. 그러나 그런 형태의 억류 생활을 감당하지 못하는 콜리는 어느 날 아침 페이의 문간으로 돌아간다.

이제는 버드 삼촌이 엄청난 열의를 보이기 시작한다. 그는 자신이 세운 납치 계획을 강도 영화에 나오는 영리한 전략과 엇비슷한 계획인 것처럼 그들에게 브리핑한다. 그의 계획은 학교 운동장에서 부잣집 아이를 데려오라며 콜리를 보내는 단순한 문제가 아니다. 그러자 콜리는 납치를 하지 않고도 돈을 받아낼 방법이 있지 않느냐고 의아해한다. 버드 삼촌의 납치 시도를 저지하고 보상금을 받는 방법 같은 것 말이다. 문제는 이 계획은 영웅이 유괴범을 만들어 내지 않는 한 올바른 것으로 보이지를 않는다는 거라고 버드 삼촌은 말한다. 그 유괴범은 콜리가 될 것이다. 버드가 그 계획을 거부하는 그 순간, 콜리는 자신이 그 계획에 담긴 꿍꿍이를 포착했다음을 감지한다. 콜리를 제거하면, 돈을 나

눠 가질 사람은 둘만 남는다.

내가 지나치게 많은 플롯을 밝힌 것처럼 보이겠지만, <애프터 다크, 마이 스위트>는 플롯을 다루는 영화가 아니라 콜리와 페이가 플롯이 전개되는 방식의 관점에서 내리는 개인적이고 도덕적인 결정들을 다루는 영화다. 이 영화를 마무리하는 마지막 20분에는 조용하게 내려진 중요한 결정들을 암시를 통해 전달하는 빼어난 스토리텔링이 담겨 있다. 콜리가 자신이 겪은 사건들을 숙고하려고 사막으로 몇 걸음을 내딛고는 필연적이면서 영웅적인, 서글프면서도 흠잡을 데 없는 일련의 사건을 즉흥적으로 일으키는 마지막 60초는 엄청나게 복잡하다.

이 영화를 연출한 제임스 폴리James Foley, 1953~ 는 서던캘리포니아대학교 필름스쿨 졸업생이다. 그는 같은 세대 감독 중에서 상당히 저평가된 감독에 속한다. 그의 <폐쇄 구역At Close Range>(1986)에는 숀 펜Sean Penn과 크리스토퍼 워컨Christopher Walken의 커리어를 규정하는 연기들이 담겨 있다. <글렌게리 글렌 로스Glengarry Glen Ross>(1992)는 부동산 세일즈맨들을 다룬 데이비드 매밋David Mamet의 희곡을 각색한 강렬한 작품으로, 잭 레먼Jack Lemmon과 알 파치노Al Pacino, 알렉 볼드윈Alec Baldwin의 짜릿한 연기들이 담겨 있다. <컨피던스Confidence>(2003)는 활기를 주체 못하는 스트립 클럽 운영자를 연기하는 더스틴 호프먼Dustin Hoffman의 잊을 수 없는 연기를 보여 준다.

<애프터 다크, 마이 스위트>은 관객을 많이 만나지 못한 영화다. 이 영화는 흥행 수입이 3백만 달러에 못 미치고 거의 잊힌 작품이 됐지만, 현대 필름 누아르의 가장 순수하고 비타협적인 작품으로 남았다. 무엇보다 이 영화는 캐릭터들의 고독하고 기진맥진한 삶을 빈틈없이 포착한다.

페이는 이사를 들어오는 중이거나 나가는 중인 양 가구가 절반쯤만 차 있는 것으로 보이는 교외 주택에 거주한다. 수영장에는 낙엽이

두툼하게 떠 있다. 우리는 캐릭터들이 실내에서 술을 마시는 모습은 많이 보지만 식사를 하는 모습은 보지 못한다. 버드 삼촌은 그녀의 삶에 어떻게 떠밀려 들어왔을까? 우리는 그가 하나의 생활 양식으로 그녀의 삶에서 떠다니고 있음을 이해한다. 그녀는 그의 납치 계획을 어떻게 생각할까? 그들에게 그 계획은 콜리가 오기 전까지는 모호한 계획일 뿐이었다. 그녀는 버드를 바보라고 생각하지만, 그녀의 인생은 그런 계획을 거부하기에는 목적이 지나치게 불분명하다. 그녀와 콜리가 마침내 몸을 섞을 때, 그 시퀀스는 두 사람이 쾌감만큼이나 세상에서 잊힌 존재가 되는 걸 좇고 있다는 것 마냥 어두워지는 화면이 간간이 끼어드는 식으로 강조된다.

콜리는 핵심 캐릭터로, 자신이 할 일이 무엇이고 해야 옳은 일이 무엇인지를 결정하는 능력을 갖고 있다. 제이슨 패트릭의 연기는 약간만 노력하면 이 세상에서 사람 노릇을 하며 살 수 있다는 것을, 그런데 자신은 승리를 거둘 자신감을 상실했다는 걸 알아낸 남자를 보여 주는 데 완벽하게 맞춰져 있다. 그는 톰슨의 소설에서 가져온 내레이션을 읊조리면서 우리가 그의 내면을 살짝 들여다볼 수 있게 해 준다. 유용한 전략이다. 그는 멍청이 취급 받는 걸 싫어한다고 거듭해서 사람들에게 말하지만, 그의 내레이션은 그가 사람들에게 드러내는 것보다 많은 생각을 한다는 것을 증명하기 때문이다. 닥 골드먼이 관련된 서브플롯은 비극 안에 위치한 비극이다. 무엇보다 그 의사는 불가능한 것을 갈망하는 데다 타이밍 감각이 나쁜 딱한 남자이기 때문이다.

이 영화와 <러쉬Rush>(1991), <스와핑Your Friends and Neighbors>(1998), <나크Narc>(2002), <알라모The Alamo>(2004) 같은 영화에 출연한 제이슨 패트릭은 잘생긴 외모하고는 딴판인 거칠고 복잡한 면모를 보여 주거나, 그 외모를 작품에 음울한 분위기를 불어넣는 장점으로 활용한다. 그렇다. 그는 <스피드 2Speed 2: Cruise Control>(1997)에 출연했었다. 그런데 그 영화를 좋아 했던 유일한 평론가였던 나는 이렇다 저렇다 불평은 못 하겠다.

TV 드라마 「가시나무 새Thorn Birds」로 기억되는 레이첼 워드는 상처 입고 불안정한 페이를, 희망도 삶의 목적도 없는 여자를, 세상살이에 감동하기에는 지나치게 기력이 쇠했거나 큰 충격을 받은 사람들이 가득한 세상을 향해 용감하게 아름다운 얼굴을 보여 주는 여성을 빚어낸다. 마지막 신이 전개되는 동안 그녀가 느끼는 감정의 변화를 정확히 보여 주는 연기도 중요하지만, 나는 앞선 신들에서 보여 준 그녀의 다정한 모습에도 감동을 받았다. 그녀는 알코올 중독이 남긴 관성과 절망 때문에 추잡한 상황에 처박히게 된 상냥한 여자를 연기한다. 브루스 던의 경우, 그가 연기하는 캐릭터에 플롯 밖의 삶을 그에게 부여하기를 영화가 부인하는 방식은 철저한 계산에서 비롯된 것이다. 맞다. 우리는 그가 다른 사람들과 어울리는 모습을 먼 거리에서 힐끔 봤다. 그런데 여기 있는 이 남자는 순전히 자신이 써먹을 필요가 있다는 관점에서만 콜리와 페이를 위해 기능하는 인물이다. 누구의 삼촌도 아니고, 이름도 버드가 아닐 공산이 큰 버드 삼촌은 당신에게는 한 가지 일을 납득시키면서 자신에게는 다른 걸 납득시킬 수 있는 참을성 있는 지적知的인 인물을 투사한다.

그런 모순이 톰슨의 소설과 폴리의 영화의 정수다. 영화는 피곤함과 절망으로 시작되고, 그다지 열성적으로 행하는 것처럼 보이지 않는 악행으로 접어든 후, 절망적인 마지막 시퀀스에서는 그때까지 저질러진 일들을 중단시키기에 충분한 영웅적인 행위를 거의 찾아내지 못한다. <애프터 다크, 마이 스위트>를 네 번 봤는데, 다시 볼수록 이 영화는 더 심오해지기만 한다.

# 양 도살자

Killer of Sheep

| | | |
|---|---|---|
| 감독 | 찰스 버넷 | |
| 주연 | 헨리 게일 샌더스, 케이시 무어 | |
| 제작 | 1978년 | 80분 |

평범한 일상은 영화가 묘사하기 가장 힘든 대상에 속한다. 무척이나 많은 영화가 영화의 전개 패턴과 플롯을 예상하도록 우리를 훈련시켜 왔기 때문이다. 나는 찰스 버넷Charles Burnett, 1944~ 의 <양 도살자>에 대해 쓴 1977년 리뷰에서 그런 기대를 하는 실수를 저질렀다. 내가 쓴 다음과 같은 문장은 엄청나게 잘못된 탓에 바로잡아 달라며 비명을 질러 댔다. "그는 자신이 다루는 캐릭터들에 대한 거창한 정치적 성명을 내놓는 대신, 그 캐릭터들이 삶을 구성하는 요소들을 추구하고 성공하고 실패하는 등의 일련의 일상적 활동에 관여하는 걸 보여 주는 쪽을 택한다. 그런데 그들은 빈곤 때문에 선택의 여지가 거의 없다." 나는 버넷이 보여 주겠다고 택한 게 실제로는 거창한 정치적 메시지라는 것을 알아봤어야 했다. 와츠에 거주하는 한 가족을 다룬 이 시적인 영화에서 그는 세상을 제대로 살아가는 데 필요한 가치관은 갖췄지만 기회는 제공받지 못한 채 살아가는 조용하면서도 고결한 삶들을 관찰한다. 그 인

생들은 아무 데도 가지 않고, 영화도 아무 데도 가지 않는다. 그들은 있는 자리에 그대로 머무르면서 서글픈 분위기과 상실감을 풍긴다.

영화의 복판에는 스탠(헨리 게일 샌더스Henry Gayle Sanders)이 자리하고 있다. 도살장에서 일하는 그는 직장에서 기진맥진할 정도로 고되게 일하고는 집안일에 돌입한다. 그는 싱크대를 수리하고 리놀륨을 새로 깔고 아이들을 키운다. 아내(케이시 무어Kaycee Moore)가 그를 거든다. 아름답지만 피곤에 절은 그녀는 귀가하는 남편을 맞으려고 화장을 새로 하지만, 남편은 그것을 좀처럼 알아차리지 못한다. 지나치게 과하게 섞여 들지는 않으면서도 어찌어찌 모든 걸 설명하는 식으로 헐겁게 연결되는 일련의 에피소드에서, 버넷은 그들의 얼굴과 삶, 아이들, 친구들, 이웃들을 묵묵히 지켜본다. 흑백 이미지와 신중한 편집은 평온한 체념의 느낌을 빚어낸다. 이게 그들이 사는 방식이고, 앞으로도 그럴 것이다.

<양 도살자>는 전설이 됐지만, 그 영화를 본 사람은 많지 않았다. 내가 1977년에 어떻게 하다 그 영화를 보게 됐는지는 기억나지 않는다. 버넷이 UCLA 필름스쿨에 제출할 석사 논문으로 1만 달러를 들여 만든 이 영화는 그가 사운드트랙에 깐 음악의 권리들을 확보할 형편이 되지 않았던 탓에 배급 업자를 찾지 못했다. 30년이 지난 지금, UCLA는 영화를 훌륭하게 복원하고는 16밀리미터를 35밀리미터로 블로우업blow up•했으며, 그러면서도 오리지널 뮤직은 그대로 담아냈다(음악을 사용하는 권리를 확보하는 데 든 비용은 15만 달러다). 이 영화의 웹사이트 'killerofsheep.com'은 이런 사연을 들려주면서 비범하게 선곡된 음악들의 명단을 소개한다. 에타 제임스Etta James, 다이나 워싱턴Dinah Washington, 거쉬인George Gershwin, 라흐마니노프Sergei Rachmaninov,

• 작은 규격의 필름을 더 큰 규격의 필름으로 인화하는 것

폴 로브슨Paul Robeson, 어스 윈드 앤드 파이어Earth, Wind & Fire.

버넷이 영화를 세상에 보여 주고 싶었다면 더 저렴한 비용으로 사용할 수 있는 음악을 썼을 수도 있었던 게 아닐까? 전혀 그렇지 않다. 그는 기본적으로 자신의 영화가 음악의 폭넓은 정서를 보여 주는 작품이자 아프리카계 미국인들의 삶을 보여 주는 작품이 되기를 원했다. 스탠과 아내(이름이 결코 등장하지 않는다)가 역광을 받으며 다이나 워싱턴의 'This Bitter Earth(이 험한 세상)'에 맞춰 지친 기색으로 춤을 추는 후반부의 어느 숏은 다이나 워싱턴이 아닌 누구도, 그 노래가 아닌 어느 노래도 이 장면에 어울리지 않는다는 것을 보여 준다.

이런 영화를 보려면 마음의 준비를 단단히 하거나, 느긋한 기분으로 영화가 알아서 펼쳐지도록 놔둘 수 있어야 한다. 대부분의 영화처럼 이 영화에는 영화 감상법에 대한 지시서가 동봉돼 있지 않다. 하나의 신이 명확한 패턴이 전혀 없이 다른 신을 뒤따름으로써, 이 가족의 삶이 닥치는 대로 일어나는 사건들의 방해를 받는, 끝없이 이어지는 판에 박힌 일상으로 구성되는 방식이 고스란히 나타난다. 예를 들어 그들이 경마장에 가려고 차에 몸을 구겨 넣을 때, 열등한 영화라면 그들이 경주에서 돈을 따거나 잃게 만들 것이다. 그러나 이 영화에서는 그들이 탄 차의 타이어에 펑크가 나는데, 그들에게는 스페어타이어가 없다. 따라서 가난은 사람들이 떠나는 모든 여정의 길동무가 된다.

어른들의 삶과 뛰노는 아이들의 숏이 교차 편집된다. 어느 빼어난 시퀀스는 어떤 아이가 방패로 쓰는 합판 뒤에서 머리를 — 1번, 2번, 6번 — 내미는 모습을 보여 준다. 카메라가 뒤로 빠지면 쓰레기 천지인 불모지에서 전쟁놀이를 하며 장벽 뒤에서 서로에게 돌팔매질을 하는 두 무리의 아이들이 보인다. 사내아이 하나가 돌에 맞아 피를 흘리며 울먹인다. 다른 아이들이 전쟁은 까먹고 모여든다. 그리 심하게 다치지는 않았다. 그래서 아이들은 한가로이 철길로 옮겨 가서는 지나가는 열차에 돌을 던진다. 뛰노는 아이들을 담은 모든 신에는 리허설이 전혀 없었다. 버넷은 자연스레 뛰노는 그들을 그냥 필름에 담았다.

아이들에게는 장난감이 없다. 한 아이는 그로테스크한 고무 할로윈 마스크를 온종일 뒤집어쓰고 있다. 아이는 그러다 한 대 얻어맞는데, 마스크 때문에 그걸 쓰고 있는 사람이 어린애라는 사실을 인식하기 어렵기 때문이다. 스탠은 집에서 이런저런 계획에 공을 들이고, 잠을 못 자겠다고 친구에게 툴툴거리고, 깊은 좌절감에 빠진다. 주방 테이블에 앉은 그는 찻잔을 얼굴에 누르고는 섹스를 막 끝낸 것 같은 기분이 든다고 말한다. 그의 세계에서 그런 기분 좋은 생각이 차지하는 공간은 거의 없다. 우리는 그가 일하는 모습을 본다. 그는 양들을 도살장으로 몰아간 후, 컨베이어 벨트 위에 매달아서 목을 따고는 양들이 피를 흘리는 모습을 지켜본다. 나중에 그는 양들의 내장을 내던진다. 고되고도 끔찍한 직업이다. 최후를 맞이하기 직전에 행복해하는 양들과, 더 나은 것을 모르고 가난이 자신들 일부에게 (전부는 아니다!) 안길 막다른 골목을 파악하지 못하기에 마냥 행복하게 뛰노는 아이들 사이에는 관련이 있을까?

다른 신들이 있다. 두 남자는 스탠을 범죄에 연루시키고 싶어 한다. 스탠 부부는 그들을 쫓아낸다. 골목에서 놀던 아이들은 덩치 큰 두 사내아이가 훔친 TV를 들고 울타리를 기어오르는 모습을 지켜본다. 우리는 그들이 그런 사건을 목격하는 게 늘 있는 일이라는 걸 알 수 있다. 스탠은 중고차를 산다. 그러자 스탠에게는 항상 일어나는 종류의 사건이 일어난다. 그는 달리고 또 달린다. 그저 그 자리에 머물러 있기 위해.

<양 도살자>는 사람들이 보지 못한 영화치고는 많은 관심을 받았다. 영화는 베를린영화제에서 비평가상을 수상했고, 의회 도서관이 꼽은 영원히 보존할 가치가 있는 미국 영화의 첫 50편 명단에 들었으며, 버넷은 "가장 중요한 아프리카계 미국인 감독일 뿐 아니라 이 나라가

배출한 역사상 가장 독특한 영화감독 중 한 명"(앤드루 오헤어Andrew O'Hehir, 『살롱Salon』)이고, 이 영화는 "아프리카계 미국인을 다룬 영화의 가장 위대한 성취일 뿐 아니라 영화라는 매체의 가장 위대한 성취 중 하나라는 자리를 확고히 했다. 이상 끝"(제프리 M. 앤더슨Jeffrey M. Anderson)이라는 찬사를 받는다. 데이비드 고든 그린David Gordon Green은 이 영화를 자신의 빼어난 데뷔 장편 <조지 워싱턴George Washington>에 영향을 준 작품으로 꼽았다. 실제로 그는 할로윈 마스크를 쓴 아이를 등장시키는 것으로 이 영화에 오마주를 바친다.

찰스 버넷은 1944년에 미시시피에서 태어나 와츠에서 자랐다. 그는 UCLA에서 많은 걸 배웠을 테지만, 돈이 되는 영화를 만드는 법은 배우지 못한 듯하다. 그의 다른 작품 중에는 <초보형사 JJ The Glass Shield>(1994)와 <투 슬립 위드 앵거To Sleep with Anger>(1990), 그리고 많은 TV와 다큐멘터리 작품이 있다. 그는 TV용 작품으로 오프라 윈프리Oprah Winfrey가 제작하고 핼리 베리Halle Berry가 출연한 <결혼The Wedding>(1998)을 만들었다.

그가 <양 도살자>에서 포착한 것 중에서도 두드러진 것은 무덥고 황량한 여름날의 사람 잡을 것 같은 권태감, 창문과 스크린 도어가 열려 있을 때 칙칙하게 흘러가는 시간, 숨 가쁜 하루가 미적미적 지나가는 방식이다. 그는 아이들을 위한 좋은 가정을 꾸리려는 남편과 부인의 영웅적인 노고에 관심을 기울인다. 빈민가의 가난은 우리가 TV에서 보는 총과 마약이 아니라, 이 영화에서 보는 삶과 더 가까운 경우가 잦다. 그럭저럭 하루하루를 살아가며 희망을 잃지 않고 자식들을 사랑하며 작은 양羊을 얻는, 착하고 정직하며 고되게 일하는 사람들의 삶과 말이다.

# 어댑테이션

Adaptation

| | | | |
|---|---|---|---|
| 감독 | 스파이크 존스 | | |
| 주연 | 니컬러스 케이지, 메릴 스트립 | | |
| 제작 | 2002년 | 115분 | |

찰리 코프먼Charlie Kaufman이 쓴 <어댑테이션> 시나리오는 세 갈래로 나뉜다. 시나리오는 시나리오 자체의 구성을 심술궂게 갖고 놀고, 줄거리를 들려주고, 그러고 나서는 오던 길로 되돌아가 시나리오 자체를 조롱한다. 진솔한 시나리오라는 느낌도 어느 정도는 느껴진다. 난초를 다루는 영화의 시나리오를 쓸 망할 놈의 방법을 모르는 시나리오 작가의 고뇌를 기록한 시나리오이기 때문이다. 게다가 이 영화에 등장하는 캐릭터들은 실존하는 사람들을 바탕으로 만든 캐릭터들이라는 걸 온 세상이 잘 안다. 그런데 이 시나리오는 그런 캐릭터들을 소개하고는 그들이 충격적인 일을 하게 만드는 뻔뻔함도 갖췄다.

이 영화는 DVD조차 예술과 충돌하는 인생의 환상을 유지한다. DVD 케이스에는 컬럼비아 영화사의 사내 메모가 들어 있는데, 의도치 않게 들어간 것처럼 보이는 이 메모에 적힌 글은 심지어 이 영화하고는 관련이 없는 내용이다. 게다가 개미들이 메인 메뉴를 가로지르며 기어

다니는 걸 보면 깜짝 놀라게 된다. 그러고 나서야 다음과 같은 대사가 등장한다. "내가 개미라면 좋을 텐데."

영화는 코프먼과 스파이크 존스Spike Jonze, 1969~ 감독이 이 영화와 비슷한 정도로 훌륭한 영화였던 <존 말코비치 되기Being John Malkovich>(1999) 이후로 다시 함께 작업한 두 번째 작품이다. 존스는 자신의 시간의 대부분을 뮤직비디오와 다큐멘터리 제작에 쓴다. 그러다가 영화를 만들면 관객을 매료하는 영화를 만든다. 그는 코프먼의 시나리오를 훌륭하게 스크린에 옮길 수 있을 거라는 차분한 자신감을 품고 시나리오에 덤빈다.

영화는 수전 올린Susan Orlean이 『뉴요커The New Yorker』에 기고한 기사를 책으로 확장한 베스트셀러 『난초 도둑The Orchid Thief』에서 영감을 받았다. 책은 이 비범한 꽃에 대한 인류의 매혹, 난초를 수집하는 과정에서 흘린 피, 자연선택에 대한 다윈의 생각들을 입증하는 한없이 많은 실례, 괴상하면서도 강렬한 인물인 동시대 플로리다의 난초 사냥꾼을 다룬다. 책의 내용이 그저 이런 식이라면, 이 책은 '내셔널 지오그래픽' 채널의 스페셜 프로그램에 영감을 줬을 법하다.

이 영화는 세미놀족 거주지에 있는 습지대에서 멸종 위기종인 난초를 수집한다는 아이디어를 떠올린 마이애미의 괴짜 존 라로시John Laroche의 인생을 노골적으로 다루는 픽션이 됐을 수도 있다. 그는 난초 여러 종의 표본을 획득하기 위해 실제 세미놀족을 활용한다. 조상 대대로 전해져 온 땅을 이용할 수 있는 그들의 법적 권리를 이용해 먹는 것이다. 라로시 자신이 난초를 연구하는 연구자다. 그는 난초들이 곤충을 유인하려고 취하는 무한히 많은 생김새에 대해 시적인 구절을 읊조린다. 난초들은 곤충의 모양새와 색깔을 모방하는데, 그런 모방이 일어나는 동안에는 꽃도 곤충도 무슨 일이 벌어지고 있는지를 깨닫지 못한다. 어쩌나 괴상하게 생긴 난초가 많은지, 그중에는 다윈이 길고 속

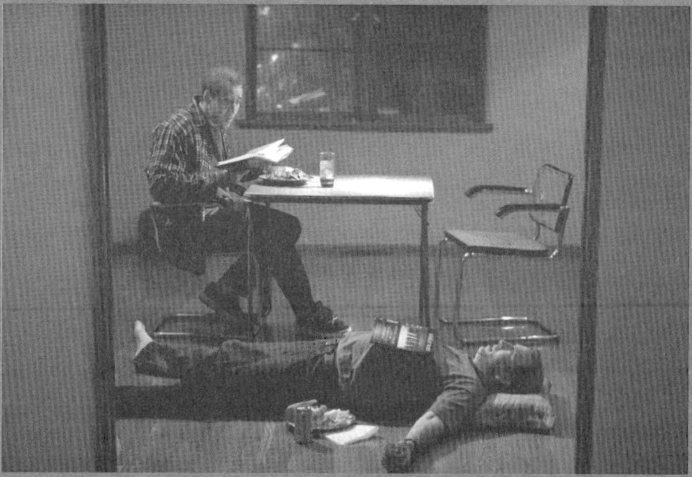

이 빈 난초의 관 속으로 주둥이를 밀어 넣을 수 있도록 주둥이 길이가 약 30센티미터나 되는 나방이 존재할 거라고 가정했던 난초도 있다. 실제로 그런 나방이 발견됐다.

따라서 우리는 이 영화가 다큐멘터리가 될 수도 있었다는 걸 안다. 이 영화의 제목은 말장난이다. 제목이 가리키는 건 적응adaptation이라는 진화론의 원칙, 그리고 책을 시나리오로 각색adaptation하면서 겪는 시련 둘 다다. 이 영화는 본질적으로는 코믹한 영화고 코프먼이 고안한 기발한 설정들 속으로 부끄럼 없이 빠져든 영화지만, 한편으로는 시나리오를 집필하는 과정을 과장되기는 했어도 진실하게 다룬, 내가 여태 본 가장 정확한 영화이기도 하다. 우리는 찰리 코프먼과 그의 (허구의) 쌍둥이 동생 도널드를 만난다. 니컬러스 케이지Nicholas Cage가 두 캐릭터를 모두 연기하는데, 그가 영리한 연기 방법을 찾아낸 덕에 우리는 늘 두 사람을 구분할 수 있다. 그들은 오래된 농담에 나오는, 한 명은 비관적이고 한 명은 낙관적인 쌍둥이와 비슷하다("여기 어딘가에 조랑말이 있어야 해").

영화는 자신의 단점을 늘어놓는 찰리의 보이스 오버로 시작된다. 너무 뚱뚱하다, 머리가 벗겨졌다, 운동을 할 필요가 있다, 재능은 하나도 없다 등등. 형의 고군분투에서 영감을 받은 도널드는 자기도 시나리오를 쓰기로 결심하고는 로버트 매키(브라이언 콕스Brian Cox)의 유명한 시나리오 집필 세미나를 수강한다. 찰리는 매키를 경멸한다. 그는 미치광이 남자와 여자가 다중 인격을 가진 동일인이라는 설정을 다룬 도널드의 아이디어에 회의를 표명한다. 찰리는 묻는다. 한 쪽이 다른 쪽을 지하실에 감금할 때, 두 사람을 어떻게 같은 장면에 집어넣을 건데?

찰리는 시나리오를 쓰느라 피땀을 흘린다. 그가 가진 원작은 포스트잇 때문에 두툼하고, 텍스트는 노란색과 빨간색 형광펜으로 얼룩져 있다. 그는 만사에 형광펜을 칠한다. 교활하게도, 영화에서 가장 좋은 부분은 찰리가 원작을 그냥 우리에게 읽어 주는 부분이다. 그런 후 그는 원작을 쓴 작가 수전(메릴 스트립Meryl Streep)에게 점점 성적으로 집착하게 된다. 그는 자신에게로 다정하게 몸을 숙이는 그녀를 상상하며 자위를 한다. 심지어 그녀를 만나러 뉴욕으로 날아가기까지 하지만 수줍어서 꼼짝을 못한다.

세 번째 주요 캐릭터는 존 라로시(오스카상 수상자 크리스 쿠퍼Chris Cooper)다. 습지대를 전전하는 그는 집에서 아버지와 같이 산다. 앞니가 하나도 없는 그는 자신이 "내가 아는 중에 가장 영리한 사람"일 거라고 말한다. 그는 언젠가 자신이 세상에서 규모가 가장 큰 네덜란드 거울 컬렉션을 보유했었다고 수전에게 말한다. 그는 희귀 열대어 컬렉션을 보유한 적도 있었다. 그는 유령 난초를 유리병 안에서 키울 줄 아는, 자신이 아는 유일한 사람이다. 그는 어떤 대상에 대한 강박 관념이 지겨워지면 그 대상에서 냉정하게 눈을 돌린다. "물고기에서는 손을 뗐어요." 그가 하는 이 말은 영화의 맥락에서 보면 이 영화에서 가장 재미있는 대사에 속한다.

실제 코프먼은 이 캐릭터들(그리고 틸다 스윈턴Tilda Swinton이 연기하는 영화사 임원, 제이 터베어Jay Tavare가 연기하는 에이전트, 다양한 인디언과 국립공원 경비대원들)을 무대에 배치하면서 그들이 등장하는 장면을 자신이 그 캐릭터들을 창조해 내는 신들과 매키가 주최하는 스토리 컨퍼런스의 신들과 교차 편집한다. 그는 블록버스터에서 혐오하는 모든 것을 열거한다. 추격전, 총격전, 섹스.

이제부터는 이 영화의 놀라운 부분을 누설하지 않기 위해 조심스레 발걸음을 옮겨야 한다(지금까지 내가 묘사한 건 모두 설정에 불과하다). 코프먼이 지나치게 세세하게 파고드는 일 없이 해낸 작업은 실제로 있었던 사실에 창작 과정에서 느낀 절망감과 에로틱한 상상, 그리고 자신이 혐오하는 딱 그런 종류의 신들이 결합한 신들을 창작하는 것이다. 이 신들 중 일부는 명예 훼손 소송에 걸릴 가능성도 있다. 실제 인물인 올린과 라로시는 영화가 제작에 들어가기 전에 법적 소송을 제기할 만한 내용이 영화에 들어 있더라도 소송을 걸 수 있는 권리를 모두 포기하겠다는 서류에 서명을 했을 게 분명하다. 그들은 대단히 너그러운 사람들이다. 그 신들은 대단히 대담하고 유쾌하기도 하다. 라로시가 올린을 밴에 태워 늪으로 데려가는 장면 같은 몇몇 장면은 사실에 '바탕을 둔' 장면이라는 게 본능적으로 느껴질 것이다. 한편 그 밴은 정말로 대단하다. 밴에서는 그 안에서 자라고 있는 식물들의 냄새가 나는 데서 그치지 않는다. 밴에는 실제로 그런 식물들이 있다.

DVD 메뉴의 마지막 챕터 제목이 '데우스 엑스 마키나Deus Ex Machina'라는 걸 알게 됐다. '위키피디아'는 이 용어를 근사하게 설명한다. "대단히 다루기 힘들 것처럼 보이는 문제에 갑작스럽게 예기치 않은 해법을 제시하는 것이 특징인, 그럴싸하지 않아 보이는 줄거리 장치." 코프먼이 한 작업이 바로 이것이다. 그는 자신이 세운 모든 기준을 위배하는 것으로 메우는 게 불가능한 허점들을 막아 내는 집필을 해낸다.

배우들의 연기는 경이롭다. 스트립이 연기하는 캐릭터가 정체가 모호한 인디언 약물을 삼키고는 발가락을 꼼지락거리며 라로시와 전화기를 통해 듀엣을 할 때, 다른 어떤 여배우가 저렇게 훌륭하게 이 장면을 연기해 낼 수 있을지 궁금해진다. 스윈턴이 연기하는 영화사 임원이 찰리와 처음으로 식사하는 장면을 세심히 관찰해 보라. 그가 거창하고 흥분되는 아이디어들을 늘어놓을 때, 그녀는 빠른 속도로 연달아 두 번 미소에 의지한다. 두 미소 모두 의혹을 쏟아 낸다. 아주 살짝 움직이는 몸놀림은 대단히 완벽하다. 혐오스러운 캐릭터인 라로시를 연기하는 쿠퍼는 라로시가 보이는 영민함과 열정 때문에 작가가 그에게 빠져들게 되는, 그럴듯한 로맨스 대상으로 라로시 캐릭터를 만들어 내는 위업을 달성한다. 그가 처음 본 여자에게 풍기는 인상은 그를 고상한 『뉴요커』 필자의 애인 후보 명단에서 꼴찌 자리를 차지하게 만들 것이다.

그리고 케이지가 있다. 현존하는 위대한 남성 무비 스타의 명단이 자주 발표되는데, 보통은 드 니로Robert De Niro, 니컬슨Jack Nicholson, 파치노Al Pacino가 꼽힌다. 당신은 그런 명단에서 니컬러스 케이지의 이름을 얼마나 자주 봤는가? 그는 항상 거기에 꼽혀야 마땅한 배우다. 그는 역할을 선택할 때 과감하고 두려움이 없다. 다른 사람의 도움을 받지 않고도 혼자 어려운 연기를 해내고, 난관에 저항하며, 허공에 붕 떠 있는 듯한 연기도 겁 내지 않는다. 내면의 전율을 어느 누구도 그보다 더 효과적으로 투사해 내지 못한다. <라스베가스를 떠나며Leaving Las Vegas>의 오프닝 신들을 회상해 보라. 스콜세지Martin Scorsese의 <비상근무Bringing Out the Dead>에서 연기하는 그를 보라. <웨더 맨The Weather Man>의 타이틀 캐릭터를 생각해 보라. <어댑테이션>에서 그가 녹아내리는 모습을 지켜보라. 그가 낙하산을 타고 뛰어내리는 엘비스 모방 배우(<허니문 인 베가스Honeymoon in Vegas>), 거친 로커(<광란의 사랑Wild at Heart>), 상사병에 걸린 외팔이 제빵사(<문스트럭Moonstruck>), 고지식한 경호실 요원(<퍼스트레이디 특수 경호대Guarding Tess>)도 연기할 수 있는 배우라는 사실을 명심하라.

그에게서는 늘 진심이 느껴진다. 그가 연기하는 캐릭터가 얼마나 비현실적이건, 그는 관객에게 적당히 눈을 감아 달라고 당부하는 일이 결코 없다. 그는 세포 하나하나까지 캐릭터에 몰두하고, 자신이 실제로 그 캐릭터인양 연기한다. 동일한 영화에서 찰리 코프먼을 신경질적인 문제아로 만들고 도널드 코프먼의 태평한 성공담을 만드는 데 성공한 그의 개가는 상당 부분 이런 재능에서 비롯된다. 두 사람의 분장은 약간 차이가 난다. 찰리는 면도가 필요한 게 보통이고, 도널드는 머리숱

이 약간 더 많다. 그러나 그들이 같은 트릭 숏에 등장할 때조차 우리가 쌍둥이를 구별하는 진짜 이유는 그들의 내면에서 비롯된다. 케이지는 두 사람을 구별할 줄 안다. 그는 찰리를 연기할 때는 늘 찰리이고, 도널드를 연기할 때는 늘 도널드다. 직접 확인해 보라.

| 엑조티카<br>Exotica | 감독 | 애텀 이고이안 | |
|---|---|---|---|
| | 주연 | 브루스 그린우드, 미아 커시너, 돈 매켈러 | |
| | 제작 | 1994년 | 103분 |

돈 때문에 하는 섹스는 때때로 엄청난 슬픔을 은폐한다. 섹스로는 치유할 길이 없는 상처들을 치유하려고 섹스를 추구할 수도 있다. 나는 실제 매춘에서 그런 일이 일어나는 경우는 '신사용 클럽'에서 자행되는 매춘을 패러디한 사례에서 그런 경우보다 더 적을 것이라고 믿는다. 실제로 벌어지는 일이 무엇이건 그것은 섹스라기보다는 심리적 욕구를 충족시키려는, 때로는 양쪽 모두를 충족시키려는 행위다. 애텀 이고이안Atom Egoyan, 1960~ 의 <엑조티카>는 무대에서 연출되는 욕정으로 이뤄진 폐쇄된 세계들에 대한 심오하고 고통스러운 영화다.

인생을 자포자기한 고독한 남자와 그를 친절하게 대하는 여자를 다룬 애정 어린 영화이기도 하다. 남자가 어느 정도나 체념했고 여자가 얼마나 친절한지는 대단히 느리게 드러난다. 전문적인 용어로 말하자면, 이 영화는 캐릭터들 자신은 인지하지 못하는 방식으로 서로 관련되어 있다는 게 드러나는 '하이퍼링크 영화hyperlink movie'다. 그러나 시나리오도 직접 쓴 이고이안은 그 연결 고리를 서서히 드러내는 방식으로, 캐릭터들이 그 연결 고리에 대해 알고 있는 내용은 더더욱 느리게 드러내는 방식으로 우리를 놀랜다. 영화가 끝나면, 관객은 스크린을 응시하고 앉은 채로 방금 전에 알게 된 사실들을 한데 모으고는 앞서 전개됐던 장면들에 대해 다시금 생각해 보려고 그 정보를 활용하게 된다.

평론가 브라이언트 프레이저Bryant Frazer는 1994년 뉴욕영화제에서 영화가 상영된 후 어떤 여자가 이고이안에게 결말에서 무슨 일이 벌어진 거냐고 물었다는 글을 썼다. 그는 이고이안이 그 질문에 "눈에 띄게 동요했다"고, 그러나 결국에는 대답을 해 줬다고 밝혔다. 프레이저는 이렇게 썼다. "그의 설명은 이랬다. 영화의 마지막 신의 의미는 이 영화의 부드러운, 거의 나른하기까지 한 제작 취지를 네다섯 개의 단어만 동원해서 뚜렷하고 통렬한 방식으로 부인해 버리는 것이고, 그러니 관객 스스로 의미를 찾아내 보라고 요청하는 거였다. '영화에서 일어났던 사건'은 설명하기에 충분할 정도로 단순하지만, 영화에 완전히 몰입하지 않는 한 그 사건이 눈앞에서 전개되는 동안에 그걸 제대로 이해할 수는 없을 것이다."

프레이저가 옳다. 영화의 결말에 미스터리는 전혀 없다. 이고이안이 환기하는 인간 본성의 미스터리들 외에는 말이다. 당신이 그 미스터리들에 대해 생각하는 내용이 당신에게 이 영화가 어느 정도나 중요한지를 결정할 것이다. 내가 보기에, 그것들은 상실감과 죄책감에 고통받는 사람들이 공감의 눈물을 흘리게 만든다. 그건 남들이 그들을 얼마나 이해하고 있는지를 확인하는 과정이기도 하다. 영화는 그저 전하고자 하는 메시지를 전하는 수준에만 도달할 수 있을 뿐이다. 그 메시지를 쉽게 규정할 수 있다면, 굳이 영화를 보는 수고를 왜 하는가? <엑조티카>는 많은 훌륭한 영화가 하는 바를 수행하면서 영화가 담고 있는 고통스러운 감정들을 내비친다. 결말에서 해결되는 일은 하나도 없

다. 우리가 그 캐릭터들을 이해하는 방법을 배웠다는 것 말고는.

<엑조티카>의 배경은 토론토의 스트립 클럽이다. 임원들이 법인 경비로 흥청망청 돈을 써 대거나 취객들이 총각 파티를 벌이는 너저분한 클럽은 아니다. 이 클럽은 이곳을 찾는 남성들의 특별한 욕구를 충족시켜 주는 듯 보인다. 우리가 알게 되는 욕구는 딱 한 남자의 욕구이지만 말이다. 그 남자는 프랜시스(브루스 그린우드Bruce Greenwood)다. 그는 밤마다 이곳에 와서 크리스티나(미아 커시너Mia Kirshner)를 지명한다. 교복 차림에 어려 보이는 그녀는 그의 앞에서 셔츠를 열어젖히고, 그런 후 두 사람은 부드러운 목소리로 강렬한 이야기를 주고받는다.

클럽 디제이 에릭(엘라이어스 코테스Elias Koteas)이 이 모습을 지켜본다. 2층에 선 그는 클럽에서 벌어지는 일을 지켜보다 아래층에서 벌어지는 삶들에 대한 교묘한 견해를 내놓는다. 어머니에게서 클럽을 물려받는 임신한 조(아시네 칸지안Arsinée Khanjian)도 반투명 거울 뒤에서 이 모습을 지켜보는 또 다른 사람이다. 클럽의 실내 장식은 길게 늘어진 야자수 잎이 빼곡한 열대 분위기를 자아내고, 음악은 테이블과 테이블 사이를 슬그머니 흘러 다니며, 레드·그린·블루로 구성된 네온 조명은 이상하게도 야한 분위기를 절제하면서 우울한 분위기를 빚어낸다. 이고이안의 카메라는 실내를 미끄러져 다니다가 프랜시스와 크리스티나를 응시하기 위해 이동을 멈춘다. 그들이 하는 이야기가 무엇이건 섹스하고는 별 관련이 없는 것처럼 보인다. 게다가 두 사람 모두 자신들의 이야기에 몰두하고 있는 듯 보이지도 않는다. 디제이는 그 점을 주목한다.

다른 캐릭터들이 두 사람의 관계에 연루된다. 영화의 오프닝 숏은 반투명 거울을 통해 극동에서 온 여객기의 승객을 조사하는 세관 직원들을 보여 준다. 조사를 받는 사람은 토머스로, 우리는 그가 희귀한 마코앵무새의 알을 밀수하고 있음을 알게 된다. 공항에서 그에게 시내까지 가는 택시비를 반씩 내자며 합승을 제의한 남자는 자기가 낼 택시비라며 발레 공연 티켓 두 장을 내민다. 토머스는 극장 앞에 있는 잘생긴 게이 남성에게 티켓 한 장을 건네고, 두 사람은 결국 밤을 함께 보낸다. 그 남자는 세관 직원이었다. 그는 알을 압수하면서도 토머스를 다시 만나고 싶어 한다. 토머스의 애완동물 가게는 불법 밀수를 한다는 의심 아래 감사를 받는다. 감사관은 프랜시스로, 그는 나중에 토머스가 크리스티나를 도청하는 일을 도와주기를 원한다. 지하에서 연결 고리들이 어떻게 맺어지고 이어지는지 보인다.

내가 쓴 글은 <엑조티카>를 지독히도 복잡한 영화처럼 보이게 만들었다. 그들이 맺은 관계를 따라가는 건 간단하다. 그들이 뜻하는 바가 무엇인지를 결정하는 것이 어렵다. 이고이안은 내가 요약했던 것처럼 단순하게 플롯을 전개하지 않고 다른 캐릭터들을 활용해 정보를 내놓는다. 트레이시(당시 열다섯 살이던 세라 폴리Sarah Polley)가 있다. 프랜시스는 클럽을 방문하는 동안 어린 소녀 트레이시를 베이비시터로 고용한다. 그러니 트레이시가 하는 일은 아이를 돌보는 일이 아니라 다른 일이다. 클럽에서 프랜시스는 여학생처럼 차려 입은 크리스티나의 손님이다. 이것은 그가 트레이시에게 성적인 흥미를 느낀다는 걸 암시할까? 트레이시의 아버지는 두 사람의 관계를 어떻게 생각할까?

플롯은 이 정도면 충분하다. 이고이안의 방법에 감탄하는 작업으로 돌아가자. 우리가 처음에 캐릭터 사이의 관계를 완전히 이해하지 못한 것처럼, 캐릭터들도 자신들의 관계를 스스로 이해하지는 못한다. 게다가 그들은 그 관계를 절대로 파악하지 못할 게 분명하다. 바로 이 점이 영화에 확연히 드러나는 감정의 흐름만큼이나 강렬한, 감춰진 감정의 흐름을 불어넣는다. 나중에 영화를 되짚어 보면 캐릭터들이 절대로 알지 못하는 내용이 얼마나 많은지를, 그러면서도 그런 점이 행위의 결과에 얼마나 중요한지를 깨닫게 될 것이다. 이고이안은 우리를 미궁으로 데려가겠다는 의도로 이런 가닥들을 직조하는 단순한 작업을 하는 게 아니다. 그는 우리가 한 선택과 행동들로 — 설령 그게 부지불식간에 한 짓일지라도 — 다른 사람들의 인생에 영향을 미치는 감춰진 방법들을 제시하고 있다.

영화에 등장하는 모든 것의 밑바닥에는 클럽 엑조티카의 분위기가, 내면 깊은 곳의 욕구와 강박 관념을 감추고 있는 섹슈얼리티를 보장하겠다는 클럽의 약속이 맥박 치고 있다. 디제이 에릭이 트는 레너드 코언Leonard Cohen의 묵직한 저음과 그가 부르는 노래의 냉혹한 분위기는 스트립 클럽에서 틀기에는 어울리지 않는 노래처럼 들리지만, 욕망이 아니라 자포자기에 부응한 서비스를 제공하려는 이 영화에서는 그렇지 않다. 섹시한 스릴러라고 떠들어 대는 이 영화의 광고는 완전히 잘못된 것이다.

클럽 주인인 조는 어떤 면에서는 이 영화의 핵심적인 존재다. 그녀는 만삭인 자신의 몸 상태가 대단히 만족스럽다. 그녀는 어머니가 특별한 욕구를 가진 특별한 고객들을 위해 특별한 방식으로 클럽을 창업했다고 철석같이 믿는다. 일부 고객들에 대해서는 고객들이 깨닫고 있는 것보다 훨씬 더 잘 안다. 그녀는 에릭과 크리스티나 사이에 조성된 긴장감을 우려한다. 그녀는 프랜시스가 클럽에서 쫓겨난 후에 프랜시스를 만난다. 그녀는 평화와 질서를 복원하고 싶지만, 그녀 입장에서 그게 어려운 일인 이유에 대해 내 입으로 말하지는 않겠다.

1960년에 이집트에서 아르메니아인 부모에게서 태어난 애텀 이고이안은 캐나다에서 성장했다. 그는 스타일과 주제 면에서 주류의 외곽으로 꾸준히 발을 디뎌 왔다. 그는 사람들이 문화적 리얼리티(민족, 젠더, 출신 배경)와 이미지의 장벽에 의해 계속 분리되는 방식에, 그리고 사람들이 그것을 뚫고 나가거나 우회하려고 취하는 방법에 매료됐다.

메이저 감독 중에서 가장 비타협적인 감독에 속하는 그가 순전히 상업적인 이유에서 만든 영화는 한 편도 없다.

이고이안을 유명하게 만든 작품은 1997년에 칸영화제에서 심사위원대상을 받은 <달콤한 내세Sweet Hereafter>, <펠리시아의 여행Felicia's Journey>(1998), 그리고 딘 마틴Dean Martin과 제리 루이스Jerry Lewis 콤비와 별반 다르지 않는 팀을 이룬 케빈 베이컨Kevin Bacon과 콜린 퍼스Colin Firth가 살인에 연루되는 내용의 인상적인 2005년 영화 <스위트 룸Where the Truth Lies> 등이다. 그는 아내인 아시네 칸지안과 작업하는 경우가 잦다. 잉그리드 버그먼Ingrid Bergman을 닮은 아시네 칸지안은 음탕함과 상냥함을 동시에 투영할 수 있는 능력의 소유자다. 이고이안은 2만 달러를 들여 만든 첫 장편 영화 <근친Next of Kin>을 1984년에 토론토영화제에 출품했다. 당시 그의 나이는 겨우 스물네 살이었다.

그의 모든 작품은 피상적이고 손쉬운 묘사를 거부하는 특징이 있다. 그는 감독 경력을 처음 시작할 때조차 단순한 스토리텔링에는 흥미를 보이지 않았다. 그는 피츠제럴드F. Scott Fitzgerald가 '영혼의 어두운 밤the dark night of the soul'이라고 부른 것에 이끌린다. 비밀, 수치심, 감춰진 것, 금지된 것 들이 그의 캐릭터들 주위를 휘감고 있지만, 그는 캐릭터들을 섣불리 비난하지 않는다. 그와 칸지안은 쉽게 웃음을 짓는 따뜻하고 친근한 사람들이다. 그의 작품들에서 우리는 캐릭터들을 향한 그의 애정과, 더 많이 아는 것은 더 많이 용서하는 것이라는 믿음을 감지할 수 있다.

# 엘 노르테

El Norte

| | | |
|---|---|---|
| 감독 | 그레고리 나바 | |
| 주연 | 자이데 실비아 구티에레즈, 다비드 비얄판도 | |
| 제작 | 1983년 | 141분 |

미국 독립 영화 운동의 여명기에, 그 운동의 창립자 두 명이 『버라이어티Variety』가 독립 영화 최초의 '에픽epic'이라 부른 작품을 만들었다. <엘 노르테>는 박해를 피해 고향에서 달아나 미국에서 새 집을 찾겠다는 꿈을 품고 멕시코를 가로지르는 머나먼 여정에 오른 과테말라 남매의 이야기를 들려준다. 그들은 불법 체류 외국인이다. 그러나 그때나 지금이나 캘리포니아 경제는 투명 인간으로 존재하는 그들의 저임금 노동력이 없으면 제대로 돌아가지 못한다. <엘 노르테>는 그들의 이야기를 깜짝 놀랄 정도로 아름다운 비주얼을 통해, 부끄러움 없는 멜로드라마를 통해, 희망에 물든 분노의 목소리를 통해 들려준다. 이 영화는 우리 시대의 <분노의 포도Grapes of Wrath>다.

영화의 감독은 그레고리 나바Gregory Nava, 1949~ 이고, 제작자는 안나 토마스Anna Thomas며, 시나리오는 두 사람이 공동으로 썼다. 그들은 훗날 <마이 패밀리My Family>(1995)를 만들었는데, 이 영화는 로스앤젤레스의 멕시코계 미국인 가정 세 세대의 삶을 쫓는다. 나바는 현재 로스앤젤레스의 라티노 대가족을 다룬 PBS의 「아메리칸 패밀리American Family」 시리즈의 이그제큐티브 프로듀서이자 슈퍼바이징 디렉터다. 하지만 나는 나바와 토마스를 그보다 훨씬 전인, 그들의 첫 영화 <아만스의 고백The Confessions of Amans>이 시카고영화제에 출품된 1976년에 만났다. 제작비 2만 4천 달러로 만들어진 그 영화는 최우수 장편 데뷔작 상을 받았다.

그때는 선댄스가 있기 전, IFCIndependent Film Channel, 독립영화채널가 있기 전, 미라맥스가 있기 전이었다. 그들은 독립장편영화프로젝트Independent Feature Project, IFP의 공동창립자였는데, 현재 그 단체는 캘리포니아의 산타모니카 바닷가에 설치한 드넓은 텐트에서 인디펜던트스피릿어워드Independent Spirit Awards를 시상하고 있다. 그들이 IFP를 창립했을 때, 미팅에 참여한 총 인원은 그들의 거실이 수용하기에 딱 알맞은 규모였다. 그들이 <엘 노르테>를 만들었을 때, 일찍이 그와 비슷한 영화를 만들려고 시도한 사람은 아무도 없었다.

빠듯한 제작비로 만들어진 영화지만, 이 영화에는 에너지와 야심이 충만하다. 러닝 타임이 139분인 영화는 세 섹션으로 나뉘어 있다. 각각의 섹션은 남매의 예전 삶, '엘 노르테(북쪽)'를 향한 가슴 아픈 여정, 로스앤젤레스에서 사는 남매의 삶을 보여 준다. 영화의 일부분은 멕시코에서 촬영됐는데, 촬영한 필름이 압수되고 회계 담당자가 체포되면서 몸값을 달라는 요구를 받은 후로는 캘리포니아에서 촬영됐다. 감독들은 총구 앞에서 현금을 내놓으라는 협박을 당했다는 이야기를, 그리고 나바의 부모가 러시 필름을 들고 멕시코를 빠져나온 과정에 대한 섬뜩한 이야기를 들려준다.

하지만 영화는 그런 혹독한 제작 뒷이야기를 절대로 반영하지 않는다. 영화는 네오리얼리즘의 험악한 회색이 아니라, 컬러와 판타지로 가득한 멕시코 분위기의 팔레트로 스토리를 칠하는 쪽을 택한다. 나바는 나비들이 구름처럼 날아다니는 도입부 신에서 지역의 전설을 마술적 리얼리즘과 결합하고, 캐릭터들이 걸친 셔츠, 드레스, 판초, 웃옷을 통해, 그들의 집과 마을의 색상을 즐겁게 활용하는 것을 통해 영화에 풍부한 활력을 주입한다.

언젠가 나바는 멕시코 사람들이 컬러를 사랑하는 이유를 내게 이렇게 설명했다. "선명한 갈색과 빨강과 노랑은 갈색 피부를 더 보기 좋게 만듭니다. 미국의 인테리어는 계란 껍질 느낌의 흰색으로 칠해지는데, 그건 갈색 피부나 다른 종류의 피부에는 그리 잘 어울리지 않습니다."

영화는 무명 배우 다비드 비얄판도David Villalpando를 엔리케로, 자이데 실비아 구티에레즈Zaide Silvia Gutiérrez를 여동생 로사로 출연시킨다. <자전거 도둑Ladri di Biciclette> 같은 네오리얼리즘 영화에 출연한 배우들이 보여 줬던, 사전에 리허설을 거치지 않아서 자연스럽게 연기하는 특징을 가진 두 사람은 쉽게 전염되는 낙관주의와 순박함을 표출하기 때문에, 우리는 그들을 보호해 주고 싶다는 마음을 갖는다. 영화 도입부에서 남매는 그들의 조상들이 대대로 그랬던 것처럼, 아름답고 위엄 있는 마을에서 진정한 공동체를 이루며 살고 있다. 촛불을 켜고 하는 식사는 지역에 있는 자그마한 협곡으로 떠나는 저녁 산책으로 이어진다.

그러나 사람들은 으름장을 놓는 감시자들의 매서운 눈초리 아래에서 커피 원두를 따는 혹독한 노동을 하며 오랜 시간을 보낸다. 남매의 아버지 아르투로(에르네스토 고메즈 크루즈Ernesto Gomez Cruz)는 노동조합을 조직하려 애쓰고 있다. 그는 배신을 당하고, 노동조합에 모인 사람들은 모두 정부군에게 살해당한다. 남매의 어머니(알리시아 델 라고Alicia del Lago)는 실종된다. 그렇다. 이런 사건들이 우리가 모닝커피를 마시기 위해 기꺼이 지불하는 대가다. 고백하건데, 나는 커피를 주문할 때 아르투로 가족에 대한 생각을, 그리고 노조를 파괴하면서 자

신들이 정한 법률을 강요하는 다국적 기업에 대한 생각을 그리 많이 하지 않는다.

피신한 엔리케와 로사는 도망쳐야 한다는 것을 감지한다. 그들은 대모代母 호세피타(스텔라 쿠안Stella Quan)가 애지중지하는 『굿 하우스키핑Good Housekeeping』 잡지를 통해 미국을 좋은 나라로 여긴다. 미국을 모든 이가 — 심지어는 가난뱅이조차 — 냉장고와 실내 화장실을 가진 나라로 묘사하는 호세피타는 여행 경비로 쓰라며 모아 둔 돈을 그들에게 건넨다.

멕시코를 가로지르는 여정도 충분히 고되지만, 국경을 넘는 일은 악몽 그 자체다. 그들은 이민자들의 미국 입국을 돕는 전문가인 '코요테'를 고용하는데, 운 좋게도 그들이 찾아낸 코요테는 정직한 사람이다. 그는 방치된 배수 파이프를 통해 미국으로 기어들어 가라고 제안한다. 그러면 그는 맞은편 파이프 입구에서 그들을 기다릴 것이다. 그는 남매에게 플래시를 건네고, 남매는 기기 시작한다. 그러다 남매는 울어 대는 쥐떼의 공격을 받는다.

이 신은 섬뜩하다. 진짜 쥐라는 게 너무도 뚜렷하기 때문에 더욱 그렇다. 제작진이 실험실에서 병에 걸리지 않은 쥐들을 사온 건 맞다. 그렇더라도 쥐는 쥐다. 구티에레즈는 쥐를 진짜로 무서워했으면서도 그 신에 직접 출연해 연기하겠다고 고집을 부렸다. 따라서 그녀가 보여 준 패닉 연기는 리얼하다.

그들이 파이프를 기어 가로지를 때, 나는 우리가 사람들이 탈출하는 대신 입국하기를 원하는 나라에 살고 있는 게 운 좋은 일이라고 느끼게 됐다. 대단히 많은 이민자가 우수하고 영민하다는 점 때문에도 우리는 운이 좋다. 자신의 고국을 떠나 낯선 나라에서 모든 생활을 다시 시작하려면 상상력, 야심, 용기가 필요하다. 이민자들이 이 나라에서 그토록 뛰어나게 활동하는 것처럼 보이는 이유 중 하나는 그들이 스스로 용감하고 단호한 사람들로 변모하는 쪽을 택한 사람들이기 때문이다.

로스앤젤레스에서 엔리케와 로사는 인력 시장에 들어간다. 엔리케는 접시 닦이와 웨이터 조수로, 로사는 처음에는 의류 공장에, 다음에는 가정부로 취직한다. 그들은 정식 서류가 없는 불법 노동자지만 미국 사회에는 필수적인 존재다. 2004년도 영화 <멕시코인이 없는 하루 A Day without a Mexican>는 모든 엔리케들과 로사들이 사라진 후 캘리포니아 경제가 붕괴되는 상황을 상상한 판타지다. 과테말라에서 엔리케의 아버지는 엔리케에게 보스들은 사람에 대해서는 아무 신경도 안 쓴다고, 오로지 그 사람의 튼튼한 팔에만 관심을 갖는다고 말했다. 이제 미국에서, 날품팔이 하청업체들이 몰고 온 트럭들은 히스패닉들이 사는 모텔들로 찾아오고, 구직하려는 희망을 품은 사람들은 근육을 내보이며 트럭 주위로 모인다.

걸출한 멕시코계 미국인 성격파 배우 루페 온티베로스Lupe Ontiveros는 이 영화가 초기작 중 하나였다. (제니퍼 로페즈Jennifer Lopez는 <마이 패밀리>에서 처음으로 의미 있는 영화 배역을 맡았고, 나바의 1997년 영화 <셀레나Selena>로 스타가 됐다.) 온티베로스는 로사의 절친한 친구이자 보호자가 되어 그링고gringo(미국인)를 다루는 방법에 대한 조언을 해 주는 나차를 연기한다. "그 사람들이 무슨 말을 하건 그냥 웃으면서 '예스'라는 말만 해."

고용주가 믿기 힘들 정도로 사용법이 복잡한 세탁기를 보여 주자 로사는 웃으면서 '예스'라고 말하려 애쓰지만 결국 두 손을 든다. 그러고는 영화에서 가장 웃기는 장면에서, 로사는 햇볕에 빨래를 말리려고 잔디밭에 빨래를 넌다.

영화에 등장하는 많은 조연 연기 중에서 또 다른 빼어난 연기는, 자기 의사를 강요하는 것으로 상황을 자기 입맛에 맞게 바꿔 놓는 모텔 매니저이자 인력 브로커 역을 연기한 트리니다드 실바Trinidad Silva의 연기다. 그는 풍성한 커리어를 보유할 수도 있었지만 영화 완성 2년 후에 교통사고로 세상을 떠났다.

클로징 신들은 관객의 정서를 자극하기 위해 멜로드라마의 위력을 활용하고, 그 의도에 걸맞은 성공을 거둔다. 구티에레즈가 펼치는 연기의 소박함과 깊이는 보는 이의 가슴을 찢어 놓는다. 이 영화의 멜로드라마 때문에 영화를 비판하는 리뷰들을 읽었는데, 나는 가난한 많은 이의 인생은 태어나서 죽을 때까지 멜로드라마라고 생각한다. 이런저런 일을 덜 겪으면서 더욱 통제 가능한 인생을 살려면 많은 돈이 든다.

20년 만에 다시 본 <엘 노르테>는 보는 이를 감동시키고 분노케 만드는 직설적인 힘을 여전히 보유하고 있었다. 이 스토리는 업데이트할 필요가 없다. 이 스토리는 날마다 되풀이되고 있기 때문이다. 영화는 불법 이민 자체에 대한 주장은 전혀 하지 않는다. 이민 정책에 대한 질문은 영화의 캐릭터들과는 무관하기 때문이다. 불법 이민자들이 원하는 건 우리 모두가 원하는 것, 그리고 그들 자신과 자손들의 더 나은 삶이다. 그들의 이야기는 미국에 이민 온 독일인, 아일랜드인, 이탈리아인 이민자들이, 심지어는 몽골을 통해 미 대륙으로 건너온 미국 원주민들이 겪었던 것과 동일한 이야기다.

영화가 개봉되고 오랜 세월이 흘렀지만, 불법 이민의 근본적인 현실은 본질적으로 그대로 남아 있다. 미국은 불법 이민을 금지하지만 저임금 노동력의 원천으로서 필요로 한다. 치카노 농장 노동자들의 권리를 위해 투쟁하는 세자르 차베스Cesar Chavez 같은 이들이 공격을 당한 건, 그가 그 문제에 대한 미국의 근본적인 위선을 까발렸기 때문이다.

엔리케와 로사의 이야기는 슬프게 끝나지만, 나바는 불법 이민 가족이 시련을 이겨 내고 승리하는 <마이 패밀리>를 만들며 그 주제로 돌아갔다. 호세 산체스Jose Sanchez와 제니퍼 로페즈가 연기하는 멕시코계 미국인 부부는 걸어서 로스앤젤레스에 도착해 생전 한 번도 본 적이 없는 삼촌 집에 들어간다. 그들이 삶을 마칠 때쯤에 그들의 아이들은 수녀와 변호사, 작가, 그리고 경찰의 총에 맞아 숨지는 갱 멤버가 되어 있다. 그들은 자신들이 경이로운 인생을 살았다는 데에, 그리고 지나치게 많은 걸 요구하는 건 그릇된 일일 거라는 데에 동의한다.

# 엘 토포

El Topo

| | | |
|---|---|---|
| 감독 | 알레한드로 조도로프스키 | |
| 주연 | 알레한드로 조도로프스키 | |
| 제작 | 1970년 | 125분 |

멕시코의 광활한 사막에서 검정 옷을 입은 사내가 발가벗은 아이를 안장 앞에 태우고 말을 몬다. 바보처럼 낄낄거리는 총잡이 세 명이 은신처에서 나타나 그를 죽이라는 지시를 받고 왔노라고 키득거린다. 남자는 아이를 조심스레 안장 뒤쪽으로 옮긴다.

알레한드로 조도로프스키Alejandro Jodorowski, 1929~ 의 <엘 토포>는 이렇게 시작된다. 전설적인 '실전된 영화' 중 하나인 이 영화는 수십 년 전에 배급망에서 사라졌다가 2007년에 드디어 DVD로 출시됐다. 외로운 카우보이가 총잡이들과 대결하는 내용은 웨스턴에서는 전혀 새롭지 않다. 그런데 발가벗은 아이는 새롭다. 거기에 위험과 일탈의 불안하고 불쾌한 저류가 가미된다. 조도로프스키는 영화 내내, 그리고 그의 모든 작품을 통틀어 관객들에게 불안감과 불쾌감을 안겨 주는 방식을 찾아낸다. 그의 작품에는 늘 뭔가 부조리한 것이, 뭔가 이 영화에 속할 거라고는 예상치 못한 것이 존재한다.

고독한 총잡이의 이름은 엘 토포로 '두더지'라는 뜻이다. 두더지는 하늘을 향해 터널을 뚫으며 평생을 보내다 하늘을 본 순간 눈이 먼다고 영화는 알려 준다. 이것은 진실이 아니다. 그러나 영화는 진실이 두더지를 편리한 심벌로 활용하는 방식을 방해하도록 놔두지 않는다. 엘 토포는 자유를 향해 땅을 파다가 눈이 멀게 될까? 만약 그렇게 된다면, 거기에는 무슨 의미가 있을까? 폴린 케일Pauline Kael은 펠리니Federico Fellini의 <달콤한 인생La Dolce Vita>에는 심벌이 그득하다고, 그리고 그 심벌들은 하나같이 알아보기 쉽다고 평했다. 반면 <엘 토포>에는 심벌이 그득하지만 알아보기 쉽지 않다. 나는 '에버트의 법칙' 중 하나를 떠올린다. '뭔가가 상징하는 게 뭐냐고 물어야 한다면, 그것은 무엇을 상징하는 게 아니다.' 또는 그 무언가는 그 자체를 상징한다.

이 영화가 개봉했을 때, 나는 내 리뷰에 이렇게 썼다. "조도로프스키는 세상 어느 곳에서건 심벌과 신화를 들어 올린다. 기독교, 선禪, 할인점의 흑마술, 그밖에 무엇이든. 그는 그것들을 단일한 논리적 의미로 분류할 수 있게 활용하려는 시도를 조금도 않는다. 대신에 그것들은 툭하면 변화하는 다채로운 방식으로 채택되면서, 각각이 발산하는 빛을 영화의 결론으로 집중시키는 대신에 서로에게 뿌려 댄다. 그에 따른 효과는 T. S. 엘리엇T. S. Eliot의 '황무지The Waste Land'와, 특히 포스트 기독교 시대의 유적들에 맞서는 신화들의 파편들을 지탱해 주는 엘리엇의 견해와 닮았다."

나는 예전의 내 생각에 지금도 여전히 동의하고, 심벌들이 결론을 향해 종합된다고는 생각하지 않는다. 그러나 조도로프스키의 작품들을 더 많이 본 지금, 조도로프스키의 작업 방법에 의도가 없지는 않다고 생각한다. 엘 토포는 사막에서 무엇을 찾는 중인가? 흐음, 그는 영화를 채워 줄 심벌들을, 이미지들을, 별난 사람들과 사건들을 찾는 중이다.

<엘 토포>는 스크린에 끝없이 등장하는 쇼킹한 이미지들 덕에 1970년의 몇 달간 어느 뉴욕 언더그라운드 극장에서 히트작이 됐다. 히트의 요인은 줄거리도, 연기도, 스타들도(조도로프스키 본인이 엘 토포를 연기했고 아이는 그의 친아들이다) 아니었다. 이미지들이었다. 영화를 본 존 레넌John Lennon과 오노 요코小野洋子는 영화를 무척 마음에 들어했다. 그래서 그들은 비틀스의 매니저 앨런 클라인Allen Klein에게 영화를 구매해서 개봉하라고 설득했다. 영화는 세계 전역에서 상영되며 한도 끝도 없이 많은 해석을 낳았다. 조도로프스키는 영화를 이루는 섹션들의 제목을 성경(「시편」)에서 따오고 엘 토포를 그리스도 같은 인물로 묘사하면서 그런 추측들을 부추겼다.

조도로프스키의 영화들이 그런 것처럼 이 영화에는 육체적으로 어려움을 겪는 사람들도 살고 있다. 팔다리가 절단된 사람들, 다운 증후군을 가진 사람들, 난쟁이, 몸통이 팬티에서 끝나는 사람들, 여자 목소리로 말하는 남자들, 남자 목소리로 말하는 여자들, 팔이 없는 남자의 어깨에 올라탄 다리 없는 남자, 그리고 감독의 작품 중에서 가장 잊히지 않는 이미지 중 하나인, 팔이 없는 남자와 그 뒤에 가까이 서서 자기 팔이 다른 사람의 팔처럼 움직이는 것을 허용하는 남자의 공생.

이런 많은 사람이 산굴에 유폐되어 있다. 살해 협박을 받은 엘 토포는 그들을 굴에서 해방시키려고 협상을 하고 산 속으로 터널을 뚫는다. 아마도 근친 교배로 수 세대가 이어져 온 탓에 외모에 선천적인 결손이 생겼을 것이다. 굴에 사는 사람들이 어떻게 오랫동안 식량을 조달할 수 있었는지에 대해서는 전혀 언급이 없다.

언급이 전혀 없는 건, 그들이 어떤 식으로건 그럴싸한 캐릭터들로 제시되는 게 아니라 심벌로 제시되기 때문이다. 두더지는 그들을 해방시키기 위해 태양에서 멀어지는 방향으로 땅을 팔 것이다. 이것이 의미하는 바는? 모르겠다. 도입부 장면에 등장한 발가벗은 아이를 다시 생

각해 보라. 왜 발가벗었을까? 엘 토포는 아이를 추위나 햇빛에서 보호하려고 세라페나 망토를 많이 걸친다. 그런데 옷을 입은 아이를 데리고 말을 타는 사내는, 그러니까 그냥 말을 탄 사내와 아이를 의미할 것이다. 그런데 아이가 발가벗었다면, 그 아이는 그 자체로 '아이'의 상징이 된다.

<엘 토포>의 리뷰들은 격분하는 분위기로 빠지는 경향이 있다. 나 자신을 포함한 리뷰어들이 영화에 대한 일관적이고 조리 있는 의미를 도출해 내는 데 실패하면서 세탁물 명단에 포함된 빨랫감을 열거하는 처지로 전락하기 때문이다. 나는 내 오리지널 리뷰에 이렇게 썼다. "이 탐구는 영화가 아낌없이 제공하는 살인과 고문, 할복, 목매달기, 끓이기, 집단 학살, 기타 등등의 대부분을 제공한다." 많은 것을 연상하게 하지만 그 연상은 거의 도움이 되지 않는다. 이 영화는 잊을 수 없는 경험으로 존재한다. 이해할 수 있는 경험으로가 아니라.

조도로프스키는 다재다능한 남자로, 그의 모든 재능이 그의 별난 상상력에 기여한다. 그는 1988년에 칸에서 나한테 타자기로 친 자서전을 건넸다. "볼리비아에서 러시아인 부모 사이에 태어나, 칠레에서 자랐고, 파리에서 일했으며, 마르셀 마르소Marcel Marceau의 파트너였고, 페르난도 아라발Fernando Arrabal과 함께 '패닉Panic' 운동을 창립했고, 멕시코에서 연극 1백 편을 연출했으며, 신문 연재만화를 그렸고, <엘 토포>를 만들었고, 지금은 미국에 산다. 그 어느 곳도 나를 받아들이지 않았다. 볼리비아에서는 내가 러시아인이라는 이유로, 칠레에서는 내가 유대인이라는 이유로, 파리에서는 내가 칠레인이라는 이유로, 멕시코에서는 내가 프랑스인이라는 이유로, 그리고 지금 미국에서는 내가 멕시코인이라는 이유로."

그의 작품들을 담은 2007년도 DVD 컬렉션(<엘 토포>와 <판도와 리스Fando y Lis>, <홀리 마운틴La Montaña Sagrada>, <넥타이La Cravate>

는 포함됐지만, <성스러운 피Santa Sangre>는 별도로 출시됐다)은 세간의 관심을 위대하고 독창적인 괴짜인 그에게 끌어모으고 있다.

나는 1988년과 1989년에 칸에서 조도로프스키와 이야기를 나눴다. 첫해에 그는 자신이, 즉 조도로프스키가 살해한 여자들에 대한 속죄로, 자신들의 팔을 절단하는 종교 집단에 속한 여성들을 다룬 영화 <성스러운 피>를 만들어야 한다고 말했다(이 말을 곧이곧대로 받아들여서는 안 된다. 당신은 내 웹 사이트에 있는 그 인터뷰를 봐야 한다).

둘째 해에 <성스러운 피>의 칸 상영이 있은 후, 그에게 <엘 토포>가 배급망에서 벗어난 이유를 물었다. 그는 처음에 영화를 배급망에 집어넣은 인물인 앨런 클라인을 비난했다.

"그 인간은 내가 죽기를 기다리고 있어요." 조도로프스키는 말했다. "그는 내가 죽으면 영화가 더 많은 돈을 벌 수 있을 거라고 믿어요. 내 영화는 와인하고 비슷하다고 말하더군요. 세월이 흐를수록 나아진다고요. 그는 콘도르처럼 내가 죽기만을 기다리는 중이에요."

그는 더 자세히 설명했다. "그 인간하고 통화하려고 15년간 노력해 왔어요. 그런데 그는 늘 바쁘대요. 훈제육을 먹는대요, 훈제육을…… 알겠어요? 델리카트슨에서 사온 걸까요?"

훈제육?

"그래요. 그 인간한테 전화를 걸 때마다 훈제육을 먹는 중이라는 말만 들었어요. 그가 훈제육을 먹는 중이라서 나는 그하고 통화를 못하는 거예요. 그는 15년간 훈제육을 먹고 있어요."

지중해를 내려다보며 그 이미지를 곰곰이 생각해 봤다. 15년간 훈제육을 먹고 있는 남자. 내가 설명할 수 없는 또 하나의 이미지, 또는 아마도 상징.

# 여자 이야기

A Woman's Tale

| | | |
|---|---|---|
| 감독 | 폴 콕스 | |
| 주연 | 실라 플로랜스, 고시아 도브로볼스카 | |
| 제작 | 1991년 | 93분 |

고령의 여인은 장례식에 참석하고 오는 길이다. 그녀는 자신의 장례식이 열릴 날이 그리 멀지 않았음을 잘 안다. 그녀는 날마다 자신을 찾아오는 젊은 간호사와 이야기를 나눈다. 여배우 실라 플로랜스Sheila Florance는 영화 속 캐릭터가 아니라 실제 자기 처지에 대한 이야기를 했어도 아무런 문제가 없었을 것이다. 그녀의 몸은 뼈만 앙상하고, 두 팔은 작대기 같으며, 얼굴에는 깊은 주름이 패 있다. 그녀는 한때는 빼어난 미녀였지만 지금 그녀에게 남은 것은 그녀가 연기하는 캐릭터뿐이다.

폴 콕스Paul Cox, 1940~2016의 <여자 이야기>는 78세의 여성 마사(플로랜스)의 말년에 대한 솔직하고 용감하며 심금을 울리는 이야기를 들려준다. 추억과 함께 살아가는 마사는 멜버른의 임대 주택 단지에 있는 방 두 개짜리 집에 들어찬 소지품들을 소중히 여기면서 독립적인 삶을 힘껏 지켜 낸다. 그녀는 죽어 가고 있음을 잘 알면서도 항암 치료의 마지막 코스는 무시해 왔다. 그녀는 통증에 시달리지만 불평을 늘어놓지는 않는다. 그러면서 다른 이들을 보살피며 하루하루를 보낸다. 전쟁에 대한 기억에 사로잡힌, 치매에 걸린 이웃 빌리, 마사가 아는 이들 중에서 가장 순진하고 상냥한 노부인 잉클리 양, 그리고 어떤 면에서는 그녀를 보살피는 간호사 애나(고시아 도브로볼스카Gosia Dobrowolska)까지.

영화는 그런 인생이 끝나 간다는 사실을 침착하면서도 사랑스러운 시선으로 바라본다. 영화는 할리우드가 그려 내는 감상적인 죽음을, 시적이고 차분한 죽음을 보여 주지 않는다. 대신에 굳은 자존심을 품고 자신의 쇠락을 대면하는 여성의 초상을 보여 준다. 영화가 만들어질 당시 플로랜스 본인도 자신의 죽음이 멀지 않았음을 잘 알고 있었다. 그녀는 1991년 호주아카데미시상식에서 여우 주연상을 수상하고 며칠 지나지 않아 세상을 떠났다.

그녀는 호주 연극계의 으뜸가는 여배우로, 폴 콕스 감독과는 1970년대 이후로 친구지간이었다. 이 영화는 그녀가 남긴 유언장이나 다름없다. 특히 마사의 기억 중 일부는 실제로 플로랜스 본인의 기억이다. 그녀는 브리튼 전투•에서 벌어진 공중전을 묘사하는데, 그녀의 묘사는 너무나 생생하게 다가온다. 느릿느릿 지나가는 독일군 폭격기들과 난데없이 나타난 영국군의 소형 스피트파이어 전투기들, 으르렁거리는 엔진과 총과 폭탄이 쏟아 내는 굉음, 그리고 갈기갈기 찢긴 채 지상으로 비 오듯이 쏟아지는 항공기와 신체의 잔해.

마사는 몸이 무척 좋지 않지만, 그래도 사방을 돌아보며 사람들을 챙긴다. 자기 방에 스스로 영원히 유폐된 채 지내면서 파자마를 적시는 가여운 빌리(노먼 케이Norman Kaye)를 그녀는 돕는다. 그녀는 90세인 잉클리 양의 좋은 동무다. 그녀는 잉클리 양을 데리고 공원에 산책을

• 1940년에 런던 상공에서 벌어진 영국과 독일의 전투

가는데, 거기서 두 사람은 마사의 친구인 매춘부와 이야기를 나눈다. ("잉클리 양, 갈보가 뭔지 알아요?" "그건 상스러운 말 아닌가요?" "그래요, 맞아요.") 마사는 밤에는 잠을 이루지 못한다. 담배와 고양이 샘과 함께 라디오 토크쇼를 청취하며 밤을 보낸다. 자살을 생각하는 열여섯 살 난 소녀가 방송국에 전화를 걸자, 마사는 소녀에게 살아야 할 목적이 정말로 많다는 말을 해 주려고 방송국에 전화를 건다.

마사의 아들 조너선(크리스 헤이우드Chris Haywood)은 어머니를 소중히 여기지만 너무 바쁜 데다, 그의 아내는 시어머니인 마사와 오래전부터 사이가 틀어져 있다. 조너선은 어머니가 양로원에서 지내는 게 더 좋을 거라고 생각한다. 간호사 애나는 그런 조너선에게 묻는다. "이런 분들이 양로원에 들어가는 일이 생기지 않게 하려고 우리가 얼마나 힘들게 일하는지 아세요?" 애나는 마사의 독립적인 삶을 위해 분투한다. 그런 삶을 존중하기 때문이다. 마사를 사랑하는 애나는 어느 틈에 마사의 딸 같은 존재가 돼 있다. 마사는 그 대가로 애나가 가정 있는 남자와 사랑을 나눌 수 있게 자신의 침실을 내준다. "나는 이 침대에서 죽을 거야," 마사는 말한다. "그리고 네가 이 침대에서 사랑을 나눴으면 해."

빌리에게는 딸이 있는데, 딸은 아버지를 한 번도 찾아오지 않았다. "우리는 아버지를 크리스마스에 뵀어요." 딸이 마사에게 말하자, 마사는 신랄하게 쏘아붙인다. "그 하루가 우리가 그이를 보지 못한 연중 유일한 날이었다오." 그녀는 뚝심 좋고 자신만만한 여자고, 세상이 그녀에게 병세를 체념하고는 아프다는 걸 인정하면서 죽기 편한 어딘가로 가기를 원할 때 품위를 고집하는 여자다.

그녀는 금연 레스토랑에서 무척이나 거침없이 자신의 흡연 행위를 옹호한다! 그녀는 극심한 통증에 시달린다는 사실을 모두에게 감춘다. 그러나 우리는 그녀가 고통스럽게 기침을 해 대며 아픔에 시달리는 모

습을 본다. 비범한 용기를 통해 촬영된 장면에서, 콕스와 플로랜스는 욕조에 들어간 마사의 알몸을 보여 준다. 그녀의 몸은 딱할 정도로 앙상하고, 한때는 대단히 육감적이었을 입술은 이제는 립스틱도 바르지 못하는, 주름이 자글자글한 얼굴에 길게 찢어진 심란한 상처처럼 보인다.

그녀를 사로잡은 기억은 영국에 있을 때 겪은 전쟁의 기억이다. 그녀는 애나에게 말한다. "브리스톨에서 태어난 지 열 달 밖에 안 된 딸이 죽었어. 독일군이 폭탄을 떨어뜨렸고, 아이의 허파가 터졌지." 그녀가 숲속을 떠돌아다니는 악몽이 있고, 물이 떨어지는 광경의 꿈이 쉴 새 없이 이어진다. 잉클리 양과 폭포를 방문한 그녀는 흐르는 물이 어떻게 벼랑에서 한순간 흐름을 멈추는지를 관찰한다. 폭포로 쏟아져 사방으로 튀어 나간 물은 물방울로 떨어져 내렸다가 아무 일도 없었다는 듯 바닥에서 다시 합쳐진다. 그게 우리가 죽을 때 벌어지는 일일까? <여자 이야기>는 대단히 사실적이고 요령 넘치기 때문에, 영화가 주장하는 바는 연하장에 적을 만한 상투적인 문구로 전락하지 않는다. 영화는 관객들이 마사와 그녀의 사연에 대해 나름의 결론을 내릴 수 있게 해 준다.

도브로볼스카의 연기는 영화의 임팩트에 극히 중요한 요소다. 관객들은 그녀가 일 잘하고 착한 방문 간호사라는 것을 알지만, 그 점은 중요치 않다. 그녀가 마사를 사랑하고 좋아하며 마사 편에 서서 투쟁할 거라는 사실이 중요하다. 도브로볼스카는 자신이 맡은 캐릭터에 자연스럽고 생생한 상냥함과 부드러움을 불어넣는다. "나는 자기 젊음이 너무나 부러워!" 마사가 말하자 애나는 웃으며 답한다. "저는 그렇게 젊지 않아요." 그렇지 않다. 그녀는 젊다. 마사는 그녀에게 말한다. "인생은 너무나 아름다워. 사랑이 계속 살아 숨 쉬게 해."

애나는 날마다 빌리를 방문한다. 어느 날, 애나의 볼을 쓰다듬던 빌리의 손이 천천히 그녀의 가슴으로 내려간다. 애나는 손을 치우고는 마사에게 말한다. "빌리가 내 가슴을 만지려고 했어요." "그래, 왜 빌리가 그러게 놔두지 않았어?" 마사는 말한다. "그런다고 달라질 게 뭐가 있는데?" 이 대화는 영화의 나중에 나오는 상냥하고 서글프며 말 없는 감동을 안겨 주는 신을 낳는다.

플로랜스의 연기가 용감하다는 나의 말은, 그녀가 죽어 가는 와중에도 영화를 만들었다는 단순한 뜻에서 한 말이 아니다. 그러는 데에도 강인한 의지가 필요했겠지만, 그녀가 하는 것처럼 자신이 연기하는 캐릭터를 드러내는 데, 허영심을 벗어 낸 마사의 모습을 관객들이 볼 수 있게 해 주는 데 용기가 필요했다는 것이다. 세상의 모든 여자는, 특히 여배우들은 가장 근사한 모습을 보여 주고 싶어 한다. 하지만 플로랜스는 노쇠한 육신을 성체聖體처럼 우리와 공유한다.

그녀의 외모를 통해서가 아니라 자립심을 통해, 독립적인 삶을 포기하고 죽기 위해 요양원으로 떠나는 일 없이 하루하루를 투쟁해 나가겠다는 결연한 투지를 통해 캐릭터의 허영심이 표현된다는 사실을 우리는 깨닫는다. 그녀가 빌리와 애나, 잉클리 양, 그리고 라디오 토크쇼에 전화한 소녀를 보살피는 것은 투쟁을 계속해 나가기 위해 내세우는 이유다. 그녀는 여전히 쓸모 있는 존재가 될 수 있고, 바로 그것이 살 가치가 있는 일이다.

폴 콕스는 현대 영화의 영웅 중 한 명이다. 그는 네덜란드 태생 호주인으로, 주류 영화의 제작 및 배급 채널과는 독립된 자기만의 방식을 개척했다. 지독하리만치 마케팅에 의존하면서 영화 형태를 띤 가공품을 양산해 내는 세상에서, 그의 작품들은 일상적인 인간의 삶이 보여 주는 모든 경이로움과 복잡성을 포용한다. 그의 <맨 오브 플라워 Man of Flowers>(1983)를 주목해 보라. 노먼 케이(콕스의 작품 대부분에 출연한 배우)가 홀로 살며 돈을 주고 섹스를 사는 독특하고 괴팍한 인물로 출연한 영화로, 그가 섹스를 사는 방식은 — 우리가 일단 그걸 이해하면 — (세상 모든 것이 우리가 용서할 수 있도록 돕는다는 걸 알게 되는) 감동적인 행위가 된다. 그의 <빈센트Vincent>(1987)는 고흐를 다룬 역사상 최고의 다큐멘터리에 속하고, <바츨라프 니진스키의 일기Diaries of Vaslav Nijinsky>(2001)는 위대한 무용수의 정신을 파고들려는 거의 초현실적인 노작勞作이다. 경이로운 영화 <이노센스Innocence>(2000)는 두 사람이 10대 시절에 시작했다가 노년에 다시 만날 때까지 이어지는 로맨스를 제대로 그려 낸다.

그의 영화 <휴먼 터치The Human Touch>는 2004년에 칸영화제에서 상영됐다. 이 영화는 연애를, 아주 특별한 연애를 다룬다. 불안정한 결혼 생활을 하는 유부녀와 영민한 노인 사이의 연애다. 그런데 성 기능을 잃은 남자의 애무에 여자는 예전에는 느껴 본 적이 없는 흥분을 느낀다. 영화의 모든 요소는 뛰어나고 우수하다. 콕스가 아닌 어떤 감독이 자신의 캐릭터들을 호주에서 프랑스로 보낸 다음 1억 1천만 년 전에 생성된 동굴에 들여보낼 수 있겠는가? 남녀는 그 동굴에서 자신들의 짧은 인생과 욕정과, 그리고 그런 것들을 초라하게 만드는 압도적인 시간 사이의 거리에 경외심을 느낀다. 콕스 같은 감독들은 상업주의 시대에 영화가 존재해야 하는 의의를 입증한다. 자신만의 방식으로 지속적으로 영화를 만들려는 그의 투쟁은 <여자 이야기>에서 마사가 보여 주는 것과 동일한 용기를 보여 준다. 그는 자신이 쓸모 있는 존재가 될 수 있음을 안다.

# 영광의 길

Paths of Glory

| | | | |
|---|---|---|---|
| 감독 | 스탠리 큐브릭 | | |
| 주연 | 커크 더글러스, 랠프 미커, 아돌프 멘주 | | |
| 제작 | 1957년 | 88분 | |

스탠리 큐브릭Stanley Kubrick, 1928~1999의 <영광의 길>은 영화와 유기적으로 연결되지 않는 듯 보이는 장면으로 끝난다. 우리는 전장에서 벌어진 참혹한 하살을, 도덕적으로 썩어 문드러진 군법 회의를, 모두의 상상을 뛰어넘을 정도로 부패하고 냉소적인 프랑스군 장성들을 목도했다. 그렇다면 이제 우리는 무엇을 보게 되나? 비스트로를 빼곡히 채운 술 취한 병사들이 각자의 맥주잔을 쿵쾅쿵쾅 쳐 대자, 비스트로 주인은 겁에 질린 독일 아가씨를 무대에 데려온다. 아가씨의 몸매에 대한 음탕한 말을 지껄여 댄 그는 그녀에게 재능도 없다는 잔혹한 말을 늘어놓는다. 그럼에도 적군에게 사로잡힌 그녀는 무대에서 강제로 공연을 해야 하는 처지다. 군중은 콧방귀와 휘파람을 쏟아 낸다. 겁에 질린 아가씨는 노래를 부르기 시작한다. 군중이 쏟아 내는 소음이 잦아든다. 그녀의 떨리는 목소리가 실내를 채운다. 그녀는 'The Faithful Hussar(충직한 경기병)'를 부른다. 실내는 숙연해지고, 일부 병사들은 노랫가락을

흥얼거리기 시작한다. 그들은 노래는 알지만 가사를 모른다.

<카사블랑카Casablanca>에서 술집에서 'La Marseillaise(라 마르세예즈)'를 부르는 게 애국심을 고취하려는 호소라면, 이 장면은 그 반대의 것을 외치는 주장이다. 이 장면은 일상적인 공포에 사로잡혀 지내는 — 이 병사들이 멍청한 공격에 나서면 그중 55퍼센트는 목숨을 잃을 거라고 장군들이 태연하게 추정하고는 그 정도 손실은 받아들일 만하다고 판단하는 세상에 사는 — 병사들에게 차분하고 따스한 순간을 안긴다.

드라마를 마무리하는 노래들은 우리의 기분을 좋게 만드는 게 보통이다. 그 노래들은 결말의 일부다. 그런데 이 영화의 마지막을 장식하는 이 노래는 우리의 기분을 더욱 처량하게 만든다. 우리는 해방감을 느끼지 않는다. 큐브릭은 이 노래로 우리의 심장에 꽂은 정서적인 칼을 비튼다. 트뤼포François Truffaut는 액션은 그 자체로 관객들의 호응을 이끌어 내기 때문에 반전反戰 영화를 만드는 건 불가능하다는 유명한 말을 하면서 <영광의 길>을 염두에 두지는 못했을 것이다. 놀랄 일은 아니다. 이 영화는 프랑스군을 냉혹하게 그려 낸 탓에 1975년까지는 프랑스에서 상영이 금지됐으니까.

1957년에 만들어진 이 영화는 짧고(88분) 딱딱하며 경제적이라 할 만큼 간결하다는 점에서 큐브릭 초기작의 전형이다. 그의 작품들은 나중에는 길이와 장대한 규모가 모두 확장됐다. 그런 변화는 때로는 작품에 이로웠고 때로는 그렇지 않았다. 하지만 이 영화는 그가 즐겨 썼던 비주얼 전략의 대표적인 사례를 담고 있다. 세트나 로케이션의 디테일들을 차츰차츰 드러내는, 그리고 우리가 끝나는 지점이라고 예상했던 것보다 한참이 지난 뒤까지 이어지는 카메라 움직임 말이다.

영화 초반부에 카메라는 한도 끝도 없이 이어지는 요새화된 진창길 참호의 시찰에 나선 주인공 닥스 대령(커크 더글러스Kirk Douglas)을

앞서간다. 나중에 카메라는 무인 지대로 돌진하는 불운한 병사들을 따라가며 진흙과 포탄, 참호, 폭발로 생긴 웅덩이, 우리 눈앞으로 쏟아지는 시체들을 통과한다. 그리고 그 후에는 어느 프랑스 장군을 찾아내려고 격식 차려 거행되는 무도회를 관통하는 돌리 숏이 있다. 결말이 멀지 않은 지점에는 사격 분대가 나서는 오와 열을 딱딱 맞춘 군대의 행진이 등장한다. 이 장면에서 카메라는 자신들의 죽음을 향해 걷고, 걷고, 또 걷는 사형수 세 명의 앞에 서서는 그들의 걸어오는 모습을 정면에서 잡는다.

오랫동안 이어지는 이 숏들은 그것들이 다루는 임무가 중요함을 우리에게 각인시킨다. 영구히 지속되는 참호전, 공격이 초래한 대대적인 파괴, 지배 계급의 위선, 사형수들이 느끼는 두려움. <샤이닝The Shining>(1979)에서 기다란 호텔 복도를 한없이 트래킹 하는 숏을 포함한 후기 큐브릭의 연장된 숏들 중 일부가 특정한 스타일을 실현하려는 시도처럼 보이는 반면, <영광의 길>의 숏들은 우리의 정서를 직접 조준한다.

줄거리는 간단하게 요약된다. 프랑스군과 독일군은 약 8백 킬로미터에 걸친 요새화된 참호를 따라 얼굴을 맞대고 있다. 양쪽 다 2년 동안 참호를 파 왔다. 어느 쪽이건 전진을 시도할 때마다 무시무시한 인명 피해라는 대가를 치른다. 무력하고 왜소한 브룰라르 장군(아돌프 멘주Adolphe Menjou)은 부하인 미로 장군(조지 매크레디George Macready)에게 난공불락의 독일군 점령지인 '개미 고지'를, 믿기 어렵게도 모레까지 확보하라고 명령한다. 미로는 그건 실행에 옮길 수 없는 일이라고 주장한다. 브룰라르는 사상자 규모가 55퍼센트를 넘지 않는 선에서 명령을 완수할 수 있을 거라고 판단한다. 그는 승진이 있을 것이고 그 임무를 완수하는 장군은 중장으로 진급하게 될 거라는 힌트를 준다. 미로 소장은 항변 절차를 밟는다. "인명 8천 명입니다! 그걸 대가로 제가 실현하는 야심이 무엇입니까? 제 평판은 어떻게 되겠습니까?" 그러던 그는 말한다. "하지만 하나님이 보우하사, 우리는 명령을 수행할지도 모릅니다!"

닥스 대령은 돌격을 지휘해야 한다. 파멸적인 작전임을 잘 아는 그는 항변한다. 그러나 결국 그는 명령에 따른다. 공격이 있기 전날 밤이 배경인 신은 다른 언어로 연출됐다면 셰익스피어의 작품이라고 인식될 법한 신이다. 대령의 부하 두 명은 기관총에 맞아 죽는 것과 총검에 찔려 죽는 것의 장점에 대해 논쟁을 벌인다. 한 명은 기관총을 선택한다. 빠르게 죽을 수 있기 때문이다. 반면 총검은 상처만 입힐 뿐 죽음을 안겨 주지는 못할 수도 있다. 그런 주장은 그가 죽음보다는 고통을 더 두려워한다는 것을 입증한다고 다른 부하는 말한다.

실제 공격의 리얼리즘 수준은 스톤Oliver Stone의 <플래툰Platoon>과 스필버그Steven Spielberg의 <라이언 일병 구하기Saving Private Ryan>를 보고 난 우리가 지금 보더라도 설득력 있게 느껴질 정도다. 흑백 촬영은 옳은 선택이다. 이 세계는 형체와 그림자로, 진창과 연기로 이뤄진 세계지 컬러를 위한 세계가 아니다. 인명 피해는 어마어마하다. 진격은 중단된다. 안전한 참호에서 이를 지켜보던 미로 장군은 부하들이 겁쟁이라는 결론을 내리고는 포병대에게 부하들이 돌격하게끔 부하들을 겨냥해 포를 쏘라고 명령한다. 포대장은 서면으로 작성된 명령서가 없으면 그렇게 못 하겠다며 명령 이행을 거부한다.

결국 체면을 세우고 승진 기회를 잡으려는 미로는 중대당 한 명씩 세 명을 비겁 행위 명목으로 처형하라고 명령한다. 한 명은 제비뽑기로 뽑힌다. 다른 한 명은 "사회적으로 바람직하지 않은 자"라는 이유로, 나머지 한 명은 정찰 임무에 나선 동료를 내팽개친 상관의 비겁 행위를 목격했다는 이유로 뽑힌다. 격분한 닥스는 군법 회의에서 피고 측 변호사로 나서지만, 우리가 예상했듯 군법 회의는 우스운 연극에 불과하다. 닥스가 더 이상의 진격은 "불가능"했다고 변호하자, 검사는 톡 쏘아 말한다. "그게 불가능했다면, 그 사실을 입증하는 유일한 증거물은 참호 바닥에 널브러진 그들의 시체일 겁니다." 그러니 생존자들은 살아 있기 때문에 분명히 겁쟁이다.

그날 밤, 사형수들은 같은 방에 갇혀 있다. "저 바퀴벌레 보여?" 한 명이 말한다. "내일 아침에 나는 죽어 있을 거고, 저건 살아 있을 거야." 이 시점에 이르기까지 영화는 씁쓸하고 우울했다. 그런데 우리는 반전의 기미를 보게 된다. 닥스는 미로가 프랑스군에게 포격을 퍼부으라고 포병대에 명령했다는 것을 알게 된다. 그는 무도회로 브룰라르 장군을 찾아가 미로가 포병대에 내린 명령을 알린다. 판에 박힌 전쟁 영화라면, 감독 1백 명 중 99명이 만든 영화라면, 사형 집행 직전에 집행이 취소되고, 사형수들은 목숨을 건지며, 우둔하고 기만적인 미로는 공개적으로 망신을 당하는 식으로 전개될 것이다.

하지만 이 영화는 아니다. 큐브릭은 냉혹하고 가차 없는 주제를 타협하는 일 없이 그가 가진 모든 스토리의 끈을 팽팽하게 잡아당기는 길을 찾아낸다. 플롯은 해결됐다. 그러나 잔혹함과 이중성은 살아남았고, 일반 사병들은 여전히 하찮은 장기판의 졸이다. 브룰라르는 처형이 장병들을 위한 "완벽한 강장제"가 될 거라고 믿는다. "규율을 유지하는 방법 중 하나는 이따금씩 사형을 집행하는 걸세."

<영광의 길>은 스탠리 큐브릭을 위대한 감독의 반열에 진입시킨 영화로, 그는 이후에 절대로 그 위치를 떠나지 않았다. 1969년에 커크 더글러스를 인터뷰했을 때, 그는 자기 연기 커리어의 정점을 이렇게 회상했다. "언제 봐도 좋은 영화가 있어요. 나는 그걸 알기까지 50년을 기다릴 필요가 없죠. 그게 어떤 영화인지 알고 있으니까." 이 영화의 효율적인 표현은 잔인하다 싶을 정도다. 이 영화는 말하는 이의 분노를 감지할 수 있는 몇 안 되는 내러티브 영화에 속한다. 제2차 세계 대전 내

내 전투에 참가했던 새뮤얼 풀러Samuel Fuller는 전우애에 대한 노스탤지어를 담은 <지옥의 영웅들The Big Red One>로 전쟁을 기억했다. 반면에 <영광의 길>에 노스탤지어는 없다. 악몽만 있을 뿐이다.

큐브릭과 촬영 감독 게오르크 크라우제Georg Krause는 모든 숏에서 선명한 딥 포커스를 활용한다. 근사하게 보이려는 의도에서 구도를 잡은 숏은 하나도 없다. 영화의 비주얼 스타일은 관찰하는 것, 냉철한 시선으로 관찰하는 것이다. 지적이고 야심만만한 연기자였던 탓에 시스템이 그려 준 편안한 경로에서 멀리 벗어나기 일쑤였던 스타인 커크 더글러스는 그의 캐릭터가 느끼는 감정의 대부분을 담아낸다. 그가 분노했을 때, 우리는 그 사실을 안다. 그러나 그는 지나치게 멀리 가지는 않고 경계선 안에 머문다. 그는 장교로 머문다. 자신에게 부여된 의무를 수행한다. 자신의 의무를 그의 상관들이 바랐던 것보다 훨씬 더 깊이 규정할 방법을 찾아낸다. 그러나 어떤 면에서 그는 상관들을 비난할 수 없다.

그리고 그 마지막 노래. 노래를 부른 연기자는 젊은 여배우 크리스티아네 하를란Christiane Harlan으로, 그녀는 얼마 안 있어 스탠리 큐브릭과 결혼했다. 2000년 여름의 어느 날, 나는 런던 외곽에 있는 부부의 농장으로 그녀를 찾아갔다. 우리는 정원을 가로질러 큐브릭의 이름이 새겨진 바위까지 걸어갔다. 그 바위 밑에 그가 잠들어 있었다. 그 노래 장면이 얼마나 특별하고 힘 있는 장면이었는지, 난데없이 나타난 그 장면이 얼마나 가슴 아픈 코다를 제공했는지, 큐브릭이 어떻게 자신의 메인 줄거리에서 곧장 그 장면의 핵심으로 편집해 들어갔는지 그녀에게 말하고 싶었다. 그러나 그 순간은 영화 평론을 위한 순간처럼 보이지 않았다. 그리고 나는 내가 그녀에게 할 수 있는 말이 무엇이건, 그녀는 이미 그 말을 알고 있을 거라고 확신했다.

# 영혼의 줄리에타

Giulietta degli Spiriti

| | | |
|---|---|---|
| 감독 | 페데리코 펠리니 | |
| 주연 | 줄리에타 마시나, 산드라 밀로 | |
| 제작 | 1965년 | 137분 |

<영혼의 줄리에타>는 거장 펠리니Federico Fellini, 1920~1993가 아내에게 줄 선물로 만든 영화라는 설화가 세간에 퍼져 있다. 많은 남편이 그러는 것처럼, 그는 실제로는 자신이 원하는 물건을 아내에게 선물로 건넸다. 남편이 바람을 피우고 있는 건 아닐지 두려워하는 슬픈 눈빛의 줄리에타 마시나Giulietta Masina가 출연한 영화는 그녀가 트리 하우스에서 남자들과 재미있게 어울리는 이웃집의 풍만한 요부와 비슷한 사람이 되면 더 행복해질 거라고 말한다.

펠리니는 이 영화가 자신이 앞서 만든 작품인, 본인이 겪는 문제점들을 자전적으로 한탄하는 영화였던 <달콤한 인생La Dolce Vita> (1959)과 <8과 1/2 8 1/2>(1963)을 180도 뒤집은 영화라고 믿었다. 그는 이 영화는 줄리에타를 다룬 영화라고 느꼈다. 이 영화를 보면서 대릴 F. 자눅Daryl F. Zanuck이 한 말이 떠올랐다. “그런데 나를 두고 하는 얘기는 차고도 넘쳐! 내 영화에 대한 자네 생각은 뭔데?” <영혼의 줄리에타>는

펠리니가 자신의 관점을 마시나의 관점과 동일시하려는 시도가 아니다. 자신을 정당화하려는 행각에 나선 펠리니가 뻔뻔하게 수행한 작업이다. 줄리에타가 판타지를 느낄 때, 그 판타지는 펠리니가 품은 판타지다. 바로 그것이 영화의 결말에서 산 채로 화형을 당하는 인물이 페데리코가 아닌 이유다.

영화 깊은 곳에 파묻힌 메시지로 이어지는 실마리 중 하나가 캐스팅이다. 줄리에타 마시나는 절제된 의상을 입은 단발머리 골초 줄리에타를 연기한다. 산드라 밀로Sandra Milo는 몸에 꽉 달라붙는 현란한 컬러의 의상과 깃털 목도리와 네크라인으로 매력을 한껏 뽐내는, 그녀의 이웃 수지를 연기한다. 많은 여자에게 시달리면서도 바람기를 주체 못하는 영화감독을 다룬 <8과 1/2>에서 감독의 아내는 단발 스타일의 골초고, 감독의 애인을 연기한 배우는 이 영화에서 보여 준 모습과 정확하게 같은 모습을 보여 준 산드라 밀로다. <8과 1/2>에서 감독은 아내와 애인들이 그에 대한 애정과 배려를 공유하는 친구들로 등장하는 백일몽을 꾼다. 그리고 <영혼의 줄리에타>에서 펠리니는 아내가 공기 주입식 섹스 토이하고 한결 더 비슷해질 경우에만 지금보다 더 행복해질 거라고 주장하는 듯하다. 우리가 내린 결론은 이렇다. 그런 상황이 됐을 경우 그녀는 더 행복해지지 않을지도 모르지만, 그녀의 남편은 분명히 더 행복해질 것이다.

일반적으로 이 영화는 펠리니의 쇠락의 출발점을 찍은 영화로 간주된다. 어떤 이들은 그의 위대한 시기는 1950년대에 <길La Strada>(1954)의 네오리얼리즘과 함께 도래했다고 느낀다. 마르첼로 마스트로야니Marcello Mastroianni가 직업과 결혼, 애인과의 에로틱한 백일몽, 모호한 야망 사이에서 균형을 잡으려 애쓰는 저널리스트라는 최초의 걸출한 역할을 맡은 <달콤한 인생>으로 펠리니에게 세계적인 성공이 찾아왔다. 나는 그 영화가 펠리니의 최고작이라고 생각한다. 사적인 문제, 직업적 문제, 건강 문제에 시달리면서도 영화를 만들려 애쓰는 감독을 다룬 <8과 1/2>이 최고작이라고 주장하는 이들도 있다. <영혼의 줄리에타>를 만들 무렵에 대한 세간의 견해는, 펠리니가 퍼레이드에 나선 그로테스크한 인간들을 보여 주는 특유의 주마등같은 비전들을 재활용하기 위해 춤추는 카메라와 흥겨운 니노 로타Nino Rota의 음악을 활용하면서 기계적으로 작품을 연출했다는 것이다. <아마코드Amarcord>(1974)는 폭넓은 추앙을 받는 유일한 후기작이다.

그런데 어떤 아티스트가 제멋에 겨워 멋대로 작업을 할 때 그 아티스트의 스타일이 가장 잘 드러나는 경우가 자주 있다. 펠리니가 컬러로 찍은 첫 영화인 <영혼의 줄리에타>는 초기작의 리얼리즘에서 자유로워진 감독이 흥겨운 기분을 느끼게 해 주는 이미지, 상황, 강박 관념 들로 재미있게 장난을 치는 작품이다. 어린 펠리니가 서커스를 처음 보러 갔다가 일종의 심리적 집착을 경험했다는 사실은, 그리고 그의 모든 작품은 행렬과 퍼레이드를 등장시킨다는 사실은 널리 알려져 있다. 펠리니가 음악에 맞춰 걸어가는 기괴한 캐릭터들을 보면서 성적인 흥분을 느꼈다고 주장해도 지나친 말은 아닐 것이다. 그는 그런 신들을 거의 항상 동일한 방식으로 구성했기 때문이다. 배경과 중경中景에 있는 캐릭터들은 행진 중에 서로 박자를 맞춰 걷고, 전경에 있는 얼굴이 프레임에 등장해서는 열심히 의견을 내놓는다.

<영혼의 줄리에타>에서 가장 흥겨운 퍼레이드는 바닷가에서 펼쳐진다. 수수한 모습의 줄리에타는 자매들과 조카들과 함께 바닷가로 간다. 그녀는 수지가 모래사장 저편에서 친구들과 추종자들, 몸종들과 함께 행진하는 모습을 본다. 밝은 노란색 옷을 입은 수지는 야한 색상의 파라솔의 보호를 받으면서 모래사장에 텐트를 설치하고는 그녀에게 이리 오라고 손짓을 한다. 나중에 줄리에타가 수지의 길 잃은 고양이를 돌려주려고 수지의 집을 방문했을 때, 수지는 자신의 철학을 설파

한다. 결혼은 여자에게는 종신형이다, 줄리에타는 수지가 이용해 보라고 내주는 보이 토이boy-toy들과 재미를 봐야 마땅하다, 줄리에타의 남편은 안달할 가치가 없는 인물이다 등등. 수지의 집에는 침대에서 수영장으로 곧장 이어지는 미끄럼틀이 있고, 수지의 애인들을 고리버들 바구니에 담아 끌어올리는 전기 승강 장치가 딸린 트리 하우스가 있다.

수지의 라이프 스타일은 줄리에타가 품은 걱정에 대한 해답일 수도 있고 아닐 수도 있다. 그러나 그녀의 집이 펠리니가 방문하고 싶어 할 것 같은 매음굴과 비슷하게 생긴 것은 분명하다. 줄리에타가 해방감을 느끼는 경험에는 영매와 함께하는 교령회交靈會(<달콤한 인생>에 나왔던 설정이다), 예배에서 받는 처벌에 대한 두려움(어느 신에 나오는 무시무시한 수녀들은 <8과 1/2>에 나오는 근엄한 수도사들과 짝을 이루는데, 두 장면 모두 어린 시절을 보여 주는 플래시백에서 등장한다)이 포함되어 있다. 펠리니는 이 영화에서 그의 앞선 작품들로 돌아가고 있다. 그는 앞선 작품들에 나온 이미지들을 이번에는 남자 주인공이 아니라 여자 주인공에게 적용하면서 그 사실을 굳이 숨기려 들지는 않는다.

줄리에타 마시나는 놀라운 연기자다(<길>과 <카비리아의 밤Le Notti di Cabiria>을 보라). 그런데 그녀가 <영혼의 줄리에타> 내내 꽤나 심기가 불편한 것처럼 보이는 건 어디까지나 내 상상에서 비롯된 걸까, 아니면 실제로 그랬던 것일까? 마시나와 펠리니는 이 영화가 만들어지는 동안 대단히 힘든 결혼 생활을 했다는 이야기가 있다(펠리니는 세계적인 명성을 얻으면서 열심히 일하는 이탈리아 감독에서 어디를 가건 환대를 받는 새로운 특권에 흠뻑 젖은 스타로 변신했다). 펠리니가 마시나에게 결혼 생활을 함께할 재미있는 사람이 아니었던 건 확실하다. 그녀는 살림에 열심인, 온순하고 추레한 차림새에 성적인 매력이 없는 왜소한 부르주아 여성상이다. 하렘 판타지와 퍼레이드에 나선 풍만한 요부들이 등장하는 신들을 거듭 헤쳐 나가는 줄리에타는, 남편이 잡아끄는 바람에 마지못해 스트립쇼에 따라온 가정주부에 가까워 보인다. 남편은 아내도 이 스트립쇼를 즐기게 될 거라고 확신하고 있다.

배우 줄리에타와 캐릭터 줄리에타가 속으로만 느끼는 이런 불행한 감정은 영화의 밑바닥에 구슬픈 감정을 불어넣는다. 그녀는 파티의 흥을 깨 버리는 사람이다. 그녀는 이 영화를 만드는 동안 무슨 생각을 했을까? 우선은 그로테스크한 에로티시즘으로 자신의 취향을 한껏 과시했던 남편이 다음에는 아내가 그런 분위기에 에워싸인다는 내용의 영화에 그녀가 출연해 주기를 바란다는 생각? 영화의 마지막 숏은 줄리에타가 동화책에 나올 법한 집을 떠나 근처에 있는 숲으로 걸어가는 모습을 보여 준다. 감독과 아내는 이 신의 의미를 놓고 논쟁을 벌였다. 펠리니의 입장에서, 이 신은 그녀가 자유롭다는 것을 뜻했다. 하지만 줄리에타 마시나의 입장에서, 이 신은 그녀가 혼자이고, 버림받았고, 고독하다는 뜻이었다.

이런 서브텍스트는 펠리니가 자유분방한 생각과 충동에 대한 통제력을 더 많이 발휘했었을 때보다 이 영화를 더 흥미롭게 만든다. 게다가 영화는 휘황찬란한 면에서는 결코 어떤 영화에도 뒤지지 않는다. 영화는 근사한 화면들과 음악, 물 흐르듯 이동하는 카메라로 점철되어 있다. 펠리니의 영화에서 — 특히 <달콤한 인생> 이후의 영화에서 — 캐릭터들은 들리지 않는 음악에 맞춰 들썩이듯 미끄러져 다니는 것처럼 보인다. 그런데 이건 캐릭터들이 실제로 그렇게 하는 모습이다. 펠리니는 동시대의 모든 이탈리아 감독이 그랬던 것처럼 촬영장에서 동시녹음을 하지 않았다. 그는 모든 대사와 음향 효과를 나중에 더빙했다. 이것은 그가 본질적으로 무성 영화를 만들었다는 뜻이다. 그는 음악을 연주할 오케스트라나 전축을 촬영장에 배치하고는 연기자들에게 음악에 맞춰 걸으라고 지시했다. 니노 로타Nino Rota의 영화 음악은 춤곡처럼 들리는 경우가 잦다. 그가 옛날의 스탠더드 음악을 인용하는 경우도 잦다. 그 결과는 뮤지컬의 세계로 진입하기 일보 직전에 있는 듯 보이는 영화다.

펠리니는 <영혼의 줄리에타> 이후에 <사티리콘Fellini Satyricon>(1969)을 만들었다. 두 영화 모두 새로 마스터되고 복원된 35밀리미터 프린트로 재개봉된 현재, 우리는 그가 자신의 캔버스를 장악한 거장이었음을 확인할 수 있다. 그는 커리어 초기에는 이야기꾼이었다. 그러다가 움직이는 이미지를 다루는 화가가 됐다. 그러니 이 영화를 보면서 플롯이나 메시지에 생각을 고정하는 사람은 엉뚱한 벌판에서 사냥을 하고 있는 셈이다. <영혼의 줄리에타>는 1966년에 미국에서 개봉했고, 일부 관객들은 의심의 여지없이 확장된 의식 상태를 경험했다. 그들은 말 그대로 헤드 트립head trip•을 경험했다. 파티가 끝난 지 한참이 지난 2001년에 이 영화를 봤을 때, 영화는 지난여름의 무도회에 사용된 장식용 색 테이프와 비슷했다. 여전히 화사한, 잊힌 음악이 남긴 메아리에 따라 여전히 흥겹게 물결치는 그것 말이다.

펠리니는 아카데미 후보에 열두 번 올랐지만 수상은 한 번도 못 했다. 그는 1993년에 명예 오스카를 수상했다. 시상자는 오랜 친구인 마르첼로 마스트로야니와 소피아 로렌Sophia Loren이었다. 그가 오스카를 받아 들 때, 객석 앞줄에 앉은 줄리에타는 행복의 눈물을 흘렸다. 펠리니는 그해 10월에 세상을 떠났다. 줄리에타는 그보다 다섯 달을 더 살았다.

• 정신적인 자극과 영감을 받는 경험

# 오데트

Ordet

| | | |
|---|---|---|
| 감독 | 카를 테오도르 드레위에르 | |
| 주연 | 헨리크 말베르크, 에밀 하스 크리스텐센, 프레벤 레어도르프 라이 | |
| 제작 | 1955년 | 126분 |

나 자신을 비롯해서 평범한 영화 관객에게 <오데트>는 들어서기 어려운 영화다. 그러나 일단 그 안에 들어서면 거기에서 탈출하기란 불가능하다. 간결하고 차분하며 심오하고 진지한, 기이한 종교적 집착으로 팽배한 이 영화는 1925년 겨울의 쌀쌀하고 꾸밈없는 아름다움이 눈에 띄는 덴마크 시골 지역이 배경이다.

이 영화는 카를 테오도르 드레위에르Carl Theodor Dreyer, 1889~1968가 만든 네 편 밖에 안 되는 장편 영화 중 한 편이다. 그는 단편 영화는 많이 만들었지만, 장편 영화는 1920년대에 한 편(<잔 다르크의 수난La Passion de Jeanne d'Arc>), 1930년대에 한 편(<뱀파이어Vampyr>), 1950년대에 한 편(<오데트>), 1960년대에 한 편(<게르투르드Gertrud>)만 만들었다. 그것으로도 그는 라스 폰 트리에Las von Trier 감독과 평론가 조너선 로젠바움Jonathan Rosenbaum 같은 이들의 마음에 세상의 모든 감독 중 으뜸가는 감독으로 자리 잡기에, 그리고 (오즈小津安二郎와 브레송

Robert Bresson과 함께) 폴 슈레이더Paul Schrader의 영향력이 큰 1972년 저서 『영화의 초월적 스타일Transcendental Style in Film』의 초점이 되기에 충분했다. 그의 <잔 다르크의 수난>은 종종 역사상 가장 위대한 영화 열편 중 한 편으로 꼽힌다.

그런데 <오데트>를 더 선호하는 이들도 있다. <오데트>에는 두 가족이 나온다. 보르겐 농장의 가장인 모르텐 보르겐의 가족과, 근처에 사는 재단사 페테르센의 가족. 수염이 텁수룩하고 엄격한 모르텐은 아들을 셋 뒀다. 성실한 미켈은 잉거와 결혼했다. 정신이 이상한 요하네스는 자기가 예수 그리스도라고 믿는다. 말수 없는 청년인 막내 안더스는 재단사의 딸과 결혼하고 싶어 한다. 창문 옆에 양반다리로 앉아 일하는 재단사의 가족은 아내 크리스틴과 딸 안느다. 다른 캐릭터로 미켈과 잉거의 어린 두 딸과 목사, 의사, 산파와 보르겐스 농장의 하인이 있다.

내가 이 캐릭터들을 일일이 열거하느라 시간을 쓰는 까닭은 영화가 그들의 캐릭터를 확립하는 데, 그들을 내러티브의 짜임새 안에 굳건히 세워 놓는 데 시간을 쓰기 때문이다. 영화는 이 캐릭터에서 저 캐릭터로 서둘러 옮겨 다니지 않는다. 영화는 캐릭터 각자에게 한껏 무게를 싣는다. 그들이 입을 열면 영화는 귀를 기울인다. 그들이 내뱉는 단어는 하나하나가 다 조심스럽다. 쓸데없는 이야기나 부주의하게 내뱉은 말은 전혀 없다. 그들은 마치 기록을 남기려고 말을 하는 것만 같다.

도입부의 사건들은 꽤나 평범해 보인다. 잉거는 다시 임신했다. 안더스는 안느에게 청혼했다. 모르텐은 자기 농장에 대한 자부심이 넘치고, 그의 가족은 이 지역에서 "보르겐 농장의 아들" 등의 표현으로 언급된다. 안더스는 잉거 형수에게 안느와 결혼하고 싶다고 털어놓고, 잉거는 이 소식을 조심스레 시아버지에게 전하지만, 모르텐은 안 될 말이라고 차갑게 반응한다. 재단사 페테르는 믿는 종교가 다르기 때문이다.

두 가문 다 크리스천이다. 그러나 페테르는 근본주의적인 신앙을 믿고, 모르텐은 더 큰 자유와 기쁨을 가르치는 신앙을 지지한다. 실생활에서 두 종교관은 엄격한 독단론으로 해석된다.

영화를 볼 준비가 되어 있지 않은 관객은 한참 전부터 조금씩 좀이 쑤시기 시작했을 것이다. 정신이 나간 요하네스가 자신을 따르거나 자신의 예언을 새겨듣지 않는 이들을 한탄하는 내용의 느릿하고 구슬픈 혼잣말을 하는 동안에는 특히 더 그럴 것이다. 집에 요하네스 혼자만 있을 때 새로 부임한 목사가 방문했다가 요하네스의 음울한 독백에 귀를 기울이는 이상한 신이 있다. 모르텐이 돌아오자, 목사는 즉시 악수를 하고는 집을 나선다. 그는 왜 방문한 걸까?

모르텐은 기도의 효험에 대해 의혹을 표한다. 그가 드린 기도로는 사랑하는 이를 구할 수 없었기 때문이다. 그는 자신을 책망한다. "나는 진정으로 믿지는 않았던 거야." 안더스는 페테르에게 가서 따님을 달라고 말했다가 거절당한다. "자네는 크리스천이 아니잖아." 모르텐은 정확히 같은 이유로 아들이 그 아가씨와 결혼하기를 반대했으면서도, 보르겐 농장의 아들이 페테르의 딸에게 어울리는 배필이 아니라는 소식에 격분해서는 안더스와 함께 재단사의 집으로 향한다.

그는 내가 상상할 수 있는 가장 유쾌하지 않은 기도회가 열리는 도중에 집에 들어선다. 소규모 회중이 자신은 죄인이었다가 이제는 다시 태어났다는 페테르의 고백을 듣고 울적한 찬송가를 부른다. 회중이 흩어지고 난 후, 두 노인은 자리에 앉아 자신들의 차이점과 자식들의 미래에 대해 의논한다. 그리고 이때, 우리가 미처 알아차리지 못한 사이에 영화는 통제권을 장악한다. 우리는 영화가 끝날 때까지 다른 곳으로 시선을 돌리지 못할 것이고, 다른 건 아무 것도 생각하지 못할 것이다.

헨리크 말베르크Henrik Malberg와 에즈나 페더슈필Ejanr Federspiel이 연기하는 모르텐과 페테르는 나란히 앉아 상대의 믿음을 헐뜯는다. 그러나 그들의 험담에는 자신들의 주장을 확신하는 기색이 엿보이지 않는다. 이 장면의 바닥에는 부인할 수 없는 유머가 깔려 있다. 그들은 오랫동안 아는 사이다. 그들은 이미 자신들의 의견이 엇갈리는 부분이 무엇인지도 모두 알고 있다. 페테르의 주장이 너무 멀리까지 가 버리는 막판에 가면 모르텐은 그의 셔츠를 잡고 그를 흔들어 댄다.

이 신들은 농장에서 잉거가 출산하는 장면과 교차 편집된다. 키가 크고 냉정한 의사가 당도해서 산파와 상의한다. 그는 잉거의 목숨을 살리려고 산파의 작업에 끼어든다. 그가 시트에 가려진 가운데 행하는 의료 행위는 너무나 힘든 일이라, 그는 얼굴을 찡그리고 이를 악문다. 화면으로 직접 보여 주지 않고 암시를 통해서만 묘사되지만, 이 장면은 내가 영화를 보면서 경험한 가장 고통스러운 의료 행위 장면이다.

이제부터 나머지 줄거리는 밝히지 않겠다. 밝힌다 해도 자세히는 밝히지 않겠다. 이 지점까지 나는 '비평'보다는 묘사에 치중했다. 이 영화를 가까이서 관찰하는 건 이 영화를 비평하는 것이고, 이 영화와 드잡이를 벌이는 일이고, 이 영화에 반응하는 일이고, 이해하는 일이고, 결국 존중하는 일이기 때문이다. 이 영화는 두려움 없이, 비타협적으로 본연의 모습을 보여 준다. 영화의 캐릭터들은 플롯이나 관객의 편의를 위해서가 아니라, 그들 나름의 방식으로 각자의 삶을 이끌어 간다. 그들은 자신이 서 있는 자리에 굳건히 버티고 선다.

결국 어떤 일들은 다른 일들보다 더 중요한 것으로 판명된다. 믿음은 종류도 깊이도 다양하다는 게 판명 난다. 요하네스를 제외한 모든 어른이 주님을 믿지만 기적은 더 이상 일어나지 않는다. 기도는 성공적인 것이라고 믿어져야 한다는 모르텐의 생각은 옳을지도 모른다. 도그마는 믿음이 없으면 무의미하다. 그런데 믿음은 도그마를 필요로 하지 않는다.

영화에 등장하는 모든 이의 삶은 전적으로 종교에 의지하고 있다.

'크리스천'이라는 단어 대신 다른 단어를 집어넣는 식으로 자막을 조금만 수정하면 세상에 있는 어떤 교회에서도 그런 모습을 볼 수 있을 것이다. 그런데 나는 로젠바움에게서 드레위에르가 딱히 종교적인 사람은 아니었고, 이 영화는 관객을 개종시키려는 의도로 만든 영화가 아니라는 이야기를 들었다. 이 영화는 그저 보여 주려는 의도로 만든 영화다.

영화는 제작 의도를 놀라울 정도로 잘 구현한다. 자연 그대로의 소박한 세트는 우주의 견고함을 보여 준다. 황야로 달아난 요하네스를 찾아나서는 야외 숏들은, 또는 마차를 타고 지평선을 가로지르는 숏은 멍하니 바라보게 될 정도로 아름답다. 스크린 밖에 많은 것이 있다. 새끼 돼지를 많이 낳은 보르겐 농장의 암퇘지는 언급은 많이 되지만 스크린에 등장하지는 않는다. 페테르의 집은 간판과 현관만 있다. 의사의 자동차는 헤드라이트로만 존재가 확인될 뿐이다. 사신死神은 요하네스의 눈에만 보인다.

카메라의 움직임은 거의 신神과 같은 특징을 보인다. 카메라는 기도회가 진행되는 동안 동일한 몇몇 지점에서 최면을 거는 듯 머뭇거리지 않고 천천히 앞뒤로 팬을 한다. 전경에서 시작했다가 어찌어찌 배경에 당도하는 경이로울 정도로 복잡하게 움직이는 순간도 몇 차례 있다. 그런데 카메라가 물 흐르듯 자연스럽게 움직이기 때문에 관객은 그런 움직임을 인식하지 못할 지도 모른다. 흑백 화면의 조명은 지상의 것이라고는 믿어지지 않을 정도로 아름답다. 다만 기쁨에 겨운 조명이 아니라 초연한 스타일의 조명이다. 또한 클라이맥스 신은 헤아릴 수 없이 많은 전통적인 방식으로 처리할 수도 있는 신이었지만, 이 영화는 우리에게 이런 클라이맥스를 맞이할 마음의 준비를 시켜 왔다. 결국 클라이맥스는 엄숙하고 깜짝 놀랄 만한 위력을 발휘한다.

영화가 끝났을 때 나한테는 몇 가지 계획이 있었다. 그런데 나는 그 계획들을 실행에 옮길 수 없었다. 나는 침대로 갔다. 자러 간 게 아니었다. 느끼러 갔다. 나한테 벌어졌던 일이 무엇인지 궁금해하려고 갔다. 처음에는 나를 지루하게 만든 영화를 보는 것으로 시작했었다. 그런데 영화는 내 영혼으로 이어지는 길을 찾아냈다. 처음 30분이 지났을 때, 나는 어떤 위력이 나를 기다리고 있을지를 조금도 상상하지 못했었다. 하지만 이제 그 도입부는 응당 그런 모습으로 거기에 있었어야 한다는 것을 알 수 있다.

내 책장에는 드레위에르에 대한 책들이 있다. 나는 그 책들을 꺼내지 않았다. 나는 슈레이더의 책을 기반으로 강의를 했었다. 강의 내용에 <오데트>는 들어 있지 않았지만 말이다. 나는 그가 무슨 말을 했는지 확인하려고 책을 열지는 않았다. 로젠바움은 드레위에르에 대한 글을 종종 썼지만, 그가 한 말을 여기서 인용해 봤자 그가 나한테 했던 이야기들만 다시 하는 셈이 될 것이다. 나는 간접적인 정보와 분석, 콘텍스트는 원하지 않았다. 영화는 두려움 없이 철저하게 홀로 서 있다. 많은 관객이 이 영화를 멀리하려 들 것이다. 인내해 보라. 영화를 보러 가라. 영화가 당신을 찾아오지는 않을 테니.

## 오페라의 유령
The Phantom of the Opera

| | | |
|---|---|---|
| 감독 | 루퍼트 줄리안, 론 채니, 에른스트 렘리, 에드워드 세지윅 | |
| 주연 | 론 채니, 노먼 케리, 메리 필빈 | |
| 제작 | 1925년 | 93분 |

<오페라의 유령>이 위대한 영화이냐, 아니면 걸출한 구경거리이냐의 여부는 늘 의문의 대상이었다. 오리지널 리뷰를 썼던 칼 샌드버그Carl Sandburg는 『시카고 데일리 뉴스Chicago Daily News』에 쓴 첫 리뷰(그는 유령이 마스크를 벗는 "서스펜스가 동반된 고통이 느껴지는 대단히 매혹적인" 장면이 등장하기를 기다렸다)와 한 달 후 다시 쓴 재고 리뷰("엄밀히 말하면 이번 시즌에 나온 신기한 작품 중 하나") 사이에 심경의 변화를 일으켰다. 그는 이 영화는 영화 역사상 가장 위대한 작품에 속하는 <칼리가리 박사의 밀실Das Cabinet des Dr. Caligari>이나 <탐욕Greed>의 수준에는 오르지 못한다고 덧붙였다.

그 점에 대한 그의 의견은 옳다. 그는 론 채니Lon Chaney, 1883~1930의 유령 연기에 영향을 줬을 법한 흡혈귀가 등장하는 무성 공포 영화 중 가장 위대한 영화인 <노스페라투Nosferatu>(1922)를 비교 대상에 덧붙일 수도 있었을 것이다. 그러나 기술적 한계를 열정으로 극복하려는 열

의가 넘치는, 섬뜩한 센세이션을 안기는 <오페라의 유령> 영화 중에서 가장 먼저 만들어진 이 영화에는 부인할 수 없는 오싹한 위력이 깃들어 있다.

줄거리는 단순하다. 너무나 단순해서 유명한 앤드루 로이드 웨버Andrew Lloyd Webber의 뮤지컬을 비롯한 모든 각색 작품은 그 요란한 법석을 떨면서도 원래 줄거리에는 상대적으로 거의 아무 것도 덧붙이지 못했다. 파리 오페라 하우스의 지하실에는 젊은 가수 크리스틴에게 집착하게 된, 흉측한 얼굴을 마스크로 가린 남자가 산다. 그는 그녀에게 주인공 역할을 주라고 오페라 하우스 경영진에게 명령하고, 그들이 거절하자 거대한 샹들리에를 객석으로 떨어뜨리는 끔찍한 복수를 실행한다.

활력도 없고 존재감도 없는 크리스틴의 연인은 크리스틴을 매료시키는 면에서는 유령의 경쟁 상대가 되기조차 어렵다. 그러다가 크리스틴은 유령이 그녀를 지하에 있는 자신의 미치광이 세상으로 데려가고 싶어 한다는 것을 깨닫고 공포에 사로잡힌다. 그녀는 그의 마스크를 벗겼다가 섬뜩하게 일그러진 얼굴에 혐오감을 느끼고는 지상에 있는 연인에게로 도망친다. 그러자 유령은 격렬한 복수를 꾀하면서 그녀를 쫓는다. 여기에 치밀한 심리학적 고찰이 들어설 여지는 조금도 없다.

우리를 정말로 매료하는 건 유령이 품은 생각이다. 잔혹하리만치 심한 학대를 받은 남자가 처음에 그의 얼굴이 망가졌던 곳인 게 분명한 바로 그 지하실과 지하 감옥, 고문실에 스스로 유폐되는 걸 택했다가 미쳐간다는 생각 말이다. 크리스틴을 향한 그의 집착은 그를 학대한 세상으로부터 약간이나마 기쁨을 되찾겠다는 욕망을 반영한다. 원작자 르루Gaston Leroux와 원작을 각색한 각색자들은 이 슬픈 캐릭터를 이후로 몇 세대에 걸친 세트 디자이너들에게 영감을 준 기괴한 지하 공간에 배치한다. 오페라 극장 밑에는 다섯 층에 걸친 지하 공간이 있는데, 한 층씩 내려갈 때마다 계단, 경사로, 트랩도어, 그리고 유령이 곤돌라를 타고 가로지르는 스틱스Styx• 분위기의 강 같은 표현주의적 통로를 연달아 통과해야 한다. 유령은 자신의 소굴을 그로테스크한 설비들로 꾸몄다. 그는 관에서 잠을 자고, 크리스틴에게는 앞뒤가 뾰족한 구조 보트 모양의 침대를 제공한다. 누군가 그의 소굴에 접근하면 원격 경보 장치가 경고를 보내 적들을 불태우거나 익사시킬 수 있게 해 준다.

그는 크리스틴에게 부유하고 호사스러운 삶과 오페라 스타덤을 제공하면서 그녀는 "마스크를 만지지 않는 한" 조금도 위험하지 않다고 말한다. 아하, 그리고 물론 그녀는 그를 사랑해야 한다. 그렇지 않더라도 (그의 성적인 계획은 명확하게 규정되지 않은 채 남지만) 최소한 그가 그녀를 소유할 수 있게 해 줘야 한다. 자신이 현재 공연 중인 「파우스트」의 주인공의 운명에서 경고를 받은 것 같은 그녀는 이 제안을 거절한다. 약혼 상태인 여자 입장에서 자신을 위험하리만치 유혹에 노출시키기는 하지만 말이다.

그녀는 기이하게도 병환을 앓는 프리마돈나에게서 주인공 역할을 넘겨받은 후, 미스터리한 목소리에 따라 분장실에 걸린 거울 뒤에 있는 비밀 문을 열고는 불길한 분위기의 지하실로 내려간다. 비몽사몽 상태로 말과 곤돌라를 타고 미궁 깊이 내려간 그녀는 그가 자는 관을 보게 된다. 이 시점에서 그녀가 갑자기 내뱉는 "당신, 당신이 유령이군요!"라는 울부짖음에 나는 내 노트에 적었다. "쯧쯧!"

그녀의 연인 라울 드샤니 자작 역시 명민한 사람은 아니다. 유령이 샹들리에를 떨어뜨려 수십 명의 희생자를 내는 것으로 자신의 의향을 드러내고 크리스틴에게 약혼자를 다시 만나면 그녀를 죽이겠다고 위협한 후에도, 라울은 가면무도회에서 그녀를 만나기로 약속한다. 이 무도회는 샹들리에 추락 사고가 일어난 바로 다음 날에 오페라 하우스

• 그리스 신화에서 저승에 있는 강

에서 열린다. 샹들리에는 기적적으로 수리되어 있고, 압사하거나 불구가 된 수십 명을 애도하는 시간 따위는 안중에도 없다. 크리스틴은 라울에게 자신들이 함께 있는 모습이 눈에 띄면 유령이 자신들을 살해하겠다고 했다고 말한다. 그런데 빨간 옷을 걸친 유령 같은 말라깽이가 그랜드 홀을 도도히 활보하는데도, 라울은 그 사람의 가면을 벗기지 않는다. 라울이 그러지 않는 이유를 나한테 묻는다면, 굳이 말썽을 일으키고 싶지 않아서 그랬을 거라고 답하겠다.

크리스틴은 자신이 맡은 역할이 불러야 하는 노래를 한 번 더 부르기로 결심한다. 노래가 끝나면 무대에서 밖으로 이어지는 문 옆에 라울이 대기시킨 마차를 타고 안전한 영국으로 몰래 도망갈 계획이다. 이 계획은 지나치게 낙관적이다. 유령은 크리스틴의 분장실에서 크리스틴을 낚아채고, 라울과 르두 형사는 파리 심장부로 들어가며 두 사람을 추적한다. 그리고 이와는 별도의 추격에서 (유령에게 형을 잃고) 복수심에 불탄 무대 스태프 부케는 횃불을 든 군중을 이끈다. 불운한 라울과 르두는 유령이 그들을 불태워 죽이려는 방으로 유인된다. 그들은 트랩도어를 통해 탈출하지만, 그 방은 그들이 익사할 수도 있는 방으로 이어진다.

이 모든 게 꽤나 터무니없다. 그럼에도, 그럼에도 스토리는 무시무시한 매력을 발휘한다. 메리 필빈Mary Philbin과 노먼 케리Norman Kerry가 연기하는 크리스틴과 라울 캐릭터는 본질적으로는 플롯이 조작하는 꼭두각시처럼 기능한다. 하지만 유령에는 강렬하고 창의력 풍부한 배우 론 채니가 거의 전적으로 보디랭귀지만으로 창조해 낸 공포와 통절함이 깃들어 있다. 그의 얼굴은 현대 버전의 유령들보다 더 많은 부분이 덮여 있다(거즈로 된 작은 커튼이 그의 입 앞에서 펄럭거린다). 그러나 자막이 "내 잠자리가 저기요"라고 밝힐 때 그가 관을 가리키는 제스처를 하며 보여 주는 손동작을 눈여겨보라. 지긋지긋한 서글픔을 전달하는 울적한 동작이다.

유령의 마스크가 벗겨지는 장면은 무성 영화에서 가장 유명한 순간에 속한다. 그는 오르간에 앉아 있다. “자, 그가 음악에 집중할 때,” 샌드버그는 썼다. “그녀는 가까이, 가까이 다가간다. 그녀의 손가락이 마스크를 묶은 리본에 슬그머니 다가간다. 그녀의 손가락이 마지막으로 리본을 잡아챈다. 그리고, 보시라!” 보시라. ‘천의 얼굴을 가진 사나이’이자 메이크업의 달인인 채니의 이후 그 어떤 버전보다 더 그로테스크한 얼굴이 드러나는 모습을. 입은 쩍 벌어진 동굴 같고, 코는 텅 빈 것 같으며, 두 눈은 뚫어져라 응시한다. “내 저주받은 추악함으로 실컷 눈요기를 하라. 그대의 영혼을 만족시키라!”

또 다른 유명한 신은 샹들리에가 추락하는 신으로, 웨버 뮤지컬의 중심적인 사건이 됐고 조엘 슈마허Joel Schumacher의 2004년 영화 버전에서도 같은 방식으로 기능했다. 그런데 오리지널 필름에서, 이 신은 기이할 정도로 평이하게 연출됐다. 샹들리에는 분명 인상적일 정도의 장관을 연출하며 떨어지지만, 그 결과로 무슨 일이 벌어졌는지는 추정하기 어렵다. 샹들리에 밑에 짓이겨진 시체들이 있는 것은 분명하지만, 영화는 저만치 거리를 유지하다 급하게 다음 장면으로 넘어간다.

그보다 훨씬 더 인상적인 장면은 가면무도회 시퀀스와 그에 이어지는 오페라 하우스 옥상 장면이다. 이 영화를 연출한 감독들(루퍼트 줄리안Rupert Julien, 1879~1943과 그를 대신한 에드워드 세지윅Edward Sedgwick, 1889~1953과 그를 보조한 채니)은 선명한 자주색과 눈에 덜 띄는 녹색으로 무도회를 물들이기 위해 원시적인 컬러 테크닉을 활용한다. 영화 전체에 걸쳐 많은 신이 연한 색조를 띠는데, 이는 무성 영화 시절에는 꽤나 보편적인 일이었다. 그러나 가면무도회 장면은 원시적인 형태의 테크니컬러로 되어 있다. 이 장면에서 유령의 거대한 빨간 망토는 그를 끌어안는, 썩은 고기를 뜯어먹는 새처럼 허공을 휩쓴다. 그리고 라울과 크리스틴이 계획을 세우는 지붕에서 유령은 그들의 머리 위에 있는 조각상 옆에서 그들의 눈에 띄지 않게 서성거리고, 그의 빨간 망토는 불길하게 소용돌이친다. 이 모든 장면에서 채니가 보여 주는 몸놀림은 경박한 허세로 가득하다. 그러나 그가 몸놀림을 멈췄을 때, 그가 귀를 기울일 때, 그가 질투하는 이유들이 확인될 때, 그는 자신이 느끼는 고통을 관객에게 제대로 전달한다.

컬러의 인공적인 느낌은 기이한 방식으로 영화에 효과를 가미한다. 정확하고 현실적인 컬러는 단순히…… 컬러인 게 분명하다. 그러나 현실에 덧칠해진 듯 보이는 이런 형식의 컬러는 강렬한 임파스토impasto•처럼, 피처럼 붉은 오버레이로 기능한다. 우리는 영화가 우리를 압도하려고 전력을 다하고 있음을 감지할 수 있다. 다양한 스코어들은 급강하하고 슬퍼하고 날카로운 비명을 지르고 불길한 전조를 예상하며 추락한다(나는 위대한 무성 영화 작곡가 칼 데이비스Carl Davis의 음악으로 들었다). 그리고 영화 전체는 그랑기뇰의 정신을 포용한다.

당신이 예술성과 세련됨, 심오함과 메시지에 관심 있는 사람이라면 <오페라의 유령>은 위대한 영화가 아니다. <노스페라투>는 그보다 차원이 더 높은 세계에 존재한다. 그러나 열정적인 멜로드라마와 시체처럼 창백한 로맨스의 이미지 면에서, <오페라의 유령>은 쇼 비즈니스의 스펙터클과 비슷한 종류의 스펙터클을 찾아낸다. 그리고 <오페라의 유령>에는 두 가지 천재적인 요소가 들어 있다. 영화는 오페라 하우스 아래에 영화 역사상 가장 그로테스크한 공간 중 하나를 창조했고, 채니의 연기는 부조리하고 우스꽝스러운 캐릭터를 뇌리를 떠나지 않는 매력적인 캐릭터로 탈바꿈시켰다.

• 두껍게 칠한 채료彩料

# 요짐보

用心棒

| | |
|---|---|
| 감독 | 구로사와 아키라 |
| 주연 | 미후네 도시로, 나카다이 다쓰야, 야마다 이스즈 |
| 제작 | 1961년 / 110분 |

사무라이가 도착해서 거의 처음 보는 풍경은 개가 사람의 손을 물고 마을의 큰길을 잽싸게 달려가는 모습이다. 마을은 버려진 곳처럼 보인다. 그러다가 신경질직으로 보이는 자그마한 참견꾼이 부리나케 달려와 직업소개소 노릇을 하겠다고 제안한다. 사무라이는 요짐보用心棒(경호원) 자리를 얻게 될 것이다. 오만하다 싶을 정도로 무심한 태도를 보이는 덩치 크고 꾀죄죄한 사무라이는 귀 기울여 듣기만 할 뿐 꿈쩍도 않는다. 그는 술과 먹을 것을 원한다.

구로사와 아키라黒澤明, 1910~1998의 영화 중에서 일본에서 가장 인기 있는 영화인 <요짐보>는 그렇게 시작한다. 구로사와는 사무라이 이야기를 웨스턴과 신중하게 결합하고 있다. 그래서 바람이 휩쓸고 간 마을의 큰길은 변방에 있는 마을이면 어떤 마을이건 될 수 있고, 사무라이(미후네 도시로三船敏郎)는 총잡이가 될 수 있으며, 이 지역의 캐릭터들은 존 포드John Ford가 애용하는 조연 배우들의 갤러리에서 직접 뽑아서 쓸 수도 있다.

웨스턴에서 아이디어를 끌어온 구로사와가 웨스턴에 영감을 줬다는 것은 아이러니하다. 클린트 이스트우드Clint Eastwood가 출연한 세르조 레오네Sergio Leone의 <황야의 무법자A Fistful of Dollars>(1964)는 <요짐보>와 어찌나 비슷한지 오마주가 서서히 표절로 바뀌기까지 한다. 심지어 이스트우드가 연기한 '이름 없는 사나이Man with No Name'도 <요짐보>의 사무라이에서 영감을 받았을 것이다. 사무라이는 이름을 묻자, 창밖을 보다 뽕나무밭을 보고는 대답한다. "산주로 구와바타케." 이 이름은 '30년 된 뽕나무밭'이라는 뜻이다. 그는 서른 살이다. 그러니 이 대답은 자신에게는 이름이 없다고 말하는 그 나름의 방식이다.

그는 직업도 없다. 오프닝 타이틀은 1860년에 도쿠가와 막부가 무너진 후 실직자가 된 사무라이들이 일거리를 찾아 시골을 떠돌아다녔다는 것을 알려 준다. 우리는 산주로가 교차로에서 공중으로 막대기를 던져 막대기가 가리키는 방향으로 걸어가는 모습을 본다. 그는 그런 식으로 이 마을로, 구직 가능성이 있는 일자리로, 착한 사람이 아무도 없기 때문에 악당들이 착한 사람들을 공격하지 못하고 있다는 점에서 할리우드의 관습과는 다른 상황으로 들어간다. 평론가 도널드 리치Donald Richie는 이런 의견을 피력한다. "마을 전체를 다 뒤져도 구해 줄 가치가 있다고 상상할 수 있는 이유를 가진 사람이 아무도 없다시피 하다." 악당들끼리 싸우게 만드는 사립 탐정을 다룬 대실 해밋Dashiell Hammett의 소설 『붉은 수확Red Harvest』에서 구로사와가 영감을 얻었다는 이야기도 있다.

산주로가 채택한 전략은 자신의 행동 동기를 모호하게 유지하는 한편으로 자신을 향한 사람들의 관심을 엄청나게 자아내는 것이다. 그는 돈이 필요하다. 그래서 전쟁 중인 두 파벌 중 한 곳의 경호원으로 취직해야 한다. 마을에는 마을의 양쪽 끝에 본거지를 둔 비단 상인과 술

을 파는 상인이 있는데, 양쪽 다 사병들을 거느리고 있다. 그 사이에 낀 마을 사람들은 닫아 건 덧문과 잠근 문짝 뒤에 웅크려야 하는 신세다. 이 영화의 비주얼은 거센 바람이 휩쓸고 가는 거리의 공허함을 보여 주는 숏, 덧문의 널조각 사이와 벽에 난 틈을 통해 밖을 바라보는 숏, 그리고 덧문을 통해 밖을 살피는 사람들을 보여 주는 실외에서 찍은 숏들을 오간다.

구로사와를 다룬 소중한 글들을 쓴 리치는 구로사와의 숏들은 항상 그 숏이 보여 주는 대상을 직각으로 잡는다는 데 주목한다. 숏들은 거리의 위아래를 똑바로 쳐다보거나 건물들의 안팎을 똑바로 바라본다. "사선으로 찍은 숏은 아주 드물다." 이 마을의 상황이 단순함을 강조하려는 의도에서일 것이다. 두 패거리는 상대와 대치하고 있고, 지역민들은 마을의 중앙로를 무대나 되는 양 관찰한다. 사무라이는 사선을 체현한 존재다. 즉 모든 이에게 비스듬한 위치에 서서 힘의 균형을 뒤엎는 방문객인 셈이다. 실제로 영화 초반부의 중요한 신에서 두 세력이 거리 양쪽 끝에서 초조한 기색으로 서로 맞섰다가, 두려움에 떨면서도 공격을 하겠다는 표시로 재빨리 앞으로 뛰어나갈 때, 산주로는 싸움이 벌어지는 곳보다 위쪽에 있는 거리 가운데의 종루에 앉아 아래를 내려다보며 무척이나 즐거워한다.

그의 전략은 한쪽 패거리의 요짐보로 고용됐다가 다음에는 다른 패거리의 요짐보로 고용되는 것, 그러면서 실제로 경호원으로서는 아무 일도 않는 것이다. 그는 도덕관념 같은 건 초월해 버린 인물이다. 그래서 그가 착한 일을 하면 우리는 살짝 놀라게 된다. 그 마을에 사는 둘밖에 없는 착한 사람일 농부 부부가 납치된다. 그들을 납치한 쪽에 고용된 산주로는 경비원 여섯을 죽이고는 그들을 풀어 준 후, 격렬한 싸움이 벌어진 것처럼 보이도록 실내를 엉망으로 만들고는 다른 쪽을 탓한다. 이건 고용인에게 불충하는 짓일까? 맞다. 그런데 영화 초반부에서 그는 한쪽 리더로부터 50냥을 제안받았다. 그 이야기를 엿들은 리더의 아내가 남편에게 말한다. "저 자가 이긴 후에 저 자를 죽이면 우리는 50냥을 전부 아끼게 될 거예요."

산주로의 전략은 공들여 짠 체스 게임이다. 그는 체스를 두면서 어느 쪽을 위해서도 게임을 하지 않는 대신에 체스판을 뒤집어 엎을 계획을 세우고 있다. "나는 이 마을에서 살인을 하고 대가를 받게 될 거야." 그는 골똘히 생각에 잠긴다. "우리가 모두 죽으면 이 마을은 더 좋은 고장이 될 거야." 그의 계획은 술 상인의 경호원 중 한 명의 동생인 우노스케(나카다이 다쓰야仲代達矢)가 예기치 않게 등장하면서 틀어진다. 사무라이는 비어 있는 양손 소매를 펄럭이며, 두 팔은 기모노 안에 접은 채로 산책하는 일이 잦다(레오네의 영화들에서, 이스트우드는 한 손을 항상 판초 아래에 감춰 둔다). 우노스케가 결국 한 손을 드러내자, 그 손에는 — 이 마을에서는 처음 보는 물건인 — 권총이 들려 있다. 그러면서 힘의 균형은 무너지고, 부상을 당하는 일 없이 많은 적을 해치울 수 있는 검객으로서 가진 실력에 의존하던 산주로의 계획은 엉망이 된다.

권총은 우노스케에게 비열한 자신감을 안겨 준다. 그는 가끔씩 만족스러운 표정으로 무기를 내보인다. 이따금 그는 순전히 자신에게 그럴 능력이 있다는 것을 증명하기 위해 냉혹하게 사람들을 죽인다. 그런 식으로 여러 사건이 최후의 피바다로 이어진다. 산주로가 마을에서 처음으로 만난 사람 중 하나가 관 제작자다. 그가 처음으로 싸우러 나가면서 관 제작자에게 조언을 하는 멋진 순간이 있다. "관 두 짝, 정오에는, 아마도 세 짝." 결국 관 제작자는 할 일이 없다. 관 값을 치를 사람이 아무도 없기 때문이다.

영화에서 그런 종류의 음흉한 유머는 부상을 당한 산주로를 커다란 통에 담아 빼돌릴 때처럼 슬랩스틱에 근접한 다른 순간들과 균형을 이룬다. 그를 나르는 사람들이 거리 한가운데에서 멈춰 서자, 사무라이는 통의 뚜껑을 살짝 들어 올리고는 그를 찾으려는 활동의 진척 상황에 대한 우스꽝스러운 의견을 내놓는다.

리치는 <요짐보>가 구로사와의 영화 중에서 촬영이 가장 잘된 영화라고 믿는다(<라쇼몽羅生門>, 오즈小津安二郎의 <부초浮草>, 미조구치溝口健二의 <우게쓰 이야기雨月物語> 같은 일본 영화의 클래식들을 촬영한 미야가와 가즈오宮川一夫가 촬영을 맡았다). 와이드스크린은 양쪽 패거리가 텅 빈 공간을 사이에 두고 서로 맞설 때처럼 극적인 구도들을 위해 한껏 활용된다. 산주로가 전경前景을 차지하는 동안 양쪽 패거리가 후경後景에 모여 있는 신들에서는 극적인 깊이감이 존재한다. 덧문과 미닫이 문, 전경의 물체들은 화면에서 벌어지는 사건들을 돋보이게 만들었다가 모호하게 만든다. 그러면서 우리는 이 마을이, 확실하게 존재하는 위험을 불확실한 시선으로 바라보는 두려움에 떠는 눈들의 집합체라는 느낌을 받는다.

<요짐보> 개봉 후 얼마 안 있어서 구로사와의 <쓰바키 산주로椿三十郞> (1962)가 개봉했다. 가장 위대한 현대의 일본 배우인 미후네는 이 영화에도 출연해 동일한 캐릭터를, 또는 대단히 유사해서 차이점이 없어 보이는 캐릭터를 연기한다. 그는 두드러질 정도로 솜씨가 서투른 사무라이인, 기이할 정도로 비슷하게 생긴 9형제의 조언자 노릇을 한다. <쓰바키 산주로>의 안무는 그 영화의 가장 뛰어난 웃음거리에 속한다. 형제들은 만사를 함께한다. 인사하고, 움찔하고, 동의하고, 깔깔대고, 한숨을 쉰다. 그들이 콩가conga•를 추는 사람들이 이룬 줄과 비슷한 모양새로 산주로를 따라다니자 산주로는 쏘아 댄다. "우리는 지네처럼 움직이면 안 돼."

• 길게 줄을 선 사람들이 앞사람을 잡고 추는 춤

두 영화의 차이점이 있다면, <쓰바키 산주로>가 실용적으로 구는 주인공이 유서 깊은 사무라이의 전통들이 터무니없음을 폭로하는 코미디인 반면, <요짐보>는 더 전복적인 영화라는 것이다. 사무라이는 자신을 고용한 이들에게 고집스러운 충성을 바치는 인물로 정평이 나 있지만, 봉건적인 사회 체제가 붕괴한 탓에 실직자 신세가 됐다고 생각하는 산주로는 현대적인 인간이 된다. 그러고는 그가 급료를 지불하는 이에게 충직할 거라는 생각을 고집하는 양쪽을 다 좌우할 수 있게 된다.

영화의 마지막 부분에 낡은 것과 새로운 것이 불안정한 균형을 이루는 순간이 있다. 부상을 당한 산주로에게는 장검이 없다. 그런데 우리는 그가 — 실내를 펄럭이며 떨어지는 종이를 꿰는 — 단도를 연습하는 모습을 봤다. 그는 총잡이 우노스케와 맞선다. 두 사람 사이에 무슨 일이 벌어지는지를 구체적으로 밝히지 않은 상황에서, 우노스케가 산주로에게 권총을 겨냥하는 순간을 주목해 달라고 부탁하고 싶다. 그 총은 장전되어 있을 수도, 빈총일 수도 있다. 산주로는 조금도 확신할 수가 없다. 그는 자유로이 자리를 뜨거나 우노스케의 무장을 해제할 수 있다. 그런데 그는 그러는 대신에 무슨 일이 닥치건 받아들일 준비를 하고는 미동도 않고 앉은 자세를 유지한다. 이 모습을 보면서, 이것이야말로 자신의 시대가 저물었음을 깨닫고 새로운 시대가 제공하는 것이 무엇이건 완벽하게 평온한 마음으로 받아들이려는 사무라이의 행위라는 인상을 받았다.

# 우드스톡

Woodstock

| | |
|---|---|
| 감독 | 마이클 웨들리 |
| 제작 | 1970년 184분 |

애비 호프먼Abbie Hoffman: 저는 우드스톡 나라Woodstock Nation에 삽니다.

피고 측 변호사: 법정과 배심원단을 위해 어디에 있는 나라인지 말씀해 주시겠습니까?

애비 호프먼: 예. 그곳은 소외된 젊은이들의 나라입니다. 우리는 그 나라를 마음속의 나라로 간직하고 다닙니다. 수족 인디언The Sioux Indians이 수 네이션The Sioux Nation을 마음속에 품고 다니는 거랑 똑같이요.

나는 <우드스톡>이 개봉한 1970년에 이렇게 리뷰를 시작했다. 나는 영화가 디렉터스 컷으로 재개봉된 25년 후에는 이렇게 리뷰를 끝맺었다. "수족이 어떻게 됐는지 보라."

그러고서 다시 10년이 지난 후, 애비 호프먼이 어떤 사람이었는지를 기억하는 사람이 몇이나 될지 궁금하다. 20세 때 우드스톡에 갔던 사람은 지금 61세다. 비통한 분위기에 휩싸인 채 전자 기타 솔로 'The Star-Spangled Banner(성조기여 영원하라)'를 연주하면서 기득권층을 향해 항의하고 애국심을 드러낸 지미 헨드릭스Jimi Hendrix를 비롯해 그곳에서 공연을 했던 사람 중 많은 이가 고인이 됐다.

1969년 여름에 뉴욕주 북부의 농장에서 사흘간 록 콘서트가 열렸고 40만 명이 그곳을 다녀갔다는 걸 언급하는 건 필수적일 것이다. (인원은 예상보다 훨씬 많았고, 유료 관중보다 훨씬 더 많았다. 먹이고, 거처를 제공하고, 부상이나 약물 과다 복용 사건이 일어났을 때 환자를 보살필 수 있는 한도를 훨씬 더 초과했다.) 비가 내리면서 사방이 진창이 됐고, 오가는 교통이 완전히 정체됐지만 음악은 밤낮으로 계속 공연됐다. 마이클 웨들리Michael Wadleigh, 1942~ 감독과 젊은 마틴 스콜세지Martin Scorsese, 그리고 훗날 스콜세지가 만든 모든 영화를 편집한 편집 감독 셀머 슌메이커Thelma Schoonmaker를 비롯한 팀이 이 이벤트를 필름에 담았다. 그들은 카메라 열여섯 대로 193킬로미터 길이의 필름을 썼다.

이 영화가 아니었다면 우드스톡은 음반 몇 장을 낳은 록 콘서트로 희미하게 기억됐을 것이다. 웨들리의 <우드스톡>은 '우드스톡 나라'라는 관념을 창조했고, 그 나라는 사흘간 존재하면서 미국인이 품은 사회적 통념에 흡수됐다. 이보다 더 철저하게, 감동적으로, 그리고 오락적으로 특정 시간과 장소를 포착한 다큐멘터리는 없다. 이 작품에는 많은 음악이 담겨 있고, 놀라울 정도로 가까운 곳에서 공연자들을 촬영한 장면이 들어 있다. 하지만 이 영화는 단순한 음악 영화가 아니다. 이 작품은 우드스톡에서 잠시 형성됐다가 다른 세계로 넘어간 사회를 다룬 다큐멘터리로, 뮤지션들이 그 사회에 노래를 바치는 모습과 호그팜 공동체가 그 사회에 먹을거리를 어떻게 제공했고 이동 화장실 담당자가 용변 시설을 어떻게 제공했는지를 보여 준다.

웨들리의 영화의 두드러진 점은, 우드스톡에 있었다면 어떤 느낌을 받았을지를 관객이 철저히 실감할 수 있게 해 주는 데 성공했다는 것이다. 영화는 우리에게 음악을 60퍼센트 정도, 그곳에 있었던 사람들에 대한 얘기를 40퍼센트 정도 제공하는데, 내 생각에 그 정도 비율은 적당한 듯하다. 웨들리와 편집자들은 각각의 공연자가 무대에 오르고 공연하고 돌아가는 모습을 단절 없이 보여 준다. 이 영화는 '히트곡' 다큐멘터리가 아니다. 게다가 디렉터스 컷은 한층 더 확장됐다. 우리는 헨드릭스의 솔로에 대니얼 버터필드Daniel Butterfield의 노래 'Taps(소등나팔)'가 일부 포함됐다는 걸 처음으로 알게 된다.

헨드릭스의 기타 솔로는 단일 요소로는 이 영화에서 가장 유명하다. 영화는 이 장면을 영화의 막을 내리는 공연으로 활용한다. 헨드릭스가 연주를 시작하면, 40만 명의 대부분이 몇 에이커에 달하는 쓰레기와 진흙이 묻은 담요, 벗겨진 신발을 남겨 놓고 떠난 후의 콘서트장이 보인다. 그런 후 시간이 거꾸로 돌아가면서 어마어마한 군중이 가득 채운 넓은 지역이 보인다. 그러는 동안 헨드릭스의 기타는 공중으로 비상하는 로켓들을 상기시킨다.

콘서트는 공연자들을 민주적으로 선택했다. 무표정한 컨트리 조Country Joe는 군중을 반反베트남전 노래 'I Feel Like I'm Fixin to Die Rag(꼼짝 못하고 죽어 가는 기분이야)'로 끌고 들어간다. 샤나나Sha-Na-Na는 'At the Hop(댄스파티에서)'의 빽빽하게 안무된 1950년대 버전을 공연한다. 조 코커Joe Cocker와 무대에 있는 인물 전체, 그리고 군중이 'With a Little Help from My Friends(친구들의 도움을 약간 받아)'를 부른다. 디렉터스 컷에는 오리지널에는 없던 재니스 조플린Janis Joplin과 제퍼슨 에어플레인Jefferson Airplane의 공연을 비롯한 45분이 추가됐다. 무척이나 젊었고, 격렬한 에너지를 주체하지 못했으며, 무척이나 불행했던 재니스의 공연을 말이다.

슌메이커가 이끄는 편집진은 당시 음악 영화의 표준으로 자리 잡았던 콘서트 숏(무대 정면에 고정된, 가수를 바라보는 카메라)에 연연하지 않았다. 그들은 리액션 숏과 다양한 이미지, 밴드의 두 멤버가 즉흥 연주를 할 때 두 멤버의 클로즈업을 동시에 잡는 식으로 편집할 수 있었다. 분할 화면은 당시에는 혁신적인 테크닉이었다. 그들은 그 기법을 쓰면서 와이드스크린을 한껏 활용한다. 1960년대 말에 그 기법을 픽션 영화에서 썼다면 관객에게 제대로 먹히지 않았을 것이다. 관객은 어떤 이야기를 듣는 동시에 다른 이야기를 듣는 걸 원치 않았을 것이기 때문이다.

그런데 <우드스톡>에서 그 기법은 다른 방식으로도 쓰였다. 대척점으로, 아이러니한 코멘터리로, 동일한 공연자를 상이한 여러 시점에서 보는 방법으로 말이다. 웨들리는 그 기법을 내러티브를 축약하는 방법으로도 활용한다. 한 스크린에서는 하늘에 구름이 몰려드는 모습을 보여 주면서, 사람들이 바람에 나부끼는 캔버스를 옆 사람에게 덮어 주는 모습을 보여 준다.

물론 다루는 소재가 요구할 때 소박한 테크닉을 쓰는, 심지어는 테크닉을 전혀 부리지 않는 선택 대안도 있다. 영화에서 가장 감동적인 순간은 조앤 바에즈Joan Baez가 옛날 워블리Wobblies•의 노래 'Joe Hill(조 힐)'을 부른 후, 기타를 내려놓고 'Swing Low, Sweet Chariot(흔들리는 포장마차)'를 부르는 장면이다. 그녀의 목소리는 그 시대의 가장 순수하고 달콤한 목소리였던 게 확실하다. <우드스톡>은 노래를 부르는 그녀의 모습을 그냥 보여 준다. 트릭은 없다. 기발한 카메라 앵글도 없다. 광대한, 칠흑 같이 깜깜한 무대 위에 홀로 선 조앤 바에즈 뿐이다.

• 세계산업노동자연맹(Industrial Workers of the World)의 별칭

영화는 다른 때에는 음악이 가는 곳이면 어디든 따라간다. 산타나Santana가 복잡한 리듬에 빠져들면, 웨들리는 트리플 스크린을 활용해 드러머와 봉고 연주자 두 명을 프레임으로 잡는다. 모든 화면의 음악이 일치한다(야외 콘서트에서 이런 식의 사운드를 포착하는 일은 결코 쉽지 않다). 편집 리듬은 긴박하게 질주하는 산타나의 리듬을 따라간다. 이 영화의 제작자들은 현장에, 연주자들이 공연을 하고 있는 바로 그곳에 있었다.

예를 들어, 리치 헤이븐스Richie Havens를 다루는 방법을 주목하라. 우리는 무대 뒤에서 나오는 피곤해서 약간 힘이 빠진 듯한 그를 본다. 그는 'Freedom(자유)'을 부르기 시작하고, 우리는 그의 얼굴을 다시 보지는 못한다. 그러나 기타 줄을 벌을 주듯 튕기는 그의 엄지가 보인다. 그런 후 단절되지 않은 숏은 샌들을 신고 박자에 맞춰 까딱거리는 그의 발로 팬 다운 한다. 그런 다음에는 손가락으로 올라가고, 그러고는 그의 얼굴만 보인다. 이제 이것이 완벽하게 변신한, 에너지가 팽배한 리치 헤이븐스다.

전통적인 디큐멘디리에 더 가까운 <우드스톡>의 측면들은 때때로 분할 화면으로 나란히 진행되는 음악과 교차 편집된다. "젊은 사람들이 배가 고프잖소. 그러면 그 사람들을 먹여야 하는 거요. 그렇죠?"라고 말하는 남자를 비롯한 마을 사람들이 있다. 자신의 땅을 사용하라고 내놓은 농부가 있다. 알몸으로 헤엄을 치고 약에 취하고 먹고 마시고 (유명한 롱 숏에서) 사랑을 나누는 젊은이들이 있다. 편집실에서 선택할 수 있는 장면들을 모두 담아낸 필름을 가진 웨들리는 우드스톡의 느낌으로 종합될, 사전 리허설을 전혀 하지 않은 소소한 순간 수십 개를 우리에게 안겨 줄 수 있었다. 호그 팜에서 온 휴 롬니Hugh Romney(일명 웨이비 그레이비Wavy Gravy)가 있다("여러분, 우리는 40만 명이 침대에서 먹을 아침을 계획하고 있습니다"). '가스'에 대한 유명한 경고, 면봉으로 몇 곳을 검사한 후 카메라를 향해 자기 아들도 군중 속 어딘가에 있을 거라고 털어놓는 이동 화장실 담당자("다른 놈은 DMZ에서 헬리콥터를 타고 있소"), 차량 가득 음식을 싣고 공원으로 향하는 마을 사람들이 있다. 아이들, 자유로이 돌아다니는 개들, 스와미Swami GI와 피스Peace 사인을 보이는 세 수녀, 아이스 캔디를 먹는 경찰들, 헬리콥터로 담요와 먹을거리, 꽃을 떨어뜨리는 육군.

다큐멘터리의 구조는 대체로 시간 순이다. 우리는 들판에서 콘서트를 준비하는 작업이 행해지고 무대가 지어지는 것을, 그리고 차량 정체가 시작되는 것을 본다. 울타리를 짓밟고 넘어오는 군중을 본다. 수익을 올릴 콘서트로 구상됐던 이벤트가 달리 대안이 없다는 게 분명해진 탓에 '무료 콘서트'로 공식적으로 선포되는 순간이 있다(출입구에서 시선을 떼지 않는 샌프란시스코의 콘서트 프로모터 빌 그레이엄Bill Graham이 — 내 생각에는 농담으로 — 공짜 관객이 들어오지 못하게 배수로에 기름을 채우고 불을 지르라고 행사 주최자에게 조언하는 순간이 있다).

<우드스톡>은 아름답고 감동적인, 궁극적으로 위대한 영화다. 이 영화는 무언가의 시작을 알리는 신호탄으로 보였다. 아마도 종말을 알리는 신호탄이었을 것이다. 언젠가 누군가 내게 1960년대는 "실패했다"고 말했다. 무엇에 실패했단 말인가? 1960년대가 되는 것에 실패하지 않았던 건 확실하다. 그 시절이 '1920년대'나 '1930년대'처럼 까마득한 과거처럼 묘사되는 지금, 이 영화에서 그 시절의 순간들이, 그 시절의 젊음과 희망이 한껏 꽃 피우는 것을 보는 건 얼마나 감동적인가. 그 시대는 존 F. 케네디John F. Kennedy의 당선에서 시작됐고, 흠뻑 젖은 우드스톡 나라의 마지막 시민들이 진창이 된 들판에서 힘겹게 걸음을 옮기면서 — 그중 다수에게는 — 대체로 내리막길이었을 미래로 달리는 자동차에 편승하려고 엄지를 치켜들었을 때 끝났다.

# 우리 생애 최고의 해

The Best Years of Our Lives

| | | |
|---|---|---|
| 감독 | 윌리엄 와일러 | |
| 주연 | 미르나 로이, 프레드릭 마치 | |
| 제작 | 1946년 | 170분 |

호머는 집에 가기 전에 버치 삼촌의 술집에 들러 한잔하고 가야한다고 생각한다. “이제 집에 온 거야, 젊은 친구.” 연장자인 앨이 말한다. 세 참전 용사는 중서부 어딘가에 있는 고향 분 시티에 지금 막 귀향했다. 그러나 그들 각자는 이런저런 사연 때문에 곧 있을 재회를 두려워하고 있다. 앨이 한 대사는 윌리엄 와일러William Wyler, 1902~1981의 <우리 생애 최고의 해>의 불안한 1막의 커튼을 내린다. <우리 생애 최고의 해>는 아카데미 여덟 개 부문(그중 하나는 명예상)을 수상한 최초의 영화이자, 당시 미국 박스 오피스에서 <바람과 함께 사라지다Gone with the Wind>에 밀려 2위를 차지한 영화였다. 60년이 훨씬 지난 지금 다시 본 이 영화는 놀라울 정도로 현대적인 느낌을 준다. 영화는 할리우드가 의도적으로 회피했던 이슈들에 대해 군더더기 없고 직설적이며 솔직하다. 애국심과 영웅주의로 점철된 영화들만 등장하는 몇 년 간의 전쟁기가 끝난 후, 이 영화는 참전 용사들이 귀향해서 직면한 문제들을 진지

한 시각으로 바라본 작품이었다.

영화는 세 남자의 이야기를 중점적으로 다룬다. 40대인 앨 스티븐슨(프레드릭 마치Fredric March)은 보병으로 복무했었고, 이제는 가족과 자신이 일했던 은행으로 돌아오는 길이다. 프레드 데리(데이나 앤드루스Dana Andrews)는 폭격기 승무원이었다. 해군이었던 호머 패리시(해럴드 러셀Harold Russell)는 양손을 다 잃는 바람에 지금은 철제 갈고리를 사용한다. “해군은 칭찬받을 만해요.” 호머가 택시에서 내려 자기 집 현관으로 천천히 걸어가는 모습을 보며 프레드가 앨에게 말한다. “저 친구에게 양손 갈고리 쓰는 법을 확실히 훈련시켰잖아요.” 그러자 앨은 말한다. “그래도 애인을 껴안거나 애인 머리카락을 쓰다듬는 법은 가르치지 못했을 거야.”

바로 이게 호머가 술집에 들러 술을 마시고 싶어 한 이유다. 그는 전쟁터로 떠날 때 옆집 사는 아가씨 윌마(케이시 오도넬Cathy O'Donnell)와 결혼하기로 암묵적으로 합의한 상태였다. 이제 그는 그녀가 자신의 의수를 보고 어떤 반응을 보일지 두렵다. 기찻길 옆 판잣집에서 자랐고 드러그스토어 점원으로 일하다 징병됐던 프레드 역시 두렵기는 마찬가지다. 그는 섹시한 마리(버지니아 메이요Virginia Mayo)와 성급하게 결혼했었는데, 그녀는 그에게 편지 쓰기를 멈췄다. 밀리(미르나 로이Myrna Loy)와 결혼한 지 20년 된 앨에게는 아들 롭(마이클 홀Michael Hall)과 딸 페기(테레사 라이트Teresa Wright)가 있다. 식구들은 집에 온 그를 사랑과 포옹으로 환영하지만, 그의 기분은 영 이상하다. 자식들은 변했고, 그의 인생도 변했다. 롭이 자러 간 후, 갑자기 버치의 술집이 떠오른 그는 아내와 딸에게 함께 가서 축하 행사를 벌이자고 제안한다.

다른 두 남자 역시 버치의 술집에 나타난다. 호머는 부모와 윌마에게서 감지한 과장된 다정함과 속으로 꾹꾹 눌러 담은 비통함을 감당하지 못한다. 마리의 아파트에 간 프레드는 아무도 보지 못했다. 세 남

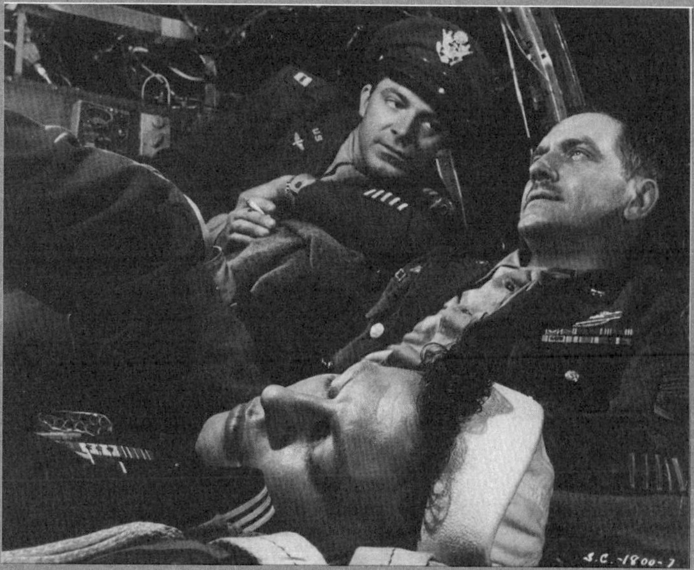
S.C.-1800-7

자는 한데 어울리고, 앨의 아내는 초인적인 이해력을 발휘하며 그 모습을 지켜본다. 바로 이때가 프레드와 페기가 처음으로 대화를 나눈 밤이자 사랑에 빠지기 시작한 밤이다.

로버트 셔우드Robert Sherwood가 집필한 시나리오는 세 남자가 직면한 문제점들 사이를 대담하게 오간다. 서두르지 않으면서 상대적으로 절제된 이 영화는 과열된 다큐드라마가 아니다. 마리는 드러그스토어에서 점원으로 일하며 32달러 50센트의 봉급을 받는 삶에는 전혀 흥미가 없는 파티광이라는 사실이 프레드에게 점점 명확해진다. 호머는 윌마를 멀리하려 냉정하게 노력한다. 그녀의 동정심은 원치 않기 때문이다. 앨은 은행에서 승진하고, G. I. 빌G. I. Bill•이라는 명칭 아래 대출을 해 주는 업무를 담당하지만, 대출 신청인의 성품보다는 담보물을 더 신뢰하라는 요청을 받고는 저항한다. 앨은 술을 들이킨다. 은행 회식 자리에서 그가 반은 술에 취해, 반은 영웅심을 발휘해 속내를 토로하는 순간이 있다.

영화는 세 남자를 비범한 존재로 그려 내려는 노력은 조금도 기울이지 않는다. 그들의 인생과 성격, 앞날은 모두 사회의 평균선 근처를 맴돌고, 와일러는 필요치 않은 드라마를 들이붓지 않는다. 바로 그게 이 영화가 그토록 효율적인 이유다. 1946년에 만들어진 드라마임에도 시대에 뒤떨어진 것처럼 느껴지지 않는 이유도 그 때문일 것이다. 와일러는 자신이 주장하는 바를 명확하게 드러내기 위해 탁월한 비주얼을 채택한다. 그는 <시민 케인Citizen Kane> 같은 영화에서 딥 포커스 기법으로 촬영한 것으로 유명한 위대한 촬영 감독 그레그 톨런드Gregg Toland와 작업했다. 와일러는 편집을 하는 대신, 딥 포커스를 자주 활용한다. 그래서 우리는 어떤 신의 의미를 클로즈업 같은 편집을 통해 파

• 참전 후 귀국한 장병에게 교육 자금이나 주택 자금을 지원해 주는 법

악하라는 강요를 받는 대신 신 자체로 파악할 수 있다. 버치의 술집에서 호머가 버치(호기 카마이클Hoagy Carmichael)에게 배운, 갈고리로 피아노 치는 법을 자랑스레 보여 주는 신을 숙고해 보라. 앨과 프레드는 피아노 연주를 지켜본다. 그러다가 프레드가 멀리 떨어진 배경에 있는 전화 부스로 걸어가 중요한 전화를 건다. 카메라는 움직이지 않지만 우리의 눈은 부스로 향하는 프레드의 움직임을 따라가고, 우리의 관심은 그가 내리는 결정에 쏠린다.

영화에서 상당히 유명한 시퀀스 중 하나는 일자리를 찾아 고향을 떠나기로 결심한 프레드가 공항에 가는 설정과 관련이 있다. 그는 군용 수송기를 기다리는 동안 사용이 보류된 군용기들이 모여 있는 광대한 무덤을 정처 없이 돌아다닌다. 가슴 미어지는 신이다. 프레드는 한때 이런 비행기들을 몰았었다. 그런데 이제 비행기들은, 그리고 조종사들은 더 이상은 필요치 않다. 이 신의 결말은 상당히 아이러니하다.

호머와 윌마가 결혼하는, 영화의 기다란 클로징 신을 숙고해 보라. 하객 중에는 프레드와 페기도 있다. 앞서 그들은 자신들이 사랑에 빠졌노라고 서로에게 고백했고, 페기는 부모에게 자신이 프레드의 그릇되고 비참한 결혼 생활을 끝장내겠다고 맹세했었다. 그러나 앨은 프레드에게 자기 딸에게서 떨어지라고 경고했다. 이것이 저속한 마리가 이혼 신청을 했는데도 프레드가 고향을 떠나려는 이유 중 하나다.

와일러는 결혼식을 전부 보여 준다. 카마이클이 '결혼 행진곡'을 연주하는 것으로 시작해 연인들이 성혼 서약을 할 때까지 내내 보여 준다. 서스펜스 두 가닥이 평행선을 그리며 진행된다. 하나는 결혼식 자체가 빚어내는 서스펜스로, 호머가 갈고리를 써서 윌마의 손가락에 반지를 끼워 줄 수 있느냐 하는 것이다. 그리고 다른 서스펜스는 각각 식장의 반대편에 있는 프레드와 페기에게서 비롯된다. 낭송되는 성혼 서약을 듣는 두 사람의 시선은 상대에게 고정되어 있다. 와일러는 딥 포커스를 활용해 두 사건을 동시에 보여 준다. 그리고 그의 화면 구도 때문에 우리의 눈은 테레사 라이트가 서 있는 숏의 뒤쪽으로 끌려간다. 이보다 더 예뻤던 적도, 이보다 더 연약해 보였던 적도 없던 라이트는 힘줄 하나도 움직이지 않고 굳건한 모습으로 서 있다.

<우리 생애 최고의 해>는 화려한 언변이나 기법을 동원하지 않는다. 영화는 다루는 이야기의 강점을 전적으로 신뢰한다. 이 영화가 발휘하는 위력의 근원 중 하나는 두 손을 잃은 참전 용사 해럴드 러셀이 펼치는 연기다. 사실 프로듀서 새뮤얼 골드윈Samuel Goldwyn은 당시에는 러셀을 '천박하게' 써먹었다는 비판을 받았다. 그러나 호머가 윌마를 침실로 부르는 가슴 아픈 신을 보라. 그가 그녀를 침실로 부른 건 음흉한 수작을 부리려는 게 아니었다. 침대에 들기 위해 준비해야 하는 것으로 어떤 것들이 있는지 보여 주려는 것이었다. 그는 그것을 보여 주고 나면 자신이 그녀와 결혼할 수 있다고 생각하지 않는 이유를 그녀가 이해할 거라고 생각한다.

러셀은 연기 훈련을 받은 적이 없었으면서도 대단히 진심 어린 연기를 선보인다. 그는 말한다. "이런 때에 내가 무력한 존재라는 걸 실감해. 내 두 손은 저기 침대 위에 있어. 누군가 도와줄 사람을 부르지 않으면 저것들을 다시 부착하지 못해. 담배를 피우거나 책을 읽지도 못해. 바람에 문이 닫히면 문을 열고 이 방에서 나갈 수가 없어. 나는 나가게 해 달라고 질질 짜는 것 말고는 달리 어찌할 바를 모르는 갓난아기 같은 존재야." 우리는 러셀이 실제 자신에 대한 이야기를 하고 있음을 안다. 그렇기에 이 장면이 발휘하는 감정적인 위력은 압도적이다. 이 이야기를 듣고 보이는 오도넬의 반응은 완벽하다.

러셀은 "그의 모습을 통해 동료 참전 용사들의 희망과 용기를 북돋워 준" 공로로 명예 오스카를 수상했다. 그는 남우 조연상 후보에도 지명됐지만, 그가 그 상을 수상할 가능성은 없다고 판단한 아카데미위원회는 투표를 통해 그에게 특별상을 수여하기로 결정했다. 하지만 위원회가 틀렸다. 그는 오스카상을 받았다. 한 배우가 동일한 역할로 두 개의 오스카상을 받은 유일한 경우였다. 영화는 작품상과 남우 주연상(마치), 감독상, 각본상, 편집상, 음악상도 수상했다.

우리가 참전하는 전쟁이 있고 귀향하는 참전 용사들이 존재하는 한, 그중 일부는 상이용사들이다. <우리 생애 최고의 해>는 결코 시대에 뒤떨어진 영화가 되지 않을 것이다. 영화는 현재 DVD로 출시되어 있다. 하지만 DVD에는 별도의 부록이 없다. 그래서 특별판이나 크라이테리언의 손길을 거친 DVD의 출시가 요망된다. 나는 'DVDTalk.com'에 게재된 노엘 메거헤이Noel Megahey의 의견에 동의한다. "다른 스튜디오였다면 오스카 여덟 개 부문을 수상한 영화를 주요 클래식으로 출시했겠지만, MGM은 그러지 않았다. 영화가 담겨 있는 DVD도 영화의 위상에 걸맞은 출시작이라고 하기에 부끄러운 수준이다. 영화의 역사적 중요성과 작품성을 보여 주는 동영상이 하나도 들어 있지 않다."

# 이 영화는 다음과 같은 새뮤얼 골드윈의 유명한 골드윈주의Goldwynism 중 하나에 영감을 줬다는 이야기를 듣는다. "이 영화가 동전 한 닢 못 벌더라도 개의치 않는다. 내가 원하는 건 미국의 모든 남성과 여성, 어린이가 이 영화를 보는 것이다."

# 우리 아저씨 앙투안

Mon Oncle Antoine

| | |
|---|---|
| 감독 | 클로드 쥐트라 |
| 주연 | 장 뒤세프, 올리베트 티보, 클로드 쥐트라, 리오넬 빌뇌브, 엘렌 루아젤 |
| 제작 | 1971년 / 104분 |

클로드 쥐트라Claude Jutra, 1930~1986의 <우리 아저씨 앙투안>의 핵심적인 사건은 퀘벡에 있는 광산 도시에서 24시간 동안 벌어진다. 영화가 시작할 때 시간적 배경은 연초지만, 영화가 초점을 맞추는 모든 사건은 크리스마스이브의 아침에 시작해 크리스마스 새벽에 끝난다. 그 시간 동안 어린 소년의 인생은 영원토록 바뀐다. 이 사랑스러운 캐나다 영화에는 죽음이 한창일 때 활력을 발산하는 캐릭터들이 풍부하다.

석면 광산에서 나온 광재 더미에 둘러싸인 소도시의 이름은 블랙 호크다. 시간적 배경은 '지금부터 그리 오래지 않은' 1940년대다. 소도시는 가난하고, 사람들은 여전히 구시대 방식으로 생활하며, 말이나 마차, 기차로 이동한다. 영화는 퀘벡인 광산 노동자 조 풀랭(리오넬 빌뇌브Lionel Villeneuve)과 영어를 구사하는 그의 상사가 벌이는 언쟁으로 시작한다. 우리는 오래지 않아 조가 '영어'를 싫어하고 광산을 싫어한다는 것을 이해한다. 그 자리에서 직장을 때려 친 그는 가족에게 작별 인사를 한 다음, 도끼를 메고는 누구도 자신에게 이래라저래라 하지 않을 벌목 캠프로 떠난다. 우리는 그를 영화의 결말이 될 때까지는 그리 많이 보지 못할 것이다.

영화의 중심 줄거리는 장례식으로 문을 열고, 우리는 망자亡者가 광산에서 걸린 폐질환으로 사망했음을 이해하게 된다. 장례식은 애처롭다. 망자의 알몸은 대여한 정장으로 덮여 있고, 꽃은 모두 조화造花이며, 장의사는 묵주를 다시 쓰기 위해 회수한다.

장의사의 이름은 앙투안(장 뒤세프Jean Duceppe)이고, 조수는 30대에 접어든 건장한 남자 페르낭(클로드 쥐트라 감독 본인)이다. 장례식을 마친 두 사람은 앙투안이 아내 세실(올리베트 티보Olivette Thibault)과 소유한 잡화점으로 돌아온다. 잠시 후 우리는 열네 살 난 고아로 앙투안 부부와 함께 사는 브누아(자크 가뇽Jacques Gagnon)와 부부와 함께 생활하는 잡화점 점원인 어리고 예쁜 카르멘(라인 샹파뉴Lyne Champagne)을 만난다.

영화의 주된 공간적 배경이 될 가게는 그 시대를 탁월하게 재현한다. 식료품은 입구 오른쪽에 있고, 의류는 왼쪽에 있으며, 철물은 장의사 업무에 쓰일 관들과 함께 위층에 있다. 서로의 개인사를 속속들이 아는 지역 주민들은 잡화점에 모여 쑥덕공론을 한다. 크리스마스이브라 들뜬 분위기가 팽배하다. 브누아와 카르멘은 일찍 일어나 가게 윈도우를 장식한다. 늦잠을 잔 브누아의 삼촌 앙투안은 단정치 못한 차림으로 나타났다가 술을 들이키려고 가게에 딸린 사무실의 창유리 뒤로 향한다.

브누아는 창유리를 통해 삼촌의 모습을 조용히 응시한다. 브누아는 이곳에서 벌어지는 모든 일을 진지하고 차분하게 관찰한다. 그는 친구들이나 카르멘과 있을 때만 장난기 넘치는 소년이 된다. 이날 가게 쇼윈도에 장식한 크리스마스 풍경의 베일을 벗기는 의식에 참석하는 건 거창한 드라마가 될 것이다. 회계사의 아내인 알렉상드린이 코르셋을 입어 보려고 세실과 함께 위층으로 가면서 어마어마한 흥분이 피어난다. 앙투안이 노년의 주정뱅이에게 두 배나 큰 바지를 팔면서 웃음꽃이 핀다. 젊은 여성이 면사포를 보게 해 달라고 수줍게 부탁하면 축하 인사가 쏟아진다. 브누아와 카르멘이 위층에서 몸싸움을 벌이던 중에 브누아의 손이 그녀가 입은 드레스의 가슴 부위에 얹어졌을 때, 카르멘은 말없이 그 자세를 유지하고, 두 사람 사이에 말이 필요 없는 커뮤니케이션이 오간다.

가게 밖 중앙로에서는 심술궂게 생긴, 사람들의 미움을 받는 광산 소유주가 마차를 타고 종종거리고 다니면서 직원들이 사는 집에다 싸구려 크리스마스 양말을 던져 댄다. 그가 던지는 양말이 떨어지는 곳이 대체로 진창인 건 우연일까? 이 영화의 서브텍스트는 이 광산 노동자 모두가 노예 대우를 받으며 위험한 작업을 하고 있다는 것이다. 쥐트라의 영화는 퀘벡 분리주의 운동이 한창일 때 제작됐다. 따라서 구체적인 정치 이야기가 한마디도 나오지 않아도, 이 영화에 명명백백한 정치적 함의가 담겨 있는 건 당연한 일이다.

소소한 인간적인 장면들이 있다. 앙투안과 세실 사이에 오가는 가벼운 추파, 세실과 페르낭 사이에 오가는 또 다른 가벼운 추파, 카르멘을 향한 브누아의 도취, 카르멘의 아버지가 딸의 급여를 받아 가려고 나타나서는 딸에게 '메리 크리스마스'라는 인사조차 하지 않았을 때 카르멘이 느끼는 슬픔, 앙투안이 카르멘에게 5달러를 주지 않으면서 보여 주는 "세상은 다 그런 거야!"라는 흉포한 모습 등이다.

앞서 풀랭 가족의 시골집이 배경인 장면들을 봤던 우리는 맏아들이 아프다는 것을 안다. 그리고 가게 전화가 울린다. 풀랭 부인(엘렌 루아젤Hélène Loiselle)이 아들이 죽었다는 말을 하려고 건 전화다. 앙투안은 시신을 수습하러 갈 수 있을까? 이제부터 영화의 모든 의미를 담은, 영화가 품은 모든 함의를 구체적으로 보여 주는 걸출한 시퀀스가 시작

된다. 브누아는 마차를 몰고 점점 심해지는 눈보라를 뚫고 가야 하는 삼촌과 같이 가게 해 달라고 사정한다. 두 사람이 풀랭의 집으로 향하는 동안 앙투안은 꾸준히 술을 들이킨다. 두려움을 잊기 위해서다. 말은 가는 길을 잘 알고 있다.

이 여행은 진짜 여행처럼 보인다. 바람에 날린 눈발은 겨울용 모피 코트 속에 잔뜩 웅크린 두 사람의 얼굴을 엔다. 쓸쓸한 풀랭의 집에 들어선 브누아는 평소처럼 모든 것을 보고는 아무 말도 하지 않는다. 그러는 동안 이제는 만취한 앙투안은 풀랭 부인이 준비해 둔 뜨거운 음식을 먹으려고 손가락을 동원한다. 브누아의 눈은 살짝 열린 문틈을 통해 시커먼 어둠이 자리한 방구석으로 향한다. 그는 거기에 자신과 엇비슷한 나이에 세상을 떠난 소년의 시신이 있을 것임을 안다.

두 사람은 집에 오는 길에 관을 잃는다. 관은 마차 짐칸에서 떨어졌다. 너무 취해 버린 앙투안은 브누아가 관을 짐칸에 다시 올리는 걸 돕지 못한다. 그러던 앙투안이 갑자기 자신의 서글픈 인생사를 허심탄회하게 털어놓는다. 그는 시골이 싫고, 시신이 무섭고, 그의 아내는 자식을 절대로 낳아 주지 않는다. 브누아는 그게 얼마나 솔직한 이야기인지 안다. 그런 식으로 브누아가 교훈을 배우는 과정은 이날 저녁 내내 계속될 것이다. 급박한 상황을 타개하는 일은 전적으로 그의 손에 달려 있다. 그가 불가피하게 수행하고 책임져야 할 일은 가슴 찢어지는 결말로 이어지고, 브누아는 다시 한 번 진지한 눈빛으로 창문을 통해 그 슬픔을 목도한다.

<우리 아저씨 앙투안>이 그토록 훌륭한 영화라는 사실은 감독의 말년에 찾아온 비극을 강조할 뿐이다. 쥐트라는 장래가 유망한 인재로 영화 경력을 시작했다. 그는 처음에는 의학을 공부하다 캐나다국립영화위원회(이 영화를 제작한 곳)의 학생이 됐다. 그는 프랑스에서 트뤼포François Truffaut의 문하생으로 일했다. 그는 실제로 직접 겪은 사건들

에서 영감을 얻은 클레망 페롱Clément Perron과 시나리오를 작업했다. 쥐트라는 여러 편의 영화를 만든 후에 자신이 알츠하이머 초기 단계에 있음을 알게 됐다. 1986년 겨울에 실종된 그는 이듬해 봄에 세인트로렌스강에서 시신으로 발견됐다. 그는 자살한 듯하다. 그가 앞서 만든 영화에 똑같은 강에 뛰어드는 캐릭터가 있다.

그는 보석처럼 소중한 영화를 남겼다. 그 영화가 소중해진 데에는 로케이션을 활용하는 영화의 방식도 큰 몫을 한다. 광산의 광재 더미는 아래에 있는 도시에 짙은 그림자를 드리운다. 하이 앵글 숏은 이 지역이 얼마나 넓고 (블록 몇 개와 질척질척한 거리로만 구성된) 소도시는 얼마나 작은지를 잘 보여 준다. 그가 촬영한 당시의 실제 모습이 그랬을 것이다. 가게 정면과 실내는 세트처럼 보이지 않는다. 자동차는 눈에 잘 띄지 않는다. 게다가 한겨울에 멀리 떨어진 이런 고장에 오려는 사람이 있을 리도 없다. 많은 엑스트라의 얼굴은 노동의 과중함과 짙은 실의를 드러낸다. 노동하는 여자들과 광산 회계사의 도도한 아내를 대조해 보일 때처럼, 사회적 비판은 영화의 밑바탕에 내내 깔려 있다.

브누아와 앙투안이 떠난 한밤중 여행의 고독과 심원함에는 넋을 잃게 만드는 아름다움이 깃들어 있다. 나는 윌라 캐더Willa Cather의 소설 『바위의 그림자Shadows on the Rock』의 분위기를 떠올렸다. 실제로 풀랭 가족에게서는 미국의 선구자들이 추위를 이겨 내고 살아남는다는 캐더 소설의 분위기가 엿보인다. 이 사람들과 이 지역을 확실하게 잘 알았던 쥐트라와 시나리오 작가는 자신감을 갖고 친밀한 이야기를 들려주었다. 사람들은 "우리 아저씨 앙투안"이라는 제목을 들으면 그 영화는 심술궂지만 사랑스러운 구두쇠 노인을 회상하는 따스한 회고담일 거라고 짐작하는 경향이 있는데, 이 영화는 그런 영화가 아니다. 영화에는 사랑스러운 앙투안이 있다. 행복한 앙투안이 있고, 비극적인 앙투안이 있다. 삶이란 그런 것이다, 브누아가 배우는 것처럼.

## 웨이킹 라이프
Waking Life

| | | |
|---|---|---|
| 감독 | 리처드 링클레이터 | |
| 제작 | 2001년 | 99분 |

리처드 링클레이터Richard Linklater, 1960~ 의 <웨이킹 라이프>의 얼마나 많은 부분이 꿈인지는 말하기 어렵다. 나는 영화 전체가 꿈일 거라고 생각한다. 그가 만든 주인공은 자신이 깨어 있다는 내용의 꿈을 계속해서 꾸고 있다. 그는 침대에서 나와 찬물로 세수를 하고는 밖으로 걸어 나가지만, 자신이 다시 꿈을 꾸고 있음을 알아차린다. 그러나 이 영화는 주인공의 눈에서 바람개비가 나오거나 사람들이 소용돌이 속으로 빨려 들어가는 내용의 초현실주의적인 판타지 영화가 아니다. 영화는 대부분이 대화로 구성되어 있고, 영화에서 오가는 대화는 하나같이 흥미롭다. 꿈을 꾸는 이들은 지적인 사람이어야만 한다.

아니, 그렇지 않을지도 모른다. 그는 외부에서 꿈의 내용을 전송받고 있는지도 모른다. 커피숍에서 만난 여자는 일일 연속극 플롯에 대한 아이디어를 말한다. 그는 그녀에게 자신의 꿈에 등장하는 캐릭터가 어떤 기분이겠느냐고 묻는다. 그녀는 대답하지 않는다. 역시 그의 꿈에 등장하는 캐릭터에 불과한 그녀가 어떻게 대답을 할 수 있겠나? 한편 그녀는 그 플롯을 어디에서 얻었을까? 그는 자신이 그런 걸 고안해 낼 능력이 전혀 없다고 그녀에게 말한다. 그 플롯이 그에게 온 것은…… 아니다. 그런 설명은 그럴싸하지 않다. 그 플롯은 꿈 외부에서 꿈으로 들어온 것처럼 보인다.

그건 그렇고, 도대체 꿈은 무엇인가? 영화에 등장하는 여성은 꿈을 꿀 때 우리가 육체와 분리된 우리 자신을 경험하는 중이라고 짐작한다. 그녀는 묻는다. 우리가 죽고 난 후에도 계속 꿈을 꾼다는 것은 사리에 안 맞지 않은가? 그런데 죽은 후에 우리는 육신과 분리되어 있기 때문에 절대로 꿈을 멈추는 일이 없을 것 아닌가? 아니, 나는 그건 사리에 맞지 않는다고 생각한다. 우리가 꾸는 꿈은 우리의 물리적인 뇌 내부에서 생기기 때문이다. 뭐, 아닐지도 모른다. 우리가 그렇다고 생각하는 것에 불과한 것일지도 모른다.

<웨이킹 라이프>는 철학적인 동시에 장난기가 넘친다. 실제 연기자들을 실사로 촬영한 후 애니메이션 이미지로 탈바꿈시킨 영화는 기막히게 독창적이다. 이 영화가 활용한 기법은 '모션 캡처motion-capture'라는 기법으로, <베오울프Beowulf>와 <300>에서도 볼 수 있지만 링클레이터가 이 영화를 만든 2001년에는 아주 놀라운 기법이었다. 게다가 링클레이터는 이런 기법을 구현하는 데 수백 만 달러를 들일 필요는 없음을 보여 줬다. 텍사스주 오스틴에 있는 영화 제작 동아리의 창립 멤버인 그는 소프트웨어 천재 밥 새비스턴Bob Sabiston과 작업했다. 새비스턴은 이 영화의 전체 작업을 매킨토시 컴퓨터 몇 대로 수행했다. 영화는 비주얼 면에서 화사하고 생기 넘친다. 보는 즐거움이 대단하다.

링클레이터는 사람들의 이야기에 귀 기울이는 것을 좋아한다. 사람들이 하는 말에 적용하는 그의 기준은 대단히 높다. 그의 초기작 <슬래커Slacker>(1991)는 어느 캐릭터를 따라 오스틴을 돌아다닌다. 그

캐릭터가 다른 캐릭터를 만나면, 다음에는 새 캐릭터의 뒤를 쫓는 식이다. 그러는 동안 캐릭터 모두는 내내 자신들의 일상적인 인생을 살고 있다. 매혹적인 영화였다. 이전까지 내가 본 그런 설정의 영화는 부뉴엘Luis Buñuel이 만든 <자유의 환상Le Fantôme de la Liberté>(1974)뿐이었다. 그는 유명한 <비포 선라이즈Before Sunrise>(1995)와 <비포 선셋Before Sunset>(2004)에서 줄리 델피Julie Delpy와 이선 호크Ethan Hawke를 따라 처음에는 비엔나를, 다음에는 파리를 다니면서 처음에는 그들이 밤새 나누는 이야기를, 다음에는 그들이 낮 시간 동안 내내 나누는 이야기를 듣는다. <웨이킹 라이프>에서, 두 사람은 현실적으로 따지면 존재할 수 없는 신에 등장한다. 그 신이 존재하는 게 불가능한 이유는, 앞서 소개한 두 영화 각각의 시간적 배경들 사이의 시기에 만들어진 영화에 두 사람이 함께 등장하기 때문이다. 어쩌면 그 점이 이 영화가 링클레이터 자신이 꾸는 꿈이라는 것을 보여 주는 단서일 것이다.

그의 캐릭터들은 우리가 학교에서 가졌을 법한, 또는 가졌어야 마땅했을 온갖 대화에 참여하는 듯 보인다. <웨이킹 라이프>에서, 주인공(윌리 위긴스Wiley Wiggins가 연기하는 주인공의 이름은 등장하지 않는다)은 말하기보다 듣기를 많이 한다. 대학 강의실에서, 술집에서, 커피 하우스에서, 인도人道에서 뮤지션들의 말을, 철학자들의 말을, 심지어는 — 공간을 훌쩍 뛰어넘은 신에서 — 브루클린 브리지 위에 있는 가이드가 하는 말을 듣는다. 그 장면은 쉽게 설명이 된다. 그는 스스로 여행 가이드의 왕으로 등극한 스피드 레비치Speed Levitch에 대한 다큐멘터리 <크루즈The Cruise>를 본 게 분명하다. 레비치는 물론 이 영화에 자기 자신으로 출연한다. 그게 바로 꿈이 작동하는 방식이다.

갑작스럽게 분절되는 신들도 있다. 감방 안을 서성거리는 붉은 얼굴의 성난 사내는 세상을 향해 온갖 욕설을 퍼붓는다. 사회 운동가는 자동차 위에 설치한 확성기로 사람들에게 목청껏 주장을 펼치며 도로

를 달리지만, 거리에는 아무도 보이지 않고 결국 그는 차를 세운다. 인생에 절망한 남자는 자기 몸에 불을 붙이고, 주인공은 그를 응시한다. 그러다가 그의 꿈은 다른 곳에서 이어진다. 꿈은 한창 진행되는 도중에 뚝 끊기는 경우가 잦다.

주인공이 동시 발생synchronicity과 관련된 이야기를 듣는 중요한 신이 있다. 어느 소설가가 파티에 갔다가 자기 소설에 나오는 캐릭터와 이름이 같은 여자를 만난다. 그런데 그녀의 남자도 소설 속 캐릭터와 이름이 같고, 그녀와 불륜 행각을 벌이는 남자의 이름도 같다. 그런 식의 일이 계속 이어진다. 그런 일은 꿈에서 벌어질 수 있다. 이상하게도 나는 내 블로그에서 자유 의지, 내세, 정치, 실존주의, 진화론, 살아 있다는 것의 의미에 대해 2주간 지속적인 토론을 하던 중이었다. 나는 영화를 보려고 앉았다가 영화의 캐릭터들이 동일한 주제를, 때로는 동일한 언어로 논의하고 있음을 깨달았다. 이 지점에서 <환상 특급Twilight Zone>의 주제가를 깔아 주면 딱 알맞은 분위기가 연출될 것이다. 우리는 생명의 나무tree of life에서 인간이 차지하는 위치에 대해 논의하는 중이었다. 어느 생물학자는 플라톤과 평범한 인간 사이의 지능 격차는 인간과 지적인 침팬지 사이의 격차보다 크다고 주장한다. 나는 다윈의 추종자지만 내 주장은 그 정도까지 극단적이지는 않다. 그럼에도 그 주장은 우리를 생각에 잠기게 만든다.

링클레이터는 꿈의 불가피한 역설을 재미있게 가지고 논다. 주인공은 꿈에 갇힌 것 같은 기분이라고, 꿈에서 깨어나도 계속 다른 꿈에 빠져들게 된다고 친구에게 불만을 토로한다. 어떻게 하면 자유로이 벗어날 수 있을까? 친구는 꿈에 현혹되는 건 쉬운 일이라고 경고한다. 우리는 꿈을 지휘하고 꿈을 바꿀 수 있지만, 우리가 꿈을 대상으로 무슨 일을 하건, 꿈은 지금 현재 일어나고 있는 것처럼 보이고, 우리가 변화시킨 설정과 내용들은 물 흐르듯 자연스럽게 보인다. 브루클린으로 우회하거나 오스틴 상공을 떠다니기 시작할 때조차 그런 식이다. 그리고 친구는 우리가 변화시킬 수 없는 게 하나 있다고 말한다. 조명이다. 전등 스위치를 켜고 끄려고 노력하는데 전등이 의지대로 작동하지 않는다면 우리는 꿈을 꾸는 중이다. 이 테스트는 절대로 실패하지 않는다.

주인공은 조언을 해 줘서 고맙다고 인사하고는 방을 떠나려고 일어선다. 그는 스위치를 내려 불을 끄려 애쓰지만 그럴 수 없다. 그가 불을 끄지 못하는 건 당연하다. 그런데 원래의 조언에 뭔가 유별난 게 있을까? 아니면 그것은 작동 중인 꿈의 논리일까? 어쩌면 그는 앞서 꾼 꿈에서는 불을 끌 수 있었을 것이다. 그런데 이제 그는 규칙을, 앞으로 절대 다시는 불을 끌 수 없을 것임을 안다.

영화는 우리 마음에 9·11 테러의 상처가 여전히 남아 있던 2001년 10월에 개봉됐다. 영화는 지능의 흐름과 의문의 흐름, 호기심과 상상력의 흐름으로 우리를 위로했다. 당시는 우리의 사고를 마비시키고 우리를 짓누르는 절망이 우리를 덮치는 것 같은 시기였다. 빌딩들이 무너지는 이미지는 원래 악몽에 속한 것들이었는데, 그게 아니었다. 그것은 실제 이미지였다. <웨이킹 라이프>는 우리의 가슴을 철렁하게 만든 작품이었다. 우리의 아픈 곳을 쿡 찌르는 영화였다. 우리가 유용하고 심오한 질문들을 던지고 가능성 있는 대답들을 제시할 수 있음을 떠올리게 한 영화였다. 영화는 우리 스스로 생각해야 할 필요성을, 막판에 몰린 절망에 무릎 꿇지 말아야 할 필요성을 주장한다.

리처드 링클레이터는 당대 최고의 감독 중 한 명이다. 그는 상업적인 영화들을 만든다(빌리 밥 손튼Billy Bob Thornton 주연의 <배드 뉴스 베어즈The Bad News Bears>). 사회학을 응용한 풍자적인 영화들을 만든다(에릭 보고시언Eric Bogosian이 시나리오를 쓴 그의 <서버비아SubUrbia>는 스트립 몰에서 무의미하게 시간을 보내는 10대 무리를 다룬다). 별나 보이는 코미디를 만든다(<스쿨 오브 락The School of Rock>).

대담한 실험 영화를 만든다(이선 호크와 우마 서먼Uma Thurman, 로버트 션 레너드Robert Sean Leonard가 어느 모텔 방에 모여 끊임없이 대화를 나누고 말다툼을 벌이는 세 친구로 출연한, HD 비디오카메라로 촬영한 <테이프Tape>). 시대극을 만든다(그의 <나와 오슨 웰스Me and Orson Welles>는 2008년 토론토영화제의 최고작 중 하나로, 웰스가 이끈 머큐리 극단의 초창기와 그의 영민하지만 때로 유쾌하지만은 않은 행동들을 재연한 작품이다).

무엇보다 링클레이터는 따분해지는 걸 좋아하지 않고 관객을 따분하게 만드는 걸 원치 않는 사람이다. 그의 영화를 보면 그 점을 알 수 있을 것이다. 그는 자신이 다루는 주제에 엄청난 흥미를 보인다. 당신은 <배드 뉴스 베어즈>라는 영화의 제목만으로 그 영화에 대한 모든 것을 알게 될 거라고 생각할지 모르겠는데, 그렇지 않다. 나는 내가 쓴 리뷰에 빌리 밥이 연기하는 캐릭터를 이렇게 썼다. "그는 <나쁜 산타Bad Santa>에서 연기한 추잡한 주정뱅이와 <프라이데이 나잇 라이트Friday Night Lights>에서 연기한 미식축구 코치를 합쳐 놓은 인물과 비슷하지만 빌리 밥은 그 캐릭터 중 어느 쪽도 재활용하지 않는다. 그는 산타의 미친 듯한 분노와 코치의 격렬함을 조절하면서, 관객들이 그가 자신을 좋아하는 정도보다 더 그를 좋아하는 시무룩한 낙오자를 창조해 낸다." 그 영화는 지루하지 않았다. 링클레이터는 판에 박힌 이야기를 지어낸 적이 결코 없었다. 앞으로도 그럴 일은 없을 거라고 믿는다.

이제는 흥미로운 점을 생각해 보자. <웨이킹 라이프>의 마지막 숏은 시점 숏이 아니다. 그게 무슨 의미인지 궁금하다.

링클레이터는 영화의 끝부분에 핀볼 플레이어로 출연한다.

# 위대한 독재자

The Great Dictator

| | | |
|---|---|---|
| 감독 | 찰리 채플린 | |
| 주연 | 찰리 채플린, 폴레트 고다드 | |
| 제작 | 1940년 | 125분 |

1938년에, 세상에서 제일 유명한 무비 스타는 20세기가 낳은 괴물을 다룬 영화를 준비하기 시작했다. 찰리 채플린Charlie Chaplin, 1889~1977은 아돌프 히틀러Adolph Hitler와 약간 닮았다. 부분적으로는 히틀러가 리틀 트램프와 똑같은 칫솔 수염을 길렀기 때문이었다. 채플린은 자신이 히틀러와 닮았다는 점을 활용해 독재자와 게토 출신 유대인 이발사가 상대방으로 오해받는다는 내용의 풍자 영화를 만들었고, 그 결과물이 1940년에 개봉된 <위대한 독재자>였다. 채플린 최초의 유성 영화이자 그의 커리어에서 가장 좋은 흥행 성적을 올린 영화였다. 그런데 그는 그 영화 때문에 극심한 고초를 겪게 됐고, 간접적으로는 미국에서 추방돼 기나긴 망명 생활을 해야 했다.

1938년에만 해도 세상은 아직까지는 히틀러를 악의 화신으로 인식하지 않고 있었다. 미국 내의 막강한 고립주의 세력은 유럽에서 발발한 말썽에 개입하지 않는다는 정책을 역설했고, 반反유대주의 단체들은 히틀러가 유대인을 몰살시킬 정책을 펴려한다는 소문을 환영했다. 스페인 내전에 반反프랑코 군대로 자발적으로 참전했던 미국인들을 비롯한 히틀러의 초창기 반대 세력 일부는 훗날 '시대를 앞서간 반反파시스트'로 간주됐다. 히틀러가 여전히 동맹으로 간주되던 시기에 파시즘에 맞서 싸운 그들은 공산주의자일지도 모른다는 의혹을 받았다. <위대한 독재자>는 독재를 비난하고 민주주의와 개인의 자유를 찬양하는 긴 연설로 끝을 맺는다. 이 연설은 좌파에게는 미국의 기본적인 가치관을 역설하는 것처럼 들렸지만, 일부 우파에게는 빨갱이가 하는 주장처럼 들렸다.

그런데 채플린이 '시대를 앞선' 인물이 아니었다면 이 영화는 만들어지지 않았을 가능성이 크다. 홀로코스트의 공포가 세상에 알려지기 시작하자, 히틀러는 더 이상 재미있는 인물이 아니었다. 마르크스 형제Marx Brothers는 그보다 앞선 1933년에 <덕 수프Duck Soup>를 만들었다. 그루초Groucho Marx가 독재자 루퍼스 T. 파이어플라이를 연기하는 그 코미디 영화의 밑바닥에는 유럽에서 실제로 진행되고 있는 불길한 분위기가 깔려 있었다. <위대한 독재자>가 나온 후인 1942년에, 독일 출신 망명객 에른스트 루비치Ernst Lubitsch는 잭 베니Jack Benny가 나치가 점령한 폴란드에서 전쟁에 휘말리는 배우로 출연하는 <사느냐 죽느냐To Be or Not to Be>를 만들었다.

채플린은 자서전에서 히틀러를 경멸하려는 의도로 만들었다는 게 확연한 이 영화는 자신이 나치의 사악함을 철저히 알지 못했다면 그저 재미있는 영화에만 그쳤을 거라고 밝혔다. 실제로 영화는 히틀러를 조롱했다는 이유로 스페인과 이탈리아, 중립국인 아일랜드에서 금지됐다. 그러나 미국을 비롯한 다른 지역에서 상영된 이 영화는 오늘날에는 상상하기 어려운 충격을 관객들에게 전했다. 세상에 리틀 트램프만큼 세계적으로 사랑을 받은 허구 캐릭터는 결코 없었다. 채플린은 <위대

한 독재자>에서 엄밀히 말하면 트램프를 연기하는 게 아니었는데도 딱 트램프처럼 보였다. 다른 게 있다면, 이번에 그가 출연한 영화는 코믹한 우화가 아니라 정치적 풍자 영화라는 거였다.

영화의 플롯은 사건 발생을 거의 불가능하게 만드는, 온갖 요소가 섞인 혼합물에 속한다. 주인공은 제1차 세계 대전에 참전한 이발사 병사다. 독일군 조종사 슐츠의 목숨을 구한 그는 그와 함께 안전한 곳으로 비행하는데, 그 와중에도 그가 적군이라는 사실은 조금도 알지 못한다. 비행기가 불시착하는 바람에 기억을 상실한 이발사는 이후 20년간 자신이 누구인지도 모르고 지낸다. 그러다가 기억을 찾은 그는 토마니아에 있는 그의 이발소로 돌아온다. 그는 독재자 힌켈이 스와스티카 대신 쌍십자의 깃발 아래 권력을 잡았음을 알게 된다. 힌켈의 돌격대원들은 게토를 돌아다니면서 유리창을 박살내고 유대인을 체포한다('강제 수용소concentration camp'라는 용어가 일찍부터 사용된다). 그런데 이제는 차관보가 된 슐츠가 이발사를 알아보고 개입한 덕에 이발소는 화를 면한다.

(트램프가 그랬던 것처럼 이름이 전혀 등장하지 않는) 이발사는 한나(당시 채플린과 소원한 관계이던 실제 아내 폴레트 고다드Paulette Goddard)와 사랑에 빠진다. 그리고 그는 예전 이웃들과 친해진다. 하지만 힌켈에게 반기를 든 슐츠와 그는 결국 강제 수용소에 갇히고, 보트를 타다 사고를 당한 힌켈은 이발사로 오인돼 수용소에 갇힌다. 그러는 사이에 이발사와 슐츠는 힌켈의 군복을 입고 탈출한다. 이제는 온 세상이 이발사를 독재자로 여긴다.

채플린 영화의 전통에 따라, 이 영화에는 개그와 코믹한 팬터마임이 풍성하다. 빵빵한 풍선 지구본을 장난감처럼 갖고 노는 힌켈의 유명한 발레도 그런 사례다. 먹는 푸딩에서 동전을 찾아낸 사람이 힌켈을 암살하는 일에 목숨을 걸어야 한다는 말을 들은 후, 다섯 남자가 푸딩을 먹는 시퀀스가 있다. 누구 하나 동전을 찾아내고 싶은 마음이 없다. 그러면서 속임수가 동원된다. 결과는…… 직접 확인해 보라. 이웃 나라 박테리아의 독재자 벤지니 나팔로니(잭 오키Jack Oakie)가 방문하는 재미있고 긴 에피소드도 있다. 무솔리니를 모델로 삼아 만든 게 분명한 캐릭터인 나팔로니는 키 작은 힌켈이 그를 굽어볼 수 있도록 낮은 의자에 앉히려는 시도를 교묘히 피해 간다. 이웃한 이발 의자에 앉은 두 사람은 자기들 의자를 상대편보다 높이려고 번갈아 펌프질을 해 댄다. 경례에 따르는 혼란도 많이 등장한다. 채플린은 환호하는 어마어마한 규모의 군중을 담은 뉴스 릴과 두 독재자의 숏을 교차 편집한다.

1940년에 이 영화는 관객에게 대단히 강렬한 인상을 줬을 것이다. 히틀러를 광대로 조롱하려 하는 채플린이 자신의 코믹한 페르소나를 동원해 히틀러에 맞서면서 상당한 성공을 거뒀기 때문이다. 관객들은 영화의 유머에 강한 반응을 보였다. 영화는 작품상과 남우 주연상, 남우 조연상(오키), 각본, 음악(메러디스 윌슨Meredith Willson) 등 오스카 다섯 개 부문 후보에 올랐다. 당시 관객들은, 그리고 이후의 관객들도 힌켈 흉내를 내는 이발사가 채플린 자신의 관점을 주장하는 3분이 넘는 독백을 할 때 영화가 막다른 골목에 도달했다고 느꼈다.

믿기 힘들겠지만, 가짜 '힌켈'의 연설을 막으려고 애쓰는 사람은 아무도 없다. 채플린은 카메라를 똑바로 쳐다보며 자기 목소리로 연설한다. 이발사의 목소리가 세계 전역에 울려 퍼지는 동안, 채플린은 코믹한 솜씨는 전혀 발휘하지 않으면서 장면 전환을 딱 세 번만 한다. 그가 하는 말은 지극히 옳은 말이다. 하지만 그 연설은 코미디의 김을 다 빼 버리면서 영화를 강연처럼 끝맺고, 음악 소리가 커지는 가운데 고다드가 하늘을 바라보며 힌켈이 없는 미래를 기쁜 마음으로 응시하는 숏이 뒤를 잇는다. 이 결말은 개봉 당시에 별다른 효력을 발휘하지 못했다. 지금도 다르지 않다. 채플린이 코믹한 페르소나를 내던지는 건 위험한 일이다. 영화의 톤이 급작스레 바뀌고, 관객들은 그가 얼마나 오랫동안 연설을 할 것인지 의아해하는 지경에 이르기 때문이다(그가 코미디 연기를 할 때에는 절대로 생기지 않을 의문이다). 영화는 결말에 사설社說이 따라붙은 코미디처럼 느껴진다.

그럼에도 채플린은 연설을 계속하기로 결심했다. 어쩌면 그 연설이 그가 이 영화를 제작한 이유였을 것이다. 그는 히틀러를 조롱하기 위해 리틀 트램프 캐릭터와 사비 150만 달러를 위태롭게 만들었다(그리고 그는 유대인 난민수용소에 수백 만 달러가 투입되는 데 중요한 역할을 했다). 그는 자신의 주장을 영화로 펼쳤고, 영화는 대규모 관객을 찾아냈다. 그리고 그는 최후의 연설로 이어지는 긴 시간 동안 자신이 가진 선천적인 코미디 천재성을 보여 준다. 영화는 재미있다. 우리가 채플린에게 기대하는 그런 영화다. 게다가 이 영화는 용감하기까지 하다. 그는 이후로 다시는 콧수염을 기른 왜소한 사내를 연기하지 않았다.

이제부터는 내 기억이다. 1972년에 베니스영화제는 채플린이 직접 보유한 컬렉션에서 가져온 프린트들로 채플린 전작全作 회고전을 열었다. 폐막일 밤, 그의 걸작 <시티 라이트City Lights>(1932)가 피아자 산마르코의 야외에서 상영됐다. 조명이 꺼졌고, 오케스트라는 한 세기가 넘는 기간 동안 처음으로 침묵에 잠겼다. 영화는 좌석 없이 기립한 채로 관람하는 관객들 앞의 거대한 스크린에 상영됐다.

영화가 끝났다. 앞 못 보는 꽃 파는 아가씨는 세상을 볼 수 있게 됐고, 리틀 트램프가 자신을 구해 준 사람이라는 걸 깨닫는다. 관객들은 곳곳에서 코를 훌쩍이고 코를 풀었다. 그런 후 스포트라이트 하나가 어둠 속에서 솟아올라 광장을 내려다보는 발코니를 비췄다. 왜소한 남자가 밖으로 나와 손을 흔들었다. 우리는 환호성을 올리고 또 올렸다.

# 위드네일과 나

Withnail & I

| 감독 | 브루스 로빈슨 | |
|---|---|---|
| 주연 | 리처드 E. 그랜트, 폴 맥건, 리처드 그리피스 | |
| 제작 | 1987년 | 107분 |

내가 술을 마시던 시절, 우리 술친구 일부는 우리가 드런치drunch•라고 부르던 걸 마시려고 토요일 정오 무렵에 옥스퍼즈 펍에 모이고는 했다. 우리는 양주잔에 담긴 크렘 드 망트 몇 잔과 피인트 잔에 담긴 진짜 코크 몇 잔으로 해장 술판을 시작하고는 했다. 알코올과 설탕, 카페인이 섞이면 해장이 될 거라는 기대에서였다. 우리는 그러고는 간밤에 일어났던 지독한 사건들의 유쾌한 측면들 때문에 눈물이 흐를 때까지 깔깔거리곤 했다. 그러는 동안 나는 '우리는 웃는다. 그러므로 우리는 우는 게 아니다'라는 말을 종종 인용하고는 했다. 애초에 그 말을 한 사람은 아무도 없었다는 걸 이제야 깨달았지만 말이다. 나는 늘 그게 셰익스피어가 한 말이라고 생각했었다. 그런데 실제로는 내가 한 말이었다.

이 이야기를 하는 건 내가 <위드네일과 나>에 공감하는 이유를 설

• 영어 drink와 brunch를 합친 말

명하기 위해서다. 이 영화는 술에 취했을 때의 경험을 무척이나 잘 전달하기 때문에, 내가 그 경험을 이 영화보다 잘 설명할 수 있는 방법은 당신 뒤에 서서 얼어붙은 콩이 든 1킬로그램짜리 봉지로 당신의 머리를 갈기는 것밖에 없을 것이다. 이 영화의 시나리오 집필과 연출을 겸한 브루스 로빈슨Bruce Robinson, 1946~ 은 1960년대에 대체로 백수로 지낸 배우이자 풀타임 알코올 중독자였던 비비언 매커렐Vivian Mackerrell과 맺은 우정에 기초해 영화의 대부분을 창작했다고 한다. 두 사람은 런던에서 거처와 궁핍한 생활을 공유했다. 로빈슨은 전구가 하나밖에 없어서 이 방 저 방으로 옮겨 다닐 때마다 전구를 빼다 끼웠다 했다고 궁핍했던 시절을 회상한다. 평론가 마크 모리스Mark Morris는 '실제 위드네일The Real Withnail'이라는 글에 이렇게 썼다. "스코틀랜드 고향집에 다니러 갔던 매커렐이 술병들을 품에 안고 돌아왔을 때, 로빈슨은 이 생활을 끝내야 한다는 사실을 깨달았다. 로빈슨의 주장에 따르면, 매커렐이 가져온 술은 도수가 2백 도로, 양조장 일꾼들이 몹쓸 위스키 필터들을 탈수기에 넣고 돌려서 만든 술이었다. 술에 취해 인사불성이 된 로빈슨과 매커렐은 해머와 의족으로 자신들이 사는 집의 벽을 때려 부쉈다. 그런 일까지 겪었는데도 로빈슨과 매커렐이 각자의 길을 가자는 마음을 먹기까지는 이후로 여섯 달이 더 걸렸다."

영화에서나 실제로나, 위드네일과 '나'는 가난과 난장판 속에서 산다. 그러면서 그들은 다른 짓을 하느라 귀중한 음주 시간을 낭비하는 짓 따위는 하지 않는다. 술을 마시는 데는 돈이 드는데, 위드네일(리처드 E. 그랜트Richard E. Grant)이 "위스키 네 잔하고 맥주 2파인트"를 번개같이 주문하는 것을 보면, 그는 유복한 동성애자인 몬티 위드네일 삼촌(리처드 그리피스Richard Griffiths)에게서 연금을 받고 있을 가능성이 크다. 환경을 바꿔야 할 필요가 있다고 느낀 그들은 몬티 삼촌을 찾아가 시골 별장을 빌려 달라고 간청한다. 아마도 그들은 지리학을 이용

한 치유법을 찾는 중인 것 같다.

로빈슨은 자신을 바탕으로 삼아 '나' 캐릭터를 창조했다. 영화를 열심히 본 관객이라면 영화에 나오는 전보에 캐릭터의 이름이 마우드Marwood라고 적혀 있음을 알 것이다. 그러나 이 이름은 대사에는 전혀 언급되지 않는다. 마우드는 내면에 정상인의 멀쩡한 심리 상태와 신중함의 씨앗을 품고 있다. 그는 술을 마시더라도 폭음을 하는 수준에 그치지만, 위드네일은 달랠 수 없는 갈증을 달래려는 듯 미친 듯이 술을 퍼붓고 있다. 위드네일은 격렬한 분노에도 사로잡혀 있다. 그는 세상 사람 모두와 세상 만물에 거의 늘 분노해 있다. 예외라면 최근에 느낀 숙취와 다음 번 술판 사이에 때때로 창문이 열리는 짧은 시간 정도다. 그는 자기가 하는 말을 강조하기 위한 표현으로 쌍욕 세례를 퍼붓고, 그의 표정은 지독한 분노를 표출한다. 그는 무엇에 분노하는가? 아마도 마우드는 제외한, 그의 인생을 비참하게 만들려는 계략을 꾸미는 세상과 거기에 존재하는 모든 이에게일 것이다.

리처드 E. 그랜트의 연기는 걸출하다. <위드네일과 나>는 그의 두 번째 영화였다. '인터넷 무비 데이터베이스Internet Movie Database, IMDb'에는 그가 출연한 다른 영화 76편의 크레디트가 올라 있지만, 그의 운명은 경력 초기에 맡아서 그의 아이콘이 된 이 캐릭터의 연기와 영원토록 결부된다. 실제 그랜트를 공격적이고 분기탱천한 사람으로 상상하는 사람들이 오늘날에도 분명히 있다. 하지만 실제의 그는 연기 재능이 있는 또 다른 배우일 뿐이다. 위드네일은 어울리지 않는 배우가 연기했다면 코믹한 술꾼이 됐을 가능성이 크다. 그러나 리처드 E. 그랜트는 절대로, 단 1초도 캐릭터를 망가뜨리지 않는다. 그는 끊임없이 상처를 입으면서도 공격적인 태도를 취한다. 지나치게 멀리 가는 법이 절대로 없고, 느긋한 모습을 보이는 일도 절대로 없다. 그는 영화가 끝날 때까지 방심하지 않으면서 에너지로 충만해 있다.

마우드 역의 폴 맥건Paul McGann은 현실을 애매하게 파악하는 사람의 특성을 반영한다. 그리고 그는 이 역할에 제대로 된 선택이었음을 보여 준다. 그는 상대 배우를 돋보이게 하는 조역이나 스파링 파트너를 연기하는 게 아니라, 인사불성 상태를 향해 떠나는 하루하루의 여행에 동행하는 길동무를 연기한다. 그는 실낱같은 상식을 유지하고 있다. 위드네일이 라이터 용액이 든 통을 낚아채 목에다 용액을 짜 넣자 마우드는 기겁한다. 위드네일이 부동액을 찾기 시작하자 마우드는 울부짖는다. "섞어 마시면 안 돼!" 믿기 어렵겠지만, 이 신조차 창작해서 만든 신이 아니다. 비비언 매커렐은 라이터 용액을 마시고는 며칠간 앞을 보지 못했다. 로빈슨은 매커렐이 51세 나이에 인후암으로 사망한 데에는 그 사건 탓도 있었을 거라고, 그 일과 그의 흡연이 큰 이유였을 거라고 생각한다. 위드네일은 담배가 활력의 원천인 것처럼 담배를 피운다.

그들이 시골 별장에 체류하면서 벌어지는 사건들이 영화의 중심이다. 그들은 불을 피우고 요리를 하는 등의 일에 있어서는 딱하리만치 무력하다. 수탉이 오븐에 배치되는 마지막 모습은 쉽게 잊히지 않는 광경이다. 그들은 지역 주민들과도 마찰을 빚는다. 펍에서 위드네일에게 비난당하는 밀렵꾼도 거기에 포함된다. "당신은 가랑이에 뱀장어를 갖고 다니잖아!"

별장에 찾아온 몬티 삼촌은 마우드에게 호감을 보인다. "강도죄를 범하는 것일지라도 자네를 갖고야 말겠다는 뜻이야!" 로빈슨은 이 구애가 프랭코 제피렐리Franco Zeffirelli의 낭만적인 서막에서 자극을 받아 이뤄진 거라고 말한다. 몬티 삼촌은 제피렐리의 <로미오와 줄리엣Romeo and Juliet>에서 벤볼리오를 연기하는 중이다. 리처드 그리피스는 이 역할을 놀라울 정도로 잘 연기해 낸다. 낭랑한 목소리로 은근히 마우드의 마음을 떠보면서도 속내를 드러내지 않는 그의 방식은 감동적이다. (위드네일이 "몬티 삼촌은 연기를 하셨었어"라고 말하자 그는 대꾸한다.

"나는 그런 식으로는 말하지 않겠어. 내가 젊었을 때 무대를 기어 다녔던 건 사실이지만, 내 핏줄에 연기의 피는 절대로 흐르지 않았어.")

이 영화의 대사는 유명하고 자주 인용된다. 영국에서 일부 대사는 대중의 일상에 편입됐다. "부츠가 뜨거울 때에는 부츠를 신지 못하겠어." "저것들은 다른 사람들이 안을 들여다보는 그런 창문들이란 말이야." "난방을 한다고? 이 담배 주위에 둘러앉는 편이 나아." "내 엄지들이 이상해졌어!" 그리고 마약상 대니가 하는 대사인 "머리카락은 우리의 안테나야. 우주에서 날아오는 신호를 포착해서 뇌로 직접 전달하지. 대머리들이 초조해하는 이유가 바로 그거야."

대니(랠프 브라운Ralph Brown)의 대사는 이 영화의 핵심을 전달한다. "인류 역사에서 가장 위대했던 10년인 1960년대가 끝날 때까지 91일 남았어." 이 영화는 타임캡슐이다. 술이 마약보다 중심적인 역할을 하기에 더욱 그렇다. 각성제와 진정제의 정치적인 문제에 대한 대니의 이론은 예언적이지만 말이다. 위드네일과 마우드는 해방감과 자신감을 술병 속에서 찾아낼 수 있을 거라는 착각을 공유한다. 술을 마시면 행복해지냐고 물으면 그들은 그렇다고, 그래서 술을 마시는 거라고 대답할 것이다.

그런데 글쎄, 위드네일은 꼭 그런 것 같지는 않다. 그는 명확하지 않은 채로 남은, 그가 절대로 언급하지 않는 이유들 때문에 자살을 하려는 것 같다. 그는 술 몇 병을 들이 붓고 담배를 빨아들이고 세계를 소외시키면서 늘 분노에 차 있는 듯하다. 영화 막바지에서 그는 퍼붓는 빗속에서 펜스 옆에 서서 "인간이란 참으로 걸작이 아닌가!"가 포함된 햄릿의 독백을 연기한다. 그는 자기 자신을 정확하게 반영한 대사를 인용할 수 있는, 현대 영화에서 드문 캐릭터 중 한 명이다.

그 장면은 이 영화의 품격을 잘 반영한다. 그런 점에서 보면 위드네일과 마우드, 몬티는 좋은 교육을 받고 문학과 연극에 열중하는 사람들이다. 그래서 그들의 대사는 멍청하지 않고, 심지어 최악의 상황에서도 지적인 면모와 위트를 보여 준다. (다음은 마우드가 펍에서 어떤 남자에게 위협을 당한 후에 하는 대사다. "나는 저 사람처럼 덩치 큰 사람들은 의식적으로 화나게 하지는 않아. 그리고 이 남자는 분명 호르몬 불균형 상태야. 지금보다 남성 호르몬이 더 분비되면 우리는 나무에 올라가서 살아야 할 거야.")

낙담한 목소리로 물어보겠다. 어째서 이 영화는 개봉한지 20년이 넘은 지금도 인기를 누리는 걸까? 이 영화는 우울한 분위기 면에서 일종의 초월성을 이뤄 냈다. 이 영화는 본연의 모습을 비타협적으로 진지하게 유지한다. 이 영화는 관객을 가르치려 들지 않는다. 이 영화는 재미있으면서도, 일관된 길을 유지한다. 그리고 배우들은 잊을 수 없는 연기를 펼친다. 브루스 로빈슨은 그 시대를 목격하고 겪고 살아남아서는 냉소나 씁쓸함이 아닌 진실한 마음가짐으로 그 시대를 기억한다. 그는 위드네일이라는, 현대 영화의 아이콘 같은 인물 중 하나를 창조했다. 우리 대부분은 위드네일과 비슷한 사람을 알고 있을 것이다. 그러나 위드네일은 우리 같은 사람들을 결코 알지 못할 것이다. 그의 마음은 어딘가 다른 곳에 존재했다.

# 의지의 승리

Triumph des Willens

| 감독 | 레니 리펜슈탈 | |
|---|---|---|
| 제작 | 1935년 | 114분 |

일반적으로 역사상 가장 뛰어난 다큐멘터리 중 한 편으로 간주되는 작품

내가 1994년에 이 작품보다 뛰어난 다큐멘터리인 레이 뮐러Ray Müller의 <레니 리펜슈탈의 경이롭고 끔찍한 삶Die Macht der Bilder: Leni Riefenstahl>의 리뷰에 쓴 글이다. 내가 언급한 작품은 1934년에 뉘른베르크에서 열린 나치 전당 대회와 집회를 다룬 리펜슈탈Leni Riefenstahl, 1902~2003의 <의지의 승리>다. 다른 이들도 내 의견에 뜻을 같이 했었다. 우리 모두는 그 작품은 위대하지만 사악한 작품이라는 일반적으로 통용되는 의견을 고스란히 받아들였고, 나는 리뷰를 하면서 위대한 예술이 악에 봉사할 수 있는지 여부에 의문을 제기했다. 나는 인종주의적인 <국가의 탄생The Birth of a Nation>을 리뷰하는 고통스러운 와중에 <의지의 승리>를 다시 언급했다.

그런데 <의지의 승리>에 대한 내 기억은 얼마나 생생했을까? 내가 그 작품을 본 건 대학생 때였을 것이다. 그래서 1994년에도 내 기억은 오래되고 흐릿한 데다, 작품의 '위대함'을 역설하는 숱한 주장에 압도된 상태였다. 나는 그 작품을 방금 전에 다시 봤다. 그러면서 내가 그 작품을 칭송했었다는 사실에 깜짝 놀라고 있다. 이 작품이 역사적으로 가장 중요한 다큐멘터리에 속한다는 말은 맞다. 그런데 최고의 작품에 속하는 걸까? 이 작품은 끔찍한 영화다. 사지가 오그라질 정도로 우둔하고 어리석으며 지나치게 긴 데다, 보는 이의 마음을 '조종'조차 제대로 못한다. 진정으로 나치를 신봉하는 사람이 아닌 일반 관객을 조종하기에는 만든 솜씨가 너무나 서투르기 때문이다. 이 작품은 이 분류에 속한 다른 영화들이 위대하다는 의미에서 '위대한 영화'는 아니다. 그러나 이 영화는 명성과 이 작품이 드리운 그림자 측면에서 '위대하다.'

최근에, 또는 과거에 이 작품을 본 적이 있는가? 이 작품은 1934년 9월에 수십만 명의 나치당원과 군대, 지지자들이 아돌프 히틀러의 '사열'을 받으려고 뉘른베르크에 모여 가진 대회를 기록한다. 사열은 적절한 용어다. 영화의 기다란 부분은 보병부대, 기병대, 포병부대, 심지어 삽을 라이플처럼 든 노동자들이 이루는 대형들로만 구성되어 있다. 그들은 절도 있는 완벽한 대형을 갖추고 히틀러 앞을 행진하며 오른팔을 들어 경의를 표하고는 히틀러의 답례를 받는다. 영화의 오프닝 섹션들은 히틀러가 야외에서 군중을 상대로 연설하는 모습을 보여 주고, 결말에는 그가 당 대회 폐막식이 열리는 거대한 강당에서 하는 연설이 등장한다.

수십만 명이 모인 장소를 기록한 다른 영화를 떠올려 보라. 모든 초점이 멀리 떨어진 무대에 있는 한두 사람에게 맞춰지는 영화, 그 인물들을 추종의 대상으로 삼는 영화. 그 영화는 물론 록 다큐멘터리 <우드스톡Woodstock>(1970)이다. 그런데 그 영화의 감독 마이클 웨들리

Michael Wadleigh가 자기 작품의 형식에 수반된 난점에 접근하는 방식을 숙고해 보라. 그는 이 대규모 콘서트의 준비 과정을 보여 주는 것으로 작품을 시작한다. 자동차, 버스, 자전거, 도보 여행객 들이 도착하는 모습을 보여 준다. 그는 그들의 끼니를 먹이기 위해 준비되는 일들을 보여 준다. 이동 화장실을 관리하는 담당자를 사람들의 영웅으로 만든다. 그는 군중이 텐트에서나 맨땅에서 자는 모습을, 냇물에서 씻는 모습을, 심지어는 사랑을 나누는 모습을 보여 준다. 그는 그늘에 들어가 햇볕을 피하고 진창을 헤치고 나가는 그들의 모습을 보여 준다. 그는 의료 문제를 보여 준다. 군중이 서서히 사라지는 모습을 보여 준다.

이와 대조적으로 리펜슈탈의 카메라는 뉘른베르크 집회의 가장 매혹적인 측면 중 하나인, 이 집회가 어떻게 조직되었느냐에 대해서는 염두에 없다. 수학적 정밀함을 보여 주듯 설치된 광대한 텐트촌을 오버헤드 숏으로 담은 화면들이 등장하는 것은 맞다. 그런데 수천 명의 사람들은 어떻게 식사를 하고, 용변을 보고, 각자의 제복과 무기를 어떻게 준비했으며, 어떻게 집합해서 도시를 가로지르는 행진을 시작하게 됐을까? 우리는 절도 있는 대형을 이룬 나치 수만 명을 오버헤드 숏으로 찍은 모습을 본다. 대열에 빈자리는 하나도 없고 대열 바깥쪽으로 걷는 사람도 한 명도 없다. 그들은 그 순간 전까지 햇볕 아래 얼마나 오래 서 있어야 했을까? 히틀러 앞을 지난 행진을 마친 후에는 어디로 가서 무슨 일을 했을까? 어떤 면에서 리펜슈탈은 이 집회의 가장 재미없는 부분을 포착해서 보여 준다.

무척이나 절도 있는 대형을 갖춘 터라 각자가 신체적으로 느끼는 나름의 감정들을 드러내기를 거부하는, 행진하는 군대가 좀비처럼 하는 복종에는 분명 교훈이 있다. 미소를 짓거나 하품을 하는 병사를 찾아보라. 하나같이 준엄하고 결연한 표정에 진지한 분위기다. 히틀러도 마찬가지다. 말들이 대열을 이뤄 지나갈 때 딱 한 번 웃는 때를 제외하면

말이다. '분열 행진'을 제외하면, 그 외에 영화에 담겨 있는 건 무엇인가? 영화 도입부 근처에 이런 행사에 으레 동원되는 상투적인 말들을 큰소리로 외쳐 대는 나치당 간부들의 클로즈업이 연달아 등장한다. 히틀러가 하는 연설이 두 차례 있다. 둘 다 놀라울 정도로 짧고, 고상함이라고는 찾아볼 길이 없으며, 둘 모두에 동원된 언어들은 딱딱하기 그지없다. 그는 당은 "독일의 비타협적인 유일 권력"이 돼야 한다고 역설한다.

인간적인 흔적을 찾아보라. 리펜슈탈은 인간적인 관심사에는 전혀 눈길을 주지 않는다. 개인적인 존재와 개성은 집단의 조화와 순응에 박살난다. 미소 짓거나 고개를 끄덕이는 사람들의 모습이 가끔 등장하지만, 서로 말을 나누는 모습은 극히 보기 드물다. 히틀러를 '인간화'하려는 시도는 전혀 없다. 그가 폐막 연설을 할 때 그의 얼굴에는 땀방울이 흘러내린다. 우리는 앞의 숏들에서는 땀이 보이지 않았었다는 것을 깨닫는다. 그가 군대를 사열할 때 완벽하게 구도가 잡힌 숏들을 위해 포즈를 잡는 것은 가능할까? 35밀리미터 카메라와 스태프가 그의 차가 지나는 거리 옆에 잠깐 등장한다. 그를 인도 높은 곳에서 찍은 카메라는 아마도 크레인에 장착된 카메라로, 여러 사건을 동시에 찍을 수는 없었을 것이다.

"영화를 지금 다시 보면, 재구성된 신은 하나도 들어 있지 않다는 걸 확인할 수 있을 거예요." 리펜슈탈이 뮐러의 다큐멘터리에서 자기 작품을 옹호하며 한 얘기다. 그녀가 말한 "재구성"은 무슨 뜻일까? 우리는 집단 '행군'이 재구성됐을 거라고는 생각하지 않는다. 그러나 노동자 여단이 자신들은 늪, 들판 등 여러 곳에서 노동한다고 한목소리로, 아마도 히틀러를 향해 구호를 외칠 때, 그러다 큰소리로 묻는 "제군은 어디에서 왔는가?"라는 질문에 개인들이 고향 마을이나 지역의 이름으로 화답하는 신들은 어떨까? 그들 모두가 질문을 들을 수 없었을 것이다. 각각의 대답은 따로따로 촬영해서 찍은 것이다.

자연스러운 모습에 대한 의문들도 제기된다. 히틀러가 연설하는 동안, “지크 하일Sieg Heil(승리 만세)!” 구호가 정확히 여섯 번 등장하면서 그의 연설을 중단시킨다. 구호를 언제 시작하고 끝낼지 지시하는 신호가 있는 것처럼 보인다. 그리고 우리는 영화 내내 “지크 하일!”이 시작할 때나 끝날 때 단체의 목소리에서 어긋나는 개인의 목소리가 전혀 들리지 않는다는 것을 깨닫는다. 집단이 한목소리로 외치는 단일한 목소리만 들릴 뿐이다. 나는 나도 모르게, 이 영화가 자신의 메커니즘을 드러내는 다른 순간들을 찾아내려고 집중해서 영화를 감상했다. 리펜슈탈은 카메라 30대와 스태프 150명을 동원했지만, 스크린에서 볼 수 있는 카메라는 딱 한 대뿐이다. 허공에 걸린 거대한 스와스티카 깃발 세 장이 등장하기 전에 나오는 야외 집회에서 첫째 깃발과 둘째 깃발 사이에 있는, 둘째 깃발이 드리운 그림자에 덮인 엘리베이터에 있는 카메라를 볼 수 있다. 퍼레이드를 더 잘 보려고 기둥에 오른 남자의 숏에서, 그녀는 그가 오른팔로 경의를 표하는 모습을 보여 주려고 컷 해서 돌아간다. 그가 양손을 모두 떼고서는 몸을 지탱할 수 없다고 판단한 나는 두 숏 모두에서 그의 왼발이 프레임 밖에 있음을 깨달았다. 그가 지지대 위에 서 있다는 데에는 의심의 여지가 없다. 다른 사소한 디테일들도 있다. 스크린에 등장하는 사람들의 머리는 하나같이 갓 깎은 것처럼 보인다.

<의지의 승리>가 위대한 프로파간다 영화라는 데에는 의심의 여지가 없다. 다양한 설문 조사도 이 영화를 그런 작품으로 꼽아 왔다. 그러나 이미 나치가 된 사람이 아닌 사람이 이 영화를 보고 나치즘에 매력을 느낄지 여부는 의심스럽다. 이 영화에 따르면, 나치가 되는 것은 하나님 같은 히틀러의 노예로 살기 위해 넋을 빼앗긴 졸개가 된다는 뜻이다. 그럼에도 나치즘은 분명 독일에서 한동안 엄청난 설득력을 발휘해 왔다. 히틀러는 나치가 독일의 유일당이 될 것이고, 당의 지도자

는 향후 1천 년간 독일의 유일한 지도자가 될 것이라는 주장을 명확하고 자세히 설명했다. 마지막에는 나치당가인 'Horst-Wessel-Lied(호르스트 베셀의 노래)'가 울려 퍼진다. 나치 치하에서는 이 노래의 1절과 4절이 흐르는 동안 오른팔 경례를 하도록 법으로 정해져 있었다. 우리는 <의지의 승리>에서 엄청나게 많은 오른팔 경례를 본다. 그러면서 히틀러가 매번 경례했던 팔을 내리기 전에 어떻게 흡족한 기색으로 손가락들을 손바닥으로 접어 넣는지를 주목한다. 이 얼마나 소름 끼치는 인간이란 말인가. 그토록 많은 독일인이 그를 받아들인 건 그 얼마나 미친 짓인가. 정신이 번쩍 드는 생각이 있다. 스크린에 등장한 사람 대부분은 카메라에 포착되고 몇 년 안에는 이 세상 사람이 아니었다.

# 이유 없는 반항

Rebel Without a Cause

| | | |
|---|---|---|
| 감독 | 니컬러스 레이 | |
| 주연 | 제임스 딘 | |
| 제작 | 1955년 | 111분 |

두 분은 나를 찢어발기고 있어요! 어머니는 이 얘기를 하고 아버지는 다른 얘기를 하고, 그래 놓고는 모두 다시 말을 바꿔 버려요.

제임스 딘James Dean은 고뇌에 찬 모습으로 이런 말을 울부짖는다. 이 대사는 <이유 없는 반항>에서 그가 연기하는 캐릭터인, 반항적이면서도 이유가 분명치 않은 짓을 벌이는 짐 스타크보다는 연기 클래스에 더 많은 것을 빚진 듯 보이는 대사다. 그가 1955년에 이 영화의 개봉을 한 달 앞두고 자동차 사고로 세상을 떠났기 때문에, 이 영화는 으스스한 분위기를 풍기는 명성을 얻었다. 이 연기는 오랫동안 유명해질 커리어를 펼칠 거라는 기대를 폭넓게 받던 연기자가 사후死後에 늘어놓은 불평이었다. 딘 생전에 개봉된 영화는 <에덴의 동쪽East of Eden>(1954)뿐이었다. 그의 마지막 영화 <자이언트Giant>는 1956년에 개봉했다. 그러고 나서 그의 삶과 연기는 전설이 됐다.

영화는 세월을 그리 잘 견뎌 내지 못했다. 그리고 딘의 연기는 중요한 연기자가 탄생했음을 보여 주는 연기라기보다는 브란도Marlon Brando보다 아래 단계에 속한 연기자가 펼친 연기에 더 가까워 보인다. 하지만 당시에 <이유 없는 반항>은 어마어마한 영향력을 발휘했다. 이 영화는 젊은이들에 대한 새로운 관념을 탄생시킨 획기적인 사건이었다. <위험한 질주The Wild One>(1953)에서 못돼 먹은 모터사이클 갱 리더를 연기한 말론 브란도, 1955년의 제임스 딘, 1956년에 등장한 엘비스 프레슬리Elvis Presley. 이 세 롤 모델은 젊은이들이 대중문화에 등장하는 방식을 결정적으로 바꿔 놓았다. 세 사람은 더 여성스럽고 더 섹시하며 더 혼란스럽고 더 모호한 존재가 될 수도 있는 사람들이었다.

"사내다운 모습을 보여야 할 때 아버지는 무슨 일을 할 수 있나요?" 짐 스타크는 무력하기만한 아버지 프랭크 스타크(짐 바커스Jim Backus)에게 묻는다. 그러나 아버지는 답을 모른다. 어느 그로테스크한 신에서, 비즈니스 정장 위에 주름 장식이 된 앞치마를 걸친 아버지는 바닥에 쏟아진 음식을 치우고 있다. 짐의 집안은 고압적인 어머니(앤 도런Ann Doran)와 외할머니(버지니아 브리색Virginia Brissac)가 지배하고 있다. 영화의 도입부에서 짐은 아버지를 지켜보다가 청소년 담당관에게 말한다. "어머니를 꼼짝 못하게 만들 용기가 아버지한테 있었다면, 어머니는 행복해하면서 아버지를 괴롭히는 걸 그만둘지도 몰라요."

짐은 세월이 흐른 뒤에 민권 운동과 반전反戰 운동에 합류하지는 않았을 것이다. 그런데 이 영화가 주장하는 바는 짐이 불만을 느끼는 이유조차 짐을 외면한다는 것이다. 1950년대 초에, 그의 초점이 분명치 않은 분노는 대중 심리학에 딱 맞아떨어졌다. 이 영화의 원작은 로버트 린드너Robert Lindner가 1944년에 발표한 같은 제목의 책으로, 영화는 당시 유행하던 용어인 '청소년 범죄juvenile delinquency'에 대한 우려를 반영했다. 영화에 더 직접적인 영감을 준 것은 1943년에 출간됐지만 지금은

E21-52

잊힌 필립 와일리Philip Wylie의 『독사들의 세대A Generation of Vipers』일 것이다. '마미즘Momism'이라는 용어를 만들어 낸 이 책은 현대 미국의 그릇된 점 중 상당수는 여성의 지배력이 확장된 탓이라고 비난했다. "어머니는 아버지를 산 채로 잡아먹고, 아버지는 그걸 고분고분 받아들여요." 짐 스타크가 아버지에 대해 경찰에게 하는 말이다.

아버지를 배신한 어머니를 역겨워하는 햄릿처럼, 짐의 감정은 내면 깊은 곳에 자리한 불안감을, 삶은 존재하느냐와 존재하지 않느냐를 놓고 하는 무의미한 선택이라는 느낌을 위장한다. 당시 프랑스에서는 그런 감정을 '실존주의'라고 불렀다. 그러나 로스앤젤레스에 거주하는 짐 같은 반항아들은 자신이 느끼는 감정을 그리 뚜렷하게 설명할 재주가 없었다. 짐이 이웃에 사는 여자아이 주디(내털리 우드Natalie Wood)에게 처음으로 말을 걸었을 때, 주디는 즉석에서 맞받아친다. "너 여기 사는구나?" 그가 한 말에 그녀는 이렇게 대꾸한다. "누가 살아 있다는 거야?"

짐과 그의 새로운 숙적 버즈(코리 앨런Corey Allen)가 버즈의 목숨을 앗아가게 될 치명적인 '치킨' 게임을 벌이기 전에 대화하는 신을 숙고해 보라. 짐은 고등학교에 새로 전학 왔다. 버즈는 잭나이프로 짐의 타이어에 펑크를 내고는 짐에게 '치킨 런' 게임을 하자고 도전한다. 두 사람이 훔친 차를 절벽으로 몰고 가다가 차에서 먼저 탈출하는 쪽이 겁쟁이(치킨)가 되는 게임이다.

기이하게도 레이스 직전에 버즈는 짐에게 이렇게 말한다. "있잖아, 네가 마음에 들어."

"우리가 왜 이런 짓을 해야 하지?" 짐이 묻는다.

버즈는 대답한다. "뭔가는 해야 하잖아."

그들의 대결을 위한 철학적 무대는 일찍이 오후에, 그러니까 그리피스

파크 천문대로 견학을 갔을 때 펼쳐졌다. 강연 주제는 '인류의 종말'이다. 강사는 태양이 점점 커지다 폭발해서 인류를 쓸어 버리는 과정을 유쾌한 목소리로 묘사한다. "지구라고 예외는 아닐 겁니다." 강사는 학생들에게 설명한다. "우주의 저 무한한 모서리 안에서, 인간의 문제들은 정말이지 하찮은 것처럼 보입니다. 홀로 존재하는 인간은 보잘것없는 에피소드처럼 보일 겁니다." 학생들에게 필요한 낙천적인 설명은 아니다.

천문대 강연을 들은 영화의 다른 주요 캐릭터인, 왜소하고 신경질적이며 친구들한테 괴롭힘을 당하는 플라토(샐 미네오Sal Mineo)는 씁쓸하게 중얼거린다. "혼자 있는 사람에 대해서 뭘 안다고 저러는 거야?" 플라토가 게이이고 그가 짐에게 반했다는 사실은 요즘의 눈으로 보면 명확해 보이지만, 1955년에는 눈에 덜 띄었다. 천체 투영관에서 그는 짐의 어깨를 애무하듯 만진다. 버즈의 차가 절벽 너머로 돌진하면서 버즈가 목숨을 잃은 후, 학생들 모두는 기이할 정도로 침착한 모습을 보인다. 짐은 플라토를 집에 태워다 주고, 플라토는 그에게 묻는다. "야, 우리 집에 가지 않을래? 집에 아무도 없어서 말이야. 그리고 젠장, 나는 피곤하지 않아. 너는 어때?" 하지만 짐은 주디의 집 쪽을 바라보고, 잠시 후 플라토도 안타깝다는 듯이 그쪽으로 시선을 던진다.

주디의 집에 흐르는 성적인 불안감도 있다. 저녁 식사 장면에서 주디는 아버지(윌리엄 호퍼William Hopper)의 뺨에 뽀뽀를 한다. 그러자 아버지는 당황하는 반응을 보인다. "왜 이러니? 너는 이런 일을 하기에는 나이를 먹을 만큼 먹었어. 네 또래 여자애들은 그런 짓은 하지 않아." 그러자 주디는 대꾸한다. "여자애들은 자기 아버지를 사랑하지 않나요? 언제부터요? 내가 열여섯 살이 된 다음부터요?" 이 장면에 내포된 뜻은 주디의 아버지가 딸에게 느끼는 성적인 감정을 두려워한다는 것이다. 실패한 아버지들을 모아 놓는 컬렉션을 제대로 완성하기 위한 설정으로, 플라토의 아버지는 사망했거나 가족을 떠났다. 그가 하는 이야기는 그때그때 바뀌고, 지금 그를 부양하는 사람은 모성애가 넘치는 흑인 가정부다.

버즈의 죽음에 관련됐다는 책임감에서 벗어나려 애쓰는 짐은 (여전히 앞치마를 두르고 있는) 아버지에게 조언을 들으려 애쓰다 부모님과 말다툼을 한다. 집을 뛰쳐나가던 그는 잠시 걸음을 멈추고는, 편하게도 문 옆 마룻바닥에 기울어진 채로 놓여 있는 어머니의 초상화에 발길질을 해댄다. 그는 자기 심정을 알아준 청소년 담당관과 이야기를 하려고 경찰서를 찾아가지만, 버즈 패거리에게 발각된다. 패거리는 짐에게 화가 나있다. 경주 때문에 버즈가 죽어서 그러는 게 아니라, 짐이 경찰에게 자신들을 고자질했다고 생각하기 때문이다.

그들에게서 숨으려는 짐과 주디는 플라토를 따라 천문대 근처에 있는 버려진 맨션으로 간다. 거기서 그들은 플라토가 부동산 중개인이 되고 짐과 주디는 저택을 둘러보러 온 부부 행세를 하는 기이한 연극을 벌인다. 자식이라는 주제가 등장하자, 플라토는 자식은 지나치게 시끄럽고 성가신 존재라며 부정적인 조언을 내놓는다. 짐도 동의한다. "걔들을 강아지처럼 익사시켜 버리는 게 어때?" 그는 자신의 아버지를 연기한 바쿠스가 목소리 연기를 했던 만화 캐릭터 미스터 마구의 목소리로 말한다. 이 장면은 오싹한 수준을 넘어선다. 이후에 등장하는 다정한 신에서, 플라토는 짐과 주디의 발치에서 잠이 들고, 그러는 동안 주디는 브람스의 '자장가'를 부른다. 짐은 자신들이 가족 같다는 말을 한다.

내가 영화의 대사를 지나치게 많이 인용하는 것 같다면, 그것은 이 영화의 대사가 니컬러스 레이Nicholas Ray, 1911~1979 감독이나 시나리오를 쓴 어빙 슐먼Irving Shulman이 의식적으로 의도하지는 않았을 플롯의 요점을 명확하게 만들어주는 듯 보이는 경우가 잦기 때문이다. 아니면 그들은 그런 의도로 그런 작업을 하면서, 1955년의 관객들은 영화에 내포된 일부 의미를 완전하게 인지하지는 못할 거라고 추측했을지도 모른다. 지금 보면 <이유 없는 반항>은 기이한 문제들을 가진 영화의 캐릭터들이 정상적인 행동을 해서 자신들의 정체성을 위장하는 내용을 담은 토드 솔론즈Todd Solondz 영화처럼 보인다.

<이유 없는 반항>은 멜로드라마 같은 플롯의 표면 바로 아래에서 괴상한 면모가 부글부글 끓는 듯 보이는 방식 때문에, 딘의 자연스럽지 못한 연기와 미네오의 자기도취적인 자기 연민이 풍기는 기이함 때문에, 주인공의 아버지가 보여 주는 멍청한 모습 때문에, 이 모든 명명백백한 결함들 때문에 더 깔끔하고 더 조리에 맞는 영화였을 때보다 훨씬 더 흥미로운 영화가 됐다. 관객은 난관을 돌파하려고 애쓰는 이미지를, 다급하게 전개되는 바람에 제대로 음미되지 못한 감정들을 감지할 수 있다. <이유 없는 반항>은, 그 영화의 주인공이 그러는 것처럼 무슨 말인가를 간절히 하고 싶어 하지만, 하고 싶은 말이 뭔지는 알지 못한다. 그 말을 알았더라면 이 영화는 매력을 잃었을 것이다. 이 영화는 만들어질 당시 깨달았던 것보다 훨씬 더 그 시대를 잘 반영한 체제 전복적 기록물이다.

# 이지 라이더

Easy Rider

| 감독 | 데니스 호퍼 | |
| --- | --- | --- |
| 주연 | 피터 폰다, 데니스 호퍼 | |
| 제작 | 1969년 | 95분 |

<이지 라이더>를 보려고 극장에 딱 한 번만 갔던 사람은 없었다. 1960년대 말에 이 영화는 젊은이들에게 원기를 회복하는 계기를 마련해 주는 구심점 중 하나가 됐다. 로드 무비이자 버디 무비인 이 영화는 섹스와 마약, 로큰롤과 확 트인 길이 안겨 주는 자유를 찬양했다. 당시 마리화나의 달콤한 향기가 극장 안을 은은히 떠도는 동안 영화를 거듭해서 감상하는 게 유행이었다. 수십 년이 흐른 후에 이 영화를 감상하는 건 타임캡슐을 개봉하는 것과 비슷하다. 제작진이 컨트리 송 'Don't Bogart That Joint(대마초를 독점하지 마)'를 웃음거리로 삽입한 게 아님을 깨달았을 때처럼, 이 영화의 가치를 알아보더라도 충격을 받을 일은 거의 없다.

피터 폰다Peter Fonda와 데니스 호퍼Dennis Hopper, 1936~2010는 캡틴 아메리카와 빌리를 연기한다. 마디 그라 축제를 보러 여행을 떠날 경비를 마련하려고 로스앤젤레스에서 마약을 거래한 그들은 모터사이

클을 타고 미국 횡단 여행에 나선다. 그들은 록 프로듀서 필 스펙터Phil Spector가 연기하는 마약상에게는 코카인을 팔지만, 그들이 하겠다고 선택한 마약은 마리화나다. 빌리는 밤중에 캠프파이어 옆에서 낄낄거린다. 마리화나를 더 잘 다루는 캡틴 아메리카는 냉정하고 조용하며 속내를 잘 드러내지 않는다. 그는 연료통과 헬멧, 가죽 재킷 등판에 미국 국기를 붙이고 다니는 그리스도 같은 인물이다(미국 우파가 성조기 도안을 자신들의 상징으로 채택한 것은 이로부터 1년 후에 <조Joe>가 개봉한 이후의 일이다).

이 영화의 제작 과정은 할리우드의 전설이 됐다. 폰다와 호퍼는 (테리 서던Terry Southern과 공동으로 쓴) 시나리오를 모터사이클 영화의 전통적인 고향인 아메리칸 인터내셔널 픽처스로 갖고 갔다. 그러나 샘 아코프Sam Arkoff는 시나리오를 거절했고, 결국 그들은 컬럼비아에서 제작비를 펀딩 받았다. 예산이 너무나 빠듯해 오리지널 스코어를 의뢰하는 데 쓸 돈이 한 푼도 없었다. 그래서 감독도 겸했던 호퍼는 스튜디오에 영화를 처음 보여 줄 때 로큰롤 스탠더드 위주의 노래들을 사운드트랙으로 틀어야 했다. 그런데 스튜디오 임원진은 그 사운드트랙을 대단히 좋아하면서 그 노래들을 그대로 남겨야 한다고 주장했고, <이지 라이더>는 왕년의 명곡들을 영화 음악으로 쓴 훗날의 헤아릴 수 없이 많은 영화를 낳았다.

1967년에 <오토바이 위의 지옥의 천사들Hell's Angels on Wheels>이 술과 폭력의 클리셰라는 속박을 깨 버리려고 했었다. 하지만 1969년에 모터사이클 영화는 유행이 아니었다. 리처드 러시Richard Rush(<스턴트맨The Stunt Man>)가 연출한 그 영화는 세상이 간과하고 지나친, <이지 라이더>의 선구자였다. 두 영화는 촬영 감독이 라슬로 코바치László Kovács로 동일했고, 생기 넘치는 조역을 맡은 무명 배우 한 명이 출연한 것까지 같았다. 이름이 포잇인 주유소 직원을 연기했던 잭 니컬슨Jack

Nicholson 말이다. 비주얼이 대단히 뛰어난 <오토바이 위의 지옥의 천사들>은 저항의 심벌 두 가지(모터사이클, 히피 반체제 문화)와 시대정신을 포착했다는 점에서 <이지 라이더>와 연결되어 있다.

<이지 라이더>는 우드스톡 네이션Woodstock Nation•이 뉴욕 북부에 집결 중이던 시기에 극장에서 상영되고 있었다. 오늘날 이 영화는 생생하게 살아 숨 쉬는 영화라기보다는 시대에 뒤진 사극처럼 보이지만, 개봉 당시에는 그 시대의 톤과 모습을 엄청나게 확실하게 포착한 영화였다. 폰다가 여행길에 오르기 전에 손목시계를 던지는 모습에는 중요한 상징적인 의미가 담겨 있었다. 캡틴 아메리카와 빌리가 지폐를 연료 탱크에 넣고 미국 남서부의 시골 길을 달리는 모습 같은, 느긋한 속도로 풍경에 집중하면서 대사는 상대적으로 가볍게 다루는 설정 숏들은 상징적인 표현들과 앞날에 대한 불길한 예감들로 충만하다.

그들은 오토바이가 고장 나자 목장에서 연장을 빌리는데, 이 설정은 바퀴 교체와 말에 편자를 박는 행위라는 노동을 시각적으로 병치해 보여 주는 것으로 이어진다. 그런 후 그들은 온갖 풍파를 다 겪은 목장주와 그의 멕시코계 미국인 아이들과 저녁을 먹고, 폰다는 그가 영화 내내 내뱉을 많은 심오한 대사 중 첫 번째 대사를 연기한다. “대지에 의지해 생계를 꾸리는 건 아무나 할 수 있는 일이 아니죠. 당신은 그 점을 자랑스러워해도 좋아요.” (무슨 말인지 이해한 듯한 목장주는 “대체 누가 당신한테 그런 걸 물었소?”라고 대답하며 고맙다는 기색으로 머리를 끄덕인다.)

어느 히치하이커는 1969년에는 많은 영감을 줬을 것 같지만 오늘날에는 진부하기 짝이 없어 보이는 히피 공동체로 그들을 데려간다.

• 미국의 사회활동가인 애비 호프먼(Abbie Hoffman)이 ‘우드스톡 페스티벌(Woodstock Music and Arts Festival)’에서 한 경험에 대해 쓴 책의 제목으로, ‘우드스톡 페스티벌에 온 참여자들로 구성된 나라’라는 의미를 갖고 있다.

'순회 공연단'은 임시 무대에서 'Does Your Hair Hang Low?(당신은 머리를 길게 길렀나요?)'를 부르고, 약에 취한 히피 농부 지망자들은 바싹 마른 땅에 씨앗을 뿌리며 배회하고 다닌다. "그런데 말이야, 여기에 비가 내리기는 하는 거야?" 빌리가 묻는다. "저항할 수 있는 장소를 줘서 고맙군." 캡틴 아메리카가 말한다. 그룹의 리더는 캡틴과 빌리에게 LSD를 건네며 엄숙하게 충고한다. "올바른 사람들이 있는 올바른 곳에 도착하면, 이걸 나눠 주도록 해."

<이지 라이더>가 오프닝 신의 분위기를 그대로 이어 나갔을 경우, 오늘날에도 이 영화를 기억하는 사람이 있었을지 고민해 볼 만하다. 영화는 잭 니컬슨이 연기하는, 그들이 구치소에서 만난 변호사 조지 핸슨 캐릭터의 깜짝 놀랄 등장과 함께 활력을 뿜어낸다(그들은 소도시의 퍼레이드에 오토바이를 몰고 참여했다가 "허가 없이 퍼레이드를 벌였다"는 죄목으로 감옥신세가 됐다.)

영화의 역사적인 순간들이 늘 이처럼 식별하기 쉽지는 않다. 이전에도 영화계에 오랫동안 종사해 왔던 니컬슨은 <이지 라이더>의 구치소에서 연기한 대사로 순식간에 스타가 됐다. "자네들은 이 나라의 이 지역 출신처럼 보이지 않는군." 알코올 중독자인 그는 경관들과 사이가 좋은 변호사다. 그는 두 사람이 석방되도록 일을 꾸미고는 뉴올리언스에서 가장 좋은 유곽의 이름을 알려 준다. 그러고는 마디 그라에 가려고 여러 번 길을 나섰지만 주 경계선을 넘지는 못했었다고 말한다. 그러면서 영화에서 가장 유명한 숏이 등장한다. 빌리의 모터사이클 뒷자리에 미식축구 헬멧을 쓰고 앉은 조지 말이다.

니컬슨이 <이지 라이더>에서 펼친 연기는 센세이션을 일으켰다. 그의 냉소적이고 무례한 성격을 사랑한 관객들은 그의 다음 영화인, 불멸의 치킨 샐러드 샌드위치 대사가 나오는 <파이브 이지 피시즈Five Easy Pieces>(1970)를 볼 준비를 마쳤다. 그때나 지금이나 <이지 라이더>는 니컬슨의 캐릭터가 영화에 나오는 동안 활력이 넘실댄다. 캠프파이어 주위에서 밤을 보내는 동안, 그는 난생 처음 마리화나를 피운다. ("이런, 이게 그거야?") 그러고는 외계인들이 우리 사이를 걸어 다니고 있다는 자신의 주장을 설명한다. 그는 큰 선심을 쓰는 것처럼 터무니없는 정보를 공유하며 믿음직한 톤을 구사한다. 이런 모습은 그의 트레이드마크가 됐다.

얼마 안 있어 도로변 카페에서 그들을 보고는 그들이 "고릴라 사랑 모임에서 온 피난민들처럼" 보인다고 판단한 레드넥redneck•들이 조지를 살해한다. 그의 죽음이 관객에게 안겨 주는 충격은 영화에는 부적절한 설정으로 보이는데, 아무튼 영화는 뉴올리언스로 가는 길을 서두른다.

캡틴 아메리카와 빌리는 전설적인 유곽을 찾아내고, 공동묘지에서 (자신이 초창기 출연작에서 맡은 역할 중 하나를 연기하는 케런 블랙Karen Black을 포함한) 창녀 두 명과 LSD에 빠져든다. 불운한 여행이다. 그들은 그릇된 사람들이 있는 그릇된 장소를 고른 것 같다.

영화의 마지막 부분은 예정되어 있던 것이다. 그들의 여정 내내 불길한 조짐들이 등장했었다(캡틴 아메리카의 활활 타오르는 죽음조차 짤막하게 플래시 포워드 됐었다). 픽업트럭에 탄 레드넥들이 오토바이를 탄 두 사람을 엽총으로 죽인다. 카메라는 크레인을 타고 하늘 높이 올라가면서 — 내가 짐작하기에 — 감히 남들과는 다른 사람이 되려고 하는 사람들이 맞게 될 불가피한 운명을 보여 주려고 뒷걸음질 친다.

<우리에게 내일은 없다Bonnie and Clyde>(1967) 이후 주인공들의 상징적인 죽음은 영화계의 보편적인 설정이 됐다. 폴린 케일Pauline Kael은 <이지 라이더> 리뷰에 이렇게 적었다. "이 영화의 감상적인 편집증은

• 미국 남부의 교양 없는 백인 노동자

분명히 대규모의 젊은 관객의 비전에 참된 것처럼 보였다. 1960년대 말에 이 영화는 우리는 이길 수 없다는, 세상만사는 부정하고 가망이 없다는 느낌을 주는 쿨한 영화였다."

미국에서 그토록 많은 로드 무비가 만들어지는 이유 중 하나는, 미국에는 길이 대단히 많기 때문이다. 미국에서 그토록 많은 버디 무비가 만들어지는 이유 중 하나는, 할리우드가 여성 캐릭터들을 이해하지 못하기 때문이다. (그런 영화에는 창녀 캐릭터가 대단히 많이 등장하는데, 스크린에 등장한 그녀들은 창녀들이 실제 생활에서 수행하는 편리한 욕망 해소 대상이라는 역할을 공유한다. 그녀들은 찾아내기 쉽고 제거하기 쉽다.)

모터사이클 영화는 <위험한 질주The Wild One>(1954)의 말론 브란도Marlon Brando와 함께 처음 등장해 1960년대 말에 흥했다가 이삼 년 후에 자취를 감춘 특별한 종류의 로드·버디 무비였다. 그 영화는 <와일드 엔젤The Wild Angels>(역시 폰다가 출연한 1966년 영화) 같은 영화들을 키워 냈지만, 당시 젊은이들이 신봉했던 반체제 문화의 관념도 표명했다. 우리는 도시를 떠나 자연의 뿌리로 되돌아갈 수 있다는 것. 이는 솔깃한 아이디어였지만, 마약과 쉽게 공존할 수는 없던 아이디어였다. 호퍼와 폰다가 니컬슨에게 마리화나를 흡입하는 방법을 가르치는 장면 같은 신에는 인생이란 치료 가능한 질병이고 마리화나는 치료제라는 듯한 분위기가, 마리화나를 조용히 승인하는 분위기가 깃들어 있다.

그런데 빌리는 편집증을 보인다. 그가 피운 마리화나 탓인 듯하다. 후반부에서 그들은 자신들의 특이한 외모가 불러오는 위험을 인지하지 못한다(그들이 레스토랑에서 성적으로 위험한 아우라를 풍기며 10대 소녀들을 흥분시키고, 여기에 위협을 느낀 그 지역 토박이 패거리들이 복수를 꾸미는 신이 있다).

폰다가 죽기 전날 밤에 하는 대사를 심각하게 고민하는 글이

1969년에 많이 집필됐다. 호퍼는 마약을 팔아 번 돈을 고스란히 가진 채로 목적지에 당도했기 때문에 흥분해 있다. "우리는 실패했어We blew it." 폰다는 그에게 말한다. "우리는 실패했어, 친구." 심각하다. 그런데 오늘날의 관객들은 제작진의 의도와 다른 방식으로 이 영화를 받아들이지 않을까? 1969년의 코카인은 오늘날의 코카인과는 의미가 달랐다. 그리고 캡틴 아메리카와 빌리는 우리의 원죄 때문에 죽은 게 아니라 그들 자신의 원죄 때문에 죽은 것이라고 볼 수도 있다.

# 쟈니 기타

Johnny Guitar

| | |
|---|---|
| 감독 | 니컬러스 레이 |
| 주연 | 조앤 크로퍼드 |
| 제작 | 1954년   110분 |

니컬러스 레이Nicholas Ray, 1911~1979의 <쟈니 기타>는 가장 포용력이 큰 장르인 웨스턴인 것처럼 위장한 역사상 가장 노골적인 사이코 섹슈얼 멜로드라마인 게 분명하다. 잘 생각해 보라. 세트를 꾸미는 데 낭비된 돈은 한 푼도 없었다. 액션은 '마을 외곽'에 있는 2층짜리 술집을 중심으로 펼쳐지는데, 우리는 은행의 전면과 실내 세트를 제외하면 제대로 된 '마을'의 모습은 결코 보지 못한다. 배경이 되는 공간은 엄청나게 썰렁하다. 핵심 캐릭터(조앤 크로퍼드Joan Crawford)가 술집 주인을 연기하고 눈이 휘둥그레질 정도의 의상을 계속 바꿔 입지만, 우리는 그녀가 거주하는 내실은 결코 보지 못한다. 그녀는 뒤쪽에 있는 성스러운 신전에 있다가 모습을 드러내는 것처럼 주요한 공간 위에 있는 발코니에 모습을 드러낼 뿐이다.

이 영화가 리퍼블릭 픽처스가 내놓은 싸구려 웨스턴인 건 맞다. 당대의 가장 대담하고 양식화된 영화이자, 별나고 배배 꼬였으며 정치적인 작품인 것도 맞다. 크로퍼드는 원작 소설의 영화화 권리를 사들였고, 니컬러스 레이는 연출 계약에 서명했다. 그들이 이 영화에 잠복된 주제들을 대놓고 상의한 적이 있었을지 궁금하다. 그 주제 중 하나는 분명 양성애다. 크로퍼드가 연기하는 술집 주인 비엔나는 '쟈니 기타'(스털링 헤이든Sterling Hayden)와 사랑에 빠졌다고 주장된다. 그런데 그녀는 그를 5년간 보지 못했다. 그녀는 계집애 같은 남자를 힘들이지 않고 터프가이로 바꿔 놓는다. 그녀 밑에서 일하는 바텐더는 쟈니에게 이런 말을 한다. "남자보다 드센 여자는 처음 봐."

그녀의 숙적 에마(머세이디스 매케임브리지Mercedes McCambridge)는 '댄싱 키드'(스콧 브래디Scott Brady)에게 빠졌다는 말을 듣는다. 에마는 댄싱 키드가 비엔나에게 빠졌다는 이야기 때문에 그녀를 질투한다(비엔나는 댄싱 키드에게 "당신을 좋아하지만 그 정도까지는 아냐"라고 말한다). 그런데 에마가 키드를 바라보는 비엔나에게서 눈길을 뗄 수 있는 순간이 영화에는 거의 없다. 모든 성적인 에너지는 두 여성 사이에서 뿜어져 나온다. 그녀들이 남자들에 대해 하는 이야기가 무엇이건 말이다. 크로퍼드가 그 역할을 맡기고 싶어 한 배우는 클레어 트레버Claire Trevor였지만, 시나리오를 꼼꼼하게 분석해 봤을 스튜디오는 레즈비언은 아니지만 영화에서 레즈비언을 연기해 본 적은 있다는 말을 듣는 배우인 매케임브리지를 고집했다.

이 캐스팅은 크로퍼드가 매케임브리지의 의상을 고속도로 한복판에 던져 버렸다는 등의 전설적인 괴담들로 이어졌다. 두 여배우가 서로를 미워하는 사이라는 게 스크린에 훤히 보인다. 크로퍼드와 베티 데이비스Bette Davis가 <제인의 말로What Ever Happened to Baby Jane?>에서 그랬던 것처럼 말이다. 두 여성 모두 페티시 분위기의 검정 가죽과 실크, 데님 의상을 입는다. 1954년도에 포르노를 본 관객들에게는 친숙한 의상이었을 것이다. 코르셋으로 잔뜩 조인 허리, 높은 부츠, 긴 셔츠, 상체에 꽉 달라붙은 드레스, 짙게 바른 립스틱을 보면 <하이힐을 신은 사탄Satan in High Heels>의 주연 배우 메그 마일스Meg Myles가 떠오른다.

'목축왕'(cattle baron, 여성형인 baroness가 아니다) 소리를 듣는 매케임브리지는 자신이 거느린 카우보이들과 하인들을 압도한다. 그녀는 도전적인 자세로 그들 앞에 당당하게 선다. 그녀는 그들보다 키가 작지만, 그들이 웅크리고 있는 동안 항상 그들 앞을 성큼성큼 걸어다닌다. 크로퍼드는 위층에 있는 발코니에 자주 모습을 나타낸다. 카메라는 로 앵글로 그녀를 우러러본다. 충직한 술집 직원들은 그녀를 흠모한다. 그녀는 카지노 딜러 샘에게 지시한다. "휠 돌려. 나는 그럴 때 나는 소리가 좋아."

누군가는 휠을 돌려야 한다. 영화 내내, 술집에 들어오는 손님 중에 평범한 사람은 없다. 손님들은 하나같이 플롯에 필요한 캐릭터들뿐이다. 역사상 남자 주인공에게 이보다 더 무심했던 웨스턴이 있었을까? <쟈니 기타>는 비엔나와 에마 사이의 증오를 다루는 영화다. 스털링 헤이든도 그걸 아는 듯 보인다. 비엔나가 총 문제로 애를 먹을 때 총잡이로 읍에 모셔진 그는 총에서는 손을 뗐다고 부드러운 목소리로 말한다. 한때 연인이던 비엔나에게 설득력이 거의 없는 회한만 내비치면서 말이다. 그러면서 스털링 헤이든은 다른 영화에서는 거의 보여 준 적 없는 느긋한 분위기를 풍긴다. 평론가 데니스 슈워츠Dennis Schwartz는 회상한다. "프랑수아 트뤼포François Truffaut는 그 모습을 보면서 <미녀와 야수La Belle et la Bête>가 떠올랐다고 했는데, 이 영화에서 스털링 헤이든이 맡은 역할은 미녀였다."

말도 안 되는 플롯은 이렇다. 비엔나의 술집은 읍 외곽이라는 이상한 입지에 있다. 돈도 없는 독신 여성이 어떻게 그런 술집을 사들이게 된 건지는 도무지 확신이 서지 않지만, <상하이 익스프레스Shanghai Express>에서 마를레네 디트리히Marlene Dietrich가 했던 "내 이름을 상하

이 릴리로 바꾸기까지는 한 명 이상의 남자가 필요했어요"라는 말이 떠오른다. 비엔나는 지금은 술집 매입과 관련된 비용을 모두 지불한 뒤일게 분명하다. 그런데 읍 쪽으로 철도가 놓이고 있다. 읍민들은 철도가 그녀의 술집 옆을 지나가게 놓이면서 그들을 실직자로 만들까 봐 겁을 먹고 있다.

읍의 지도자는 맥가이버(워드 본드Ward Bond)와 그의 꼭두각시인 보안관(프랭크 퍼거슨Frank Ferguson)이다. 비엔나에게 역마차 강도 사건에 대해 아는 게 있느냐고 따지러 갈 때, 에마는 앞에서 보안관을 이끈다. 도둑맞은 현금은 그녀의 오빠가 소유한 은행으로 향하고 있었다. 댄싱 키드가 에마의 사랑을 거절했기 때문에 그렇게 추론하는 게 타당하다. 그렇지 않나. 그는 터프한 동료들(어니스트 보그나인Ernest Borgnine, 벤 쿠퍼Ben Cooper, 로열 다노Royal Dano)을 거느리고 은행을 털었으니 말이다.

그와 거의 동시에 쟈니 기타가 도착한다. 우연의 일치일까? 위험천만한 곳으로 악명이 높은 옛 서부와, 기타만 갖고 비무장 상태로 거기에 도착한 카우보이를 상상해 보라. 흐음, 그는 그 기타를 한 번만 연주한다. 그런데 거기에 비밀이 있다. 쟈니 기타는 5년 전에 은퇴한 악명 높은 총잡이 쟈니 로건Johnny Logan의 가명이다. 비엔나는 기타가 결혼할 "준비가 되어 있지 않았을" 때까지는 기타의 연인이었다(결혼 상대는 분명히 그녀가 아니었다). 그리고 보안관, 맥가이버 등은 누군가에게 — 아마도 역마차를 털었다는 이유로 키드에게 — 누명을 씌우려 애쓰고 있다. 그들이 품은 의혹에는 근거가 없다. 영화에는 맥가이버 뒤에 있는 문간에서 북적이는, 얼굴이 구분이 안 되는 멍청이들 말고는, 말 그대로 캐릭터가 아무도 없기 때문이다.

그들이 역동적으로 수사를 하면서 읍민들에게 서로에게 불리한 증언을 하게 만들려고 강요하는 시도는 1954년에 공산주의자라는 혐의를 받는 이들에게 공산주의자 혐의가 있는 다른 이들의 '이름을 불라'고 강요하려 애썼던 HUAC House Un-American Activities Committee, 반미국적행위조사위원회를 정조준한 설정이다. 이 영화의 시나리오는 블랙리스트에 오른 벤 매도Ben Maddow가 비밀리에 썼다. 쟈니 기타가 본명을 인정하는 의미심장한 순간이 찾아온다.

영화에는 기이한 순간들이 있다. 검정 일색으로 차려입던 크로퍼드가 갑자기 멋들어진 흰색 가운 차림으로 등장해 그녀의 존재감과 피아노 리사이틀(!)로 남자들을 위협하는 장면이 그렇다.

그녀와 쟈니가 입심을 사랑의 무기로 활용하는 모습도 매력적이다. 그 시대에 브로드웨이에서 공연되던, 대사가 그리 많지 않은 사회성 드라마에 등장시켜도 됐을 법한 대사다.

쟈니: 당신이 잊은 남자가 몇이나 되지?
비엔나: 당신이 기억하는 여자만큼 많아.
쟈니: 가지 마.
비엔나: 나는 아무 데도 안 갔어.
쟈니: 근사한 얘기를 해줘.
비엔나: 그럴게. 무슨 얘기를 듣고 싶어?
쟈니: 거짓말을 해 줘. 긴 세월을 기다렸다고 말해 줘.
비엔나: 긴 세월을 기다렸어.
쟈니: 내가 돌아오지 않았다면 죽어 버렸을 거라고 말해 줘.
비엔나: 당신이 돌아오지 않았다면 나는 죽어 버렸을 거야.
쟈니: 내가 당신을 사랑하는 것처럼 여전히 나를 사랑한다고 말해 줘.
비엔나: 당신이 나를 사랑하는 것처럼 여전히 당신을 사랑해.
쟈니: 고마워, 정말로 고마워.

와우! 브란도Marlon Brandon가 쟈니를 연기하고, 셜리 나이트Shirley Knight가 비엔나를 연기하는 것만 같다. 이건 웨스턴의 대사가 아니다. 대사에 깃든 냉소가 귀에 쩌렁쩌렁 울리는 것 같다. 내가 당신이 직접 음미하도록 남겨 놓은 다른 순간들도 있다. 당신도 폭포에서 은신처로 이어지는 경로에 대한 내 당혹감을 공유할 거라고 믿는다. 그런데 이걸 숙고해 보라. 이 영화에 참여한 인물들 전원은 숱하게 많은 영화를 만들어 온 사람들로 영화에 담기는 모든 클리셰와 관습을 잘 알고 있었고, 자신들이 이 영화에서 그중 얼마나 많은 걸 깨부수고 있는지 알았을 게 확실하다. HUAC를 고발하는 게 분명한 신들이 나오는 동안, 그들은 영화의 중심부를 둘러싼 주변 부분들이 무척이나 바보 같기 때문에 극악한 짓을 저지르고도 처벌을 면할 수 있을 거라고 생각하고 있었을까?

그 부분들은 당시에는 바보 같아 보였고, 지금은 무척이나 이상해 보인다. 술집과 '읍'과 사람이 없는 풍경을 배경으로 일어나는 비극에 대해 생각하면 할수록, 그들이 자신들의 운명을 걸고 주사위를 굴리는 모습을 더 잘 볼 수 있다. 휠을 돌려라. 나는 그럴 때 나는 소리가 좋다.

| # 제인의 말로<br>What Ever Happened to Baby Jane? | 감독 | 로버트 올드리치 | |
|---|---|---|---|
| | 주연 | 베티 데이비스, 조앤 크로퍼드 | |
| | 제작 | 1962년 | 133분 |

로버트 올드리치Robert Aldrich, 1918~1983의 <제인의 말로>에서 계단은 다른 스타들의 이름과 더불어 크레디트에 올랐어야 마땅하다. 폐소 공포증을 일으키는 이 영화의 배경에서 많은 숏을 장악하는 계단은, 하반신이 마비된 블랑슈가 감금된 2층을 제정신이 아닌 여동생 제인이 있는 아래층과 분리시킨다. 자매는 한때 발렌티노Rudolph Valentino•가 소유했다고 주장되는 '맨션'에 거주한다. 그 맨션은 참견하기 좋아하는 이웃집들 사이에 구겨져 있고, 거실과 주방, 복도, 자매 각각을 위한 침실로 구성되어 있는 듯 보인다. 할리우드에서 으뜸가는 고딕 양식의 그로테스크한 작품 중 하나에서, 평생에 걸친 라이벌 관계는 이런 온실에서 포악한 관계로 탈바꿈한다.

영화는 베티 데이비스Bette Davis와 조앤 크로퍼드Joan Crawford가

• 미국에서 활동한 이탈리아 배우(1895~1926). 1920년대의 팝 아이콘이자 섹스 심벌이었다.

연기하는, 한때 무비 스타였던 자매의 이야기를 들려준다. 캐스팅은 이 영화를 성공시킨 중요한 요소 중 하나였다. 올드리치가 두 디바가 함께 출연하도록 설득한 방법이 무엇이었을지 상상하기란 어려운 일이지만 말이다. 1930년대 이후로 라이벌이었던, 경쟁심 강하고 허영심 많으며 툭하면 폭발하고는 했던 두 사람은 실생활에서도 서로를 싫어했다고 한다. 실제로 서로를 무시한 그들을 다룬 책 『베티와 제인: 신성한 불화Bette and Joan: The Divine Feud』(1989)가 집필됐다. '인터넷 무비 데이터베이스Internet Movie Database, IMDb'에 오른 글은 제인이 무력한 블랑슈에게 발길질을 하는 신에서 데이비스가 크로퍼드한테 지나치게 세게 발길질을 하는 바람에 크로퍼드가 몇 바늘을 꿰매야 했다고 주장한다. 이건 도시 전설urban legend•인 게 분명하다. 실제 접촉은 프레임 아래에서 일어나고, 크로퍼드는 그 숏을 촬영할 때 그 자리에 없었던 것 같으니 말이다.

도시 전설이 아닌 사실은, 두 사람이 격렬한 경쟁심을 보였다는 것이다. 각자 이 영화를 하겠다고 합의한 것은 상대가 맡은 역할에 샘이 났기 때문이었을 가능성이 있다. 이 영화와 관련해서 말하자면, 정상에 등극한 쪽은 데이비스였다. 그녀는 얼굴에 두툼한 화장을 하고 쇳소리를 내는 석상石像 괴물로 전락한 왕년의 아역 스타를 연기해 오스카상 후보에 지명됐다. 데이비스는 용기 빼면 시체였다. 그녀는 자신이 품은 허영심을 갈기갈기 찢어 팽개친 후 심장을 토해 낼 것처럼 과장된 연기를 펼쳤다. 반면에 크로퍼드는 조용하고 다정하며 더 합리적인 언니를 연기하는데, 그래서 덜 흥미로운 캐릭터라는 말은 해 둬야겠다.

영화는 보드빌 시절에서 시작된다. 어린 시절 제인 허드슨은 'I've Written a Letter to Daddy(아빠한테 편지를 썼어요)'라는 곡을 과하

• 확실한 근거가 없어도 사실인 것처럼 세간에 퍼지는 자극적인 이야기

다 싶을 정도로 달달하게 공연하는 것으로 유명한 아역 스타였다(그 편지란 그녀가 키스로 봉하고는 하늘에 부치는 편지였다). 그녀는 무대를 벗어나면 아이스크림을 달라고 고함을 지르고 소박한 언니 블랑슈를 조롱하는 버릇없는 괴물이었다. 그런데 20대가 됐을 때 할리우드의 퀸의 된 사람은 블랑슈다. 제인의 매력은 사그라지고 출연한 영화들은 쪽박을 찬다. 그러다가 미스터리한 사고가 일어나 그들의 차가 블랑슈를 출입문에 뭉개 하반신을 마비시키면서 그들의 인생은 영원히 바뀐다.

그녀가 언니를 '보살피는' 책임을 떠맡은 이유는 이해하기 어렵다. 스튜디오의 '은폐 공작'에 대한 웅얼거림이 있기는 하지만 말이다. 그에 따른 결과가 영화의 나머지 부분을 위한 설정이다. 블랑슈는 2층 침실에서 휠체어에 갇힌 신세가 되고, 제인은 상황을 통제한다. 블랑슈는 두 개의 접점을 통해 세상을 접촉한다. 전화기, 그리고 상냥한 가정부 엘비라(메이디 노먼Maidie Norman). 그런데 증오심 때문에 독기가 오른 제인은 전화기를 뜯어내고 엘비라를 내보낸다. 가정부가 돌아오기 위한 용감한 시도를 하자 그녀를 구타하기도 한다.

<제인의 말로>는 이렇게 광기로 추락하는 와중의 어느 시점에서, 이 영화가 자주 묘사되는 방식인 '캠프 클래식camp classic'으로 변해 가는 것을 멈추고 진짜배기 심리 공포 영화로 변하기 시작한다. 데이비스는 제인의 병적인 자아 쪽으로 연기의 방향을 트는데, 어른이 된 그녀가 'I've Written a Letter to Daddy'를 연기하는 장면에서 그 결과물이 보인다. 이런 모습은 그녀가 기이한 손님 에드윈 플래그(빅터 부오노Victor Buono)에게 하는 행동에서도 보인다. 제인은 그에게 자신이 컴백 활동을 하는 동안 동반하는 피아니스트로 그를 고용하고 싶다고 제안한다. 그녀는 에드윈이 그녀의 짝이 될 사람이 아니라는 걸 보지 못하고는 그가 자신에게 반했다며 희희낙락한다. (실제 부오노는 이런 유

명한 말을 했다. "배우들이 '왜 결혼을 하지 않은 건가요?'라는 질문을 받고 있다는 이야기를 들었습니다. 그러면 배우들은 불멸의 변명을 해대죠. '연분인 여성을 찾아내지 못한 것뿐입니다.' 나한테 그걸 물어본 사람은 아직까지는 없습니다. 그런데 누군가 물었다면 내가 내놓을 대답이 그겁니다. 결국 그건 몬티 클리프트Monty Clift나 살 미네오Sal Mineo를 위해서는 충분히 좋은 대답입니다.")• 에드윈은 자매들의 관계만큼이나 세상과 차단된 관계를 맺고 있는 자그마한 노년의 어머니 마저리 베넷Marjorie Bennet을 내려다본다.

2층에서 블랑슈는 더욱 더 위험해진다. 블랑슈는 옆집 사람에게 쪽지를 전하려 애쓰지만, 진입로에서 그 쪽지를 발견한 사람은 제인이다. 블랑슈는 엘비라의 도움을 받기를 소망하지만, 제인은 엘비라를 쫓아낸다. 블랑슈는 휠체어를 계단 꼭대기로 밀고 간다. 계단은 그녀의 아래쪽을 아찔하게 굽어본다. 하지만 그녀의 공포는 이제 겨우 시작된 것에 불과하다. 동생이 언니에게 식사로 내놓은 게 무엇인지는 밝히지 않겠다. 그런데 이튿날, 그녀가 배가 고프다고 호소하자 제인은 말한다. "언니는 저녁을 먹지 않았기 때문에 아침을 대접받지 못하는 거야." 다음 식사가 마침내 당도했을 때, 우리는 그녀의 접시에 오른 내용물을 감추고 있는 은색 뚜껑을 블랑슈만큼이나 심한 공포를 느끼면서 응시한다.

<제인의 말로>가 1962년에 가한 충격은 상당했다. 이 스타들의 모습이 친숙하지 않을 오늘날의 관객들은 크로퍼드가, 그리고 특히 데이비스가 올드리치의 연기 지도를 받으면서 자신들의 기존 스크린 이미지를 얼마나 철저히 폐기해 버렸는지를 제대로 알지 못한다. 현대의 걸출한 미녀 두 명, 예를 들어 줄리아 로버츠Julia Roberts와 케이트 블란

• 클리프트는 양성애자였고 살 미네오는 동성애자였다.

쳇Cate Balnchett이 노파 연기를 한다고 상상해 보라. 크로퍼드와 데이비스 두 사람이 상대에게 품은 실제 혐오감은 그들이 스크린 위에서 맺고 있는 관계의 위력을 의심의 여지없이 깊이 있게 만들어 준다. 평론가 리처드 셰이브Richard Scheib는 이런 의견을 내놓는다. "말년에야 등장한 아이러니는 두 여배우가 이 역할들에 자신의 실제 모습과 무척이나 가까운 진실을 부여했다는 것이다. 크로퍼드와 데이비스는 모두 엄청나게 허영심이 강한 사람들이었다. 그들 자신의 명성과 관련해서는 특히 더 그랬다. 두 여배우 모두 친족을 학대했고, 두 사람의 딸들은 부모에게 당한 잔혹한 처사에 대한 책을 썼다."

무엇보다 이 영화는 어떻게든 카메라 앞에 등장해야 한다는 두 여성의 욕구를 잘 보여 주는 작품으로 기능한다. 1925년에 경력을 시작한 크로퍼드1905~1977는 <트로그Trog>(1970) 같은 졸작 영화가 제작될 수 있도록 해 줄 능력이 있는 배우였다. 그 영화에서 그녀는 생존해 있는 선사시대 혈거인穴居人의 자취를 좇는 인류학자로 크레디트의 제일 윗자리를 받았다. 크로퍼드가 맞춤 바지정장 차림으로 두 손과 두 발로 동굴로 기어 들어가며 "트로그! 여기야, 트로그!"라고 외치는 모습은 잊을 수 없다.

데이비스1908~1989는 유작을 찍기 전에 찍은 영화인 <8월의 고래The Whales of August>(1987)에서 실생활의 모습을 유추할 수 있는 더 적절한 이미지를 보여 줬다. 영화에서 그녀는 그리피스D. W. Griffith의 무성 영화 스타인 릴리언 기시Lillian Gish, 1893~1993와 자매를 연기했다. 이 작품 역시 인상적인 일화를 낳았다. 감독인 린지 앤더슨Lindsay Anderson이 내게 해 준 이야기다. 어느 날 그가 말했다. "기시 양, 방금 전에 제게 완벽한 클로즈업을 선사해 주셨습니다." 그러자 데이비스가 이런 말을 했다. "그래야 마땅하죠. 그걸 발명한 년bitch이잖아요."

로버트 올드리치는 할리우드가 만든 장르 영화의 달인이다. 그의 크레디트에는 게리 쿠퍼Gary Cooper와 버트 랭커스터Burt Lancaster가 출연한 <베라크루스Vera Cruz>(1954), 미키 스필레인Mickey Spillane의 클래식 <키스 미 데들리Kiss Me Deadly>(1956), 데이비스와 크로퍼드를 재결합시키려는 의도로 기획했지만 크로퍼드가 병에 걸렸거나 데이비스와 싸우는 바람에 잘렸다는 출처가 불분명한 이야기가 있는 <허쉬… 허쉬, 스윗 샬럿Hush… Hush, Sweet Charlotte>(1964), <더티 더즌Dirty Dozen>(1967), <터치다운The Longest Yard>(1974), 과소평가된 <허슬Hustle>(1975) 등이 있다. 그중에 예술 영화는 없었다. 하지만 대부분 인기가 있었고, 수익을 냈으며, 기교가 잘 발휘된 영화로, 각각의 영화가 속한 장르의 훌륭한 모범이었다. 그는 이야기와 배우, 편집 감독을 선택하는 자율성을 고집한 최초의 주류 감독에 속했다.

그는 <제인의 말로>를 만들면서 글로리아 스완슨Gloria Swanson이 맨션에 거주하는 노년의 무비 퀸으로 출연한 빌리 와일더Billy Wilder의 <선셋대로Sunset Boulevard>(1950)를 염두에 뒀을 것이다. 그는 헨리 패럴Henry Farrell의 소설을 바탕으로 작업을 시작했는데, 원작 소설은 노년의 여왕들이 가신 예술석이고 경제적인 규모를 상당히 축소하면서 페이소스보다는 폭력성을 더 강조했다. 그는 데이비스와 크로퍼드를 공연시키면서 말썽을 자초하고 있음을 잘 알았다. 그러나 그는 그 말썽이 영화에 반영되면서 영화를 더 낫게 만들어 줄 거라고 짐작했고, 그 짐작은 옳았다. 결국 유서 깊은 전투에서 승리한 쪽은 데이비스였다. 그녀는 크로퍼드의 인기를 압도하면서 오스카상 후보 지명을 받았고, <샬롯>이라는 사이비 속편을 찍었다. 그녀가 'I've Written a Letter to Daddy'의 노년 버전을 연기하면서 종종걸음을 치는 모습이 보기 좋게 보이지는 않을지도 모른다. 하지만 그녀는 노련한 배우였고, 영화를 본 사람은 누구도 그녀를 잊지 못할 것이다.

공들여 만들어진 두 장짜리 특별판 DVD가 2006년에 출시됐다.

거기에는 데이비드 앤슨David Anson이 집필하고 조디 포스터Jodie Foster가 내레이션을 맡은 데이비스에 대한 다큐멘터리, 크로퍼드가 출연한 30분짜리 영국 토크쇼, 그들의 불화를 다룬 다큐멘터리, 1962년에 방송된 「앤디 윌리엄스 쇼Andy Williams Show」에서 이 영화의 주제가를 처비 체커Chubby Checker의 트위스트 버전으로 공연하는 데이비스와 그것을 연출하는 올드리치의 모습을 담은 동영상이 들어 있다. 데이비스를 흉내 내는 찰스 부시Charles Busch와 존 에퍼슨John Epperson, 일명 '립싱카Lypsinka'가 참여한 코멘터리 트랙도 있다.

# 조용한 태양의 해

Rok Spokojnego Słońca

| | | |
|---|---|---|
| 감독 | 크쥐시토프 자누시 | |
| 주연 | 마야 코모로브스카, 스콧 윌슨 | |
| 제작 | 1984년 | 107분 |

<조용한 태양의 해>를 찍으러 폴란드에 간 배우 스콧 윌슨Scott Wilson은 폴란드가 제2차 세계 대전으로 폐허가 된 나라를 아직도 재건 중이라는 사실을 알게 됐다. "그 사람들에게 전쟁은 여전히 생생한 기억이었습니다." 궁핍과 식량 배급은 여전히 불가피한 현실이었다. 그것이 크쥐시토프 자누시Krzysztof Zanussi, 1939~ 의 영화가 그토록 실감나고 생생한 이유일 것이다. 1946년을 배경으로 삼은 영화는 기나긴 전후戰後 시기의 들머리에 선 캐릭터들을 보여 준다. 그들은 반쯤 부서진 건물의 초라한 방에 거주하면서 지역 빵집에서 빵 몇 덩이를 얻으려 분투하고, 뇌물과 배신이 판치는 세상에서 서로를 감시한다. 영화의 러브 신에서 우리가 기억하는 것은, 미군 병사가 너무도 추워서 자신의 군용 코트를 펼쳐 자신과 사랑하는 여자의 몸 위에 덮는 장면이다.

윌슨은 이등병인 노먼을 연기한다. 노먼은 나치에게 처형당한 미군 비행사들의 집단 매장지를 찾는 위원회에 운전병으로 파견됐다. 군

에서는 그의 존재를 절반쯤은 잊은 듯 보인다. 그는 지프를 몰고 반쯤 은 황폐해진 마을을 돌아다닌다. 그는 우연히 에밀리아를 만난다. 위대한 여배우 마야 코모로브스카Maja Komorowska가 연기하는 그녀는 전쟁 과부로, 단칸방에서 어머니(에바 달코브스카Ewa Dalkowska)와 산다. 그녀의 이웃 스텔라(바딤 글로브나Vadim Glowna)는 창녀고, 에밀리아는 케이크 굽는 일로 생계를 꾸린다. 노먼은 그녀에게 선물을 가져온다. 화가인 그녀를 위해 물감 튜브를, 그리고 그녀가 굽는 케이크를 위해 설탕을 가져온다. 그들은 상대방이 쓰는 언어를 말하지 못하지만, 말없이도 빠르게 사랑에 빠진다.

자누시는 이 러브 스토리를 새로 출범한 공산주의 정부 치하의 세세한 생활상으로 에워싼다. 그의 스토리에서 가장 비열한 캐릭터는 마흔쯤 된 잘 차려입은 사내다. 반백의 머리를 단정하게 깎고 따뜻한 오버코트를 걸쳤으며 타이의 매듭을 깔끔하게 지은 그는 (영화는 절대로 그런 말을 하지 않지만) 이 지역의 공산당 대표처럼 보인다. 그는 부하들을 시켜 에밀리아 모녀가 서방으로 탈출하려는 꿈을 이루려고 모아 둔 몇 푼 안 되는 돈을 강탈한다. 그는 그러한 탈출을 주선하는 독일인과 동침하는 창녀를 계속 감시한다. 창녀는 유대인으로, 나치의 매음굴에서 일하는 것으로 집단 수용소에서 살아남았다. "사람들을 함부로 판단하지 말아요." 에밀리아는 당 간부에게 말한다. "지나간 일은 지나간 일로 묻어 둬요."

노먼과 에밀리아 사이의 애정은 자상함과 급박하게 닥친 성욕, 영혼이 담긴 시선, 영어와 폴란드어 몇 마디를 통해 피어난다. "노먼은 논리가 정연하고 자기주장이 뚜렷한 사람이어서는 안 된다고 생각했습니다." 윌슨은 영화의 DVD에 실린 인터뷰에서 말한다. "그는 대사에 의존하는 캐릭터가 아닙니다. 그들이 각기 다른 언어로 말을 하고 있어서 그렇기도 하지만 같은 말을 쓰는 사이라고 해도 그는 말수가 적은 사

람일 겁니다.”

그가 하는 말은 영혼의 밑바닥에서 그대로 우러난 진솔하고 진지한 이야기처럼 들린다. 그는 그녀에게 미국에는 아무도 없다고, 집에 돌아갈 이유가 하나도 없다고 말한다(“나는 당신이 나타나기 전까지는 허깨비 같은 사람이었어요”). 그러나 그는 농사짓는 법을 알고 “당신을 위해 열심히 일하겠다고 약속할게요”라고 말한다. 그는 두 사람만의 자그마한 농장을 가꾸는 그들을 상상한다.

그 자체로 무척이나 흐뭇한 이 러브 스토리는 시대가 드리우는 짙은 어두움 때문에 그늘진 것처럼 보인다. 에밀리아의 어머니는 감염된 다리 때문에 죽어 가고 있다. 창녀는 손님들에게 괴롭힘을 당한다. 난민으로 몇 년을 떠돈 후에 드디어 집에 돌아온 에밀리아는 폴란드에서 떠나기를 망설인다. 그러다가 마을 외곽에 있는 들판에서 사망한 비행사들의 무덤이 발굴된다. 시신들은 깜짝 놀랄 만한 신에서 검시된다. 그런 후 등장한 불명확한 몽타주에서 시신들은 자신들이 살해당했다는 사실을 증언하는 것처럼 나타난다.

슬라보미르 이지악Slavomir Idziak이 맡은 촬영은 싸늘하고 서글픈 무드를 환기시키기 위해 빛과 컬러를 빼어나게 활용한다. 갈색과 흑색, 짙은 올리브색과 청색이 영양실조에 걸린 창백한 얼굴들의 배경에 칠해진 색상이다. 맨 전구 같은 밝은 광원이 캐릭터들에게 강렬한 빛을 비추는 동시에 그들을 그림자로 에워싸는 경우가 잦다. 윌슨은 인터뷰에서 대부분의 장면이 핸드헬드로 촬영되었음을 알려 준다. 이지악은 트래킹 숏조차 카메라를 들고 돌리에 앉은 채 촬영했다. 그럼에도 우리는 그게 핸드헬드라는 사실을 거의 인지하지 못한다. 분별없는 미국의 독립 영화 감독들이 유용한 스타일을 발견했다는 인상에 취해서 그러는 것처럼 카메라를 쉴 새 없이 움직이는 대신, 이지악은 카메라를 확고하게 붙든다. 카메라는 불가피하게, 알아차리기 어려울 정도로 약간씩 움직이면서 급박함과 개인적인 관심이 반영된 미묘한 형태를 창조한다. 고정된 카메라는 객관적이지만 약간씩 움직이는 카메라는 주관적이라는 스콜세지Martin Scorsese의 믿음을 우리는 떠올린다.

이지악의 카메라는 배우들의 얼굴을 사랑하고, 그 사랑은 우리에게 어떤 감정을 느껴야 하는지를 알려 준다. 서글픈 눈빛의 코모로브스카는 엄청나게 피곤한 기색을 보여 준다. 그러나 미군이 스텔라가 아닌 자신을 방문했음을 알게 된 그녀의 감각적인 입술은 기쁨과 놀라움을 감추지 못한다. 엄청나게 큰 우울함으로 가득한 모습을 종종 보여 주는 윌슨은 자신이 연기하는 순진한 군인을 착한 사람이 되기로 결심한 남자로 연기해 낸다. 그가 이 여인을 구하고 싶어 하는 이유 중 하나는 그가 꾸는 악몽으로 설명된다. 꿈에서 독일군의 포로가 된 그는 두려움 때문에 바지를 적신다. 이 연기는 윌슨이 펼친 걸출한 연기다. 할리우드가 제대로 활용하지 못한 배우인 그는 <인 콜드 블러드In Cold Blood>(1967)로 데뷔했고, <필사의 도전The Right Stuff>(1983)과 <샤일로Shiloh>(1996) 같은 작품들에 출연했다.

1984년에 베니스영화제에서 작품상인 황금사자상을 수상한 <조용한 태양의 해>는 아카데미에는 출품되지 못했다. 폴란드 정부에 비판적인 안제이 바이다Andrzej Wajda의 영화가 출품된 후 폴란드 정부가 오스카상을 보이콧하는 중이었기 때문이다. 바이다 못지않게 공산주의 정권에 비판적이었고 (코모로브스카와 함께) 자유노조의 열렬한 지지자였던 1939년생 자누시는 영화들을 만드는 데는 성공했다. 그가 빙긋 웃으면서 설명한 대로 "수완이 좋았기" 때문이다.

실제로 그는 정부의 자금을 반정부 영화들을 만드는 데 사용한 바르샤바 영화 스튜디오를 운영했는데, 폴란드 사람들은 그 영화들에 숨겨진 메시지들을 조금도 어렵지 않게 이해했다. 교황 요한 바오로 2세의 가까운 친구였던 자누시는 1997년에 교황이 쓴 희곡 「우리 하나님의 형제Brat naszego Boga」를 영화화하면서 스콧 윌슨을 다시 주연 배우로 선택했다.

자누시는 프로듀서이자 멘토로서 크시슈토프 키에슬로프스키Krzysztof Kieślowski(자누시는 그의 <카메라 광Amator>에 출연했다)와 아그네츠카 홀란드Agnieszka Holland(그녀는 그의 조감독으로 경력을 시작했다)를 포함한 폴란드의 신세대 영화감독들의 성장을 도왔다. 그들은 바이다와 안제이 뭉크Andrzej Munk를 비롯한 여러 감독과 함께 '도덕적 불안의 영화Cinema of Moral Anxiety'를 결성해 사악한 시대에 착한 사람이 되는 데 따르는 딜레마를 다룬 일군의 영화를 창작했다. 윤리적 딜레마에 대한 한 시간 길이의 영화 열 편인 키에슬로프스키의 《십계Dekalog》 연작은 불가능한 윤리적 상황들을 다룬 여덟 편의 영화인 자누시의 《주말 이야기들Opowieści Weekendowe》과 유사하다.

<조용한 태양의 해>의 두드러진 장점 중 하나는 싸구려 로맨스의 장치들에 의지하지 않으면서 러브 스토리를 들려주는 방식이다. 이 사람들은 이루 형언할 수 없이 고통스러운 체험을 해 온 품위 있는 중년 남녀다. 어느 순간 에밀리아는 신부에게 묻는다. "사람에게 행복할 권리가 있나요?"

신부가 내놓으려는 생각을 않는 대답 하나는 사람은 행복해지는 걸 마다하지 말아야 한다는 것이다. 에밀리아의 어머니는 이 점을 잘 안다. 에바 달코브스카는 감상 따위는 조금도 없이 죽어 가는, 대단히 유머러스하고 현실을 쉽게 수긍하는 여인을 연기하면서 빛을 발한다. 두 사람의 로맨스를 부추기는 그녀는 딸이 더 나은 미래를 단호히 받아들이려 들지 않을 거라는 사실에 절망한다.

나는 이야기의 결말이 어떻게 나는지 밝히는 일 없이 영화의 결말을 전하려 애쓰는 중이다. 결말은 존 포드John Ford가 위대한 웨스턴들을 찍은 장소인 모뉴먼트 밸리를 배경으로 한 판타지 신이다. 실제로 영화에서 에밀리아 모녀가 언급하는 유일한 영화가 포드의 <역마차 Stagecoach>다.

윌슨은 자누시와 러시아 감독 안드레이 타르콥스키Andrei Tarkovsky가 1983년에 텔루라이드영화제에 오는 길에 모뉴먼트 밸리를 방문했다는 이야기를 한다. 실제로 나는 그들이 거기에 있었던 것을 기억한다. 타르콥스키는 청바지에 카우보이 부츠 차림이었고, 자누시는 항상 진청색 슈트와 타이 차림이었다.

두 감독은 언젠가 그곳에서 영화를 찍겠다고 맹세했다. 타르콥스키는 그럴 수 있기 전에 세상을 떠났지만, 자누시는 카메라맨과 두 주연 배우, 그리고 스태프 역할을 한 윌슨의 아내 해븐리Heavenly Wilson를 데리고 밸리를 찾아가 엔딩을 찍었다. 두 연인의 희망을 시각화하는 동시에 그들이 맞을 숙명의 뼈저린 아픔을 반영하는 방식 면에서 시적인 엔딩을 말이다.

| 죽은 자들<br>The Dead | 감독 | 존 휴스턴 | |
|---|---|---|---|
| | 주연 | 앤젤리카 휴스턴, 도널 매캔 | |
| | 제작 | 1987년 | 83분 |

존 휴스턴John Huston, 1906~1987은 <죽은 자들>을 감독할 때 죽어 가는 중이었다. 폐기종과 심장 질환으로 허약해진 탓에 산소 탱크에 묶인 데다 휠체어에 의지하는 처지였다. 하지만 완벽주의자인 그는 촬영하는 영화의 대단히 미묘한 뉘앙스에도 주의를 기울였다. 그런 점에서 보면 제임스 조이스James Joyce의 단편은 마지막 페이지에 이를 때까지 뉘앙스로 점철된 작품이다. 미묘한 표식들은 비통함과 사랑을 엄청나게 분출시키는 지점으로 작품을 이끌어 가지만, 그 지점에 다다르기 전까지 일어나는 '가장 큰 행위'는 휴스턴이 밝힌 것처럼 "항구를 통과하려 애쓰는 것"이다. 그는 1987년 1월에 촬영을 개시해 4월에 촬영을 종료했다. 그리고 8월 말에 세상을 떠났다. 향년 81세였다.

내가 열거한 이 모든 정보는 로런스 그로벨Lawrence Grobel이 쓴 『휴스턴 가문The Hustons』에서 얻은 것이다. 이 저서는 뿔뿔이 흩어져 사는 곤경을 겪은 가족사를 기록한 전기다. 그런데 이 가문은 월터Walter

Huston와 존, 앤젤리카Anjelica Huston 3대에 걸쳐 오스카상을 수상한 가문이기도 하다. 존이 이 영화 직전에 만든 영화 <프리찌스 오너Prizzi's Honor>(1985)로 오스카상을 수상했던 존의 딸은 이제 <죽은 자들>에서는 핵심적인 역할을 연기한다. 당시 서른일곱 살이던 존의 아들 토니Tony Huston는 <죽은 자들>의 시나리오로 오스카 후보에 올랐고, 촬영 현장에서는 아버지의 조감독으로 활약했다. 토니는 세상에서 멀리 떨어진 곳에 보관된 비밀에 정통했는데, 병세에 시달리는 존이야말로 정말 그런 상태였다.

조이스가 쓴 『죽은 자들』은 영어로 쓰인 위대한 단편 소설에 속한다. 하지만 영화로 만드는 건 거의 불가능한 작품인 듯 보인다. 소설의 배경은 1904년 더블린에서 열리는 명절 파티다. 파티의 주최자는 노인이 된 두 자매와 그들의 조카딸들로, 그들은 평생 음악을 연주하거나 가르치며 살아 왔다. 손님들이 도착한다. 우리는 그들이 서로를 관찰하면서 겉보기보다는 많은 의미가 담긴 말을 주고받으며 귀를 기울이는 모습을 관찰한다. 긴 저녁이 끝났을 때 모르칸 부인의 조카 가브리엘 콘로이(도널 매캔Donal McCann)는 아내 그레타(앤젤리카 휴스턴)와 함께 호텔로 돌아가려고 집을 나선다. 그들은 호텔에서 밤을 보내고는 아침에 멀리 떨어진 교외에 있는 집으로 돌아갈 예정이다.

그들이 마차를 타고 호텔로 돌아가 한 시간 남짓한 시간을 보내기 전까지 등장하는 모든 것은 프롤로그에 해당한다. 그레타는 남편이 한 번도 들어 본 적이 없는 이야기를 들려준다. 그녀에게 연심을 품었던 열일곱 살 먹은 마이클 퓨리라는 청년에 대한, 세상을 떠난 청년에 대한 이야기다. 병약했던 그는 그녀가 골웨이를 떠나 수녀원 부속 학교로 가기 전날 밤에 빗속에 서 있었다. "그에게 즉시 집에 가라고 간청했어요. 빗속에서 그러다 목숨을 잃고 말 거라고 말했죠." 그녀의 기억이다. "하지만 그는 살고 싶지 않다고 말했어요." 그리고 그는 그녀가 부속 학교에 입학한 지 일주일밖에 안 됐을 때 세상을 떠났다. "그가 그토록 젊은 나이에 숨진 이유가 뭐요?" 가브리엘은 묻는다. "폐결핵이었소?" 그녀는 대답한다. "나 때문에 죽은 거라고 생각해요." 조이스는 마지막 페이지에서 가브리엘의 마음속으로 들어간다. 죽은 청년에 대해, 아내의 위대한 첫사랑에 대해, 자신이 어째서 그런 사랑을 한 번도 느껴 보지 못했는지에 대해, 세상을 뜬 사람들에 대해, 남아 있는 우리 모두가 우리의 사랑과 욕정, 소망과 회한, 계획과 비밀을 품고는 어떻게 하면 좋은 죽음을 맞을 수 있을지에 대해 생각하는 마음속으로 들어간다.

제임스 조이스의 마지막 문단을 함께 읽어 보자.

> 판유리에 깜빡이는 몇 줄기 빛을 본 그는 창문을 향해 몸을 돌렸다. 눈이 다시 내리기 시작했다. 그는 졸음기 가득한 눈으로 등불 앞으로 비스듬히 떨어지는 어두침침한 은색 눈송이를 지켜봤다. 서쪽으로 떠나는 여행길에 나설 시간이 찾아왔다. 그래, 신문에 실린 예보가 맞았다. 아일랜드 전역에 눈이 내렸다. 중부의 짙은 색 평지 전역에, 민둥산에, 앨런 이탄지에 눈이 내리고 있었다. 저 멀리 서쪽의 어둠이 깔린 반항적인 섀넌강의 물결로 눈발이 떨어지고 있었다. 마이클 퓨리가 누운 채로 묻혀 있는 언덕의 외로운 교회 경내에도 역시 눈이 내리고 있었다. 눈은 비딱하게 누운 십자가와 묘비 위를, 조그만 문의 날카로운 창살 위를, 삭막한 가시나무 위를 떠다니며 두껍게 덮었다. 눈이 우주를 가로질러 희미하게 떨어지는 소리를 듣는 동안, 마지막 목적지로 하강하듯 살아 있는 모든 것과 세상을 떠난 모든 것 위로 희미하게 떨어지는 소리를 듣는 동안, 그의 영혼은 서서히 혼미해졌다.

존 휴스턴이 깨달았듯, 이 통찰을 시나리오에 행동으로 옮겨 적을 방법은 전혀 없다. 이 문단은 언어로 표현된 사고로만 굳건히 존재한다. 그와 토니는 시나리오를 쓰면서 자신들이 해야 할 바를 했다. 이 문단을 배우 도널 매캔이 아내가 울먹이다 침대에서 잠들어 있는 동안 속으로 되뇌는 독백으로 만든 것이다. 우리는 아내가 같이 갈 예정인데도 그가 '그의' 여행을 생각하고 있다는 데 주목한다. 그는 자신을 홀몸인 사람으로 생각한다. <죽은 자들>을 처음 봤을 때, 나는 용감하고 심오한 느낌을 주는 영화이지만 '불가능한 영화'라고 생각하고는 이렇게 썼다. "세상의 어떤 감독도 가브리엘의 머릿속에 있는 생각들을 스크린에 재현할 도리가 없다." 그런데 물론 그런 도리가 있었다. 휴스턴은 조이스가 했던 것과 똑같은 일을 할 수 있었다. 그는 가브리엘이 생각하고 있던 내용을 그냥 우리에게 들려준다.

영화는 소설의 줄거리를 대단히 충실하게 따라간다. 사소한 디테일 몇 개만 순서가 바뀌었다. 할머니가 한 말에 대한 가브리엘의 이야기는 줄거리의 전반부로 자리를 옮겼고, 술에 취한 채 도착한 프레디 말린스(도널 도넬리Donal Donnelly)의 경우는 가브리엘이 말린스 부인에게 장담하듯 "괜찮은 것이나 다름없다." 영화는 소설의 한 줄 한 줄을, 장면과 장면을 충실하게 반영한다. 피아노 리사이틀이 열리는 동안 술을 마시려고 옆방으로 슬쩍 옮겨갔다가 연주가 끝날 때 큰소리로 박수를 치러 돌아오는 두 젊은이 같은 디테일조차 그렇다.

전환점은 모두가 떠나는 동안 찾아온다. 가브리엘이 계단을 이미 내려왔을 때, 유명한 테너 바텔 다시(프랭크 패터슨Frank Patterson)가 주위의 강권에 못 이겨 결국 노래를 부른다. 위를 올려다본 가브리엘은 계단에 멈춰 서서 노래에 귀를 기울이는 사람을 본다. 그러고는 결국 그 사람이 바로 자신의 아내임을 깨닫는다. "그녀의 태도에는 자신이 무언가의 상징이나 되는 것 같은 우아함과 미스터리가 있었다"고 그는 생각한다. “만약 그가 화가였다면 그는 그녀를 그런 태도로 그려 냈을 것이다.” 존 휴스턴은 화가였고, 같은 일을 행했다. 마이클 퓨리가 부르고는 했던 그 노래는 이제 그레타가 품고 있던 일련의 서글픈 추억을 통째로 깨운다.

소설에는 가브리엘이 한 생각이 아니라 조이스가 한 생각이라서 휴스턴이 아니라 그 누구도 영화에 집어넣을 수 없던 글이 한 줄 있다. 가브리엘이 호텔에서 잠든 아내를 응시할 때 조이스는 우리에게 말한다. “아내를 향한 낯설면서도 친숙한 연민이 그의 영혼으로 들어왔다.” 바로 이게 소설 전체를 밀고 온 문장이다. 결혼한 지 오래된 그는 아내를 잘 안다고 생각한다. 그런데 갑자기 그는 그레타를 아내나 연인, 또는 두 사람이 함께해 온 세월의 관점에서가 아니라 다른 인간의 관점에서, 서쪽으로 떠나는 그녀의 여행에서 홀몸이 될 다른 인물의 관점에서 본다.

<죽은 자들>은 슬픔으로 끝을 맺지만, 회한과 다정함을 두려움 없이 응시하는 이 영화는 낭만적 영화의 걸작이라 할 수 있다. 아일랜드에 오랫동안 기주했고, 엔젤리카가 열여섯 살이 될 때까지 그곳에서 딸을 키운 존 휴스턴은 모르칸 부인의 파티에 참석한 손님들이 서로의 인생과 실패를 받아들이는 것 같은 친절함에 본능적으로 공감했다. 그들 모두는 자신들이 소망하던 바에 미치지 못했고, 그 사실을 잘 안다. 프레디 말린스는 술꾼이지만, 그가 어머니 옆에 앉은 모습을 본 우리는 그의 어머니가 아들을 실패한 사람이 되게 몰아간 건 아닌지 의심하게 된다. 브라운 씨(댄 오헤를리히Dan O'Herlihy)는 전형적인 술꾼이다. 어느 모로 보나 알코올 중독자이기 때문이다. 공화제 지지자의 대의를 옹호하는 몰리 아이버스(마리아 맥더모트로Maria McDermottroe)는 집회에 참석하려고 서둘러 떠나려 한다. 그녀는 그들이 처한 문제점에는 정치적 해결책이 있다고 여전히 확신한다. 몇 년 전까지도 괜찮은 목소리

의 소유자였다고 고백하는 줄리아 이모(캐슬린 델라니Cathleen Delany)는 노래하라는 설득 끝에 노래를 부르지만 썩 잘 부르지는 못한다. 프레디는 휘청거리며 앞으로 나가 지나치게 과장된 말을 불쑥 내뱉고, 그녀는 파티에 온 손님들 앞에서 난처해하지만, 모두는 줄리아의 목소리가 나빠졌다는 걸, 그리고 프레디의 속뜻은 좋은 의도였다는 걸 이해한다.

가브리엘은 이 모든 것의 목격자다. 도입부의 숏은 실내에 있는 모두를 살펴보는 그의 뒤통수를 보여 준다. 나중에 그는 결국 본연의 모습 그대로인 사람으로, 늘 그런 존재였던 사람으로 아내를 볼 것이다. 그러고는 자기 자신을 볼 것이다. 저널리스트가 되겠다는, 가문의 밝은 빛줄기가 되겠다는, 이모들의 자랑거리가 되겠다는 야심을 품었지만 보잘 것 없는 성취에 의지하는 시시한 인간이 돼 버린 자신을 말이다. 존 휴스턴이 자신의 마지막 영화로 이 작품을 선택하고 연출했을 때 그의 마음에 파고든 게 이런 생각들이었을까? 그 생각들이 어떻게 그런 생각이 아니었을 수 있겠는가? 그 모든 슬픈 일이 진실이라면, 그는 적어도 우아하고 시적인 방식으로 그 생각들을 세상에 전달할 수 있었을 것이다. 나부끼는 눈처럼 조용하고 너그러운 영화에서 말이다.

# 지옥의 영웅들

The Big Red One

| | | | |
|---|---|---|---|
| 감독 | 새뮤얼 풀러 | | |
| 주연 | 리 마빈, 마크 해밀 | | |
| 제작 | 1980년 | 113분 | |

결국 소총 분대 베테랑들은 전력 보충을 위해 도착한 신병들의 이름을 익히려는 수고 따위는 관둔다. 보충병들이 너무 빨리 목숨을 잃기 때문이다. 그들의 이름을 익히는 건 품만 들뿐 그만한 가치는 없는 일이다. 그러나 분대장과 부하 병사 네 명은 어찌어찌 살아서 전쟁을 겪어 내는 데 성공한다. 북아프리카에서 출발한 그들은 시칠리아를 거쳐 디데이에는 오마하 해변에 올랐고, 벨기에를 지난 다음 결국에는 독일에 당도해 죽음의 수용소를 해방시킨다.

이 다섯 병사가 살아남았다는 사실이 있을 성싶지 않은 일로 보이나? 직접 체험한 전투의 기억을 바탕으로 <지옥의 영웅들>의 시나리오를 쓰고 연출한 새뮤얼 풀러Samuel Fuller, 1912~1997에게는 있을 법한 일이었다. "생존자 이야기를 영화로 만들고 싶었소." 칸에서 이 영화의 시사회가 열렸을 때 그가 내게 한 말이다. "모든 전쟁 이야기는 생존자들이 들려주는 이야기니까."

풀러는 시가를 씹어 대며 거친 말을 내뱉는, 왜소하지만 강단 있는 사람이었다. 10대 때 뉴욕에서 범죄 담당 기자로 경력을 시작한 그는 기자 자리를 얻으려고 나이를 속였다. 그는 싸구려 통속 소설을 썼고, 말투가 거칠었다. 전쟁 기간 내내 전투에 참전한 그는 '빅 레드 원The Big Red One'이라는 별명으로 불린 제1 보병사단에서 복무했던 기억을 늘 잊지 않았다. 우선, 그는 다른 영화를 많이 만들었다. <철모Steel Helmet>와 <총검장착Fixed Bayonets>(모두 1951년 작품) 같은 하드보일드 전쟁 영화, <사우스 스트리트의 소매치기Pickup on South Street>(1953) 같은 누아르 클래식, <충격의 복도Shock Corridor>(1963)와 <네이키드 키스The Naked Kiss>(1964) 같은 B급 컬트 영화들이 그가 이 영화보다 앞서 만든 작품들이었다.

드디어 그는 꿈꾸던 프로젝트를 실현할 기회를 잡았다. 제작비는 4백만 달러로 제한돼 있었지만, 그는 촬영하고, 촬영하고, 또 촬영했다. 신문 기자라면 누구나 그런 것처럼, 그는 훌륭한 이야기를 낭비하는 것을 참을 수 없었다. 영화는 에피소드들로 구성되어 있다. 전쟁 자체가 에피소드들로 구성되어 있다. 그는 만사가 클라이맥스의 장대한 장면으로 이어지는 식의 줄거리 구조를 가진 전쟁 영화를 견디지 못하겠다고 말했었다. 실제 전쟁에서 전쟁에 참전한 사람들은 그들에게 주어진 현재를 살았다. 지난주에 당신에게 벌어졌던 일과 오늘 당신에게 벌어지고 있는 일 사이에 연관성은 전혀 없다. 참전한 사람들은 인생이 나아갈 방향을 조금도 제시할 수 없었다.

풀러의 오리지널 편집판은 270분 길이였다. 영화는 113분 길이로 잘려 나갔고, 그의 가슴은 산산조각이 났다. 그러나 그 과정을 거쳐 남아 있는 부분들은 제몫을 충분히 잘했고, 그는 그 버전을 자랑스러워했다. 그는 오리지널 버전 복원 이야기를 했었지만, 그 작업을 하지 못한 채 1997년에 고인이 됐다. 영화 평론가 리처드 시켈Richard Schickel이

복원 작업을 감독한 끝에 이제 158분 버전의 영화가 탄생했고, 그 영화는 앞선 버전에서는 볼 수 없었던 풍성함과 리듬감을 보여 준다. 270분 버전은 풀러 자신도 가위질을 했을 법한 1차 편집본이었을 거라고 추측하는 사람도 있다. 복원된 <지옥의 영웅들>은 전쟁의 규모와 지속 기간을, 젠장 맞을 일들이 연속으로 일어나는 방식을, 병사들이 지나온 기나긴 거리를, 대부분의 시간 동안은 사람을 멍하게 만들지만 이따금은 단편 소설의 소재로 완벽한 에피소드를 생산해 내는 경험들이 축적되는 광경을 잘 보여 준다.

풀러는 영화의 초점을 리 마빈Lee Marvin이 바윗덩어리처럼 단단한 권위를 보여 주는 사내로 연기해 내는 병장에게 맞춘다. 태평양에서 해병으로 전투를 목격했던 리 마빈은 자신이 출연했던 다른 대작 전쟁 영화 <더티 더즌The Dirty Dozen>을 “멍청한 돈벌이 영화”라고 부른 인물이었다. 풀러는 그 병장 역할을 연기할 배우로 늘 마빈을 원했었다. 스튜디오는 존 웨인John Wayne을 고집했지만, 풀러는 웨인을 쓰느니 영화를 만들지 않는 쪽을 택하겠다고 말했다. 그의 판단은 옳았다. 이건 마빈의 영화다. 그는 용감무쌍한 무용武勇이나 일장 연설을 통해서가 아니라 숙달된 모습과 인내심, 리얼리즘, 애정이 묻어나는 서글픈 정서로 영화를 장악한다. 어느 병사가 사타구니에 부상을 입는 장면이 있다. 진창에서 무언가를 찾은 병장은 그걸 던진다. “네 불알 한 쪽이다, 스미티. 이래서 하나님이 너한테 불알을 두 개 주신 거야.”

오랜 전쟁을 버텨 낸 분대원들은 풀러를 연기하는 게 분명한 시가를 씹어 대는 싸구려 소설가 잽(로버트 캐러딘Robert Carradine), 살인을 좋아하지 않지만 결국에는 성격이 바뀌는 그리프(마크 해밀Mark Hamill), 빈치(보비 디치코Bobby DiCicco), 존슨(켈리 워드Kelly Ward)이다. 새로 온 보충병이 ‘죽음의 마감 시간’이라는 제목의 페이퍼백을 읽는 신이 있다. 잽은 보충병에게 그 책을 쓴 저자가 자신이라는 걸 알리려 애쓴다. 무슨 말인지 알아듣지 못하는 신병은 그 책을 다 읽기도 전에 목숨을 잃는다.

영화는 제1차 세계 대전의 공포로 시작된다. 전쟁 신경증에 시달리는 군마軍馬가 미친 듯이 전장을 질주하며 돌아다닌다. 우리가 마빈이 연기하는 캐릭터를 처음 만나는 곳이 바로 여기다. 그는 평생을 군에 복무하라는 종신형을 받은 게 분명하다. 병장으로 진급한 그는 풋내기들을 다음 전쟁까지 이끈다. 우리는 그에 대해 아는 게 하나도 없다. 결혼했는지, 가족이 있는지 여부도 모를뿐더러 심지어는 이름도 모른다. 그런데 어떤 면에서, 우리는 그에 대한 모든 것을 안다. 풀러와 마빈은 병장이 모닥불가에서 자신의 이력과 믿음에 대해 의무적으로 털어놓는 연설 따위를 병장에게 조금도 배정하지 않는다. 그 대신 중요한 순간에 그가 행동하는 방식을 보여 주는 것으로 캐릭터를 발전시킨다. 예를 들어 그는 독일군 저격수를 생포한다. 그런데 그 저격수는 절박해진 히틀러가 필사적으로 모집한 '소년군' 소속 꼬맹이인 게 밝혀진다. 다른 저격수였다면 병장은 늘 해 오던 대로 사살을 했을 것이다. 그런데 그는 이 저격수의 경우에는 볼기를 때린다.

풀러가 실제로 경험하고 기억에 저장해 놨을 게 분명한 디테일들이 있다. 나치에 동조하는 프랑스 비시 정부 소속 병사들이 방어하는 아프리카의 진지에 상륙하는 에피소드 같은 게 그렇다. "비시 편이라면 우리와 맞서 싸우라." 미국인들이 확성기에 대고 외친다. "프랑스인이라면 우리와 함께 하라." 이 신은 프랑스 진영 내부의 장교들과 일반 병사들 사이의 계급 구분을 부각한다. 미군의 병장과 부하 병사들 사이에 그런 구분은 존재하지 않는다. 일부 에피소드는 풀러가 맥주를 앞에 놓고 당신에게 들려줄 법한 이야기처럼 들린다. 분대가 동굴에 몸을 은신하고 있는데 독일군이 한두 명씩 동굴 입구에 모습을 드러내는 에피소드가 그렇다. 어떤 독일군은 오줌을 누려고 오는 것이고 다른 병사들은 안을 살피러 온 것이다. 미군들은 독일군을 한 명씩 해치운다. 미군들 자신도 절체절명의 위기에 처해 있다. 결국 동굴은 사격 연습장이 돼 버린다. 미군이 방금 전에 포획한 독일군 탱크에서 태어나는 아이를 받는 장면도 있다. 'Salon.com'의 찰스 테일러Charles Taylor는 이 영화에 대해 쓴 진심 어린 리뷰에서 강조한다. "정말로 이상한 디테일이 하나 있다. 탄띠가 산모의 발걸이로 사용되는데, 탄띠에 꽂힌 탄환들은 임신한 여성의 배를 향하고 있다."

오마하 해변에 상륙할 때, 영화를 본 사람이라면 누구도 잊을 수 없는 순간이 나온다. 어느 병사의 팔이 뜯겨져 나가 모래에 박힌다. 그럼에도 손목시계는 여전히 손목에 걸려 있다. 풀러는 틈틈이 그 시계를 보여준다. 우리는 그 시계를 보면서 시간이 얼마나 경과했는지를 알 수 있다. <라이언 일병 구하기Saving Private Ryan>를 준비하면서 <지옥의 영웅들>을 감상했을 게 분명한 스티븐 스필버그Steven Spielberg는 다른 감독을 부러워할 필요가 없는 감독이지만, 이 숏만큼은 대단히 탐났을 것이다.

결국 우리가 이해하는 것은 이 다섯 병사가 전쟁 전체를 요약해서 보여 준다는 것이다. 이것은 그들이 치르는 전쟁이기 때문이다. 부하 1만 명과 함께 바다로 뛰어들어 물살을 가르며 전진하는 사람은 아무도 없다. 그들은 모두 홀로 바다에 뛰어들어 물살을 가른다. 풀러는 액션의 규모를 제한해서 한정된 제작비로도 대단히 설득력 있는 화면을 보여 주는 영화를 만들 수 있었다. 그는 벨기에가 배경인 신들은 아일랜드에서, 나머지 다른 신들은 모두 이스라엘에서 촬영했다. 풀러는 필요하다고 생각되는 시점에 탱크와 항공기, 독일군, 상륙용 주정舟艇을 관객에게 보여 준다. 그러나 이 영화의 초점은 분대원들의 얼굴에 맞춰져 있다.

풀러와 이야기하던 나는, 모든 전쟁 영화는 전하려는 '메시지'가 무엇이건 관객의 눈에는 짜릿하게 보이는 액션들을 연출하기 때문에 전쟁에 찬성하는 영화라는 트뤼포François Truffaut의 말을 인용했다. 여기에 풀러는 코웃음을 쳤다.

> 찬성이건 반대건, 총에 맞아 볼기가 날아간 사내한테 그게 도대체 무슨 차이가 있겠소? 이 영화는 대단히 단순해요. 전투 경험의 연속이고, 전투와 전투 사이에 존재하는 기다림의 시간을 보여 주는 영화지. 리 마빈이 연기하는 인물은 죽음의 목수木手요. 이 영화 속 세계의 병장들은 지난 1만 년 동안 젊은 남자들한테 죽음을 나눠줘 왔어요. 그는 그 오랜 세월의 심벌이자 모든 병장의 심벌이오. 그들의 이름이 무엇이건, 다른 나라 말로는 그들의 계급을 어떻게 부르건 상관없이 말이오. 그게 바로 영화에 그의 이름이 등장하지 않는 이유요.
>
> 이 영화는 전쟁 영화에서 배운 것 말고는 전쟁에 대해 아는 게 하나도 없는 사람들에게는 친숙하지 않을지도 모르는 방법으로 죽음을 다뤄요. 나는 공포가 죽음을 지연하지는 않는다고, 따라서 공포는 쓸데없는 감정이라고 믿어요. 어떤 사람이 총에 맞았소. 그럼, 그는 총에 맞은 거요. 그게 전부요. 내가 우는 건 저쪽에 있는 사람이 총에 맞아서 우는 게 아니오. 다음에 맞을 사람이 내가 될 거라서 우는 거요. 적들이 당신을 향해 총질을 할 때, 그 모든 거짓된 영웅적 행위들은 헛소리일 뿐이오. 하지만 우리는 시신에 대해서만큼은 솔직해야 해요. 바로 그게 이 영화가 보여 주는 감정이오. 젊은 네 병사는 그런 감정에 전염된 거요.

그렇다, 바로 그것이다. 바로 그게 살인을 좋아하지 않는 분대원 그리프가 마지막 신에서 나치를 향해 탄창에 든 탄환 스무 발을 갈겨대는 이유다. 그는 살인자에게 총질을 해 대는 킬러다.

# 진홍의 여왕

The Scarlet Empress

| | |
|---|---|
| 감독 | 요제프 폰 스턴버그 |
| 주연 | 마를레네 디트리히, 존 로지 |
| 제작 | 1934년 104분 |

요제프 폰 스턴버그Josef von Sternberg, 1894~1969는 자신의 영화 <진홍의 여왕>에 대해 "가차 없이 스타일 속으로 파고든 작품"이라고 말했다. 이건 실상을 많이 순화한 견해다. 이 영화에는 스타일이 넘친다. 스타일이 영화를 에워싸고 영화를 짓누른다. 연기자들은 장난감 가게에 온 어린애들처럼 스타일의 틈바구니를 통해 관객들을 응시한다. 영화는 기괴하다 싶게 화려한 비주얼로 예카테리나 대제의 이야기를 들려준다. 비뚤어진 섹슈얼리티와 대담하고 외설적인 유머를 결합한 이 영화는 멜 브룩스Mel Brooks가 사드 후작과 콜라보한 작품처럼 보인다.

이 영화는 폰 스턴버그와 마를레네 디트리히Marlene Dietrich가 함께 작업한 일곱 편의 영화 중 여섯 번째 작품인 동시에 가장 기이한 작품이다. 영화는 러시아의 거대하고 그로테스크한 괴물 석상(가고일)들과 옷을 과하게 차려입은 덩치 좋은 경기병들을, 툭하면 킬킬거리는 우둔한 표트르 대공과 디트리히의 싸늘하고 에로틱한 얼굴이 페티시나 되는 양 오랫동안 잡은 클로즈업과 병치한다. 영화는 표트르의 위압적인 어머니 옐리자베타 여제에게 표독한 분위기를 부여하고, 예카테리나를 표트르에게 후계자인 아들을 제공할 의무를 부여받은 성적性的인 모험에 나선 인물로 그린다. 예카테리나는 결국 아들을 낳는 것으로 임무를 완수한다. 그러나 표트르의 아들은 아니다.

영화는 1934년에 개봉했다. 헤이스 오피스Hays office•가 할리우드 영화들이 저지르는 도덕적 위반 행위를 찾아 나서기 시작하던 시점이다. 폰 스턴버그는 검열 당국 상층부에 우군友軍이 있었던 게 분명하다. 그는 어떤 제재도 받지 않으면서 하고 싶은 짓을 다했다. 영화는 말에 깔려 죽었다는 여제의 죽음◆에 대한 유명한 전설을 현명하게도 피해 가지만, 자막 화면이 절묘하게 절제된 표현으로 알려 주듯, "예카테리나는 군대를 그녀의 정복 대상 명단에 차분하게 덧붙였다."

우리는 그녀가 군대를 시찰하면서 군인들의 아랫도리에 유별난 관심을 기울이는 모습을 본다. 잘생긴 올로프 대위를 만난 그녀는 그에 대한 이야기를 "들었노라" 말하고는 하는 일이 무어냐고 묻는다. "야간 경계를 책임지고 있습니다, 왕비님." 디드리히는 부드럽고 관능적인 목소리로 말한다. "밤에는…… 꽤…… 춥겠구나." 우리는 그녀가 하고자 한 말을 분명히 알아들었다. 우리는 표트르가 장난감 병정을 갖고 노는 모습을 본다. 그러고는 그는 예카테리나에 대한 의견을 밝힌다. "그녀는 늘 대공의 병사들을 골라내지."

폰 스턴버그는 할리우드가 낳은 진정한 괴짜 중 한 명으로, 한동안 위대한 감독이었고 항상 걸출한 구경거리였다. 그는 자신이 연출하는 영화에 어울리는 의상을 입었고, 시계가 똑딱거리는 소리가 들리지

• 1930~1968년에 미국의 메이저 스튜디오들이 배급한 영화에 적용된 윤리적 가이드라인인 영화제작 규범(Motion Production Code)을 집행한 기관. 이름은 리더인 윌 H. 헤이스(Will H. Hays)의 이름에서 딴 것이다.

◆ 말과 섹스를 하려다 당한 일이라는 속설이 있다.

않게 조감독들에게 손목시계를 벗으라고 지시했다. 그러면서 자신이 연출, 촬영, 조명, 세트, 의상, 소품, 공사 등 모든 작업을 혼자 다 해냈노라고 조용히 주장했다. 그리고 "시간이 많이 걸린다"며 한숨을 쉬었다. 물론 그에게는 이 일들을 모두 해 줄 전문 인력이 할당됐다. 그럼에도 그는 자신이 연출하는 작품들의 때깔을 확실하게 통제했다. <진홍의 여왕>에서는 자그마한 캔버스를 가득 채워 파열시키는 것으로 광대한 캔버스가 없는 상황을 보충했다.

그는 왕좌와 복도 몇 곳, 식당, 웅장한 계단, 침실 몇 곳 정도만 보여 주는 것으로 관객에게 러시아 황실의 인테리어를 보여 준다. 오슨 웰스Orson Welles가 그림자와 소품, 트릭과 거울을 동원해 재너두를 창조한 방법을 연상시킨다. 스턴버그의 방에 있는 붙박이 세간들은 대담하다 싶을 정도로 특대형이다. 석재를 거칠게 조각해 만든, 캐릭터들보다 훨씬 덩치가 큰 괴물 석상은 그들을 에워싸고 곁눈질한다. 문은 너무나 무거워서, 문을 당겨 열려면 남자 두 명이나 여자 여섯 명이 필요하다. 짓궂은 알렉세이 백작(존 로지John Lodge)이 입은 모피 의상은 엄청나게 무거워 보인다. 그래서 그의 키가 180센티미터가 넘고 그런 옷들을 입고 다니기에 충분할 정도로 건장하다는 사실은 잘된 일로 보인다.

알렉세이는 소피아 프레데리카라는 이름으로 불리는 아름다운 '젊은 공주'를 데리러 내륙으로 여행을 온 인물이다. 소피아는 표트르의 신부가 되라는 명령을 받는다. 소피아는 어렸을 때부터 유별난 아이였다. 그녀의 주치의는 교수형 집행인이기도 했고, 그녀가 잠자리에서 듣는 이야기들은 고문대와 화형대에서 받는 고문과 관련된 것들이었다. 이런 소름 끼치는 고통을 담은 이미지들이 몽타주 된다. 어떤 죄수는 거꾸로 매달린 채 종을 울리는 추로 사용된다. 그리고 그 이미지는 그네를 타는 소피아의 모습으로 디졸브 된다. 알렉세이와 소피아가 만나기 무섭게, 문을 닫는 데 영원한 시간이 걸릴 것만 같은 소피아의

클로즈업에서 그녀는 매혹됐다는 눈빛으로 그를 응시한다. 이튿날 알렉세이는 대담하게도 그녀에게 키스를 한다. “왜 그런 건가요?” 그녀가 묻는다. “당신과 사랑에 빠졌으니까요. 그러니 이제 당신은 나한테 벌을 줘야 해요.” 그는 그녀에게 즉시 채찍을 건네며 말한다. 키스는 그가 채찍질당하는 데 따르는 보상으로 치러야 하는 가격이었다는 투다. 나중에 궁전으로 가는 긴 여행길에서 그녀의 어머니는 두 사람이 길가의 여인숙에 함께 있는 모습을 본다. 소피아는 다시 그의 채찍을 쥐고 있다. “두 사람이 거기서 무얼 하는 거냐?” 어머니는 물었다가 재빨리 덧붙인다. “신경 쓰지 마라. 알고 싶지 않으니까.”

궁궐에 당도한 소피아 모녀를 옐리자베타 여제(루이즈 드레서Louise Dresser, 미국 중서부 억양을 구사한다)가 맞는다. 어의御醫는 소피아의 몸 상태가 황실의 자손을 임신하기에 적합한지 확인하려고 곧바로 그녀의 후프 스커트 아래로 머리를 파묻는다. 옐리자베타는 소피아에게 예카테리나라는 ‘좋은 러시아 이름’을 지어주고, 성 예카테리나 훈장을 수여한다. “건강한 몸으로 이걸 하고 다니도록 해라. 훈장에 긁히지 않도록 조심하고.”

잠시 후에 그녀와 약혼한 표트르 대제(샘 재피Sam Jaffe)가 들어온다. 바보처럼 히죽거리는 얼간이인 그를 어머니는 “멍청이”라고 비난한다. 그가 왕실에서 수행해야 할 중요한 의무는 후계자를 낳는 것이다. 그런데 표트르가 어머니 침실에 있는 모자이크의 눈에 작은 구멍을 뚫어 아내를 훔쳐보려 드는 장면에서 폰 스턴버그가 주는 힌트처럼, 이것은 그의 능력에서 벗어난 일이다. 나는 그 장면은 프로이트적인 설정이 중첩된 장면이라고 생각한다.

디트리히는 성적인 암시의 중심으로서 이런 광기에 에워싸인 존재다. 그런데 이러한 광기가 그녀를 건드리지는 않는다. 그녀가 다른 배우와 육체적으로 접촉하는 경우는 드물다. 폰 스턴버그는 그녀를 레이스와 깃털, 모피, 불꽃으로 구성된 페티시 같은 구도 속에 고립시키기를 좋아한다(그녀가 베일 뒤에서 알렉세이를 끈질기게 응시하는 솟을, 그리고 그녀의 입에서 불과 몇 센티미터 떨어진 곳에 있는 촛불이 그녀가 숨을 쉬기 시작하자 심하게 흔들리는 솟을 주목하라). 끝을 까맣게 처리한 못 모양의 흰색 모피로 만들어진 드레스는 그녀가 움직일 때마다 꿈에 보이는 수중 고슴도치처럼 물결친다. 그녀의 나르시시즘에는 만족스러운 동시에 미친 짓처럼 보이는 무언가가 있다. 완벽하게 분장하고 우아한 조명을 받은 그녀는 폰 스턴버그의 클로즈업에서 우리를 위해 포즈를 취한다. 우리가 음탕한 생각을 하는 죄를 짓는 동안, 그녀는 우리를 경멸하면서도 소극적인 태도로 우리를 응시한다.

그녀가 보여 주는 에로틱한 순간 중 일부는 지나치게 기괴한 수준을 넘어선다. 그녀와 알렉세이는 마구간에서 만난다. 건초더미로 몸을 던진 그녀는 곧바로 몸을 곧추세운다. 그러고는 지푸라기를 옆으로 문다. 그는 지푸라기를 잡아 내던진다. 그녀는 다른 지푸라기를 옆으로 문다. 그는 다시 지푸라기를 내던진다. 그녀는 지푸라기를 다섯 번이나 옆으로 물고, 알렉세이는 다섯 번이나 지푸라기를 치운다. 이 장면에서 오가는 모호한 커뮤니케이션이 무엇인지 도무지 알 길이 없다. 그런데 그 뒷부분에 결정적인 장면이 나온다. 그녀는 그를 조롱하기 위해 지푸라기를 옆으로가 아니라 앞으로 삐죽 튀어나오게 문다. 그러고는 혀로 지푸라기를 빙글빙글 돌린다. 그래, 이거였어!

<진홍의 여왕>은 드라마로서는 조리가 맞지 않는다. 조리를 맞추려는 시도도 하지 않는다. 이 영화는 역사 수업 교재가 아니다. 영화가 다루는 주요한 주제는 일련의 영화들(<푸른 천사The Blue Angel>, <모로코Morocco>, <불명예Dishonored>, <상하이 익스프레스Shanghai Express>, <금발의 비너스Blonde Venus>, <진홍의 여왕>, <악마는 여자다The Devil Is a Woman>)에서 대상화했던 디트리히를 향한 폰 스턴버그의

에로틱한 집착이다. 그는 디트리히의 얼굴을 영화계의 불멸의 아이콘 중 하나로 만들었다. 그에게 그녀가 연기를 할 줄 아느냐 여부는 중요하지 않았다. 그녀가 연기를 잘했다면 오히려 사람들 시선이 그녀의 얼굴에 쏟아지는 것을 방해했을 것이다.

폰 스턴버그는 일부 장면에서는 대충 넘어간다. 그의 관심이 디트리히가 아닌 다른 곳으로 쏟아지는 것을 못 참는 것처럼 말이다. 광분한 농부들이 먹을 것을 달라고 소란을 벌이며 나타났다가 존재조차 망각되는 몇 군데 군중 신을 주목하라. 궁궐의 성벽 바깥에 있는 실제 사회는 아무런 의미도 없는 것처럼 보인다. 마르크스 형제Marx Brothers의 영화에 등장해도 무리가 없을 것 같은 설정이 일부 존재하는 성벽 안쪽에도 사회적인 삶은 거의 존재하지 않는다. 예를 들어, 알렉세이 백작은 궁궐로 장기간 겨울 여행을 떠나기 위해 예카테리나에게는 모피 더미를 제공하지만, 그녀의 어머니에게는 뜨거운 물이 담긴 병만 내놓는다.

하지만 디트리히가 스크린에 등장하면, 세상 무엇도 그녀를 능가하지 못한다. 폰 스턴버그의 조명과 촬영은 그녀를 모든 신의 중심이자 주제로 만드는 데에서 그치지 않는다. 모피로 된 군복과 망토, 실제로 존재할 법하지는 않은 흑담비 군모軍帽 차림을 한 그녀가 말을 몰고 기병대를 이끌고 웅장한 계단을 올라가는 장면에서 그렇듯이, 그는 그녀를 위한 비범한 순간들을 고안해 낸다. 그녀는 <상하이 익스프레스>에서 "내 이름을 상하이 릴리Shanghai Lily로 바꾸는 데에는 남자 한 명 이상이 필요했어요"라고 말한다. 그러나 그녀를 마를레네 디트리히로 만드는 데는 폰 스턴버그 한 사람만으로 충분했다.

| ‘척 존스의 만화 영화 세 편’<br>Chuck Jones: Three Cartoons | 감독 | 척 존스 |
|---|---|---|
| | 제작 | 1950년대 |

오케스트라 지휘자처럼 영화감독은 자신이 다스리는 영지의 영주다. 그런데 세상의 어떤 감독도 애니메이션 영화의 감독보다 막강한 권력을 휘두르지 못한다. 애니메이션 감독은 물리적인 우주의 법칙들과 인간 연기자들의 제약에서 자유롭고, 머릿속에서 고안한 이야기는 무엇이건 관객에게 들려줄 수 있다. 척 존스Chuck Jones, 1912-2002가 로드 러너와 와일 E. 코요테 캐릭터를 창조하자마자 그들의 우주에서 할 수 있는 일은 무엇이고 할 수 없는 일은 무엇인가를 규정하는 법칙들을 글로 옮긴 이유가 거기에 있다는 점은 의심의 여지가 없다. 만약 무슨 일이건 일어날 수 있다면 (그리고 그럴 수 있다면), 코미디는 혼란에 빠져 헤어나지 못할 것이다.

존스와 단편 만화 영화의 다른 대가들은 현실 세계와 별개로 존재하는 우주를, 그리고 줄거리에 더 집중하는 경향이 있는 장편 길이의 애니메이션과도 별개로 존재하는 우주를 창조했다. 보통은 길이가

7분 안팎인 그들의 작품에서 코믹한 시나리오는 캐릭터와 캐릭터가 느끼는 욕망 사이에서 영원토록 빚어지는 갈등에 의해 추동된다. 왜빗을 총으로 쏴 죽이기를 원하는 엘머 퍼드는 거듭해서 시도하지만 거듭해서 의표를 찔린다(앞으로 보겠지만, 딱 한 번 예외가 있다).

영화 본편이 상영되기 전에 변함없이 만화 영화가 상영되던 시절이, 관객들이 워너 브라더스가 제작한 《루니 튠즈Looney Tunes》와 《메리 멜로디Merrie Melodies》의 주제곡을 들으며 미소를 짓던 시절이 있었다. 많은 극장이 이런 만화 영화를 20분 길이의 유료 광고로 대체한 지 이미 오래다. 극장주들의 탐욕과 관객을 향한 경멸을 보여 주는 상징적인 행태다. 그 황금기에 만화 영화는 (심지어 뉴스 영상과 단편 영화는) 극장 운영자가 관객에게 건네는 선물이었다.

단편 만화 영화의 주요 계보는 여럿 있다. 디즈니(미키, 도널드, 구피), 워너 브라더스(벅스, 대피, 엘머, 트위티, 실베스터, 로드 러너), MGM(톰과 제리), UPA(미스터 마구). 이들 단편 영화 중 상당수가 훌륭하게 복원돼 DVD로 출시되어 있다(로이 E. 디즈니Roy E. Disney는 알루미늄 깡통에 포장돼 출시된 디즈니 클래식 시리즈의 작업을 직접 감독했다). 만화 영화의 우주에서 감독 한 명을 선택하거나 작품 몇 편을 선택하는 것은 극도로 힘든 일이지만, 이 경우에 나는 척 존스를 택하겠다. 그와 안면이 있는 사이이고, 다음에 소개하는 그의 만화 영화 세 편이 미국의회도서관의 국립영화등기부에 포함돼 있기 때문이다. <대피 덕의 환란Duck Amuck>(1953), <대단한 개구리 공연One Froggy Evening>(1955), <오페라가 뭐예요, 선생님?What's Opera, Doc?>(1957).

코멘터리 트랙과 인터뷰, 다큐멘터리가 함께 수록된 워너 브라더스의 "루니 튠즈 골든 컬렉션" DVD는 터마이트 테라스Termite Terrace의 전설과 설화로 영화들을 에워싼다. 터마이트 테라스는 애니메이터들과 작가들, 어시스턴트들이 1930년대와 1940년대에 사랑받지 못

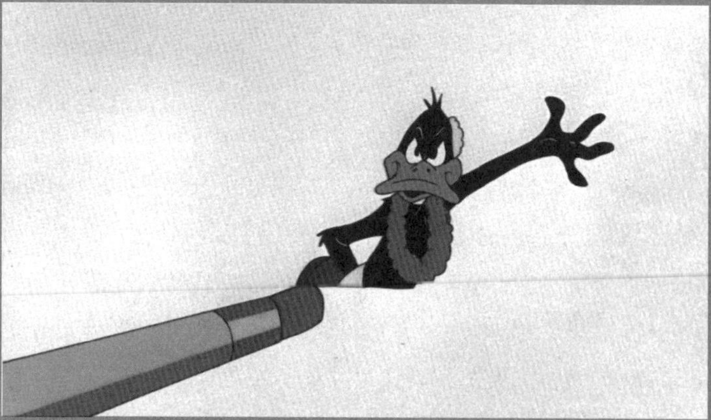

한 제작자 레온 슐레징어Leon Schlesinger 밑에서 고된 작업을 했던 곳이다. 슐레징어는 워너에 만화 영화를 납품하는 독립 하청업자였다. 그는 (존스와 텍스 에이버리Tex Avery, 프리즈 프렐렝Friz Freleng, 밥 클램펫Bob Clampett을 포함한) 소속 애니메이터 전원에게 해마다 열 편의 만화 영화를 만들어 내라고 요구했다. 5주마다 한 편씩 만드는 셈이었다. 그렇게 작업하고 남는 2주는 휴가 기간이었다. 슐레징어는 1940년대 중반에 회사를 워너에 매각했지만, 터마이트의 전설은 지금도 계속 회자되고 있다.

나는 존스와 그의 아내 메리언Marian Dern을 텔루라이드영화제에서 여러 번 만났고, 텔루라이드 25주년 기념 크루즈 여행 동안에는 퀸 엘리자베스 2호에서 그들과 일주일을 같이 보냈었다. 나는 슐레징어에 대해, 그의 바보스런 면모에 대해, 융통성 없이 경직된 성격에 대해, 철저한 시간 개념에 대해, 특히 도널드 트럼프Donald Trump의 헤어스타일 같은 괴상한 헤어스타일에 대해 듣고 또 들었다. "레온은 자기가 대피 덕에 영감을 줬다는 걸 전혀 눈치 채지 못했어요." 존스는 키득거렸다. 나는 워너 컬렉션에 수록된, 프리즈 프렐렝이 1940년에 만든 단편 <당신은 영화에 출연해야 마땅해You Ought to be in Pictures>에서 난생 처음으로 슐레징어를 봤는데, 꽤나 기이하게도 그는 엘머 퍼드와 약간 닮아 보였다. 그리고 맞다. 그는 내가 여태껏 본 중에 가장 이해되지 않는 헤어스타일을 하고 있었다.

애니메이터들은 가끔씩은 더 야심찬 만화 영화를 만들기 위해 슐레징어가 정한 규칙들을 요령껏 수정했다. 존스는 국립영화등기부에 포함된 세 편 모두의 시나리오 작가였던 마이클 몰티즈Michael Maltese와 함께 작업하면서, 노래하고 춤추는 개구리에 별도의 관심을 기울일 필요가 있던 <대단한 개구리 공연>을 작업할 시간을 만들기 위해 로드러너 단편을 3주 만에 부리나케 만들었다. 엘머 퍼드가 바그너풍의 전사를 연기하고 금발을 땋은 여자로 분장한 벅스 버니가 브륀힐트•를 연기하는 <오페라가 뭐예요, 선생님?>도 평소보다 더 많은 작업 시간이 필요했다.

세 작품 중에서 가장 기이한 작품은 장르의 리얼리티를 갖고 노는 <대피 덕의 환란>이다. 이 작품에서 대피 덕은 자신이 만화 영화의 캐릭터라는 걸 인식하고는 그를 그리는 애니메이터에 맞서 분노에 찬 열변을 토해 내고, 애니메이터는 연필과 지우개, 붓으로 반격한다. 작품이 시작될 때 결투에 나선 총사인 대피 덕은 갑자기 배경 밖으로 나가게 되면서 공허한 흰색 스크린에 홀로 남게 된다. 그는 배경을 달라고 요구하고, 그러면 프레임으로 붓이 들어와 농장을 그린다. 유랑 극단 단원이 된 대피는 'Daffy Duck, He Had a Farm(대피 덕, 그는 농장을 가졌어)'를 노래하기 시작한다. 그런데 배경이 가학적이다 싶을 정도로 흉겹게 바뀐다. 설원으로, 하와이 해변으로. 그러다가 그는 지워진다. 그는 기타를 들고 다시 등장하지만 음악 소리를 낼 수가 없다. 그러자 그는 "음향을 넣어 주세요, 제발!"이라는 표지판을 든다. 그의 기타에서는 기관총 소리와 경적 소리가 난다.

"살면서 이렇게 창피를 당해 본 적은 없었어." 대피는 투덜거린다. 그게 다가 아니다. 그는 무인도에 혼자 있는데 까마득히 멀리 떨어져 있다. 그는 "클로즈업으로 잡아 줘!"하고 요구한다. 섬이 검정색으로 에워싸인 작은 상자의 틀에 갇힌다. "이게 클로즈업이야?" 카메라는 그의 핏발선 눈으로 줌 인 해 들어간다. 잠시 후 "The End"가 스크린에 등장한다. 분노한 대피는 글자들을 스크린 밖으로 밀어내고, 그를 보이지 않게 만들려고 위협하는 검정 잉크로 된 커튼과 맞서 싸운다. 만화 영화 캐릭터와 자신이 속한 매체 사이에서 결말을 두고 벌이는 싸움

• 게르만 영웅 신화에 나오는 강인한 여성 등장인물

이다. 우리는 반전이 있는 결말에서 이 작품을 그린 애니메이터가 누구인지를 알게 된다.

<대피 덕의 환란>의 서브텍스트는 스튜디오의 스타가 되려는 대피의 욕망이고, 대피가 워너의 스타로 발돋움하는 동안 함께 등장한 벅스 버니와 커리어 내내 형성한 라이벌 관계다. 존스는 <대피 덕의 환란>과 <오페라가 뭐예요, 선생님?> 두 편 모두에서 자유로운 행보를 취하면서 만화 영화의 관습을 다시 쓴다.

오페라 패러디 작품 중, 바그너 오페라 대여섯 편에서 뽑아 낸 설정들은 엘머가 벅스에게 구애하는 로맨틱한 소동을 담은 혼성 작품을 빚어낸다. 경이로운 숏들(오프닝의 번개를 동반한 폭풍우)이 있고, 엘머 퍼드가 슬픈 모습을 보이며 플롯을 진지하게 받아들일 때처럼 우리를 놀래는 조용한 순간들이 있다.

우리는 벅스를 돋보이게 만들어 주려고 존재하는 이 캐릭터에게 처음으로 안타까움을 느낀다. 벅스가 죽은 것처럼 보이는 신이 있다. 부러진 가지에 달린 꽃에서 물방울이 떨어지고, 엘머는 "가여운 작은 왜빗"을 애도한다. 존스는 시지포스 같은 라이벌 관계의 현실에서 엘머와 벅스가 다툼을 벌이는 제의를 박살내기 직전까지 위태롭게 다가간 것처럼 보인다. 결말에서 엘머는 놀랍게도 패하지 않는다. 대신에 투구를 쓰고 왜빗을 두 팔에 안고는 뚜벅뚜벅 걸어간다. 규칙을 모조리 깨버린 건 아닐까?

그러면 벅스는 우리에게 묻는다. "흐음, 오페라에서 뭘 기대한 거야? 해피 엔딩을?"

<대단한 개구리 공연>은 말하는 개구리를 소유한 남자에 대한 오래된 농담으로 시작하는 우화다. 공사장 노동자가 철거되는 빌딩에서 나온 타임캡슐을 열었다가 톱 햇을 쓰고는 'Hello, My Ragtime Gal(안녕, 내 래그타임 걸)'을 노래하며 춤추는 개구리를 발견한다. 개

구리는 나중에는 아일랜드 민요와 「세비야의 이발사」에 나오는 아리아 '나는 이 거리의 만능 일꾼Largo al Factotum'을 부른다.

공사장 노동자가 개구리가 박스 오피스에서 대박을 치는 모습을 상상하는 동안 달러 표시가 그의 머리를 맴돌며 춤춘다. 그런데 개구리는 노동자 앞에서만 노래를 부른다. 다른 사람이 귀를 기울이면 입을 다물고는 축 늘어진다. 절망에 빠진 노동자는 개구리를 다른 타임캡슐에 넣고 봉하고, 우리는 한 세기 후의 미래에 다른 노동자가 이 타임캡슐을 발견하고는 개구리의 가무에 역시 기뻐하는 모습을 본다.

여기에는 상충하는 비극들이 있다. (1) 노래하고 춤추는 스타인 개구리는 어둠 속에 수십 년을 갇혀 있었지만 대중 앞에서는 공연을 하지 못한다. (2) 부富를 꿈꾸는 노동자는 바보에 거짓말쟁이로 간주된다. <대단한 개구리 공연>의 이야기는 끝없이 이어지는 낙담의 순환 고리와 관련되어 있다. 존스는 슐레징어의 손아귀에서 벗어나려고 법칙들을 융통성 있게 수정했고, 이 작품은 걸작이라는 찬사를 받았다. 개구리의 인기가 어찌나 좋았던지, 만화 영화 딱 한 편에만 등장한 개구리는 나중에 이름까지 얻었고(그의 이름은 '미시건 J. 프록'으로, 가운데 이니셜 J는 『타임Time』지 영화 평론가 제이 콕스Jay Cocks를 기리기 위해 붙여졌다), WB 네트워크의 로고가 됐다.

만화 영화는 길이뿐 아니라 디테일도 제한되어 있었다. 이 작품들은 모든 프레임을 수작업으로 그려야 했던 시대에 만들어졌고, 슐레징어처럼 완고한 제작자들은 마감 시간을 철저히 관리했다. 배경은 불가피하게 움직여야 하는 경우가 아니면 정적으로 고정되는 경향이 있었다. 애니메이터들은 캐릭터 묘사에 주력했는데, 그들이 성취한 캐릭터들의 행동의 정확성과 개성은 주목할 만하다. 캐릭터들은 멜 블랑Mel Blanc 같은 재능 있는 아티스트들이 제공한 목소리만큼이나 보디랭귀지를 통해 자신들의 의사를 표명했고, 벅스의 고상한 냉담함이나 대피의 광적인 결단력을 눈여겨보는 건 경제성이 스타일을 만난 곳에서 애니메이션이 전달하는 감정의 우주를 목격하는 것이다.

이 만화 영화들은, 그리고 동일한 전통에 따라 만들어진 모든 만화 영화는 일주일에 한 번 상영된 후 자취를 감출 불운한 운명을 타고난 듯 보였다(때로는 아동용 영화 상영 전에 ≪파이브 컬러 카툰스Five Color Cartoons≫ 컬렉션이 상영됐고, 런던의 피커딜리 서커스에는 만화 영화만 상영하는 극장이 있긴 했지만 말이다). 그러다가 스튜디오들이 단편 만화 영화의 생명선을 차단할 무렵에 컬러 TV가 등장해 만화 영화에 새로운 생명을 제공했고, 현재 만화 영화는 케이블과 DVD에서 불멸의 존재가 된 듯 보인다. 만화 영화를 바라보는 방식은 두 가지가 있다. 바보 같은 소품 오락물, 또는 장르의 한계가 무궁무진한 상상력을 허용하면서 완벽에 접근할 수 있게 해 주는, 자신만의 협소한 길을 걷는 예술 형식.

| 침묵의 소리<br>Inherit the Wind | 감독 | 스탠리 크레이머 | |
| --- | --- | --- | --- |
| | 주연 | 스펜서 트레이시, 프레드릭 마치, 진 켈리 | |
| | 제작 | 1960년 | 128분 |

역사는 되풀이된다. 처음에는 비극으로, 두 번째는 익살극으로.

카를 마르크스가 남긴 이 문장은 다음의 두 가지 기능에 훌륭하게 봉사한다. (1) 이 문장은 다윈이 주장한 이론을 가르치는 행위가 이 나라의 법정에 등장했던 두 경우, 즉 1925년의 테네시와 2005년의 펜실베이니아 사이의 차이점을 묘사한다. (2) 이 문장을 쓴 사람이 카를 마르크스이기 때문에, 어떤 문장을 거기에 담긴 내용이 아니라 그 문장을 말한 사람에 따라 판단하는 사람들은 이 문장과 이 문장 뒤에 이어지는 말들을 듣는 즉시 거부할 것이다. 다윈의 이론과 창조론 사이에서 벌어지는 주장이 그것이다. 스탠리 크레이머Stanley Kramer, 1913~2001의 <침묵의 소리>는 성경이 한 글자도 거짓이 없는 진실한 책이라고 믿는 사람들과, 스펜서 트레이시Spencer Tracy가 연기하는 캐릭터가 밝히듯 "신념은 대성당보다 큰 기념물"이라고 믿는 사람들 사이의 법정 다툼을 다룬다.

1925년에 있었던 이른바 '원숭이 재판Monkey Trial'은 젊은 고등학교 교사 존 T. 스코프스John T. Scopes를 같은 해에 통과된 주州법을 위반했다며 법정에 세웠다. 이 법은 하나님이 세계를 창조했다는 성경의 설명을 부인하는 이론을 가르치는 것을 금지했다. 따라서 다윈의 진화론 역시 재판에 회부됐다. 미국에서 가장 유명한 변호사와 연설가에 속하는 두 사람이 사건을 놓고 다툼을 벌였다. 스코프스를 변호한 인물은 전설적인 클래런스 대로Clarence Darrow였고, 기소를 이끈 인물은 대통령 후보로 세 번이나 출마했던 윌리엄 제닝스 브라이언William Jennings Bryan이었다. 대로의 재판 비용은 숱한 콧방귀와 폭소가 동반된 재판을 취재한 유명 저널리스트 H. L. 멘켄H. L. Mencken의 소속 신문사 『볼티모어 선The Baltimore Sun』이 부담했다.

크레이머의 영화에서 대로는 헨리 드러먼드(스펜서 트레이시)로 이름이 바뀌었고, 브라이언은 매슈 해리슨 브레이디(프레드릭 마치Fredric March)로, 멘켄은 E. K. 호른벡(진 켈리Gene Kelly)으로, 스코프스는 버트램 T. 케이츠(딕 요크Dick York)로 이름이 바뀌었다. 다른 주요 배우로는 판사로 출연한 묵직한 목소리의 해리 모건Harry Morgan이 있다. 실제로 있었던 역사적 사건을 바탕으로 캐릭터들을 창조했다는 게 너무도 명백했기 때문에, DVD 뒷면에는 캐릭터들의 이름이 실제와 달라진 적이 없다는 듯 그들을 '브라이언'과 '대로'라고 칭하고 있다.

개봉한 지 46년이 지난 시점에서, 그러나 펜실베이니아주 도버에서 다윈이 다시금 법정에 회부되고 두어 달밖에 지나지 않은 시점에서 다시 본 <침묵의 소리>는 과거를 꾸짖는 영화지만, 한편으로는 앞으로 다가올 미래를 두려워하는 영화인지도 모른다. 크레이머 입장에서는 오래된 과거의 역사처럼 보였던 신념들은 경이로운 회복력을 발휘했다. 최근에 실시된 두 차례 여론 조사를 보면, 미국의 10대 중 38퍼센트가 "하나님이 최근 1만년 이내에 인류를 현재의 모습과 사뭇 비슷한

형태로 창조했다"고 믿고, 미국 성인의 54퍼센트는 인류가 그보다 앞서 존재했던 종에서 진화했다는 사실을 의심한다. 그들의 생각이 틀렸다고 주장할 만한 용기를 가진 정치인은 이 나라에 없는 듯하다.

영화에 등장하는 가상의 소도시 테네시주 힐스보로의 시민 대부분은 창세기를 문자 그대로 믿는 게 확실하다. "이 도시에 생각이라는 걸 할 줄 아는 사람은 딱 한 명뿐입니다." 드러먼드는 호통을 친다. "그런데 그 사람은 감방에 있습니다." 영화는 이 재판을 원리주의 전도사(클로드 에이킨스Claude Akins)의 추종자들과 백발이 성성한 불가지론자 드러먼드 사이의 투쟁으로 묘사한다. 드러먼드는 다윈의 진화론은 "기하학만큼이나 반박의 여지가 없다"고 믿는데, 사실 전 세계 과학자의 99퍼센트 이상이 그렇게 믿을 것이다. 전도사의 추종자들이 천막과 회전목마를 챙겨 소도시로 몰려온다. 그들이 하는 공연에서 호객꾼은 원숭이가 담배를 피우는 동안 인간은 원숭이로부터 진화한 것이냐고 묻는다. 영화에는 걱정스러운 로맨틱한 플롯이 있다. 피고인 요크는 전도사의 딸 레이철(도나 앤더슨Donna Anderson)과 약혼한 상태다. 전도사는 자기 딸을 악마의 피조물이라고 비난할 때 너무 쉽게 격분하는 모습을 보이는 탓에 신뢰를 잃고 만다.

영화의 초반부 장면들은 개략적으로 묘사된다. 퍼레이드가 브레이디의 도착을 환영할 때 밴드는 'That Old-Time Religion(그 옛날 종교)'을 연주하고, 볼티모어의 저널리스트는 자기가 쓴 광고 카피를 읽는 사람처럼 말한다("내가 칭찬을 듣는 건 사람들이 나한테 품은 증오 때문입니다"). 그런데 영화가 일단 두 노인이 벌이는 법정 다툼에 집중하면 어마어마하게 격렬한 에너지가 분출된다. 브레이디와 드러먼드는 본질적으로 원리주의와, 하나님이 세상을 창조하셨다면 그분은 하루 24시간씩 엿새가 넘는 동안 작업하셨을 거라는 가능성 사이의 논쟁에 뛰어든다. 이 1960년 영화의 경이로운 점은 이런저런 신념을 다루는 대담함과 엄청난 힘이 실린 대사, 캐릭터들의 길고도 열정적인 웅변을 허용하는 방식이다. 이 영화에는 훌륭하게 집필되고 연기된 대사가 많다. 하지만 그 대사들은 관객 앞에서 잘난 체를 하지 않는다. 트레이시와 마치 두 사람 다 자신들이 연기하는 캐릭터들을 통해 분노와 열정을 터뜨린다. 그들은 연기의 수준을 넘어 성스러운 열정의 영역까지 들어가는 모험을 펼친다.

이 영화가 오늘날에 만들어질 경우, 트레이시가 연기하는 캐릭터가 이 영화에서 그러는 것처럼 원리주의에 직설적으로 의문을 제기할 배짱이 있을지 궁금하다. 그가 반론으로 주장하는 신념은 '창조 과학 creationist science'이라는 관점을 거꾸로 파고든다. 그 과학은 2005년의 펜실베이니아 사건에 영감을 준 진화론의 대안으로 제공됐을 게 분명하다. 영화와 실제 스코프스 재판에서 브라이언은 원리주의를 자랑스레 옹호하는 설득력 있는 연설가였다. 2005년 재판에서 그의 위치에 선 인물들은 종교적인 입장을 옹호하는 데서 조심스럽게 거리를 두고는 사건을 창조 과학의 토대 위에 성사시키려 애썼다. 그들의 주장의 설득력이 너무나 떨이지기 때문에 (조지 W. 부시George W. Bush가 임명한 공화당원인) 존 E. 존스 3세John E. Jones III 판사는 그들에게 불리한 판결을 내렸을 뿐 아니라 그들이 "두드러진 무지"와 "숨이 턱 막히는 우둔함"을 보여 줬고 "선서를 하고서도 노골적인 거짓말을 했다"고 덧붙이기까지 했다.

'대안적인' 이론들을 위한 재판에서 중요한 것은 무엇이 과학적인 이론이고 무엇이 그렇지 않느냐에 대한 오해다. 과학적인 이론이 할 수 없는 일 중 하나가 초자연적인 요소들에 의존하는 것이다. 그것은 종교적 믿음이 수행할 역할이다. 창조 과학의 지지자들은 창조 과학을 진화론의 옆자리에 배치해 달라고 요구하면서 자신들의 믿음을 과학적 방법들과 같은 위상에 세워 달라고 요구한다. 그것은 존스 판사가 판결했듯 정교 분리에 위배되는 행위다. 존스 판사는 그들이 자신들이 주장하는 과학은 신앙에 기반을 두지 않았다고 주장하는 거짓말을 했다고 말했다.

<침묵의 소리>를 보면서 놀란 것은, 트레이시가 연기하는 드러먼드/대로 캐릭터가 동일한 주장을 대단히 명료하게 규정하면서 설득력 있는 주장을 펼쳐 재판을 승리로 이끈다는 점이다. 그는 전문적인 과학자를 증인으로 세워 증언을 듣게 해 달라는 요청을 여섯 번이나 기각당한 후, 과감하게 브레이디/브라이언을 피고 측 증인으로 증인석에 앉힌다. 허세 가득한 브레이디는 자기 자랑을 늘어놓을 수 있는 기회를 거부하지 못한다. 드러먼드는 그에게 성경에 실린 세세한 내용들에 대해 질문하고, 그 과정에서 브레이디의 신뢰성은 거의 다 훼손된다. 브레이디는 결국 하나님께서는 기원전 4004년 10월 23일 오전 9시 정각에 지구를 창조했다는 어셔 주교Bishop Usher의 주장에 동의하기에 이른다. 브레이디를 증인석에 올린 건 할리우드가 영화적인 효과를 빚어내려고 짜낸 설정이라고 추측할 사람도 있을지 모르지만, 그렇지 않다. 대로는 실제로 브라이언을 증인석에 앉히고는 솜씨 좋게 굴복시켰다.

<침묵의 소리>는 스탠리 크레이머가 제작하고 연출한 전형적인 영화다. 자유주의자였던 그는 자신의 견해를 담고 자신이 주장하는 바를 펼치는 영화들을 만들었다. 일부 평론가들은 실현되기 어려운 메시지를 담은 영화들을 만들었다면서, 비주얼 스타일이나 영화적 독창성보다는 연설을 선호했다면서 그를 경시했다. 하지만 그는 자신의 주장을 굽히지 않았다. <그날이 오면On the Beach>(1959)과 <뉘른베르크의 재판Judgment at Nuremberg>(1961), <바보들의 배Ship of Fools>(1965), <초대받지 않은 손님Guess Who's Coming to Dinner>(1967), <여섯 소년들Bless the Beasts and Children>(1971) 같은 그의 영화들은 핵전쟁과 홀로코스트, 인종 간 결혼, 종족 보존 같은 이슈들에서 예측 가능한 입장에 섰지만,

그 영화들은 그의 신념과 오락적인 요소들을 설득력 있게 섞은 작품들이었다. 그의 메시지는 뻔하기도 했지만 솔직하기도 했다. 오늘날의 메시지 영화 중 일부는, 예를 들어 훌륭한 <시리아나Syriana> 같은 작품은 지나치게 구조가 복잡하기 때문에, 관객들은 영화가 전하려는 메시지를 거의 본능적으로 감지해야 하는 지경이다.

영화가 만들어진 지 46년이 지나고 스코프스 재판이 벌어진 지 81년이 지난 지금, <침묵의 소리>가 크레이머의 영화들 중에서 가장 시기적절한 영화이자 여전히 논쟁을 양산하는 영화처럼 보인다는 사실은 기이하다. 특히 트레이시가 연기하는 드러먼드 캐릭터는 대담하게 묘사된 듯 보인다. 그가 '종교 대對 다윈'이라는 이슈에서 안전한 항구를 향해 방향을 트는 것처럼 보이는 시점들이 있다. 그는 "이 도시에서 벌어지는 일이 반드시 기독교와 관련된 문제일 필요는 없다"고 말한다. 게다가 그가 소환하는 것을 거부당한 증인 중 한 명은 진화론과 자신의 교회 사이에는 아무런 갈등도 없다고 보는 개신교 목사다.

그러나 드러먼드는 감정을 표출하는 법정 신에서 "광신과 무지는 영원토록 분주하고, 먹잇감을 필요로 한다"고 주장하면서 변함없는 모습을 보인다. 성스러운 것을 발견한 적이 있느냐는 질문을 받은 그는 대답한다. "개별적인 인간의 정신이 그렇습니다. 구구단을 터득하는 어린아이의 능력에는, 당신들이 외치는 호산나와 성스러운 것 중에서도 가장 성스러운 것보다 더 성스러운 기운이 깃들어 있습니다."

끊기지 않고 이어지는 숏에서 그가 배심원단에게 펼치는 마지막 변론을 특히 주목해 보라. 영화의 마지막 신에서 텅 빈 법정에 선 드러먼드는 한 손에는 성경을, 다른 손에는 다윈의 『종의 기원』을 들고는 미소 짓는다. 그는 두 책을 탁하고 부딪은 후 한데 모아 팔에 낀다. 이 장면을 어떻게 받아들여야 옳을까? 그는 두 책을 화해시킨 걸까, 아니면 항소 재판을 위해서는 두 권 다 필요할 거라고 생각하는 걸까?

# 카비리아

Cabiria

| | | |
|---|---|---|
| 감독 | 조반니 파스트로네 | |
| 주연 | 바르톨로메오 파가노 | |
| 제작 | 1914년 | 148분 |

나는 2006년에 칸에서 보낸 마지막 밤에, 1914년에 만들어진 180분 길이의 대작 무성 영화를 보려고 팔레 드 시네마 5층으로 힘겹게 올라갔다. 조반니 파스트로네Giovanni Pastrone, 1883~1959의 <카비리아>는 당시에는 유명했던 세계적인 흥행 성공작이었지만, 이후로 세인들의 뇌리에서 잊혀졌다. 나는 이 영화의 레이저 디스크를 갖고 있는데, 이 레이저 디스크는 사운드를 더빙한 형편없는 버전으로, 러닝 타임을 123분으로 줄인 1931년 개봉 버전이다. 그런데 2006년에 상영된 버전은 오리지널 필름이었다. 모스크바, 파리, 런던, 뉴욕과 파스트로네가 남긴 유산에서 찾아낸 프린트들을 취합해 오리지널 러닝 타임과 차이가 3분 정도밖에 안 되는 수준으로 복원한 버전이다. 화질이 대단히 좋기 때문에, 이따금 활용된 화질이 떨어지는 숏들은 복원 작업이 얼마나 잘됐는지를 이해하는 데 도움을 주는 역할만 했다.

칸에서 있었던 상영은 현직에서 활동하는 감독 중에서 가장 열정적인 영화 역사가인 마틴 스콜세지Martin Scorsese의 소견을 담은 동영상으로 시작됐다. 그가 한 말을 요약해 보면 파스트로네는 대작을 창안했고, D. W. 그리피스D. W. Griffith와 세실 B. 데밀Cecil B. DeMille의 공로로 여겨지는 일이 잦은 많은 혁신을 이뤄 낸 인물이라는 찬사를 받을 자격이 있다는 것이다. 그가 이뤄 낸 혁신 중에는 움직이는 카메라도 있다. 파스트로네는 카메라가 한 자리에 고정된 채 세상을 응시하는 신세에서 해방되는 것을 도왔다.

우리가 더 많은 무성 영화가 재발견되고 복원된 지금에야 깨닫기 시작하는 건, 그 시절에는 단 한 편의 영화가 비약적인 발전을 이룬 게 아니라 흥분과 혁신의 분위기가 사방 어디에나 충만했었다는 것이다. 세상의 모든 나라에서 만들어진 영화들이 자막 화면에 등장하는 언어를 교체하기만 하면 세상 어느 곳에서나 상영될 수 있었기에, 감독들이 오늘밤에 스웨덴 영화에서 배운 기법은 이튿날 이탈리아나 미국에서 만드는 영화에 활용됐다.

파스트로네가 나아갈 길을 가리킨 건 사실이지만, 그리피스는 이 이탈리아 감독보다 더 위대한 감독이었다. 그리피스의 <국가의 탄생Birth of a Nation>(1915)은 카메라를 훨씬 더 자유롭게 움직이며 내러티브를 저돌적으로 전개했고, 파스트로네가 접근하지 못한 교차 편집을 흥미진진하게 활용했다. 이에 비해 <카비리아>는 복잡다단한 내용의 자막 화면에 의존하며 위풍당당한 속도로 전개된다. 영화가 대단히 많은 캐릭터와 도시, 플롯라인을 소개하기 때문에 우리는 노예가 된 공주와 영웅이 된 거인에게 감사하게 된다. 영화를 보는 내내 그들의 사연을 따라갈 수 있기 때문이다.

그럼에도 <카비리아>는 나름의 특별한 방식에서 아름답고 매력적이다. 폴 오스터Paul Auster는 소설 『환상의 책The Book of Illusions』에 무성 영화의 매력을 묘사한 비범한 문장을 썼다. "무성 영화는 시詩와, 꿈을 연출한 것과, 영혼을 복잡하게 안무해 낸 작품과 비슷하다. 그들은 모두 세상을 떠난 이들이기 때문에 지금 우리에게 생전에 관객에게 들려줘야 했던 것보다 더 심오한 얘기를 들려주고 있다. 우리는 망각의 거대한 협곡 너머에 있는 그들을 지켜본다. 그들을 우리와 갈라놓은 바로 그것들이 실제로는 그것들을 그토록 흥미로운 존재로 만든 것이다. 그들의 소리 없음, 그들의 색상의 부재, 그들의 발작, 가속적인 리듬 말이다."

<카비리아>를 보면서 받은 느낌이 바로 그것이었다. 영화는 한도 끝도 없는 야심과 식견으로, 대단히 웅장한 세트와 수천 명의 엑스트라로, (스턴트맨들이 실제로 수행한 스턴트라서) 시각 효과가 넘쳐 나는 요즘에는 자취를 감춘 임팩트를 가진 스턴트로 만들어졌다. 이 영화에서 한니발의 코끼리들은 실제로 알프스를 넘는다. 그러면서도 영화에는 사소한 디테일을 위한 공간도 있다. 도입부 신에서, 인상적인 대저택의 벽 앞에서 전경前景의 액션이 펼쳐진다. 그런데 스크린 상단 오른쪽의 배경 저 멀리에 어딘가로 이어지는 작은 다리가 보인다. 그리고 그 다리 위에서 어떤 여자가 이런저런 몸짓을 하고 있다. 그 여자가 하는 행동을 보려고 그녀를 자세히 관찰하다 깨달았다. 그녀는 이 영화에 출연해 연기하는 중이다. 그녀는 숏의 배경에 있는 여자를 몸짓으로 연기하는 중이다. 그녀는 이 장면의 전개에 완전히 불필요한 존재다. 그래서 그녀가 이 장면에 등장한 건 순전히 파스트로네가 그녀를 지상 높은 곳에 배치하고는, 자신이 찍은 숏이 도시 전역에서 일상이 영위되고 있다는 인상을 전달할 수 있도록 이런저런 몸짓을 하라고 그녀에게 지시했기 때문이다.

전경에 보이는 여자아이는 여덟 살 먹은 시칠리아 아이 카비리아(카롤리나 카테나Carolina Catena)다. 카비리아는 애트나 화산의 폭발에서 살아남지만 납치를 당하고 숱한 모험을 겪은 끝에 카르타고의 노예

가 된다. 제물로 바쳐질 뻔한 그녀는 로마에서 온 여행객 풀비오(움베르토 모차토Umberto Mozzato)와 그의 노예 마치스테(바르톨로메오 파가노Bartolomeo Pagano)에 의해 목숨을 건졌다. 그들은 성숙한 여인(리디아 콰란타Lidia Quaranta)이 된 그녀를 다시 찾아낸다. 한데 모인 그들은 그녀를 해방시킬 계획을 꾸민다.

오랫동안 사슬에 묶여 맷돌을 돌리는 신세였던 마치스테는 사슬을 끊고 탈옥해서 감옥의 창살을 괴력으로 우그러뜨리고 덤벼드는 적들을 내동댕이쳐 해치운다. 그러면서 그는 최초의 이탈리아 무비 스타 중 한 명이 됐다. 파스트로네가 발굴해 낸 거구의 장사 파가노는 이름을 마치스테Maciste로 바꾸고는 이후 스물네 편의 영화에 출연했다. 그는 늘 동일한 북아프리카 출신의 노예를 연기했다. 애통하지만 그가 늘 흑인 분장을 한 것은 그게 그 시절의 관습이었기 때문이다. 그가 스크린에서 보여 주는 카리스마와 존재감은 부인할 수 없는 수준이었다. 토가를 걸치고 투구를 쓰면 이 캐릭터와 저 캐릭터가 구분되지 않는 영화에서, 그는 영화계를 향해 스타 시스템이 필요하므로 그런 시스템을 발명하라는 암시를 전했다.

<카비리아>에는 미디엄 숏과 미디엄롱 숏이 존재하지만, 진짜 클로즈업은 한 번도 등장하지 않는다. 전형적인 숏은 인상적인 캐릭터들 주위에 있는 상당히 많은 건축물을 한 화면으로 잡아 보여 주기에 충분할 정도로 저만치 물러나서 찍은 숏들이다. 그리피스가 <인톨러런스Intolerance>를 위해 지은 세트들은 그가 <카비리아>를 본 후에 더 큰 규모로 확장됐다. 그리고 데밀 역시 웅대한 세트를 좋아했다. <트로이Troy> 같은 현대 영화가 디지털 작업으로 광대한 그리스 도시를 창조할 때, 우리는 거기에 속지 않는다. 우리는 시각 효과로 구현된 화면이라는 인상을 받지, 엄청난 위업이 달성된 걸 봤다며 깊은 인상을 받지는 않는다. 우리는 이런 무성 영화들을 감상하면서 일종의 경외감을 느낀

다. 세트들이 실제로 거기에 존재하고, 사이즈가 실제로 화면에 등장하는 그 크기라는 걸 알아보기 때문이다.

<카비리아>에 등장하는 몇몇 스턴트 장면에도 동일한 리얼리티가 구현된다. 사다리를 탄 전사들이 도시의 방벽을 공격하는 신이 있다. 다른 전사들은 크레인 끄트머리에 달린, 버드나무 가지로 짠 광주리를 타고 높이 올라간다. 도시를 방어하는 사람들은 벽에서 사다리를 밀쳐 내고, 창으로 광주리를 뒤집는다. 물론 저 아래에는 추락하는 전사들을 보호할 짚단이 몇 겹으로 쌓여 있을 것이다. 그러나 스크린 상에서 그들이 떨어지는 거리가 얼마나 긴지를 눈여겨보라. 그들이 감수하고 있는 위험은 으스스한 수준이다.

방패를 든 전사들이 도시 방벽에 접근하는 다른 신을 숙고해 보라. (내 기억에 따르면) 여덟 명이 방패를 지고는 몸을 굽힌다. 여섯 명이 그 방패에 올라간 다음, 자신들의 방패를 등에 지고는 몸을 굽힌다. 네 명이 더 그 위에 올라가고, 두 명이 더 그 위에 올라간다. 그러고 결국 주인공이 이 인간 피라미드를 올라 방벽 꼭대기에 다다른다. 이 스턴트는 우리 눈앞에서 원숏으로 이뤄진다. 한 사람이라도 다리를 굽혔다가는 이토록 볼 만한 화면은 구현되지 못했을 것이다. 모든 게 무척이나 리얼하다는 게 명확하기 때문에, 이 영화가 달성해 낸 위업을 보며 경이로움을 느끼는 건 당연한 일이다. 더글러스 페어뱅크스 시니어Douglas Fairbanks Sr.나 버스터 키튼Buster Keaton이 관객이 속임수로 연출한 화면이 아니라는 걸 알 수 있도록 세심하게 촬영한 숏들을 볼 때처럼 말이다.

<카비리아> 복원판의 아름다움은 영화의 거의 전체가 선명하고 깔끔하다는 데 있다. 내가 가진 레이저 디스크 버전은 너무 흐릿해서 세트와 의상의 아름다움을 제대로 감상할 수가 없다. 줄거리가 느리게 전개되기 때문에, 자막 화면이 캐릭터와 플롯라인을 필요 이상으로 상

세하게 소개하기 때문에, 연기는 대충의 분위기만 전달하고 제스처는 크기 때문에, 관객은 영화에 정서적으로 빠져들지 못한다. 하지만 파스트로네의 에픽 스타일에는 결점만큼이나 장점도 있다.

영화는 오래됐다는 느낌을 준다. 내 말은 1914년보다 더 오래됐다는 뜻이다. 고대를 보는 듯한, 그렇지는 않더라도 한 세기 전에 상상했던 먼 과거를 보는 듯한 느낌이다. 우리는 타임머신의 두 층위를 들여다보는 중이다. 내가 보는 무성 영화는 일반적으로 환상 상태를 빚어낸다. 유성 영화는 더 사실적이고 즉각적으로 관객을 매혹하지만, 무성 영화를 보는 나는 더 몽환적인 상태가 되고, 삶과 시간의 속성에 대해 더 깊은 명상에 빠져들게 된다. 이 사람들은 모두 세상을 떠났다. 그러나 그들은 1914년의 그날 그 자리에 있었던 것처럼 저기에 존재하며 새로운 미디어에 담긴 이야기를 호방하게 들려주고 있다. 이 작품이 세계 전역의 관객들에게 도달할 거라 믿으면서, 그리고 92년 후의 영화 관객이 여전히 자기들을 보려고 칸에 있는 또 다른 궁전의 꼭대기에 오르고 있을 거라는 사실을 추호도 의심하지 않으면서.

| # 카스파 하우저의 신비<br>Jeder für Sich und Gott gegen Alle | 감독 | 베르너 헤어초크 | |
|---|---|---|---|
| | 주연 | 브루노 S., 발터 라든가스트 | |
| | 제작 | 1974년 | 110분 |

베르너 헤어초크Werner Herzog, 1942~ 의 영화들은 관습적으로 통용되는 의미의 '연기acting'에 의지하지 않는다. 그는 캐릭터의 본질을 체현하는 연기자를 찾았을 때 가장 흡족해하고, 캐릭터의 본실에 엄청나게 매료돼서는 그 본질을 탐구한다. 브루노 S.Bruno S.의 사례를 숙고해보라. 거리 공연자이자 지게차 운전사인 그의 성姓은 오랫동안 감춰져왔다. 그는 헤어초크 영화 두 편, 즉 <카스파 하우저의 신비>와 <스트로첵Stroszek>(1977)의 핵심이다. 매춘부의 아들인 그는 23년간 정신병원에 감금됐었다. 그러나 헤어초크는 그는 절대로 미친 사람이 아니라고 믿었다.

하지만 브루노는 굉장히 이상한 고집불통이다. 그는 어린애처럼 단순하고 고집이 세다. <카스파 하우저의 신비>에서 그는 어디든 보고 싶은 곳을 본다. 영리하게도 때로는 카메라 옆을 바라보고는 한다. 그럴 때면 그가 관객을 그냥 쳐다보는 게 아니라, 객석에 앉은 우리를 꿰

뚫어 보는 것 같은 기분이 든다. 그가 연기할 수 있는 역할은 다른 역할이 아니라 자기 자신이었을 것이다. 헤어초크는 바로 그 점 때문에 그가 필요했다. 코멘터리 트랙에서 헤어초크는 불행한 사람을 이용해 먹는다는 비난을 독일에서 받았다고 말한다. 그런데 당신이 브루노에게 공감하는 시각으로 브루노를 연구해 볼 경우, 브루노 입장에서는 그가 헤어초크를 이용하고 있음을 알 수 있을 것이다. 코멘터리 트랙에서 헤어초크는 브루노를 "영화계의 무명용사"라고 묘사한다.

카스파 하우저Kaspar Hauser는 실제로 존재했던 역사적 인물이다. 그는 1828년의 어느 이른 아침에 성경과 익명의 편지를 움켜쥔 채 시내 광장에 나타났다. 영화에서는 — 실제로도 그랬을 게 분명한 그대로 — 신분이 알려지지 않은 억류자가 갓 태어난 그를 20년간 지하실에 감금했다. 소도시, 그리고 친절한 부부에게 입양된 그는 읽고 쓰는 법을 배우고, 피아노를 연주하기까지 한다(실제로 브루노는 아코디언과 글로켄슈필을 연주할 줄 안다). 카스파가 하는 말은 인생의 하루하루가 미스터리로만 보이는 사람으로서 하는 말이다. "여자는 어디에 유용한가요?" "나는 이 세상에 올 때 끔찍이도 심하게 추락했어요." 그가 "내가 꿈꾸는 그것은……"이라고 말할 때 표현되는 개념에 대해 숙고해 보라.

헤어초크에게 픽션과 논픽션 사이의 경계선은 임의적으로 위치를 옮길 수 있는 선에 불과하다. 그는 정확성에는 관심이 없다. 그의 관심은 특정한 효과를 거두는 것에, 초월적인 엑스터시에 도달하는 데에 있다. <카스파 하우저의 신비>가 들려주는 이야기는 주인공에 대한 내러티브가 아니다. <카스파 하우저의 신비>의 이야기는 인상적인 행동과 이미지들로 구성된 모자이크다. 언덕을 오르려 애쓰는 참회자들의 행렬, 눈먼 이가 이끄는 사막의 캐러밴, 벌레를 잡아먹는 황새. 이런 이미지들은 카스파가 벌이는 투쟁을 반영하고 조명하는 방식을 제외하고

는 카스파와 아무런 관련이 없다. 헤어초크는 이 외로운 남자의 미스터리를 '푸는 것'에는 조금도 흥미를 느끼지 않는다. 그를 매료하는 것은 바로 그 미스터리다.

우리는 1942년에 태어나 최소한 54편의 영화를 연출한 헤어초크의 모든 작품에서 이 위대한 감독이 관객의 마음속에 불러일으키고 싶어 하는 특징들을 체현한 평범하지 않은 개인들을 찾아볼 수 있다. 그는 <유리의 심장Herz aus Glas>(1976)을 찍으면서 생계 수단을 빼앗긴 마을을 묘사한다는 난제에 도전하기 위해 출연진 전원에게 최면을 걸었다. <침묵과 어둠의 땅Land des Schweigens und der Dunkelheit>(1971)과 <난쟁이도 작게 시작했다Auch Zwerge Haben Klein Angefangen>(1970)에서는 시각 장애인과 청각 장애인, 왜소증 환자의 내면의 삶을 상상하려 애쓴다. 이 사람들은 자신이 가진 속성에 억류된 이들이 아니라, 그 속성 덕에 우리의 출입을 막아선 영역에 자유로이 들어가는 이들이다.

헤어초크는 독일인 디이터 뎅글러Dieter Dengler에 대한 영화를 두 편 만들었다. 다큐멘터리 <디이터는 날아야 한다Little Dieter Needs to Fly>(1977)와 픽션 <레스큐 던Rescue Dawn>(2006). 전자에서 해군에 입대한 뎅글러는 자기 자신을 연기하면서 베트콩 포로수용소에서 탈출해 정글을 헤치고 나간 고통스러운 탈출 경로를 되짚어 간다. 그리고 후자에서는 크리스천 베일Christian Bale이 그를 연기한다. 그런데 헤어초크는 다큐멘터리에 담긴 사건 중 몇 가지는 본인이 지어낸 것이고, 영화는 영화 자체를 만드느라 겪는 시련을 다룬 일종의 다큐멘터리라고 설명했다. 영화에서 베일은 허수아비처럼 보인다. 실제 뎅글러는 몸무게가 38.5킬로그램까지 빠졌다. 베일의 연기는 어떤 면에서는 티머시 트레드웰Timothy Treadwell에게 바치는 헌사로 볼 수 있다. 트레드웰은 헤어초크가 2005년에 내놓은 다큐멘터리 <그리즐리 맨Grizzly Man>에서 자신은 일체의 보호 장비 없이도 곰들 사이를 걸어 다닐 수 있다고 생각했던 사람이다. 이 다큐멘터리는 트레드웰이 자기 생각이 틀렸음을 발견하기 전까지 촬영한 동영상을 바탕으로 만들어졌다. 세상에서 가장 힘센 사람으로 두 차례나 등극한 핀란드 역도 선수 요코 아홀라Jouko Ahola도 있다. 헤어초크는 그를 <인빈서블Invincible>(2001)의 주인공으로 활용했다. 이 영화는 히틀러가 통치하는 베를린에서 아리아인의 이상형인 척했던 폴란드의 유대인 역사力士를 다룬다. 헤어초크가 원하는 건 연기자가 아니라, 그 역할에 알맞은 사람이다.

베일은 전문 연기자인 게 맞다. 그러나 헤어초크가 그를 캐스팅한 것은 그가 해낼 수 있는 연기만큼이나 그가 체현할 수 있는 특징 때문이었다. 헤어초크의 작품 <아귀레, 신의 분노Aguirre, der Zorn Gottes>(1972)와 <피츠카랄도Fitzcarraldo>(1982), <노스페라투Nosferatu>(1979), <코브라 베르데Cobra Verde>(1987), <보이체크Woyzeck>(1979)의 주연 배우 클라우스 킨스키Klaus Kinski의 사례도 주목해 보라. 그의 출연작은 135편이나 된다. 그런데 킨스키는 그중에서 자기가 본 영화는 두세 편뿐이라고 내게 말했다. 언젠가 헤어초크가 어마어마한 분노와 무시무시한 광기의 소유자인 킨스키에게 총구를 겨눈 적이 있다는 주장이 있다. 이 일화는 헤어초크가 끔찍이도 사랑하면서도 혐오했던 사내를 다룬 흥포한 다큐멘터리 <나의 친애하는 적Mein Liebster Feind>(1999)의 소재다. 헤어초크 영화에 출연한 킨스키의 모습을 보는 것은 연기자로 활용되는 게 아니라 영화를 짊어지고 나아가는 도구로 활용되는 남자를 보는 것이다.

어떤 면에서 헤어초크의 커리어에서 가장 상징적인 영화는 슬로프 중간에서 출발해야 하는 스키 점퍼를 다룬 다큐멘터리 <조각가 슈타이너의 황홀경Die Große Ekstase des Bildschnitzers Steiner>(1974)이다. 그가 슬로프 중간에서 출발하는 이유는 너무도 뛰어난 선수라서 그렇게 하지 않으면 착륙 지역 너머로 날아가 주차장에 착륙하게 될 것이기 때문이다. 그의 한계는 그의 재능이다. 그는 영원토록 비행하기를 꿈꾼다. 헤어초크의 주인공 중 다수는 — 실제 인물과 허구의 인물을 가리지 않고 — 그러한 탈출을 꿈꾼다. 그리고 그 꿈이 너무나 강렬한 까닭에 그들은 자신이 세운 목적을 달성하려고 경솔하게 실행에 나선다.

<카스파 하우저의 신비>는 서정과는 거리가 멀어도 한참 먼 남자를 다룬 서정적인 영화다. 브루노 S.는 그의 주위를 종종 에워싸는 말과 소처럼 탄탄한 존재감을 가진 인물이다. 그가 세계에 맞설 때, 나는 인간과 동물은 각기 상대에 대한 몰이해라는 심연의 건너편에서 서로를 바라본다는 W. G. 제발트W. G. Sebald의 발언을 떠올렸다. 영화의 풍광, 자연에서 포착한 디테일, 음악, 이 모든 것이 지하실이라는 변함없는 현실에서 탈출한 카스파가 들어선 꿈의 세계를 구현한다. 그는 지하실에서는 한 번도 꿈을 꾼 적이 없었다고 설명한다. 지하실 말고는 꿈을 꿀 대상을 하나도 알지 못했기 때문이었을 것이다.

이 영화는 트뤼포François Truffaut의 <와일드 차일드L'Enfant Sauvage>(1970)와 자주 관련지어 이야기된다. 동일한 세기를 배경으로 한 <와일드 차일드>는 짐승들에 의해 길러졌을 가능성이 높은, 숲에서 나온 소년을 다룬다. 심리학자들은 그를 '교화'하려 애쓰지만, 그의 본질을 바꾸지는 못한다. 카스파 역시 연구 대상이다. 영화에는 두 마을에 대한 수수께끼로 카스파를 시험하는 교수가 있다. 한 마을에는 진실을 말하지 못하는 사람들이 살고, 다른 마을에는 거짓말을 못하는 사람들이 산다. 두 마을로 이어지는 길에서 어떤 사람을 만났을 때, 카스파는 어떤 마을에서 온 사람인지 알아내기 위해 던져야 하는 질문 한 가지는 무어냐는 질문을 받는다. 카스파는 "당신은 청개구리냐고 물을 거예요"라고 자랑스레 대답한다.

맵시 좋은 영국인 멋쟁이 스탠호프 경Lord Stanhope이 있다. 그는 카스파를 자기 '제자'라고 소개하지만, 그의 제자가 고상한 무도회에서 전시품이 되기를 좋아하지 않는다는 것을 알게 된다. 하지만 카스파는 마을의 빚을 갚기 위해 서커스 공연에 나가 전시품이 되는 것을 선뜻 허용할 만큼 행복해 보인다. 그는 브라질에서 온 플루트 연주자와 같은 무대에 서는데, 연주자는 자신이 연주를 멈출 경우 마을 전체가 목숨을 잃게 될 거라고 믿는다. 그는 자신이 브라질 사람임을 증명하려고 모국어로 말하는데, 그러면서 예언을 망각한다.

영화의 독일어 제목은 '사람은 누구나 자신만을 위하고, 신은 모두에게 맞선다'로 해석된다. 이 문장은 카스파의 생각을 요약하는 듯 보인다. 억류됐던 인물의 출신에 대한 미스터리는 그가 처음 나타난 이후로 줄곧 조사관들의 마음을 장악한다. 그는 비밀에 부쳐진 왕위 계승자일까? 부유한 남자의 사생아일까? 우리는 그를 억류하고 있다가 풀어 주는 남자를 잠깐 봤다. 남자는 그의 뒤에 서서 그가 걸어가도록 그의 부츠에 발길질을 한다. 이 남자는 누구일까? 그에 대한 설명은 전혀 없다. 어쩌면 그는 카스파의 운명을 체현한 화신일 것이다. 우리 모두의 등 뒤에는 우리 부츠에 발길질을 하는 누군가가 있는지도 모른다. 우리는 언젠가는 죽을 운명에 처한 가여운 인간이다. 그러나 바로 그렇기에 우리는 하늘을 날 수 있을 거라는 꿈을 꾼다.

# 캣피플

Cat People

| | | |
|---|---|---|
| 감독 | 자크 투르뇌르 | |
| 주연 | 시모네 시몬, 켄트 스미스 | |
| 제작 | 1942년 | 73분 |

<캣피플>은 영화의 거의 전체가 두려움을 소재로 구성되어 있다. 이 영화의 제작비로는 이외의 것들을 그리 많이 받아들일 만한 형편이 안됐다. 영화에 등장한 세트는 여덟아홉 개뿐이고, 러닝 타임은 고작 73분에 불과하다. 사용된 특수 효과는 없는 거나 마찬가지고, 메이저 스타라 할 배우도 출연하지 않는 데다, 폭력은 암시되거나 두려움의 대상으로만 언급될 뿐 화면에 그리 많이 등장하지 않는다. 그럼에도 13만 5천 달러의 제작비만 투입된 이 B급 영화는 4백만 달러를 벌어들이면서 1942년에 RKO가 내놓은 최고 흥행작이 됐다. RKO 스튜디오가 1941년에 내놓은 <시민 케인Citizen Kane>이 벌어들인 50만 달러와 비교해 볼 만한 성적이다. 이 영화 덕에 제작자 발 루튼Val Lewton, 1904~1951과 감독 자크 투르뇌르Jacques Tourneur, 1904~1977, 주연을 맡은 프랑스 여배우 시모네 시몬Simone Simon의 경력은 새롭게 발돋움했다. 그리고 이 영화는 — 오싹한 데다 싸게 만들 수 있는 영화라는 이유로 — 루튼이 이끄는

제작부서가 섬뜩한 제목을 단 영화를 열 편 이상 내놓을 수 있는 환경을 조성했고, 할리우드 전체가 이 영화를 카피했다. 하지만 영화를 만드는 데 발휘된 예술적 솜씨는 제대로 카피되기 어려웠다.

<캣피플>은 충격과 고어gore를 사용하는 슬래셔 무비처럼 무서운 게 아니라, 뭐라 규정하기 어려운 으스스하고 미스터리한 방식으로 오싹했다. 스크린은 눈에 보이지 않는 위협적인 존재들을 품고 있었고, 영화에는 실제로 위력을 행사한 적이 결코 없었다는 이유로 더 불길하게 느껴지는 성적 위험의 함의가 담겨 있었다. 영화의 여주인공은 새로 맞은 남편과 동침한 적이 없는 미녀다(그녀는 남편과 키스조차 해 본 적이 없다). 그녀가 남편과 동침하지 않는 것은 동침했을 때 느낄 열정 때문에 흑표범으로 변신할까 두렵기 때문이다. 영화는 일부 사람들이 고양이에게 느끼는 공포를 활용해 그녀의 두려움을 키운다. 고양이는 우리에게 슬금슬금 다가오는 엉큼하고 기만적인 존재이고, 사탄과 어울리는 동물이라는 게 일부 사람들의 인식이다.

이렇게 감춰진 음울한 분위기가 일상의 이야기로 구성된 틀 안에 담겨 있다. 이레나(시몬)는 동물원에서 흑표범을 스케치하던 중에 용모 단정하고 품행 방정한 건축가 올리버 리드(켄트 스미스Kent Smith)를 만난다. 그는 그녀를 집에 바래다주고, 그녀는 그에게 차 한잔하고 가라고 청한다. 두 사람은 사랑에 빠진다. 그녀는 세르비아에 있는 고향 마을에 대해, 그녀의 고향이 고양이로 둔갑할 수 있는 악마 숭배자들의 피신처였다는 믿음에 대해 말한다. 훌륭한 존 왕은 캣피플들을 죽이려 애썼지만, 산악 지대로 도망간 그들 중 일부는 오늘날까지도 그곳에 살고 있다고 전해진다. 이레나는 자신이 그중 한 사람일지도 모른다는 두려움에 남몰래 떨고 있다.

드위트 보딘DeWitt Bodeen이 쓴 초고의 대사에는 에로틱한 암시를 주는 특이한 대사들이 있다. 올리버는 이레나에게, 그녀가 쓰는 향수가

"따스하고 생기가 느껴진다"고 말한다. 이레나는 인근 동물원에 사는 커다란 고양이과 동물들의 포효가 "자연스럽게 들리고 마음을 진정시킨다"고 말한다. 낮이 길어지자, 그녀는 어둠이 "친근하다"는 것을 알게 됐다고 말하고는 결국 불을 켠다. 투르뇌르와, 그리고 위대한 누아르 영화 <과거로부터Out of the Past>도 그와 함께 작업한 촬영 감독 니콜라스 무수라카Nicholas Musuraca는 빛과 그림자를 다루는 거장들이다. 그들은 이레나를 어둠 속에 자주 배치하고, 다른 캐릭터들의 실루엣을 그녀의 뒤에 있는 벽에 늘어뜨리며, 우리cage처럼 작용하는 그림자로 그녀를 에워싼다.

이레나와 올리버는 레스토랑에서 연 파티에서 약혼을 발표하는데, 달리 설명할 길이 없는 심란한 일이 벌어진다. 고양이처럼 차려입고 세르비아어로 말을 거는 이상한 여자(엘리자베스 러셀Elizabeth Russell)가 이레나에게 다가와 그녀를 "자매"라고 부른다. 우리는 영화에서 그녀를 다시는 보지 못하지만, 그녀의 유령은 영화를 떠나지 않고 계속 출몰한다. 그녀가 이레나에게 접근하는 데에는 레즈비언의 분위기가 담겨 있는가? 이것은 자신이 올리버의 짝짓기 권리에 도전하는 막강한 동물이라는 의미에서 한 행위일까?

이레나는 결혼 생활 내내 두려움에 떤다. 우리는 그녀가 두려워하는 게 다름 아닌 그녀 자신이라는 것을, 그녀의 내면에 잠복해 있는 사악한 마성이라는 것을 이해한다. 이상할 정도로 참을성 좋은 올리버가 "당신한테 키스를 한 적이 전혀 없다"고 밝히자 이레나는 이렇게 대답한다. "나는 이 순간을 두려워하며 살아 왔어요. 나는 당신을 사랑하고 싶었던 적이 전혀 없었어요. 사람들한테서 멀리 떨어져 지내 왔어요. 과거로부터 도망쳐 다녔어요. 당신이 절대로 알거나 이해하지 못할 일들로부터, 사악한 일들로부터요." 두 사람이 하는 대화의 일부는 그가 그녀의 침실 문 바깥쪽에 서 있고, 그녀는 문 반대편 바닥에 앉아 있는 동

CP-10

안 일어난다.

그는 사무실에서 야근을 하기 시작하는데, 사무실에는 호감 가는 동료 앨리스(제인 랜돌프Jane Randolph)가 있다. 그의 뒤를 쫓은 이레나는 두 사람이 함께 있는 모습을 보고는 질투심을 키워 간다. 그런 후, 이 영화에서 가장 위대한 시퀀스 중 하나가 인적 없는 어두운 거리를 걸어서 귀가하는 앨리스가 발소리에 쫓기는 모습을 보여 준다. 그녀에게 일어나는 일은 딱히 없다. 우리가 보는 거라고는 그림자 몇 개와 불안하게 흔들리는 나뭇잎이 고작이다. 그러나 잔뜩 겁에 질린 앨리스는 버스에 뛰어오른다. 그녀는 자신이 무언가를 봤다는 걸 안다. 나중에 그녀는 올리버에게 그것이 "고양이로 둔갑한" 이레나였다고 묘사한다. 그녀는 야간에 보행을 하는 동안 짧은 돌담길을 계속 지나가고 또 지나간 것처럼 보인다. 투르뇌르는 이 시퀀스를 꽤나 긴 시퀀스처럼 느껴지게 편집한다. 우리는 그가 쓴 비주얼 수법을 잘 알지만, 그럼에도 이 시퀀스는 몽상적인 분위기를 자아낸다.

이상하게도 앨리스와 이레나, 올리버는 계속 친구로 지낸다. 세 사람이 함께 박물관을 방문했을 때 은연중에 진실이 드러나는 순간이 있는데도 말이다. 올리버가 이레나에게 위층의 전시물을 보러 가자고 제안할 때 사용한 단어 '우리'는 그 자신과 이레나가 아니라, 그와 앨리스를 지칭한다. 이 말실수는 그의 속내를 드러낸다. 그날 밤 늦은 시각에 앨리스는 자신이 거주하는 숙소에 딸린 수영장에 들어간다. 그녀가 아무도 없는 수영장에 발을 들여놓을 때 정말로 오싹한 시퀀스가 등장한다. 무언가가…… 으르렁거리고 서성거리며…… 그녀는 비명을 지른다. 수영장 수면水面에 반사된 불빛이 수영장 벽에 일렁거리며 불안감을 조성하는 패턴을 만들어 내는 방식을 주목해 보라.

이레나는 정신과 의사의 상담을 받아 왔다. 빈센트 프라이스Vincent Price 분위기를 물씬 풍기는 닥터 저드(톰 콘웨이Tom Conway)는 사방을 둘러싼 어둠 속에서 그녀의 얼굴이 빛의 동그라미 안에 동떨어진 채 존재하는 동안 그녀에게 말을 한다. 이 상담들은 그리 도움이 되지 않는다. 대신에 그녀는 동물원에 있는 표범 우리를 계속 찾는 게 더 위안이 된다는 걸 알게 된다. 이 영화의 천재성은 에둘러 표현하는 간접성에 있다. 영화는 우리에게 끔찍한 일들이 벌어지는 광경을 보여 주지 않는다. 영화는 공포를 빚어낼 수 있는 요소들을 도입하면서 우리를 갖고 논다. 예를 들어 올리버는 이레나에게 새끼 고양이를 주는데, 고양이는 그녀를 무서워한다. 어둠이 암시하는 풍부한 가능성을 확실히 확립한 <캣피플>은 우리에게 햇빛이 비치는 장면들과 자신들이 위험의 주변을 걷고 있다는 사실을 깨닫지 못하는 쾌활한 조연 캐릭터들을 제공한다. 정신이 나갔다 싶을 정도로 유쾌하게 구는 여자가 운영하는 애완동물 가게에서, 그들은 고양이와 카나리아를 맞바꾼다. 이 카나리아의 운명은 우리가 이레나의 근본적인 본성에 대해 알아둘 필요가 있는 모든 것을 제공한다. 그럼에도 그녀는 올리버를 정말로 사랑한다. 그를 사랑하고, "내가 여태껏 가진 유일한 친구"로서 그를 필요로 한다. 영화는 저주나 다름없는 솜씨나 능력을 타고난 탓에 인류에게 배척당한 사람들이 시달리는 외로움을 환기한다. 영화가 이레나에게 느끼는 편치 않은 공감은 앤 라이스Anne Rice가 그녀의 뱀파이어들에게 느끼는 공감과 같은 종류의 것이다. '캣 우먼'이 되는 건 그다지 재미있는 일이 아니다.

발 루튼이 1940년대에 제작한 영화들은 미국 영화 역사의 랜드마크다. 우크라이나 태생으로 베를린에서 자랐고 신문 기자와 싸구려 소설을 쓴 작가였던 그는 RKO에서 자기 이름을 내건 제작부서를 열기 전에는 데이비드 O. 셀즈닉David O. Selznick 밑에서 일하는 스토리 에디터였다. 루튼은 중요한 인물로 성장한 감독들(투르뇌르, 마크 롭슨Mark Robson, 로버트 와이즈Robert Wise)과 함께 작업했지만, 그렇게 만들어진 영화들은 그의 작품으로 여겨졌고, 지금도 그렇게 여겨지고 있다. 1990년에 열린 텔루라이드영화제에서 프랑스 감독 베르트랑 타베르니에Bertrand Tavernier와 미국 평론가 매니 파버Manny Farber와 함께 감독이 아니라 제작자가 일군의 영화를 지배하는 지배적인 작가auteur가 되는 게 얼마나 비범한 일인지에 대한 이야기를 나눴던 기억이 있다.

루튼은 <캣피플>이라는 횡재 덕에 그가 이후에 취한 전반적인 접근 방식을 발견하게 된 건지도 모른다. <캣피플>은 스토리도 없이 제목만으로 제작이 시작된 영화였고, 저예산 때문에 어쩔 도리 없이 미니멀리즘적인 스타일을 개발해야 했던 작품이다. 그러나 그와 투르뇌르는 제대로 효력을 발휘하는 분위기를 찾는 데 성공했고, 루튼은 이후 <나는 좀비와 함께 걸었다I Walked with a Zombie>(1943)와 <표범인간The Leopard Man>(1943), <캣피플 2 The Curse of the Cat People>(1944), <신체 강탈자The Body Snatcher>(1945) 등의 영화들에서 다양한 방식으로 그 분위기를 다시금 찾아냈다. 『뉴욕 리뷰 오브 북스The New York Review of Books』에서 제프리 오브라이언Geoffrey O'Brien은 루튼이 "상징주의 시詩나 모호한 물신 숭배 제식과 비슷한 경우가 잦은 영화들"을 만들었다고 썼다. "사람들을 심한 불안에 떨게 할 만큼 두렵지는 않았던 그의 영화들은 뚜렷하게 감지할 수 있는 비애를 통해 촬영됐다."

그 영화들은 오늘날의 관객들에게도 먹힐까, 아니면 지나치게 얌전한 영화로 받아들여질까? 그것은 당신의 취향에 달려 있다. 폴 슈레이더Paul Schrader는 1982년에 <캣피플>의 훨씬 더 구체적인 버전을 만들었다. 나는 뉴올리언스 로케이션의 분위기를 활용한 방식을 포함한 그 영화만의 장점들을 높이 평가한다. 하지만 1942년도 오리지널 영화는 관객의 뇌리를 파고들어 그곳을 떠나지 않는다. 시모네 시몬의 이상할 정도로 요조숙녀 같은 방정한 행동에는, 그녀의 남편을 연기한 켄트 스미스의 고상하면서도 무심한 태도에는, 구체적인 장소라기보다는 어떤 장소에 대한 관념인 것처럼 보이는 방과 거리에는 경계심을 불러일으키는 미묘한 무언가가 존재한다. 친구를 가져 본 적이 없고 사랑하는 유일한 사람을 살해할지도 모른다고 두려워하는, 그러면서 미쳤다는 말을 듣는 이레나에게는 뭔가 뭉클한 감정이 느껴진다. 결말에서 올리버는 그녀에게 짤막한 헌사를 바친다. "그녀는 우리에게 결코 거짓을 말하지 않았습니다."

## 크럼
Crumb

| | | |
|---|---|---|
| 감독 | 테리 즈위고프 | |
| 주연 | 로버트 크럼 | |
| 제작 | 1994년 | 119분 |

<크럼>은 서로에게 공감하는 두 괴짜가 만나면서 탄생한 작품이다. 아티스트 로버트 크럼Robert Crumb이 언더그라운드 만화책에서 창조해 낸 이미지들이 어찌나 기이한지, 미술 평론가 로버트 휴스Robert Hughes는 그를 "20세기 후반부의 브뤼헐Brueghel"이라고 불렀다. 테리 즈위고프Terry Zwigoff, 1949~ 감독은 이 다큐멘터리를 만들겠다는 생각을 품기 전부터 크럼과 아는 사이였다. 두 사람 모두 1920년대와 1930년대에 만들어진 78회전 음반에 실린 무명 뮤지션들을 사랑했다. 게다가 두 사람은 언젠가 같은 밴드에서 공연한 적이 있었다. 즈위고프는 크럼이 어렸을 때 살던 집의 거주자들이 이 영화의 핵심적인 존재들이 될 거라는 사실을 알기 오래 전부터 그 집에서 잠을 잤고, 크럼의 인생에서 핵심적인 역할을 한 인물인 크럼의 형 찰스Charles Crumb를 만났다.

구식 78회전 음반은 즈위고프를 그의 첫 영화 <루이 블뤼Louie Bluie>(1986)로 이끌었다. 뮤지션 하워드 암스트롱Howard Armstrong을 다

룬 영화로, 즈위고프는 세상에서 잊힌, 1930년대에 만들어진 암스트롱의 음반에 매료됐었다. 암스트롱이 여전히 살아 있음을 알게 된 그는 시대를 초월한, 음악과 미술에 재능이 있던 광대이자 흉내쟁이인 활력 넘치는 인물에 대한 영화를 만들었다. 그리고 영화감독이 된 즈위고프는 자신이 만들 다음 작품의 소재는 동료 음악 애호가 로버트 크럼이라는 것을 확실히 알고 있었다.

그러나 샌프란시스코 출신의 전설적인 언더그라운드 아티스트 크럼은 그런 사실을 명확하게 인식하지 못했다. 크럼이 작업한 「킵 온 트러킹Keep on Trucking」 이미지는 1960년대의 아이콘이 됐고, 그가 그린 재니스 조플린의 앨범 "Cheap Thrills(칩 스릴)" 커버는 그 안에 담긴 음악이 아니더라도, 커버 자체만으로도 클래식이었다. 크럼은 세속적인 성공에는 전혀 관심이 없었다. 그는 「킵 온 트러킹」의 라이선스 계약을 맺자는 숱한 제안을 거절했고, 그의 밴드와 함께 「새터데이 나이트 라이브Saturday Night Live」의 호스트가 돼 달라는 제안을 거절했으며, 항상 강박적으로 그림을 그렸고, 특이하고 때로는 포르노적인 기괴한 내용이 담긴 그래픽 노벨들을 소규모 출판했으며, 그가 모은 구식 음반들을 감상했다.

즈위고프는 자기 영화의 소재가 돼달라고 크럼을 설득하기 위해 "그가 나한테 진 신세들을 하나하나 들먹였다"고 내게 말했다. 그는 이 다큐멘터리 작업을 하며 9년을 보냈다. "그동안 한 달 평균 수입은 2백 달러 정도였고, 등의 통증이 너무 심해 침대 옆 베개에 장전된 총을 올려놓고 자살할 용기를 내려 애쓰면서 3년을 지냈습니다." 즈위고프가 크럼에게 "이 영화를 만듭시다. 그러지 않으면 나는 총으로 자살할 겁니다"라고 말했다는 도시 전설이 유포되게 만든 책임자는 바로 나였다. 그런 일은 전혀 일어나지 않았지만, 즈위고프가 이 영화를 만든 덕에 목숨을 구했다는 것은 참말일 것이다.

<크럼>은 핵심 인물들과 크럼의 전체 생애를 보여 주는 전기적인 작품에 접근하는 면에서 아티스트를 다룬 비범한 다큐멘터리다. 크럼 본인은 카메라를 조금도 꺼리지 않고 스스럼없이 대하면서 솔직한 태도를 보여 준다. 우리는 그의 두 아내를 만난다. 두 사람 다 자신들의 이미지와 비밀들이 크럼의 작품에 때로는 직접적으로 통합되는 방식에 대한 의견을 유쾌하게 밝힌다. 우리는 고등학교 졸업 앨범에 실린 동창생들의 인물 사진이 때로는 그들의 본명을 단 채로 그로테스크하고 새디스트적인 불후의 인물들로 탈바꿈하는 모습을 본다. 영화의 가장 중요한 부분에서, 우리는 지금도 크럼의 어머니와 형 찰스가 살고 있는, 크럼이 어렸을 때 살던 뉴저지의 집에 들어가고, 샌프란시스코에 있는 크럼의 동생 맥스Max Crumb를 방문한다. 그의 두 누이는 영화 참여를 거절했다.

우리는 이 가족이 감춘 비밀은 하나도 없다는 확신을 품고 극장을 나선다. 우리는 로버트가 품은 핵심적인 성적 판타지는 엉덩이가 지나치게 발달한 여자들의 맨 등에 올라타는 것이었음을 안다. 찰스는 숫총각이자 은둔자로 남았으며 침실을 거의 떠나지 않는다는 것을, 찰스의 에로틱한 상상력은 1960년 영화 <보물섬Treasure Island>의 보비 드리스콜Bobby Driscoll에 영원히 고착되어 있다는 것을 안다. 맥스는 수도승처럼 외롭게 살고, 못이 박힌 침대에서 자며, 주기적으로 자기 몸에 9미터 길이의 천으로 된 리본을 관통시킨다는 것을 안다. 로버트가 어렸을 때 알코올 중독자인 아버지가 로버트의 쇄골을 부러뜨렸다는 것을, 그리고 부모가 어찌나 격렬하게 부부 싸움을 했던지 두 사람의 얼굴이 할퀸 자국과 멍으로 가득한 경우가 잦았다는 것을 안다. 나들이옷 차림의 부모와 5남매가 1950년경에 교외 잔디밭에서 찍은 가족사진을 보면, 크럼 가족은 다이앤 아버스Diane Arbus•가 촬영을 위

• 미국 출신의 사진작가(1923~1971)

해 도착하는 것을 기다리는 듯한 모습이다.

찰스는 이 가족이 배출한 첫 번째 아티스트였다. 그는 수작업으로 만화책을 그렸고, 로버트와 맥스에게 그림을 그리라고 부추겼다. 로버트와 맥스는 처음에는 형의 부추김에 반항했다. 그 시절에 수작업으로 제작한 만화책들은 그대로 보존돼 영화에 등장한다. 로버트는 모든 작품을 보관하고 있는 듯 보이고, 찰스도 마찬가지다. 찰스가 약물 과다 복용으로 사망한 후 어머니가 그의 작품 대부분을 로버트가 미처 손을 쓰기도 전에 내다 버렸지만 말이다. 맥스는 수도자의 본분에 걸맞게 모아 둔 게 적다. 그러나 그의 그림은 현재 여러 갤러리에서 고가에 팔리고 있다. 로버트와 맥스가 아티스트로서 명성을 얻은 반면, 찰스는 페이퍼백 소설들을 독파하고 때로는 단어들로, 때로는 정교한 인쇄물 패턴만으로 끝없이 노트북을 채워 가며 자기 방에 머무른다는 사실은 아이러니하다. 로버트와 찰스, 두 사람의 어머니 비어트리스Beatrice Crumb가 함께 등장하는 보기 드문 신에서, 비어트리스는 소파에 큰대자로 누워 있다. 그녀는 아들들만큼 재미있고 말주변이 좋으며 대단히 특이한 사람이다.

예술은 개인적으로 겪는 신경증을 공적인 효력을 발휘하는 작업으로 탈바꿈시키면서 크럼을 광기에서 구해 낸 듯하다. 즈위고프는 관습을 거스르는 크럼의 작품들을 인정사정없이 보여 준다. 크럼이 근친상간과 시간증屍姦症, 분변 음욕증, 폭행, 아수라장, 성교에 관한 이야기들을 대수롭지 않은 투로 들려주는 동안, 카메라는 만화책의 칸들을 하나하나 좇아간다. 그가 그린 일부 이미지를 성차별적이다, 인종 차별적이다, 도덕적으로 타락했다, 라고 부르는 것은 많이 순화한 표현이다.

즈위고프는 크럼의 작품을 명료하게 반대하는 의견을 관객에게 제공할 정도로 공정하다. 『마더 존스Mother Jones』 잡지의 전前 편집장으로 착하고 분별 있는 데어드리 잉글리시Deirdre English는 여자들을 물건으로, 상품으로, 희생자로, 머리가 빈 (심지어 때로는 머리가 없는) 편리한 대상으로 취급하는 크럼의 작품에 서글프다는 반응을 보이지만 그리 큰 충격을 받지는 않는다. 크럼을 옹호하는 미술 평론가 휴스는 고통과 갈망의, 무시당한 장애물의, 무시당한 억제의, 스스로 페이지에 발가벗고 등장하는 정신의 비전을 발견한다. 크럼의 남자들이 그의 여자들보다 나은 대우를 받는 게 아니라는 건 분명히 맞는 말이다. 그가 그리는 남녀는 하나같이 야수적인 욕정과 타락한 욕구에 떠밀려 다니는 혐오스러운 피조물이다.

그의 그래픽 노블들은 초상화와 캐리커처 사이를 갈라놓는 세심한 분별력에 의존하는, 부인 못할 에너지와 비주얼 스타일을 담고 있다. 우리는 작업 중인 그의 펜을 본다. 그가 그리는 이미지 중 일부에 영감을 준 물건들을 보고, 그가 10대인 아들 제시에게 그림 레슨을 하는 모습을 본다. 그는 자신의 펜으로 그린 획을 보는 즉시 그게 그의 작품이라는 걸 파악할 수 있는 아티스트에 속한다. 그가 작품에서 다루는 대상은 슈퍼히어로도 아니고 만화 캐릭터도 아니다(크럼이 어렸을 때 벅스 버니를 보고 사위를 했다고 밝히기는 했지만 말이다). 그가 다루는 대상은 권리를 박탈당한 외로운 여드름투성이 왕따들이다. 이것들이 크럼이 자신이 "고등학교에서 제일 인기 없는 아이"였다고 말할 때 우리가 감지할 수 있는 모든 특징이다. 크럼은 자신이 그린 가장 혐오스러운 캐리커처 중 일부를 통해 사춘기 때 자신을 괴롭힌 골목대장들과 자신을 외면한 여자아이들에게 품은 해묵은 원한을 여전히 갖고 있다.

그럼에도 그를 잘 아는 여자들은 그를 좋아하는 듯 보인다. 그의 첫 부인 데이나Dana Morgan와, (우리가 영화에서 보듯) 그를 영리하고 재미있는 삶의 동반자로 바라보며 그의 내면에 자리한 악마들을 작품으로 탈바꿈시켜 온 현재 부인 얼라인Aline Kominsky-Crumb이 특히 그렇다. 그렇다, 그는 성적인 콤플렉스를 갖고 있다. 그러나 그녀들은 그 콤

플렉스들이 불쾌하거나 고통스러운 게 아니라고 생각한다. 즈위고프는 외따로 떨어진 신체 부위들을 향한, 특히 발과 엉덩이, 젖가슴을 향한 크럼의 페티시를 연구하면서 『저그스Juggs』와 『레그 쇼Leg Show』 잡지의 편집장 다이앤 핸슨Dian Hanson을 방문한다. 그녀는 자신의 출판물이 거둔 성공은 독자들이 보내온 편지들을 자신이 실제로 읽는 덕분이라고 여긴다.

그녀는 크럼과 그녀의 일부 모델을 위해 판타지 세션을 마련한다. 그런데 이 신의 효력은 그다지 신통치 않다. 크럼의 입장에서 중요한 건 그가 품은 판타지들을 실현하는 게 아니라, 그것들을 강박적이고 시각적인 캐리커처로 대체하는 것이다. 이 과정에서 그의 작품 중 일부는 데어드리 잉글리시가 개탄하는 것과 동일한 가치관을 가진 인물들의 비판 대상이 된다. 포르노가 인간성을 말살하고 대상화한다면, 아마도 그것이 마네킹 머리를 끼울 수 있도록 목에 뚜껑을 단 여자에 대한 (영화가 상세하게 보여 주는) 크럼의 이야기가 주장하는 바가 아닐까? 그녀는 목을 제외하면, 크럼의 남자 주인공이 욕망하는 모든 방식을 충족하는 기능을 갖고 있다. 이 만화의 클라이맥스는 충격적이다. 주인공은 여자한테 머리가 없는 게 아니라는 걸 알게 된다. 그녀의 머리는 목 안에 밀려 들어가 있었다. 머리가 밖으로 나오자, 여자는 그에 대한 불평을 엄청나게 늘어놓는다. 이 작품은 부도덕적이고 혐오스러운 동시에 풍자적이고 전복적이다. 이 작품은 욕망이 아닌 혐오를 불러일으키는, 성차별주의를 과하게 투여한 작품이다. 우리 솔직해지자. 이 작품은 음울하고 섬뜩한 방식으로 풍자적인 작품이기도 하다.

이 영화를 다른 사람이 만들었다면, 크럼의 예술과 커리어는 이 영화의 한계를 규정했을 것이다. 즈위고프의 작품을 깊이 있게 만든 것은 가족들이 등장하는 신들이다. 정서적으로 감금된 자신의 상태를 체념하는 듯 받아들이는, 그토록 조용히 슬픔에 젖은 찰스가 있다. 우리는 그가 느끼는 슬픔과 체념의 크기를 통해 로버트의 예술이 형이 겪은 운명과 비슷한 운명에서 로버트를 구해 냈음을 감지한다. 그의 아내들과 여자 친구들이 보여 주는 애정에서는 구원의 손길이 감지된다. 영화가 끝날 때, 로버트는 가족과 함께 프랑스 남부로 이주하고 있다. 그는 그곳에서 보낸 지난 10년간 그리 많은 작품을 창작하지 않았다. 추측해 보건대, 아마도 그건 그가 예전보다 더 행복했기 때문일 것이다.

## 테러리스트

Theeviravaathi

| | | |
|---|---|---|
| 감독 | 산토시 시반 | |
| 주연 | 아예샤 다커 | |
| 제작 | 1998년 | 95분 |

말리는 열아홉 살밖에 안 된 젊은 아가씨다. 그녀는 폐쇄된 운동권 내부에서 평생을 보냈고, 운동이 주장하는 가치관을 아무런 의문 없이 받아들인다. 그녀의 오빠는 대의명분을 위해 목숨을 바쳤다. 그녀는 대의를 위해 사람을 죽였다. 그녀가 속한 게릴라 부대가 활동하는 정글을 통해 이동하면서 무기를 써서 편한 마음으로 살인을 했었다. 그녀는 투쟁하지 않는 동안에는 친구들과 깔깔거리는 평범한 아가씨다. 그녀에게서 무감각하고 냉담한 면모는 조금도 찾아볼 수 없다. 그녀의 커다란 눈망울을 들여다보면 그녀의 눈동자가 인생과 사랑에 활짝 열려 있음을 알 수 있다.

어느 날 그녀가 속한 집단이 회합에 불려 온다. 자살 폭탄을 터뜨릴 자원자가 필요하다. 정치 지도자의 목에 화환을 걸어 준 후 두 사람의 목숨을 함께 앗아갈 폭탄을 터뜨릴 요원이다. 여기에 말리가 자원한다. 친구들은 그녀가 미인 대회에서 우승이나 한 것처럼 흥분하며 그녀 주위로 몰려든다. 대의를 위해 목숨을 바치는 것보다 더 큰 영광은 없다.

산토시 시반Santosh Sivan, 1964~ 의 <테러리스트>는 인도에서 타밀어로 촬영됐다. 그는 1991년에 일어난 라지브 간디Rajiv Gandhi 인도 총리의 암살 사건에서 영감을 받았다고 밝혔다. 그러나 영화에 구체적인 나라 이름은 등장하지 않고, 그녀의 표적이 된 인물의 이름도 거론되지 않는다. 영화는 그녀가 추종하는 운동이 어떤 이데올로기나 종교와 연관돼 있는지도 알려 주지 않는다.

이 작품은 그녀가 따르는 대의나 그 대의에 영감을 준 정치적 상황의 옳고 그름을 따지는 영화가 아니다. 영화는 그저 자살 폭탄 테러리스트가 되려고 준비하는 젊은 여성의 가슴 아픈 며칠을 묵묵히 관찰하기만 한다. 그녀의 이야기는 스크린에 등장하는 폭력을 최소화하는 수준에서, 액션 신이라 할 만한 장면을 거의 등장시키지 않으면서 전개된다. 트뤼포François Truffaut가 옳다면, 전쟁 영화는 관객을 흥분시키면서 전쟁에 우호적인 주장을 펼치는 셈이다. 그런 면에서 <테러리스트>는 다른 방향을 바라본다.

나는 이 영화를 감상하면서 심뜩함과 매력을 동시에 느낀다. 질병이나 노환, 사고, 심지어 전투 중에 사망하는 것은 인간의 운명이 안기는 결과다. 그런데 어떤 신념이 자기 자신보다 더 큰 존재라는 믿음 때문에 자신의 목숨을 바치면서 다른 사람들의 목숨을 앗아갈 순간을 선택해야 할 경우, 도대체 어떤 신념이 그런 죽음을 정당화할 수 있을까? 전투 중에는 적어도 전투가 끝난 뒤에도 살아남을 수 있다는 희망을 품을 수 있다. 내게 의식意識은 세상의 모든 것을 아우르는 신념이다. 그것 없이는 어떤 신념도 존재하지 않고, 그것을 파괴하는 건 모든 신념을 파괴하는 것이다.

적들을 섬멸하는 것에서 이득을 챙길 수 있다는 이유로 자살을 부추기는 운동은 지독히도 이기적이다. 말리에게 점심을 대접하는 것으로 그녀의 죽음에 감사를 표하는 지도자 같은 사람들이 누군가는 응당 그런 일을 해야 한다고 확신한다면, 우리, 그들이 자신들의 몸을 폭탄으로 날려 버리게 만들자.

그런데 내가 하는 이런 논의는 이 영화의 관점에서 벗어나 있다. <테러리스트>는 말리의 일상의 리얼리티에 닻을 내린다. 아예샤 다커Ayesha Dharker가 말리를 무척이나 풍부한 표현으로 연기하기 때문에, 우리는 그녀가 맡은 임무를 개탄할 때조차 그녀의 감정에 공감하게 된다. A. O. 스콧A. O. Scott은 "입은 크고 눈동자는 새까맣고 커다란 그녀의 잊을 수 없는 얼굴이 영화의 거의 모든 프레임에 등장한다"고 썼다. "그녀의 얼굴이 스크린의 대부분을 채우는 경우가 많다. 마치 그녀의 땀구멍을 통해 말리의 마음속으로 들어갈 길을 찾아낼 수 있다는 듯 말이다."

그녀는 자살 임무에 자원한 후, 운동원들의 네트워크를 거친 끝에 인생의 마지막 나흘을 보내게 될 농장에 도착한다. 이 여정에서 그녀는 그 지역을 잘 아는 로터스(비시와스Vishwas)라는 소년의 도움을 받는다. 그들은 지뢰를 피하려고 강물로 뛰어든다. 소년은 부비트랩이 설치된 지점들을 모조리 알고 있다. 소년은 자신이 길을 안내한 사람들은 결국에는 모두 목숨을 잃었다고 말리에게 말한다. 그는 울먹인다. "사방 천지가 피로 가득할 거예요."

그녀는 이 여행을 하는 동안 치명상을 입은 젊은 투사를 만난다. 그녀는 두 팔로 투사를 껴안으면서 해 줄 수 있는 일을 행한다. 그는 그녀에게 여태까지 여자와 이렇게 가까이 있었던 적은 한 번도 없었다고 말한다. 이 장면은 사실상 러브 신이다. 그들은 서로를 사랑한다. 두 사람이 동일한 대의를 좇기 때문이고, 그의 죽음은 어떤 면에서는 갓 결혼한 부부가 치르는 초야이기 때문이다.

그녀는 쾌활한 바수(파르메슈와란Parmeshwaran)가 운영하는 농장

에 당도한다. 그의 아내는 7년간 혼수상태다. 그래도 그는 늘 아내를 위해 저녁을 차린다. 그에게는 친구가 있다. 두 남자가 이야기할 때, 우리는 위대한 인도 소설가 R. K. 나라얀R. K. Narayan의 작품에 나오는, 재미있는 모순들을 한껏 즐기는 대사를 떠올린다. 그러는 내내, 침대에 누운 아내는 뜬 눈으로 모든 것을 지켜본다. 그녀는 무엇을 보고 무엇을 들을까?

말리를 훈련시키는 교관들은 그녀에게 폭약을 은폐할 옷을 맞춰 주고 폭약을 터뜨리는 방법을 보여 준다. 그녀는 훈련을 거치는 동안에는 자신이 받는 학습의 진지함에 경외심을 느끼고 자신이 이토록 중요한 인물로 대우받는다는 사실에 즐거워하는 순종적인 학생이다. 교관들이 떠나자, 그녀는 농장 생활에 뛰어든다. 바수는 많은 인도인이 그러는 것처럼 자연 철학자다. 그는 그녀에게 말한다. "꽃은 땅이 짓는 미소야." 그녀가 자폭 임무를 부여받았다는 걸 그는 알까? 영화는 이 질문에 한마디도 대답하지 않는다. 그녀가 부여받은 임무의 본질을 그가 모르는 것도 가능한 일이라고 나는 생각한다. 그는 비밀을 마음속에 품고만 있기에는 지나치게 수다스러운 인물이다.

이제 두 가지 사건이 벌어진다. 그 사건들이 무척이나 섬세하고 세밀하게 다뤄지기 때문에 우리는 산토시 시반이 자신의 이야기를 얼마나 조심스레 들려주고 있는지를 — 그 전까지는 몰랐더라도 — 이해하게 된다(이 뒷부분을 읽기에 앞서 영화를 먼저 보는 편이 나을지도 모른다). 말리는 임신했다는 것을 알게 된다. 그리고 거의 불가해한 방식으로 바수의 아내와 커뮤니케이션을 하게 된다. 농장에서 갖는 일상적인 인간의 삶이 그녀의 관심을 앗아간다. 그러면서 운명의 날이 당도하고, 그녀는 임무를 수행하러 길을 나선다.

그녀는 폭탄을 터뜨릴까? 정치인을 죽이는 데 성공할까? 현실 세계에서 라지브 간디와 암살자는 모두 목숨을 잃었다. 그러나 <테러리

스트>는 그 사건을 다룬 이야기가 아니다. 영화는 나름의 결론을 찾아내야 한다. 나는 이 영화가 찾아낼 수 있는 유일한 결론을 찾아냈다고 생각한다. 그러나 당신이 반드시 그런 결론이 맺어질 것임을 알았다는 식으로 결론을 도출하지는 마라.

산토시 시반 감독은 인도에서 꽤 성공한 촬영 감독 중 한 명으로, 발리우드의 색채와 댄스, 음악의 달인이다. 그는 거린더 차다Gruinder Chadha의 <신부와 편견Bride and Prejudice>을 촬영했다. 그는 사려 깊고 괴팍한 인물이기도 하다. 그의 웹사이트 'santoshsivan.com'은 테크닉과 위트, 철학을 다룬다. 그는 <테러리스트>를 2만 5천 달러의 제작비로 17일 만에 만들었다. 배우는 대부분 비전문 연기자를 활용했다. 아름다운 아예샤 다커가 이후에 <스타워즈 에피소드 2: 클론의 습격Star Wars: Episode II-Attack of the Clones>에서 역할을 따 내고, 런던과 뉴욕에서 공연된 뮤지컬 「봄베이 드림스Bombay Dreams」에 출연하기는 했지만 말이다.

<테러리스트>는 미미한 제작비로 만들어졌는데도 비주얼이 숨 막힐 정도로 아름답다. 토론토영화제를 위해 이 영화를 선택했던 데이비드 오버바이David Overby는 "인도에서 지난 몇 년간 만들어진 (어쩌면 앞으로 만들어질 영화들까지 포함해) 가장 아름다운 영화"라고 썼다. 내가 2000년 오버룩트영화제에서 이 영화를 상영했을 때, 다커는 시반이 일부 장면은 정글에서 찍고 나머지 장면은 "그의 집 뒤뜰에서" 찍었다고 내게 말했다. 그녀는 스턴트 연기를 직접 하다가 다리가 부러졌다. 영화에는 물이 많이 등장한다. 빗물로, 강물로, 일부는 눈물로. 시반은 자신의 웹사이트에서 "영화는 실제 보슬비가 내리는 가운데 촬영됐다"고 밝혔다. "스프링클러는 없었다."

시반은 데이비드 월시David Walsh와 가진 인터뷰에서 이렇게 강조했다. "폭력을 다루는 영화 중 대다수는 폭력을 지나치게 많이 보여 주

는 것으로 귀결됩니다. 그러고는 결국 '아냐, 폭력은 옳지 않아'라고 말하죠." 시반은 말리의 이야기에 초점을 맞추기 위해 폭력을 등장시키는 것을 의도적으로 피했다. 그는 말리가 "대부분이 10대로 구성된 젊은이 집단" 출신이라고 말했다. "그들은 교육과 성생활, 흡연을 완전히 금지당한 사람들입니다. 그들에게는 모든 것이 해로운 것으로 간주되죠. 그들 모두는 순교가 그들에게 일어날 수 있는 최선의 사건이라고, 그리고 그들은 환상적인 장례식으로 대우를 받을 거라고 믿게끔 교육받았습니다. 그러한 환경에서 자살 폭탄 테러리스트는 가장 숭고한 사람입니다."

나는 <테러리스트>에 감탄한다. 이데올로기를, 어느 쪽이 옳고 어느 쪽이 그르냐는 문제를, 정치적인 동기들을, 전략적인 이유들을 회피하는 영화이기 때문이고, 다음과 같이 말하는 영화이기 때문이다. '여기 대의를 위해 죽으면서 다른 이의 목숨을 앗아가기로 결심한 젊은 아가씨가 있다.' 그녀의 눈을 들여다보고 그녀의 목소리에 귀를 기울이고 그녀가 며칠을 살아가는 동안 그녀를 지켜보면서 그녀를 행동에 나서게 만든 동기를 자문自問해 보라. 이 영화를 볼 때마다 나는 크나큰 슬픔을 느낀다. 인간의 상상력은 자신의 소멸을 승리로 간주할 정도로 협소할 수 있다는 데 따르는 슬픔을 말이다.

# 톱 햇

Top Hat

| | | |
|---|---|---|
| 감독 | 마크 샌드리치 | |
| 주연 | 프레드 아스테어, 진저 로저스 | |
| 제작 | 1935년 | 101분 |

<톱 햇>에는 인간이 달성할 수 있는 가장 완벽한 지점에 도달한 춤이 스크린에 등장하는 댄스 넘버가 두 곡 있다. 프레드 아스테어Fred Astaire와 진저 로저스Ginger Rogers가 함께 하는 'Isn't This a Lovely Day?(아름다운 날 아닌가요?)'와 'Cheek to Cheek(뺨을 맞대고)'이다. 아스테어는 영화의 댄스 넘버들은 가급적 긴 시간 동안 분절되지 않은 테이크로 찍어야 마땅하다고 믿었기 때문에, 그들의 공연은 예술적 성취를 보여 주는 것만큼이나 인내력의 한계를 보여 주는 것이기도 했다. 아스테어와 로저스는 많은 댄서가 숨을 쉬려고 헐떡이게 될 지점에서 경박하다 싶을 정도로 수월하게 미소를 지었다. 그들의 모습을 감상하는 것은 고되게 한 준비 작업이 수월하게 이뤄 낸 환희로 고양되는 걸 지켜보는 것이다. 자신들이 이보다 더 잘 해낼 수는 없다는 걸, 그리고 자신들 말고는 세상의 누구도 이만큼 잘 해낼 수 없다는 걸 잘 아는 두 댄서들의 춤을 지켜보는 것이다.

영화에는 다른 댄스 넘버도 세 곡 있다. 두 곡은 아스테어의 솔로로, 훌륭하기는 하지만 탁월한 정도까지는 아니다. 그리고 로저스와 함께하는 마지막 듀엣〔'The Piccolino(피콜리노)'〕이 세 번째 곡인데, 어빙 벌린Irving Berlin이 작곡한 곡 중에서는 수준이 약간 떨어지는 노래인 이 곡은 아스테어와 로저스가 춤을 추며 누비고 다니는 거대한 세트의 광경에 의해 그럭저럭 괜찮은 수준으로 올라선다. 베니스 운하 옆에 있는 호텔처럼 보이게 만든 이 세트는 세트의 구석구석까지 라스베이거스에 있는 베네치안 호텔의 그랜드 카날 숍만큼이나 리얼하게 보인다.

영화의 플롯은 현실에서는 거의 불가능한 오해에 의존한다. 진저는 프레드와 사랑에 빠지는데, 그러다 얼마 후에 그가 절친한 친구 맷지의 바람둥이 남편이라고 잘못 판단한다. "진저는 절친한 친구의 남편을 어떻게 한 번도 만난 적이 없을까?" 앨런 배네먼Alan Vanneman은 『브라이트 라이츠 필름 저널The Bright Lights Film Journal』에서 이렇게 사리에 맞는 질문을 던진다. "흐음, 유럽은 넓으니까."

그런데 맷지와 그녀의 남편 호레이스는 장기간 별거하며 호사스러운 생활을 해 왔다. 이상하게도 맷지는 호레이스가 바람둥이라는 사실을 즐기는 듯한 눈치다. 그건 이 영화에 등장하는 어떤 섹스도 신체 부위를 필요로 하지 않는 듯 보이기 때문일 것이다. 진저가 불륜이라고 생각하는 일에 말려든 것을 맷지가 축하하는 이유가 바로 그것이다. 그녀는 심지어 'Cheek to Cheek' 넘버에 맞춰 춤을 추라며 진저와 프레드 커플을 댄스 플로어로 밀어 넣기까지 한다.

멍청한 플롯인 것은 맞다. 이런 플롯은 사리에 맞는 대사 한 줄이 등장하는 순간 깨끗하게 설명될 것이다. 그런데 다름 아닌 멍청한 플롯만이 적절한 성과를 거둘 수 있는 때가, 우리가 그런 플롯을 보며 행복해할 때가 있는 법이다. 대공황기인 1935년에 만들어진 이 영화는 부유

한 캐릭터들을 등장시킨다. 그들이 얼마나 부유한지, 심지어 그들의 시중을 드는 집사들조차 유한 계급에 속한 신사들처럼 보인다. 아스테어는 제리 브래버스를 연기한다. 그는 절친한 친구 호레이스 하드윅(에드워드 에버렛 호튼Edward Everett Horton)이 제작하는 뮤지컬을 런던에서 개막시키고 있다. 이것은 그가 절친한 친구의 아내가 누구인지 모른다는 뜻이다.

순전히 작위적인 여러 이유로, 제리는 호레이스의 호텔 스위트에 머물고 있다. 이것이 데일 트레몬트(로저스)가 호레이스의 객실 초인종을 눌렀다가 아스테어를 보게 되는 이유다. 영화가 시작되면 호레이스는 제리에게 결혼이 제공하는 쾌락에 대해 충고하고, 아스테어는 음탕한 콜 포터Cole Porter가 작사했을 법한 가사가 붙은 벌린의 노래 'No Strings(무조건)'으로 독신 생활의 즐거움을 주장한다.

여자들 눈길을 한껏 끌어모으지
내 갑판은 액션을 위해 치워지지
나는 자유롭고, 상상하는 일은 무엇이든 자유롭게 한다네

이 넘버 동안 그가 펼치는 탭댄스는 바로 아래층에 있는, 보티첼리Sandro Botticelli의 비너스가 조개가 축축해졌을 때 밤을 보내는 곳처럼 보이는 침실에서 자고 있는 데일의 수면을 방해한다. 그녀는 항의하러 위층에 올라온다. 사랑에 빠진 그는 이튿날 그녀의 방을 꽃으로 채워주려고 호텔 꽃가게의 꽃을 통째로 사들인다. "베디니 씨가 이 일에 대해 한마디 할 것 같아." 가게 주인은 크레디트가 달리지 않은 단역을 연기하는 루실 볼Lucille Ball에게 말한다. "데스크 직원 말로는 베디니 씨가 트레몬트 양에게 옷을 포함한 고상한 것들을 몽땅 제공한대요. 그녀의 고상한 물건들은 정말로 근사해요."

자신을 3인칭으로 지칭하는 일이 잦은 알베르토 베디니는 에릭 로즈Erik Rhodes가 연기한다. 드레스 디자이너인 베디니는 그가 디자인한 가운들을 데일이 사교장에서 자랑해 주는 대가로 그녀가 지출하는 경비를 지불한다. 그가 게이라는 사실은 굳이 말하지 않아도 알 수 있는데, 그건 1935년에도 그랬다. 어느 시점에, 데일에게 싫증이 난 그는 선언한다. "다시는 여자들에게 내 드레스를 입어도 좋다고 허락하지 않을 테야."

제리와 데일은 호텔 로비에서 만난다. 그녀는 승마 레슨을 받으러 가는 길이다. 그는 공원으로 그녀를 쫓아가고, 그녀의 승마는 갑작스러운 소나기 때문에 방해를 받는다. 그녀는 파빌리언에서 비를 피하고, 그는 그곳에서 그녀를 찾아낸다. 그런 후 사방에 비가 쏟아질 때 그는 'Isn't This a Lovely Day?'를 노래한다. 그녀는 무관심한 척하려 애쓰지만, 그가 춤을 추기 시작하자 그녀도 처음에는 마지못해 함께 춤을 추기 시작한다.

두 사람 중 어느 쪽이 더 뛰어난 댄서였느냐에 대한 논란이 벌어지면, 사람들은 1982년에 프랭크 앤드 어니스트Frank and Ernest 연재만화에 등장한 이래로 유명해진 대사를 종종 인용한다. "진저 로저스는 프랭크가 추는 춤은 모조리 췄어. 게다가 그녀는 그것을 거꾸로도 추고 하이힐을 신고도 췄어." 그녀가 이 신에서는 힐이 아니라 승마용 부츠를 신고 있지만, 두드러진 점은 두 댄서가 함께 추는 춤은 무척이나 대단하다는 것이다. 춤은 아스테어의 솔로로 시작했다가 두 사람이 춤으로 나누는 대화가 된다. 각자가 밟는 눈부신 스텝을 상대방이 따라하는 식으로 전개되던 춤은 결국 두 사람이 밟는 스텝의 타이밍이 완벽하게 맞아떨어지는 경지에 이른다. 이 신을 본 후에 해야 할 일이 딱 하나 더 있는데, 그것은 이 신을 다시 감상하는 것이다.

이제 데일은 이 남자와 사랑에 빠졌다. 그가 어떤 사람이건 말이다. 그러다 호텔 직원이 메자닌에 있는 '하드윅 씨'를 가리키자, 그녀는 그가 제리를 가리키고 있다고 생각하고는 유부남과 사랑에 빠졌다는 사실에 격분한다. 그녀는 맷지(브로데릭 크로퍼드Broderick Crawford의 어머니인 헬렌 브로데릭Helen Broderick이 연기한다)에게 모든 것을 털어놓는다. 그러나 맷지는 그 소식에 즐거워한다. 이 최신 뉴스는 일련의 희롱을 통해 호레이스가 맷지에게 다이아몬드와 모피를 보상으로 건네는 결과를 낳는다. 사람을 잘못 알아본 오해에 대해 알지 못하는 호레이스는 제리와 데일이 사랑에 빠졌다고만 생각하고는 집사 베이츠(싹싹한 훈수꾼인 에릭 블로어Eric Blore)에게 그들을 미행하라고 지시하고, 그가 제작하는 쇼의 성대한 개막일 밤이 되기 전에 제리가 곤경에 빠지는 일이 없도록 해 준다. 아스테어는 극장에 늦게 도착하지만, 그가 부르는 'Top Hat, White Tie and Tails(톱 햇, 흰 타이, 연미복)' 댄스 넘버에는 딱 맞는 시간에 도착한다. 이 노래는 그의 시그너처 송이 됐다.

너무도 시시해서 P. G. 우드하우스P. G. Wodehouse가 쓴 글을 상대적으로 묵직한 글처럼 보이게 만들어 주는 이런 플롯을 왜 나는 수고스럽게 묘사하고 있는 걸까? 연기자들이 그런 플롯에 별난 쾌활함을 부여했기 때문일 것이다. 사건들은 주요 캐릭터 전원이 베니스로 이동하도록 꾸며지고, 그러면서 곤돌라들이 한 번에 몇 미터씩 이동하고 수상 비행기가 레스토랑에 착륙하는 거대한 베니스 세트가 지어진다. 바로 여기가 맷지가 그들을 소개해 주려 했던 곳이다. 데일이 제리를 호레이스로 오해하는 와중에도 두 사람이 만나 왔다는 걸 맷지는 여전히 모른다. 나는 다음과 같은 문장들을 쓰는 걸 좋아한다. "두 사람은 가서 춤추도록 해요." 맷지는 그들에게 말한다. "다시는 내가 딴 생각하지 않게 해 줘요." 그 순간, 데일은 결심한다. "맷지가 개의치 않는다면 나도 그러지 않을래요." 제리는 화답한다. "나도 그러지 않을 겁니다. 내가 아는 거라곤……."

천국에, 나는 천국에 있어요
내 심장은 말하기 힘들 정도로 쿵쾅거려요

그러면서 그들의 세 번째 위대한 댄스 넘버가 등장한다. 이 댄스는 시야에 들어오는 베니스의 모든 부동산을 휩쓸면서 이어지고, 댄스 플로어는 편리하게도 그들의 파드되pas de deux를 위해 정리되어 있다. 이 넘버에 등장하는 로저스의 유명한 가운은 대부분 타조 깃털로 만들어졌는데, 아스테어는 이 가운을 싫어했다. 댄스의 깔끔한 라인을 산만하게 만들었기 때문이다(<스윙 타임Swing Time>에서는 그녀의 의상에 달린 비드가 그의 얼굴을 실제로 강타한다). 깃털은 로저스에게도 어려움을 안겼다. 그녀는 그것들을 상대로 춤을 추는 게 아니라 그것들을 입은 채로 춤을 춰야만 했으니까. 깃털들은 그녀의 안무 때문에 마치 그녀가 하늘을 날고 있는 것 마냥 물결쳤다. 아스테어의 품에 안긴 그녀가 플로어에 거의 닿기 직전까지, 깃털들은 굴복하는 모양새를 강조한다.

우리는 인간이기 때문에, 중력과 육체의 한계에 묶인 신세이기 때문에, 험악한 뉴스들이 자주 보도되고 앞날에 대한 전망은 심란한 세상에 살기 때문에 어딘가 다른 곳에 있는 별세계가, 프레드 아스테어와 진저 로저스가 사는 세상이 필요하다. 모든 사람이 백만장자고, 호텔 스위트는 볼룸 크기만 하고, 만물이 빳빳하게 주름이 잡혀 있고, 빗질 되어 있고, 솔질되어 있고, 반짝거리고, 윤이 나고, 분칠이 되어 있는 값비싼 곳이, 뺨에 뺨을 맞대고 함께 춤을 추러 나간 당신이 찾아다니던 행복을 찾아낼 수 있을 성 싶은 곳이 말이다. 당신이 실제로 그런 곳을 찾아냈느냐 여부조차 중요치 않다. 이 세상에서는 우리의 눈에 보이는 겉모습만이 전부이기 때문에, 당신이 그런 곳을 찾은 것처럼 보이는 한에서는 말이다. 그리고…….

빗방울이 후두둑거리게 놔둬요
그건 별로 중요치 않아요
하늘이 잔뜩 흐리더라도
당신과 함께할 수 있는 한
오늘은 멋진 날이에요

# 특근

After Hours

| | |
|---|---|
| 감독 | 마틴 스콜세지 |
| 주연 | 그리핀 던 |
| 제작 | 1985년 97분 |

<특근>은 순수한 영화 제작이라는 개념에 바짝 접근한 영화다. 이 영화는 거의 흠잡을 데 없는 영화 제작의 본보기다. 나는 이 영화에는 표방하려는 교훈이나 메시지가 없다고, 이 영화는 자신의 안전과 분별력을 위태롭게 만드는 일련의 서로 맞물린 난국에 직면한 주인공을 보여주는 것에 만족해한다고 단언할 수 있다. 영화는 대담하면서도 훌륭한 솜씨로 만들어진 《폴린의 모험The Perils of Pauline》•이다.

평론가들은 무조건 반사처럼 이 영화를 '카프카풍'이라고 불러 왔다. 그런데 이 용어는 영화의 분위기를 묘사하는 용어지 영화를 구체적으로 설명하는 용어는 아니다. 이 영화는 도시의 삶에 대한 교훈담일까? 이 영화가 이루려는 목적은 무엇일까? 뉴욕에는 자정을 넘긴 시간에도 깨어 있는 기이한 사람이 다양하게 존재한다. 그러나 그들이 동일

• 1914년에 만들어진 영화 시리즈로 여주인공 폴린이 연달아 위기에 처하는 내용을 담고 있다.

한 한 개인에게 집중된 괴이한 우연의 연속으로 한데 엮여 드는 경우는 흔치 않다. 사람들이 실제로 당신을 상대로 음모를 꾸미고 있다면 당신은 피해망상증 환자가 아니다. 그런데 낯선 사람들이 당신을 상대로 음모를 꾸미고 있지 않다는 사실은 당신을 피해망상증 환자로 만든다. 이 영화는 꿈의 논리를 따른다고 묘사되어 왔는데, 사실 이 영화를 지배하는 논리는 스크루볼 코미디의 논리라고 말하는 편이 낫다. 주인공 폴 해킷이 겪는 경험은 본질적으로 기이한 악몽과 비슷할 뿐 아니라, 그에게 벌어지는 사건들은 버스터 키튼Buster Keaton한테 벌어지는 사건들과 비슷하다. 젠장 맞을 일들이 그냥 연달아 일어나는 것이다.

이 영화는 마틴 스콜세지Martin Scorsese, 1942~ 감독이 개인적으로 개발한 프로젝트가 아니었다. 당시 그는 <그리스도의 마지막 유혹The Last Temptation of Christ>을 둘러싸고 일어난 온갖 분규에 연루되어 있었다. 파라마운트는 그 영화가 제작에 들어가기 4주 전에 갑작스럽게 제작을 취소시켰고, 그 결과 스콜세지는 깊은 절망에 빠졌다(세트들도 완성된 상태였고, 의상도 준비되어 있었다). "하던 작업 그만 두고 물러서자, 하지만 신경질적인 인간이 돼서 살인을 하려고 애쓰지는 말자는 심정이었어." 그가 친구 메리 팻 켈리Mary Pat Kelly에게 한 말이다. "그러면서 꺼내 든 묘책이 무슨 일이든 해 보려고 애쓰자는 거였지."

그는 숱하게 많은 시나리오를 거절한 후 프로듀서 에이미 로빈슨Amy Robinson과 그리핀 던Griffin Dunne으로부터 시나리오를 한 편 받았다. 두 사람은 제작비 4백만 달러를 들이면 이 시나리오를 영화로 만들 수 있겠다고 판단했다. 시나리오를 쓴 작가는 당시 컬럼비아대학교 대학원생 조지프 미니언Joseph Minion이었다. 스콜세지는 훗날 미니언의 스승인 유고슬라비아 감독 두샨 마카베예프Dušan Makavejev가 그 시나리오에 A학점을 줬다고 회상했다. "과거의 내 모습으로 돌아가 대단히 빠른 속도로 작업할 수 있을지 확인해 보는 것도 재미있겠다고 생각했어. 순전히 스타일

만 추구하면서 말이야. 스타일에만 몰두하는 실험적인 영화. 그리고 스튜디오 작자들이 내 영혼을 죽이지는 못했다는 것도 보여 주는 영화.”

이 영화는 그가 이후로 오랫동안 함께 작업한 독일 촬영 감독 마이클 볼하우스Michael Ballhaus와 함께한 첫 작품이었다. 볼하우스는 파스빈더Rainer Werner Fassbinder와 작업을 했었기 때문에 적은 제작비와 빠른 촬영 일정, 그리고 열정 넘치는 감독에 대해서는 빠삭했다. 영화는 전체가 야간에 촬영됐다. 때로는 카메라 움직임을 촬영 현장에서 즉흥적으로 결정할 때도 많았다. 주인공 폴 해킷(던)이 키키 브리지스(린다 피오렌티노Linda Fiorentino)의 초인종을 누르고 그녀가 아래에 있는 폴에게 열쇠를 던져 주는 유명한 숏이 그런 경우다. 스콜세지는 폴에게 떨어지는 열쇠의 시점 숏을 활용했다.

디지털이 활용되기 이전 시대에 이 장면은 실제로 촬영해야 했다. 제작진은 카메라를 판에 고정하고 그 판을 폴에게 떨어뜨린 후 마지막 순간에 로프를 잡아 판을 멈춰 세우려 애썼다(던은 목숨을 걸어야 했다). 그런데 그렇게 찍은 화면이 초점이 맞지 않은 것으로 확인되자, 볼하우스는 끔찍하게도 크레인을 빠르게 작동하자고 제안했다. 스콜세지는 다른 숏들은 전등 스위치와 열쇠, 자물쇠 같은 사물들과 특히 사람의 얼굴들을 물신 숭배하듯 클로즈업으로 잡는 것으로 히치콕Alfred Hitchcock의 스타일을 따랐다고 말했다. 관객들은 클로즈업이 캐릭터에게 중요한 무언가를 강조한다고 믿기 때문에, 스콜세지는 별다른 동기가 없는 클로즈업들을 보여 주면서 관객이 가진 그런 지식을 활용했다. 폴은 무언가 중요한 일이 벌어졌다고 생각하지만, 그런 일은 대부분의 경우 벌어진 적이 없다. 고전적인 영화 문법을 익히며 성장해 온 관객들은 부지불식간에 폴이 하는 예상과 폴이 느끼는 실망을 공유하게 된다. 관객의 반응은 순전히 영화 연출에 의해 빚어진 결과물이다.

스콜세지가 동원한 다른 장치는 캐릭터들이 위험한 존재로 돌변할 가능성을 느닷없이 제시하는 것이다. 키키가 화상火傷을 묘사하고, 폴이 키키의 아파트로 만나러 간 여자 마시(로사너 아켓Rosanna Arquette)의 침실에서 화상 피해자들의 화상 부위 사진을 실은 의학 교과서를 발견할 때가 그런 경우다. 화상은 우연한 사고인가, 고의적인 사고인가? 어느 쪽이든 가능성은 존재한다. 키키는 사도마조히즘에 빠져 있기 때문이다. 공통의 화제를 찾으려 애쓰던 폴은 어렸을 때 병원에 갔다가 화상 환자 병동에 한동안 머물렀던 이야기를 마시에게 들려준다. 그는 가리개로 눈을 가려야 했고, 간호사는 그에게 가리개를 벗지 말라고 경고했었다. 가리개를 내린 그는 끔찍한 광경을 목격했다. 화상에 집착하는 두 여성의 삶에 들어선 그에게 화상과 관련된 개인적인 사연이 있다는 사실은 이상하다. 그런데 우연과 동시성은 이 영화의 플롯을 밀고 나가는 엔진이다.

<특근>을 플롯의 이질적인 요소들이 불가사의한 방식으로 연결되는 '하이퍼텍스트hypertext' 영화라고 부를 수도 있다. <특근>에서는 자살, 조각품 제작 방법, 석고 베이글, 20달러 지폐, 일련의 절도 행각 등이 그런 요소들에 해당한다. 이들 요소 전부는 폴의 모험이 그것들을 연결해 준다는 이유에서만 존재하는 연결 고리를 드러낸다. 그러면서 영화의 불길한 저의가 빚어진다. 그 저의는 그가 자신에게 닥친 온갖 사건을 설명하려 애쓰지만 실패하는 신에서 확연히 드러난다. 그가 실패하는 이유는, 그가 하는 이야기가 본인이 듣기에도 터무니없는 소리로 들리기 때문이다. 영화를 본 많은 관객이 하나같이 밝히는 소감 중 하나가 <특근>의 서스펜스 수위가 높다는 것이다(일부 관객은 거의 불쾌한 수준이라고 말한다). <특근>은 엄밀히 따지면 코미디지만, 관객 입장에서는 히치콕이 사용한 전형적인 플롯 공식인 '누명을 쓴 무고한 남자'의 사악한 버전처럼 보인다.

다른 감독이 연출하고 다른 배우들이 출연했다면, 이 영화는 <야

행Adventures in Babysitting> 같은 안전한 오락물로 받아들여졌을지도 모른다. 그런데 스콜세지의 연출에 깃든 강렬한 추진력은 영화에 절박한 분위기를 불어넣는다. 엄청난 충격을 받은 주인공에게 투쟁을 계속하며 살아남는 것은 정말 중요한 일로 보인다. 스콜세지는 불운으로부터 변치 않고 도망치는 폴의 도주에는 <그리스도의 마지막 유혹>을 경험하면서 자신이 느낀 좌절감이 반영됐다고 밝혔다.

스튜디오 임원들은 제작 준비는 잘되어 가고 있다고 스콜세지를 거듭 안심시켰고, 투자자들은 제작비가 마련돼 있다고 말했으며, 파라마운트는 프로젝트에 청신호를 보냈고, 에이전트들은 "되는 영화"라고 약속했었다. 만사가 갖춰졌는데, 어느 순간 예상치 못한 방향으로 사태가 전개되더니 만사가 위협받는 지경에 이르렀다. <특근>에서 폴이 새로 만난 사람들은 하나같이 폴을 보살펴 주겠다고, 행복하게 해 주겠다고, 돈을 빌려 주겠다고, 머물 곳을 제공하겠다고, 전화를 쓰게 해 주겠다고, 열쇠를 맡길 정도로 그를 믿는다고, 집에 태워다 주겠다고 약속한다. 그런데 이 모든 자상한 제안이 예상치 못한 위험으로 돌변한다. 이 영화는 스콜세지의 인생의 그 시기와 관련해 그가 느낀 감정에 대해 집필한 자서전으로 읽을 수도 있다. 스콜세지는 영화의 결말이 없는 상태로 촬영을 시작했다고 밝혔다. '인터넷 무비 데이터베이스Internet Movie Database, IMDb'는 이렇게 주장한다. "스토리보드를 작성하는 단계까지 간 아이디어 중 하나가 폴이 분노한 군중에게서 피신하려고 준(바에서 만난 외로운 여인, 베르나 블룸Verna Bloom)의 자궁으로 기어들어 가고, 준이 웨스트사이드 하이웨이에서 그를 '출산'하는 것이었다." 스콜세지가 실제로 촬영한 엔딩에서 폴은 도둑들(치치Cheech와 총Chong)이 모는 트럭이 질주하는 동안, 거기에 실린 석고 조각에 여전히 갇힌 신세다. 스콜세지는 그 버전을 아버지에게 보여 줬는데 아버지가 화를 냈다고 밝혔다. "그 친구를 죽게 놔둬서는 안 돼!"

아버지가 한 이야기는 이 영화에 자문 위원 자격으로 합류한 위대한 영국 감독으로서, 얼마 안 있어 스콜세지의 편집 감독인 셀머 슌메이커Thelma Schoonmaker와 결혼한 마이클 파월Michael Powell이 스콜세지에게 몇 주간 주장한 이야기와 똑같았다. 폴은 결말에서 살아남아야 할 뿐 아니라 사무실로 돌아오는 것으로 영화를 끝맺어야 한다는 말을 파월은 하고 또 했다. 결국 폴은 사무실로 돌아온다. 폴이 사무실로 돌아온 후 영화 마지막에 등장하는 크레디트 숏을 꼼꼼하게 살펴보면 그가 책상에서 자취를 감췄다는 게 보이지만 말이다.

<특근>은 일반적으로 스콜세지가 만든 걸작 명단에는 끼지 않는다. 이 영화의 DVD 출시는 오랫동안 연기됐었다. 그의 작품들을 대상으로 한 유저들의 투표로 매겨진 '인터넷 무비 데이터베이스Internet Movie Database, IMDb'의 랭킹(신뢰 못할 투표로 악명이 높지만, 때로는 대중의 견해를 반영하는 흥미로운 결과물)에서 이 영화는 16위밖에 안 된다. 그런데 나는 이 영화를 처음 보고 어떤 느낌을 받았는지를 기억한다. 곤죽이 된 듯한 느낌. 그렇다. 풍자극이건 블랙 코미디건 스타일을 실험한 작품이건, 이 영화는 상식의 먼진을 유유히 날아다니는 스토리의 차원을 능가하는 차원에서 효력을 발휘하며 나를 사로잡았다. 이후로 이 영화를 대여섯 번 봤다. 영화가 어떻게 끝나는지를 아는 나는 — 그게 '해피 엔딩'인가에 의구심을 품고 있기는 하지만 — 폴을 죽게 놔둬서는 안 된다는 데 동의한다. 물론 나는 무슨 일이 벌어질지 다 알고 있기 때문에 더 이상 서스펜스를 느끼지는 않는다. 그러나 영화를 볼 때마다 매번 똑같은 감탄을 하게 된다. 스콜세지는 이 영화를 두고 "스타일에만 몰두하는 실험적인 영화"라고 말했었다. 그런데 그는 스타일에만 몰두할 수 없었다. 위대한 영화를 만들어야 했다. <그리스도의 마지막 유혹>이 좌절된 시점에서, 그는 위대한 영화를 만들 준비가 되어 있었고, 그럴 필요가 있었으며, 그럴 능력이 있었기 때문이다.

## 파리에서의 마지막 탱고

Ultimo Tango a Parigi

| | | |
|---|---|---|
| 감독 | 베르나르도 베르톨루치 | |
| 주연 | 말론 브란도, 마리아 슈나이더 | |
| 제작 | 1972년 | 129분 |

나는 1972년에 <파리에서의 마지막 탱고>를 리뷰하면서 이 영화는 우리 시대의 걸출한 정서적 경험 중 하나라고 쓰고는 이렇게 덧붙였다. “이 작품은 감정의 차원에 대단히 굳건히 터를 잡고 있기 때문에, 현존하는 연기자 중에서 주인공을 연기할 능력이 있는 배우는 말론 브란도 Marlon Brando뿐이었다. 그토록 연약하면서도 욕구에 시달리는 모습을 그토록 잔인하게 연기할 배우가 그 말고 누가 있겠는가?”

지금은 2004년이고 브란도는 세상을 떠났다. 영화를 다시 봤다. 나는 브란도가 가장 강렬한 모습을 보여 주는 장면에서 예상치 못한 방식으로 감응했다. 여기서 그는 자살한 아내의 시신을 앞에 두고 분노와 비탄을 쏟아 내며 아내의 죽음을 애통해한다. “나는 우주는 이해할 수 있을지 모르지만, 당신에 관한 진실은 절대로 이해하지 못할 거야.” 그는 그녀를 향해 상스러운 말을 내뱉다가 흐느낀다. 화장을 한 아내의 얼굴에서 화장기를 닦아 내려고 애쓴다. (“당신 꼴을 봐! 당신

어머니가 만든 기념물 같은 꼴이잖아! 당신은 화장은 절대로 하지 않았었어. 가짜 속눈썹은 절대로 하지 않았었다고.") 그는 그녀가 자살한 이유를, 그녀가 그를 버린 이유를, 그녀가 처음부터 그를 진정으로 사랑하지 않았던 이유를, 그가 그녀와 같은 침대를 쓰는 남편보다는 그녀의 호텔에 투숙한 손님 같은 존재였던 이유를 이해하지 못한다.

이 신을 보면서 기이한 분위기에 강한 인상을 받았다. 그 장면을 다시 감상해 봤다. 이번에는 브란도가 자신의 시신을 상대로 말을 하고 있다고, 자기 자신을 향해 분노와 사랑을, 비난과 비통함을 터뜨리고 있다고 상상해 봤다. 나는 이 영화의 감독인 베르나르도 베르톨루치Bernardo Bertolucci, 1941~2018가 그런 생각을 염두에 두지는 않았을 거라고 확신한다. 물론 브란도가 무슨 생각을 하고 있었는지를 알 길도 없다. 그런데 여기 있는 이 남자는 돈벌이를 위해 자신의 재능을 팔아넘기고는 했던 인물이다. 자신의 팬들을 경멸하는 것 같은 태도로 팬들에게 절망감을 안긴 연기자다. 스탠리 카우프먼Stanley Kauffmann은 브란도의 사망 당시 발표된 부고 기사 중 최고의 기사를 통해, 브란도가 "최후에 보여 준 괴물처럼 뚱뚱한 몸은 할리우드를 향해 품은 그의 혐오감을 보여 주는 명백한 징표"라고 썼다. 그는 당대 최고의 영화 연기자였고, 영화라는 매체에 영광을 안겨 주는 연기들을 낳은 예술가였다. 그럼에도 카우프먼이 밝힌 것처럼, 그는 자신의 천재성을 보여 주는 수단인 연기라는 직업을 폄훼하기에 이르렀다.

<파리에서의 마지막 탱고>에서 그의 아내는 조그마한 호텔을 소유하고 운영한다. "쓰레기 처리장 같은 데야. 철저하게 싸구려 여인숙 같은 데는 아니지만." 그는 그렇게 말하지만, 영화는 그곳이 매춘부들이 손님을 데려오는 곳임을 명확히 보여 준다. 따라서 그는 창녀들에 의지해 살아가는 여자에 의지해 살아가던 중이다. 그는 "하룻밤 묵으려고 들어갔다가 5년간 머물렀다"고 혼잣말을 한다. 이 혼잣말은 할리

우드를 향한, 연기를 향한, 자신의 커리어를 향한, 그가 때때로 재능을 허비하며 만들어 내고는 했던 쓰레기 같은 작품들을 향한 애증을 표출한 것으로 볼 수 있을까? 그가 진실을 전혀 이해하지 못할 거라고 말했던 대상은 그 자신이었을까?

우리는 알 길이 없다. 이런 생각들은 어디까지나 내 마음속에만 존재하는 것이고, 그게 브란도의 생각인 양 호도하는 건 잘못된 일이다. 그런데 그토록 자기도취에 빠진 연기자가 자신이 아닌 다른 사람에게 더 많은 애정과 비통함을 느끼는 일은 절대로 없다. 따라서 내가 내 생각을 밝히는 건 그를 모욕하려는 게 아니라, 그의 연기가 가진 위력을 설명하려는 방편으로 그러는 것이다. 그는 자신이 펼친 최고의 연기에서 스스로를 안쓰러워한다. 예를 들어 <파리에서의 마지막 탱고>에서 브란도가 연기하는 캐릭터가 유년기를 회상하는 내용의 독백에서, 우리는 상처 입은 어린 소년을 꽤나 명확히 보게 된다. 그가 결국 뚱보가 됐다는 건 맞는 말이다. 많은 이가 나이를 먹으면 몸이 난다. 그런데 말론 브란도에게 일어난 일은 얼마나 대단했나. 살이 찌는 것은 연기자의 허영심을 박살내는 얼마나 뛰어난 방법인가? 찢어진 티셔츠 차림의 섹시한 스탠리 코왈스키•의 모습 때문이 아니라 오로지 브란도 본연의 모습 때문에 그를 좋아하게 만드는 데 있어서, 이보다 더 뛰어난 방법이 어디 있겠나? 그는 자기 연민 때문에, 자신은 그렇게 많이 먹어도 될 자격이 있다고 느꼈기에, 허기를 느꼈기에 그토록 과식을 했던 걸까?

<파리에서의 마지막 탱고>의 역사는 폴린 케일Pauline Kael이 지배했었고 앞으로도 늘 지배할 것이다. 그녀는 여태까지 활자화된 영화 리뷰 중에서 가장 유명할 것으로 보이는 리뷰에서 "획기적인 영화가 드디

• 1951년 영화 <욕망이란 이름의 전차(A Streetcar Named Desire)>에서 말론 브란도가 연기한 역할

어 도래했다”고 썼다. “베르톨루치와 브란도는 예술 형태의 얼굴을 바꿔 놨다.” 그녀는 이 영화의 시사회는 1913년에 스트라빈스키의 「봄의 제전」이 초연되면서 현대 음악의 길을 안내했던 그날 밤과 비교될 만한 사건이라고 말했다. 나중에 밝혀진 것처럼 <파리에서의 마지막 탱고>는 획기적인 영화가 아니라, 그녀가 옹호했던 종류의 영화들에 바치는 비가悲歌에 가까웠다. 이후로 오랫동안 할리우드의 대중적인 오락 영화들은 예술 영화들을 무참히 박살내 왔다. 예술 영화는 지금보다는 당시에 더 큰 성공을 거뒀다. 포르노는 인간미 없는 기계적인 섹스를 기록하지만, 진지한 영화들치고 연기자들로 하여금 섹스의 인간적인 차원을 탐구하게 만드는 도전을 감행한 영화는 드물다. 1972년 이후로 <파리에서의 마지막 탱고>보다 더 성적으로 내밀하고 많은 것을 밝혀낸, 진솔하고 관습을 위배하는 영화가 없었다는 사실은 주목할 만하지 않은가?

영화는 폴(브란도)과 잔(마리아 슈나이더Maria Schneider)이 파리의 아파트에서 만나는 장면으로 시작한다. 두 사람 모두 이 아파트를 임대할까 생각 중이다. 우리가 알게 되듯, 폴은 사망한 아내의 호텔에서 이곳으로 이사할 계획을 세우고 있다. 잔은 따분한 젊은 감독 톰(장피에르 레오Jean-Pierre Léaud)과 결혼할 계획을 세우고 있다. 둘이 만난 지 얼마 되지 않았을 때, 폴이 갑자기 그녀를 상대로 절박한 섹스를 벌인다. 잔이 반대하거나 저항하지 않으면서 몸을 폴에게 무심히 맡기지 않았다면 강간이라고 봐야 할 섹스였다. 실제로 이 섹스는 폴의 마음속에서는 강간이다. 폴이 성욕을 분출하고 있다는 사실은 이 장면에서, 그리고 영화 내내 리얼하게 보인다. 그러나 우리는 그들의 섹스 도중 잔이 어떤 느낌을 받는지는 결코 확신하지 못한다. 그녀는 유명한 ‘버터 신’에서 울먹인다. 하지만 그녀가 울먹이는 건 섹스 때문이 아니다. 그녀는 실제로 섹스에 대한 생각은 하지 못하는 것처럼 보인다.

폴은 “서로의 이름을 밝히지 말자”고, 개인적인 사연은 밝히지 말자고 고집한다. 그는 아파트에서 갖는 만남은 데이트가 아니라 섹스를 하기 위한 행사라고 정의하고, 그녀는 그 정의를 받아들인다. 스무살 아가씨와 단정치 못한 마흔다섯 살 남자가 커플로 맺어질 가능성은 낮아 보이지만, 베르톨루치는 두 사람이 주고받는 비범한 대사를 통해 그 관계의 품격을 높인다. 브란도와 슈나이더는 자연스러워 보인다. 그들의 대화는 글로 긁적여 만든 대사처럼 보이지 않는다는 점에서, 딱히 어떤 목적이나 결론을 얻으려는 의도에서 나온 것처럼 보이지 않는다는 점에서 희귀한 대사다. 그들은 실생활에서도 그런 말을 할지도 모르는 사람들이고, 그들이 대단히 느긋한 모습이라는 점은, 심지어는 유쾌해 보이고 인상 좋은 사람들이라는 점은 주목할 만하다. 폴은 그들의 잔인한 성적 결합(두 사람의 섹스에는 ‘사랑을 나눈다’는 말을 할 수 있는 시점이 존재하지 않는다)을 명령하고 있지 않을 때에는 함께 어울릴 수 있을 만한 좋은 사람이다.

슈나이더의 연기는 오랫동안 무시되어 왔다. 사람들은 이 영화를 브란도의 영화라고 말한다. 나는 1995년에 “두 캐릭터 모두 수수께끼”라고 썼다. “그런데 브란도는 폴을 잘 아는 반면, 슈나이더는 잔의 신발을 신고 걸어 다니고만 있다.” 하지만 영화를 다시 본 나는 그때의 내가 틀렸다고 믿는다. 영화의 상당 부분을 알몸으로 연기한, 굉장히 복잡하고 긴 신 동안 얼굴이 클로즈업으로 잡히는, 스물두 살 나이로 이전에는 연기 경력이 거의 없던 슈나이더는 브란도와 함께 영화를 공유하면서 그를 상대한다. 당시 할리우드 여배우 중에 브란도의 텃밭에서 브란도를 상대로 이 정도 연기를 펼칠 만한 배우가 누가 있었을까?

나는 1995년에 이렇게 썼다. “몇몇 신에서 그는 연기자고, 몇몇 신에서 그녀는 물건이다.” 다시 틀렸다. 두 사람 모두 몇몇 신에서 연기자다. 그러나 10대의 성숙하지 못한 면모와 육감적인 육체 사이의 단절을 보여 주는 그녀의 모습에 매료된 나는 그녀를 물건으로 보고 있었다. 나는 그녀를 대상화했다. 그러나 폴은 그러지 않았고, 영화 역시 그러지 않았다. 그가 자신의 비밀을 계속 지키고 관계를 더 내밀하게 가져가기를 거부하며 그녀를 거칠게 대하는 이유는 아내의 시신을 상대하는 장면에 의해, 그리고 그 자신의 섹스 경험에 의해 설명된다.

내가 1975년에 슈나이더를 인터뷰했을 때, 그녀는 욕실 신(두 사람이 대화하는 동안 그가 면도를 하는 신)은 자신과 브란도가 즉흥적으로 연기한 신이라고 말했다. 브란도는 항상 두 손을 놀리지 않고 무언가를 하기를 좋아했다. 이 장면에서 두 사람의 대사는 실제로 있을 법한 생생한 대화를 우연히 듣는 것처럼 친근하다. 심지어 그들은 단어를 잘못 발음하기도 한다. 대화가 잠깐 중단되고 단절되는 순간들도 있다. 그럼에도 대화는 나름의 길을 찾아내는 것처럼 보인다.

두 캐릭터가 서로에게 낯선 존재로 남아 있다고 상정하는 영화에서, 베르톨루치와 연기자들은 영화라는 매체가 좀처럼 접근하지 못하는 종류의 내밀함을 달성한다. 이 영화는 배우들의 현실적인 행동을 허용한다. 폴은 아내의 애인 마르셀과 함께한 신에서 기침을 한다. 우리는 그게 브란도가 실제로 하는 기침이라는 것을, 그럼에도 감독은 그의 기침을 허용했다는 것을 감지한다. 다른 영화의 연기자들은 시나리오에 그러라고 적혀있는 경우를 제외하면 절대로 기침을 하지 않는다.

이 영화는 완벽하지는 않다. 톰의 캐릭터는 시간이 흐를수록 산만해지는 캐리커처 같은 존재다. 트뤼포François Truffaut가 만든 자전적인 영화들의 주연 배우였던 레오는 영화감독처럼 행동하는 게 아니라 — 이 영화가 아니라 뮤지컬 코미디 장르의 다른 영화에서 — 영화감독을 연기하고 있는 배우처럼 행동한다. 톰과 잔 사이에 오가는 대사는 작위적이고 억지스러워 보인다. 우리는 두 사람의 관계를 믿지도 않고 신경 쓰지도 않는다.

아파트에서 폴과 잔 사이에 일어난 사건이 이 영화가 다루는 주제다. 섹스는 완전히 상이한 두 욕구를 어떻게 충족시키는가. 아내와 관계를 맺는 데 실패한 폴은 애도와 분노에 몰두할 필요를, 자신의 사내다움을 낯선 여자에게 강제할 필요를 느낀다. 잔은 무심한 듯한 태도를 취하면서도 자신에게 집중하는 남자에게, (그녀는 이해하지 못하는 이유들 때문에) 그녀를 간절히 원하는 남자에게 반응한다. 그는 그녀의 인생의 모든 순간을 필름에 담고 싶어 하는, 하지만 그녀가 아니라 자기 영화만 생각하고 있는 톰하고는 완전 딴판이다. 잔은 폴이 그녀를 필요로 하는 만큼 그녀를 필요로 하는 남자는 평생 절대로 없을 거라고 느낀다. 결말에서 그녀가 느끼는 절망감은 로맨스를 잃어서가 아니라, 폴이 더 이상 그녀를 필요로 하는 것 같지 않기 때문이다.

그리고 클로징 시퀀스가 있다. 이 시퀀스에서 폴은 아파트에서 적용하던 행동 방침을 팽개치고는 자기 이름을 밝히고 자기 인생사를 들려준다. 그는 중년 남성이 섹시한 아가씨를 욕망하는 것 같은 시시한 방식으로 그녀를 욕망하는 듯 보인다. 그 모습은 모든 것을 바꿔 놓는다. 그가 그녀의 어머니의 아파트로 그녀를 따라 들어왔을 때 그녀가 한 행동은 그럴듯한가? 모르겠다. 하지만 영화가 두 사람 모두를 살려 둔 채로 끝낼 수는 없었다는 건 안다. <대부The Godfather>에서 브란도가 사망하는 신은 많이 이야기됐다. 그런데 인생에서 가장 중요한 순간을 맞이하기 직전에 씹고 있던 껌을 다른 곳에 붙여 둘 생각을 할 수 있는 배우가 브란도 말고 또 누가 있을까?

# 파우스트

Faust

| | | |
|---|---|---|
| 감독 | F. W. 무르나우 | |
| 주연 | 예스타 에크만, 에밀 야닝스, 카밀라 호른 | |
| 제작 | 1926년 | 107분 |

무성 영화 시대에 호러 영화의 가장 위대한 거장은 동료들에게 무척이나 많은 사랑을 받은 쾌활한 사람이었다. 동료들이 몰려드는 연기에 갇히거나 날름거리는 불길에 에워싸여 때때로 의식을 잃은 적도 있었지만 말이다. F. W. 무르나우F. W. Murnau, 1888~1931는 <노스페라투Nosferatu>(1922)와 <파우스트>라는 초자연적 존재를 담은 두 편의 위대한 영화를 만들었다. 두 편 다 '인터넷 무비 데이터베이스Internet Movie Database, IMDb'에서 역대 최고의 공포 영화로 선정됐다. <파우스트>는 놀랍게도 <샤이닝The Shining>과 <죠스Jaws>, <에이리언Alien>보다 앞선 4위에 올랐다.

무르나우는 비스듬히 기울어진 시점과 뒤틀어진 방과 계단이 특징인 독일 표현주의가 절정에 달한 그 시기에조차 대담한 시각적 상상력을 보여 준 두드러진 감독이었다. 그는 빛과 그림자로 그림을 그렸다. 그에게 충직한 인물이었던 카메라맨 카를 호프만Carl Hoffmann에게 보이는 게 지나치게 많다고 — 그 장면의 포커스를 제외하고는 모든 게 흐릿하게 보여야 한다고 — 가끔씩 투덜거리고는 했다.

천국과 지옥의 초자연적인 풍광을 보여 주는 <파우스트>는 캔버스 전체를 활용하는 방식이 특히 인상적이다. 메피스토가 등장하는 깜짝 놀랄 만한 도입부 숏을 숙고해 보라. 그가 화면 오른쪽 아래 구석에 밀려나 있는 작은 마을 위를 선회할 때, 그의 시커먼 날개들은 하늘을 칙칙하게 만든다. 무르나우는 스크린이 그의 동시대 사람들이 상상했던 것보다 훨씬 더 큰 공간을 제공하고 있다는 듯 스크린을 대했다. 딥 포커스가 개발되기 오래 전에, 그는 전경에 있는 마을 사람 무리가 상단 구석에 멀리 떨어져 있는 무리와 조응하는 <파우스트>의 숏 같은 이중 노출을 창안하고 있었다.

그의 스크린이 망라하는 공간의 넓이와 깊이는 엄청났다. 그래서 메피스토가 파우스트를 데리고 하늘로 날아갈 때, 우리는 그들 아래에 있는 지상이 실타래처럼 풀리며 펼쳐지는 모습을 실제로 보는 듯하다. 마을과 농가, 산과 강. 무르나우는 물론 그런 풍경을 담은 모형을 활용했다. 미술 감독 로베르트 헤를트Robert Herlth는 이렇게 기억했다. “갈대와 골풀로 만든 소나무와 낙엽송, 유리솜 구름, 인공 폭포, 회반죽에 조심스레 붙인 실제 잔디밭이 있었습니다. 우리가 작업하는 모습을 본 무르나우는 조그마한 바위와 나무들을 만드는 걸 도우려고 그 큰 키를 굽혔죠.”

무성 영화 감독이 모두 그랬던 것처럼, 무르나우는 인공적으로 연출된 것이라는 게 확연해 보이는 특수 효과를 편안하게 받아들였다. 암흑의 천사의 날개들 아래에 있는 마을은 모형인 게 확실하다. 캐릭터들이 가파른 거리를 오를 때, 그들의 뒤에 보이는 날카로운 각도로 세워진 건물들과 지붕의 선線을 리얼하게 보이게 만들려는 시도는 전혀 없다. 역설적이게도, 그런 효과들은 더 사실적인 효과보다 훨씬 더 효과적일 수 있다. 나는 요즘 같은 첨단 CGI 시대에 내가 지나치게 많은 것을 보고 있음을 — 테크닉이 예술적 수완과 상상력을 옆으로 밀어내고 있음을 — 종종 깨닫고는 한다. <파우스트>의 세계는 물질적인 우주를 규정하려는 시도는 절대로 하지 않는다. <파우스트>의 세계는 악몽의 풍경이다. 노인 파우스트가 메피스토에 의해 젊은 남자로 변신하는 모습은 — 하나의 이미지가 다른 이미지로 교체되는 방식은 약간 어색하지만 — 매끄럽게 일어나는 현대의 변신보다 더 오싹하면서도 인상적인 느낌을 주기에 충분하다.

무르나우와 당대 감독들은 영화 기법들을 창안하기 무섭게 바로 실제 영화에 활용했다. 헤를트는 대천사가 구름에 휩싸이는 오프닝 신을 촬영하던 중에 무르나우가 "그런 작업을 한다는 기쁨에 푹 빠지는 바람에 시간이 얼마나 흘렀는지에 대해서는 까맣게 잊어 버렸다"고 회상했다. "증기를 빛의 다발 속으로 계속 소용돌이치듯 밀어 보내야 했는데, 결국 대천사(베르너 푸에테러Werner Fuetterer)가 기진맥진하는 바람에 칼을 들어 올리지도 못하는 지경에 이르렀습니다. 무슨 일이 벌어졌는지를 깨달은 무르나우는 고개를 저으며 폭소를 터뜨렸죠. 그러고서야 감독은 모두에게 휴식 시간을 줬습니다."

그러고서도 그는 아름다운 그레첸을 연기하는 카밀라 호른Camilla Horn이 연기하는 장면에서 다시 넋을 잃었다. "호른은 주위에 배치된 스무 대의 버너가 뿜어내는 불길 속에서 화형대에 묶인 채 몇 시간을 보내야 했습니다. 그녀가 실신하는 장면에서 그녀는 연기를 하고 있는 게 아닙니다." 무르나우의 <마지막 웃음Der Letzte Mann>에서 도어맨을 연기했고 이 영화에서는 메피스토를 연기한 유명한 에밀 야닝스Emil Jannings는 자신이 걸친 망토가 머리 위 3.6미터 높이까지 물결치도록 만들기 위해 시커먼 연기를 뿜어내는 강력한 선풍기 세 대 앞에 몇 시간을 서 있었다. 나는 이 사실들을 평론가 로테 아이즈너Lotte Eisner가 쓴

소중한 저서 『무르나우Murnau』를 통해 알게 됐다. 아이즈너는 무르나우를 만난 적은 없지만, 그가 1931년에 43세의 나이에 교통사고로 사망한 후 그의 동료들을 상대로 인터뷰를 했다.

악마에게 영혼을 판 남자에 대한 이야기인 「파우스트Faust」는 괴테가 이 설화를 두 권짜리 버전으로 집필하느라 50년을 보내기 전부터도 오랫동안 유럽에 전해져 온 전설이었다. 괴테는 독일인들의 사랑을 받는 작가였기 때문에, 무르나우의 영화를 본 일부 관객은 무르나우가 줄거리를 자유롭게 바꾼 것에 격분했다. 파우스트가 그레첸과 사랑에 빠지고 다시 젊은이가 되게 해 달라고 요구한 다음에 그녀에게 구애하는 불안정한 중심 에피소드뿐 아니라, 메피스토가 자신이 세운 낭만적인 계획에 따라 마르테 아주머니와 시시덕거리는 에피소드 같은 게 그랬다. 어떤 면에서 보면, 메피스토는 자신의 육체적 욕망을 충족시키려는 의향이 부족하다. 천사인 그는 그런 걸 추구할 성향이나 장비가 부족하기 때문에 더더욱 그럴 것이다.

이 영화의 위대함은 장대한 오프닝 신과 무시무시한 결말에서 피어난다. 관객 대부분은 그레첸과 젊은 파우스트 사이의 연애를 싫어한다. 그런 연애가 그녀가 최후에 맞는 운명을 위한 필수적인 설정이기는 하지만 말이다. 그 엔딩은 너무나 음울해서 대천사가 메피스토에게 "사랑"은 암흑이 가진 모든 권능보다 강하다고 알려줄 때에도 그다지 큰 위안이 되지 않는다. 그 이야기를 화형대에서 화형당하는 그레첸에게, 그리고 다시 노인으로 변했다가 그녀에게 용서를 구하며 그녀의 발치에 있는 불길에 몸을 던지는 파우스트에게 해 보라.

공포에 질린 주민들을 보여 주는 도입부의 일부 장면을 보노라면 <노스페라투>가 떠오른다. 파우스트(젊은이와 노인 모두 예스타 에크만Gösta Ekman이 연기한다)는 책에 둘러싸여 사는 수염이 텁수룩한 학자다. 그러던 중에 전염병이 나라를 강타한다. 그는 창문을 통해 후드를 쓴 사람들이 시체 안치실로 시신들을 운반하는 모습을 본다. 그는 죽어 가는 여인의 침대에 불려 가지만, 그의 지혜와 재주는 그녀를 구해 내는 데 도움이 되지 않는다. 하나님께 기도를 드린 그는 메피스토를 불러내려는 유혹을 느낀다. 그가 책을 불사를 때, 그리고 악마를 불러내려고 둥그렇게 타오르는 불길 속에 서 있을 때는 정말로 무섭다. 죽어 가는 마을 사람들을 치료할 권능이 자신에게 있다는 것을 발견한 그는 자신이 훌륭한 거래를 했다고 생각하지만 얼마 가지 않아 그 권능에 도취되고 만다.

메피스토는 그에게 아름다운 파르마 공작부인을 주겠다고 제안한다. 하지만 그는 상냥하고 순수한 그레첸을 더 좋아한다. 그래서 그녀에게 구애할 수 있도록 젊음을 선물로 달라고 요구한다. 거기에 비극이 숨어 있다. 메피스토는 자기 솜씨를 교활하게 써먹는다. 처음에는 사탄의 권능을 24시간 동안 시험해 보라고 파우스트에게 제안한다. 그에 따른 조건은 하나도 없다. 그런데 얼마 가지 않아 파우스트는 가여운 그레첸을 얻을 수만 있다면 무엇에건 서명할 준비가 되어 있다. 역병의 희생자들 입장에서는 지나치게 과한 처사다.

이 작품 같은 무성 영화들은 캐릭터의 개성을 세련되게 묘사하는 것보다는 캐릭터들을 광범위한 개념들로 다루는 편이었다. 그 작품들은 그리스 신화와 만화책처럼 캐릭터들을 각자의 강점과 약점에 따라 뚜렷하게 정의해 보여 준다. 쓸데없는 잡담 따위는 없다. 에크만은 노인 파우스트를 역병의 희생자들을 치료하지 못하는 무능력에 비통해하면서도 패배를 인정하기에는 지나치게 자존심이 센 인물로 연기한다. 청년 파우스트는 성적인 본능이 요란하게 들썩이는 바람에 길을 잃고, 그레첸이 수행하는 역할은 유감스럽게도 그의 욕정의 순진한 희생자가 되는 것이다. 그녀는 무고한 젖먹이를 데리고 눈보라 속을 헤매다 화형대에서 화형을 당한다. 이 모든 게 그럴 만한 가치가 없는 남자인 파우스트를 향한 그녀의 사랑에서 빚어진 일이다.

그레첸의 오빠 발렌틴을 연기하는 윌리엄 디터를William Dieterle은 언급할 가치가 있는 인물이다. 히틀러를 피해 할리우드로 온 그는 감독으로 긴 커리어를 쌓았는데, 두드러진 작품은 파우스트 전설을 변형한 영화인 <악마와 다니엘 웹스터The Devil and Daniel Webster>(1941)였다.

무르나우는 유성 영화 시대에 자신의 역량을 한껏 보여 주기 전에 사망했다. 그가 유성 영화 시대에 어떤 성취를 이뤄 냈을지는 가늠하기 어렵다. 그가 미국으로 이주한 직후에 만든 <선라이즈Sunrise>(1927)는 제1회 아카데미상에서 작품상을 공동 수상했다. 사망 후에는 전설이 그를 둘러쌌다. E. 엘리어스 메리지E. Elias Merhige의 기이한 영화 <뱀파이어의 그림자Shadow of the Vampire>(2000) 같은 경우가 그렇다. 그 영화에서는 존 말코비치John Malkovich가 무르나우 감독을 연기하는데, 그의 주연 배우 막스 슈렉(윌럼 더포Willem Dafoe)은 진짜 흡혈귀다. 무르나우는 슈렉에게 보상으로 주연 여배우를 먹을 수 있게 해 주겠다고 약속한다. 하지만 허기가 심해진 흡혈귀가 촬영 감독에게 눈독을 들이자, 낙담한 무르나우는 생각에 잠긴다. "우리한테 작가는 필요 없는 것 같아." 이 영화는 코미디가 아니지만 무르나우가 창조해 낸 진정한 공포를 에너지원으로 삼는다. 그는 독창적인 감독이었다. 여태껏 어느 누구도 그의 작품처럼 보이는 영화들은 만들지 못했다. 그의 작품들은 기이하고 매혹적이다. 사탄과 거래하는 게 가능하다면, 그 거래는 이 영화에서 묘사된 것과 무척이나 비슷한 모습이 될 것이다.

# 판의 미로

El Laberinto del Fauno

| | |
|---|---|
| 감독 | 기예르모 델 토로 |
| 주연 | 이바나 바쿠에로, 세르지 로페스, 마리벨 베르두, 더그 존스 |
| 제작 | 2006년 118분 |

<판의 미로>는 전쟁이라는 현실에 굳건히 뿌리를 내리고 있으면서도 가장 위대한 판타지 영화 중 하나다. 영화를 처음 보면 한편에서는 파우누스faun•와 요정들을 등장시키고, 다른 편에서는 프랑코가 이끄는 파시스트 군복을 입은 사람답지 않은 사디스트를 창조해 내는 영화를 이해하는 게 쉬운 일은 아니다. 파우누스와 판타지는 열한 살짜리 여주인공의 눈에만 보인다. 그렇다고 그 여자아이가 '꿈만 꾸고 있다'는 뜻은 아니다. 그것은 터무니없는 핑계를 대며 살인을 해 대는 파시스트 대위만큼이나 리얼하다. 이 두 세계의 공존은 영화에서 가장 섬뜩한 요소 중 하나다. 두 세계 모두 열한 살 난 어린아이에게 그 아이의 목숨을 앗아갈 수도 있는 규칙을 강요한다.

<판의 미로>는 멕시코 감독 기예르모 델 토로Guillermo del Toro,

• 로마 신화에 나오는 숲의 신

1964~ 감독의 상상 속에서 일찍이 1993년부터 형체를 갖췄다. 그때부터 그는 늘 소지하고 다니는 공책에 아이디어와 이미지들을 스케치하기 시작했다. 델 토로는 고전적인 요정 이야기의 표면 아래 잠복해 있는 공포에 강하게 반응했다. 아동용 영화를 만드는 데 관심이 전혀 없던 그는 대신에 공포를 직시하는 영화를 만들었다. 그는 판타지 영화의 크리처creature에 대한 낡아 빠진 아이디어들은 모조리 거절하면서 (오스카를 수상한 촬영 감독과 미술 감독, 분장 인력과 더불어) 파우누스와 개구리, 건강치 않아 보이는 몸에 살갗이 늘어져 있는 섬뜩한 페일맨을 창조해 냈다.

영화의 배경은 1944년 스페인이다. 프랑코에 맞서는 투사 무리가 숲에 숨어 있다. 그들은 프랑코의 우호 세력인 히틀러와 무솔리니의 야망을 좌절시킬 노르망디 상륙 소식을 비롯한 여러 뉴스에 고무되어 있다. 프랑코의 군대가 저항군을 색출하러 외진 고장에 파견된다. 부대의 지휘관은 비달 대위(세르지 로페스Sergi López)로, 그는 엄격한 군인이라는 두겁을 뒤집어쓴 사디스트다.

음침해 보이는 낡은 방앗간을 지휘 본부로 징발한 그는 임신 중인 새 아내 카르멘(아리아드나 힐Ariadna Gil)과 아내가 첫 결혼에서 얻은 딸 오필리아(이바나 바쿠에로Ivana Baquero)와 그리로 이사 온다. 소녀는 의붓아버지를 끔찍이 싫어한다. 비달은 카르멘의 가치를 번식이라는 목적의 잣대로만 평가한다. 비달은 자신들의 라이플은 토끼 사냥용일 뿐이라고 주장하는 두 농민을 사살한다. 그들이 죽은 후, 비달은 그들의 행낭에서 토끼를 발견한다. 그는 부하들에게 지시한다. "다음부터는 이런 얼간이들 때문에 내 시간을 허비하게 만들기 전에 철저히 수색부터 하도록." 그는 하녀 메르세데스(마리벨 베르두Maribel Verdú)에게 토끼를 조리해서 저녁상에 올리라고 명령한다. "스튜가 괜찮겠군." 이 얼마나 악독한 자인가.

오필리아는 사마귀처럼 생긴 괴상한 곤충과 만난다. 곤충은 프레임 안팎에서 시끄럽게 몸을 흔든다. 우리는 이 곤충을 보면서 (사람을 심하게 깨무는 불멸의 벌레가 등장하는 <크로노스Cronos>에서 본 것처럼) 기괴하게 생긴 작은 생물들을 향한 델 토로의 애정을 떠올리게 된다. 고집스럽게 따라다니는 우호적인 곤충은 그녀의 눈에는 요정처럼 보인다. 그녀가 그런 말을 하자 벌레는 몸을 흔드는 작은 사람이 되어서 그녀를 미로로 이끌고, 거기서 그녀는 처음으로 무시무시한 파우누스(기괴한 의상을 입고 연기하는 게 전문인 더그 존스Doug Jones)와 만난다. 일부 관객들은 파우누스와 판Pan•을 헷갈려한다. 그런데 영화에 판은 등장하지 않는다. 이 영화의 국제적인 제목은 '파우누스의 미로'로 해석된다.

파우누스는 선하게도 보이고 악하게도 보인다. 우리가 홀로코스트가 자행되는 특히 심란한 시기에 엄청나게 쌓인 헌 신발을 보면서 떠올리는 것은 무엇인가? 그런데 그가 제공하는 것은 선도 아니고 악도 아니다. 둘 중에서 하나를 취하는 선택이다. 델 토로는 코멘터리에서 오필리아는 "자신의 영혼을 제외한 모든 것에 반항할 필요가 있는 소녀"라고 말한다. 그는 이 영화는 처음부터 끝까지 선택을 다룬 영화라고 말한다.

파우누스는 몸이 무거운 어머니에 대해 오필리아가 하는 걱정들과 딱 맞아떨어지는 존재다. 그는 오필리아에게 맨드레이크 뿌리를 주면서 어머니 침대 밑에 숨겨 두고 날마다 피 두 방울을 주라고 말한다. 맨드레이크 뿌리는 남근을 닮았다고 한다. 그런데 이 영화에서 특수 효과의 도움으로 오싹한 수준을 넘어서는 모습을 취한 맨드레이크는 나무와 잎, 흙으로 만든 갓난아기와 닮았다. 오필리아는 메르세데스가

• 목신牧神

저항군을 돕고 있다는 것을 알게 되지만, 그녀의 비밀을 지켜 준다. 다른 이들이 고통 받게 만들고 싶지는 않기 때문이다. 그녀는 이후에 그런 마음씨의 덕을 보게 된다.

영화의 비주얼은 인상적이다. 크리처들은 영화에서 창조한 존재들처럼 보이는 게 아니라 악몽이 빚어낸 존재들처럼 보인다(양 손바닥에 눈이 있는 페일 맨은 특히 그렇다). 파우누스의 은신처에 구현된 바로크 양식은 내가 영화에서 본 어떤 곳하고도 닮지 않았다. 거대한 개구리가 뱃속에 보관한 중요한 열쇠를 내놓을 때, 개구리는 몸 전체를 역류시킨다. 그러면서 속이 텅 빈 개구리 껍질만 남는다. 한편 비달은 전축으로 음반을 틀고, 담배를 피우고, 술을 마시고, 자기 목을 따려는 유혹을 느끼는 것처럼 면도를 한다. 그는 아내에게 심한 말을 내뱉고, 의사를 협박하며, 사람들에게 총질을 해 댄다.

델 토로는 이들 신의 사이사이를 전경前景을 와이프wipe 하는 기법을 써서 옮겨 다닌다. 어두운 공간이나 벽, 나무는 군대를 와이프로 밀어내고 미로를 와이프로 들여오거나, 아니면 그 반대를 실행한다. 이 테크닉은 그의 두 세계가 교차 편집되는 세계가 아니라 동일한 프레임에서 모서리를 맞대고 실존하는 세계라는 것을 주장한다. 그는 방앗간의 실내 공간 대부분은 차가운 청회색 점판암으로 묘사하지만, 우리가 좋아하는 캐릭터들의 얼굴과 판타지 세계에는 활력 넘치는 톤을 부여한다. 저항군이 터뜨리는 폭탄이 그들이 공격하는 모노톤 세상에 빨갛고 노란 화염을 도입하는 것은 우연이 아니다.

기예르모 델 토로는 판타지 분야에서 가장 도전적인 감독이다. 백지 상태에서 고안한 작품을 만들거나 원작이 있는 작품을 나름의 비전을 통해 각색해 내기 때문이다. 그는 스물아홉 살에 <크로노스>(1993)로 데뷔한 이후로 장편 영화 여섯 편을 만들었다. 나는 그의 작품 전부를 높이 평가하고 사랑하기까지 한다. <크로노스>와 <악마의 등뼈El

Espinazo del Diablo>(역시 프랑코 치하의 스페인이 배경인 유령 이야기)가 받았던 만큼의 국제적인 찬사를 받지 못한 <헬보이Hellboy>와 <미믹Mimic>, <블레이드 2Blade II> 같은 작품들도 말이다. 그는 무엇보다도 비주얼을 지향하는 감독이다. 그가 "영화는 시선들로 만들어진다"고 말할 때, 나는 그가 연기자들의 시선뿐 아니라 그 자신의 시선도 언급하는 것이라고 생각한다.

멕시코에서 태어난 그는 재능 있는 동세대 친구들인 알폰소 쿠아론Alfonso Cuaron, 1961~ 과 알레한드로 곤잘레스 이냐리투Alejandro Gonzalez Inarritu, 1963~ 처럼 멕시코 국내와 해외에서 작업해 왔다. 항상 멕시코에서 촬영되는 건 아니지만 멕시코의 상상력과 정신에서 늘 영향을 받는 영화들인 '뉴 멕시칸 시네마New Mexican Cinema'에 대한 이야기를 시작할 때가 된 것 같다. 델 토로의 주목할 만한 영화들을 생각해 보라. 쿠아론의 <칠드런 오브 맨Children of Men>과 <해리 포터와 아즈카반의 죄수Harry Potter and the Prisoner Of Azkaban>(해리 포터 시리즈 중에서 비주얼이 가장 뛰어난 작품), <위대한 유산Great Expectations>(간과된 걸작), <이 투 마마Y Tu Mamá También>도 숙고해 보라. 이냐리투의 <아모레스 페로스Amores Perros>와 <21그램21 Grams>, <바벨Babel>을 숙고해 보라.

이들 작품 중 일부는 이런저런 방식의 장르 영화다. 그러나 이 영화들이 안겨 주는 임팩트와 강렬함은 대단히 크다. 비주얼의 상상력이 대단히 풍성한 작품들인데, 그 상상력은 작품들이 속한 장르에 의존하는 대신, 그 장르를 돋보이게 만든다. 세 감독은 연기자들과 기술 스태프들을 다른 감독들에게 소개하고, 서로의 작품 활동을 지원하며, 새로운 규칙들을 만들고, 타협하지 않으면서 성공을 거둔다. 스페인 분위기가 물씬 풍기는 현대의 플로리다를 배경으로 이선 호크Ethan Hawke와 귀네스 팰트로Gwyneth Paltrow, 앤 뱅크로프트Ann Bancroft(어떤 역할을 맡았을지 짐작해 보라)를 출연시킨 쿠아론의 1998년 영화 <위대한 유산>

은 디킨스의 작품을 각색한 놀라운 작품이다. 그 작품은 이 세 감독이 어떤 방식으로 프로젝트에 착수해 개성이 담긴 작품으로 만들어 내는지를 잘 보여 준다.

내 생각에 델 토로의 <판의 미로>를 그토록 강렬한 작품으로 만든 것은, 분명히 양립 불가능한 두 종류의 소재를 한데 가져와 양쪽 모두를 참된 마음으로 다루면서 결말까지 그 취지를 고수했다는 점이다. 타협이나 절충이 없기에 탈출 경로는 존재하지 않는다. 그리고 각 세계에 존재하는 위험들은 늘 다른 세계에 모습을 드러낸다. 델 토로는 옛날이야기에 존재하는 '3의 법칙(세 개의 문, 세 개의 규칙, 세 명의 요정, 세 개의 왕좌)'에 대해 말한다. 그런데 이 영화를 세 번 감상하면 영화를 충분히 이해할 수 있을지는 확신이 서지 않는다.

## 폭력 탈옥

Cool Hand Luke

| | | |
|---|---|---|
| 감독 | 스튜어트 로젠버그 | |
| 주연 | 폴 뉴먼, 조지 케네디 | |
| 제작 | 1967년 | 127분 |

1967년에 <폭력 탈옥>이 개봉된 후, 오랫동안 우리가 해야 한 말은 "지금 우리가 처한 상황은 소통의 실패다"라는 게 전부였다. 세상 사람 모두가 저 대사를 알고, 저 영화를 알아볼 수 있다. 심지어 영화를 보지 않았던 이들조차 그렇다. 재미있는 부분은 이거다. 사람들은 저 대사와 영화를 연관 지을 때, 극장에서 좋은 시간을 보냈던 유쾌한 경험을 회상하는 것 마냥 변치 않는 미소를 짓는다는 사실이다. 최근에 <폭력 탈옥>을 본 적이 있나? 나는 있다. 시종일관 육체적 체벌과 심리적 잔혹함, 절망, 사디즘과 마조히즘이 동등한 비율로 등장하는 이 영화에서보다 중요한 무비 스타들이 더 큰 고통을 겪었던 적은 드물었다.

<폭력 탈옥>은 위대한 영화다. 그 점에 대해서는 대부분의 사람들이 동의할 것이다. 그런데 최근 몇십 년간 이런 영화는, 폴 뉴먼Paul Newman의 위상과 어깨를 겨룰 만한 브래드 피트Brad Pitt나 톰 크루즈Tom Cruise를 비롯한 연기자들이 출연하는 이런 영화는 제작될 수 없었

다. 연기하기가 지나치게 고통스럽다는 단순한 이유에서다. 스튜디오 피치 미팅pitch meeting에서 울려 퍼질 목소리가 상상된다. "이런 영화는 누구도 보고 싶어 하지 않습니다." 뉴먼이 <폭력 탈옥>에서, 그리고 <허슬러The Hustler>, <허드Hud>, 심지어 <내일을 향해 쏴라Butch Cassidy and the Sundance Kid> 등 동시대에 출연했던 영화들에서 보여 줬던 '안티 히어로' 위상에 대해 나 자신을 포함한 많은 평론가가 숱한 논평을 내놨다. 나는 <폭력 탈옥>에서 그가 안티 히어로인지에 대해서는 더 이상은 확신하지 못하겠다. 나는 그가 안티 히어로보다는 자발적인 순교자에 더 가깝다고 생각한다. 그는 세상이 그릇됐다는 사실에 지나치게 집착하는 바람에 자신의 견해가 옳음을 증명하려고 저승사자를 초대한 남자다. 언젠가 루이 암스트롱Louis Armstrong이 말했었다. "세상에는 우리가 이해할 수 없는 사람들이 있습니다. 그들도 자기가 그런 사람인 줄 모르죠." 루크가 죄수로 갇혀 지내는 노동 수용소를 지배하는 무자비한 교도관들은 그가 탈옥하기만 하면 붙잡아서 죽기 직전까지 징벌한다. 그가 그 점을 잘 알고 있다는 것을 감안할 때, 그는 징벌을 받으려고 기를 쓰는 중일까?

영화의 물리적인 제작 환경은 효과적이다. 영화가 설정한 배경은 미국 남부지만, 촬영은 캘리포니아주 스톡턴 주변의 황량한 시골에서 이뤄졌다. 날마다 점호를 받는 죄수 50명은 캡틴(스트로더 마틴Strother Martin)과 눈을 절대로 보여 주지 않는 보스 갓프리(모건 우드워드Morgan Woodward)의 매서운 눈초리 아래에서 작업을 해야 한다. 갓프리는 반사가 잘 되는 선글라스를 낀 덕에 '눈이 없는 남자'로 묘사된다(그가 말을 한마디도 않는다는 사실도 무시무시한 아이콘이라는 그의 위상에 한몫을 한다). 죄수들을 지배하는 우두머리 죄수는 드래그라인(조지 케네디George Kennedy)이다. 신참 루크는 감옥에 도착하기 무섭게 드래그라인의 권위에 도전하고, 드래그라인은 두 사람이 붙은 권투 경기에서 그를 죽기 직전까지 구타한다. 루크는 절대로 무릎을 꿇지 않으려 애쓰면서 패배를 인정하기를 거부하는 것으로 자존심을 지킨다. 우리는 이 장면을 통해 그의 이런 면모가 영화 내내 그가 동원할 수법이 될 것임을 알게 된다. 그는 이기지는 못하지만 징벌을 끝없이 감내할 수는 있다.

위대한 촬영 감독 콘래드 홀Conrad Hall과 작업한 스튜어트 로젠버그Stuart Rosenberg, 1927~2007 감독은 셔츠가 살갗에 들러붙고 먼지가 만물에 들러붙는 로케이션의 혹독한 더위를 스크린에 제대로 옮겨 놓는다. 죄수들은 잡초를 베고, 도랑을 파고, 도로를 포장한다. 도로를 포장할 때 루크의 선동에 따른 죄수들이 도로에 뿌린 기름 위에 너무도 빨리 자갈을 삽질하는 바람에, 보스는 그들의 작업 속도를 좀처럼 따라잡지 못한다. 루크가 육체적 고통을 통해 도덕적인 우위를 점하는 또 다른 사례다. 권투 경기 때 루크가 보여 준 고집스러운 모습을 높게 평가한 드래그라인은 합숙소에서 루크의 으뜸가는 팬이 된다. 그러면서 우리가 다른 감옥 영화들에서 인식할 수 있는 역동적인 분위기가 설정된다. 성격파 배우들(로버트 드리바스Robert Drivas, 루크 애스큐Luke Askew, 워런 피너티Warren Finnerty, 데니스 호퍼Dennis Hopper)은 루크를 목격하고 숭앙하는 집단 속에서 각자 맡은 역할을 제대로 수행한다.

이 영화는 "오락적인 대중 영화"라고 평론가 팀 덕스Tim Dirks는 말한다. 제임스 베라르디넬리James Berardinelli는 루크가 삶은 계란 50개를 먹는 신 같은 '코믹한' 신들을 언급한다. 개봉 당시에 영화를 본 나는 이 영화가 오락적인 대중 영화였다고 확언할 수 있다. 내가 1967년에 쓴 리뷰에서 나는 루크가 "늘 웃고, 늘 약간의 재미를 볼 준비가 되어 있다"고 썼다. "그는 삶은 계란 50개 먹기 내기를 하고는 수용소에 있는 돈을 몽땅 긁어모은다. 그런 점에서 루크는 냉정하고 침착한 사람cool hand이다." 나는 무슨 생각을 하고 있었을까? 얼마 전에 계란 먹

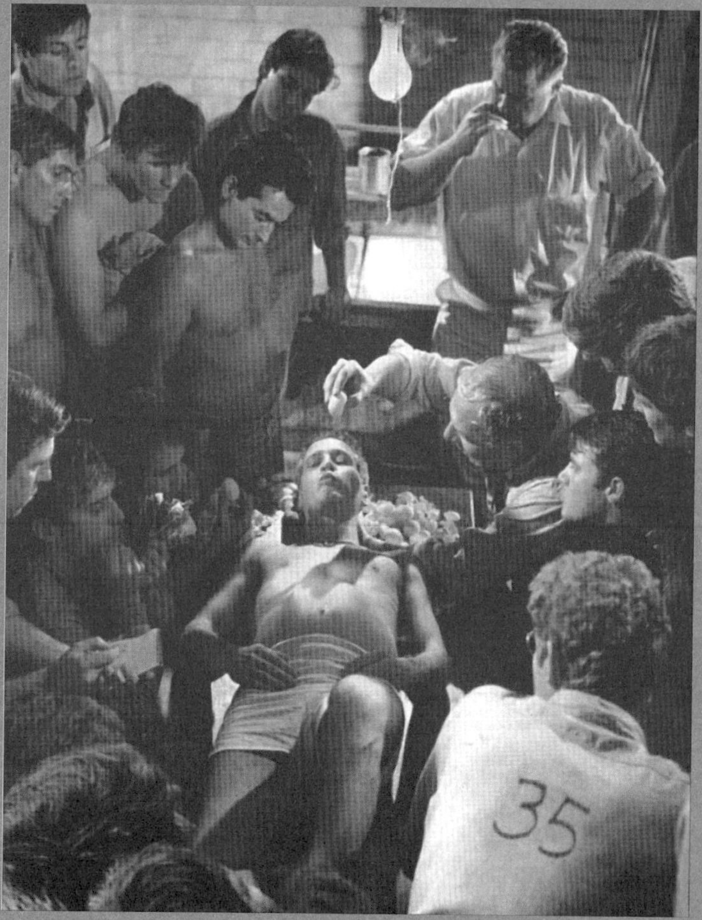
35

는 신을 다시 본 나는 차마 눈 뜨고 보기 힘든 광경이라는 인상을 받았다. 그 장면의 육체적인 고통과 위험은 넌더리 날 지경이다. 그 장면을 보면서 느끼는 괴로움은 루크가 무덤 모양의 구덩이를 팠다가 채우는 일을 반복해야 하는 징벌에서 느끼는 그것에 못지않다. “계란 수가 왜 50개인거야?” 드래그라인이 그에게 묻는다. “왜…… 39개가 아닌 거냐고?” 그거야 당연히, 죄수가 50명이니까.

계란을 다 먹은 루크는 테이블에 쓰러지면서 십자가에 못 박힌 그리스도 같은 자세를 취한다. 그렇다, 그는 그리스도 같은 인물이다. 그리고 영화의 마지막 밤에 자그마한 시골 교회에서 하나님 아버지에게 자신이 용서받았는지 여부에 대해 묻는다. 그는 동료 죄수들이 저지른 죄를 위해 죽을 것인가? 그것은 이 영화의 주제를 지나치게 단순하게 만드는 거라고 생각한다. 영화의 마지막 장면에서 드래그라인이 흥미로운 목격담을 들려주고 있기는 하지만 말이다. 드래그라인은 상징적인 승리를 따내기 위해 ‘누가복음Gospel According to Luke’을 고쳐 쓰려고 늘 애쓰고 있다. 루크는 ‘눈이 없는 남자’가 쏜 총에 맞아 목숨을 잃는다. 루크는 총에 맞는 순간 깜짝 놀란 듯한 모습이지만, 드래그라인은 당시 상황을 이런 식으로 수정한다. “그는 웃고 있었어. 맞아. 자네들도 아는, 루크 특유의 웃음을 지었어. 그의 표정은 마지막까지도 그랬어.”

이 대사와 다른 대사는 드래그라인이 루크와 우정의 수준을 넘어서는 사랑에 빠졌음을 보여 준다. 루크는 죄수들이 꿈만 꾸고 욕망만 느끼는 일을 행동으로 보여 줬다. 심지어 코러스 걸 두 명과 찍은 루크의 사진이 잡지에 실리는 있을 법하지 않은 일까지 일어난다. 드래그라인이 그에게 하는 말 그대로다. “오, 루크, 이 엉뚱하고 근사한 걸물, 한 줌도 안 되는 보잘 것 없는 매력덩어리.” 한 줌도 안 된다는 표현은 옳다. 그런데 그의 언명의 앞부분은 죄수가 다른 죄수를 묘사하는 말치고는 이상해 보인다.

폴 뉴먼이 아닌 다른 배우가 이 역할을 맡아 성공적으로 연기할 수 있었을까? 나는 당시 스타 중에서 그럴 수 있었을 것 같은 배우를 꼽지 못하겠다. 워런 비티Warren Beatty? 스티브 매퀸Steve McQueen? 리 마빈Lee Marvin? 모두 존재감 있고 근성 있는 배우들이지만, 그들에게는 미소가 없었다. 폴 뉴먼의 육체적 특징은 이 영화가 제대로 작동하는 이유다. 미소, 순수한 파란색 눈동자, 뽐내지 않는 태도. 그가 어머니(조 반 플릿Jo Van Fleet)와 함께 하는 감동적인 장면에서 보여 주는 점잖은 행동을 눈여겨보라. 이 장면은 <우리에게 내일은 없다Bonnie and Clyde>에서 보니가 어머니와 함께 있는 장면을 연상시킨다. 두 영화의 부모와 자식들 모두 서로 다시는 만나지 못할 거라는 걸 잘 알고, 어느 정도는 상황이 그렇게 된 데 대한 사죄를 하고 있다. 스타인 뉴먼은 자연스러우면서도 위력적인 카리스마를 가졌다. 우리는 그를 좋아한다. 케네디가 리 마빈을 "엉뚱하고 근사한 걸물"이라고 묘사할 수 있었을까?

1967년에는 이 영화를 '반체제' 영화로 보는 견해가 많았다. 1967년은 베트남전이 절정이던 해였다. 그리고 루크는 기성 체제에 맞섰다. 그러나 내가 가진 그 시대에 대한 기억을 바탕으로는 <폭력 탈옥>을 베트남전에 대한 주장을 펼치는 작품으로 재구성하지는 못하겠다. 스트로더 마틴을 LBJ•로 상상한다고? 그런데 내 마음은 거울 같은 선글라스를 끼고 말을 한마디도 않는 보스 갓프리라는 상징으로 돌아간다. 그를 보면 픽션에 등장하는 또 다른 유명한 안경이 떠오른다. F. 스콧 피츠제럴드의 『위대한 개츠비』에서는 노란 안경을 끼고 눈을 절대로 깜빡이지 않는 거대한 광고판이 산업 불모지를 관통해서 도시로 이어지는 길을 굽어본다. 안경 뒤에는 T. J. 에클버그의 눈이 있다. 어떤 이들은 에클버그의 눈을 하나님의 눈으로 본다. 나는 모르겠다. 루크가 영

• 미국의 36대 대통령을 지낸 린든 B. 존슨(Lyndon B. Johnson, 1908~1973)을 가리킨다.

화의 결말에서 하나님을 부른다는 건 안다. "하나님이 내가 절대로 이길 수 없도록 상황을 만드신 것처럼 보이기 시작하는군요. 이 안에서도, 저 밖에서도, 저들 모두는 지배하고 규제하는 보스들이죠. 하나님은 저를 지금의 나 같은 놈으로 만드셨어요. 나는 어디에 알맞은 놈일까요? 노인네에게 한마디 드려야겠어요. 나는 꽤 튼튼하고 재빠른 놈으로 시작했어요. 그런데 이게 나를 못살게 굴기 시작하시는군요. 이건 언제나 끝날까요?"

그는 이 질문에 대한 대답을 꽤 빨리 받는다. 그런데 그가 이것 말고 다른 대답을 예상할 수 있었을까? 루크와 하나님 사이의 문제는 다름 아닌 소통의 실패다. 이 위력적이고 혹독한 영화를 다시금 신선한 시각으로 감상한 나는 1967년에는 내가 정당한 정도의 비관적인 시각으로 이 영화에 접근하지 못했음을 깨달았다. 오늘날 하나님은 당신의 메시지를 전달하는 일을 썩 잘 해내시는 것처럼 보인다. 옛날에 보드빌에 등장했던 농담이 있다. "의사 선생님, 이렇게 할 때마다 아파요." "그럼 앞으로는 그렇게 하지 말아요."

# 프레리 홈 컴패니언

A Prairie Home Companion

| | |
|---|---|
| 감독 | 로버트 올트먼 |
| 주연 | 우디 해럴슨, 토미 리 존스, 개리슨 케일러 등 |
| 제작 | 2006년 | 105분 |

나는 개리슨 케일러Garrison Keillor•에게 무한한 존경심을 품고 있다. 따라서 내가 이런 식으로 그의 쇼에 입장한 것을 그가 용서해 줬으면 한다. 나는 로버트 올트먼Robert Altman, 1925~2006의 <프레리 홈 컴패니언>을 다시 볼 준비를 하면서 부지불식간에 그 라디오 쇼를 진행하는 인물로 케일러 대신 올트먼을 그려 보고 있었다. 영화는 그 프로그램을 사랑스럽게 그려 낸다. 나는 이 영화는 올트먼이 우리에게 보내는 작별 인사라고도 믿는다. 이 영화, 그리고 이 영화의 전작인 <더 컴퍼니The Company> 모두 작업에 참여한 사람들의 협력을 중시하는, 뭐라고 딱 꼬집어 규정하기 어려운, 텔레파시를 이용했다고 말해도 무방한 그의 연출 스타일을 반영한다.

영화 <프레리 홈 컴패니언>에는 케일러가 실제로 집필했을 것 같

• 미국의 작가 겸 방송인(1942~ ). 주간 라디오 버라이어티 쇼 「프레리 홈 컴패니언A Prairie Home Companion」을 만들어 1974년부터 2016년까지 진행했다.

은 대사들이 있다. 그런데 올트먼이 세상을 떠난 지금, 그 대사들은 특별한 의미를 갖는다. 그런 대사 중 하나가 "모든 쇼가 너의 마지막 쇼야. 그게 내 철학이야"라는 대사다. 올트먼의 입에서 나오는 그런 말이 내 귀에 들리는 것만 같다. 다음과 같은 대화에 귀 기울여 보라. 출연진 중 막내인 롤라(린지 로언Lindsay Lohan)는 출연진 중 최연장자인 척(L. Q. 존스L. Q. Jones)이 방금 전에 분장실에서 사망한 채로 발견됐다는 소식을 케일러가 방송 중에 언급하기를 바란다. 하지만 케일러는 거절한다.

롤라: 언젠가 당신이 죽으면 어쩔 건가요?

케일러: 나도 죽겠지.

롤라: 사람들이 당신을 기억해 주기를 원치 않아요?

케일러: 나는 사람들이 나를 기억해 달라는 말을 듣는 걸 원치 않아.

롤라의 어머니 욜란다(메릴 스트립Meryl Streep)가 그에게 묻는다. "그냥 잠깐 묵념을 하면 어떨까요?" 그는 대답한다. "라디오에서 묵념이라. 그게 무슨 소용이 있는지 모르겠군요." 케일러와 오랫동안 같이 일해 온 사람들은 쇼가 진행되는 동안에는 그가 자신만의 세계에 존재하는 것처럼 보이는 경우가 자주 있다고 말한다. 쇼는 생방송이고, 쇼의 진행은 자연스럽게 이뤄지는 것처럼 보인다. 그리고 케일러의 침착함을 무너뜨리게 만들 만한 요인을 상상하기란 불가능하다. 무대 뒤에서는 위기가 발생할지 모르지만, 방송 사고는 절대 존재할 수 없다.

올트먼은 화를 낼 줄 아는 사람이었고 화를 내기도 했다. 언젠가 <헬스H HealtH>(1980)의 플로리다 로케이션 현장에서였다. 촬영장을 나선 그는 트럭에 기대 서 있는 남자를 나한테 소개했다. "당신이 이 사람을 만났으면 해서요." 올트먼이 말했다. "이 사람이 이 영화에서 가장 급여를 많이 받는 사람이거든요. 배우들보다도, 나보다도 더 많이

WLT
A Prairie Home Companion

받아요. 이 사람이 팀스터Teamster• 대장이에요.” 그러나 나는 올트먼이 배우들에게 화를 내는 모습은 본 적도 없고 보도를 통해 들은 적도 없다. 그는 배우들을 사랑했다. 그는 배우들에게 상세한 연기 지시를 내릴 능력이 있었으면서도 배우들의 연기에 감탄하는 방법을 통해서 배우들을 연출하는 경우가 훨씬 많았다. 배우들은 그가 무언가를 칭찬할 때 배우는 게 많았다. 그것은 조금 강하게, 또는 조금 약하게 연기하라고 지시하는 그만의 방식이었을 것이다. 어쨌든 배우들은 그가 하는 말이 무슨 의미인지 알아들었다.

그는 사람들을 수집하는 컬렉터였고, 사람들의 협력을 이끌어 내는 협력자였다. 그가 16트랙 라이언스 게이트 사운드Lion's Gate Sound를 개발한 의도는 출연진 전원의 목소리를 제각기 별도로 녹음하기 위해서였다. 그는 출연진이 하는 모든 말을 듣고 싶어 했다. 그런 후 믹싱 과정에서 자신이 의도한 사운드를 우리가 듣게 될 것인지를 확인하고는 했다. 유사한 이유로 그는 모든 걸 보고 싶어 했다. <프레리 홈 컴패니언>과 다른 많은 작품에서, 그는 두세 대의 카메라로 동시 촬영을 했다. 우리는 그의 영화를 보면서 동일한 기간에 전개되는 정확한 순간들을 담은 별개의 숏들을 연속으로 봤다. 그는 배경도 풍성하게 채웠다. <프레리 홈 컴패니언>을 세심하게 감상하면서 다음의 순간을 확인해 보라. 공연을 마친 척은 무대 뒤로 향한다. 그는 우리 눈에는 보이지만 그의 눈에는 보이지 않는 천사와 잠시 침묵의 순간을 갖는다. 전경의 액션이 진행되는 동안, 배경에 속하는 척은 분장실로 내려간다. 그는 몸을 돌려서는 거꾸로 조심조심 계단을 내려간다. 그런 식으로 난간을 잡고 내려가는 편이 더 수월하기 때문이다. 대부분의 관객은 이런 액션을 보지 못할 것이다. 하지만 올트먼은 달랐다. 그가 그렇게 하라고 구

• 트럭 운전사 노조

체적인 연기 지시를 내렸던 게 분명하다. 그는 누가 됐건 세심하게 영화를 감상하는 이들을 위해 배경에 그런 모습을 넣고 싶어 했다.

<프레리 홈 컴패니언>은 멋들어진 라디오 쇼를 다룬 멋들어진 영화다. 영화는 실제로 방송되는 라디오 프로그램의 포맷을 느슨하게 따르면서, 케일러가 뮤지션들을 활용하는 방식과 유사한 방식으로 배우들을 활용한다. 무대 위의 뮤지션들은 대부분 실제 쇼에 출연했던 뮤지션들이다. 영화는 워비곤 호수Lake Woebegone•에서 보낸 삶에 대한 케일러의 평범한 독백은 제외했다. 그 독백은 시간을 지나치게 많이 잡아먹는 데다 영화의 흐름을 방해할 수 있었기 때문이다. 케일러는 무대 안팎을 떠다닌다. 때로는 다른 데에 정신이 팔린 듯하지만, 자신의 큐를 놓치는 일은 절대로 없다. 그는 말을 하고, 풍성하고 달콤한 목소리로 노래하면서 쇼가 체현하는 편안한 분위기를 물씬 풍긴다.

올트먼은 애정 어린 시선으로 배우들을 선택했다. 스트립과 릴리 톰린Lily Tomlin은 어머니에 대한 강박적인 기억을 품은 채 공연하는 듀엣 존슨 시스터즈Johnson Sisters를 연기한다. 존 C. 라일리John C. Reilly와 우디 해럴슨Woody Harrelson은 가사가 음담패설인 노래를 부르는 카우보이 가수 레프티와 더스티다. 마야 루돌프Maya Rudolph는 불안감에 시달리는 무대 매니저다. 케빈 클라인Kevin Kline은 케일러의 사립 탐정인 가이 누아르로, 영화 일부분의 내레이션을 맡은 내레이터이자 극장의 보안 담당자다. 토미 리 존스Tommy Lee Jones는 액스맨이다. 세인트폴의 유서 깊은 극장을 완전히 밀어 버릴 계획을 세운 회사를 소유한 텍사스의 비즈니스맨인 그는 극장의 생명줄을 끊으려고 극장을 찾아왔다.

그리고 버지니아 매드슨Virginia Madsen이 연기하는 천사가 있다. 크레디트는 그녀를 “위험한 여인Dangerous Woman”이라고 부른다. 그녀는

• 케일러가 프로그램에서 자신이 어렸을 때 살았던 곳이라고 주장한 가상의 마을

트렌치코트 차림이다. 우리는 모든 사람의 눈에 그녀가 보이는 건 아니라는 사실을 한동안 깨닫지 못한다. 그녀는 우리의 시야 안팎을 몽환적으로 느릿느릿 흘러 다닌다. 그녀의 얼굴에는 애정과 근심이 가득하지만, 그녀는 아무런 감정도 드러내지 않는다. 그녀가 여기에 나타난 목적은 고령인 척과 같은 이들이 내세來世로 넘어가는 걸 수월하게 해주기 위해서인 듯하다. 그녀는 다른 이들을 특별한 관심을 갖고 관찰한다. 영화 결말부에서, 액스맨은 그녀를 볼 수 있게 된다. 이게 무슨 뜻인지 알 것이다.

여러 대의 카메라와 마이크를 활용하는 올트먼의 스타일은 여러 캐릭터가 동시에 들락거리고 말을 해 대는 무대 뒤 시퀀스에 이상적이다. 우리는 분장실의 분위기, 노래 공연 사이사이의 소강상태, 모든 분장실에 깃들어 있는 역사와 추억을 생생히 실감한다. 스트립과 톰린은 인상적인 타이밍으로 유쾌한 대화를 나눈다. 라일리와 해럴슨도 마찬가지다. 라디오 데뷔를 위해 무대에 불려 나온 로언은 참신함과 흥분된 분위기를 풍긴다.

이 영화는 음악이 중요한 영화이기는 하지만 뮤지컬은 아니다. 삽입곡들은 공연하기에 알맞은 곡들이다. 마지막 쇼가 끝날 시간이 다가오자, 가수들과 뮤지션들은 케일러와 손을 잡고 모든 사랑스러운 노래 중에서도 가장 슬픈 노래인, 그리고 모든 슬픈 노래 중에서도 가장 사랑스러운 노래인 'Red River Valley(레드 리버 밸리)'를 부른다. 나는 아홉 살 때 여름 캠프의 캠프파이어 주위에서 그 노래를 처음 들었을 때 이후로 평생 동안 그 노래를 들으면 그런 기분을 느낄 것임을 깨달았다.

지금까지 밝혔던 것처럼, 영화는 올트먼의 연출 스타일을 반영한다. 그의 스타일은 재능 있는 연기자들과 친구들을 가급적 많이 규합하는 것, 그리고 그들이 할 수 있는 일이라는 걸 잘 아는 일을 그들이 하게 만드는 것이었다. 그런 일이 벌어질 수 있는 분위기를 조성하는 것, 그들을 격려하는 것, 현장에 존재하지 않는 적들(팀스터, 소품, 의상, 스튜디오 임원)을 맹렬히 비난하는 것도 그의 연출 스타일이었다. 하지만 그는 배우들은 절대 비난하지 않았다. 나는 어느 긴 오후에 그가 연출 중이던 리릭 오페라 공연의 신 전체를 바꾸는 모습을 지켜봤다. 그러는 동안에도 그는 직접적인 연기 지시는 한마디도 하지 않았다. 배우들은 자신이 해야 할 일이 뭔지를 스스로 감지하고 있었다.

올트먼은 이 작품이 유작이 될 거라는 걸 알았을까? 몰랐을 게 분명하다. 하지만 그에게 주어진 시간이 그리 많지 않다는 건 잘 알고 있었다. "그 많은 세월이 어디로 갔는지 도통 모르겠소." 그가 리릭 오페라의 그날 오후에 무대 뒤에서 내게 한 말이다. "아무튼 그런 시절은 다 가 버렸지. 앞으로 10년 정도를 고대하면서 사는 데 익숙해졌었는데, 지금은 2년 정도를 더 고대하고 있소." 그는 그 정도의 시간을 확보했다. 그는 2001년에 <고스포드 파크Gosford Park> 촬영장에서 내게 말했다. "어떻게 살아야 할지를 모르겠소. 시간을 갖고 무슨 일을 해야 할지를 모르겠고. 나한테는 모퉁이에 있는 작은 레스토랑으로 나를 안내할 조감독도, 내가 묵을 호텔이 어디인지를 말해 줄 프로덕션 매니저도, 내가 가야 할 곳으로 태워다 주는 운전기사도 없소."

그는 연도가 아니라 자기가 만들고 있는 영화를 기준으로 시간의 흐름을 기록한다고 말했다. 그는 2006년 3월에 오스카상 명예상을 받으면서 심장 이식을 받은 덕에 10년인가 11년을 더 살 수 있게 됐다고 밝혀 청중을 깜짝 놀랬다. 그는 백혈병도 앓고 있다는 이야기는 하지 않았다. 백혈병은 그해 11월 20일에 세상을 떠난 그의 사망 원인으로 꼽혔다. 당시 그에게는 프리 프로덕션 단계에 있는 영화가 두 편 있었다.

| | | | |
|---|---|---|---|
| **플레이타임**<br>Playtime | 감독 | 자크 타티 | |
| | 주연 | 자크 타티 | |
| | 제작 | 1967년 | 115분 |

자크 타티Jacques Tati, 1909-1982의 <플레이타임>은 <2001 스페이스 오디세이2001: A Space Odyssey>나 <블레어 위치The Blair Witch Project>, <러시아 방주Russian Ark>처럼 작품 자체로 완결적인, 세상에 탄생한 순간에 이미 절멸된 종種에 해당한다. 타티의 분신인 윌로 씨조차 순전히 우연에 의해 영화 속을 헤매고 다니는 것처럼 보인다. 영화는 플롯 대신 폭포수처럼 쏟아지는 사소한 사건들을 갖췄고, 핵심 캐릭터들 대신 수백 명의 출연진을 갖췄으며, 코미디가 되는 대신 벌어지는 사건들을 관찰하는 불가사의한 행위를 하는 영화가 됐다. 이 영화는 어떤 장르에도 해당하지 않으며 새로운 장르를 창조해 내지도 않는다. 이 영화는 영화감독이 그를 둘러싼 세상을 정신적으로 어떻게 받아들여 가공해 내는지를 보여 주는 작품이다.

<플레이타임>은 제작 당시 프랑스 역사상 가장 많은 제작비가 든 영화였다. 타티는 공항 터미널과 도심 거리, 고층 빌딩, 사무실과 원형

교차로를 재현한, 파리 외곽에 지은 어마어마하게 큰 세트인 '타티빌'에서 이 작품을 촬영했다. 이 작업은 <터미널The Terminal>에 직접적인 영감을 줬다. 스티븐 스필버그Steven Spielberg는 방대한 실제 크기의 공항 터미널을 세트로 지었다.

스필버그는 타티가 우연에 의해 벌어진 상황을 많이 발견해 내며 통과했던 공들인 상황을 발전시킬 시간과 공간을 톰 행크스Tom Hanks에게 주고 싶어서 그런 거라고 말했지만, 그는 행크스에게 플롯과 대사, 조연 캐릭터들을 제공했다. 반면에 타티는 줄거리 없이, 거의 들리지 않거나 그다지 큰 의미가 없는 (대부분이 영어인) 대사를 갖고 이렇다 할 주인공 없이 <플레이타임>을 만들었다.

그의 영화는 인간들이 어떻게 비인간적인 도시와 황량한 건조물 내부를 난처해하면서도 희망찬 모습으로 방황하는지를 다룬다. <플레이타임>은 딱히 누군가의 시점을 통해 관찰하지 않는다. 영화를 이해하는 핵심적인 인물은 스크린이 아니라 카메라 렌즈 바로 뒤에 존재한다. 영화에서 가장 많이 공감되는 인물은 자신의 복장을 다른 웨이터들과 하나하나 바꿔 입게 되는 웨이터다. 그에 대해서는 뒤에 더 자세히 설명하겠다.

타티는 이 영화를 70밀리미터 필름으로 찍었다. 웅대하고 장대한 그 포맷은 상상할 수 있는 가장 세밀한 것들을 포착할 수 있게 하면서 세상에서 가장 큰 스크린들을 커버한다. 그는 영화 전체를 미디엄롱 숏과 롱 숏으로 찍었다. 클로즈업은 없고 리액션 숏도 없으며 오버더숄더 숏도 없다. 그는 항상 커다란 화면을 보여 주고, 우리는 전경前景에서, 중경中景에서, 배경과 스크린에 절반쯤 들어와 있는 곳에서 벌어지는 액션들을 찾아내려고 스크린 곳곳에 시선을 던진다. 어떤 숏의 주제가 무엇인지 아는 것조차 어려울 때가 종종 있다. 우리는 어떤 사건은 인지하지만 다른 사건들은 놓친다. 평론가 노엘 버치Noel Burch는 "이 영화를 완전히 이해하고 제대로 평가하려면 대여섯 번은 감상해야 할 뿐 아니라 극장의 여러 상이한 지점에 앉아서 감상해야 하는 것이 아닐까" 의아해한다.

<플레이타임>은 조너선 로젠바움Jonathan Rosenbaum이 좋아하는 영화다. 다른 많은 평론가와는 다르게 그는 이 영화가 도시인의 고뇌나 소외를 다룬 영화라고 믿지 않는다. 그는 자신의 뛰어난 글에서 이렇게 썼다. "영화는 우리에게 우리가 살고 있는 세상을 (우리가 계속 지어 나가고 있는 세상을) 돌아보라고 지시한다. 그러고는 그 관계가 얼마나 재미있는지, 끊임없이 다른 가능성을 제시하는 쇼핑몰의 세계에서 우리가 얼마나 많은 빼어난 가능성을 여전히 갖고 있는지 보라고 지시한다. 세상에는 많은 가능성이 존재하고, 우리가 던진 시선이 추는 춤을 통해 살아 움직이는 그 가능성들의 움직임이 일종의 코믹한 발레가 될 수 있다는 것을, 우리가 관찰하는 동시에 공연할 수 있는 움직임이 될 수 있다는 것을 관찰하고 목격하라고 지시한다."

오랫동안 펼쳐지는 오프닝 숏에서 이 주제가 어떻게 작동하는지 숙고해 보라. 우리는 현대적인 빌딩 내부의 깔끔하고 드넓은 중앙 홀을 본다. 전경에서, 걱정 많은 아내는 남편에게 남편의 담배와 파자마를 꾸렸다는 것을 재차 확인해 주고, 남편은 그녀의 걱정을 싫증난 기색을 보이며 고마워한다. 우리는 이곳이 병원 대기실일 거라는 합리적인 결론을 내린다. 지나가는 여성은 휠체어를 밀고 가는 것처럼 보이고, 흰 코트를 입은 남자는 의사처럼 보인다. 수녀님들이 종종걸음으로 지나갈 때, 수녀님들이 쓴 베일은 동시에 위로 솟구쳤다가 아래로 내려간다. 이 이미지들이 공항 터미널의 이미지라는 것은 느리게 드러난다.

미국 여성들로 구성된 단체 여행객이 에스컬레이터 아래에 도착한다. 바퀴 달린 스툴에 앉은 안내원은 카운터 양쪽 끝에 있는 손님들을 동시에 접대하려고 이쪽저쪽으로 서둘러 옮겨 다닌다. 음향 시스템에

서는 알아들을 수 없는 공지가 방송된다. 윌로 씨의 등장은 놓치기 쉽다. 재잘거리는 여행객들이 전경을 채우는 동안, 그는 중경에 있는 빈 공간으로 걸어 들어오다가 우산을 떨어뜨리고는 집어서 다시 밖으로 나간다. 우산 떨어지는 소리가 우리의 시선을 그곳으로 이끈다. 전체 시퀀스는 소리에 민감하다. 종류가 다양한 구두와 샌들이 내는 발소리가 특히 그렇다.

우리는 이 낯선 이들을 관찰하고 이들이 내는 소리에 귀 기울이면서 윌로 씨를 더 많이 보게 될 거라 예상하지만, 이 영화에서 윌로 씨를 아주 많이 보지는 못한다. 레인코트와 모자 차림으로 자주 등장하고 입에는 기다란 파이프를 무는 것이 보통이며 늘 지나치게 짧은 바지와 마름모 무늬 양말 차림인 타티의 유명한 캐릭터는 감독의 국제적인 히트작 <윌로 씨의 휴가Les Vacances de M. Hulot>(1953)와 <나의 삼촌Mon Oncle>(1958년도 작품으로 오스카상 외국어 영화상 수상작)으로 엄청나게 유명해졌다. 그런데 10년쯤 지난 후 타티는 거액이 투입된 <플레이타임>의 제작비를 조달하는 불확실한 작업에 뛰어들면서 윌로에게서 멀어지고 싶어 했다. 캐릭터들이 다소간 평등하고 — 마찬가지로 앞선 영화들만큼 중요하게 — 다소간 우연에 의존하는 것처럼 보이는 영화를, 사람들과 필름이 우연히 마주치면서 생겨난 것 같은 영화를 만들기 위해서였다.

<나의 삼촌>의 배경은 극도로 모던한 주택이었다. 우리는 <플레이타임>에서는 판유리와 강철, 끝없이 뻗은 복도와 작업장, 엘리베이터, 에어컨으로 구성된 세계에 들어선다. 윌로는 어떤 남자를 만나러 현대적인 사무실을 찾고, 유리로 된 대기실에서 전시물 신세가 된다. 이곳에서 그는 의자 쿠션이 내는 귀에 거슬리는 민망한 소리에 신경을 빼앗긴다. 그리고 그는 우연히 엘리베이터 여행을 한다. 담뱃불을 빌리려고 경비원에게 다가간 남자는 그들 사이에 유리벽이 있다는 것을 깨

닫지 못한다.

유리벽은 영화 내내 난제로 작용한다. 어느 순간 윌로는 유리문을 박살내고, 적극적인 성격의 도어맨은 문이 실제로 있을 때 그랬던 것처럼 손님들에게 팁을 받으려고 커다란 황동 손잡이를 허공에 들고는 보이지 않는 문을 열고 닫는다.

영화에서 다른 캐릭터들은 윌로로 오해받는다. 몇몇 신에서는 그의 대역이 활용된다. 윌로는 최소한 세 번은 옛 전우들과 마주치는데, 그중 한 명은 자기 아파트에 들렀다 가라고 고집을 부린다. 이 방문은 놀라운 신을 낳는다. 아파트는 창문이 통유리로 되어 있고, 거주자들은 거리를 통째로 보면서 산다. 우리는 아파트 네 채를 동시에 보는데, 교묘한 시각적 트릭이 발휘된 장면에서 실제로 TV를 보고 있는 이웃 여자는 윌로의 전우가 옷을 벗는 모습을 지켜보고 있는 것처럼 보인다.

그런데 이런 순간들을 설명하거나 상세히 묘사하는 것은 요점을 놓친 행위다. 그것들은 폭소를 이끌어 내는 개그들이 아니라, 가벼운 미소나 그렇다는 사실을 알아차리면서 받게 되는 약간의 충격을 이끌어 내는 가벼운 소동이다. 영화의 마지막 긴 시퀀스는 만사가 잘못되기만 하는 레스토랑의 개장일 밤이 배경으로, 더 많은 일이 잘못될수록 더 많은 손님이 여유를 갖고 즐길 수 있게 된다.

이 시퀀스에는 재미있는 순간들이 숱하게 등장하는데, 이 순간들은 카메라에서 멀찌감치 떨어진 곳에서 자연스럽게 생긴다. 유일하게 안정적인 기준점을 제공하는 이는 현대적인 디자인의 의자에 바지가 찢어지는 바람에 기둥 뒤에 숨는 신세가 된 웨이터다. 거기서 그는 다른 웨이터들의 간청에 따라 깨끗한 수건과 찢어지지 않은 재킷, 구두와 나비넥타이를 차례차례 내주다가 결국에는 몸에 걸친 모든 복식이 엉망인 남자가, 완벽하게 난장판이 된 사람이 돼 버린다.

일부 캐릭터들은 다른 캐릭터들보다 두드러져 보인다. 윌로는 물론이고 매력적인 미국 여자, 수다스러운 미국 남자, 작고 느릿한 남자, 장시간 고초를 겪는 레스토랑 주인, 만취한 남자 등이 두드러져 보인다. 그러나 장면들은 이들을 중심에 두지 않는다. 모두가 물결을 타고 헤엄친다. <나의 삼촌>에는 윌로가 유리창을 열고 닫을 때마다 새소리가 들리는 것처럼 보이는 마술 같은 장면이 있다. <플레이타임>에서 우리는 현대적인 건물에 둘러싸여 있다. 그런데 유리문들에는 에펠탑과 몽마르트의 사크레쾨르 성당, 높고 푸르른 하늘이 반사된다. 관광객들은 자신들이 마치 창문이 하나 뚫려 있는 감방에 갇힌 죄수나 된 것처럼 하늘의 풍경에 "와아"하는 탄성과 "아아"하는 탄식을 터뜨린다.

<플레이타임>은 기묘하고 미스터리하며 마술 같은 영화다. 당신은 이 영화를 본격적으로 감상하기에 앞서서 행하는 준비 작업으로 이 영화를 감상해야 마땅할 것이다. 영화를 처음 봐서는 이 영화를 충분히 감상할 수 없을 테니 말이다. 이 영화를 보는 최선의 방법은 70밀리미터로 보는 것이다. 그런데 (70밀리미터 프린트가 현재 북미를 순회하고 있기는 하지만) 그러려면 품이 많이 든다. 크라이테리언 DVD는 선명하고 상세하며, 테리 존스Terry Jones의 소개도 들어 있다. 테리 존스는 이 영화가 상업적으로 실패하면서 어떻게 타티를 파산시켰는지, 그리고 그가 그 대가로 그의 집과 사업, 이전 작품 전부의 소유권을 어떻게 빼앗겼는지를 소개한다. 타티는 이토록 미묘하고 종잡을 수 없는 작품에 모든 것을 걸 만큼 무모한 사람이었을까? 당신 입장에서는 무모해 보일 것이다. 내가 보기에도 무모해 보인다. 그러나 몽상가가 보기에는 무모해 보이지 않는다.

# 피쇼테

Pixote

| | |
|---|---|
| 감독 | 헥터 바벤코 |
| 주연 | 페르난도 라모스 다 시우바, 호르헤 줄리앙, 지우베르토 모우라 |
| 제작 | 1980년 / 128분 |

낯선 사람들을 아버지로 두고 자라고 어머니들에게 버림받았으며 사회로부터 방치된 <피쇼테>의 아이들은 브라질 상파울루의 잔인한 거리에서 임기응변으로 이런저런 목숨을 부지한다. 그들은 만나자마자 욕구와 두려움, 심지어 사랑에 기초한, 언제든 변심할 수 있는 동맹을 결성하면서 그들만의 가정을 꾸린다. 그들의 경제생활은 그들에게 열린 단 두 개의 시장에, 그러니까 섹스를 거래하는 시장과 마약을 거래하는 시장에 기초한다. 그들 중 많은 아이는 너무 어린 탓에 섹스를 모호하게만 이해한다. 아이들은 이해조차 못하는 광경을 보고 경험하면서 단련되어 간다.

헥터 바벤코Héctor Babenco, 1946~2016의 1980년 영화는 이탈리아 네오리얼리즘의 정신에 따라 창작됐다. 그의 아역 배우들은 실제로 그렇게 살아가는 아이들이다. 거리에서 찾아낸 아이들은 이 영화에서 본질적으로 자기 자신을 연기하고 있다. 성인 캐릭터들은 대부분 전문 연기자들이 연기했지만, 아역들의 연기는 동일한 절망에서 자양분을 얻은 것처럼 보이는 생판 다른 배경에서 도출되고 있다. 홈리스 아이 수백 만 명이라는 문제에는 해법도 구제책도 희망도 없다. 피쇼테를 연기하는 까막눈인 열한 살짜리 아이 페르난도 라모스 다 시우바Fernando Ramos da Silva가 길거리로 돌아갔다가 1987년에 경찰이 쏜 총에 목숨을 잃었다는 사실은 놀랍지 않다.

영화는 에피소드들이 느슨한 구조로 연결된 스타일로 전개된다. 모든 신이 깔끔하게 정리되거나 다음 신에 매끄럽게 연결되는 건 아니다. 그런 들쭉날쭉한 톤은 연속성도 없고 균형점도 없는 데다 오늘이나 내일, 또는 언젠가 일어나는 일들의 그럴 듯한 이유가 존재하지 않는 이들의 인생에 적절한 듯 보인다.

집도 없고 돈도 없는 청소년들의 사회에서 범죄는 자연스러운 생존 방식이다. 그런데 아이들은 그런 일을 잘하지 못한다(20년 후에 만들어진 <시티 오브 갓City of God>의 아이들은 훨씬 더 세파에 닳고 닳았다). 자신들의 인생에 다가가는 것처럼 범죄에 다가가는 아이들이 택하는 접근 방식은 별다른 고민도 하지 않는 즉흥적인 방식이다. 그들은 상황에 반응할 뿐 상황을 통제하지는 못한다. 우리는 바벤코가 캐릭터들을 주도하는 게 아니라 그들을 따라다니고 있음을 감지한다. 장면들이 늘 요점이나 의도를 가진 것도 아니다. 등장인물들의 인생 역시 그런 걸 갖지 못하기 때문이다.

우리는 어느 판사가 살해당한 후 다른 길거리 아이들과 함께 용의자로 검거된 피쇼테를 처음 만난다. 사회는 정의와 복수를 요구하고, 따라서 그들 중 한 명은 살인범으로 지목될 것이다. 물론 사회는 그게 옳은 지목인지 아닌지는 절대로 신경 쓰지 않는다. 상당히 혼란스러운 몇몇 대사는 아이들 중 한 명이 범죄에 관여했거나 범죄를 목격했을지도 모른다는 것을 알려 주지만, 범죄 해결은 이 영화의 제작 의도가

아니다. 게다가 경찰은 진짜 살인범이 누구인지 알아내려는 생각은 일찌감치 단념했다. 입을 열었다가는 목숨을 잃을 수도 있다는 가능성이 강요하는 묵계가 완성된다.

아이들은 소년원에 수용된다. 아이들 입장에서는 소년원 안이 바깥세상보다 더 나은 곳일 수도 있다. 교도관들의 잔혹한 행동과 직원들의 부패, 원생들끼리 저지르는 범죄만 아니면 말이다(피쇼테는 소년원에 온 첫날 밤에 강간을 목격한다).

아이들 무리 속에서 몇몇 얼굴과 캐릭터가 서서히 뚜렷해진다. 가장 인상적인 캐릭터는 사람들이 마음대로 그의 성적 정체성을 받아들이는 복장 도착자 릴리카(호르헤 줄리앙Jorge Julião)다. 그는 열일곱 살로 다른 아이들보다 나이가 많다. 브라질에서는 열여덟 살이 되기 전까지는 그를 범죄 혐의로 기소하지 못한다. 그리고 곱슬머리를 왕관처럼 뒤집어 쓴 통통하고 귀여운 디토(지우베르토 모우라Gilberto Moura)와 치코(에디우손 리노Edilson Lino)가 있다.

그러자고 뜻을 모은 것도 아니고 그러자는 이야기를 한 것도 아니면서, 심지어는 그렇다는 사실을 깨닫지도 못하면서 아이들은 자신들이 연약하다는 생각을 공유하며 서로에 대한 신뢰에 바탕을 둔 집단을 형성한다. 소년원 내부의 상황이 위험해지고, 아이들 중 일부가 비밀을 덮으려는 잔혹한 교도관이나 경찰에게 살해당할지도 모른다는 게 명확해지자, 아이들은 탈출을 해서 거리로 돌아간다. 탈출은 그리 어렵지 않다. 아이들은 창문을 열고 지붕으로 나간다. (다리에 보호대를 찬 아이는 탈출하지 않기로 결정한다. "나한테는 여기가 나아.")

영화의 전반부에 벌어지는 일들은 어느 정도 예측이 가능하다. 그 일들은 『올리버 트위스트Oliver Twist』에 등장하는 궁핍과 범죄에서 아득히 멀리 떨어진 일들이 아니다. 그런데 영화의 후반부는 지옥으로 떨어지는 경험이다. 실제로 영화의 지배적인 톤이, 앞선 신들의 부드러운 황

갈색에서 빨강과 오렌지색으로 바뀐다.

릴리카의 한때 고객이었거나 연인이었거나 포주였던 크리스탈(토니 토르나도Tony Tornado)이 릴리카를 픽업한다. 그는 아이들에게 마약을 도매로 넘겨줄 수 있다. 아이들은 도시의 거리를 이리 떼처럼 배회하며 돈을 모으려고 행인들의 지갑을 낚아챈다. 아이들은 마약을 팔려고 기차를 타고 리우데자네이루로 갔다가 고객들에게 사기를 당한다. 그러다 결국 타락의 길에 들어선 창녀 수엘리(전미영화평론가협회가 수여하는 여우 주연상을 수상한 마릴리아 페라Marilia Pera)와 같이 살게 된다.

그녀는 가족의 다섯 번째 식구다. 그런데 식구 수가 점점 줄기 시작한다. 아이 둘이 살해당하고, 창녀가 자기가 좋아하는 소년을 유혹하는 바람에 질투심을 느낀 릴리카는 밤중에 집을 떠난다. 릴리카는 그보다 앞선 장면에서도 수엘리에게 불편한 심경을 드러냈다. 실제로 그는 길거리의 세파에 시달리며 거칠어진 여자보다 더 여성스럽고 더 자애로우며 더 배려심이 큰 듯 보인다. 릴리카에게는 다른 아이들에게는 없는 자기 인식이 있다. 어느 순간 릴리카는 한숨을 쉬고 말한다. "게이가 인생에서 무엇을 기대할 수 있을까?" 피쇼테는 "아무것도 못해, 릴리카"라고 대답하지만, 그의 세계 역시 아무것도 기대할 수 없다. 그러자 릴리카는 사라진다. 그리고 영화가 끝날 때면 모두가 사라진다, 수엘리와 피쇼테 말고는.

총을 입수한 피쇼테는 그 총을 사용한다. 그가 실수로 죽인 한 명을 포함해 두 명을 죽인 다음 보여 주는 너무도 냉담한 모습이 충격적이라는 이야기 말고는, 그가 총을 어떻게 사용하는지는 밝히지 않겠다. 그가 휘둥그레 뜬 눈은 자신이 저지른 짓의 결과를 받아들이지 못하는 듯 보이고, 그의 얼굴은 그 일에 대한 감정을 받아들이지 못하는 것처럼 보인다. 그러다 몇 시간 후, 수엘리의 침대에 앉아 TV를 보던 그는 구토를 한다. 그러면서 우리는 피쇼테가 느끼는 고통을 이해한다. 그런 경험을 해 본 적이 없고 그런 경험을 토로할 말조차도 알지 못하기 때문에 도저히 견딜 수가 없는 그런 고통을 말이다.

클로징 신들은 강렬하고 서글프며, 종국에는 냉정하다. 그 신들은 피쇼테가 느끼는 욕구의 깊이와 고독의 총체성을 비타협적으로 보여 준다. 이 부분에서는 영화의 후반부를 실질적으로 지배하는 캐릭터인 수엘리 캐릭터가 많은 것을 좌우한다(피쇼테는 영화의 대부분 동안 행위의 참가자가 아니라 관찰자다).

수엘리는 길거리 생활을 거치면서 자신이 느끼는 실제 감정과 전혀 관련 없는 딱딱한 태도와 냉정한 모습을 갖게 됐다. 손님들과 있을 때는 노련한 창녀로서 그런 감정을 쉽게 꾸며 내는 능력을 갖고 있지만, 혼자 생활할 때는 자기 자신을 속이려는 양 그러지 않는 경우가 더 잦다. 그녀가 등장하는 두드러진 신이 있다. 어느 늦은 밤, 심적으로 고통스러운 그녀는 스트립쇼 댄서일 때는 정말로 행복했었음을 기억하면서 술에 취해 훔친 차의 헤드라이트 불빛 속에서 춤을 춘다.

그러고서 그녀가 피쇼테와 함께하는 마지막 신이 나온다. 이 신은 너무나 슬프고 잔인해서 가만히 지켜보는 것조차 쉽지 않다. 그는 그 모든 일을 겪었음에도 여전히 어린 꼬마다. 수엘리는 최근에 혼자 힘으로 낙태를 했다(그녀는 피쇼테에게 그 일을 잔인하리만치 자세히 설명한다). 그런데 이제, 잠시 동안, 그녀는 고향과 가족에게 돌아가서 살아가는 인생을, 그리고 피쇼테를 아들로 삼고 살아갈 인생을 상상한다. 피쇼테는 그녀의 가슴으로 향한다. 성적인 욕망 때문에 그러는 게 아니라 모성애가 필요해서다. 그러면서 우리는 한 번도 가져 본 적이 없는 어머니를 늘 갈망했던 어린아이를 본다.

고요하고 성스러운 순간이다. 다른 영화라면 그 순간은 영화의 마지막 숏이 됐을 것이다. 유사한 신이 존 스타인벡John Steinbeck의 『분노의 포도The Grapes of Wrath』를 — 영화가 아니라 소설을 — 끝맺는다. 그러나 수엘리는 무정해지고, 그녀의 딱한 인생에서 빚어진 모든 분노가 피쇼테에게 집중된다. 이 시점에서 영화는 영웅의 죽음을 요구하는 비극에 대한 고전적인 정의에 딱 맞아 떨어진다. 그러나 피쇼테는 영웅이 아니다. 그의 인생은 사건들을 절반쯤만 이해한 채로 보여 온 반응들로 점철되어 왔다. 그리고 그는 죽지 않았다. 넋과 혼을 제외하고는 말이다.

1946년생인 바벤코는 브라질의 가장 성공적인 감독 중 한 명이다. <피쇼테>는 그가 최초로 내놓은 걸출한 성과물이었다. 그가 1985년에 만든 <거미 여인의 키스Kiss of the Spider Woman>로 오스카상에서 윌리엄 허트Willam Hurt는 남우 주연상을 받았고, 바벤코는 감독상 후보에 올랐다. 그런 후 호오好惡가 뒤섞인 반응을 얻은 두 편의 대작 미국 영화가 찾아왔다. 잭 니컬슨Jack Nicholson과 메릴 스트립Meryl Streep이 출연한 <엉겅퀴 꽃Ironweed>(1987)과 <앳 플레이 인 더 필즈 오브 더 로드At Play in the Fields of the Lord>(1991)가 그 작품들이다. 2003년에 그는 <카란디루Carandiru>로 브라질의 홈리스와 도움이 필요한 이들에게 돌아갔다. 브라질에서 가장 악명 높은 교도소가 배경인 이 영화는 시스템의 부패와 맞서려고 단체를 결성하는 복장 도착자들과 도둑들을 다시 한 번 보여 준다.

그러나 <피쇼테>는 그의 작품 중에서도 독보적인 작품이다. 이 영화는 어떤 인간도 살아서는 안 되는 삶들을 꾸밈없는 시선으로 눈 한 번 깜빡하지 않고 바라본다. 그리고 그의 불운한 아역 배우 페르나도 라모스 다 시우바의 두 눈은 스크린에서 우리를 응시한다. 상처 받았다는 눈빛도 아니고 우리를 비난하는 눈빛도 아니며 자신의 삶을 후회하는 시선도 아닌 눈빛으로, 그저 비참한 일상의 현실을 순순히 받아들인다는 눈빛으로.

# 피츠카랄도

Fitzcarraldo

| | | |
|---|---|---|
| 감독 | 베르너 헤어초크 | |
| 주연 | 클라우스 킨스키, 클라우디아 카르디날레 | |
| 제작 | 1982년 | 158분 |

베르너 헤어초크Werner Herzog, 1942~ 의 <피츠카랄도>는 영화 역사상 가장 위대한 비전 중 하나이자, 가장 어리석은 짓거리 중 하나다. 비전과 어리석음, 둘 중 하나가 없었다면 다른 하나는 존재할 수 없었을 것이다. 이 영화는 육지를 통해 한쪽 수계에서 다른 쪽 수계로 증기선을 끌고 가기로 결심한, 오페라를 사랑하는 미치광이 남자를 다룬다. 영화를 제작하는 동안 헤어초크는 그 일을 실제로 실행하기로 결심했는데, 이는 그에게 영감을 준 아일랜드인 브라이언 스위니 피츠제럴드Brian Sweeney Fitzgerald가 했던 것보다 더 엄청난 일이었다.

<피츠카랄도>는 영화 자체와 영화를 만드는 과정에 대해 우리가 잘 아는 영화인 <지옥의 묵시록Apocalypse Now>이나 <2001 스페이스 오디세이2001: A Space Odyssey> 같은 용감하고 서사적인 영화에 속한다. 헤어초크는 360톤짜리 증기선을 정글 한복판에 있는 40도 기울기의 진창으로 힘겹게 끌어올리는 장면을 위해 특수 효과를 사용할 수도 있었

지만, 그렇게 하면 관객들이 특수 효과를 썼다는 걸 알아차리면서 '이건 플라스틱 배가 아니잖아요'라고 따질 수도 있을 거라고 믿었다.

우리는 이 영화를 보면서, 피츠카랄도(클라우스 킨스키Klaus Kinski)가 흰색 정장에 늘어진 파나마모자 차림으로 정글 복판에서 미쳐 날뛰는 모습을 보면서, 인디언들이 진창에서 보트를 끌어내려고 도르래 장치를 사용하는 모습을 보면서 이것이 실제로 벌어지고 있는 일이라는 사실에, 이 거대한 증기선이 — 피츠카랄도(현지인들이 '피츠제럴드'를 발음하지 못한 탓에 얻은 이름)가 지직거리는 낡은 카루소Enrico Caruso의 음반으로 정글에 세레나데를 트는 동안 — 뭍으로 서서히 올라오고 있다는 사실에 강한 인상을 받는다.

<피츠카랄도>의 제작에 얽힌 사연은 레스 블랭크Les Blank와 모린 고슬링Maureen Gosling이 만든 다큐멘터리 <버든 오브 드림스Burden of Dreams>(1982)에 나온다. 그들은 정글에서 헤어초크와 반항적인 스태프, 괴팍한 주연 배우와 시간을 보냈었다. 헤어초크가 만든 영화와 <버든 오브 드림스>를 다 보고 나면, 영화와 관련된 모든 이가 이 영화를 만든 경험에서 상처를 입거나 그 경험 탓에 그들의 심신에 흉터가 남았다는 게 명확해진다. <버든 오브 드림스>에는 헤어초크가 정글을 "야비하고 저열하다"고 비난하면서 "신이 존재한다면, 이 땅은 신이 분노에 차서 창조한 땅"이라고 말하는 열정적인 일장 연설이 나온다.

<피츠카랄도>는 광기가 느껴지는 분위기로 시작하는데, 그 분위기는 영화 내내 지속된다. 아마존의 시커먼 어둠 속에서 보트가 나타난다. 보트의 모터는 꺼져 있다. 숱이 많고 부스스한 킨스키는 뱃머리에서 미친 듯이 노를 젓고 있고, 그의 애인(클라우디아 카르디날레Claudia Cardinale)은 뒤에서 초조한 모습으로 그를 지켜보고 있다. 그들은 오페라에 늦었다. 그는 제빙기로 돈을 좀 벌었고, 그녀는 부유한 고무 상인들을 상대하는 매음굴의 마담이다. 피츠카랄도는 오페라 하우스에 들

어가려고 이런저런 이야기를 하던 중에 자기 삶의 소명을 알게 된다. 그는 부자가 될 것이고, 정글에 오페라 하우스를 지을 것이며, 거기에서 공연할 성악가로 카루소를 고용할 것이다.

이 지역의 경제적 기반은 고무다. 그는 4백 제곱마일 너비의 땅에 대한 권리를 획득하지만, 사람들은 치명적인 급류 때문에 선박으로는 가지 못하는 그 땅을 쓸모없는 땅으로 여긴다. 그런데 그가 다른 강을 통해 선박을 타고 그곳으로 갈 수 있다면, 그의 꿈은 실현될 것이다. 실존했던 피츠제럴드가 두 강 사이로 옮긴 배는 겨우 32톤짜리였다. 게다가 그는 그 배를 먼저 해체하는 것으로 작업을 시작했다. 그 이야기를 들은 헤어초크는 언덕을 오르는 선박의 이미지에 강한 인상을 받았고, 시나리오의 나머지 부분들은 알아서 따라왔다.

이 영화의 제작 과정은 연달아 발생한 위급 상황들로 묘사할 수 있다. 헤어초크는 페루와 에콰도르 사이의 국경에서 일어난 전쟁 때문에 처음에 점찍었던 로케이션을 활용할 수 없었다. 다른 로케이션을 찾아낸 그는 피츠카랄도 역을 제이슨 로바즈Jason Robards에게 맡기고 믹 재거Mick Jagger를 그의 괴상한 조수로 캐스팅해 네 달간 촬영했다. 그러던 중에 로바즈가 아메바성 이질에 걸려 집으로 돌아갔다. 그를 진찰한 의사들은 그의 촬영장 복귀를 막았고, 재거는 영화에서 빠졌다. 결국 헤어초크는 그의 영화 <아귀레, 신의 분노Aguirre, der Zorn Gottes>(1972)와 <노스페라투Nosferatu>(1979)에 출연했던 전설적인 터프가이 클라우스 킨스키로 방향을 선회했다. 킨스키는 로바즈보다 더 나은 선택이었다. 진짜 배가 모형 선박보다 나은 것과 같은 이유 때문이다. 로바즈도 미치광이를 연기할 수 있었을 것이다. 그러나 관객들은 킨스키를 보는 순간 그를 지배하는 분노와 마성을 확신하게 된다.

헤어초크는 늘 이야기보다는 이미지에 매료됐다. 이 영화에서 그는 자신이 떠올린 이미지들로 영화를 활활 태운다. 그는 아마존의 토

착 원주민들과 작업했다. 그들의 얼굴은 이 작품에서 중요한 요소 중 하나다. 영화 초반 장면에서 자다 깨어난 피츠카랄도는 침대를 둘러싸고 있는 어린아이들을 본다. 인디언들이 냉담하게 강을 응시하는 장면도 있다. 인디언들은 피츠카랄도가 부지런히 오르락내리락하는 모습도 감지하지 못한 채 서로의 얼굴을 뚫어져라 쳐다보고 있다. 그와 선원들이 저녁을 먹는 동안 식당을 메운 인디언들이 그들을 지켜보는 다른 신도 있다. 흰색 정장을 입은 사내를 미쳐 날뛰게 만드는 게 무엇인지 가늠하려 애쓰면서 그를 지켜보는 얼굴들만 보여 주는 신들이 있다.

헤어초크는 에콰도르 수도 키토에서 하루 이틀 거리에 있는 곳에서 영화 전체를 촬영할 수도 있었음을 인정했다. 하지만 그는 열대 우림에서 영화를 찍었는데 그곳에서 가장 가까이에 있는, 어느 정도 규모가 있는 도시는 8백 킬로미터 떨어져 있었다. 그 덕에 피츠카랄도와 선장이 정글에서 가장 큰 나무의 꼭대기 망루에 서서 주위에 펼쳐진 광활한 지역을 둘러보는 숏 같은 장면들이 가능해졌다. 헤어초크는 '로케이션의 마술'에 대한 이야기를 꺼낸 적이 있는데, 그가 <노스페라투>의 일부를 무르나우F. W. Murnau가 1926년에 무성 영화 버전을 촬영했던 곳과 동일한 장소에서 찍은 이유가 바로 그것이었다. 그는 정글 로케이션이 "연기자들과 제작진에게 특별하고 우수한 성과를 이끌어 낼 것"이라고 느꼈다. 그리고 그의 생각은 본인이 짐작했던 것보다 훨씬 더 잘 맞아떨어졌다. 영화를 제작하려고 분투하며 보낸 4년째에, 기진맥진한 그는 말했다. "판타지가 바닥났습니다. 이제는 달리 무슨 일을 벌일 수 있을지 모르겠어요. 설령 내가 그 배를 산 위에 올려놓는다 해도 지구상의 그 누구도 나한테 행복해해도 된다고 납득시키지는 못할 거예요. 내 삶이 끝나는 날까지 그런 일은 없을 거예요."

<버든 오브 드림스>는 숲에서 날아온 화살들에 대해, 언덕에서 미끄러져 내려가는 배에 대해, 헤어초크에게 케이블이 끊어지면서 수십

명이 목숨을 잃을 확률이 70퍼센트나 된다고 말한 후에 일을 그만두겠다고 현장을 떠난 브라질 엔지니어에 대해 들려준다. 우리는 코멘터리 트랙에서 더 끔직하고 세세한 사실들을 알게 된다. 치명적인 뱀에 물린 어느 스태프는 곧바로 들고 있던 전기톱으로 자기 발을 잘라 목숨을 구했다. 헤어초크가 <버든 오브 드림스>에 포함되지 않은 숏을 이용해 만든, 킨스키와 맺은 험악한 인간관계에 대한 다큐멘터리 <나의 친애하는 적Mein Liebster Feind>(1999)에 담긴 숏에서, 우리는 촬영장에서 미친 듯이 분노를 터뜨리는 킨스키의 모습을 볼 수 있다. <버든 오브 드림스>에는 제작 과정 전체를 대변하는 이미지가 있다. 헤어초크는 무릎까지 푹푹 빠지는 진창을 힘겹게 걸어간다. 그는 걸음을 옮길 때마다 다리 한쪽을 진창에서 꺼내려 애쓴다.

이 영화는 완벽하지 않지만 초월적이다. 이 이야기는 이 로케이션에서 이런 방식으로 촬영하지 않을 수도 있었다. 영화의 나머지 부분들이 없었다면 더 완벽했을 수도 있다. 결론은, 예를 들어 시가cigar가 등장하는 신은 안티클라이맥스anticlimax•다. 그런데 배가 언덕을 올라간 이후로는 모든 것이 안티클라이맥스다. 중요한 것은, 헤어초크가 그의 이야기를 서둘러 진행하지 않는다는 점이다. 그는 플롯의 진전을 추구하지 않고, 이미지들의 상호 공명을 추구한다. 배가 치명적인 '죽음의 급류'를 실제로 흘러가며 부딪히고 충돌하는 시퀀스를 숙고해 보라. 다른 감독이라면 이 시퀀스를 빠른 편집과 엄청난 소음으로 구성된 판에 박힌 액션 신으로 만들었을 것이다. 하지만 헤어초크는 카루소를 트는 축음기의 바늘이 헐거워지는 동안 실제 선박이 실제 물살을 느리지만 섬뜩하게 흘러내려 가는 장면으로 연출해 낸다. 대형 선박이 목적지를 향해 천천히 흘러가는 모습을 보는 쪽이 훨씬 더 섬뜩하다.

• 기대보다 덜 짜릿한 바람에, 또는 더 흥미롭고 흥분되는 사건이 일어난 직후에 발생하는 바람에 관객에게 실망감을 주는 사건

지난 40년간 활동한 감독 중에서 베르너 헤어초크보다 더 열정적이고 모험적인 커리어를 쌓아 온 감독이 있을까? 대부분의 사람들은 그의 작품을 두어 편 봤거나, 한 편도 보지 않았다. 그가 만든 많은 다큐멘터리와 (<유리의 심장Herz aus Glas>과 <스트로첵Stroszek> 같은) 그리 널리 알려지지 않은 장편 영화에 친숙해지지 않으면 그를 제대로 평가할 수 없다. 그의 2005년도 다큐멘터리 <그리즐리 맨Grizzly Man>은 알래스카에서 회색 곰들과 열세 번의 여름을 난 남자를 다룬 작품으로, <피츠카랄도>의 영적인 형제라 할 수 있다. 두 경우 모두, 사내들은 거친 자연에 도전해야 한다는 강박 관념에서 추동력을 얻는다. 아프리카, 호주, 동남아, 남미를 돌아다니며 촬영을 거듭한 그는 지구의 극지와 그곳에서 살아가는, 천박한 매스 미디어에 훼손되지 않은 이미지를 가진 사람들에 매료되어 왔다.

<버든 오브 드림스>에서 그는 "나는 사자가 없는 세상에서는, 그리고 사자 같은 존재감을 가진 사람들이 없는 세상에서는 살고 싶지 않다"고 말한다. 로바즈가 앓아눕는 바람에 촬영을 넉 달간 중단해야 했던 <피츠카랄도>의 절망적인 기간에, 헤어초크는 투자자들에게 추가 지원을 받으려고 귀국했다. 투자자들은 헤어초크가 배를 산 위에 올려놓는 게 불가능함을 알게 됐다는 이야기를 들었다. 그들은 패배를 받아들이고 그만두는 게 현명한 일이 아니냐고 물었다. 그의 대답은 이랬다. "어떻게 그런 걸 물을 수 있습니까? 나는 이 프로젝트를 포기하면 꿈이 없는 인간이 될 겁니다. 나는 그런 존재로 살고 싶지는 않습니다. 내 인생을 살거나, 이 프로젝트로 내 인생을 끝장내겠습니다." 헤어초크의 인생에는 이런 일이 자주 있었다.

# 하워즈 엔드

Howards End

| | | |
|---|---|---|
| 감독 | 제임스 아이보리 | |
| 주연 | 앤서니 홉킨스, 헬레나 보넘 카터, 에마 톰슨 | |
| 제작 | 1992년 | 142분 |

<하워즈 엔드>에는 부유한 사업가 헨리 윌콕스와 그의 두 번째 아내가 된 마거릿 슐레겔이 갖는 두 번의 대화가 등장한다. 첫 대화는 즐겁고, 두 번째 대화는 절망적이다. 이 두 대화는 영화에 잠복한 주제를 표명한다. 그 주제란 본질적으로 상이한 가치관을 가진 두 사람이 진정한 소통을 하기란 불가능하다는 것이다. 이 대화들에서 거론되는 주제들은 1900년경의 영국 문학이 툭하면 꺼내 들던 믿음직스런 소재들, 즉 계급과 부, 가족, 위선, 부동산과 관련되어 있다.

이 영화는 감독 제임스 아이보리James Ivory, 1928~ 와 제작자 이스마일 머천트Ismail Merchant가 이룬 팀이 만든 최고작들인 <남아 있는 나날The Remains of the Day>(1993)과 <전망 좋은 방A Room with a View>(1985), <군인의 딸은 울지 않는다A Soldier's Daughter Never Cries>(1998)와 어깨를 나란히 하는 작품이다. 아이보리와 머천트는 1961년부터 머천트가 사망한 2005년 5월까지 '머천트-아이보리'라고 묘사할 수 있는 일련의 영

화들을 만들었다. '머천트-아이보리'가 무슨 뜻인지는 세상이 다 안다.

그들은 저렴한 제작비로 고급스러운 영화들을 만들었다. 그들은 제작비를 적게 쓴 덕에 스튜디오의 간섭에서 해방됐다. 그들은 헨리 제임스Henry James와 E. M. 포스터E. M. Foster의 소설들로 작업을 시작하는 경우가 잦았는데, 그 소설들은 저작권이 소멸됐다는 장점이 있었다. 그들의 영화에 출연하면 오스카 후보로 지명될 가능성이 높다는 것을 잘 아는 연기자들은 그들과 작업하기 위해 출연료를 적게 받았다. 실제로 에마 톰슨Emma Thompson은 이 영화에서 마거릿을 연기하면서 여우 주연상을 수상했고, 헨리를 연기한 앤서니 홉킨스Anthony Hopkins와 톰슨은 <남아 있는 나날>로 각각 주연상 후보로 지명됐다.

일부 영화 동아리에서는 머천트-아이보리, 그리고 평생토록 그들과 작업한 시나리오 작가 루스 프라워 자발라Ruth Prawer Jhabvala를 폄훼하는 경향이 있다. 영국 감독 앨런 파커Alan Parker가 "영화 제작의 로라 애슐리Laura Ashley• 학교"라고 콧방귀를 뀌자, 머천트는 유쾌한 목소리로 대꾸했다. "그가 내놓은 그 코멘트가 그가 만든 영화들보다 장수할 겁니다."

그들이 문학성 높은 소설들로 작업을 시작하는 일이 잦았기 때문에, 시대극을 자주 만들었기 때문에, 호화로운 의상과 매혹적인 로케이션을 보여 주는 풍성한 영화 미술 때문에, 리타 켐플리Rita Kempley가 『워싱턴포스트The Washington Post』에 쓴 것처럼 "머천트와 아이보리와 자발라의 작업에 공통점이 존재한다면, 그것은 그들의 작품이 늘 영국적인 작품이 될 것이라는 점" 때문에, 우리는 머천트-아이보리 작품을 보러 갈 때면 어떤 영화를 보게 될지 잘 안다고 생각하곤 한다.

우리가 그들의 작품을 보면서 무엇을 얻게 될지는 그들의 작품을

• 영국의 토털 홈 인테리어 브랜드

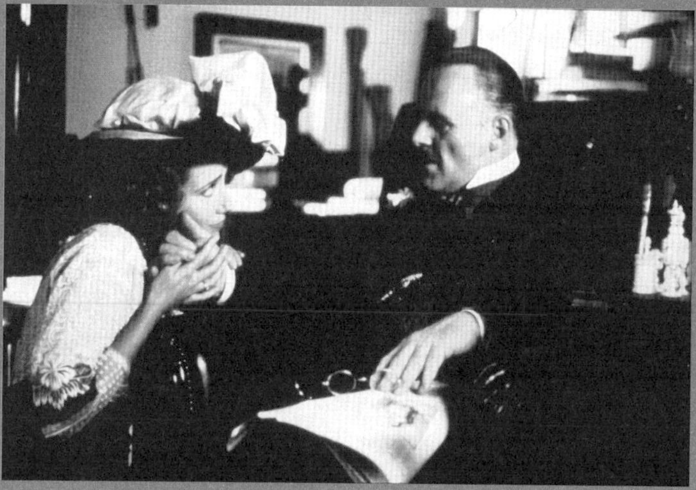

얼마나 주의 깊게 보느냐에 달려 있다. 포스터의 1910년 소설이 원작인 <하워즈 엔드>는 분노와 열정, 탐욕, 감정적인 폭력으로 펄펄 끓는 영화다. 캐릭터들의 행실이 대체로 바르다는 점은 그들의 태도보다는 그들의 절제력을 잘 드러낸다. 마거릿과 헨리가 갖는 두 번의 대화가 작동하는 지점이 바로 그곳이다. 그들의 대화를 귀 기울여 들어 보면 이 영화가 은밀하게 사용하고 있는 방법을 알 수 있을 것이다.

첫 대화에서, 홀아비가 된 헨리(홉킨스)는 마거릿 슐레겔(톰슨)에게 청혼한다. 그들은 그의 아내 루스 윌콕스(버네사 레드그레이브 Vanessa Redgrave)가 여전히 살아 있을 때 처음 만났다. 헨리는 알지만 마거릿은 모르는 사실이 있다. 루스는 임종 석상에서 휘갈겨 쓴 메모장에서 그녀의 가문이 소유한 저택인 하워즈 엔드를 슐레겔 양에게 물려 주라고 부탁했다. 메모장은 구겨져 불길 속에 던져지지만, 마거릿은 결국 결혼을 통해 저택의 안주인이 된다.

헨리는 마거릿에게 그가 가진 다른 저택을 보여 준다. 저택에는 이전에 그 저택의 주인이던 조상들의 초상화가 가득하다. 그녀는 어떤 초상화의 인물이 헨리와 "상당히 닮았다"고 다정하게 말한다. 이 투어는 본질적으로 그가 가진 부와 지위를 강조하는 영업용 프레젠테이션이다. 그런 후 계단에서 어색하게 멈춰선 헨리가 그녀에게 묻는다. "당신이 이걸 공유할 수 있을 거라고 생각하나요? 내 말은, 그게 있을 법한 거냐는……."

"오, 그럼요. 무슨 말인지 알겠어요." 마거릿이 말한다.

"내 아내가 되어 주겠느냐고 묻는 거요."

"무슨 말인지 안다니까요."

그녀는 그에게 키스한다. 그들은 사랑에 빠졌을까? 그는 중년이고, 그녀는 그보다 어리지만 혼기를 많이 놓쳤다. 그들은 중산층이다. 그는 상류 중산층이고, 그녀는 중류 중산층이다. 그들의 가족들은 런던에서 이웃해 산다. 두 사람의 결혼은 사회적으로 이해될 만한 일이다.

이 대화는 헨리의 가장 어색한 모습을 보여 준다. 그는 틀에 박힌 대중적인 원칙들을 고수하는 융통성 없는 남자로, 개인적인 문제를 입에 담기를 부끄러워하고, 말을 할 때는 가는귀를 먹은 사람한테 말하는 양 약간 크고 뚜렷한 발음으로 말하는 경향이 있다. 홉킨스는 자신의 선택을 보류하고 있는 것처럼, 허리 윗부분을 약간 앞으로 기울이고 사람들을 약간 비스듬하게 내려다보는 자세로 말하는 경우가 잦다. 반면에 톰슨이 연기하는 마거릿은 문학과 음악을 중시하는 독일계 영국인 가정에서 자란 현대적인 여성이다. 그녀는 사람들의 눈을 똑바로 응시하고, 생각하는 바를 서슴없이 말하며, 하고자 하는 말을 입 밖에 내는 데 주저하지 않는다.

세상사의 고민을 대하는 그들의 전략은 결혼식에 위기가 찾아들었을 때 제대로 작동한다. 이 장면을 설명하려면 레너드 배스트(새뮤얼 웨스트Samuel West)를 소개해야 한다. 그는 베토벤에 대한 강연장에서 마거릿의 활기찬 여동생 헬렌(헬레나 보넘 카터Helena Bonham Carter)이 실수로 그의 우산을 들고 나가는 불운을 겪었다.

우산을 찾으러 간 그는 슐레겔 가족의 티타임에 초대된다. 그는 '망하기 직전인' 회사에서 사무원으로 일하는 그가 회사를 사직해야 마땅하다고 생각한다는 헨리의 의견을 전해 듣는다. 결국 그는 회사를 그만두지만, 회사는 번성한다. 그는 다른 직장을 오랫동안 다니지 못한다. 배스트와 아내 재키(니콜라 두페트Nicola Duffett)는 가난하고 굶주리는 신세로 전락하고, 이상주의 성향이 강한 헬렌은 이 모든 게 헨리의 그릇된 조언 때문이라며 헨리를 탓한다. 그녀는 "우리는 배스트 씨에게 빚을 졌다"고 믿는다. 반면에 헨리의 생각은 철학적이다. "가난한 사람들은 가난해요. 그들에겐 안 된 일이지만, 세상은 그런 거요."

반항적인 헬렌은 마거릿과 헨리의 결혼식에 참석하면서 슈롭셔에서 열리는 호화스러운 가든파티에 레너드와 재키를 데려온다. 배스트 부부는 말 그대로 굶어 죽기 직전이다. 마리 앙투아네트의 조언대로 그들은 케이크를 먹는다. 재키는 펀치 볼을 즐기다 술에 취하고는 옛 친구 헨리를 알아본다. "헨리를 아세요?" 질문을 받은 그녀는 큰소리로 외친다. "알죠! 헨리를 모르는 사람이 어디 있겠어요? 저 사람은 옛날에 즐거운 시간을 보냈답니다."

재키는 다른 곳으로 끌려가지만, 격노한 헨리는 덫을 놓았다며 마거릿을 비난하고는 그녀를 혼약에서 '풀어 준다.' 그럴 필요는 없다. 마거릿은 "그 문제 때문에 우리가 곤란해지는 일은 없을 거"라고 그에게 말한다. 그런 후, 제임스 아이보리는 일련의 대화에 착수하는데, 각각의 대화는 검정 화면으로 페이드아웃 하는 것으로 끝난다. 이들 대화에서 헨리는 사과를 하고 또 하며, 마거릿은 그를 진정시키려 애쓴다.

"유혹이었소. 위신이 땅에 떨어진 거요." 그는 잠긴 목소리로 말한다. "나는 키프로스에서 굉장히 외로웠소. 당신은 나를 절대 용서하지 못할 거요."

그러나 그녀는 용서할 수 있고, 용서한다. 그녀는 과거는 과거지사로 남겨 두는 게 옳다고, 과거는 지금의 그들하고는 아무런 관계도 없다고 말한다. 그가 이야기를 계속하면서, 재키가 키프로스에서 부모를 잃은 열여섯 살 때 헨리가 그녀를 정부로 받아들이고는 험하게 대했다는 게 명확해진다. 돈도 없고 별다른 지위도 없는 레너드 배스트는 재키를 존중하는 신사인 반면, 필요한 돈은 모두 가진 헨리는 겉으로는 전통을 존중하는 나무랄 데 없는 면모를 보이면서도 밑바닥은 철저하게 썩은 사람이라는 게 줄거리의 요점이다.

마거릿이 결혼 생활을 하며 겪는 난제는, 그녀가 들어선 신세계의 장점을 한껏 살리면서 두 종류의 가치관 사이의 소통을 중개하는 것이다. 그녀의 착한 심성을 즉시 간파한 루스 윌콕스는 마거릿에게 시골에 내려와 하워즈 엔드(그녀가 결혼하면서 재산으로 갖고 왔지만 사는 것은 원치 않았던 곳)를 방문하라고 강권한다. 결국 마거릿이 하워즈 엔드를 둘러볼 때, 늙은 가정부 에이버리 양은 흠칫 놀란다. "부인을 루스 윌콕스 부인으로 착각했어요. 돌아다니시는 게 그분께서 집안을 돌아다니는 방식 그대로네요."

포스터의 소설은 타이틀 페이지에서 "오로지 이어지라Only Connect"라는 문구로 시작한다. 나중에 우리는 마거릿에 대한 글을 읽는다. "오로지 이어지라! 그것이 그녀가 늘어놓는 설교의 전부였다. 산문과 열정을 연결하면, 둘 모두 높은 차원으로 고양될 것이고, 인간의 사랑은 최고조에 달할 것이다. 더 이상은 조각난 존재들로 살지 말라."

그녀가 소설에서 수행하는 과업은 헨리의 산문과 여동생 헬렌의 열정에 다리를 놓는 것이다. 헬렌의 열정은 결과적으로 그녀가 배스트 씨의 아이를 임신하고는 하워즈 엔드와 헨리에게 당도하는 것으로, 스캔들을 일으킬 상황에 처하는 것으로 이어진다. 헨리는 그녀를 "유혹한 자"의 이름을 알려 달라고 요구하고, 나중에 그의 무책임한 아들 찰스(제임스 윌비James Wilby)는 복수할 의향이 조금도 없는 헬렌을 위해 복수를 하려고 하면서 비극인 동시에 소극인 영화의 클라이맥스를 불러온다.

이 지점에서 헨리와 마거릿은 세 번째 대화를 갖는데, 대화 도중에 그는 세상과 이어진 존재가 되지 못한다. 그녀는 헬렌이 아이를 낳으려고 독일로 돌아가기 전에 하워즈 엔드에서 하룻밤을 보내고 싶어 한다고 그에게 말한다. 그는 거절한다. 마거릿은 간청한다. 그는 고집을 꺾지 않는다. "당신 자신이 용서받았던 것처럼 그 애를 용서해 주면 안 될까요?" 그녀는 그에게 청한다. "당신은 정부를 뒀었어요. 내 여동생은 연인을 뒀고요."

지금의 우리 귀에는 공평하고 합리적으로 들리는 그녀의 이 말은

1910년에는 충격적인 발언이었다. 지금 시점에서 이 소설이 당시의 일부 독자에게 얼마나 위험해 보였는지를 상상하기란 어렵다. 포스터가 분명하게 묘사하고 있는 위선에는 포스터 자신의 섹슈얼리티 때문에 숨겨진 의미가 있었다. 포스터는 역시 머천트-아이보리에 의해 영화화된 소설 『모리스Maurice』가 사후에 출판되기 전까지는 자신의 섹슈얼리티를 — 적어도 공개적으로는 — 비밀로 감췄다.

<하워즈 엔드>는 당연히 사랑스러운 시선으로 시대와 사람들을 바라본다. 지나치게 웅장하지는 않은 고풍스러운 시골의 벽돌 주택은 덩굴로 덮여 있고 잔디와 꽃들이 주택을 에워싸고 있다. 반짝이는 큼지막한 자동차들이 당도하고 만찬을 위해 정장을 차려입은 사람들이 저택을 메운다. 그러나 이 영화는 표면에 드러난 줄거리가 전부인 영화가 아니다.

헬렌을, 그리고 그녀를 통해 관객을 격분하게 만드는 건, 남자가 되고 부자가 되는 것은 가난한 이와 여자들은 가질 수 없는 특권을 갖게 되는 일이라는 점이다. 헨리는 예전에 재키를 임신시켰을지 모른다. 그런데 재키의 남편이 감히 헨리의 처제를 임신시켰다면, 그는 그에 대한 대가를 치러야 한다. 헨리는 자신이 인륜을 저버린 행위를 다루고 있다고 생각한다. 하지만 실제로 그가 다루고 있는 것은 무모함이다. 헨리 윌콕스가 저질러도 상관없는 일을 할 자격을 가진 일을 레너드 배스트가 하는 걸 허용해서는 안 된다. 흐음, 레너드는 가난뱅이이고, 세상은 그런 거니까.

# 화니와 알렉산더

Fanny och Alexander

| | | |
|---|---|---|
| 감독 | 잉마르 베리만 | |
| 주연 | 페닐라 올윈, 베르틸 구베 | |
| 제작 | 1982년 | 188분 |

잉마르 베리만Ingmar Bergman, 1918~2007의 <화니와 알렉산더>는 원래 그의 마지막 영화로 만들어진 작품이었다. 그는 영화에서 젊다는 것의 의미, 중년이 되는 것의 의미, 나이 먹는 것의 의미, 남자, 여자, 기독교인, 유대인, 제정신인 사람, 미치광이, 부자, 가난뱅이, 신심이 독실한 이와 세속적인 사람이 되는 것의 의미에 많은 신경을 쏟는다. 그는 극도로 확실한 현실이 유령과 마술과 나란히 존재하는 세계를, 그리고 한 번 보면 도저히 잊을 수 없는 기이한 개성을 가진 다양한 캐릭터를 창조해 낸다. 그에게 영감을 준 인물 중 한 명이 디킨스Charles Dickens라는 사실은 놀랄 일도 아니다.

배경은 1907년의 이름이 밝혀지지 않은 스웨덴의 소도시다. 영화는 대가족이 모여 치르는 크리스마스이브 파티에 빠져들면서 담소를 나누고 술을 마시고 추파를 던지고 음모를 꾸미는 캐릭터들을 개략적으로 빠르게 소개한다. 관능적인 분위기가 캐릭터들을 에워싸고 있다.

에크달 가문은 부유하다. 집안의 가장인 헬레나는 고풍스러운 가구와 호사스러운 비품, 그림, 조각, 태피스트리, 양탄자, 꽃, 나무, 시계로 가득한 대궐 같은 저택에 산다(베리만의 영화에는 늘 시계가 등장하는데, 그 시계들이 정시를 알리면서 치는 종소리는 어딘지 모르게 불길하다). 술기운이 얼큰하게 오른 손님들이 손에 손을 잡고 노래를 부르며 저택 곳곳을 행진할 때 보이는 것처럼, 이 방은 저 방으로 쏟아져 들어가는 듯한 모습이다.

집안에 숨겨진 비밀들이 드러난다. 헬레나의 셋째 아들 구스타프 아돌프는 바람둥이인데, 명랑하고 풍만한 그의 아내 알마는 남편의 있는 그대로의 모습이 마음에 든다는 이유로 남편의 바람기를 용서한다. 둘째 아들 칼은 실패한 교수로, (응당 호감을 가져야 마땅한데도) 어느 누구도 호감을 갖고 대하지 않는 독일 여자와 결혼했다. 그는 어머니에게 많은 빚을 지고 있다. 맏아들 오스카는 집안이 소유한 극장을 운영한다. 그는 파티에 참석하기 직전에 극장 일꾼들을 앞에 두고 크리스마스이브 연설을 하다 감동을 받고 눈물을 흘린다. 오스카는 수심愁心을 풍기는 미녀 에밀리와 결혼해 화니와 알렉산더 두 아이를 뒀다. 영화의 대부분은 그 아이들의 눈을 통해, 특히 알렉산더의 눈을 통해 전개된다. 그러나 전적으로 캐릭터들의 상상 속에서만 일어나는 순간들도 있다.

구스타프의 결혼은 별나고, 칼의 결혼은 애처로우며, 오스카의 결혼은 — 가족과 극장을 향한 그의 — 사랑으로 충만하다. 우리는 구스타프가 오스카와 에밀리를 위해 일하는 통통하고 젊은 절름발이 하녀 마지와 바람을 피우고 있음을 일찌감치 알게 된다. 알마도 그것을 안다. 실제로 가족 구성원 모두는 이 일을 대놓고 의논한다. 우리는 과부인 헬레나가 유대인 미술품 딜러이자 대금업자인 이삭 자코비의 한때 연인이었고 지금도 여전히 절친한 친구라는 것도 알게 된다. (베리만은

EI · BLOT · TIL · LYST

남성 캐릭터 전원이 자신의 모습을 조금씩 나눠 갖고 있다고 밝혔다.)

하루나 이틀쯤 후, 오스카는 극장에서 하는 리허설에서 햄릿 아버지의 유령을 연기하고 있다. 그런데 그는 자기가 서야 할 위치를 모르고 대사를 까먹는 데다 자기가 있는 곳이 어디인지를 알지 못한다. 그는 며칠 지나지 않아 뇌졸중으로 사망한다. 비통에 잠긴 어머니가 짐승처럼 내뱉는 울부짖음 때문에 한밤중에 깨어 침통해진 알렉산더는 아버지가 세상을 떠나는 모습을 목격한다. 그리고 이제는 여름이다. 모든 게 변했다. 어머니는 훤칠하고 잘생긴 루터파 주교 에드바르드 베르게루스와 약혼한다. 모두 이 결혼을 승낙하지만, 헬레나는 결혼식을 올리고 떠나는 그들을 보며 말한다. "우리 에밀리가 오래지 않아 돌아올 것 같구나."

겨울이 배경인 영화의 첫 3분의 1은 색채와 활력으로, 심지어는 죽음에 깃든 활력으로 가득했다. 이제 화니와 알렉산더는 주교의 저택이라는 신세계에 들어간다. 주교가 어머니와 누이, 숙모와 거주하는 그 집은 벽에 회반죽을 바른 황량한 분위기인 데다 가구는 꼭 필요한 몇 가지밖에 없으며, 문은 모두 잠겨 있고, 창문에는 하나같이 창살이 달려 있다. 하녀는 아이들에게 주교의 첫 아내와 두 딸은 강에서 익사했다고 말한다. 알렉산더는 그들의 유령이 찾아와 자신들은 식량과 물도 없이 닷새간 감금된 후에 탈출을 시도하다 익사했다는 말을 했다고 밝힌다. 신의 따위는 없는 하녀는 이 이야기를 주교에게 고자질하고, 주교는 알렉산더에게 채찍질을 한다. 그러나 소년은 고집스럽게도 주교를 향한 혐오감을 뚜렷이 밝히는 투쟁을 벌인다.

우리는 이 영화에서 오스카의 유령을 이미 한 번 이상 목격했다. 시무룩한 표정으로 수심에 잠긴 그는 자식들을 걱정한다. 그의 어머니가 여름 별장의 베란다에서 꾸던 꿈에서 깨어나 그와 사랑스러운 대화를 갖는 감동적인 신이 있다. (알렉산더의 아버지의 유령과 소년의 어머니의 성급한 재혼 같은 <햄릿>의 요소들이 영화에 슬며시 파고든 것인지도 모른다. 그러나 그 요소들은 꾸준히 영향력을 발휘하지는 않으면서, 무심하게 사람들 행위의 거죽 아래로 잠복해 들어간다.)

이제 우리는 또 다른 마법을 목격한다. 친구 헬레나를 위해 행동에 나선 이삭 자코비는 주교의 집에 들어와 트렁크를 사라고 제의한다. 그런 후 헬렌의 손자들을 트렁크에 넣어 몰래 데리고 나간다. 그런데 이게 어찌된 일인가? 주교가 아이들을 찾아 위층으로 뛰어올라 가자 아이들은 분명히 그들의 방에 있는 게 아닌가?

이 모든 건 자코비 가문에 전해 내려오는 마술과 관련이 있을 것이다. 이삭에게는 조카가 둘 있다. 이삭의 사업을 돕는 아론과, '상태가 좋지 않아' 방에 갇혀 지내지만 밤에 노래 부르는 소리를 들을 수 있는 이스마엘이다. 판매하거나 물물교환을 할 보물들이 천장까지 빼곡히 쌓인 이삭의 드넓은 집으로 온 알렉산더는 오줌을 누려고 한밤중에 깼다가 방으로 돌아오는 길을 잃는다. 그러던 중에 그는 신神과 대화하게 되면서 깜짝 놀라지만, 그 신이 사실은 아론이 장난삼아 조종하는 꼭두각시임을 알게 된다. 그런 후 아론은 그를 (별다른 설명도 없이 여자아이가 연기하는) 이스마엘에게 데려간다. 이스마엘은 주교의 집에서 일어나는 일들을 '볼 수' 있고 주교가 불에 타 끔찍하게 죽도록 사건들을 통제할 수 있는 게 분명하다.

여기에는 동화童話의 요소들이 있다. 그러나 무엇보다 <화니와 알렉산더>는 알렉산더가 실제로 일어나고 있다고 이해하는 사건들을 들려준다. 마술이 현실이라면, 유령이 걸어 다닐 수 있다면 그렇구나, 하고 받아들이면 된다. 베리만은 자신의 작품들에 초자연적인 요소가 들어오는 것을 자주 허용했다. 다른 면에서 보면 <화니와 알렉산더>의 사건들은 아이들의 기억이라는 프리즘을 통해 등장한다고도 볼 수 있다. 그래서 반쯤은 이해되고 반쯤은 망각된 사건들이 그들의 삶을 설명하는 새로운 우화로 재구축된 것이다.

확실히 베리만은 단순히 자신의 이야기를 들려주는 차원을 넘어서 꿈의 선명성과 매력을 갖춘, 최면을 거는 듯한 일련의 사건들을 들려주는 차원으로 자연스레 진입했다. 내가 영화를 보는 와중에 내 마음이 상이한 종류의 리얼리티로 이동해 들어갔다는 느낌을 이토록 강하게 받았던 적은 손에 꼽을 정도였다. 자코비 저택의 밤 장면은 내가 본 그 어떤 장면보다 흥미로우면서도 미스터리하고, 차분하면서도 몽환적이다. 이스마엘이 알렉산더에게 모든 일이 어떻게 해결될 것인지를 조용하고 상냥하게 보여 주는 장면은 무척이나 심란하다.

영화는 놀라울 정도로 아름답다. 촬영 감독은 베리만과 오랫동안 함께 일한 스벤 닉비스트Sven Nykvist다. 그는 에크달 가족을 색채와 따스함으로 감싸고, 주교의 집에서는 활력이라는 활력은 모조리 제거해 버린다.

방대한 출연진의 중심에는 (잉그리드 버그먼Ingrid Bergman을 염두에 두고 창작된 캐릭터인) 헬레나 할머니를 연기한 군 볼그렌Gunn Wållgren이 있다. 볼그렌은 입술이 도톰하고 온화하며 섹시하다. 이삭을 향한 그녀의 사랑은 이삭에게 생기를 불어넣는다. 베리만은 그녀가 이 영화에서 제일가는 요소라고 믿었다. 에밀리(에바 프롤링Ewa Froling)는 영화에서 가장 심한 갈등을 겪는 캐릭터다. 그녀는 사랑 때문에 주교와 결혼하고, 그가 어떤 사람인지를 비극적으로 오해하며, 아이들을 보호할 수 있다고 생각하지만 그렇게 하지 못한다. 그녀가 헬레나를 방문한 장면은 가슴이 찢어지듯 아프다. 구스타프(야를 쿨레Jarl Kulle)와 알마(모나 말름Mona Malm)의 결혼은 지나치게 개방적이다. 그래서 구스타프가 자신의 불륜 행각을 아내와 에밀리와 상의하고, 그들 모두가 하녀를 위한 최선의 방안은 무엇일지 결정하느라 애쓰는 흔치 않은 장면이 탄생하게 된다. 주교(얀 말름셰Jan Malmsjö)는 사악하고 비참한 사람이다. 그는 두려움과 불안감 때문에 엄격한 태도를 취하고, 자신을 제어할 수 없기 때문에 잔혹한 모습을 보이며, 그가 에밀리에게 고백한 것처럼 모두가 자신을 존경한다고 생각했지만 사실은 모두에게 미움받고 있음을 깨달았기 때문에 괴로움에 시달린다.

이 영화는 길다. 러닝 타임은 188분이고 중간에 휴식 시간도 있다. 그런데 베리만이 선호한 버전은 그것보다도 긴, 스웨덴의 TV 방송국을 위해 만든 312분 버전이다. 두 버전 모두 크라이테리언 DVD로 출시되어 있다. DVD에는 이 영화의 제작 과정을 담은 베리만의 장편 영화 길이의 다큐멘터리가 들어 있다. 이 영화를 처음 보는 경우에는 극장에서 봐야 한다. 컬러와 음영이 대단히 풍성하고 사운드는 객석을 감싸 안기 때문이다.

영화의 결말에서 나는 약간은 우울한 한편으로 상당히 신이 났다. 내게 무슨 일이 벌어졌는데, 그것은 언어로 표현할 수 있는 영역에서 벗어난 일이었다. 영적인 일이었고, 베리만의 신비주의를 포괄하는 일이었다. 그의 캐릭터 중 한 명은 우리 인생이 다른 이들의 인생으로 흘러들어간다고, 심지어 돌멩이 하나조차 신의 뜻이리고, 세상에는 우리 눈에 보이지는 않지만 만사가 실제로 벌어지는 차원이 있다고 주장한다.

# 영국의 영화 전문지 『사이트 앤드 사운드Sight and Sound』가 전 세계의 감독들과 평론가들에게 지난 25년간 나온 영화들 중에서 최고작을 선정해 달라고 요청했을 때, <화니와 알렉산더>는 프랜시스 포드 코폴라Francis Ford Coppola의 <지옥의 묵시록Apocalypse Now>과 마틴 스콜세지Martin Scorsese의 <분노의 주먹Raging Bull>에 이어 3위로 뽑혔다.

# LA 컨피덴셜

L.A. Confidential

| | | |
|---|---|---|
| 감독 | 커티스 핸슨 | |
| 주연 | 케빈 스페이시, 러셀 크로, 가이 피어스, 제임스 크롬웰 | |
| 제작 | 1997년 | 138분 |

<LA 컨피덴셜>의 오프닝 신들은 경찰인 세 핵심 캐릭터를 설정하는 데 바쳐진다. 영화를 보는 관객이 그들 전원이 악당 캐릭터가 될 거라고 예상하더라도 잘못된 일은 아니다. 사실 그들도 자신을 그런 존재라고 생각하니까. 그런데 이 영화에는 다른 계획들이 있다. 이 영화의 매력 중 상당 부분은 이 경찰 세 명이 같은 편이 되도록 만드는 방식에서, 그리고 결말이 가까워지기 전까지는 누가 악당인지를 절대로 드러내지 않는 방식에서 비롯된다. 악당이 될 가능성이 있는 인물들은 모두 스크린에 등장하지만, 그들은 클로징 신이 가까워질 때까지도 여전히 악당일 가능성이 있는 존재로만 남는다. 대부분의 러닝 타임 동안 세 경찰이 맞서 싸우는 상대는 그들이 활동하는 세계를 흠뻑 적신, 만연한 부패다.

이 영화는 경찰이 하는 업무 활동의 세계가 쇼 비즈니스의 영역으로 침투해 들어가던 특정한 시대를 기록하기도 한다. 경찰이 용의자를 실제로 급습하는 모습을 담은 동영상을 시청할 수 있는, 유명인의 재

판을 TV 생방송으로 지켜볼 수 있는, 연예계 가십이 다양한 뉴스 매체의 주요 구성 요소인 요즘, 범죄와 비행非行이 어둠 속에 감춰져 자행되던 시대를 상상하기란 어렵다. 그런데 과거의 LA는 실제로 그런 곳이었다. 그런 시대가 저물게 된 시점은 유명인이 뚝딱 탄생하고, 할리우드와 법 집행 기관 요원들이 맺은 파트너십으로 굴러간 『컨피덴셜 Confidential』 같은 스캔들 전문 타블로이드 잡지가 흥했으며, 추잡한 기삿거리들을 못 본 척 입을 다물고 지나치던 미디어의 시대가 막을 내린 1950년대 초반이었던 게 분명하다. <LA 컨피덴셜>은 우리가 현재 겪고 있는 선정주의의 시대가 탄생하는 모습을 보여 준다.

스크린에 처음 등장하는 목소리는 『허시-허시』 잡지의 발행인으로 불쾌한 비밀을 넌지시 전하는 시드 허진스(대니 드비토Danny DeVito)의 것이다. 그는 이 영화의 톤을 설정한다. '내부자들'은 세상 돌아가는 사정에 정통해서 살인을 해도 처벌을 면하고 있다. 그가 가진 가장 소중한 연줄은 「드라그넷Dragnet」• 스타일의 TV 프로그램 「영광의 배지」의 기술 고문인 잭 빈센스 형사(케빈 스페이시Kevin Spacey)다. 잭은 허진스가 낚은 특종 기사에 자주 등장하는 인물이기도 한다. 그들은 유명인이나 정치인들이 망신스러운 상황에 처하도록 덫을 놓고, 빈센스가 현장을 급습하면 『허시-허시』는 기삿감을 얻는다.

빈센스는 이 영화의 주인공 중 한 명이 될 것이다. 다른 두 경찰은 법을 집행하다 보면 융통성 있게 불법을 저지를 수도 있다고 믿는 버드 화이트 경관(러셀 크로Russell Crowe)과 독선적인 윤리관을 고집해서 부서 사람들의 심기를 불편하게 만드는 고지식한 타입의 에드 엑슬리 형사(가이 피어스Guy Pearce)다. 이 세 경찰은 달라도 너무 다른 사람들이지만, 근본적으로는 모두 명예를 중시하는 인물들로, 그들은 그 특징

• 동명의 라디오 프로그램을 바탕으로 제작되어 1951~1959년에 방송된 미국의 수사 드라마

때문에 한데 모여 영화에 등장하는 부패의 거미줄을 걷어 낸다.

<LA 컨피덴셜>은 러닝 타임의 대부분 동안, 겉으로 보면 아무런 관련도 없는 — 연달아 등장하는 선정적인 사건들을 보여 주는 — 에피소드들을 나열하는 것처럼 보인다. LA 조직범죄의 우두머리 미키 코언이 교도소에 수감된 직후인 현재, 암살단이 그의 중견 부하들을 살해하고 다닌다. 백만장자 피어스 패칫(데이비드 스트러세언David Strathairn)은 부업으로 포르노를 제작하고 고급 콜걸들을 거느린다. 그의 전문 분야는 무비 스타들과 닮은 모습으로 성형 수술을 한 매춘부들을 동원해 벌이는 매춘업이다. 멕시코인 용의자들을 구타한 술 취한 경찰관 무리의 사진이 신문 1면에 실린다. 엑슬리와 빈센스는 사뭇 다른 이유에서 동료 경찰들에게 불리한 증언을 하면서, 그런 사건에 대해서는 입을 다문다는 부서의 묵계를 깬다. 다운타운의 나이트 오울 카페에서는 대규모 살인 사건이 발생한다. 희생자 중 한 명은 경찰이다. 이 모든 사건에 엄중한 정의를 집행하라고 요구하는 인물은 아침 점호를 주재하는 꼬장꼬장한 더들리 스미스 반장(제임스 크롬웰James Cromwell)이다.

제임스 엘로이James Ellroy의 소설이 원작인 플롯은 미로 같다고만 묘사할 수 있다. 영화가 시작되고 한참이 지났을 때에도 우리는 이게 플롯인지조차 확신하지 못한다. 이 영화를 보는 즐거움 중 하나는 커티스 핸슨Curtis Hanson, 1945~2016 감독과 시나리오 작가 브라이언 헬겔런드Brian Helgeland가 우리가 그것들이 조각들이었음을 완전히 깨닫기도 전에 모든 조각을 제자리에 배치하는 수법에서 비롯된다. 이 사람들과 사건들이 서로 연관되게끔 만드는 게 어떻게 가능할까? 우리는 그다지 많은 신경은 쓰지 않는다. 조각들 하나하나가 대단히 흥미롭기만 하면 말이다.

무비 스타들과 닮아 보이도록 '칼을 댄' 콜걸들을 데리고 하는 사

업을 숙고해 보라. 그중 한 명인 린 브래켄(킴 베이싱어Kim Basinger)은 베로니카 레이크Veronica Lake처럼 생겼다. 그런데 사실 그녀는 성형 수술을 받은 적이 전혀 없다. 화이트는 그녀가 나이트 오울에서 살해당한 아가씨의 친구라는 이유로 그녀를 쫓는다. 그러다가 그녀에게 너무 깊이 매료된 그는 그녀를 방문하고, 두 사람은 사적인 대화는 채 여섯 단어도 주고받지 않고는 침대에 몸을 던진다. 이것은 창녀가 하는 전형적인 행동인가? 그녀에게는 다른 동기가 있는 것일까? 베이싱어가 연기하는 캐릭터의 사연이 자세히 펼쳐지는 동안, 그녀의 행동 동기와 진정한 감정들이 복잡하게 얽히면서 심오하면서도 공감 가는 캐릭터가 창조된다. 크로와 피어스, 스페이시의 연기도 탁월하지만, 이 영화에서 가장 빼어난 연기를 펼치는 배우는 베이싱어일 것이다. 그녀가 버드 화이트를 어떻게 보는지에 대해 엑슬리에게 들려주는 이야기는 간결하면서도 감동적인 독백과 같다.

화이트는 잠재적인 증인과 동침하면서 위험을 자초한다. 그는 스미스 반장의 심복이기도 하다. 스미스는 시외에서 온 조폭들을 포함한 '용의자들'을 구타할 힘 좋은 일꾼으로 화이트를 활용한다(조폭들에게 주는 메시지는 '고향으로 돌아가라'다). 빈센스는 동료 경찰에 대해 고자질을 하면서 위험을 자초한다. 고자질은 자신이 절대로 하지 않을 거라고 밝혔던 그도 TV 프로그램 일자리가 위협받자 태도를 바꾼다. 그리고 고지식한 엑슬리는 공식적인 행동 규범은 절대로 위반해서는 안 된다고 믿는다. 그러던 그도 때로는 그것들을 융통성 있게 위반할 필요가 있음을 알게 된다.

내가 보기에는 줄거리가 전개되는 방향에 대한 힌트를 주는 것조차 공정치 못한 일이 될 것 같다. 그 대신 빼어난 순간들을 묘사해 보겠다. 유명한 장면 중 하나는 빈센스와 엑슬리가 조폭 자니 스톰파나토를 심문하려고 파라마운트 스튜디오에서 가까운 중국식 레스토랑인

포모사 카페에 들어서면서 탄생한다. 자니는 여자와 데이트 중이다. 여자는 그들에게 건방진 소리로 따진다. 엑슬리는 여자에게 입 닥치라고 말한다. "라나 터너Lana Turner랑 닮아 보이려고 칼을 댄 창녀도 창녀인 건 여전해." 빈센스가 "그 여자, 라나 터너야"라고 속삭일 때, 카메라가 어떻게 엑슬리를 전경에 잡고 빈센스를 배경에 배치하는지 주목해 보라. 이 영화에서 상당히 유명한 대사에 속하는 이 대사의 효력은 무척이나 뛰어나다고 생각한다. 스페이시가 이 대사를 연기하는 특별한 방식과 도저히 참지를 못하고 슬그머니 짓는 미소 때문에 그렇고, 핸슨이 두 사람을 동일한 숏에 담아냈기 때문에 그렇다. 엑슬리를 잡은 화면을 보여 주고 빈센스를 담은 화면으로 편집해서 넘어갔다면 모든 게 잘못됐을지도 모른다.

빈센스에게는 근육질 '배우' 매트와 관련된 별도의 쓰라린 경험이 있다. 그는 『허시-허시』가 덫을 놓은 급습 현장에서 매트를 처음 만났었다. 허진스는 매트가 관련된 '동성애' 시나리오에 지방 검사를 유인할 계획을 세우고, 순진한 청년이 이 계획을 TV 출연으로 이어지는 문을 열어 줄 기회라고 생각하게 만드는 일에 빈센스를 활용한다(허진스는 "저 친구가 1년에 두 번이나 『허시-허시』의 커버를 장식한 후에 「영광의 배지」가 그를 원하게 될 거라고 생각하게 말이야"라며 고소해한다). 이 밀회가 끝나는 방식과 빈센스 역의 스페이시가 반응하는 방식은 자족적인 시나리오를 창피한 지경에 올려놓는다.

두 주인공 캐릭터가 지방 검사 사무실로 불쑥 찾아간 후에 벌어지는 사건들도 숙고해 보라. 지방 검사는 '착한 경찰, 못된 경찰'에 대한 영리한 대사로 그들을 피하려 애쓰지만, 결국 그는 섬뜩한 방법을 통해 '못된 경찰'의 진정한 뜻이 무엇인지를 알게 된다. 나는 근래 몇 년간 숱하게 많은 영화에 등장하는 폭력을 보며 한없는 시간을 보내 왔지만, 지방 검사에게 1~2분 사이에 일어난 일에 필적할 만한 폭력은 좀처럼 본 적이 없다.

<LA 컨피덴셜>은 필름 누아르로 묘사되고, 실제로 그렇다. 그러나 이 영화는 장르를 뛰어넘은 영화다. 범죄 영화로서는 흔치 않게도 이 영화는 캐릭터들의 심리를 다룬다. 베이싱어가 연기하는 창녀와 사랑에 빠진 두 남자 사이의 상호 작용이 그런 예다. 영화에는 경찰 액션 영화의 요소가 모두 담겨 있다. 그러면서도 영화의 스타일은 더 경제적이고, 영리하리만치 효율적이다. 액션은 액션 자체를 위해 존재하는 게 아니라, 캐릭터들의 성격과 성격이 충돌하는 각축장을 제공하기 위해 존재한다. 대사는 멋지다. 많은 필름 누아르를 패러디한 대사가 아니다. 이 영화의 대사는 자신들의 본모습을 밝히거나 은폐하려 애쓰는 진지한 사람들이 내뱉는 말들이다. 영화의 결말에서 모든 실마리가 한데 엮이면, 당신은 결국 이 영화에 플롯이 있었음을 알고는, 게다가 그 모든 게 타당하게 잘 맞아떨어진다는 사실에, 그리고 그 플롯이 자신을 발견해 줄 누군가를 기다리며 영화에 자리를 잡고 있었다는 사실에 경탄할 수밖에 없을 것이다.

# WR: 유기체의 신비

W.R. – Мистерије Организма

| | | |
|---|---|---|
| 감독 | 두샨 마카베예프 | |
| 주연 | 밀레나 드라비치, 이비카 비도비치 등 | |
| 제작 | 1971년 | 84분 |

“내가 영화를 만들기 시작할 때, 섹스와 유머는 대단히 심각한 문제로 간주됐었습니다. 대역죄 취급을 받기까지 했죠.” 두샨 마카베예프Душан Макавејев, 1932~2019는 호오가 섞인 반응을 얻은, 섹스와 코미디가 등장하는 자신의 영화 <WR: 유기체의 신비>가 일으킨 대소동을 이렇게 기억하고 있다. 영화는 1971년 시카고영화제에서 감독상을 받았고, 칸영화제에서는 24시간 내내 상영됐으며, 뉴욕에서는 빌헬름 라이히Wilhelm Reich의 추종자들이 소란을 피웠고, 유고슬라비아와 베니스영화제에서는 상영이 금지됐으며, 포르노라는, 무책임한 영화라는, 반소反蘇 영화라는, 반미反美 영화라는, 반反시네마 영화라는 비난을 받았다.

“이 영화는 거울하고 비슷한 것 같아요.” 마카베예프는 시카고의 어느 늦은 밤에 내게 말했었다. “이 영화를 자기 앞에 들어 올린 사람들은 거기에 비친 것 중에서 자기를 가장 불쾌하게 만드는 것만 보는 거죠.” 바로 이 말에 그의 작품이 일으킨 해프닝이 담겨 있다. 『타임Time』

은 그의 <스위트 무비Sweet Movie>(1974)를 "영화가 아니라 사회적 질환"이라고 묘사했다. 1960년대 말부터 1970년대 말에 걸친 역사적으로 중요한 시대에 마카베예프는 동유럽이 배출한 가장 다재다능하고 괴팍하며 이해하기 어렵고 쾌활한 아나키스트였다.

마카베예프는 지금은 사라진 나라인 유고슬라비아 출신으로, 민족적으로는 세르비아인이지만 뼛속 깊이 국제적인 인물이다. 그의 <보호받지 못한 순수Невиност без заштите>(1967)에서는 세르비아 최초의 유성 영화를 만든 감독이 대사를 연기하는데, 그 대사는 마카베예프 자신에게도 적용할 수 있는 내용이다. "신사 분들, 저는 유고슬라비아 영화 전체가 내 배꼽에서 나왔다고 장담합니다. 사실, 제가 확실하게 연구해 본 결과, 저는 불가리아 영화 전체도 내 배꼽에서 나왔다는 걸 긍정적으로 밝힐 수 있는 위치에 있습니다." 보석 같은 코미디인 이 영화는 1944년에 만들어진 유성 영화에서 가져온 장면들을 대부분 담고 있다. 영화의 주인공인 곡예사는 나치에 맞서는 애국적인 저항 활동을 펼치면서 자신이 예전에 펼쳤던 대담한 곡예를 재활용한다. 마카베예프는 감독과 곡예사, 영화와 관련된 다른 이들을 다시 찾아간다.

그날 밤 시카고에서 우리는 딜린저John Dillinger가 FBI의 총에 맞은 곳인 바이오그래프 극장을 보러 링컨 애비뉴를 걷는 중이었다. 당시 시카고의 패시츠 멀티미디어에서는 마카베예프 회고전이 열리고 있었다. 결국 그와 패시츠 직원 몇 명은 내 주방에서 야채 수프를 먹고 그 영화의 문제점들을 해결하는 것으로 일정을 마감했다.

진정으로 하는 말인데, 마카베예프라는 인물 자체가 그의 영화다. 안드레이 타르콥스키Андрéй Таркóвский나 가이 매딘Guy Maddin, 러스 메이어Russ Meyer, 알레한드로 조도로프스키Alejandro Jodorowsky처럼, 그는 자신이 아니면 누구도 만들지 못할 영화들을 만든다. 그는 유고슬라비아에서 보낸 경력의 초기에 <정사, 또는 실종된 전화교환수 사건Љубавн

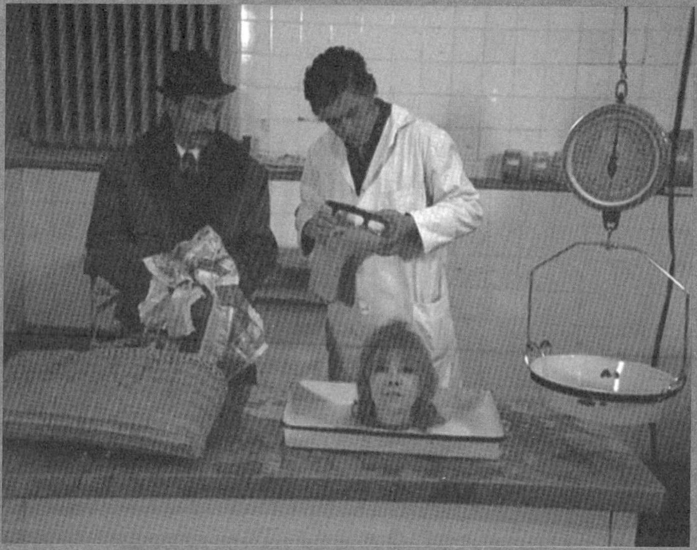

и случај или трагедија службенице ПТТ>(1967) 같은 영화들에 검열 당국의 눈을 피해 정치적 비유들을 몰래 담는 것을 즐겼다. 그는 반공주의자가 아니라 반정부주의자였다. 유고슬라비아의 영화 펀딩 담당자는 마카베예프의 동창생이었다. 그는 마카베예프의 시나리오를 앞에 놓고는 한숨을 쉬었다. "두샨, 두샨, 두샨! 네가 이 시나리오에서 하는 진짜 얘기가 뭔지 알아. 너도 네가 실제로 하는 얘기가 뭔지를 잘 알거야. 그러니 이제 집에 가서 관객들만 알아차리게 수정하도록 해."

머리가 벗겨지고 건장하며 수염이 텁수룩한 마카베예프는 궁핍과 횡재, 행운과 천재성으로 점철된 커리어를 밟아 왔다. 그는 <스위트 무비>가 칸에서 상영되던 해에 칼튼 호텔의 스위트룸에 묵었다. 이듬해 그에게 다시 칼튼 호텔에 묵고 있느냐고 물었다. "마누라하고 바닷가 텐트에서 지내고 있어요." 그가 말했다. "몇 년은 칼튼에서, 몇 년은 바닷가에서."

<몬테네그로Montenegro>(1981)와 <코카콜라 키드The Coca-Cola Kid>(1985) 같은 후기작들은 플롯이 더 단선적이지만, 초기작들의 플롯은 묘사하는 게 거의 불가능하다. 반짝반짝 빛나는 희비극인 <몬테네그로>는 스톡홀름에 사는 따분한 미국인 부인(수전 안스파흐Susan Anspach)을 다룬다. 결혼 생활에서 탈출한 그녀는 세르비아-크로아티아계 이민자들이 찾는 단골 나이트클럽에서 해방감을 만끽하며 광란의 이틀 밤을 보낸다. <코카콜라 키드>는 에릭 로버츠Eric Roberts가 주연으로, 그는 호주의 특정 지역이 코카콜라를 절대로 마시지 않는 이유를 밝히기 위해 애틀랜타 본사가 파견한 남자를 연기한다. 평론가 조너선 로젠바움Jonathan Rosenbaum은 마카베예프가 쓰는 방법을 "소재들을 충돌시키는 것"이라고 말했다. 그는 다큐멘터리와 픽션, 발굴해 낸 영화 장면들, 직설적인 내레이션과 애국적인 음악을 인상적이면서도 곤혹스러운 방식으로 결합한다. 그의 영화를 본 당신이 어떤 인상을

받고 극장을 떠날지는 모르겠지만, 아무튼 그의 영화는 당신이 받은 그 인상을 다룬 영화다.

예를 들어 <WR: 유기체의 신비>는 오스트리아 출신 분석가 빌헬름 라이히에 대한 다큐멘터리로 시작한다. 한때 프로이트의 어시스턴트였고, 나중에는 공산주의자가 됐다가, 그다음에는 반공주의자가 되고, 결국에는 미국인이 된 라이히는 오르가슴이 자유와 행복으로 가는 열쇠라고, 질병의 치료제가 될 수 있다고 믿었다. 그가 만든 오르곤 축적기는 공중전화 부스 크기의 박스로, 밖은 목재고 안에는 금속이 덧대어져 있다. 그는 사람이 이 기계에 들어가 앉으면 체내에 오르가슴 에너지가 집중된다고 믿었다. 미국식품의약국은 라이히의 과학은 틀렸다는 판정을 내렸고, 미국 정부는 그의 저서들을 소각했다. 그는 감옥에서 숨을 거뒀다. 이쯤 되면, 당신도 섹스가 정말로 위험하다는 것을 알 것이다.

라이히에서 출발한 마카베예프의 영화는 현대인의 섹스라는 더욱 거친 해변을 탐사하는 정처 없는 길에 오른다. 한때 악명 높았던 '석고 모형 뜨기' 시퀀스가 등장한다. 복장 도착자 재키 커티스Jackie Curtis의 견해, 툴리 쿠퍼버그Tuli Kupferberg가 장난감 기관총을 들고 맨해튼 거리를 활보하며 읊는 시, 유고슬라비아 아가씨 밀레나(밀레나 드라비치Милена Дравић)와 러시아 피겨 스케이터 블라디미르(이비카 비도비치Ивица Видовић) 사이의 연애를 다룬 픽션 서브플롯. 그녀 덕에 오르가슴을 느낀 그는 자기 스케이트로 그녀의 머리를 자른다(경관은 "니켈 도금된 스케이트로, 고급품"이라고 말한다). 걱정할 것 없다. 참수된 그녀의 머리는 계속 말을 하니까.

<WR: 유기체의 신비>를 위대한 영화에 포함시키는 것에 격분하는 이들이 있을 것이다. "나는 영화를 보러 다닌 긴 세월 동안 영화가 형편없거나 지루하거나 재미가 없어도 절대로 영화에 야유를 퍼부은

적이 없었다.” 데이비드 비엔스톡David Bienstock이 『뉴욕타임스The New York Times』에 쓴 글이다. “영화라는 이름을 내걸고 자행되는 범죄는 때로는 그런 반응을 정당화하기에 충분할 정도로 극악한 듯 보인다. 그래도 나는 자제했다.” <WR: 유기체의 신비>가 그를 화나게 만든 주된 이유는 영화가 라이히의 가르침을 왜곡했기 때문이다. 그는 영화가 라이히라는 인물을 암살한 거나 마찬가지라고 느꼈다. 비엔스톡이 이 영화를 라이히나 그 외의 다른 것들만큼이나 심각하게 받아들였다는 사실은 놀랍다.

로젠바움은 마카베예프의 스타일을 “콜라주”라고 불렀다. 그렇다. 사방에서 가져온 소재들이 한데 어울려 당신이 거기에서 얻는 게 무엇이건 그것을 빚어낸다. 영화는 히피와 플라워파워 시대의 고갱이를 체현하는데, 그것이 이 영화가 박스 오피스 히트작이었던 이유일 것이다(영화에 에로틱한 소재는 딱히 없었지만, 노출과 X등급이 흥행의 악재는 아니었다). 이 영화는 그 시대의 분위기를 <우드스톡Woodstock>만큼 잘 불러일으킨다. 내 생각에 마카베예프의 제작 의도는 섹스와 정치 분야에서 당국을 조롱하는 것(몇몇 불리한 상황을 타개하기 위해 스탈린이 등장한다), 그리고 우리에게 그 양대 분야에 대한 지시를 하는 사람이 없더라도 우리는 마냥 잘 살아갈 수 있음을 보여 주는 것이다.

이런 영화들은 요즘에는 만들 수 없는 영화들이다. 영화계 주변부에서 소규모 독립 영화의 제작비 규모로 만드는 게 아니라면 말이다. 마카베예프 자신의 후기 영화들은 로버츠와 그레타 스카치Greta Scacchi 같은 스타들을 캐스팅했다. 나는 그 영화들이 마음에 들었고, 영화는 돈을 벌었지만, 그 영화들에 무정부 상태 같은 분위기는 없었다. 그는 10년간 장편 영화를 만들지 않았지만, 여러 영화제의 단골 게스트이자 심사위원으로 계속 활동했다. 어쩐 일인지, 영화제에서 만나는 그는 그 영화제의 주최자처럼 보였다. 그는 최근 몇 년간은 하버드에서 강의했다.

크라이테리언 컬렉션에서 나온 마카베예프 작품들의 새 에디션에는 <WR: 유기체의 신비>의 '개량' 버전에 대한 단편 다큐멘터리를 포함한 매력적인 서플먼트들이 들어 있다. 영화는 BBC 채널 4에 판매됐는데, 채널 4는 마카베예프에게 지나치게 노골적인 장면 중 일부를 다시 편집해 달라고 요청했다. 그는 기꺼이 그 요구에 따랐다. 그는 '석고 모형 뜨기' 신의 핵심 요소들을 사이키델릭 컬러로 이뤄진 행성의 폭발 장면으로 가렸다. 옛날에 만들어진 무성 섹스 영화에서 가져온 오프닝 누드 시퀀스는 금붕어가 중요한 부위들을 헤엄쳐 지나가게 만드는 식으로 정리했다.

마카베예프 자신이 만든, 해체된 유고슬라비아를 떠나 어쩌다 보니 할리우드에 오게 된 경험을 다룬 단편도 있다. 여기서 텔루라이드영화제 공동 창립자의 아내인 모니크 루디Monique Luddy는 그를 데리고 유행하는 옷을 쇼핑하러 간다. 그는 화려한 셔츠를 앞에 놓고 난감해하는 기색을 보인다. 그녀는 그를 부추긴다. "프로듀서가 당신은 마음에 들어 하지 않더라도 그 셔츠는 좋아할 거예요."

## 사진 출처

51, 57, 71, 101, 107, 129, 143, 151, 165, 307, 321, 393, 399, 407, 469, 477, 483, 510, 517, 531, 545, 589, 611, 617, 647, 663, 677
ⓒ 씨네 21

35, 79, 121, 159, 195, 215, 223, 237, 291, 327, 349, 355, 427, 435, 443, 455, 463, 497, 523, 537, 559, 567, 575, 603, 671, 699, 713, 719
© 2019. Album/Scala, Florence

43, 377, 705
© 2019. Mary Evans/Scala, Florence

87, 115, 137, 173, 201, 229, 245, 251, 313, 335, 341, 385, 419, 491, 553, 581, 625, 655, 685, 691
© 2019. Christophel/Photo Scala, Florence

93
© 2019. Photo Keystone Archives/Heritage Images/Scala, Florence

369, 633
© 2019. Photo Scala Florence/Heritage Images

나는 에버트와 인연이 굉장히 깊다고 생각한다. 내가 번역을 직업적으로 시작했을 때 의뢰받은 첫 글이 에버트의 영화 리뷰였고, 처음으로 의뢰를 받은 단행본 번역이 최보은 선배와 작업한 『위대한 영화 1』이었다. 『에스콰이어』 한국판에서 마감을 앞두고 급히 번역해 줬으면 하는 기사가 있다는 연락과 함께 메일로 받은 파일을 열어보니 에버트를 인터뷰한 기사였다. 그러고 얼마 지나지 않아서는 에버트의 자서전 『로저 에버트: 어둠 속에서 빛을 보다』를 번역하게 됐다. 이처럼 20년 가까이 여러 인연을 맺었으니 에버트와 나는 거리에서 잠깐 스쳐가는 수준은 훌쩍 뛰어넘는 수준의 인연이라고 말해도 무방할 듯하다.

에버트의 자서전을 한창 번역하던 중이었다. 한국에서 몇 손가락 안에 드는 실력을 가진 명리학자 분을 몇 번 만나 가르침을 듣는 기회가 생겼다. 나 자신의 명命에 대해 궁금한 걸 묻고 그에 대한 고견을 들었는데, 자리가 파할 무렵에 에버트 생각이 났다. 에버트의 사주를 보고 무슨 말씀을 하실지, 나와 에버트의 합合은 어떻다고 하실지 궁금했다. 그래서 에버트의 이름도 어떤 사람인지도 말씀드리지 않고는 검색으로 찾아낸 에버트의 생일을 보여드리며 "이 사람의 사주는 어떻게 보시느냐?"고 여쭸다. 그런데 그분이 에버트의 사주를 보시고 하신 말씀은 무척이나 생뚱맞았다. "이 사람은 범죄 영화에 자주 나오는 장면처럼 백열등 하나만 켜진 어두운 방에서 범인을 날카롭게 심문하는 형사 같은 사람"이라는 거였다. 전혀 예상치 못한 말씀으로, 무슨 뜻인지 가늠이 되지 않았다.

오랫동안 세계에서 가장 유명한 영화평론가라는 소리를 들어온 사람의 사주를 물었는데 '범인을 심문하는 형사' 같은 사람이라니. 내가 찾은 생일이 잘못된 게 아닌지 의아해하던 중에 에버트의 생일도, 그분의 사주풀이도 잘못된 게 아니라는 걸 퍼뜩 깨달았다. "백열등 하나만 켜진 어두운 방"은 다름 아닌 극장이었고, '심문당하는 범인'은 상영되는 영화였다. 에버트는 영화와 관련된 내용을 꼬치꼬치 캐물으며 그 안에 담긴 얘기를 속속들이 캐내려는 형사 같은 사주를 타고난 사람이었던 것이다. 에버트의 자서전에 부제를 붙이고 싶은데 알맞다고 생각되는 제목이 있느냐는 출판사의 물음에 "어둠 속에서 빛을 보다"라는 부제를 제안한 건 암 투병 과정에서 턱뼈를 제거해야 하는 바람에 얼굴이 심하게 변했는데도 그에 굴하지 않고 칠흑 같은 어둠 속에서도 한줄기 빛을 찾아내려는 사람처럼 열심히 대외적인 활동을 하던 에버트의 삶의 태도를 반영한 제목이라서 그런 것이기도 했지만, 어두운 극장에서 빛으로 영사되는 영화를 냉철한 눈으로 분석하는 영화 평론가라는 에버트의 직업을 반영한 제목이라 생각해서 그런 것이기도 했다.

그런데 에버트의 역할은 단순히 어둠 속에서 빛을 보는 데에만 머무르지 않았다. 그는 어둠 속에서 빛을 보고는 아직 그 빛을 보지 못한, 또는 빛을 봤지만 그 빛의 진가를 제대로 알아보지 못하는 대중에게 그 빛이 안겨 주는 감흥을 편견 없는 마음으로 쉽게 전달하려고 애쓰는 해설자이기도 했다. 나는 빛의 진가를 제대로 파악하는 눈을 가진 것도 에버트의 장점이지만, 에버트의 진정한 미덕은 '쉽게 전달하려고 애쓰는' 부분에 있다고 생각한다.

여기서 잠깐 에버트의 변해 버린 외모에 대한 이야기를 해야 할 것 같다(인터넷을 검색해보면 내가 말하는 에버트의 얼굴을 쉽게 볼 수 있다). 에버트 이야기를 하면서 외모 이야기를 꺼내는 건 내가 사람의 외모에 대한 편견을 갖고 있기 때문도 아니고 에버트의 얼굴을 구경거리로 삼겠다는 의도에서 그러는 것도 아니다. 에버트의 변해 버린 얼굴을 본 사람이라면 알겠지만, 솔직히 그 얼굴은 어지간한 사람이라면 하루아침에 달라져 버린 자기 모습을 남들에게 보여 줄 엄두를 내지 못해 세상과 담을 쌓으려고 들 것만 같은 얼굴이다. 그런데 에버트는 변해 버린 얼굴을 세상에 드러내는 것을 조금도 마다하지 않았다. 에버트는 『에스콰이어』와 인터뷰를 하면서 잡지에 실을 초상 사진을 위해 카메라 앞에서 스스럼없이 웃음을 지어 보일 정도로 용감한 사람이었다(나는 그 사진을 자서전의 표지로 삼자고 제안했고, 출판사는 내 제안을 받아 줬다). 순전히 내 주관적인 의견이지만, 나는 자신의 달라진 외모를 대수롭지 않게 받아들이는 그의 태도는 온전히 영화를, 궁극적으로는 인생을 바라보는 그의 철학에서 비롯한 것일 거라고 짐작한다.

나는 에버트가 삶에서 중요하게 여긴 것은 세계와 영화의 겉모습이 아니었다고, 우리 눈에 훤히 보이는 게 아니었다고 생각한다. 범행 현장을 꼼꼼히 살피고 피의자의 진술에 바짝 귀를 기울이는 형사에게 중요한 것은 현장의 모습과 피의자의 진술 자체가 아니라 결국에는 어떤 사건이 왜 일어났고 어떤 방식으로 일어났느냐를 파악하는 것이듯, 에버트가 영화를 보며 중시한 건 관객의 말초 신경을 한껏 자극하겠다는 목표에만 주력하며 연출된 화려한 영상과 압도적인 음향이 아니라 영화를 만든 이들이 관객에게 전달하고자 하는 바가 무엇이며 그것이 얼마나 효과적이고 진솔하게 전달되느냐 하는 것이었을 것이다. 『위대한 영화』 시리즈에 간간이 등장하는, 이렇다 할 알맹이는 하나도 없이 현란한 영상만 생각할 틈도 주지 않고 늘어놓는 것으로 관객들을 현혹시키려 드는 영화에 대한 에버트의 혹평은 바로 그런 그의 영화 철학에 바탕을 뒀을 것이다. 『위대한 영화』에 실린 글을 읽어 본 독자라면 내가 하는 말에 동의할 거라 생각한다.

그런데 반드시 강조하고픈 말이 있다. 『위대한 영화』 시리즈는 단 한 글자도 틀린 구석이 없는, 누구나 추앙해야하는 신성한 경전이 아니라는 것이다. 이 시리즈를 경전처럼 추앙하는 이가 있다면 에버트는 고개를 설레설레 저을 것이라고 생각한다. 에버트는 이 시리즈에 영화평론가라면, 그리고 영화를 사랑하는 이라면 누구나 명작이라고 동의할 영화들에 대한 '에세이'(리뷰가 아니라는 점을 주목하라)를 수록했지만, 만장일치의 동의를 이끌어내지는 못하는 영화일지라도 그때그때 일어난 시사적인 이슈와 관련 있는 수작을 수록한 경우도 많다. 가끔은 '왜 이런 영화를?'이라는 의문이 생기는 영화를 수록해 놓기도 했다. 그래서 나도 에버트가 선정한 영화들의 명단에 100퍼센트 동의하지는 않는다. 각각의 영화들에 대한 에버트의 평가와 의견에 100퍼센트 공감하는 것도 아니다. 에버트도 자신의 글을 읽는 사람이 하나같이 그렇게 해 주기를 바라지는 않았을 것이다.

에버트가 『위대한 영화』 시리즈를 집필하면서 세운 목표는 자신보다 늦게 영화와 사랑에 빠진 사람들을 위해 정성껏 길을 안내하는 길잡이 역할을 하겠다는 거였을 것이라고 생각한다. 때로는 길 안내가 틀렸을 수도 있고 제대로 된 길이 어느 쪽이냐에 대해 안내를 받는 이와 의견이 엇갈릴 수 있지만, 그래도 초행길에 나선 길손들에게 전체적인 여로에 대한 정보를 제공하고 여정에 대한 감感을 제공하는 길잡이 역할 말이다. 그렇기에 에버트가 시사적인 이슈와 관련된 영화들을 실은 건 실생활에서 일어난 사건에 관심을 기울이는 사람들에게 그와 관련이 있는 영화를, 그것도 좋은 영화를 감상하면서 실제 사건을 더 깊이 있게 이해하는 한편으로 영화에 대한 애정도 더 깊어지게 만드는 계기를 제공하겠다는 의도에서였을 것이다.

앞서도 에버트의 장점이라고 언급했지만, 에버트는 무척 쉬운 글을 쓰는 것으로 그 의도를 효과적으로 실행에 옮기려 애쓴다. 영화 평론을 전공하는 전문가들이나 이해할 법한 전문적인 용어는 최대한 피하면서 이해하기 쉬운 비유와 평범한 용어들을 사용하려 노력한다. 이것은 다양한 배경을 가진 불특정 다수의 독자를 상대로 읽고 이해하기 쉬운 글을 써야 하는 신문기자였다는 에버트의 출신 배경이 반영된 특징일 것이다.

그렇게 쉽게 읽히는 글을 쓰면서도 두고두고 곱씹어 볼만한 촌철살인의 문장들도 자유자재로 구사한다는 엄청난 장점에 매력을 느껴 에버트를 좋아하다가 『위대한 영화 1』을 번역하는 기회까지 잡은 2003년에, 나는 직업적인 번역의 길에 처음 들어선 초짜였었다. 그러고서 16년이 지난 지금, 세상은 변했다. 『위대한 영화 1』이 나올 때만 해도 회원들에게 회비를 받고 DVD를 대여하는 업체에 불과했던 '넷플릭스'가 지금은 영화를 비롯한 각종 영상 콘텐츠를 세계 전역에 VOD로 유통하고 때로는 직접 콘텐츠를 제작하기까지 하는 업체로 변모한 것에서 볼 수 있듯, 미국에서 『위대한 영화 1』과 『위대한 영화 4』가 출판된 시기 사이에 세상은 어마어마하게 변했다.

영화라는 (예술 및 오락) 매체가 제작되고 유통되고 소비되는 방식도, 영화를 대하고 즐기는 사람들의 태도도 변화의 예외는 아니었다. 이 시리즈에 실린 영화 중에는 내가 비디오로 처음 봤던 영화들이 많다. 보고 싶은 마음은 굴뚝같지만 극장에서 볼 길이 전혀 없는 영화들을 보는 방법은 비디오를 구해서 보는 것밖에는 없던, 그나마도 구하기 쉽지 않던 비디오를 빌리려고 버스로 왕복 1시간 거리의 대여점을 찾아가 한꺼번에 몇 편을 빌려서는 보고 반납하러 다시 대여점을 찾던 시절이 있었다(마우스 몇 번 클릭하면 보고픈 영화를 VOD로 감상할 수 있는 요즘, 이 글을 읽는 독자 중에는 비디오가 무엇이고 비디오 대여점이 어떤 곳인지를 모르는 이도 있을 것이다). 내가, 그리고 에버트를 비롯한 앞선 시대의 사람들이 영화를 보려고 그 정도 정성을 쏟았었다는 자랑을 하려는 게 아니다. 정성을 쏟아 가며 감상한 영화에 대해 품는 애정과 편하고 쉽게 구한 디지털 파일을 재생하고는 주변에서 일어나는 잡다한 일에 정신이 팔려가며 대충대충 보고 넘기는 영화에 품게 되는 애정은, 그리고 거기서 받는 감동과 느끼는 재미는 분명 차이가 있다는 이야기를 하려는 것이다. 영화를 팝콘처럼 쉽고 가볍게 소비하는 세상이 됐다고 비난을 하고 싶지는 않다. 그건 시대의 흐름을 거스르려는 어리석은 짓이니까. 하지만 영화를 보고 즐기는 세상의 태도가 이렇게 바뀐 것이 무척이나 안타까운 마음이 드는 건 사실이다. 에버트도 영화를 즐기는 사람들의 태도가 변한 것을 심히 애석해했을 것이다. 그래도 『위대한 영화』 시리즈를 읽는 분들은 영화에 대한 애정이 남다른 분일 거라고, 그래서 에버트가 안타까워할 일은 없을 거라고 믿는다.

시간이 흐르면서 변한 건 세상과 영화, 관객의 태도만이 아니다. 나도 변했다. 에버트는 <달콤한 인생La Dolce Vita>에 대한 에세이에서 그 영화는 예나 지금이나 변한 게 없지만 그 영화를 바라보는 자신의 시각은 나이를 먹어 감에 따라 달라졌다고 썼다. 세월이 흐르는 동안 영화를 바라보는 에버트의 시각이 변했던 것처럼, 에버트의 글을 처음 번역한 이후로 많은 시간이 지나는 동안 (바라건대) 지식도 쌓고 조금이나마 트인 눈으로 세상을 보게 된 내 생각도 많이 변했다.

네 권을 한꺼번에 번역하는 만만치 않은 작업에 착수하기로 마음먹은 건 그런 변화를 바탕으로 『위대한 영화』 시리즈를 작업하면 조금이나마 나아진 솜씨로 에버트의 세계를 조금이라도 더 정확하고 풍부하게 독자들에게 전할 수 있지 않을까하는 막연한 기대 때문이었다. 1권을 작업할 때에는 산전수전 다 겪은 최보은 선배라는 기댈 언덕이 있었지만, 이제는 온전히 모든 걸 혼자 떠맡아야했기에 두려움도 없지는 않았다. 하지만 에버트의 글을 좋아하는 팬으로서, 에버트와 인연이 깊다고 생각하는 사람으로서 최선을 다해보자는 마음가짐으로 앞서 작업했던 『위대한 영화』 1권과 2권을 다시 번역하고 3권과 4권을 새로 번역했다. 정성을 다하고 온힘을 쏟았지만 결과물로 나온 번역이라는 게 사람의 마음대로 되는 것은 아니라서 부족한 부분도 있고 오류도 있을 거라고 생각한다. 아무쪼록 내 부족한 실력이 에버트의 글에 누가 되지 않기를 바랄 뿐이다.

번역에 도움을 주신 분들이 많다. 누구보다도 오홍석 선배에게 많은 신세를 졌다. 선배가 이 시리즈에 실렸지만 구하기 쉽지 않았던 영화들을 구해주지 않았다면 번역 작업은 무척이나 험난했을 것이다. 번역 작업을 도와주면서 이런저런 격려를 해준 오홍석 선배에게 감사드린다. 번역하는 내내 물심양면으로 도와주신 한상진 선배에게도 감사드린다. 전인한 교수님은 바쁘신 중에도 알렉산더 포프의 시와 셰익스피어의 글을 번역해 주셨다. 감사드린다. 그 외에도 고마운 분들이 많다. 여기에 일일이 이름을 적고 인사드리지 못해 죄송할 따름이다. 그래도 그분들에 대한 고마움만큼은 결코 잊지 않을 것이다.

네 권짜리 시리즈를 한꺼번에 출판한다는 쉽지 않은 결정을 하고 작업을 맡겨 준 을유문화사 임직원 분들께도 감사드린다. 그분들의 노고가 있었기에 모자란 번역이 좋은 책으로 탈바꿈됐다고 생각한다.

마지막으로, 이 글은 에버트에게 너무 뒤늦게 보내는 팬레터이기도 하다. 생전에 에버트가 쓴 다른 책의 번역 의뢰가 들어왔을 때 계약금을 여비 삼고 저자를 직접 만나 번역의 질을 높이겠다는 구실을 내세워서는 시카고로 날아가 에버트를 만나겠다는 생각을 한 적이 있었다. 그런데 출판이 불발되면서 그 만남은 어디까지나 내 희망사항으로만 남게 됐다. 에버트와 나의 인연의 깊이는 딱 거기까지였던 것 같다. 그러나 생전의 그를 만났건 그러지 못했건, 나는 그의 글을 좋아하고 그의 인생과 삶의 태도를 존경하는 팬이다. 언제일지는 모르지만 훗날에 나도 가게 될 곳이라는 것만큼은 분명한 다음 세상에서 그를 만나면 당신의 글을 20년 가까이 번역하는 인연을 갖게 된 걸 크나큰 기쁨으로 여겼고 당신의 글을 굉장히 즐겁게 읽었다는 얘기를, 생전에 직접 만나 전했어야 옳았지만 안타깝게도 그러지 못했던 애정이 담긴 이야기를 해 주고 싶다.

2019년 10월

윤철희

## 찾아보기

ㄹ

ㅁ

ㅅ

ㅈ



ㅊ

ㅋ



ㅌ